2021

溧阳年鉴

LIYANG ALMANAC

溧阳年鉴编纂委员会 编

方志出版社
Publishing House of Local Records

图书在版编目（CIP）数据

溧阳年鉴. 2021 / 溧阳年鉴编纂委员会编. --
北京：方志出版社，2021.12
ISBN 978-7-5144-4943-3

Ⅰ. ①溧… Ⅱ. ①溧… Ⅲ. ①溧阳-2021-年鉴
Ⅳ. ①Z525.33

中国版本图书馆CIP数据核字（2021）第259125号

溧阳年鉴(2021)

编　　者：溧阳年鉴编纂委员会
责任编辑：陈　菁

出 版 者：方志出版社
地址　北京市朝阳区潘家园东里9号（国家方志馆4层）
邮编　100021
网址　http://www.zgfzcb.cn
发　　行：方志出版社图书经销中心
电话（010）67110500
经　　销：各地新华书店
印　　刷：溧阳市金宇包装印刷有限公司

开　　本：889×1194　　1/16
印　　张：25.875
字　　数：745千字
版　　次：2021年12月第1版　2021年12月第1次印刷
印　　数：0001～3000册

ISBN 978-7-5144-4943-3　　**定价**：280.00元

地区生产总值（亿元）

人均地区生产总值（元）

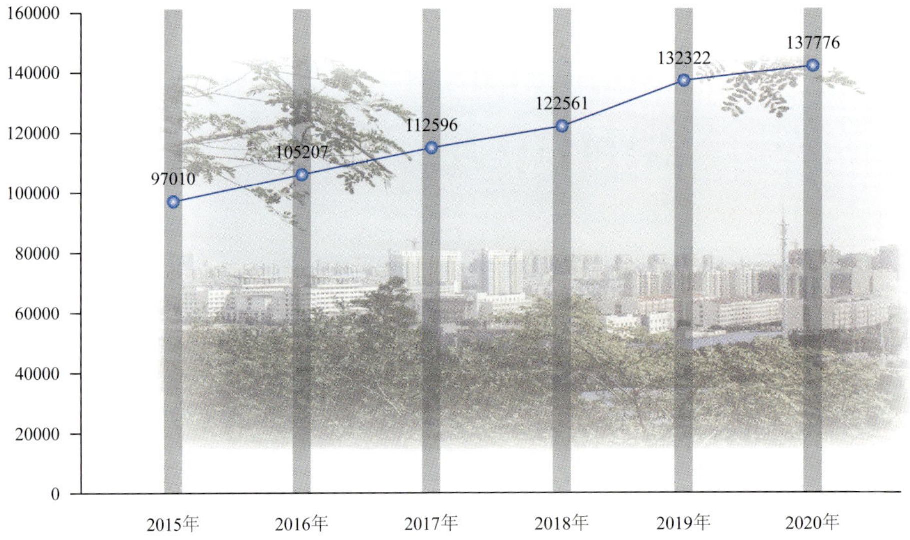

公共财政预算收入（亿元）

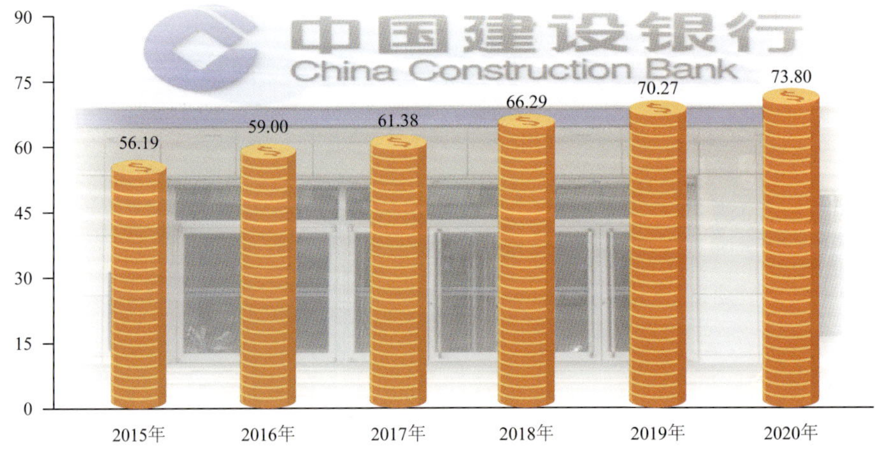

三次产业构成（%）

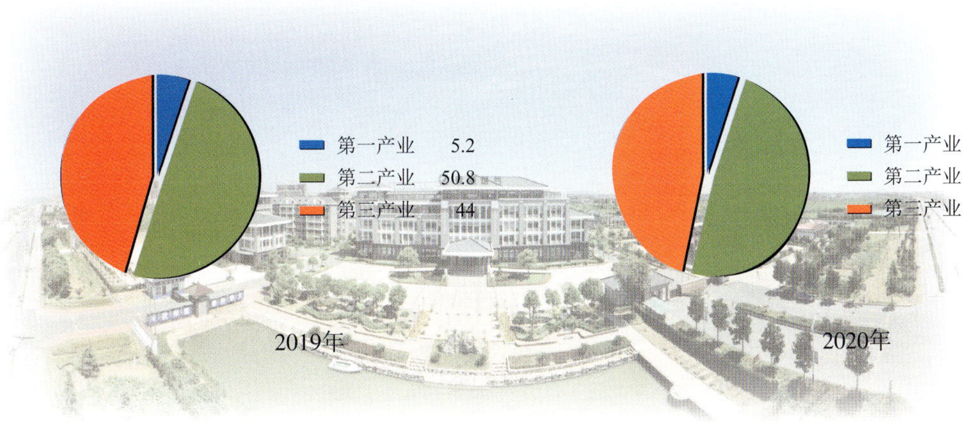

农林牧渔业总产值（亿元）

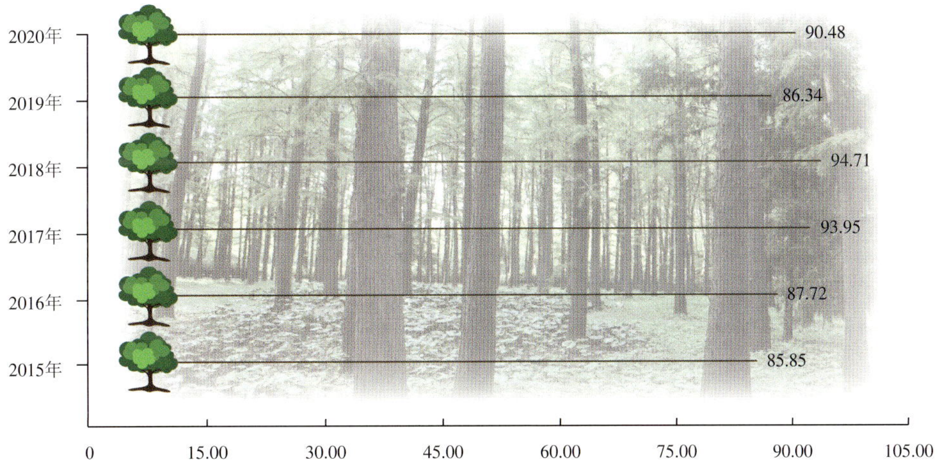

粮食总产量（万吨）

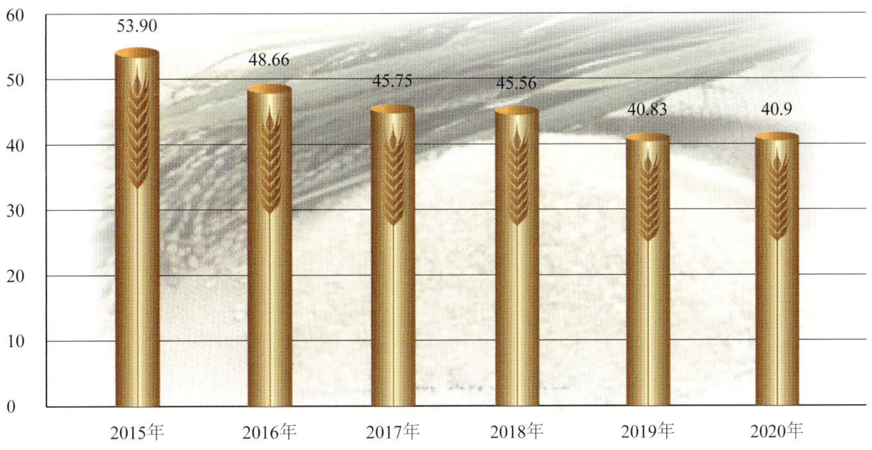

茶叶总产量（吨）

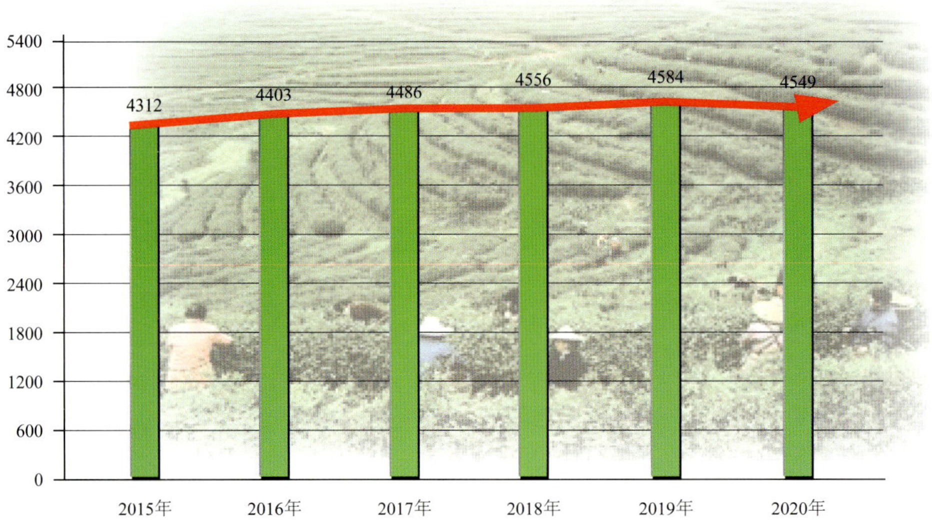

工业总产值（亿元）

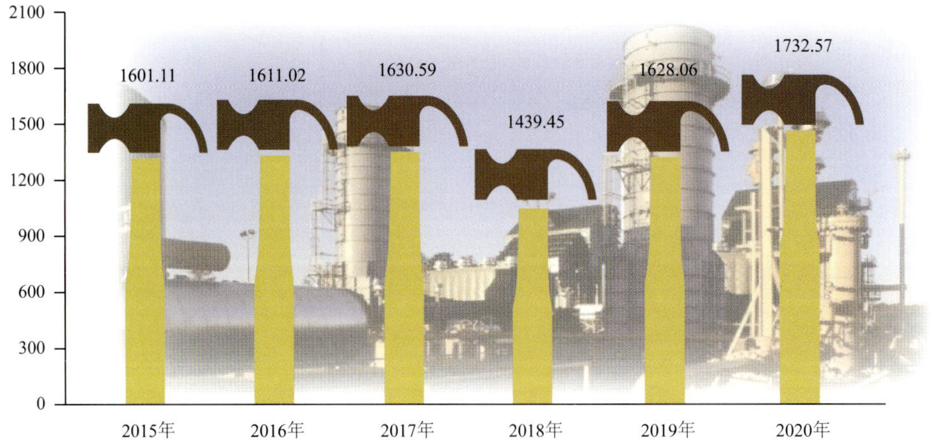

工业利税总额（亿元）

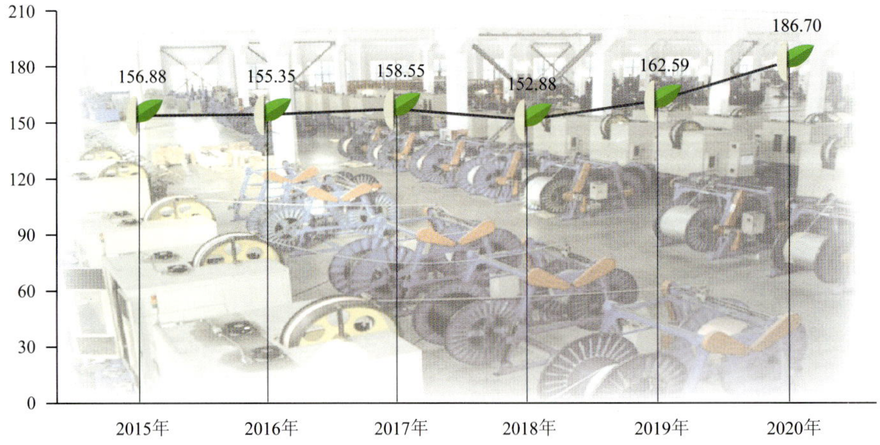

出口总额（万美元）

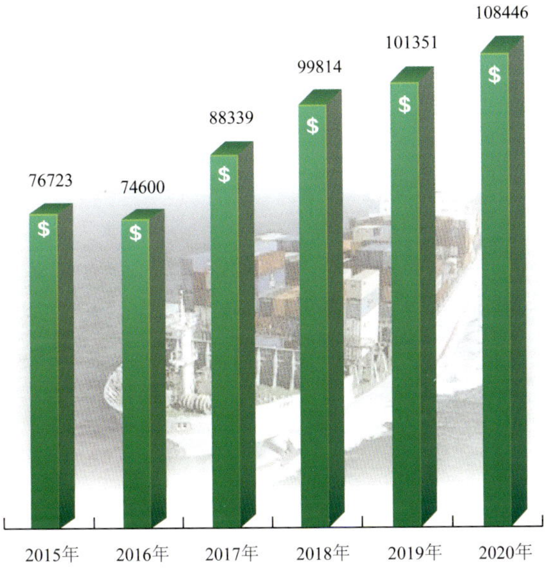

社会消费品零售总额（亿元）

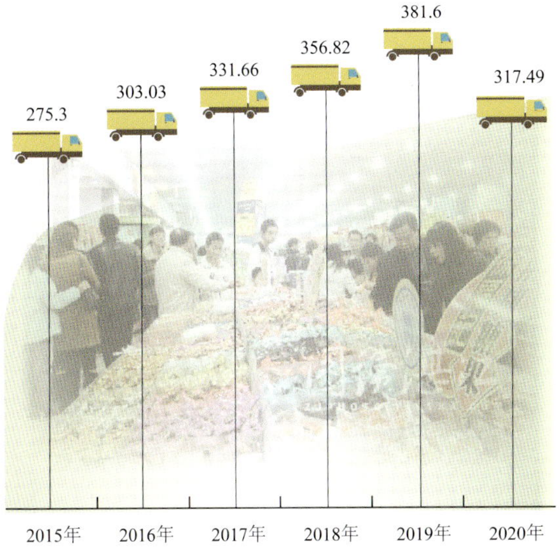

城镇居民人均可支配收入（元）

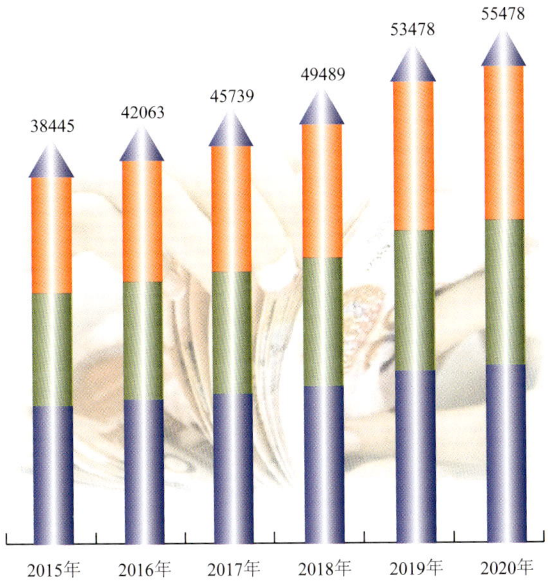

农民人均可支配收入（元）

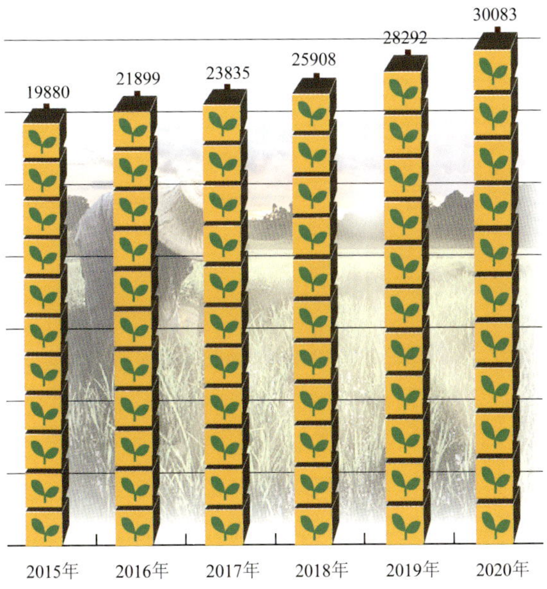

2020 年 10 月 9 日，溧阳市被生态环境部命名为第四批“绿水青山就是金山银山”实践创新基地

2020 年 11 月 10 日，中央文明办公布第六届全国文明城市入选城市名单和关于复查确认保留荣誉称号的前五届全国文明城市名单，溧阳榜上有名

2020 年 2 月 22 日，溧阳市举行 2020 年重点项目线上集中签约仪式

2020 年 4 月 8 日，溧阳市举行“相约天目湖”企业家焦尾琴沙龙，并推出 3000 万元“春游溧阳”旅游电子消费券大礼包

2020 年 4 月 18 日，2020 中国 · 溧阳茶叶节暨天目湖旅游节在溧阳市上兴镇牛马塘村开幕。活动采用线下线上两种方式举办，首次推出“云”茶叶节。总投资 166 亿元的 15 个重大项目现场签约

2020 年 5 月 26 日，2020 年苏皖合作示范区决策层会议在溧阳市召开。溧阳、郎溪、广德三地国有公司共商筹建苏皖合作示范区产业合作发展有限公司相关事宜

2020 年 6 月 12 日，国家健康医疗大数据应用示范中心与产业园建设溧阳试点市合作共建签约仪式在溧阳市举行

2020 年 7 月 18 日，“江苏茶产业高质量发展研讨会”在溧阳市召开，国内茶界大咖齐聚溧阳共谋苏茶发展

2020 年 7 月 28 日，溧阳市召开部分行政区划调整动员大会，全面部署行政区划调整相关工作。其中，撤销溧城镇，设立溧城街道，设立古县街道，变更昆仑街道行政区域。图为古县街道揭牌成立现场

2020 年 9 月 3 日，溧阳市与汉阴县举行对口协作项目签约仪式

2020 年 9 月 4 日，先进电池技术创新中心暨工业 4.0 智能制造创新中心（溧阳）在江苏中关村天目湖先进储能技术研究院正式揭牌成立

2020 年 9 月 18 日，“溧阳 1 号公路”高铁冠名列车启动仪式在上海虹桥站举行

2020 年 9 月 28 日，省人民医院溧阳分院成为南京医科大学教学医院

2020 年 9 月 29 日，七彩曹山欢乐火车“乡村振兴号”举行首发式

2020 年 10 月 1 日，市四套班子全体领导和社会各界代表参观溧阳撤县设市 30 周年图片展

2020 年 10 月 13 日，常州市委书记齐家滨（左二）、市长陈金虎（左一）等常州市领导集中观摩溧阳市重大项目建设工作

2020 年 10 月 17 日，中国溧阳首届稻田音乐节暨第二届“四美”丰收节开幕式在南渡镇庆丰村举行

2020 年 10 月 19 日，溧阳·潜山长三角友好城市合作框架协议签约

2020 年 12 月 6 日，溧阳跻身 2020 胡润中国最具投资潜力区域百强榜

2020 年 12 月 7 日，别桥汉和农用无人机创吉尼斯世界纪录，成功绘制无人机史上最大中国国旗图案，获“全球最耐飞无人机”称号

2020 年 12 月 16 日，溧阳德龙高端不锈钢热轧项目签约仪式在江苏省中关村高新区举行，总投资 176 亿元

2020 年 12 月 27 日，民用航空飞机 BAe146-300、B737-500 揭幕仪式在南京航空航天大学天目湖校区举行。两架民航飞机将用于民航专业实验教学

2020年新年伊始，面对突如其来的新冠疫情，溧阳市委、市政府坚决贯彻落实上级指示精神，把打赢疫情防控阻击战作为重大政治任务，第一时间谋划、第一时间部署、第一时间推动。

2月9日，溧阳市首支医疗队8名队员驰援湖北武汉。他们分别是来自市人民医院的汤建伟、张志俊、彭雪蕾、王蓓、史云奇，以及来自市中医院的杨洁、沈含美、蒋丽华

2月2日下午，市委书记、市长、溧阳新型冠状病毒感染的肺炎疫情应急防控指挥部总指挥徐华勤（中）在市应急广播中心，以广播形式向全体市民发出倡议

2月3日，江苏省副省长赵世勇（左一）带队考察溧阳疫情防控工作

4月5日，挂职于国家卫生健康委员会基层卫生健康司的溧阳市社渚镇中心卫生院院长殷向志(左)，代表国家卫健委基层司就社区防控工作接受央视记者董倩（右）的专访

溧阳抗疫党员先锋队

2月29日，溧阳市首次为到溧阳务工人员定制的免费“复工专列”从河南郑州准点抵达高铁溧阳站

第二幼儿园西立面图

学前教育提升工程

新建汤桥幼儿园、戴埠第二幼儿园等10所幼儿园，改善农村幼儿园办园条件，让适龄幼儿享受优质的学前教育。

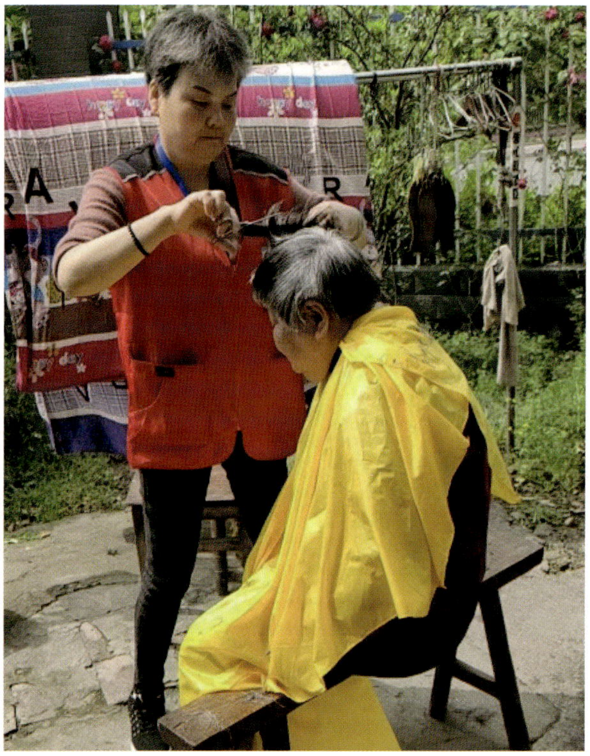

援通为老服务工作人员上门为高龄老年人提供服务

居家养老服务体系提升工程

新建市级老年人日间照料中心。开展政府购买居家养老服务，采取线上线下相结合的方式，为80周岁以上的高龄、失独、失能半失能、空巢、独居和低保、重残等老年人（约13000名）上门提供助餐、助浴、助洁，以及生活照料、精神关爱、康复护理等服务。

城投艺体馆

城市空间资源共享提升工程

面向广大市民开放燕山中学艺体馆（城投艺体馆）、育才路职高篮球场、奥体体育馆等城市文体设施；持续推动退役军人事务局、溧城镇等机关事业单位“敞墙透绿”，共享开放空间。

便民服务水平提升工程

聚焦企业经营、项目建设和民生服务三个方面，推行“一件事”改革，将原先分散在不同窗口办理的事项，通过重塑流程，整合成套餐式集成服务，新建“一窗式”受理审批平台，让办事群众进一扇门、在一个窗口提交一套材料、完成一整件事的办理，实现政务服务水平再提升。

一件事专窗

城市公园建设工程

实施焦尾琴公园建设，完成东入口广场、环路工程建设，启动“溧阳琴廊”建设，提升城市品质，打造城区西片区市民休闲健身的生态空间。

规划建设丁家山公园，完善南航周边基础设施，与天目湖生活区接轨，提供市民及学生休闲、购物、健身空间。

年内启动运河第一坊建设，完成西山河公园建设，提升配套设施，优化江苏中关村园区环境。

焦尾琴公园东入口广场效果图

餐饮业品质品牌提升工程

以成都太古里商贸区为标杆，以“全面对标、全面整改、全面规范、全面超越”为总则，提高全市餐饮业水平。

引进 2 家国内外知名餐饮连锁企业进驻溧阳，满足消费新需求。

溧城镇、天目湖镇、戴埠镇各按照省级示范街（区）标准建设一个示范餐饮集中区，其他镇（街道）围绕旅游景点、“溧阳 1 号公路”各建设 2 ～ 3 家特色餐饮单位。重点打造上河城、吾悦广场、曹山花居等 10 家餐饮标杆企业，示范引领全市餐饮业质量提升。

开展旅游餐饮专项治理，制定溧阳市乡村旅游餐饮经营管理规范，全面提升乡村旅游餐饮质量、卫生等管理水平。

对所有餐饮单位实施餐饮业油烟长效管理，确保油烟排放符合标准，令社会满意，对所有餐饮单位开展“明厨亮灶”建设，守护舌尖上的安全。

研究推进天目湖鱼头、溧阳白芹和溧阳扎肝标准化经营。

市场监督管理局对旅游餐饮业进行专项检查

《溧阳年鉴（2021）》审稿单位

（按篇目先后为序）

市委办
市人大办
市政府办
市政协办
市人武部
市委组织部
市委宣传部
市委统战部
市委政法委
市纪委监委办
市委党史工委
市志办
市统计局
市气象局
市文明办
市委巡察工作办公室
市编办
市委党校
市委老干部局
市保密局
市信访局
市档案馆
市行政审批局
民盟溧阳总支
民建溧阳市支部
市工商联
市总工会
团市委
市红十字会
市妇联
市科协
市侨联
市文联
市老促会
市退役军人事务局
市公安局
市检察院
市法院
市司法局
市商务局
海关溧阳办事处
江苏中关村高新技术产业开发区管委会
溧阳经济开发区管委会
天目湖生命康原建设指挥部
溧阳现代农业产业园指挥部
市文体广电和旅游局
天目湖旅游度假区管委会
天目湖镇政府
曹山旅游度假区管委会
市自然资源局
市住房和城乡建设局
市房屋征收与补偿办公室
市供电公司
常州市住房公积金管理中心溧阳分中心
市城管局
常州市溧阳生态环境局
市农业农村局
市水利局
市工信局
市交通运输局
市邮政局
中国电信溧阳分公司
中国移动溧阳分公司
中国联通溧阳分公司
市烟草局
市盐务局
市供销总社
市财政局
苏皖集团
城发集团
平陵集团
市税务局
市审计局
人行溧阳市支行
工行溧阳支行
农行溧阳市支行
中行溧阳支行
建行溧阳支行
农发行溧阳市支行
江南银行溧阳市支行
邮政储蓄银行溧阳市支行
溧阳浦发村镇银行
人保财险溧阳支公司
中国人寿溧阳支公司
人寿财险溧阳支公司
太保财险溧阳支公司
太保寿险溧阳中心支公司
东海证券溧阳营业部
南京证券溧阳营业部
市发改委
市市场监督管理局
市应急管理局
市人社局
市医疗保障局
市科技局
市地震局
市教育局
市融媒体中心
市卫健局
市民政局
市残联
市民宗局
市关工委
上兴镇政府
社渚镇政府
埭头镇政府
戴埠镇政府
南渡镇政府
竹箦镇政府
上黄镇政府
别桥镇政府
溧城街道办事处
昆仑街道办事处
古县街道办事处

编 辑 说 明

一、《溧阳年鉴》是由中共溧阳市委、溧阳市人民政府主办，溧阳年鉴编纂委员会组织实施，溧阳市地方志办公室承办的综合性资料工具书，于2005年创刊，国内外公开发行。

二、《溧阳年鉴（2021）》以马克思列宁主义、毛泽东思想、邓小平理论、“三个代表”重要思想、科学发展观、习近平新时代中国特色社会主义思想为指导，坚持辩证唯物主义和历史唯物主义的立场、观点和方法，旨在全面反映溧阳市基本自然状况和政治、经济、文化等社会各方面基本面貌，系统汇集溧阳市在“坚定使命信念，跨越万水千山，全面铺展‘处处绿水青山、家家金山银山、人人寿比南山’美好画卷”进程中所取得的巨大成就，为各级领导决策和管理、社会各界人士及中外投资者认识溧阳提供客观、翔实的最新信息资料。

三、《溧阳年鉴（2021）》设特载、大事记、溧阳概况、中共溧阳市委员会、溧阳市人民代表大会、溧阳市人民政府、政协溧阳市委员会、中共溧阳市纪律检查委员会（溧阳市监察委员会）、民主党派·群众团体、军事·法治、城乡建设、资源环境管理、开放开发、区域发展和合作、农业农村、工业、建筑业、商贸流通、旅游、邮政·通信、金融业、综合管理、科学技术、教育、文化·传媒、体育、卫生与健康、社会生活、镇·街道、人物·先进集体30个类目，全书74.5万字。

四、《溧阳年鉴（2021）》记载的地域范围以现行溧阳市行政区划为界，凡在溧阳市境内的各镇（区）、场圃、机关、团体、企事业单位等，不论其归属，均在记述范围之内；记载时间为2020年度，部分条目适当向前追溯，特载、先进个人、先进集体收录至2021年4月。

五、《溧阳年鉴（2021）》采用分类编辑的方法编辑，主体内容分为类目、分目、条目3个层次，以条目为记载实体。对条目间的交叉重复现象，一般分清主次和区别视角加以记述。为方便读者查阅，《溧阳年鉴》设有目录、索引等检索系统。

六、《溧阳年鉴（2021）》全书彩色印刷，图文并茂。制作系列公益专版，充分展示溧阳率先发展、科学发展、和谐发展的新成就；收录随文图片百余幅，增强可读性与信息量。

七、《溧阳年鉴（2021）》的“人物·先进集体”类目包括新任市领导、新闻人物、先进个人、先进集体分目。其中“新任市领导”收录2020年5月至2021年4月新任的中共溧阳市委书记、副书记、常委，市人大常委会主任、副主任，市政府市长、副市长，市政协主席、副主席；“新闻人物”收录2020年1月至2021年4月受到省部级表彰的溧阳市先进人物。

八、《溧阳年鉴（2021）》采用的稿件均由各镇（区）和有关部门提供，并经单位领导审核。文中所列数据，由于统计口径不同而存差异，请读者在引用时加以注意。

溧阳市部分机构全称、简称对照表

简　称	全　称
市委	中国共产党溧阳市委员会
市人大（常委会）	溧阳市人民代表大会（常务委员会）
市政府	溧阳市人民政府
市政协	中国人民政治协商会议江苏省溧阳市委员会
市纪委	中国共产党溧阳市纪律检查委员会
市监委	溧阳市监察委员会
市人武部	中国人民解放军江苏省溧阳市人民武装部
市法院	溧阳市人民法院
市检察院	溧阳市人民检察院
市委办	中国共产党溧阳市委员会办公室
市人大办	溧阳市人民代表大会常务委员会办公室
市政府办	溧阳市人民政府办公室
市政协办	中国人民政治协商会议江苏省溧阳市委员会办公室
市委组织部	中国共产党溧阳市委员会组织部
市委宣传部	中国共产党溧阳市委员会宣传部
市委统战部	中国共产党溧阳市委员会统一战线工作部
市委政法委	中国共产党溧阳市委员会政法委员会
市委研究室	中国共产党溧阳市委员会研究室
市委深改办	中国共产党溧阳市委员会全面深化改革领导小组办公室
市委党建办	中国共产党溧阳市委员会党的建设工作领导小组办公室
市级机关工委	中共溧阳市委市级机关工作委员会
市委老干部局	中国共产党溧阳市委员会老干部局
市台办	中国共产党溧阳市委员会台湾工作办公室
市委党校	中国共产党溧阳市委员会党校
市委党史工委	中共溧阳市委党史工作委员会
市委机要局	中共溧阳市委机要局
市委外宣办	中共溧阳市委对外宣传办公室
市保密局	溧阳市国家保密工作局
市文明委（办）	溧阳市精神文明建设指导委员会（办公室）
市编委（办）	溧阳市机构编制委员会（办公室）
市外办	溧阳市外事办公室
市政府研究室	溧阳市人民政府研究室
市政府新闻办	溧阳市人民政府新闻办公室
市政府金融办	溧阳市人民政府金融工作办公室
市民宗局	溧阳市民族宗教事务局
市志办	溧阳市地方志办公室
市发改委	溧阳市发展和改革委员会
市工信局	溧阳市工业和信息化局
市文旅局	溧阳市文体广电和旅游局
市人社局	溧阳市人力资源和社会保障局
市医保局	溧阳市医疗保障局
市科技局	溧阳市科学技术局
市住建局	溧阳市住房和城乡建设局
市农机局	溧阳市农业机械管理局
市爱卫会（办）	溧阳市爱国卫生运动委员会（办公室）
市卫健局	溧阳市卫生健康局
市城管局	溧阳市城市管理（行政执法）局
市园林局	溧阳市园林绿化管理局
市侨办	溧阳市人民政府侨务办公室

简　称	全　称
市供销总社	溧阳市供销合作总社
团市委	中国共产主义青年团溧阳市委员会
市青联	溧阳市青年联合会
市妇联	溧阳市妇女联合会
市科协	溧阳市科学技术协会
市工商联	溧阳市工商业联合会
市文联	溧阳市文学艺术界联合会
市侨联	溧阳市归侨侨眷联合会
市残联	溧阳市残疾人联合会
民盟溧阳总支	中国民主同盟江苏省常州市委溧阳总支部
民建溧阳市支部	中国民主建国会溧阳市支部
市老促会	溧阳市老区开发促进会
市关工委	溧阳市关心下一代工作委员会
市税务局	国家税务总局溧阳市税务局
市烟草局（烟草营销部）	江苏省溧阳市烟草专卖局（江苏省烟草公司常州市公司溧阳营销部）
中国电信溧阳分公司	中国电信股份有限公司溧阳分公司
中国移动溧阳分公司	中国移动通信集团江苏有限公司溧阳分公司
中国联通溧阳分公司	中国联合网络通信有限公司溧阳市分公司
市盐务局（盐业分公司）	溧阳市盐务管理局（江苏省苏南盐业有限公司溧阳分公司）
两劳检察院	常州市天目湖地区人民检察院
中华曙猿管理处	江苏溧阳中华曙猿遗迹保护区管理处
海关溧阳办事处	常州海关驻溧阳办事处
人行溧阳市支行	中国人民银行溧阳市支行
工行溧阳支行	中国工商银行股份有限公司溧阳支行
农行溧阳市支行	中国农业银行股份有限公司溧阳市支行
中行溧阳支行	中国银行股份有限公司溧阳支行
建行溧阳支行	中国建设银行股份有限公司溧阳支行
农发行溧阳市支行	中国农业发展银行溧阳市支行
江南银行溧阳市支行	江苏江南农村商业银行股份有限公司溧阳市支行
邮政银行溧阳市支行	中国邮政储蓄银行溧阳市支行
溧阳浦发村镇银行	溧阳浦发村镇银行股份有限公司
人保财险溧阳支公司	中国人民财产保险股份有限公司溧阳支公司
中国人寿溧阳支公司	中国人寿保险股份有限公司溧阳支公司
人寿财险溧阳支公司	中国人寿财产保险股份有限公司溧阳支公司
太保财险溧阳支公司	中国太平洋财产保险股份有限公司溧阳支公司
太保寿险溧阳中心支公司	中国太平洋人寿保险股份有限公司溧阳中心支公司
东海证券溧阳营业部	东海证券有限责任公司溧阳南大街证券营业部
南京证券溧阳营业部	南京证券股份有限公司溧阳罗湾路营业部
溧阳经济开发区	江苏省溧阳经济开发区
水西纪念馆	新四军江南指挥部纪念馆
市疾控中心	溧阳市疾病预防控制中心
市妇保院	溧阳市妇幼保健院
省溧中	江苏省溧阳中学
市职教中心	江苏省溧阳市职业教育中心
市城管大队	溧阳市城市管理行政执法大队
市环卫处	溧阳市环境卫生管理处
市航管处	溧阳市航道管理处
市运管处	溧阳市运输管理处

溧阳市城区地图

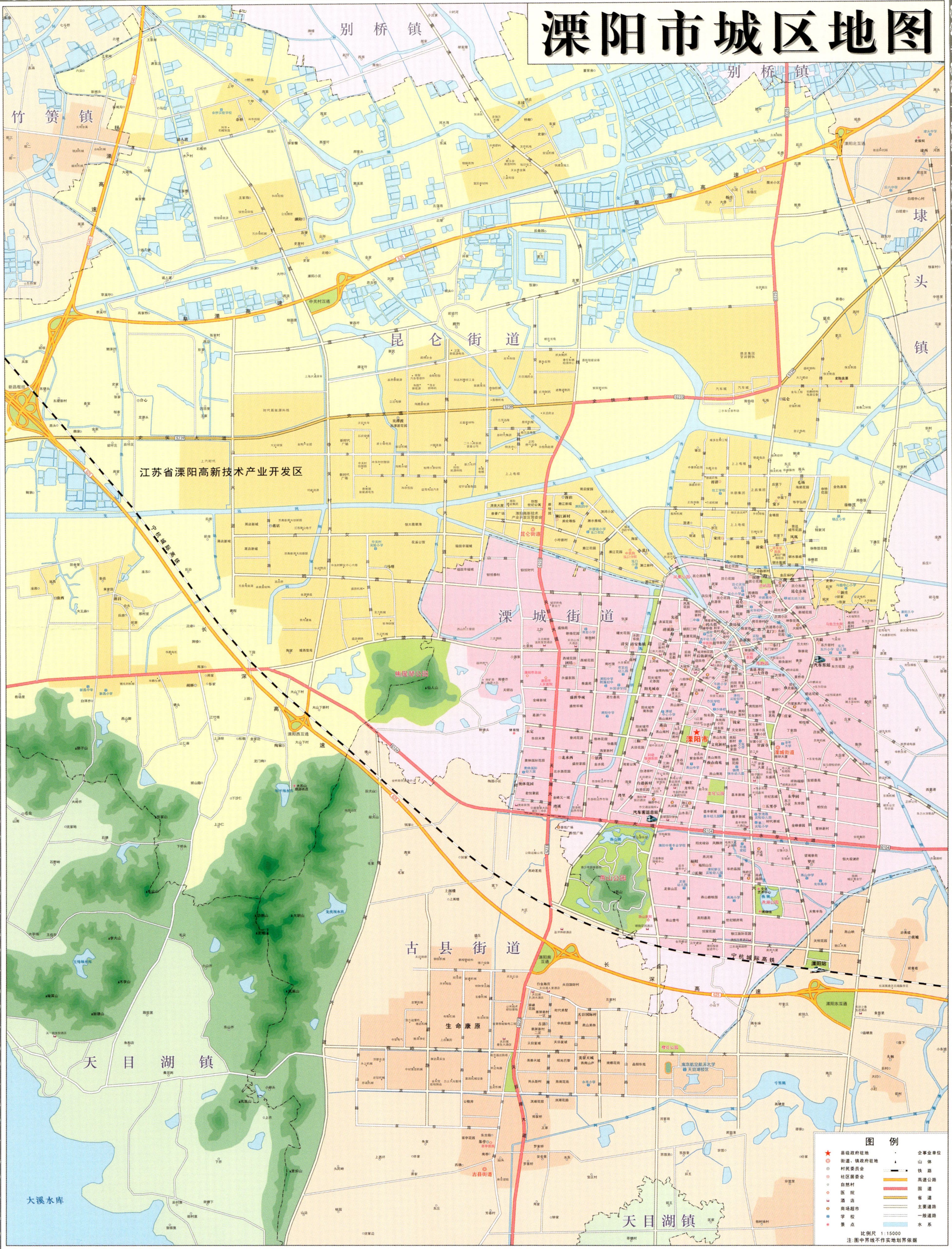

溧阳市城区地图 2021年12月印刷 审图号:苏D(2021)21号 溧阳市民政局 监制 常州市测绘院 编制

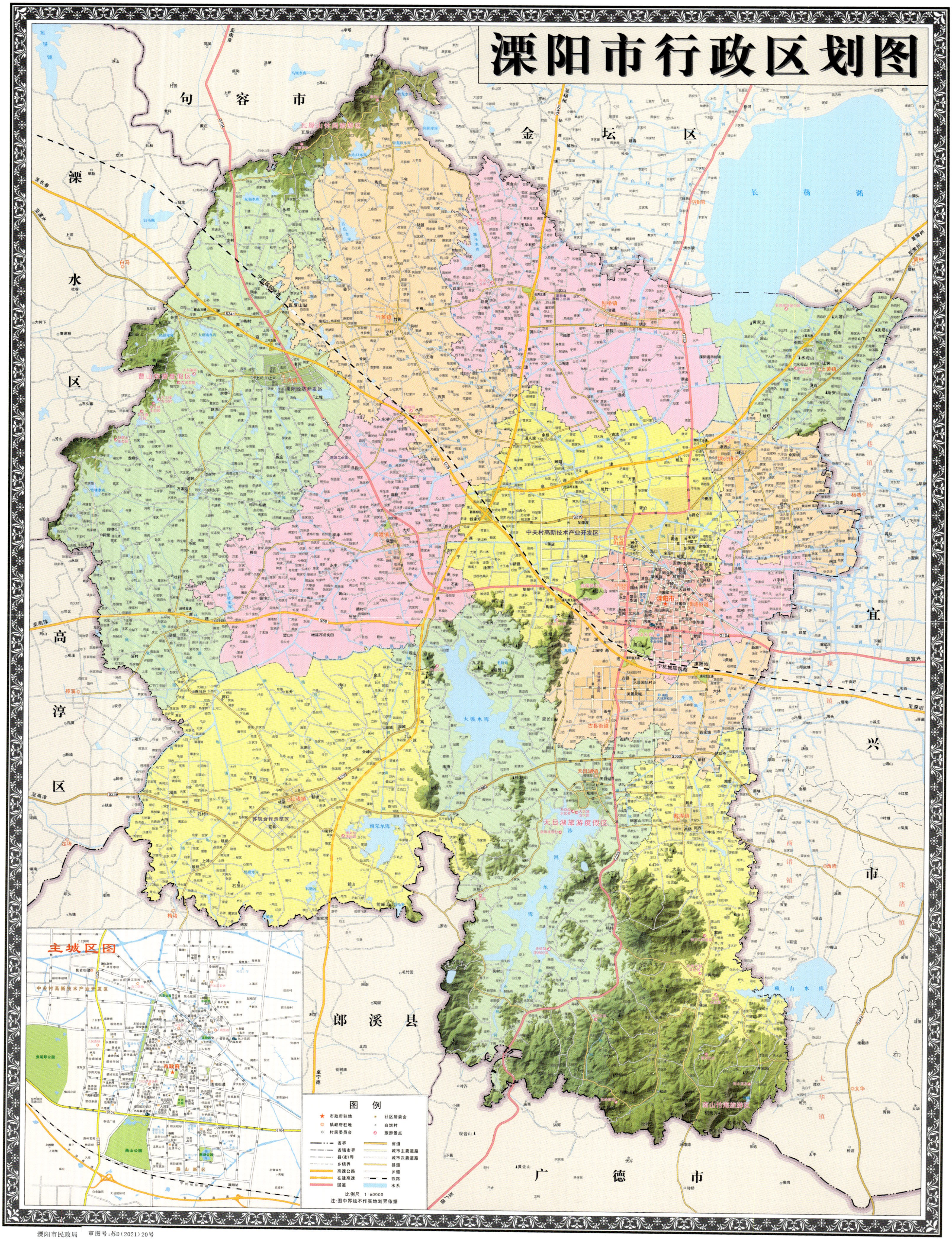

溧阳市民政局 审图号：苏D（2021）20号

目　录

特　载

大　事　记

溧阳概况

中共溧阳市委员会

溧阳市人民代表大会

溧阳市人民政府

政协溧阳市委员会

中共溧阳市纪律检查委员会（溧阳市监察委员会）

民主党派·群众团体

军 事·法 治

城乡建设

资源环境管理

开 放 开 发

区域发展和合作

农业农村

工　业

建　筑　业

商贸流通

旅 游

邮政·通信

金融业

综合管理

科学技术

教　育

文 化 · 传 媒

体　　育

卫生与健康

社 会 生 活

镇·街道

人物・先进集体

附　　录

索　引

Main Contents

Feature Articles

A Chronicle of Major Events

A Survey of Liyang

Liyang City Committee of the Communist Party of China

Liyang City People's Congress

Liyang City People's Government

Liyang City Committee of the Chinese People's Political Consultative Conference

Liyang City Commission for Discipline Inspection of the Communist Party of China Liyang City Supervisory Commission

Democratic Parties and Mass Organizations

Military and Rule by Law

City and Country Construction

Resource and Environment Management

Opening-up and Development

Regional Development and Cooperation

Agriculture and Rural Areas

Industry

Building Industry

Commerce and Trade Circulation

Tourism

Post and Communication

Banking Industry

Integrated Management

Science and Technology

Education

Culture and News

Sports

Hygiene and Health

Social Life

Town and Streets

Advanced Individuals and Collectivities

Appendix

Index

坚定使命信念 跨越万水千山
全面铺展“处处绿水青山 家家金山银山 人人寿比南山”美好画卷

——在市委十二届十三次全会上的讲话

徐华勤

（2020 年 12 月 28 日）

同志们：

在新一年奋斗开局、“十四五”奋进开篇、绿色现代化奋发起势的关键时期，我们召开市委全会，主要任务是深入学习贯彻党的十九届五中全会精神和习近平总书记视察江苏重要讲话指示精神，全面贯彻落实省委十三届九次全会和常州市委十二届十一次全会决策部署，以项目建设为核心，总结今年工作，部署“生态品质巩固提升年”主要任务，动员全市上下发扬“勇争一流、耻为二手”的常州精神，团结、实干、开放、创新，奋力开启长三角生态创新示范城市建设新征程，以社会主义现代化建设试点的优秀成果向建党 100 周年献礼，在江苏书写“争当表率、争做示范、走在前列”的新时代答卷中争当优等生、争创新示范。

下面，我根据市委常委会会议讨论的精神，讲五点意见。

一、坚持用党的十九届五中全会精神和习近平总书记视察江苏重要讲话指示精神坚定前行方向

党的十九届五中全会擘画了我国未来五年以及十五年的发展新蓝图。习近平总书记在全会上对进入新发展阶段、贯彻新发展理念、构建新发展格局作出了一系列新论断、新部署、新要求。全会闭幕后，习近平总书记首次到地方视察就来到江苏，赋予江苏“争当表率、争做示范、走在前列”的重大使命，这是江苏现代化建设的总纲领、总命题、总要求，是我们谋划未来发展的重大战略指引和根本遵循。在前不久召开的省委十三届九次全会上，“践行‘两争一前列’，展现‘强富美高’现代化新图景”是鲜明主题。娄勤俭书记强调，立足继往开来的时代方位，要把已经取得的成就作为事业新的起跑线，全面把握新发展阶段的新任务新要求，更加自觉地深入解放思想、担当作为；面对“两个大局”交织激荡的时代背景，要做好应对挑战、用好机遇的充分准备，以高度定力办好自己的事，牢牢掌握发展主动权；肩负为全国探路的重大责任，要牢记江苏在全国、在长江经济带发展中的重要地位，把握发展规律、坚持系统观念，充分展现江苏现代化建设的探索性、创新性、引领性，确保“十四五”

发展开好局，在全面建设社会主义现代化新征程上迈好第一步、展现新气象。在刚刚闭幕的常州市委十二届十一次全会上，“建好明星城，开启现代化”贯穿全篇。齐家滨书记指出，要坚决贯彻落实党中央决策部署和省委全会精神，在入脑入心遵照执行、融会贯通自觉落实、把握规律创造性开展工作的基础上，大力弘扬“勇争一流、耻为二手”的常州精神，坚持不懈抓创新、抓环境、抓项目，深入开展“重大项目攻坚突破年”活动，强力推进“五大明星城”建设，奋力打造“国际化智造名城、长三角中轴枢纽”，努力成为全省现代化建设走在前列的一面旗帜。

新思想指导新实践，新使命呼唤新作为。当前和今后一段时期，学习好、宣传好、贯彻好、落实好党的十九届五中全会精神和习近平总书记视察江苏重要讲话指示精神是首要政治任务。我们要按照省委和常州市委统一部署，以生态创新的绿色现代化率先实践，体现贯彻落实的领先担当。要从新发展理念的逻辑起点找到贯彻落实的实践支点。深刻把握新发展理念蕴含的发展规律，聚焦长三角生态创新示范城市目标愿景，把握好宁杭生态经济带在长三角城市群中的功能与地位，突出在生态、交通、经济和科技四个方面打造“美丽宁杭新支点”；把握好国家城乡融合发展试验区试点契机，以促进城乡经济协合、城乡环境契合、城乡生活翕合、城乡治理匡合“四项融合”为方向，突出在农村宅基地“三权分置”实现形式改革、生态产品价值交易、城乡公共服务均等化布局和县域社会治理现代化四个方面形成制度，创设“城乡融合试验田”，系统、双向、持续打通“两山”价值转化路径，以“处处绿水青山，家家金山银山，人人寿比南山”的有力展现，深刻诠释习近平总书记提出的“人与自然和谐共生的现代化”现实模样。要从新发展阶段的时代判断坚定贯彻落实的方向决断。辩证看待危机并存、危中有机、危可转机的形势与变化，认识到世界百年未有之大变局背后的主要推动力量是中华民族伟大复兴的不断前进。在这样的大变局中，谁能把下先手棋、打主动仗的事情办好，谁就能开好顶风船、逆风破浪行。当前，溧阳总体仍处在发展转型、区域突围、城市提升的“三个关键时期”，必须在保护的基础上推进生态与生产、生活空间的功能融合，实现生态优先；必须通过提升先进制造、高端休闲、现代健康、新型智慧“四大经济”总量并促进互相融合，形成在长三角城市群和南京都市圈产业布局中的分工与地位，实现产业优升；必须把法治环境、营商环境以及“聚焦上海、远拓京深，联动六县、融宁接杭”的发展格局落到实处，实现开放优容。“三优”导向既是一个系统，更是必须坚持的方向。只有这样，才能在发展转型上以产业比较优势实现在城市群、都市圈中的协作，在区域突围中以经济总量的突围创造与苏南城市相匹配的地位，在城市提升上通过品牌打造来实现城市知名度和影响力的提升。要从新发展格局的战略谋划明晰贯彻落实的行动计划。构建以国内大循环为主体、国际国内双循环互相促进的新发展格局，是党中央的战略决策，是对高质量发展的状态描述。县域服务新格局、融入新格局的结合点就是要实现供给侧改革和需求侧管理的精准对接，在溧阳就是推动空间拓展与崛起长三角协同谋划、生态涵养与提升知名度协同推进、产业培育与深度城镇化协同互动、民生共享与增强辐射力协同发展“四个协同”，内塑实力形象、外聚优质资源，从而以生态美丽绽放绿色魅力、产业美好释放发展动力、文化美妙展放时代张力、生活美满燃放幸福活力，努力实现更高质量、更有效率、更加公平、更可持续、更为安全的发展。贯彻新发展理念，把握新发展阶段，融入新发展格局，归根结底是要把习近平总书记“两争一前列”的殷切嘱托落实到争当“五个示范”的创造性实践中。坚持从最有基础的事情干起，最能突破的领域入手，最具特色的方面发力，争创公园城市示范展现“人城境业”和谐图景，争创全域旅游示范开启“三生共融、三全可享”崭新篇章，争创产业集群示范强壮实体经济筋骨，争创乡村建设示范率先基本实现农业农村现代化，争创区域协作示范更好融入长三角一体化发展，努力形成更多集成化案例、制度性成果和规律性经验，不断提升长三角生态创新示范城市建设的底气和底色。

同志们，全面铺展“处处绿水青山、家家金山银山、人人寿比南山”美好画卷，还有很长的路要走，还有很多的困难要面对，很多的问题要化解。生态创新路，万水千山程。只有坚定跨越万水千山的信念与意志，我们的美好愿景才有可能变成现实。跨越万水千山，就是要面对机遇、咬定目标，把“远学海宁、近追启东”的任务落到实处；跨越万水千山，就是要面对风险、尊重常识，正确应对和灵活把控产业风险、债务风险、社会稳定风险特别是项目招引风险，坚决防止出现方向性错误。跨越万水千山，就是要面对改革、大胆探索，在推动发展与地方特色、制度、路径、方式、着力点的紧密结合中梯次推进、迈向一流，万众一心阔步奔向生态创新的绿色现代化。

二、非常时期的非凡业绩为“吃上五年苦，不负十三五”画上完满句号

特色田园乡村——礼诗圩村　（葛逸洲　摄）

展望崭新征程，奋斗尤可追忆。即将过去的2020，是多年来未曾经历、多年后仍将铭记的重要年份。一年来，全市上下万众一心、众志成城，在奋臂举首的非常时期奋发蹈厉，取得了难中有进、难而有为的非凡业绩。我们用百亿项目宣示“志不求易”的发展坚定，总投资176亿元的德龙高端不锈钢项目、总投资15.7亿美元的赛得利莱赛尔项目当年签约、当年开工，总投资280亿元的曹山未来城建设加速推进。用百倍努力展示“事不避难”的突破高度，以现代化建设试点统筹的“1+8”试点工作创出了品牌、干出了影响，高分通过全国文明城市、全国卫生城市三年复评，创成国家全域旅游示范区。用百强进位昭示“永不停滞”的争先气象，溧阳位列“2020中国县级市全面小康指数百强榜”第19位，中国社科院县域经济综合竞争力百强县第25位，胡润百富选择在溧阳全球首发《中国最具投资潜力区域百强榜》。经历了重大考验的溧阳愈加显示出发展的韧劲与奋斗的活力。

这是苦干精彩收官的一年，也是实干开创新局的一年。一年来，市委着重围绕以下几方面开展工作：一是始终坚持用新思想解放思想、凝聚共识，把党的建设融入各项工作、各个方面。创造性推动新发展理念落地生根，推动党旗飘在一线、堡垒筑在一线、党员冲在一线。“三凭一看”优化干部结构，不拘一格选拔年轻干部。完善“干部为事业担当，组织为干部担当”工作机制，常态化发布容错纠错案例，党员干部干事创业精气神有力提振。二是始终保持办好自己事的定力，坚持把工作的着力点放在全面发力“双突破”、实现“双决胜”、夺取“双胜利”上。不仅交出了疫情防控始终低风险的过硬答卷，而且统筹推进“六稳”“六保”工作助推经济承压反转，更是以足够的信心和底气展现出高水平全面小康的现实模样，以大胆试、大胆闯的坚毅和勇气取得了全省社会主义现代化建设试点的领先成果。三是始终把稳定实体经济放在首位，努力创造尊重企业家、鼓励抓创新的环境与氛围。出台新一轮发展“四大经济”和“天目湖英才榜”行动计划强化政策支撑，优化企业绩效评价体系、精准扶持和要素差别化对待措施推动创新创业，常态化举办企业家焦尾琴沙龙，评选“溧商回乡创业功臣”、“服务家乡招商引资功臣”和“溧阳荣誉市民”创优发展环境，让“像尊重科学家一样尊重企业家”成为推动高质量发展的鲜明导向。四是始终创造一切条件提升城市知名度，全力扩大在长三角与南京都市圈的影响力。美丽乡村建设成为常州样板，特色田园乡村数量全省第一，文明城市建设水平稳居全国第一方阵，同担“1+8”试点全国唯一，创成全国“绿水青山就是金山银山”实践创新基地，“三生共融”打造“溧阳样本”的做法被生态环境部列入全国绿色发展示范案例。“溧阳1号公路”冠名京沪高铁覆盖沿线40余个重点城市，全域旅游代表江苏站上全国舞台，中央电视台、《人民日报》《新华日报》等主流媒体高频关注，“美音自在溧阳”城市品牌更加响亮。五是始终立足长远抓当前，以“撤县设市”30周年经验开启更为长远发展的谋划。广泛、深入开展庆祝“撤县设市”30周年系列活动，凝聚生态创新共识，在传承赓续、继往开来中明晰溧阳发展的根本路径，明确“十四五”规划的重点方向。面向未来完成行政区划调整，天目湖生命康原建设开启城市新中心，全面启动龙政线东段迁改释放空间资源，“一路两廊”拉开公园城市建设大格局，打造焦尾琴公园搭建“城市会客厅”。全方位融入长三角一体化，溧阳加入南京都市圈，苏皖合作示范区、长三角产业合作区推动溧阳迈向全国省际边际地区绿色发展新示范。

一年披荆斩棘，五年接续奋进。站在“十三五”收官的当口回望五年，重大项目突破、全域旅游发展、全国文明城市创建“三大任务”以超预期的成绩实现了圆满收官，各种层次、各个方面的考察团、调研组纷至沓来，区域突围中的溧阳站在了全新的发展起点上。我们在“凝聚精气神，建设新溧阳”的共鸣中同心同德、一路同行，全面凝聚起“团结、实干、开放、创新”的城市精神，点燃“胸怀大格局、闯出新作为”的干事激情。这是我们赢得当前、决胜长远的先决条件。我们在“依靠溧阳人，办好溧阳事”的共担中协力携手、一往无前，所有出生在溧阳、生活在溧阳、工作在溧阳、创业在溧阳，籍贯在溧阳、成长在溧阳和曾在溧阳生活过、工作过以及所有对溧阳心有所属的人们同心奋斗、同力向前，以每个人的“精彩一笔”成就整座城市的“华彩一章”。这是我们最值得依靠和信赖的力量所在。我们在“只要肯奋斗，一切皆可能”的共识中突围突破、一苇以航，一次次先行先试的探索，一个个从无到有的突破，让我们坚信只要心中有理想，认准有利于溧阳发展的事、有利于打好基础的事、有利于群众受益的事，大胆试、大胆闯，就一定能变不可能为可能，不断书写新的溧阳故事。这是我们超越自我、跨越万水千山的制胜之道。

三、以“生态品质巩固提升年”开启“再吃五年苦，奋进十四五”崭新征程

时间丈量发展的进度，也标示攀登的高度。五年艰辛，80万名溧阳人民凭着勇往直前的一股劲，一以贯之践行生态创新路，用苦干实干加巧干交出了一份厚重提气的答卷，向时代兑现了“吃上五年苦，不负‘十三五’”的郑重承诺。登高望远，我们提出“再吃五年苦，奋进‘十四五’”，就是要全面激荡敢于吃苦的担当勇气、乐于吃苦的奉献胸怀、同甘共苦的团结境界，在砥砺前行、果敢前进中，为未来吃苦，为溧阳吃苦，在城市竞争力跃升上突进、城市知名度提升上迈进、城市影响力攀升上精进，吃得苦中苦，成就“十四五”。

作为开局起步的2021年，我们确定“生态品质巩固提升年”主题，就是要从基础做起，把基石打牢，为发力“四大经济”、迈向绿色现代化蓄势聚能、开辟空间。重点把握好“六个原则”：一是必须始终把旗帜鲜明讲政治摆在首位。以高度的政治自觉，坚持把党的十九届五中全会精神和习近平总书记视察江苏重要讲话指示精神作为统揽一切工作的总纲领、总命题、总要求，增强“四个意识”，坚定“四个自信”，做到“两个维护”，坚决扛起新的重大使命。要在省委和常州市委的坚强领导下，提高政治判断力、政治领悟力、政治执行力，更富创造性地落实中央要求，以奋发有为的责任担当，创造更多的溧阳经验、溧阳样板。二是必须强调把加快发展作为重中之重。发挥企业的主体和主导作用，全面落实纾困惠企各项政策，加大力度持续深化“放管服”改革，更大力度减事项、减环节、减材料、减时间、减费用，为困难时期的企业发展创造良好条件。当前来讲，企业招工困难、重点项目员工宿舍不足问题反响强烈。要在招商引资、招才引智的基础上强调招工引匠，抽调专门人员分片区成立工作专班，为企业用工需求做好对接。江苏省中关村高新区、经开区要加大力度推进人才公寓建设，用两年时间实现“房等人”。要抓住明年消费恢复性增长契机，大力推动“电动溧

长三角物理研究中心 （葛逸洲　摄）

阳”建设，创造更多文旅消费供给。坚持以重大项目为牵引扩大有效投资，把“十四五”投资的重点放在前两年，争取更多项目纳入国家和省、市“盘子”，争取更多专项债券。围绕重点板块重点发力，江苏省中关村高新区、经开区、苏皖合作社渚先导区在全市工业经济中的比重要达到75%以上，天目湖生命康原在全市投入计划中的比重超过20%。确保明年全市地区生产总值增长7.5%左右，力争9%左右；公共财政预算收入确保增长6%，力争7%左右；工业应税销售收入和规上工业产值均确保增长12%左右，力争15%左右；全社会固定资产投资确保增长8%左右，力争10%左右；城乡居民人均可支配收入确保增长7%左右，力争8%左右，实际到账外资、全社会研发投入占GDP比重、空气优良天数、单位GDP能耗和主要污染物排放总量削减等指标完成上级下达任务。三是必须坚持把“以人民为中心”落实到让群众真正看到变化、得到实惠、感到自豪上。要形成城市框架承担未来城市发展，重点谋划以芜申运河——城中河、焦尾琴大道形成城市发展轴；重点完成溧宁高速、宁杭高速水西互通、焦尾琴公园隧道、燕山南路、宁杭与溧高高速连接线、码头街至天目湖大道段，重点建设焦尾琴大道北段、龙山大道南延北拓、104国道规划改线段、市域交界通道整治等工程丰富城乡交通网；重点推动连淮扬镇铁路南下经溧向西线型优化，沪宜轻轨西延与宁溧轻轨东进在溧阳交会，创造城际轨道线，从而为溧城、昆仑、古县三个街道构成的中心城区奠定中等城市规模，为上兴、社渚两个组团丰富交通条件、完善城市功能。要加快补齐农村公共服务短板，进一步扩大农村优质供水供给，大力实施乡村教育卫生事业提档升级工程，完善城乡同质、普惠共享的基本公共服务体系。要大力办好民生实事，深入推进城乡公交一体化、城市交通畅通化，加快实施城乡助困惠老提升、公厕改造提质、停车功能提标、文化惠民提效等重点工程，让群众更好享受改革发展成果。四是必须坚定把统筹各项试点出成果作为激活动能的有力支撑。以全省社会主义现代化建设试点为统揽，在协同推进8项国家级试点的同时，紧扣关键领域突破，重点构建以生态容量评价体系为基础的市场化区域生态补偿机制，打造生态产品交易市场和“生态银行”，为生态资源转化为生产资料创造制度条件。深化农村宅基地“三权分置”实现形式改革，推动生活资料转化成休闲资源。大力推进新型城镇化示范县城建设，强化城乡公共服务布局区域化、片区化对接，从人口分布的角度统筹解决好城乡公共服务配置问题。整合力量推动网格化管理与基层治理合二为一，加快打造可复制、可推广的县域治理现代化样板，提升试点建设的影响力、价值力、示范力。五是必须突出把科技创新摆上重要日程加大力度推进。突出创新平台建设，推动南航提升方案、中关村软件园溧阳基地和重庆大学智慧城市学院（溧阳）落地。突出企业自主创新能力培育，积极组建主导产业、骨干企业研发联盟，加快实现规上工业企业、高新技术企业研发机构全覆盖。突出政府支持企业创新，整合资源设立科技创新发展基金，“一企一策”集成扶持科技型企业。突出产业与人才协同互动，大力实施“政府顾问”制度集聚高层次专家学者，用好“天目湖英才榜”吸纳各类人才，通过加大力度引进高层次教师人才、创办高水平基础教育学校为各类人才解决“后顾之忧”，推动人才引进向产业集聚人才与人才吸引产业并重转变。六是必须努力把安全发展的局面稳定好。以创建省级安全发展示范城市为抓手，在完成安全生产专项整治行动一年“小灶”任务的基础上，深入开展安全生产专项整治三年“大灶”行动，坚决杜绝重特大安全事故，实现事故起数和死亡人数同比双下降。全面建设更高水平的平安溧阳，持续开展道路运输安全专项整治，抓好重点领域突出信访问题挂钩督办与治理，全力守护发展成果。

基于以上原则，重点办好“开局七件事”：一是加快建设“一路两廊”。围绕“路网优化、环境提升、配套完善、文化丰富、品牌推介”，大力实施“溧阳1号公路”内涵提升工程，优化部分区域线型，打通全线所有堵点，赋予全程人文气质，显露全域优质景观。实施森林长廊全景勾画工程，建成城区示范段，开工建设“十二望楼”；推进溧阳琴廊全线规划落地，在完成一期工程的基础上加快推进重点线段，集中精力把“两廊”交会的焦尾琴公园打造成“城市会客厅”。二是深度发力乡村建设。抽调精干力量组建乡村建设工作专班，实行乡村建设项目申报制，提高乡村建设在板块考核中的权重。提高标准、提升设计，以工匠精神雕琢美丽乡村，确保做一个成一个，重点打造若干精品民宿村。探索建立网格化、集成化农村人居环境长效管理机制，统筹落实交通、水利、农田、村庄等各项保洁管护内容及资金，优化骨干路网、重点景观路沿线垃圾桶设置等细节管理，提升乡村建设精致水平。对标国家级创建标准，完成现代农业产业园规划，启动园区基础设施建设和环境整治，推进天目湖白茶小镇、蓝城悠然南山特色田园乡村、曹山田园综合体、青虾全产业链建设等重点工程，探讨上兴与白马联动建设田园综合体，做强城乡产业协同发展平台。三是强力推进生命康原。毫不动摇加快天目湖生命康原建设，高质量编制区域控规，深化城市设计。高速度推进征收征地和企业收储搬迁工作。高标准建设南航二期、省中医院溧阳分院、明顿国际学校等项目，全面启动山水中心、美音剧院、白龙池公园、美好生活中心等重点工程。高起点培育生命科学、休闲健康产业特色。咬定"十四五"成势成型目标，奠定中等城市规模，彰显山水城市特色，丰富旅游城市内涵，打造溧阳城市发展新中心，迈向世界知名、全国一流、区域领先的现代化健康智慧活力城。四是融入情怀改造团城。以积极创建省级历史文化名城为契机，改造团城书院巷、费家巷历史街区，打造宝塔湾团城古街，修复古城墙遗址，复建文昌阁和跃龙桥，对老城区进行功能完善、产业升级，提升承载力，改善人居环境。以改善群众居住条件为目的，加强老城区危旧房调研与改造计划落定，加快老城区片区开发计划实施，抓好1–2个城中村城市化改造、危旧房成片改造。以业态转型升级和基层社会治理建设为抓手，以规划建设和业态运营共同谋划为方法，探索城市现代化前进中新旧城区共生共建的发展方向，通过城市建设开展城市运营供给侧创新，延续历史文化传统，提升老城厢风情。五是持续攻坚环境治理。深入打好"蓝天、碧水、净土"保卫战，确保污染防治攻坚综合考评位居常州第一方阵。创新城乡生活污水处理设施运维机制，成立专班开展农村污水处理工程监控，强化处理设施协同监管，确保正常运行，严格达标排放。深化上黄、上兴、社渚等涉矿区域环境整治，强力推进金峰、天山水泥廊道建设，从根本上改变有关镇区环境整体面貌。六是勠力抓好水源保护。以对历史负责、为子孙尽责的态度，大力实施新一轮天目湖水源地保护行动计划，统筹推进农业面源削减、上游来水净化、生态修复等八大工程，确保饮用水源安全。以深化区域供水一体化为抓手，围绕"同源、同网、同质、同服务"要求，实施南部山区供水改造提升和北山片区环状供水工程，加快实现中心水厂与天目湖水厂、南渡水厂的互联互通。更大力度推进水厂管网更新，加快实施自来水深度处理，提高供水企业智能化管理水平，让城乡居民都喝上优质的放心水。七是高点建设文明城市。锚定第七届全国文明城市复查"全国前十、全省前三"的目标，以规范市民行为、提升文明素养为重点，不断巩固文明城市建设成果，着力开展不文明行为、私人产权广场、门前三包、农村移风易俗等专项整治，全面提升城乡文明程度，本质提高文明城市建设水平。以群众满意为最高标准，推进"五堂一站"微民生工程向农村延伸，推动凡人善举成就城市集体人格，让"温暖温情溧阳城，向上向善溧阳人"成为城市的生动写照。

四、把项目是硬通货、话语权、试金石落实到每一个领域和每一个环节

项目是溧阳决胜未来的永恒主题，常州将连续五年开展"重大项目攻坚突破年"活动。我们要牢固树立"项目为王"理念，把项目建设作为奋进"十四五"的核心基因。上项目就是上实力，有项目就是有地位。项目落在哪里，要素就跟到哪里，因此项目是配置要素的"硬通货"；谁有项目，谁的意见就得到重视、想法就获得支持、资源就得到保障，因此项目是获取支持的"话语权"；干部选拔任用，要突出项目招引一线考察、聚焦权衡项目推进实效评判，因此项目是检验干部的"试金石"。明年重点从四个方面发力。一是围绕"四大经济"方向突破重大产业项目。以创新发展、绿色发展、融合发展为导向，推动先进制造经济围绕新基建、新材料、航空零部件等领域形成新兴力量；高端休闲经济打造品牌优势，加大品牌酒店、创意文旅、夜间产品、溧阳茶舍等优质产品供给；现代健康经济奠定基本格局，加快补齐高端康养、健康制造等产业短板；新型智慧经济明确突破方向，推动5G通信、人工智能等领域项目落地。以构建全国一流产业集群为目标，推动土地、资金、人才、用工等资源向头部企业倾斜，助力核心骨干企业提升资源整合、技术攻关能力，积极参与行业标准制定，提升产品竞争力和行业话语权，让头部企业发挥头雁效应。以"人人有责、人人担责、人人尽责"为追求，明确镇区项目招引任务，江苏省中关村高新区至少引进超百亿元或10亿美元工业项目1个、超50亿元或5亿美元工业项目1个、超10亿元或1亿美元工业项目10个；经开区引进超50亿元或5亿美元工业项目1个以上、超30亿元或3亿美元工业项目1个以上、超10亿元或1亿美元工业项目6个以上；苏皖合作社渚先导区引进超30亿元或3亿美元工业项目1个以上、超10亿元或1亿美元工业项目4个以上；别桥、竹箦、南渡镇各引进超10亿元或1亿美元工业项目2个以上；上黄、埭头镇各引进超10亿元或1亿美元工业项目1个以上。以高端休闲健康产业为重点，突破旅游业重大项目，天目湖旅游度假区引进超30亿元或3亿美元项目1个以上、超10亿元或1亿美元项目2个以上；曹山旅游度假区引进超10亿元或1亿美元项目2个以上；戴埠镇引进超10亿元或1亿美元项目2个以上。古县街道围绕生命科学、文旅康养领域引进10亿元或1亿美元项目2个以上；溧城街道引进现代服务业或生产性服务业项目2个以上，业内大型知名餐饮企业2家以上；现代农业产业园引进重大优质农业项目2个以上。物流既是一个城市产业发展的需要，也是一个城市经济繁荣的体现。要科学规划布局产业物流基地和区域物流支点，加快建设常州港。二是围绕实施精准招商建立市外基地。立足江苏省中关村高新区产业基础和科创资源，搭建上海、深圳招商基地，吸引重大优质产业项目入驻；立足经开区“接轨南京第一站”目标定位，建立南京招商基地，积极吸引创新资源、创业资本落户，全力突破重大先进制造业项目；立足天目湖旅游度假区提档升级，设立杭州招商基地，集聚精品酒店、大型综合体、文创设计等高端项目，提高品牌知名度与核心竞争力。充分发挥商会人脉关系、专业特色，为项目招引牵线搭桥、提供信息，将其打造成溧阳人招商、企业家招商、产业链招商的“工作站”“服务团”。三是围绕新型城镇化要求推动基础设施项目。抢抓机遇、乘势而上，以深化新型城镇化建设示范县城试点工作为抓手，认真做好可行性报告和可研性研究等前期工作，加大向上衔接力度，确保资金资源争取规模继续位居全省前列。提高政府性投资项目运作效率，及早谋划、规范运行，确保排定的基础设施项目在明年一季度大部分开工、上半年全部开工。安置房建设等重点领域要加快进度、把控质量，体现城市的温暖和历史的良心。四是围绕规上企业翻番目标加强载体建设。紧扣“十四五”规上工业企业“翻番”目标，建立充实“小升规”企业培育库，强化服务帮助解决小微企业“成长的烦恼”。别桥、上黄、埭头、竹箦等资源比较紧张的镇，要深挖潜力，吸引社会资本因地制宜建设一批高标准的标准厂房，为中小企业入驻提供载体。要重点破解“融资难”问题，通过搭建银税互动平台、银商合作平台、“双创”贴息贷款平台等新型政银企合作平台，力争小微企业贷款增速不低于各项贷款增速，确保明年净增规上工业企业80家以上。

项目是撬动高质量发展的“杠杆”，我们的政策资源都要为之倾斜。在考核体系上突出权重，强化项目在镇区考核中的“第一权重”地位，在落实体量考评的同时，释放追求更好质量、更强真实性的强烈信号。动真碰硬惩处虚假项目行为，一经查实视情节轻重，对镇区考核实行降档处理，对所在板块主要领导和相关责任人予以通报批评乃至处分。在工作力量上突出聚集，坚持把最强的力量配备到最需要的项目上，完善领导挂钩服务重点项目制度，对30亿元以上项目，从我开始，市四套班子主要领导和副书记、常务副市长亲自挂钩，确保推进顺畅。每月继续开展“项目招引流动红旗”评选，每月开展重大项目集中开工，持续项目攻坚热潮。在干部使用上突出优先，坚持项目是最大实绩，招引项目是最大能力。对靠前攻坚项目的干部要关心关怀，对项目招引成效显著的干部要优先使用，以鲜明用人导向在全市推动形成“向往项目一线、扎根项目一线、成长项目一线”的生动局面。

五、大力开展“三效三提”专项行动凝聚党员干部精气神

开启崭新征程，作风是形象，更是力量。我们要深入开展“效能提标、效率提速、效绩提质”作风建设专项行动，以作风改善的有效作为，推动开篇开局的有力起步。

一要瞄准靶向警醒“三种心态”。即部分党员干部中存在的“宁无为不犯错”的心态，习惯把困难和特殊挂在嘴上，凡事都要上级拍板，避免自己担责，怕冒风险、怕得罪人，只求不出事，宁愿不做事，为官不为的官僚主义倾向比较突出。“宁无用不创新”的心态，习惯上面怎么规定怎么干，以前怎么干现在就怎么干，因循守旧、墨守成规，做工作更多是为了应付考核、完成任务，缺乏创造性抓落实的积极性、主动性。“宁无视不守矩”的心态，有意无意选择性忽视，对市委、市政府明确的要求置若罔闻、视若无睹，甚至有的肆意妄为、肆意乱为；有的人干事时总是考虑“能得到什么”多，甚至换公家之益去为企业谋不当之利，不看全局、不顾大局。这“三种心态”表面上是工作、业绩、成效的差距，其实质是责任缺失、担当缺位的问题。必须旗帜鲜明反对、坚定坚决破除。

二要有的放矢开展“三强活动”。坚持问题导向，开展“明规定强规矩”活动，各镇区、各部门要对照市委、市政府明文规定和明确要求，认真学习、系统梳理、逐一对照，把思想认识和具体行动切实统一到既定的决策部署上来。要用实践来检验规矩意识，围绕闲置土地清理、违法占用耕地、编外用工清理、经营场所违建整治等重点领域，进一步落实部门责任，对拖延塞责、我行我素的严肃追责。开展“固基本强基础”活动，从最起码的规范、流程抓起，全面落实年度重点任务首位市级机关部门牵头负责制，组织开展好电子工作日志常态化检查，抓日常、抓基本、抓规范。要建立健全干部管理警示提示机制，对工作疏忽疏漏造成不良影响的，分领域、看轻重予以“亮丑”和通报。要在镇区、街道组织开展“寻找老支书，建设新农村”活动，在村党员干部中开展“进万家门、知万家情”活动，让基层干部真正成为发展的带头人、群众的贴心人。开展“奖创意强创新”活动，在继续开展“工作创新奖”评选的同时，着眼于更好激发党员干部个人创新活力，在市级层面探索建立工作创意搜集、反馈、运用的渠道和机制，根据实绩实效大张旗鼓予以奖励激励，真正让个人创意被组织看见，个人创造被组织认可。

三要突出实效落实“三项机制”。用案例引导敢为，进一步完善“干部为事业担当，组织为干部担当”的工作机制，常态化梳理总结通报“容错纠错”实践案例，引导干部厘清公私界限，放开干事手脚，浓厚“宽容无心之过、理解担责成过、允许将功补过”氛围。用考核激励作为，按照工作性质和岗位实际，持续优化市级机关和镇区、街道考核评价办法，完善国有企业薪酬管理和经营业绩考核机制，研究完善江苏省中关村高新区等重点开发区全员绩效考核方案，多措并举强化正向激励，让“实干者实惠、多劳者多得”。用评选鼓舞有为，在落实单项工作集体荣誉的同时，对在获得国家、省级督查激励中表现突出的个人予以记功，在选拔使用上优先考虑、优先安排。市委组织部牵头，每季度评选一批市、镇机关部门服务基层、服务企业、服务群众的“服务之星”，以服务争先推动发展抢先。要围绕纪念“建党100周年”时间节点，评选百名党员先锋模范，全面激发党员干部“心无旁骛干事业、一心一意谋发展”的澎湃热潮。

同志们，再过三天就是新年首月。首月要有首位意识，当有首发作为，必须抢抓时机、紧抓节点，着力开展“九项工作”。一是一着不让抓好疫情防控，在常态化防控的基础上，认真落实上级要求，出台并落实春节期间减少企业外来员工流动的实施意见，最大限度减少非必要人口流动。二是集中精力开好“两会”，真正将其开成弘扬“团结、实干、开放、创新”精神、激发“再吃五年苦，奋进十四五”干劲的大会。三是抓好年前综合考核，推动各项考核考评有机衔接，确保省高质量考评保位争先，常州综合考核确保优胜，争取更多国家和省专项督查激励。四是积极开展对上争取，在排清排定各类投资项目、做深做细前期工作的基础上，全力向上沟通对接，最大化争取资金资源。五是精准发力防范风险，统筹做好重要领域、重点群体矛盾纠纷排查化解工作，积极稳妥防范资金风险、债务风险，确保社会大局平稳有序。六是落实安全生产责任，打好省安全生产专项整治行动“收官战”，开展节前重点部位和重点场所隐患风险排查检查，确保安全生产形势稳定。七是组织重大项目集中开工，以项目攻坚首月“开门红”开启全年发展“一片红”。八是关心群众“两节”生活，统筹抓好元旦、春节期间市场供应、食品卫生、安全监管等重点工作，认真组织开展节前各类走访和困难群众慰问帮扶活动，营造安定祥和的节日环境和安全和谐的社会氛围。九是统筹准备好“十四五”开局各个会议，提前谋划组织好市“生态品质巩固提升年”动员大会以及各条线、各领域重要会议，确保开局起步目标同向、责任压实、推进有力。

同志们，跨越万水千山，最好的方式是出发，最短的距离是拼搏。让我们高举习近平新时代中国特色社会主义思想伟大旗帜，在省委和常州市委坚强领导下，切实担负起“争当表率、争做示范、走在前列”的光荣使命，奋力开启长三角生态创新示范城市建设新征程，以优异成绩迎接党的百年！

政府工作报告

——在溧阳市第十六届人民代表大会第五次会议上

叶明华

（2021 年 1 月 6 日）

2020 年工作总结和“十三五”简要回顾

过去的一年，是极不平凡的一年，面临的风险挑战前所未有，肩负的历史重任前所未有，经受的时代考验前所未有。我们坚持以习近平新时代中国特色社会主义思想为指导，团结和依靠全市人民，坚持“双引领”[1]，发力“双突破”[2]，攻坚“双决胜”[3]，统筹推进疫情防控和经济社会发展，不仅在第一时间控制住了疫情，较早迈入全省低风险地区；而且全力做好“六稳”工作、落实“六保”任务，奋力夺取了“双胜利”；更是以决胜全面建成小康社会取得的决定性成就、社会主义现代化建设试点取得的领先性成果，向溧阳“撤县设市”三十周年献礼。在做好常态化疫情防控的前提下，百亿元项目接续突破，经济增长好于预期，全年地区生产总值增长 4.6%，人均 GDP 突破 2 万美元，公共财政预算收入 73.8 亿元，城乡居民人均可支配收入 4.51 万元，入选全国农村宅基地制度改革试点城市、国家级新型城镇化建设示范县城，商事制度改革、财政管理、制造业创新转型、粮食工作获省政府激励表彰，创成全国“绿水青山就是金山银山”实践创新基地、国家全域旅游示范区，位居“2020 中国县级市全面小康指数百强”第 19 位。如今，致力建设“长三角生态创新示范城市”的溧阳，正昂首阔步奔向生态创新的绿色现代化。

这一年，我们坚持以党建引领发展，大力弘扬“实干强市”主旋律，切实发挥政府党组在奋力夺取“双胜利”过程中把方向、管大局、保落实的重要作用，主要做了以下几方面工作：

一、千方百计稳住发展“基本盘”，经济运行态势稳中向好。守牢疫情防控“安全线”，及时按下经济回暖“快进键”。深化精准扶持推动经济复苏。积极落实各级防疫惠企政策，兑现减税降费、社保减免等惠企资金 30.93 亿元。及时出台 2 批、18 条专项扶持政策，直达企业资金 4400 余万元。规上工业总产值、工业应税销售收入分别增长 10.4% 和 11.4%。全力稳定外向型经济，进出口总额增长 6% 左右。率先发放 3000 万元旅游电子消费券，举办茶叶节、旅游节、爱情泼水节、“四美”丰收节等活动，持续推动旅游市场回暖。“米袋子”“菜篮子”保障有力，实现生猪稳产保供，粮食产量稳定在 4 亿公斤以上，农村电商销售额增长 34.5%。“天目湖白茶”入选首批省级特色农产品优势区名单。获评国家农产品质量安全市。出台新一轮建筑业精准扶持政策，建筑业施工总产值增长 4%、入库收入增长 5%。强化要素保障激发经济活力。全年向上争取用地指标 1.36 万亩，盘活存量土地 3200 余亩。争取资金近百亿元，其中上级转移支付资金 27 亿元、各类债券资金 66.9 亿元。贷款余额突破千亿元，普惠型金融领域贷款余额占比 14.8%，位列常州辖市区第一。减免电费超亿元。解决用工缺口 1.16 万个。入选省级重大科技计划项目 2 个，认定高新技术企业 68 家、省级以上“三站三中心”[4] 18 家。引进领军人才或团队项目 23 个、高层次人才 307 人。刘啸嵩团队获评省“双创团队”。刘文洲荣获“全国劳动模范”称号。科技镇长团工作成效明显。优化营商环境助力实体经济。完善市领导挂钩重点企业和项目机制，举办企业家焦尾琴沙龙，积极为企业排忧解难。推广复制经济发达镇“1+4”改革模式[5]，推进基层“三整合”[6]改革，完成镇村两级政务服务中心标准化建设。完善招商项目“代办制”，深化“六个办”[7]建设，“溧即办”政务服务品牌愈发响亮。面对严峻考验，政企民同心同向共促发展，全市经济“基本盘”总体稳固，并彰显出强大的生机活力。

二、克难奋进点燃项目“主引擎”，产业转型升级步伐加快。创新开展“月通报、夺红旗”活动，全面掀起攻坚重大项目热潮，全年引进10亿元以上项目32个。全社会固定资产投资增长5.1%。工业质态再提升。总投资15.7亿美元的赛得利莱赛尔项目当年签约、当年开工。申特重整取得突破，总投资176亿元的德龙高端不锈钢项目成功入驻。总投资60亿元的大唐电力燃机热电项目、50亿元的上汽房车生活家平台项目成功签约。中科院物理所长三角研究中心、上上特高压特种电缆、华鹏超高压变压器等重点项目有序推进。净增规上工业企业70家。规上工业亩均产值增长7%、亩均税收增长14.2%。工业入库税收增长13.6%，纳税超亿元的企业达9家，金峰集团超10亿元。安靠智电、时创能源、江南烘缸获评国家专精特新“小巨人”企业，新认定省级专精特新企业4家。金源高端装备被工信部评为绿色工厂。新认定“国家制造业单项冠军产品”2个。丁山华荣获江苏省省长质量奖提名奖。文旅品牌再升级。总投资60亿元的天目湖休闲文旅特色街区、30亿元的中国再生医学健康管理中心等重大项目顺利签约。国际高端品牌瑞吉酒店选定我市作为入驻的首个县级城市。曹山未来城加速建设，先导展示区对外开放，古桥水镇、会展中心及酒店项目全面开工。竹溪谷、火车来斯等文旅新产品投运。天目湖旅游公司、新四军江南指挥部纪念馆获评全国研学旅行基地。溧阳入选全国乡村旅游精品线路推荐名单，获评中国十佳体育旅游精品目的地。载体建设再强化。部分行政区划变更落定，发展空间不断优化。江苏中关村扩围提质，创成国家绿色园区，入选县域创建国家级高新区试点。经济开发区功能不断完善，苏皖合作示范区建设加速。天目湖镇上榜“全国乡村特色产业十亿元镇”。天目湖生命康原启动建设，樱花公园成为网红打卡点，国家健康医疗大数据应用示范中心与产业园建设试点市成功签约。竹箦绿色铸造获批国家火炬特色产业基地。虽然转型发展任务艰巨，但只要聚力重大项目突破，就能推动溧阳阔步前行。

三、创新作为下好试点“先手棋”，绿色崛起动能不断增强。以现代化建设试点为突破，集聚高质量发展绿色动能。在系统集成上强统筹。组建“四大试点”工作专班，统筹推进社会主义现代化建设试点、国家城乡融合发展试验区、全国乡村治理体系建设试点和全国新时代文明实践中心试点工作，加强试点任务与谋划“十四五”发展、美丽溧阳建设等重大部署的衔接，系统提升试点经验。在制度探索上求突破。建立天目湖流域水生态容量评价体系，生态产品交易机制开拓“两山”相互转化新路径。稳慎探索宅基地改革，形成宅基地基准地价、竞价择地、资格权退出及置换等一系列实施细则。构建“党建引领、三治融合、网格管理”乡村治理体系。健全“五大平台”[8]协同机制，建立文明实践阵地“资源库”，推动志愿服务标准化、制度化、生活化。在实践样本上抓示范。“三生共融”[9]的“溧阳样本”入选生态环境部绿色发展案例。生态产品交易市场被国家发改委作为典型案例推广。农村宅基地改革多点并进，戴埠镇以及4个试点村探索不断深化。构建“1+4”城乡产业协同发展平台[10]，现代农业产业园建设迈开步伐。完成北水西村、胥泊村撤村建居试点。“百姓议事堂”经验被中宣部向全国推广。新时代文明实践工作走在全省前列。苏皖合作示范区合作机制创新和实体公司运作齐头并进。健全“一岭六县”[11]协商机制，构建“一岭六县”智慧政务一体化平台，跨区域交流合作日益密切。抢占试点机遇是当前区域竞合的焦点，尽管我们先行先试，但仍需快马加鞭、奋力突破。

曹山火车莱斯　　（融溧阳　供稿）

四、全力以赴决胜三大“攻坚战”，全面小康成色更足更亮。聚力打好打赢三大“攻坚战”，确保全面小康经得起历史和人民的检验。高质量决胜脱贫攻坚。出台就业、教育、医疗等“一揽子”政策对冲疫情影响，建档立卡低收入群体全部实现脱贫。“领导挂钩、企业联村、干部帮户”机制被《新华日报》头版头条报道。基本养老金、低保、特困供养标准持续提高。困难群体全部纳入城乡居民基本养老保险，重度残疾人护理补贴实现全覆盖。高起点强化污染防治。深度治理大气污染，$PM_{2.5}$平均浓度下降12%，空气质量优良天数比率达82%。实施新一轮天目湖保护三年行动，完成区域治污一体化工程，农村污水治理实现行政村全覆盖。国省考核断面、水源地水质优Ⅲ类比率100%。城市固体废弃物焚烧发电水泥窑协同处置中心建成投运，生活垃圾处理实现“全量焚烧”。污染防治攻坚考核位居常州辖市区前列。高标准防范化解重大风险。深入推进26个重点领域安全生产专项整治行动，实施道路交通安全综合整治三年行动，事故数量明显下降。突出抓好金融风险防控，帮助企业应急转贷28.3亿元，“政银担”累计担保余额7.1亿元。强化国有资金资产管理，2家国有企业获“AA+”主体信用评级。科学应对严峻汛情，全市未出现重大险情和灾情。获评全国深化小型水库管理体制改革样板市。常态化开展扫黑除恶专项斗争。完善公共卫生应急体系。连续2年获评全省信访工作先进市。荣获全省法治政府建设示范市称号。决战决胜高水平全面建成小康社会，为开启探索绿色现代化新征程奠定坚实基础。

五、凝心聚力织密民生“保障网”，群众幸福指数持续提升。完成“五提升一建设”[12]为民实事，兜住疫情“大考”下的民生底线。努力改善人居环境。入选全省美丽宜居城市建设综合试点城市。编制公园城市规划，建立“公园城市”指标监测体系。“溧阳1号公路”成为全省唯一入选的“全国十大最美农村路”。溧阳琴廊和森林长廊启动实施，焦尾琴公园加快建设。高质量通过干线公路“国评”。入选全省首批城乡公交一体化建设试点和全国深化农村公路管理养护体制改革试点。区域供水一体化步伐加快。“敞墙透绿”工程、犬只规范管理、控违拆违攻坚成效突出。城市长效管理考核位居常州辖市区前列。高分通过全国文明城市、国家卫生城市三年复评。完成新一轮镇村布局规划，大力提升村庄人居环境，新增省级特色田园乡村3个。着力创优公共服务。新建和改扩建汤桥幼儿园等10所幼儿园，完成东升小学等3所学校续建工程，启用平陵高中新校区，加快建设南航天目湖校区二期、明顿国际学校。省人民医院溧阳分院与南京医科大学共建教学医院，省中医院溧阳分院新院启动建设。举办第二届“溧商大会”，表彰“两大功臣”[13]，设立“读书台”讲坛，凝聚在外乡贤力量。广泛开展庆祝“撤县设市”三十周年系列活动，承办中国柔道锦标赛等赛事活动，在丰富群众生活的同时不断提升城市影响力。全力强化社会保障。坚持把稳就业摆在更加突出位置，新增就业超1.4万人，城镇登记失业率1.8%。稳步推进社会保障扩面提标，健全基本医疗保险、大病保险和医疗救助制度。深入推进基本医疗保险异地就医直接结算。市级老年人日间照料中心投入运行，政府购买居家养老上门服务覆盖老人4.3万名。“救急难”经验在全省推广。慈善指数名列全国前十。与此同时，第七次全国人口普查工作有序推进，人民武装、退役军人事务、供销合作、妇女儿童、审计、民防、气象、住房公积金、邮政、通信、海关、烟草、盐务、防震减灾、消防救援、新闻出版、民族、宗教、地方志、科普、红十字、侨务、台湾事务等工作取得新成绩。越是困难年景，我们越是要扎实办好民生实事，不断提高人民群众幸福指数。

各位代表，2020年全市经济社会发展取得的成绩来之不易，为“十三五”收官增添了浓墨重彩的一笔。“十三五”期间，全市人民聚焦“三大工程”[14]，聚力“四个协同”[15]，沉着应对挑战，奋力攻坚突破，新发展理念扎根溧阳大地，高质量发展成为时代最

长荡湖湿地公园　　（胡超杰　摄）

强音，“强富美高”的成果更加丰硕，谱写了溧阳发展史上的新篇章。

五年来，我们坚持空间拓展与崛起长三角协同谋划，更加开放的溧阳活力绽放。强化区域交通互联，溧高高速、360省道溧阳段、341省道先导段、456省道先导段建成通车，新设高速互通3个，区域一体化交通网络更加顺畅。主动融入国家战略，跻身上海大都市圈，加入南京都市圈，深化对深圳、杭州产业招商；首倡苏皖合作示范区建设获国家发改委批复，携手“一岭六县”共建长三角产业合作区被纳入长三角地区主要领导座谈会“八项倡议”；积极扩大国际“朋友圈”，现有国际友城9个，“长三角的溧阳”正驶向更为广阔的“蓝海”。

五年来，我们坚持生态涵养与提升知名度协同推进，精彩展示更富魅力的溧阳。聚焦打赢污染防治攻坚战，累计关停采石矿、砖瓦窑、石灰窑、码头等199个，关闭化工企业84家，取缔“散乱污”企业1238家，生态修复矿山51个。建成天目湖、长荡湖两个国家湿地公园，美丽乡村建设成为常州样板，省级特色田园乡村数量位居全省第一，干净、整洁、舒适成为全域环境的新评价。荣获世界长寿之乡、中国美丽乡村建设示范县、国家园林城市、国家生态文明建设示范市等美誉。“生态创新”实践在传承赓续、继往开来中明晰溧阳发展的根本路径，并荣膺“中国创新榜样”。

五年来，我们坚持产业培育与深度城镇化协同互动，更具实力的溧阳阔步前行。从“四大开发”[16]传承发展而来的“四大经济”[17]，成为探索绿色现代化的着力点。聚焦“四大经济”产业方向，五年引进百亿元项目7个。“四大经济”增加值占经济总量比重突破50%。地区生产总值、建安施工产值迈上千亿级台阶，工业应税销售收入超1900亿元。聚力产城融合发展，“一中心两副城”[18]县域空间格局、“一核两区多基地”[19]产业发展格局、“三山两湖一团城”[20]全域旅游格局初步形成。溧阳位居全国县域经济综合竞争力百强县（市）第25位、中国工业百强县（市）第24位、中国未来投资潜力百佳县（市）第5位。

五年来，我们坚持民生共享与增强辐射力协同发展，更有温度的溧阳汇聚力量。创新民生实事人大代表票决机制，每年兴办一批民生实事。城乡居民人均可支配收入年均增长8.4%。南京航空航天大学、省人民医院、省中医院纷纷入驻，带动周边地区共享优质教育医疗资源。肩负“八大国家级试点”[21]，入选全国“四好农村路”示范县，蝉联全国文明城市，公众安全感稳居全省第一方阵，获评“2020中国最具幸福感城市”。群众幸福感的提升激发了全社会共建美好家园的责任感，在2020年疫情防控中，充分展现了溧阳人众志成城的磅礴力量。

这些成绩的取得，是市委正确领导、统揽全局的结果，是依靠市人大和市政协有效监督与大力支持的结果，是全市人民共同努力的结果。在此，我谨代表市人民政府，向全市人民和广大干部，向市人大代表、政协委员，向各民主党派、工商联、人民团体、离退休老同志、无党派及社会各界人士，向驻溧阳部队指战员、武警官兵和公安政法干警，向所有参与和关心、支持溧阳发展的中外投资者、科技工作者、务工人员、海内外朋友，表示衷心的感谢和崇高的敬意！

各位代表，在看到成绩的同时，我们也清醒地认识到：经济发展的不确定性仍然较大，“六稳”“六保”任务依然艰巨繁重；企业经营困难增多，产业技术创新能力还不强，“四大经济”培育、新旧动能转换步伐亟待加快；生态文明、城乡建设、民生保障、社会治理等方面仍存在短板，民生改善还有大量工作要做；政府系统工作人员的作风建设有待进一步加强，为基层减负的力度还要加大。对此，我们将高度重视，采取有力措施，努力加以解决。

“十四五”发展愿景和2021年工作重点

各位代表，当前和今后一个时期，溧阳仍处于奋力赶超的关键时期，机遇和挑战都有新的发展变化。面对外部环境前所未有的挑战和困难，我们必须迎难而上、攻坚克难。当前，全球疫情和宏观环境日趋复杂，我们要深度融入新发展格局，坚决守住“保”的底线，筑牢“稳”的基础，凝聚“进”的力量，在危机中育先机、于变局中开新局。面对高质量发展争先进位的比拼和日趋激烈的区域竞争，我们必须先行先试、奋力赶超。在长三角经济版图中，我们要强化“标兵在前追兵在后，满足现状就是落后”的危机感，把“争第一、创唯一”写在发展旗帜上，努力在激烈竞争中抢占先机、争创优势。面对实现美丽溧阳的愿景和人民对美好生活的期盼，我们必须苦干实干、久久为功。打造“美丽中国典范”是常州市委赋予溧阳的历史重任，我们要以“功成不必在我”的定力、“功成必定有我”的担当，高起点建设以公园城市为愿景的美丽溧阳，让生态美丽、产业美好、文化美妙、生活美满“四美与共”成为溧阳人民幸福生活的鲜明特质。

展望“十四五”，我们要高举习近平新时代中国特色社会主义思想伟大旗帜，深入贯彻中共十九大和十九届二中、三中、四中、五中全会精神，深刻领会习近平总书记视察江苏重要讲话指示精神，切实扛起“争当表率、争做示范、走在前列”的重大使命，重点聚焦“长三角生态创新示范城市”这一目标愿景，把握美丽宁杭新支点、城乡融合试验田“两个定位”，坚持生态优先、产业优升、开放优容“三个导向”，推动空间拓展与崛起长三角协同谋划、生态涵养与提升知名度协同推进、产业培育与深度城镇化协同互动、民生共享与增强辐射力协同发展“四个协同”，争创公园城市、全域旅游、产业集群、乡村建设、区域协作“五个示范”，开启“处处绿水青山、家家金山银山、人人寿比南山”的绿色现代化新征程。

在绿色现代化建设的新征程中，今后五年的奋斗重点，就是把“十四五”发展规划提出的“五个示范”，落实到一项项“国家级、千亿级”创建的具体任务上来：高标准完成国家级新型城镇化建设示范县城试点任务，初步奠定生产生活生态空间相宜、人城境业高度和谐统一、公园形态和城市空间有机融合的公园城市格局，争创公园城市示范；全面提升高端休闲产品供给和旅游服务质量，深度推动文旅融合、体旅融合、农旅融合、康旅融合，丰富“全景、全时、全龄”旅游业态，积极创建国家级夜间经济集聚示范区，塑造千亿级休闲健康经济，打造全国知名的长三角休闲康旅目的地，争创全域旅游示范；创成国家级高新区，启动国家级经开区创建，规划建设“江苏省中关村高新区—南渡工业园区—溧阳经济开发区”产业带。以先进制造为主体抓龙头、铸链条、建集群，在加快推动动力电池产业实现千亿级的基础上，再造1—2个千亿级、1—2个五百亿级产业集群，争创产业集群示范；深入推进国家城乡融合发展试验区、全国乡村治理体系建设试点、全国农村宅基地制度改革试点建设，新建省级特色田园乡村15个以上、美丽宜居乡村60个以上，力争实现国家级农业产业园和国家级农业产业化龙头企业“双突破”，争创乡村建设示范；突出“聚焦上海、远拓京深，联动六县、融宁接杭”，推动上海优质资源资本更多涌入溧阳，全力攻坚北京、深圳等区域产业招商，携手“一岭六县”共建长三角产业合作区，深度融入南京都市圈、杭州都市圈，争创区域协作示范。到“十四五”期末，我们将努力实现：地区生产总值达1550亿元，力争1700亿元；公共财政预算收入突破100亿元，力争120亿元；规上工业企业超600家，力争850家；工业经济总量突破3000亿元，力争4000亿元；“四大经济”比重突破60%，城乡居民人均可支配收入突破6.5万元。我们相信，只要所有溧阳人都秉持“用实干争当‘美溧先锋’，用奋斗再创‘靓溧精彩’”的信念，扎扎实实把我们想做的事、要做的事做好，“十四五”的辉煌必定属于我们，溧阳的明天必定更加美好！

2021年，是建党100周年，是“十四五”开局之年，是现代化建设进程中具有特殊重要性的一年，做好今年工作意义重大。我们要坚持稳中求进工作总基调，立足新发展阶段，贯彻新发展理念，构建新发展格局，以推动高质量发展为主题，以深化供给侧结构性改革为主线，以改革创新为根本动力，以满足人民日益增长的美好生活需要为根本目的，全面贯彻市委十二届十二次、十三次全会精神，围绕建设长三角生态创新示范城市目标愿景，深入开展“生态品质巩固提升年”活动，巩固拓展疫情防控和经济社会发展成果，更好统筹发展和安全，扎实做好“六稳”工作、全面落实“六保”任务，确保“十四五”开好局、全面建设社会主义现代化起好步，以优异成绩庆祝建党100周年！

2021年经济社会发展主要预期目标是：地区生产总值增长7.5%左右；公共财政预算收入增长6%左右；工业应税销售收入和规上工业总产值均增长12%左右；全社会固定资产投资增长8%左右；城乡居民人均可支配收入增长7%左右，实际到账外资、全社会研发投入占GDP比重、空气优良天数、单位GDP能耗和主要污染物排放总量削减等指标完成上级下达任务。

为实现上述目标，我们要切实把思想和行动统一到市委决策部署上，进一步明晰目标导向和行动指南。一要深化创新驱动发展战略。坚持把创新作为引领发展的第一动力。以江苏中关村创建国家级高新区为抓手，大力推进科技创新，加快集聚高端要素、发展高端产业。以试点探索为契机，政府带头创新，着力推进发展理念、体制机制、政策举措等全面创新。鼓励各类企业家、各方面人才勇挑创新重担，让创新成为全社会共同行动。二要坚持扩大内需战略支点。加快“电动溧阳”建设，深化全域旅游开发，着力提升传统消费，培育新型消费，切实增强消费对经济发展的基础性作用。以重大项目建设为引领扩大有效投资，强化重点板块投资强度，充分发挥投资牵引市场需求的关键作用。三要保持生态优先战略定力。深入开展“生态品质巩固提升年”活动，切实以经济发展方式绿色转型为重点，夯实生态品质基础；以污染防治攻坚持续深化为重点，彰显生态品质魅力；以公园城市总体框架勾勒为重点，丰富生态品质内涵；以生态价值转化机制创新为重点，释放生态品质红利，厚植溧阳绿色崛起的基底。四要营造争先创优浓厚氛围。坚持将省委关于“常州要勇争一流，争创更多第一唯一，成为我省现代化建设走在前列的一面旗帜”的期盼和常州市委大力弘扬“勇争一流、耻为二手”精神的要求，落实到开启“再吃五年苦，奋进十四五”崭新征程中去，深入开展“效能提标、效率提速、效绩提质”活动，持续强化机关作风建设，努力推动各项工作走在全省乃至全国前列，为“十四五”时期争创“五个示范”打下坚实基础。

各位代表，做好今年工作，我们将重点抓好四个方面：

一、培育绿色发展动能，让美丽溧阳美得更有底气。以创新发展、集群发展、融合发展驱动“绿色引擎”，构建溧阳经济长远发展的战略优势。突出科技创新核心地位。加快推进中科院物理所长三角研究中心、中关村软件园溧阳基地等创新平台建设，努力促成南京航空航天大学研究生院、重庆大学智慧城市学院落地。积极组建主导产业、骨干企业研发联盟，搭建“链通溧阳”科技对接平台、产业互联网平台。设立科技创新发展基金，实现科技创新财税激励常态化，促进各类创新要素向企业集聚，集成扶持科技型企业。年内实施重大产学研合作项目50项以上，认定高新技术企业38家、省级以上“三站三中心”9家。深化新一轮“天目湖英才榜”三年行动，推动向产业集聚人才与人才引育产业并重转变，确保年内引进高层次人才280人以上。狠抓重大项目攻坚突破。每月开展重大项目集中开工和“项目招引流动红旗”评选，持续项目攻坚热潮。围绕精准招商建立市外基地，突出“引大扶优”，严把投资强度、技术层次、产出贡献“三道关口”，力争在百亿级、50亿级基地型重大项目上持续突破，在重大外资产业项目招引上再获突破，确保全年引进超10亿元人民币或1亿美元项目25个以上。围绕重大产业项目、基本建设项目，不断完善代理代办、定期督查等机制，着力跑出项目建设“溧阳速度”。强化要素保障。加大力度盘活低效、闲置用地，确保争取土地指标5000亩以上。加强政银企联动，全力降低企业融资成本，全年信贷增量高于上年、信贷服务优于周边。完成白鹤滩—江苏特高压直流输电工程(溧阳段）和龙政直流线路迁改建设。聚焦企业用工需求，统筹化解“招工难”问题。创优项目载体。启动建设江苏中关村智创绿廊，支持经济开发区创建国家级经开区，提升苏皖合作社渚先导区功能和形象，加速天目湖、南山旅游区提档升级，推动曹山创建国家级旅游度假区，精心打造“产业定位明晰、园区规划完备、特色发展显著”的镇级产业园。促进产业集聚集群发展。聚焦“四大经济”，拓展产业链条，做大产业集群，切实增强产业链供应链自主可控能力。加快德龙高端不锈钢、赛得利莱赛尔等重大项目建设步伐，打造产业“新地标”。鼓励本土企业扩大规模上项目，大力发展核心装备、成套设备，加速向高端产业链、高质产品链、高效价值链攀升，力争动力电池产业链创成省级卓越产业链。加强对新基建、新材料、航空零部件等领域的战略性布局，重点推动5G通信、人工智能等领域项目落地，努力在新技术、新产业、新模式、新业态上开疆拓土。实施“小升规”三年行动，大力推进“个转企、小升规、规改股、股上市”，确保全年净增规上工业企业80家以上、新增股改企业15家以上，力争企业上市2家。科学规划布局产业物流基地和区域物流支点，加快建设“溧阳港”。围绕“龙头培育、资质提级、市场开拓”，精准扶持建筑业高质量发展。加快推进曹山未来城、天目湖休闲文旅特色街区、瑞吉酒店、中

城市夜景 （葛逸洲 摄）

国再生医学健康管理中心等文旅项目建设，加大品牌酒店、创意文旅、夜间产品、溧阳茶舍等产品供给，打响江南铁军教育学院红色研学品牌。

二、彰显宜居家园品质，让美丽溧阳美得更有形态。坚持精心规划、精美设计、精致建设、精细管理，充分彰显溧阳宜居之美。塑造“全域洁净”的环境品牌。加大“控煤、治污、管车、降尘”力度，确保空气质量排名保持全省前列。深化水源地保护，大力实施天目湖流域污染控制与水质提升，力争三年行动两年完成，确保饮用水源安全。统筹水生态综合治理，规范入河（湖）排污口管理，深化农村支流整治，努力实现“清水绿岸、鱼翔浅底”的目标。创新城乡生活污水处理设施运维机制，强化监督管理，确保正常运行，严格达标排放。开展污染场地土壤综合治理与修复试点。深化涉矿区域环境整治，强力推进金峰、天山水泥廊道建设，提升现代农业产业园整体环境面貌。实施“生态绿城”建设行动计划，让山水之美可进入、可参与、可欣赏。勾勒“公园城市”的总体轮廓。以公园城市理念为引领，完成国土空间规划编制。深化“一路两廊”建设，聚焦“路网优化、环境提升、配套完善、文化丰富、品牌推介”五项重点，推动“溧阳1号公路”提档升级，显露全域优质景观，赋予全程人文气质，加速集聚人气商机；推进“溧阳琴廊”全线规划落地，让“行在琴韵间，人在画中游”成为溧阳新的休闲方式；实施森林长廊全景勾画工程，完成城区示范段，开工建设“十二望楼”，构建独具魅力的城市标识；精心建设焦尾琴公园，致力打造高品质的“城市会客厅”。完成天目湖生命康原区域控规编制和城市设计深化，加大征地征收和企业收储搬迁力度，完善管廊道路、景观水系等基础设施，高标准建设南航二期、省中医院溧阳分院、明顿国际学校等项目，全面启动山水中心、美音剧院、白龙池公园、美好生活中心等工程，大力培育生命科学、休闲健康产业特色，全面掀起天目湖生命康原建设热潮。营造“可观可感”的精美城市。以深化全国文明城市建设为统领，围绕经营秩序、交通秩序、施工秩序、小区秩序等群众关切的热点，突出城郊接合部、城中村、老旧小区、背街小巷等长效监管的重点，聚焦违法乱建、乱贴乱画、架空线网等影响市容的难点，大力整治群众反映强烈的城市管理顽疾。实施城市交通畅通工程，完成溧宁高速、宁杭高速水西互通、焦尾琴公园隧道、燕山南路、宁杭与溧高高速连接线、码头街至天目湖大道段，加快建设焦尾琴大道北段、龙山大道南延北拓、104国道规划改线段、市域交界通道整治等工程。加快老城区片区开发计划实施，抓好1–2个城中村城市化改造、危旧房成片改造。改造团城书院巷、费家巷历史街区，打造宝塔湾团城古街，修复古城墙遗址，复建文昌阁和跃龙桥，留住城市记忆。以提升文明素养为重点，着力开展不文明行为、农村移风易俗等专项整治，持续推动新时代文明实践工作走在全省前列。打造“人人向往”的美意田园。以创建国家级农业产业园的标准，完成现代农业产业园规划并启动重点基础设施建设。因地制宜布局“一村一品”专业村，大力发展生态精品农业，争创省主题创意农园2家以上。积极探索农村宅基地改革，加速推进试点村建设，加快集体经营性建设用地入市步伐。围绕美丽宜居目标，强化镇村布局规划严肃性，有力有序推进农民集中居住和农房改造，以“两清两拆”[22]为重点完成农村人居环境整治村庄120个以上，打造若干精品民宿村，争创3–5个省级特色田园乡村，让美意田园从诗情画意中走出来。

三、补好民生突出短板，让美丽溧阳美得更有温度。坚持以人民为中心，让发展成果有更多“民生含量”、发展成效有更高“幸福指数”。富民增收要在务求实效上下功夫。坚持就业优先战略，加大职业技能培训、就业创业扶持、公益岗位开发力度，确保新增就业超1.5万人，促进本地劳动力就业超6000人、扶持自主创业1400人以上。实施“万企联万村、共走振兴路”工程，完善“领导挂钩、企业联村、干部帮户”机制，持续推动富民强村。社会保障要在兜底救急上有作为。积极实施基本医疗保险和生育保险常州市级统筹。大力提高社会保障力度，城乡居民基本养老保险基础养老金上调14.5%，城乡低保提高至每人每月940元。探索实施“支出型”贫困家庭救助政策，大力发展社会福利和慈善事业，启动市级特困中心建设。实施“银发健康体检服务”工程，新建3家镇级老年人日间照料中心、3个农村如意小食堂。持续稳定商品房价格，加快推进人才公寓和安置房建设。公共服务要在优质均衡上塑品牌。以入选国家级新型城镇化建设示范县城为契机，强化城乡公共服务布局区域化、片区化对接，促进公共服务设施提标扩面。实施城乡公交一体工程，实现城乡公交线路“一张图网”、经营“一个主体”、票价“一同标准”、服务“一样水平”。深化农村公路管理养护体制改革，探索建立权责清晰、齐抓共管的农村公路管理养护体制机制。实施全域安全供水工程，努力实现全域供水“同源、同质、同网、同价、同服务”，让城乡居民都喝上优质的放心水。新建和改扩建学校校舍20所，大力提升教育健康设施。深化“府院合作”，推动省人民医院溧阳分院科研教学中心和临床重点专科建设取得突破，新建20家村卫生室，完善83家村卫生室设备配备，改造新昌卫生院等4家卫生院。建设美溧美音小剧场5个、24小时城市书房10个。精心办好茶叶节、旅游节、观灯节、爱情泼水节、迷笛音乐节、全民健身节、第九届全民运动会等活动。深入开展庆祝建党100周年系列活动，创新融媒体宣传产品，讲好“溧阳故事”。

四、守好安全发展底线，让美丽溧阳美得更有保障。坚持把安全发展理念贯穿发展各领域和全过程，筑牢城市“安全屏障”。慎终如始加强疫情防控。清醒认识疫情防控的复杂性长期性，压实“属地、部门、单位、个人”四方责任，健全“及时发现、快速处置、精准管控、有效救治”的常态化防控机制，防止疫情反弹反复。健全公共卫生服务体系和应急机制，提高应对重大突发公共卫生事件的能力。深入开展爱国卫生运动，引导广大市民培养良好个人卫生习惯，让“防疫有我，爱卫同行”成为行动自觉。从严从紧狠抓安全生产。以创建省级安全发展示范城市为引领，深入开展安全生产专项整治三年行动，全面提升本质安全水平，全力实现“一杜绝双下降”[23]。开展危险化学品使用安全专项治理行动，实施“危污乱散低”出清提升行动，强化道路运输、建筑施工安全专项整治，狠抓流动加油车（船）、燃气安全、消防安全整治，确保隐患见底、整改彻底。系统集成创新社会治理。深化“智慧城市”建设，加快跨区域、跨部门、跨层级的数据资源集成运用，实现社会治理、政务服务“一屏统览”“一网统管”，让城市运行更加高效、百姓生活更加舒心。深化网格化治理与基层治理融合，形成“第一时间发现问题，高效迅速解决问题”治理格局。推进“万村善治”工程，深入开展“三官一律”[24]进网格等活动，让矛盾问题化解在基层。高质量完成村居“两委”换届。健全扫黑除恶长效常治机制，提升社会治安防控整体效能，营造稳定和谐的社会环境。

各位代表，民生实事由人民做主。在前期广泛征求意见、充分研究论证的基础上，市政府初排了9个方面28件重点民生实事候选项目，请各位代表审议票决。

团结实干再出发

各位代表，“十四五”目标已经确定，唯有团结一心，方能汇聚起共促发展的磅礴力量；唯有苦干实干，美好蓝图才能成为现实。展望“十四五”，我们要传承发展好“团结实干”精神基因，使之成为政府工作的鲜明特征，成为全社会的自觉追求。

一、把“团结实干”体现在同心同向的干事氛围上。坚持以党建引领发展，自觉接受人大、政协监督，积极听取社会各界意见建议，充分发挥在外乡贤和商会作用，切实把各方面力量汇集到溧阳绿色崛起上来。鼓励社会资本参与标准厂房、园区孵化器建设，投向生态建设、社会事业等领域，激发社会资本活力。坚持不懈创优政务服务，引领全市上下形成团结拼搏、共创大业的生动局面。以打响“溧即办”品牌为抓手，深化“一件事”改革，推进政务服务事项“掌上办”，打造升级版企业开办专区，高质量实现“1230”[25]目标。深入推进基层政务服务管理标准化，全面推行“全科窗口”。开展江苏中关村“园区事园区办”示范建设。加快推进“一岭六县”智慧政务、智慧文旅、智慧养老建设，实现高频政务服务事项“跨省通办”。确保营商便利度位居全省第一方阵。

二、把“团结实干”落实在敢闯敢试的担当作为上。立足先行先试，深化生态产品交易市场建设，探索用能权、碳排放权等更多生态产品价值核算机制，创成国家生态产品价值实现机制试点城市。积极向上争取，在项目、资金、政策等方面为溧阳争取更多、更大的支持。完善政府顾问制度，强化政府智库建设，加强对重大发展问题开展前瞻性调研。从严打击违章建设、违法用地、违规垦殖等行为，努力打赢征收清零行动、闲置土地清理、信访疑难化解等攻坚战。护航民营经济发展壮大，着力破除地域壁垒和行业垄断，持续化解涉企历史遗留问题，引导企业家弘扬新时代“四千四万”[26]精神。围绕跨区域产业合作、生态环境保护、基础设施互联等领域，加快推进苏皖合作示范区以及“一岭六县”长三角产业合作区建设。

三、把“团结实干”彰显在勤政廉政的过硬作风上。对标高质量发展要求优化考核项目、量化评价标准，实行工作实绩与评先评优、问责问效相挂钩，让“无功就是过、平庸也是错”成为共识。推广“工作项目化、项目目标化、目标节点化、节点责任化”，以明确的路线图、时间表、督查单，推动既定目标任务落地落实。扎实开展“八五”普法，积极创建省级法治建设示范县（市）。深化国资国企改革，完善国有企业高质量发展考核机制，促进国资国企高效运营。加强政府公务人员培训，提高政治素质和业务能力。深入开展编外用工专项清理。大力整治“文山会海”，整顿形式主义、官僚主义作风。深入推进“清廉溧阳”建设，一体推进不敢腐、不能腐、不想腐，不断净化优化政治生态和发展环境。

各位代表，发展蓝图已经绘就，宏伟目标催人奋进。让我们紧密团结在以习近平同志为核心的党中央周围，在中共溧阳市委的正确领导下，团结实干、克难奋进，为加快建设长三角生态创新示范城市而努力奋斗！

名词解释

[1] 双引领：即党建引领发展、作风引领突破。

[2] 双突破：即重大项目突破、现代化建设试点工作突破。

[3] 双决胜：即决胜全面小康、决胜试点攻坚。

[4] 三站三中心：即博士后科研工作站、院士工作站、研究生工作站、工程技术研究中心、企业技术中心、工程研究中心。

[5]“1+4”改革模式：即加强党的全面领导，审批服务一窗口、综合执法一队伍、基层治理一网格、指挥调度一中心。

[6] 三整合：即以“集中高效审批、强化监管服务、综合行政执法”为目标的基层“三整合”改革。

[7] 六个办：即全部事项网上办、民生事项移动办、简单事项自助办、同一事项异地办、一件事项套餐办、基层事项就近办。

[8] 五大平台：即理论宣讲平台、教育服务平台、文化服务平台、科技与科普服务平台、健康促进与体育服务平台。

[9] 三生共融：即生产、生活、生态融合发展。

[10]“1+4”城乡产业协同发展平台：即以现代农业产业园为核心，天目湖白茶小镇、蓝城悠然南山特色田园乡村、曹山田园综合体和青虾养殖全产业链等多重业态共同发展的城乡产业协同发展平台。

[11] 一岭六县：即上海白茅岭农场，江苏溧阳市、宜兴市，浙江长兴县、安吉县，安徽广德市、郎溪县。

[12] 五提升一建设：即 2020 年市政府重点民生实事工程，“五提升”是指餐饮业品质品牌提升工程、便民服务水平提升工程、居家养老服务体系提升工程、城市空间资源共享提升工程、学前教育提升工程；“一建设”是指城市公园建设工程。

[13] 两大功臣：即“溧商回乡创业功臣”和“服务家乡招商引资功臣”。

[14] 三大工程：即重大项目建设、全域旅游开发、全国文明城市创建。

[15] 四个协同：即空间拓展与崛起长三角协同谋划、生态涵养与提升知名度协同推进、产业培育与深度城镇化协同互动、民生共享与增强辐射力协同发展。

[16] 四大开发：即昆仑经济技术开发、丘陵山区综合开发、天目湖风景旅游开发、苏浙皖边界市场开发。

[17] 四大经济：即先进制造经济、高端休闲经济、现代健康经济和新型智慧经济。

[18] 一中心两副城：即以融合江苏中关村、溧城街道、天目湖生命康原为主体的中心区域，竹箦与经济开发区联动互融的“接轨南京第一城”，苏皖合作社渚先导区“一中心两副城”的县域空间格局。

[19] 一核两区多基地：即以江苏中关村为核心，经济开发区、苏皖合作社渚先导区和多个镇级特色产业基地的产业发展格局。

[20] 三山两湖一团城：即以“南山、曹山、瓦屋山，天目湖、长荡湖，宋团城”为重点的全域旅游格局。

[21] 八大国家级试点：即中组部全国城市基层党建工作示范市，中宣部全国新时代文明实践中心试点，国家发改委城乡融合发展试验区、国家级新型城镇化建设示范县城，科技部县域创建国家级高新区试点，交通运输部、财政部深化农村公路管理养护体制改革试点，农业农村部全国首批乡村治理体系建设试点县、全国农村宅基地制度改革试点。

[22] 两清两拆：即清垃圾、清河塘、拆违章、拆围墙。

[23] 一杜绝双下降：即坚决杜绝重特大安全事故，实现事故起数、死亡人数同比双下降。

[24] 三官一律：即法官、检察官、警官和律师。

[25]1230：即开办企业 1 个工作日内完成、不动产登记 2 个工作日内完成、工业建设项目施工许可 30 个工作日内完成。

[26] 四千四万：即积极适应时代的“千变万化”，主动经受创新的“千锤万炼”，在发展的前沿展现“千姿万态”，在新的征程上奔腾“千军万马”。

1 月

1 日 2019 年度江苏省田野考古奖和遗产保护奖评比结果公布，溧阳市古县遗址勘探考古项目获省级考古与遗产保护奖。

2 日 农业农村部公布全国第四批率先基本实现主要农作物生产全程机械化示范县（市、区）名单，溧阳市位列其中。

是日 天目湖旅游度假区在 2019 第四届中国文旅大消费年度峰会暨“龙雀奖”颁奖典礼上，获评 2019 年“龙雀奖”最佳文旅综合目的地。

2～4 日 政协溧阳市第十五届委员会第四次会议在天目湖豪生大酒店召开。市委书记、市长徐华勤讲话，市政协主席狄立新作工作报告。会议表彰 2019 年“政协委员特别奖”获得者、先进委组、先进委员和优秀提案。会议通过《中国人民政治协商会议江苏省溧阳市第十五届委员会第四次会议决议》。

3～5 日 溧阳市第十六届人民代表大会第四次会议在市文化艺术中心召开。会议由市人大常委会主任潘云芳主持。市委书记、市长徐华勤作政府工作报告。会议表决通过《关于溧阳市人民政府工作报告的决议》《关于溧阳市 2019 年国民经济和社会发展计划执行情况及 2020 年计划安排意见（草案）报告的决议》等相关决议。大会通过接受崔文敏辞职请求的决定，选举龚友强为溧阳市第十六届人大常委会副主任、朱志军为溧阳市第十六届人大常委会委员、吕捷为溧阳市人民法院院长、赵鑫为溧阳市人民检察院检察长，并以投票表决的形式选定 2020 年溧阳市重点民生实事项目。

6 日 中共常州市委书记齐家滨一行调研溧阳经济社会发展情况。

9 日 中共常州市委副书记、代理市长陈金虎一行调研溧阳重点工业企业发展情况。

15 日 溧阳市一壶春茶业有限公司负责人蒋庆松被中国茶叶流通协会评为第三批“国茶工匠·中国制茶大师”(红茶类)称号。7 月，该公司生产的红茶（得天牌岩红）被中华全国供销合作总社杭州茶叶研究院选入国家职业资格培训茶叶实物样。

22 日 市委书记、市长徐华勤主持召开新型冠状病毒感染的肺炎疫情防控工作部署会，研究部署溧阳市新型冠状病毒感染的肺炎疫情防控工作。

23 日 溧阳新型冠状病毒感染的肺炎疫情应急防控指挥部发布《关于加强新型冠状病毒感染的肺炎疫情防控工作的通告》。

31 日 徐华勤、潘云芳、狄立新、邵钦华等市领导以“四不两直”的方式，检查疫情防控工作开展情况。

2 月

2 日 市委书记、市长、溧阳新型冠状病毒感染的肺炎疫情应急防控指挥部总指挥徐华勤前往市应急广播中心，以广播形式向全体市民发出防控倡议。

3 日 江苏省副省长赵世勇带队到溧阳视察疫情防控工作。

9 日 溧阳市首支医疗队 8 名队

员驰援湖北，他们分别是来自市人民医院的汤建伟、张志俊、彭雪蕾、王蓓、史云奇，以及来自市中医院的杨洁、沈含美、蒋丽华。

10 日 市委书记、市长、溧阳新型冠状病毒感染的肺炎疫情应急防控指挥部总指挥徐华勤深入溧阳市各企业，走访调研疫情防控期间企业复工复产情况。

是日 溧阳市老旧小区改造项目被江苏省住房和城乡建设厅授予 2019 年“江苏人居环境范例奖”称号。

14 日 国际友城德国富尔达捐赠近 4000 件防疫物资顺利到达溧阳新型冠状病毒感染的肺炎疫情应急防控指挥部。

22 日 溧阳市举行 2020 年重点项目线上集中签约仪式，7 个重点项目通过视频连线的方式在溧阳云计算中心完成签约。

26 日 溧阳市被省财政厅评为 2019 年度财政重点工作考核先进市县一等奖。

是日 农业农村部等八部门联合公布第三批国家级特色农产品优势区名单，“溧阳青虾”名列榜单。

29 日 溧阳市首次为到溧阳务工人员定制的免费“复工专列”，从河南郑州准点抵达高铁溧阳站。

3 月

3 日 科技部火炬中心公布 2020 年第一批国家火炬特色产业基地名单，溧阳绿色铸造特色产业基地榜上有名。

5 日 中共常州市委书记齐家滨率队调研溧阳经济开发区总体规划及曹山未来城项目情况。

13 日 市委、市政府召开“重大项目突破年”和“现代化建设试点工作突破年”动员大会。大会表彰 2019 年度全市“弘扬企业家精神，谋求高质量发展”活动特别贡献奖、突出贡献奖企业，2019 年度市重大贡献奖和重大项目突破奖单位，2019 年度五星、四星、三星企业。会上举行溧阳市天目湖生命康原建设指挥部揭牌仪式。

21 日 溧阳市召开“决胜全面小康，决胜试点攻坚”推进会。会议表彰了 2019 年度企业联村先进单位、新时代农业合作富民之星、企业联村先进个人和精准扶贫先进个人。

26 日 溧阳市获评 2019 年度省农村人居环境整治工作第一等次。

27 日 江苏省工信厅公布 2019 年度制造业创新转型成效明显地区拟入选名单，溧阳榜上有名。

4 月

1 日 溧阳市举行欢迎仪式，欢迎完成支援湖北抗击新冠肺炎疫情任务的 8 名援鄂战士平安回家。

3 日 新四军老战士姜恩义后代姜德明一行向新四军江南指挥部纪念馆捐赠一批革命文物。

4 日 在国家卫生健康委员会基层卫生健康司挂职的溧阳市社渚镇中心卫生院院长殷向志走进央视《战疫情特别报道·武汉直播间》，对话记者董倩，就社区防控工作接受专访。

7 日 省住房和城乡建设厅等部门公布第一批 107 个江苏省传统村落名单，溧阳市竹箦镇陆笪村、别桥镇塘马村、上兴镇牛马塘村、戴埠镇灵官村、昆仑街道沙涨村 5 个村榜上有名。

8 日 国家卫生健康委员会基层卫生健康司发来感谢信，对溧阳市卫生健康局在疫情防控过程中采取的措施、为武汉市社区疫情防控工作提供的支持以及社渚镇中心卫生院院长殷向志表示谢意。

9 日 省政协副主席朱晓进一行调研溧阳乡村治理工作。

13 日 溧阳市横涧快乐家园饭店负责人郑香入选国家市场监督管理总局、中国个体劳动者协会联合发布的 2019 全国先进个体户名单。

15 日 竹箦镇洙汤村村民吕明东和吕田松将捡到的新石器晚期石器以及一些古代青铜箭镞捐赠给市博物馆。

16 日 溧阳市 2019 年度政务诚信建设工作被省社会信用体系建设领导小组办公室评为县级地区“一等次”。

17 日 市委书记、市长徐华勤会见意大利威乃达集团大中华区首席执行官任端才一行。

18 日 溧阳白河 2020 年苏陕挂钩协作第一次联席会议在溧阳市涵田度假村酒店召开。

是日 2020中国•溧阳茶叶节暨天目湖旅游节在溧阳市上兴镇牛马塘村开幕。活动采用线下线上方式举办，首次推出“云”茶叶节。总投资166亿元的15个重大项目现场签约。其间，作为全国首个县级市在支付宝发放3000万元优惠券，1亿元补助金对旅游企业精准刺激，以此刺激旅游消费，提振溧阳旅游市场。

25～26日 市委书记、市长徐华勤率溧阳市党政代表团赴浙江省海宁市、江苏省启东市学习考察，实地感受两地在旅游发展、产业培育、城市建设等方面的经验做法。

26日 省总工会表彰一批工会先进集体和个人，溧阳市住房和城乡建设局获“江苏省五一劳动奖状”，江苏安靠智能输电工程科技股份有限公司生产部经理王强获“江苏省五一劳动奖章”，国家税务总局溧阳市税务局溧阳经济开发区税务分局、江苏正昌集团有限公司粮机制造部金工甲班、江苏天目建设集团有限公司赵文斌项目班组、中国移动通信集团江苏有限公司溧阳分公司城南区域营销中心获评“江苏省工人先锋号”。

27日 在江苏省2019年度高质量发展总结表彰大会上，溧阳市获2019年度县（市、区）城乡建设高质量争先进位奖，市委书记、市长徐华勤被评为推进高质量发展优秀县（市、区）委书记。

30日 2020年苏皖合作示范区决策层会议在溧阳市召开。会上，三地国有公司共同签订《推进苏皖合作示范区产业发展合作协议》。

是月 江苏上上电缆集团有限公司中标国家重大核电项目“国和一号”。

是月 市委、市政府机关院落敞开工程顺利实施，拆除围墙460米，拆除辅助用房6栋，车位数达到248个，至此封闭管理的机关大院变为面向市民开放共享的公共场所。

是月 溧阳市分别收到爱尔兰海洋和国家资源部前部长Frank Fahey和荷兰弗里斯兰省莱瓦顿市市长Sybrand Buma发来的感谢视频，感谢溧阳捐赠的抗疫物资和疫情防控工作提供的帮助。

5月

1日 锡剧大师杨企雯纪念馆在上黄镇南山后村开馆。

3日 溧阳团市委书记黄泽欣获评“全国优秀共青团干部”荣誉称号。

6日 溧阳市在燕山公园举行全市抗疫一线工作人员夜公园专场慰问活动。

15日 江苏省妇联公布省抗疫最美家庭、五好家庭、2019年度最美家庭名单。溧阳市王蓓家庭获评“江苏省抗疫最美家庭”，缪枫家庭获评“江苏省五好家庭”，计耀明家庭获评“2019年度江苏省最美家庭”。

是日 江苏省生态环境厅公布“第三批江苏省生态文明建设示范乡镇（街道）村（社区）”名单，溧阳上黄镇、竹箦镇南旺村、竹箦村、水西村榜上有名。

22日 溧阳市委书记、市长徐华勤出席十三届全国人大三次会议，并参加江苏代表团审议。

26日 苏皖合作示范区产业合作发展有限公司第一次筹备会在溧阳市召开。溧阳、郎溪、广德三地国有公司共商筹建苏皖合作示范区产业合作发展有限公司相关事宜。

是日 省交通运输厅发布全省城乡公交一体化建设第一批试点单位名单，溧阳市上榜。

是日 省政府第五届“江苏省慈善奖”名单出炉，溧阳市慈善总会被授予“最具影响力慈善组织”称号，市无偿献血服务志愿者协会会长史建中被授予“最具爱心慈善行为楷模”称号。

29日 国家发展改革委员会公布全国县城新型城镇化建设示范名单，溧阳市入选。

是月 溧阳市被小康杂志社及多个国家权威部门和专业机构综合评定为“2020中国最具绿意百佳县市”第42名。

6月

2日 “2019中国AAAAA级景区品牌100强榜单”发布，天目湖景区上榜。

4～5日 青海省政协副主席、中共海南藏族自治州委书记张文魁率党政代表团到溧阳市考察交流。

5日 2020年度长三角地区主要领导座谈会在浙江湖州召开。会议决定将包括江苏省溧阳市在内的“一岭六县”省际毗邻区域，共建为长三角产业合作区。

是日 溧阳市天目湖先进储能技术研究院有限公司“高比能全固态锂离子电池关键技术与产业化开发”项目获2020年江苏省重点研发计划重点项目立项。

9日 江苏省住房和城乡建设厅、省统计局、省商务厅联合公布2019年度全省建筑业百强企业名单，溧阳5家企业上榜，分别是龙海建设集团有限公司、江苏天目建设集团有限公司、江苏鹏程钢结构有限公司、苏华建设集团有限公司和江苏天力建设集团有限公司。

12日 国家健康医疗大数据应用示范中心与产业园建设溧阳试点市项目签约仪式在溧阳市举行。

18日 溧阳市与新加坡金鹰集团合作的超百亿元项目——莱赛尔纤维项目在南京签约，标志着该项目正式落户溧阳。

29日 中共江苏省委、中共常州市委对溧阳市政府主要领导职务作出调整：提名叶明华为溧阳市人民政府市长人选，徐华勤不再担任溧阳市人民政府市长职务；叶明华任中共溧阳市委员会委员、常委、副书记。

是日 江苏省第二批省级全域旅游示范区名单揭晓，溧阳市榜上有名。

7月

1日 中共中央宣传部、财政部、文化和旅游部、国家文物局四个部门公布第二批革命文物保护利用片区分县名单，溧阳市入选。

是日 2019年“江苏省百强创新型企业”榜单出炉，江苏上上电缆集团有限公司和江苏正昌集团有限公司入选。

2日 省政府批复同意变更溧阳市部分行政区划：同意撤销溧城镇，同意设立溧城街道，同意设立古县街道，同意变更昆仑街道行政区域。行政区划变更后，溧阳市辖3个街道、9个镇，市人民政府驻溧城街道。28日，溧阳市召开部分行政区划调整动员大会，全面部署行政区划调整相关工作。

6～8日 市委书记徐华勤率溧阳市党政代表团赴陕西省白河县、汉阴县考察。

10日 省人大常委会副主任邢春宁率领省直南京组、常州组省人大代表到溧阳，围绕生态环境保护开展年中专题调研活动。

17日 江苏省发展和改革委员会公布了第三批16个省级特色小镇创建名单，溧阳市3个镇得“省级特色小镇”称号，分别是溧阳锂享小镇、天目湖白茶小镇、竹箦绿色铸造小镇。

22日 全省首批获批互联网新闻信息服务许可的32家县级融媒体中心名单揭晓，溧阳市融媒体中心名列其中。

23日 江苏省第三批特色田园乡村名单揭晓，溧阳市上黄镇浒西村南山后、南渡镇庆丰村陆家被命名为“江苏省特色田园乡村”。

29日 全国爱国卫生运动委员会公布2019年国家卫生城市（区）和国家卫生乡镇(县城)复审结果，溧阳市被重新确认为“国家卫生城市”，戴埠镇、埭头镇、南渡镇被重新确认为“国家卫生镇”。

是日 中国民主建国会溧阳市基层委员会召开成立大会。

31日 “2020年全国县域旅游综合实力百强县”公布，溧阳榜上有名。

是月 江苏省住房和城乡建设厅公布江苏美丽宜居城市建设试点名单，溧阳成为17个综合试点城市之一。

8月

5日 2020年江苏省首批特色农产品优势区名单公示，溧阳市天目湖白茶入选。

6～7日 中共浙江省淳安县委书记黄海峰、县长张鸿斌率党政代表团到溧阳市考察交流。

7日 中国茶叶流通协会第四批“中国制茶大师”名单正式确定并公布，溧阳市江苏天目云露茶业有限公司负责人葛联敏上榜。

13日 中国工程院院士、南京航空航天大学校长单忠德一行到溧阳视察天目湖校区二期建设情况。

14日 溧阳入围“2020中国最具幸福感城市”候选名单。

18日 在中国铸造协会年会开幕式上，溧阳市竹箦镇蝉联全国唯一的“中国绿色铸造小镇”称号。科华控股股份有限公司获得“中国绿色铸造示范企业”称号；溧阳市虹翔机械制造有限公司、溧阳市新力机械铸造有限公司、溧阳市金桥机械有限公司、溧阳市新明机械配件制造有限公司4家企业获得“中国绿色铸造企业”称号；柳晶（溧阳）环保科技有限公司廖朝宗获得“全国铸造行业杰出贡献奖”，溧阳市联华机械制造有限公司纪汉成获得“全国铸造行业卓越铸造工程师”称号。

是日 市委书记徐华勤率队赴北京拜访中国中车集团，双方就进一步加强沟通和合作进行交流。

19～20日 在日本静冈县举行的2020年世界绿茶评比中，溧阳“天目云露”白茶从世界各地95种送审参评绿茶中斩获金奖。

9月

1～3日 古巴驻华大使佩雷拉、古巴驻沪总领事托雷斯一行到溧阳访问。

2日 文化和旅游部、国家发展和改革委员会公布第二批全国乡村旅游重点村名单，溧城街道礼诗圩村、南渡镇庆丰村榜上有名。

4日 先进电池技术创新中心暨工业4.0智能制造创新中心（溧阳）在江苏中关村天目湖先进储能技术研究院揭牌成立。

8日 古县街道正式揭牌成立。

是日 天目湖茶叶研究所入选省级高素质农民培育实训基地。

是日 三道最地道溧阳菜入选省乡土地标菜，分别是天目湖砂锅鱼头、清炒白芹、溧阳扎肝。

9日 教育部公布第三批国防教育特色学校遴选结果，江苏省溧阳中学入选。

10日 中华全国工商业联合会发布“2020中国民营企业500强”榜单，江苏金峰水泥集团有限公司、江苏国强镀锌实业有限公司、江苏上上电缆集团有限公司3家企业上榜。

是日 溧阳市老区促进会获《全国革命老区县发展史丛书（江苏卷）》编纂工作特等奖。

11日 省委第一巡视组组长陈志扬，省委第一巡视组副组长、常州工作组组长周宏斌一行，实地调研溧阳市危化品安全生产工作。

是日 第二十七届德国“富尔达经济大会”在溧阳国际友城德国富尔达市举行，代理市长叶明华通过互联网发表云致辞。

16日 中国机械工业联合会公布2019年中国机械工业百强企业名单，江苏上上电缆集团有限公司、江苏华朋集团有限公司入选。

18日 “溧阳1号公路”高铁冠名列车启动仪式在上海虹桥站举行。

是日 2019年度全国“十大最美农村路”评选结果揭晓，“溧阳1号公路”瓦屋山线榜上有名。

19日 溧阳市被国家发展和改革委员会确定为江苏省唯一的县城建设直接联系点。

21日 在2020年江苏民营企业百强发布会上，溧阳市金峰水泥集团有限公司、国强镀锌实业有限公司、上上电缆集团有限公司、申特钢铁有限公司、苏华建设集团有限公司、天目建设集团有限公司和龙海建设集团有限公司7家企业入选江苏民营企业200强。

22日 在首届江苏农业品牌发布会上，“溧阳青虾”入选区域公用品牌，海斌农机专业合作社的“溧湖”大米和白露山生态农业发展有限公司的“龙峰天目”蓝莓入选产品品牌。

24日 新四军江南指挥部纪念馆被中共江苏省委党史工作办公室列为第二批“江苏省党史教育基地”。

25日 2020年青年创业者峰会暨中国国际“互联网+”大学生创新创业大赛产业对接精英汇在溧阳市涵田度假村酒店举行。

27日 陆笪村入围第四批省级特色田园乡村名单。

28日 “南京医科大学教学医院”揭牌仪式在省人民医院溧阳分院举行。

是日 在2020年中国500强企业高峰论坛上，江苏上上电缆集团有限公司被列入“2020中国制造业企业500强”第360位。

29日 七彩曹山欢乐火车“乡村振兴号”首发仪式举行。

是日 溧阳市重大项目集中开工暨常州智绿新能源项目开工仪式在江苏中关村汽车零部件产业园

集中开工。当天开工的首个项目为总投资 5.5 亿元的常州智绿新能源汽车高压连接与配电器项目。

30 日 省商务厅公示 2020 ~ 2022 年度江苏省重点培育和发展的国际知名品牌名单，江苏华鹏变压器有限公司、江苏上上电缆集团有限公司、江苏开利地毯股份有限公司、科华控股股份有限公司、江苏国强镀锌实业有限公司 5 家企业上榜。

是月 溧阳市杨家山土墩墓群考古发掘项目通过省文物局验收。

10 月

1 日 溧阳撤县设市 30 周年图片展正式开展，市四套班子全体领导和社会各界代表参观图片展。

8 日 黄金山村被省住房和城乡建设厅列入第二批省级传统村落名单。

是日 全国交通出行大联播聚焦“溧阳 1 号公路”。

9 日 生态环境部正式命名 35 个地区为第四批“绿水青山就是金山银山”实践创新基地,溧阳市名列其中,成为常州地区首个获此称号的城市。

13 日 中共常州市委书记齐家滨、市长陈金虎一行到溧阳，集中观摩溧阳市重大项目建设工作。

是日 交通运输部、财政部联合公布 167 个深化农村公路管理养护体制改革试点地区名单，溧阳位列其中。

13 ~ 17 日 全国政协原副主席马培华返乡到溧阳。

14 日 中共安徽省桐城市委副书记、市长章周中率党政代表团到溧阳市考察交流。

15 日 省中医院溧阳分院东院区揭牌。

是日 新四军江南指挥部纪念馆入选长三角红色旅游示范基地。

16 日 中共陕西省汉阴县委书记周永鑫一行率党政代表团到溧阳市考察交流。

是日 中共安徽省太湖县委书记程志翔率党政代表团到溧阳市考察交流。

是日 工业和信息化部第五批绿色制造名单正式公布，江苏省中关村高新技术产业开发区获评国家绿色园区。

17 日 中国溧阳首届稻田音乐节暨第二届“四美”丰收节开幕式在南渡镇庆丰村举行。

是日 蓝城・悠然南山 2020 年金秋丰收庆典暨戴埠镇首届乡村振兴运动会开幕。

19 ~ 20 日 中共安徽省潜山市委书记张劲松、市长梅耐雪率党政代表团到溧阳市考察交流。

21 日 市委常委会召开会议。会议讨论研究并原则通过《关于加快建设“电动溧阳”的实施意见和工作方案》《关于促进江苏省中关村高新技术产业开发区高质量发展的实施意见》等。

是日 《小康》杂志公布“2020 中国县域科技创新百佳县市”榜单，溧阳市位列第 37 位。

22 日 溧阳市公路事业发展中心、市港航事业发展中心、市道路运输事业发展中心、市交通工程建设事业发展中心、市交通运输综合行政执法大队等单位挂牌。

28 日 壶韵茗香秀江南——曼生壶回归故里精品展开幕式在市博物馆举行。

是日 常州市社会治理学院溧阳分院揭牌暨清华大学社会学系社会治理研究实践基地挂牌仪式在江南铁军教育学院举行。

29 日 江苏溧阳长荡湖国家湿地公园成功通过国家湿地公园试点验收，至此，溧阳市成为全国唯一拥有两个（天目湖、长荡湖）国家级湿地公园的县(市)。

30 日 司法部评选拟表彰全国模范人民调解委员会名单公示，溧阳市医患纠纷人民调解委员会上榜。

是月 “2020 年中国城乡统筹百佳县市”榜单揭晓,溧阳市位列第五,是江苏省唯一入围前十的县市。

是月 溧阳市被省金融稳定工作协调小组授予“2017 ~ 2019 年度金融生态优秀县”称号。

11 月

1 日 由国家卫生健康委人口文化发展中心主办，溧阳市人民政府协办的首届“科学与大健康高端研讨会”在北京举行。

2 日 中国小康网发布 2020 中国未来投资潜力百佳县市榜单，溧阳市位列第 5 位。

3 日 江苏正方园建设集团有限公司被江苏省工业和信息化厅、江苏省住房和城乡建设厅认定为省级建设企业技术中心。

是日 央视科教频道《百家讲坛》特别节目——《今古话溧阳》在溧阳开拍。计划制作 3 ~ 5 期节目，每集约 40 分钟，于年底播出。内容主要以古代山水文化为开篇，以明慧、信义、慈孝等为主题讲述历史文化和现代发展成就的“溧阳故事”。

4 日 江苏省文化和旅游厅公布第五批江苏省非物质文化遗产代表性项目代表性传承人名单，溧阳市竹马代表性传承人虞小华和史式八卦掌代表性传承人程新入选。

5 日 中国旅行社协会授予天目湖旅游度假区、新四军江南指挥部纪念馆全国研学旅行基地(营地)称号。

6 ~ 7 日 陕西省白河县委书记陈晖率党政代表团到溧阳市进行考察交流。

10 日 溧阳市聘请中国科学院院士王恩哥为市人民政府顾问。

是日 江苏省高新区暨苏南国家自主创新示范区独角兽企业和瞪羚企业评估结果揭晓，溧阳天目先导电池材料科技有限公司成功入选苏南国家自主创新示范区潜在独角兽企业。

11 日 农业农村部发布《2020 年全国乡村特色产业十亿镇亿元村名单公示》，天目湖镇上榜。

13 日 中国信息通信研究院揭晓了 2020 年“中国工业百强县（区）”“中国创新百强县”榜单，溧阳市上榜，排名 2020 年中国工业百强县（市）第 24 名；中国创新百强县（市）第 33 名。

是日 常州时创能源股份有限公司、江苏安靠智能输电工程科技股份有限公司、溧阳市江南烘缸制造有限公司入围国家工业和信息化部第二批专精特新“小巨人”企业名单。

是日 溧阳市白露山“蓝精灵”蓝莓创意园、溧阳市五音羽地瓜主题农园、溧阳市别桥原乡“稻梦空间”主题创意农园入选 2020 年江苏省主题创意农园名单。

16 日 江苏上上电缆集团有限公司的 K1 类电力电缆、江苏华鹏变压器有限公司的有载调压电力变压器获得全省首批“江苏精品”认证。

是日 省政府授予溧阳市市民宗长生、芮俊群体“江苏省见义勇为模范群体”称号。2019 年大年初一傍晚，他俩跳入冰冷刺骨的水中，将落水群众救起并送往医院治疗。

18 日 全国人大常委会委员、全国人大外事委员会副主任委员、北京大学原校长林建华，中国科学院院士、南方科技大学校长陈十一，江苏省产业技术研究院院长刘庆，北京大学名誉校董、北京大学经济学院特聘教授、同景集团董事长吴先红等专家学者一行到溧阳市考察调研。

是日 副省长马秋林赴国信集团溧阳电站调研指导工作。

是日 市住建局事业单位完成机构改革工作，“四中心一大队”（市公用事业管理中心、市房产管理中心、市建设管理中心、市人防指挥管理中心和市城建监察队）正式挂牌。

19 日 上上电缆集团董事长丁山华获 2020 年江苏省省长质量奖提名奖。

20 日 赛得利（常州）项目开工仪式在南渡镇新材料工业创新区举行，总投资 15.7 亿美元。

21 日 中央文明委公布关于复查确认继续保留荣誉称号的往届全国文明城市名单，溧阳市榜上有名；溧阳市天目湖镇三胜村、埭头镇余家坝村获评全国文明村镇。

22 日 青海省海南州委常委、共和县委书记陈鸿林率党政代表团考察溧阳市。

23 日 溧阳市被水利部评为第一批深化小型水库管理体制改革样板县（市、区）。

24 日 市委书记徐华勤、代理市长叶明华率溧阳市党政代表团在常熟、嘉善考察学习。

是日 在 2020 年全国劳模和先进工作者表彰大会上，溧阳市华鹏变压器有限公司设计师刘文洲获评“全国劳动模范”。

26 日 在江苏省抗击新冠肺炎疫情表彰大会上，溧阳市先进个人朱小华、杨洁、魏春飞及先进集体溧阳市公安局交通警察大队受到表彰。

27日 赛迪营商环境百强县（2020）榜单发布，溧阳位列第27名。

是日 市供电公司被中国质量协会授予“2020年度全国用户满意服务”称号。

11月 竞争力智库等机构在北京联合发布《中国县域旅游竞争力报告2020》中国旅游百强县名单，溧阳市位列榜单第15名。

12月

1日 中共宜兴市委书记封晓春、代理市长陈寿彬率党政代表团到溧阳市考察交流。

是日 2020～2021年度第一批国家优质工程奖入选工程名单公布，溧阳抽水蓄能电站获金奖。

3日 由荷兰驻华大使馆农业参赞武田富带队的荷兰设施农业企业代表团到溧阳考察。

4日 竞争力智库、中国经济导报社、中国信息协会信息化发展研究院等联合发布《中国城市全面建成小康社会监测报告2020》，溧阳上榜2020年中国县级市全面小康指数百强。

是日 溧阳上河城购物中心入选国家知识产权局第五批国家级知识产权保护规范化市场名单。

5日 南京都市圈党政联席会议宣布吸纳常州市溧阳市、金坛区加入南京都市圈。

6日 第二届溧商大会暨胡润2020年中国最具投资潜力区域百强榜单发布仪式在溧阳市戴埠镇举行。会上首次发布《2020胡润中国最具投资潜力区域百强榜》等榜单，溧阳市跻身区域百强榜前列，获绿色发展榜第8名。

7日 省政协副主席、中国农工民主党江苏省委员会主任委员周健民带队到溧阳调研社会主义现代化建设试点工作。

是日 别桥汉和农用无人机创吉尼斯世界纪录，成功绘制无人机史上最大中国国旗图案，获“全球最耐飞无人机”称号。

8日 中共重庆大学党委书记舒立春一行考察溧阳。

9日 《淳化阁帖溧阳本》新书首发式在市博物馆举行。

是日 江苏上上电缆集团有限公司连续15年入选中国机械500强。

10日 社渚镇、上黄镇通过国家卫生镇省级考核。

10～11日 市领导徐华勤一行到浙江省杭州市富阳区和台州市天台县考察美丽乡村建设工作。

12日 溧阳中专教师团队在2020年全国职业院校技能大赛上获中职组一等奖。

13日 溧阳市综合交通运输学会正式成立。

是日 江苏华朋集团有限公司董事长钱洪金被APEC中小企业信息化促进中心、苏企联联合授予“张謇实业奖”。

14日 市交通运输局获得交通运输部2018～2019年度“全国交通运输行业文明单位”称号。

16日 总投资176亿元的溧阳德龙高端不锈钢热轧项目签约仪式在江苏省中关村高新区举行。

17日 溧阳市被文化和旅游部评为第二批国家全域旅游示范区。

21日 中国博物馆协会发布第四批全国博物馆定级评估结果，核定天目湖酒文化博物馆为国家三级博物馆。

22日 市公安局“食品药品和环境犯罪侦查大队”挂牌成立。

26日 在“2020年第十五届中国全面小康论坛”上，溧阳市摘取“2020年度中国营商环境百佳示范县市”奖牌。

26～27日 在“第八届中国旅游产业发展年会”上，溧阳市入选2020年度中国乡村旅游发展名县（区）案例、中国溧阳茶叶节暨天目湖旅游节入选2020年度中国旅游影响力节庆活动案例。

27日 两架民用航空飞机正式落户南京航空航天大学天目湖校区，用于民航专业实验教学。

31日 溧阳市与宁德时代新能源科技股份有限公司共同签署《宁德时代长三角基地新增产能投资项目协议》。

溧阳概况

基本情况

【自然地理】 溧阳市位于长江三角洲西南部的苏、浙、皖三省交界处，是宁杭经济带区域中心城市及长三角都市圈重要节点城市。地处北纬31° 09′～31° 41′，东经119° 08′～119° 36′，东邻宜兴，西与高淳、溧水毗邻，南与安徽省的广德、郎溪接壤，北接句容、金坛，南北长59.06千米，东西宽45.14千米，土地总面积1535.87平方千米。

境内有低山、丘陵、平原圩区等多种地貌类型。南部为低山区，属天目山脉延伸，山势较为陡峭，绝对高程在250米以上，比高（吴淞基面）在200米以上；西北部为丘陵区，属茅山余脉，冈峦起伏连绵；腹部自西向东地势平坦，为平原圩区，平均海拔3米。溧阳处于太湖湖西水网区，属太湖水系，境内之水及高淳、郎溪部分客水主要经南河、中河、北河注入太湖。

【人　口】 2020年年末，全市户籍人口78.85万人，比上年减少0.15万人，其中，男性39.51万人，女性39.34万人。总户数26.86万户。出生人口5832人，死亡人口6586人，人口自然增长率−0.96‰。

【行政区划】 2020年年末，溧阳市辖9个镇（区）和3个街道，9个镇（区）分别是：天目湖旅游度假区（天目湖镇）、溧阳市经济开发区（上兴镇）、社渚镇、埭头镇、戴埠镇、南渡镇、竹箦镇、上黄镇、别桥镇，3个街道分别是：溧城街道、昆仑街道、古县街道。有1个省级经济开发区——溧阳市经济开发区，1个国家级旅游度假区——天目湖旅游度假区和江苏省中关村高新技术产业开发区。

【物产资源】 境内自然植被茂盛，拥有耕地面积7.47万公顷，林地2.19万公顷，河流和湖泊2.84万公顷。溧阳盛产水稻、油菜、茶叶、白芹、板栗、西瓜、竹笋以及鲢鱼、鳊鱼、青鱼、草鱼、鲫鱼、螃蟹、白壳虾等，素有“鱼米之乡”“丝府茶城”之誉。

境内有石灰岩、方解石、瓷石、膨润土、黏土、硅灰石、石英岩、石英砂岩、大理岩、建筑砂、煤炭等。其中石灰石、方解石、大理石、陶土、彩瓷石等储量均在亿吨以上，且品位优良，具有极佳的开采价值。

境内的天目湖旅游风景区、南山竹海风景区、天目湖御水温泉景区是享誉华东地区的旅游度假胜地、国家AAAAA级旅游景区；新四军江南指挥部纪念馆为全国爱国主义教育示范基地、全国重点文物保护单位；中华曙猿化石发现地点为江苏省大遗址保护项目、全国重点文物保护单位。其他旅游景点和历史遗迹还有：高静园、凤凰公园、天目湖国家森林公园、天目湖湿地公园、长荡湖湿地公园、伍员山、瓦屋山、平桥石坝、别桥《淳化阁帖》、合剌普华墓址、大石山摩崖石刻等。

【交　通】 溧阳水陆空交通便捷。宁杭高铁、宁杭高速、扬溧高速、常溧高速、溧高高速、104国道、239省道、241省道、芜太运河贯穿全境，距南京禄口国际机场仅68千米，有“三省通衢”之美誉。

【气　候】 溧阳市气候属北半球亚热带季风气候，温和湿润，四季分明，雨量丰沛，日照充足。夏冬季历时长，冬冷夏热；春秋季短，春温多变，秋高气爽。2020年溧阳市平均气温较常年偏高，降水量偏多，日照时数偏少。2020年日照时数1699.5小时，与常年1873.5小时相比，偏少174.0小时，属偏少年份。

【气　温】 2020年全市平均气温17.4℃，比常年16.0℃偏高1.4℃，属偏高年份。年平均最高气温21.8℃，比常年20.5℃偏高1.3℃；年平均最低气温13.7℃，比常年12.4℃偏高1.3℃。年内，4、9月平均气温接近常年，1月、2月、3月、5月、6月、8月、11月平均气温较常年偏高，7月、10月、12月平均气温较常年偏低，年极端最高气温37.9℃，出现在8月15日；全年日最高气温≥35.0℃的高温日22天；年极端最低气温-6.6℃，出现在12月31日。

【雨　情】 2020年全市降水总量为1430.5毫米，比常年1146.7毫米偏多283.8毫米，属偏多年份。年内，2月、3月、4月、5月、8月、12月的降水量较常年同期偏少，1月、6月、7月、9月、10月、11月降水量较常年同期偏多。全年雨雪日(≥0.1毫米)149天，比常年133天多16天；雨量≥10.0毫米的降水日43天，比常年37天多6天；雨量≥25.0毫米的降水日19天，比常年12天多7天；雨量≥50.0毫米的降水日3天，和常年一样多。日降水量极大值为65.0毫米，出现在7月13日。最长连续降水时段为10天，出现在11月18～27日，累计降水量73.8毫米。最长连续无降水时段出现在11月3～17日，为持续15天无降水。

全市6月10日入梅，7月22日出梅，梅长42天，梅雨量为642.9毫米，比历年平均降水240.0毫米偏多402.9毫米。

【重要天气事件】 2020年度出现的重大天气主要有暴雨、台风、高温、寒潮、霜冻、连阴雨、雷电、大雾等。

暴　雨　2020年溧阳市梅雨期偏长，雨量明显偏多，溧阳站水位最高超警戒水位1.02米，全市81座水库和重点塘坝溢洪，给防汛工作带来很大压力，溧阳市防汛防旱指挥部启动防汛二级应急响应，溧阳市行政区域内出现5次区域性暴雨、5次局地性暴雨过程，对全市工农业生产造成了一定的影响。

台　风　8月3～5日受台风“黑格比”外围影响，该次过程未对溧阳市造成灾害性影响。

高　温　2020年溧阳市≥35℃的高温日数为22天，最高气温为37.9℃，高温天气给人民生活带来了一定的影响。

寒　潮　2月14～15日、12月28～30日溧阳市出现较强寒潮天气过程，尤其是12月28～30日的寒潮过程，对全市影响较大。12月29日，因强冷空气逐渐南下，溧阳市风速增大，气温急剧下降，14时38分开始转为雨夹雪天气，15时45分转雪，21时44分雪止，受该次强冷空气影响，溧阳市最大风力达8级，出现在竹箦永和，过程降水量为8.0毫米，最大积雪深度为2厘米，早晨最低气温为-5.3℃。

霜冻、雷电、连阴雨、大雾灾害时有发生，由于相关职能部门应对及时、措施得力，没有造成明显灾害。

（市气象局）

【历史沿革】 距今5000多年前，溧阳境内即有先民活动。春秋末期，楚吴边界就有溧阳地名。秦始皇嬴政二十六年（公元前221年），溧阳始建县制，区域包括今溧阳市大部以及高淳县和溧水县的东南部。自三国吴大帝黄武元年（公元222年）至唐高祖武德三年(公元620年)的近400年间，溧阳县域区划变化甚大，溧阳县曾两度被废，境内先后设置过屯田都尉和永平县、永世县、平陵县。唐高祖武德三年废永世县，并划溧水东部之地复置溧阳县，自此溧阳作为行政区域名连续延用至今。元、明时期，溧阳曾升为溧州、溧阳府、溧阳路、溧阳州。民国时期，溧阳县先后隶属于江苏省行政公署、金陵道、江苏省政府、江苏省第一行政督察区（专员公署驻溧阳县)、江苏省江南行署管辖。1949年4月25日溧阳解放，建立县人民政府，先后属苏南行署武进行政分区、常州专署、镇江专署管辖。1983年3月市管县体制实行后，溧阳县属常州市管辖。1990年8月经国务院批准，撤销溧阳县，设立县级溧阳市。溧阳历史上曾有多座县治，自唐昭宗天复三年（公元903年）迁至溧阳城（今溧城街道）以来，距今已有1000多年。

【人文荟萃】 历史上溧阳曾引四方高士慕名前来。李白、张旭、朱熹、张孝祥、汤显祖和袁枚等名人，都在溧阳留下足迹、名篇。孟郊、仇远、陈鸿寿等人，在溧阳任职多年，把政绩、佳作留存于世。宋璟、陆游等人的后裔，钟情溧阳，定居于此。溧阳人杰地灵，人才辈出。春秋期间，史贞女搭救伍子胥的事迹广为流传。从东汉起，出任朝廷文臣武将的名人有史崇、史务滋、马一龙、史贻直等人；明清期间的状元有马世俊，榜眼有宋之绳、任兰枝，探花有陈名夏、黄梦麟、任端书。当代，中国科学院学部委员有经济学家狄超白、昆虫学家蔡邦华、化学家彭少逸和细胞生物学家翟中和；中国社会科学院学部委员有经济学家周叔莲；中国科学院院士有液体火箭发动机专家朱森元、物理学家沈学础和理论有机化学家吴云东；中国工程院院士有光学专家庄松林、内分泌学专家史轶蘩、小麦育种专家程顺和、化学家蒋剑春。电缆事业的创始人之一葛和林，新针灸学的开拓者朱琏，文史专家缪钺，女作家菡子，世界知名青年科学家吴柯，他们都建树卓越，誉满中外。

【地方特产】 溧阳茶叶　历史悠久，始于唐宋，盛于明清。溧阳是江苏省重点产茶区，拥有茶园面积8万余亩，分南山、北山2个茶区，茶叶种植、加工、销售一体化经营。溧阳茶的品种日趋多样，制茶工艺日益精湛，茶叶质量不断提高。地方名茶有前峰雪莲、南山寿眉、水西翠柏、天目湖白茶等，先后有100多种茶叶在省级以上名特优茶评比中获奖。2005年通过全国无公害茶生产示范基地县（市）评审验收，获首届中国茶产业发展政府贡献奖，2007年通过国家标准化委员会全国茶叶标准化示范区专家评审。1991～2020年，成功举办十八届中国溧阳茶叶节。

溧阳白芹　白芹是溧阳传统的特色农产品，已有800多年的种植历史。在种植过程中，当地农民创造出一套水芹旱育、一次性深培土的培植技巧，培育出的白芹晶莹透亮，茎鞘洁白，叶尖嫩黄。脆嫩爽口，微甜不腻，并含丰富的氨基酸，堪称江南一绝，成为馈赠亲朋好友的高档礼品。2005年，溧阳白芹进入钓鱼台国宾馆，成为国宴菜肴。2006年9月16日，溧阳白芹获中华人民共和国原产地证明商标。2007年1月12日，“江苏省溧阳白芹标准化示范区”项目通过省质量技术监督局专家组的验收。溧阳白芹畅销京、沪、宁、杭、苏、锡、常等城市以及中国港澳台地区，且出口日本、韩国等国家。

溧阳板栗　溧阳丘陵山区盛产板栗，是江苏省著名的干果生产基地。溧阳板栗果型大，皮壳薄，色泽悦目，肉质白而脆嫩，香味浓郁，以板栗为原料烹制的大栗烧鸡、大栗红烧肉、桂花糖大栗都是闻名遐迩的溧阳地方名肴。

长荡湖绒螯蟹　长荡湖（又名洮湖）所产的螃蟹，属长江水系中华绒螯蟹，是螃蟹家族中的名贵品种，青背白肚，螯强爪健。中秋过后，体大脂肥、红膏饱满、肉质细腻、维生素A含量极高的螃蟹上市，成为餐桌上的佳品。溧阳市长荡湖水产养殖场具有中华人民共和国出入境检验检疫出境动物养殖企业注册证。“可鲜可康”中华绒螯蟹不仅畅销上海、南京、广州、深圳、香港、澳门等地，而且走出国门，远销日本、韩国、新加坡以及欧美等国家和地区，深受海内外美食家的赞赏。用蟹黄做的蟹黄馒头（又称蟹黄小笼包），也是溧阳的名点。

天目湖砂锅鱼头　采用天目湖中完全没有人工喂养的花鲢鱼头，用甘甜清冽的天目湖水，配以十多种佐料，置于专用的砂锅中，用文火久煨而成，汤色乳白如汁，清纯如雪；其香浓郁绕梁、馨雾升腾；其味肥而不腻，鲜而不腥。砂锅鱼头不仅味道鲜美，而且富含多种蛋白质、维生素和矿物质。天目湖砂锅鱼头成为溧阳天目湖蜚声四方的“三绝”之一，在长三角地区声名远扬。

溧阳乌米饭　乌米饭原为民间食品，唐代即有。溧阳乌米饭是把乌饭树叶捣烂、滤汁，用滤出的汁水泡糯米，再经晾干蒸煮而成，米粒紧缩，碧如坚珠。具有诱人的清香，乌黑的亮泽，劲道的口感。

周城火锅　又名周城羊肉火锅，以周城地产优质山羊肉为原料，采用传统配方及独特工艺制作而成，其肉质鲜美，风味独特，色、香、味俱佳。当地企业将其制成真空包装，销往常州、南京、上海等大中城市，深受各地消费者的青睐。

竹箦风鹅　以当地产农家土鹅为原料，在继承传统工艺的基础上，采用扬州大学最新肉食品加工技术精制而成。生产全过程实行封闭式运行，不添加任何化学防腐剂，保持传统风味鹅肉制品的“色、香、味、形”，原汁原味，食后回味无穷。

溧阳三黄鸡　鸡的特征为黄喙、黄毛、黄爪，故称“三黄鸡”。其体重一般可达4.5千克（最重者可达5千克以上），故又称“九斤黄”。为蛋肉兼用型地方良种家禽。将溧阳三黄鸡放入一个大锅里，倒入能淹没鸡身的清水，同时放适量的葱、姜和黄酒，用大火烧开，撇去浮沫，再移至小火上焖 10 ~ 20 分钟，加适量食盐，鸡刚熟时，马上将锅端下，盖上锅盖放置一旁。待锅里汤凉爽后，再将鸡捞出，控去汤汁，在鸡的全身涂上香油即可，具有鲜、嫩、香、肥而不腻的特点。

溧阳扎肝　作为过年的年菜，一般是一次做够，烧一大盆，待客时在饭锅里蒸热后上桌。取五花肉 1 块、猪肝 1 块、笋干 2 块、油豆腐 2 块，将五花肉、猪肝、笋干抓一起，外围用两块油豆腐夹住，左手拿好小肠的一头，从左到右将其绕 3 ~ 4 圈扎紧，剪断小肠，收好头。锅上大火，放冷水，扎肝烧沸，撇去浮沫，放入姜片、绍酒、葱结、精盐、酱油、白糖，转小火烧约 1.5 小时，捞去葱结、放味精即可出锅。具有咸鲜、荤中有素、柔中有脆、口感酥爽的特点。

南山手剥笋　选用上品南山笋 10 根，特制绍菜根、秘制烧菜汁适量，将笋加工成大小均匀，焯水待用。将绍菜根、烧菜汁加秘制配方调汁后会同竹笋一起上笼蒸约两个小时即可。

南山雁来蕈　产于溧阳南山，又名“雁来菌”，食用菌的一种，产于农历二月者叫“桃花菌”，九月者叫“雁来菌”，以寒露时松花落地所生的最佳，味鲜美，有异香，是人们喜爱的山珍。取雁来蕈 100 克、仔姜 50 克、酱油 10 毫升、白糖 30 克、色拉油 50 毫升。将雁来蕈浸泡拣洗。锅上火，放酱油、雁来蕈、仔姜、白糖，烧沸，撇去浮沫，转小火烧半小时，起锅冷却后食用为佳。

溧阳青虾　溧阳池塘养殖青虾起源于 20 世纪 90 年代初，溧阳青虾营养丰富，且其肉质松软，易消化，对身体虚弱以及病后需要调养的人是极好的食物；虾中含有丰富的镁，镁对心脏活动具有重要的调节作用，能很好地保护心血管系统，可减少血液中胆固醇含量，防止动脉硬化，同时还能扩张冠状动脉，有利于预防高血压及心肌梗死；虾的通乳作用较强，并且富含磷、钙，对小儿、孕妇尤有补益功效；虾体内的虾青素有助于消除因时差反应而产生的“时差症”。2019 年 11 月，溧阳青虾入选中国农业品牌目录 2019 农产品区域公用品牌。

【市　标】 市树：香樟树。市花：桂花。2004 年 10 月，全市开展评选市树、市花活动。11 月 23 日，经溧阳市十三届人大常委会第十四次会议表决通过，作出《关于同意市人民政府“关于建议确定并命名溧阳市市树、市花的议案”的决定》，决定命名香樟树为溧阳市市树，桂花为溧阳市市花。

【溧阳城市形象】 溧阳城市形象主题用语：

自在茶香　美音溧阳

山水绝佳天目湖　感恩信义溧阳城

人类发祥地　生态好家园——中国溧阳

溧阳城市形象欢迎用语：

何时到溧阳　一见平生亲——中国溧阳欢迎您

敦厚如山　刚直如竹　纯净如水　清雅如茶——和谐溧阳欢迎您

中国游憩文化首选地——中国溧阳欢迎您

溧阳城市形象理念用语：

明礼诚信　尚善笃行　精业进取　开拓创新

溧阳城市形象旅游用语：

溧阳山水甲江苏　天目湖色秀江南

阅山阅水阅江南　品茶品竹品溧阳

七色文化旅游城　五季山水休憩地

溧阳城市形象外文用语：

Garden City Charming Liyang

（田园城市　魅力溧阳）

Liyang,a city of many traditions

（一个溧阳　万种传承）

A city of stories ,a land of beauty

（传奇之城，大美之乡）

【溧阳城市名片】 政治名片：新四军江南指挥部（威震江南 功在民族）。

经济名片：生态循环经济（发展生态循环经济 打造绿色环保溧阳）。

文化名片：孟郊与《游子吟》（感恩之城 大爱之乡）。

历史名片：人类发祥地（溧阳中华曙猿——距今 4500 万年前的人类祖先）。

民俗名片：跳幡神（千年神舞 祐你平安）。

人物名片：史贞女与伍子胥（诚信卓绝千古 感恩声凌浮云）。

美食名片：天目湖砂锅鱼头（鲜而不腥 肥而不腻 中华一绝砂锅鱼头）。

观光名片：天目湖、南山竹海和瓦屋山。

(1)游憩天目湖，行走南山峰，山水绝佳处，诗情画意中。

(2)东湖南湖瘦西湖，太湖西湖天目湖。

(3)品天目湖绿茶，览南山竹风光。

⑷台湾有日月潭，溧阳有天目湖。

⑸中华小九华，溧阳瓦屋山。

物产名片：天目湖绿色食品（自然精华 养生佳品）。

地域名片：苏浙皖三省通衢（长江三角中心城 华东三省通衢地）。

【溧阳八景】 天目山水、南山竹海、将帅雄风、瓦屋听禅、茶果飘香、石坝飞瀑、高静叩石、曙猿祖地。

【天目湖八珍】 冬笋、板栗、乌饭、白茶、雁来蕈、香瓜藤、天目湖寿桃、爆炸瓜。

【天目湖八鲜】 砂锅鱼头、长荡湖蟹、长荡湖白壳虾、溧阳白芹、白鱼、田螺、红菱、刀鱼。

（文　扬）

经济发展

【综合实力】 2020年，全市地区生产总值（GDP）1086.36亿元，按可比价计算比上年增长4.6%，第一产业增加值54.44亿元，增长1.9%；第二产业增加值539.98亿元，增长4.6%；第三产业增加值491.94亿元，增长4.8%。三次产业增加值比例为5.0：49.7：45.3。

2020年，全市一般公共预算收入完成73.8亿元，比上年增长5.0%，税收占比为85.9%。在全省41个县（市）中，收入总量、增幅、税比分列第8、第9和第6位。财政总收入（含政府性基金收入和上划中央四税）完成360.2亿元，增长1.7%。

【"四大经济"】 2020年,全市“四大经济”（先进制造经济、高端休闲经济、现代健康经济、新型智慧经济）全产业累计完成增加值563.23亿元（合计数已剔除融合部分，下同），比上年增长9.0%（同口径，下同），占全市地区生产总值比重51.8%，较上年提高0.7个百分点。全产业实现营业收入2010.95亿元，增长4.3%，税收49.09亿元（列统口径），增长17.8%。

【农　业】 2020年，全市实现农林牧渔业总产值90.48亿元，增长4.8%。其中:农业49.70亿元，增长4.5%；林业1.03亿元，增长9.3%；牧业3.43亿元，下降2.0%;渔业31.7亿元,增长5.5%;农林牧渔服务业4.62亿元，增长7.8%。全市实现农林牧渔业增加值57.47亿元，增长4.5%，其中:农业35.61亿元，增长4.3%;林业0.39亿元，增长8.0%；牧业1.43亿元，增长0.2%；渔业17.02亿元，增长4.9%；农林牧渔服务业3.03亿元，增长7.1%。全年粮食播种面积82.3万亩，粮食总产量40.9万吨。

2020年，全市农机总动力56.56万千瓦，农机专业合作社192家，主要农作物全程机械化水平达96.2%，位居全省前列，被农业部认定为“全国主要农作物生产全程机械化示范县”。

【工　业】 2020年，全市工业总产值1732.57亿元，比上年增长8.8%；营业收入1891.59亿元，增长9.8%；利税186.70亿元，增长15.2%；利润142.12亿元，增长22.2%。其中：规模以上工业总产值1578.98亿元，增长10.4%；营业收入1739.21亿元，增长11.2%；利税172.33亿元，增长16.8%；利润131.54亿元，增长24.9%。

全市获评国家级“绿色工业园区”1家,国家级“绿色工厂”1家，省级“绿色工厂”2家。2家企业获评省互联网标杆工厂项目；新认定“国家制造业单项冠军产品”2个。全年净增规上工业企业69家,销售超亿元企业168家,3家企业获评国家专精特新“小巨人”企业。

2020年，全市规模以上工业企业综合能源消费量443.42万

表1　2020年溧阳市主要工业产品产量

产品名称	单　位	产量	比上年增长（±%）
水　泥	万　吨	2155.67	−1.4
硅酸盐水泥熟料	万　吨	1810.94	2.6
电力电缆	万千米	13.46	293.6
服　装	万　件	2769.88	−4.8
钢　材	万　吨	382.76	20.8
啤　酒	万千升	15.36	11.6
生　铁	万　吨	225.24	36.3
变压器	万千伏安	9541.91	29.5
锂离子电池	万只（自然只）	3310.05	51.1
口　罩	万　只	139	—

吨标准煤，在规上工业产值增长10.4%的情况下，能耗下降4.0%。规模以上工业产值能耗为0.2808吨标准煤/万元，比上年下降13.1 %。

【建筑业】 2020年，全市有建筑业企业476家，其中特级2家、一级44家、二级196家、三级176家、劳务及一体化58家。全市建筑业累计完成施工总产值1004.7亿元，比上年增长6.3%，占常州地区的43%；完成入库税收21.77亿元，增长3%，占全市税收23.7%。建筑业施工产值超10亿元的企业有15家，超50亿元的企业有5家，超100亿元的企业有3家。截至2020年年底，建筑行业有注册建造师3885人，其中一级建造师999人、二级建造师2886人。

【固定资产投资】 2020年，全市固定资产投资比上年增长5.1%。其中，工业投资下降8.1%，服务业投资增长25.3%。5000万元以上项目投资额占比93.6%，高技术投资占比19.8%，较上年提升1.2个百分点。全年引进10亿元以上项目32个。总投资15.7亿美元的赛得利集团莱赛尔项目当年签约、当年开工。申特钢铁重整招股项目取得突破，总投资176亿元的德龙高端不锈钢项目成功入驻。总投资60亿元的大唐电力燃机热电项目、50亿元的上汽房车生活家平台项目成功签约。

2020年，全市房地产开发完成投资比上年增长0.1%。商品房销售面积102.38万平方米，增长5.1%。其中，住宅销售面积99.58万平方米，增长11.6%。房屋待售面积为39.44万平方米，增长17.6%。

【国内贸易】 2020年，全市实现社会消费品零售总额317.49亿元，比上年下降1.2%。从消费形态看，批发零售业实现社会消费品零售总额299.27亿元，增长1.1%；住宿和餐饮业实现社会消费品零售总额18.22亿元，下降28.1%。从经营地看，城镇地区实现社会消费品零售总额259.20亿元，下降1.8%；农村地区实现社会消费品零售总额58.29亿元，增长1.3%。

【开放型经济】 2020年，全市完成进出口总额85.77亿元人民币，比上年增长5.1%。其中，出口70.76亿元，增长0.8%；进口15.01亿元，增长31.7%。实际利用外资3.34亿美元，增长11.2%。

【旅　游】 2020年，全市旅游接待总人数1366.36万人次，实现旅游总收入178.81亿元，恢复到上年同期的近70%，恢复情况高于全省平均水平，在常州地区名列前茅。全市拥有国家A级旅游景区5家，其中国家AAAAA级旅游景区1家（包括天目湖山水园、南山竹海、御水温泉），国家AAAA级旅游景区1家（新四军江南指挥部纪念馆），国家AAA级旅游景区1家（史侯祠），国家AA级旅游景区2家（高静园、凤凰公园）。拥有国家级旅游度假区1家（天目湖旅游度假区），省级旅游度假区1家（曹山旅游度假区），省星级乡村旅游区（点）19家。拥有1个国家森林公园（含天目湖、南山竹海、龙潭林场），2个国家湿地公园（天目湖、长荡湖）。有星级饭店11家、旅行社（营业部）71家、星级溧阳茶舍23家。溧阳市创成全国全域旅游示范区，获评“2020中国十佳体育旅游精品目的地”。全市在建文旅项目共15个，包括总投资280亿元的曹山未来城，总投资23亿元的蓝城悠然南山等项目。

【金　融】 2020年年末，全市有银行20家。全辖金融机构本外币各项存款余额1527.89亿元，比年初增加206.88亿元，增长15.7%。其中，住户存款余额

曹山未来城　　（融创中国　供稿）

772.04亿元，增长20.7%。全辖金融机构本外币各项贷款余额1130.7亿元，比年初增加132.97亿元，增长13.3%。全市共有小贷公司12家、证券公司5家。人保财险、太保财险、太保寿险、人寿财险、人寿保险溧阳市五大保险公司全年保费收入17.23亿元,比上年下降6.3%;赔付额4.66亿元，比上年下降3.1%。

社会事业

【科技创新】 2020年，全市有高新技术企业165家，占规上工业企业总数的38%，高新技术产业产值占规上工业产值32%。全年培育高新技术企业入库56家，科技型中小企业入库98家，省民营科技型企业29家，认定常州市高新技术产品230个。全市累计建成省级以上“三站三中心”150家，常州市级以上众创空间、孵化器、加速器32家，新获评国家级火炬特色产业基地1家、省产学研协同创新基地1家。

【教　育】 2020年，全市有各类学校152所，学生数97718人（含幼儿),专任教师7328人(含编外)。中学32所，其中完全中学1所、高中6所（含民办1所）、初中25所、少体校1所。初中在校学生19018人,高中在校学生10373人。小学44所，在校学生41326人。中专2所，在校学生4339人。特教学校1所，学生157人。幼儿园72所，其中民办23所，在园幼儿22505人。高考一本达线率达64%，超全省计划录取率35个百分点。

【卫　生】 2020年年末，全市拥有各级各类医疗机构300个，其中市级以上公立医院2家，民营医院14家，乡镇卫生院17家，其他社会办医疗机构105家，村卫生室（含社区卫生服务站）156家。全系统卫健从业人员6642人，其中卫技人员5247人，每千常住人口执业（助理）医师数2.88人，每万常住人口全科医生数5.75人；每千人常住人口医疗卫生机构床位数5.46张。

【文化体育】 2020年，完成送书下乡3万余册、送戏下乡96场、送电影下乡3744场。图书馆累计接待读者69.5余万人次，外借图书22.6万册次，办理读者证3897张，开展阅读推广活动20余项120余场次。文化馆对外免费开放服务设施13处，全年开设全民艺术普及项目78个，线上线下服务群众22万人次。博物馆服务群众15.2万人次。

2020年，新建健身路径（场地)100个，新建篮球场地20块，人均体育场地面积达5.2平方米，位列常州第一。举办2020年全国柔道锦标赛暨全国柔道冠军赛，来自全国各地的36支代表队近1000人参赛。

【环境保护】 2020年，全市$PM_{2.5}$浓度为35.2微克／立方米，较上年下降12.3%，优良天数299天，比上年增加19天，优良率82%。全市6个地表水国省考断面优Ⅲ类比例为100%；天目湖饮用水源地水质达标率100%。成功创成全国第四批“两山”理论实践创新基地。完成新增造林3000亩，恢复湿地500亩。完成27座关闭矿山环境综合整治，完成49台生物质锅炉和83台天然气锅炉整治。

人民生活

【就　业】 2020年，全市城镇新增就业人数16012人，城镇登记失业率1.8%，城镇失业人员再就业4322人，就业困难人员再就业964人，支持成功自主创业2031人，引领大学生创业人数361人，扶持农村劳动力自主创业788人。

【社会保障和福利】 2020年年末，全市城镇职工基本养老、医疗和失业“三大保险”综合覆盖率均超98%。城镇企业职工基本养老保险参保18.24万人，新增参保人数0.43万人，城乡居民养老参保6.03万人；城镇职工基本医疗保险参保25.38万人，居民基本医疗保险参保48.68万人；失业保险参保人数12.09万人；工伤保险参保19.29万人，生育保险参保人数14.57万人。全市有农村五保对象1782人，其中集中供养439人、分散供养1343人。全市有建档立卡低收入农户4724户、7939人。

【居民收入】 2020年，全市全体居民人均可支配收入为45140元，比上年增长5.0%。其中，城镇居民人均可支配收入为55478元，增长3.7%；农村居民人均可支配收入30083元，增长6.3%。全体居民收入增速高于GDP增速0.4个百分点。农村居民收入增长快于城镇居民收入增长，城乡居民收入比为1.84，较上年缩小0.05，城乡收入差距继续缩小。

（汤竣程）

组织机构与主要负责人名录

（2020 年 1 月—2020 年 12 月）

中共溧阳市委员会

书　　记　徐华勤
副 书 记　叶明华（6 月任）
　　　　　邵钦华
　　　　　严　俊
　　　　　（8 月任，至 12 月）
常　　委　周卫中（至 12 月）
　　　　　严　俊（8 月任）
　　　　　刘　佩（女）
　　　　　张爱文
　　　　　王朝晖
　　　　　毛建国（至 10 月）
　　　　　龚友强（至 1 月）
　　　　　庄松年
　　　　　张　顺
　　　　　彭宝华（至 12 月）
　　　　　吴　寅（10 月任）
　　　　　武　伟（12 月任）

溧阳市人大常委会

党组书记　潘云芳（女）
副 书 记　夏国浩
主　　任　潘云芳（女）
副 主 任　夏国浩
　　　　　龚友强（1 月任）
　　　　　陆晓明
　　　　　崔文敏（至 1 月）
　　　　　石伟期

溧阳市人民政府

党组书记　徐华勤（至 7 月）
　　　　　叶明华（7 月任）
副 书 记　周卫中（至 12 月）
　　　　　严　俊（12 月任）
市　　长　徐华勤（至 6 月）
代理市长　叶明华（6 月任）
副 市 长　叶明华（6 月任）
　　　　　周卫中
　　　　　刘新农
　　　　　陈　峰
　　　　　曹　俊
　　　　　王耀庆
　　　　　陆慧琦（女）
　　　　　周　晟
　　　　　王泽宗（至 3 月）
　　　　　严　俊（12 月任）
　　　　　赵　明（12 月任）
　　　　　朱剑波（12 月任）
　　　　　翟胜丞（6 月任）

政协溧阳市委员会

党组书记　狄立新
副 书 记　蔡金龙
主　　席　狄立新
副 主 席　蔡金龙
　　　　　唐华新
　　　　　陈波涛

中共溧阳市纪律检查委员会

书　记　毛建国（至 10 月）
　　　　刘　佩（女）（10 月任）
副书记　刘学俊（至 10 月）
　　　　夏国中
　　　　陈　靖（女）（10 月任）

溧阳市监察委员会

主　任　毛建国（至 12 月）
　　　　刘　佩（女）（12 月任）
副主任　刘学俊（至 12 月）
　　　　夏国中
　　　　陈　靖（女）（12 月任）

溧阳市人民武装部

党委第一书记　蒋　锋（至 1 月）
　　　　　　　徐华勤（1 月任）
部　　长　彭宝华（至 9 月）
　　　　　张　博（9 月任）
政　　委　武　伟

溧阳市人民法院

党组书记　吕　捷
代 院 长　吕　捷（至 1 月）
院　　长　吕　捷（1 月任）

溧阳市人民检察院

党组书记　赵　鑫
代检察长　赵　鑫（至 1 月）
检 察 长　赵　鑫（1 月任）

江苏省中关村高新技术产业开发区

党工委书记　邵钦华（8 月任）
管委会主任　庄松年（8 月任）
党工委副书记　庄松年
纪工委书记　朱开国（至 10 月）
　　　　　　夏　明（女）（10 月任）
纪工委副书记　吴浩英（女）（至 3 月）
管委会副主任　庄松年（至 8 月）
　　　　　　赵苏洪

夏　明（女）
（至 10 月）
潘　儒
吴小平
朱荣屏
党工委委员　邵钦华（8 月任）
庄松年
赵苏洪
夏　明（女）
潘　儒
朱开国（至 10 月）
吴小平
朱荣屏

天目湖生命康原建设指挥部（2 月设立）

党工委书记　钱　栋（2 月任）
总 指 挥　钱　栋（2 月任）

溧阳现代农业产业园（3 月设立）

党工委书记　陈秋平（3 月任）
指挥部总指挥　陈秋平（3 月任）

中共溧阳市委工作机构及直属单位

市委办公室
主　任　周文光（至 12 月）
宋　斌（12 月任）
市委全面深化改革领导小组办公室
主　任　周文光（至 12 月）
宋　斌（12 月任）
市委研究室
主　任　李　球
市委机要局
（市国家保密工作局、市密码局）
局　长　谢文军（女）
市委组织部
部　长　刘　佩（女）（至 10 月）
吴　寅（10 月任）
市委党的建设工作领导小组办公室
主　任　宋　斌（至 12 月）
市委非公有制企业和社会组织工作委员会
书　记　李　忠（至 8 月）
市委市级机关工委
书　记　朱洪伟
市委宣传部
部　长　张爱文
市精神文明建设指导委员会办公室
主　任　徐星频（女）
市委网络安全和信息化委员会办公室
主　任　沈黎敏（女）（7 月任）
市委统战部
部　长　龚友强（至 2 月）
张爱文（2 月任）
市民族宗教事务局
局　长　何筛平（至 2 月）
芮玉昌（2 月任）
市委台湾工作办公室
主　任　陈伟星
市委政法委员会
书　记　王朝晖
市网格化服务管理中心（6 月设立）
主　任　高　昱（8 月任）
市委巡察工作办公室
主　任　夏国中
市委巡察组
组　长　郑杭军
夏玲娣（女）（至 12 月）
董　荣（至 7 月）
邹启东（7 月任）
吕　斌（2 月任）
市委机构编制委员会办公室
主　任　翟德明（至 2 月）
史幸君（2 月任）
市委老干部局
局　长　潘益明（至 5 月）
张富贵（5 月任）
市委离退休干部工作委员会
书　记　潘益明（至 5 月）
张富贵（5 月任）
市信访局
局　长　王　颖（女）
市委党校
校　长　蒋　锋（至 2 月）
徐华勤
（2 月任，至 6 月）
刘　佩（女）
（7 月任，至 11 月）
吴　寅（12 月任）
常务副校长　姜竹旻（至 7 月）
陶华美（女）
（7 月任）
江南铁军教育学院（7 月设立）
院　长　陶华美（女）（7 月任）
市档案馆
馆　长　周志清（至 7 月）
徐　彦（7 月任）
市委党史工作委员会、市地方志办公室
主　任　甘正富
市机关事务管理中心
主　任　金　军（2 月任）

溧阳市人大常委会办事机构

办公室
主　任　史　萍（女）（至 8 月）
李　忠（8 月任）
财政经济工委
主　任　杨云龙（至 7 月）
刘学俊（7 月任）
农业和农村工委
主　任　史云龙（至 2 月）
张迎春（2 月任）
法制和内务司法工委、民族宗教侨务工委
主　任　陈荣林（至 12 月）
潘文伟（12 月任）
教科文卫工委
主　任　徐　彦（至 7 月）

姜竹旻（7月任）

人事代表工委

主　任　花　波

环境资源城乡建设工委

主　任　黄东英（女）（至7月）

庄玉宝（7月任）

研究室

主　任　马志标

溧阳市人民政府工作部门、办事机构及派出机构

市政府办公室

主　任　马立峰（至2月）

赵　明（2月任，至12月）

张国良（12月任）

市政府研究室

主　任　张国良（12月任）

市地方金融监督管理局

局　长　法　律

市政府金融工作办公室

主　任　法　律

市发展和改革委员会

党委书记　赵　明（至2月）

吴志东（2月任）

主　任　赵　明（至2月）

吴志东（2月任）

市住房和城乡建设局

党委书记、局长

钱　栋（至12月）

操文杰（12月任）

市人民防空办公室

主　任　钱　栋（至12月）

操文杰（12月任）

市房屋征收与补偿办公室

副主任（主持工作）

姜欣佩

市城市管理局（市城市管理行政执法局）

党委书记　操文杰（至12月）

局　长　操文杰（至2月）

谢菊芬（女）（2月任）

市工业和信息化局

党委书记、局长　蔡红兵

市教育局

党工委书记　唐洪祥（至7月）

黄跃华（7月任）

局　长　唐洪祥（至7月）

丁　红（女）（7月任）

市科学技术局

党组书记、局长

吕胜中（至10月）

黄盘芳（10月任）

市公安局

党委书记、局长　刘新农

政　委　史晓春

市民政局

党委书记、局长

蒋　彤（至12月）

徐军芳（女）（12月任）

市退役军人事务局

党组书记、局长　史国庆

市司法局

党组书记　沈健清（至4月）

孙　斌（4月任）

局　长　沈健清（至4月）

孙　斌（4月任）

市委全面依法治市委员会办公室

主　任　王朝晖

市财政局

党组书记　高伟新（至2月）

王国权（2月任）

局　长　高伟新（至2月）

王国权（2月任）

市人力资源和社会保障局

党委书记　陆卫林（至3月）

殷洪雅（女）（3月任）

局　长　陆卫林（至3月）

殷洪雅（女）（3月任）

市医疗保障局

党组书记、局长　马俊浩

市自然资源局

党委书记、局长

朱荣屏（至12月）

林　勇（12月任）

市交通运输局

党委书记、局长

赵　波（至2月）

田伟民（2月任）

市水利局

党委书记、局长

马祥中（至12月）

蒋　彤（12月任）

市饮用水水源地保护治理工作领导小组办公室

主　任　王新平

市农业农村局

党委书记　高　昱（至2月）

扈军华（2月任）

局　长　谢菊芬（女）（至2月）

扈军华（2月任）

市商务局

党委书记、局长

陈建伟（至12月）

周　莉（女）（12月任）

市政府外事办公室

主　任　许新平（至10月）

周　莉（女）（12月任）

市卫生健康局

党委书记、局长　陈志豪

市市场监督管理局（市知识产权局）

党委书记、局长　花建国

市审计局

党组书记、局长　王剑锋

市应急管理局

党组书记、局长

王国权（至2月）

赵　波（2月任）

市供销合作总社

党委书记、主任　芮子遐（女）

市统计局

党组书记　庄晓冶（2月任）

局　长　丁　红（女）（至7月）

国家统计局溧阳调查队
　队　长　朱锡洪
溧阳广播电视台(3 月撤销)
　党委书记、台长　葛军伟
市新闻信息中心(3 月撤销)
　主　任　谢建东
市融媒体中心（3 月设立）
　党委书记、主任
　　　　宋玲园（女）(3 月任)
　总　编　谢建东（3 月任）
市文体广电和旅游局
　党委书记　朱红新（至 3 月）
　　　　葛军伟（3 月任）
　局　　长　朱红新（至 3 月）
　　　　张雅萍(女)(3 月任)
市行政学校
　校　长　徐华勤（至 6 月）
　　　　周卫中
　　　　(7 月任，至 12 月)
　　　　严　俊（12 月任）
常务副校长　姜竹旻（至 7 月）
　　　　陶华美(女)(7 月任)
市地震局
　党组书记、局长
　　　　朱立峰（至 2 月）
　　　　朱云明（2 月任）
市行政审批局
　党委书记、局长　史　军

政协溧阳市委员会办事机构

秘书长　杨国平
办公室
　主　任　杨国平
研究室
　主　任　葛　铭
提案和委员工作委员会（3 月机构改革更名，前为提案委员会）
　主　任　陈少艾（女）（至 3 月）
　　　　史　琳（女）（3 月任）
经济科技和农业农村委员会（3 月机构改革更名，前为经济科技委员会）
　主　任　黄盘芳（至 10 月）
　　　　蔡红兵（12 月任）
教文卫体和文史委员会（3 月机构改革更名，前为学习和文史委员会）
　主　任　潘祖良
环境资源和城乡建设委员会（3 月设立）
　主　任　陈立群（3 月任）
社法民宗和港澳台侨委员会（3 月机构改革更名，前为社会事业法制委员会）
　主　任　陈立群（至 3 月）
　　　　周　波（3 月任）

群众团体

市总工会
　党组书记、主席　郑丽萍（女）
共青团溧阳市委员会
　书　记　黄泽欣（3 月任）
市妇女联合会
　党组书记　滕　维(女)(4 月任)
　主　　席　张雅萍(女)(至3 月)
　　　　滕　维(女)(4 月任)
市科学技术协会
　主　席　芮立新
市归侨侨眷联合会
　党组书记、主席　李　劼
市工商业联合会（市总商会）
　主席（会长）　陆慧琦（女）
　党组书记　蒋岐平（至 2 月）
　　　　施春俊(女)(2 月任)
市文学艺术界联合会
　主　席　芮振华
市残疾人联合会
　党组书记、理事长
　　　　袁志荣（至 2 月）
　　　　强国民（2 月任）
市红十字会
　会　　长　陆慧琦（女）
　党组书记　胡雪芹(女)(至 12 月)
　　　　宋春燕(女)(12 月任)

中共溧阳市委协助管理单位

国家税务总局溧阳市税务局
　党委书记、局长　张宇民
常州市溧阳生态环境局
　局　长　王洪明
国网江苏省电力有限公司溧阳市供电分公司
　总 经 理　陈　杰
　党委书记　徐国平
江苏省溧阳市烟草专卖局（江苏省烟草公司常州市公司溧阳营销部）
　党组书记、局长、经理
　　　　曹松潮
常州海关驻溧阳办事处
　副主任　张志东（6 月任）
中国邮政集团公司江苏省溧阳分公司
　党委书记、总经理
　　　　王海燕（女）
中国电信股份有限公司溧阳分公司
　党委书记、总经理　曹云祥
中国移动通信集团江苏有限公司溧阳分公司
　总经理　李光华
中国联合网络通信有限公司溧阳市分公司
　总经理　韶铁山（4 月任）
溧阳市气象局
　局　长　管连和
溧阳市盐业有限公司（溧阳政府食盐储备中心）
　党组书记、主任　俞正洪
　经　理　许　建（至 4 月）
　　　　俞正洪（4 月任）
常州市天目湖地区人民检察院
　检察长　吴小强
江苏省溧阳地震台

台　长　毛华锋
常州市住房公积金管理中心溧阳分中心
主　任　朱启文
中国人民银行溧阳市支行（国家外汇管理局溧阳市支局）
党组书记、行长、局长
蒋留新（至9月）
王　勇（9月任）
中国工商银行股份有限公司溧阳支行
党委书记、行长　张谷平
中国银行股份有限公司溧阳支行
行　长　李　华（至7月）
王志伟（7月任）
中国建设银行股份有限公司溧阳支行
党委书记　丁瑞卿（至8月）
吴建明（9月任）
行　　长　丁瑞卿（至10月）
吴建明（10月任）
中国农业银行溧阳市支行
党委书记、行长　吕一新
交通银行股份有限公司常州溧阳支行
行　长　陈　建（至3月）
彭晓萍（女）（3月任）
中国农业发展银行溧阳市支行
行　长　叶路圣
江苏江南农村商业银行溧阳市支行
行　长　朱海金
中信银行溧阳支行
行　长　钱雄文
江苏银行溧阳支行
行　长　李　晨（至4月）
李　民（11月任）
中国邮政储蓄银行溧阳支行
行　长　周　炜
溧阳浦发村镇银行
行　长　李　旭
华夏银行股份有限公司溧阳支行
行　长　王　晖
招商银行股份有限公司溧阳支行
副行长（主持工作）　王冬春
兴业银行股份有限公司溧阳支行
行　长　杨韦娟（女）
东海证券有限责任公司溧阳南大街营业部
总经理　王　晶
中国人民财产保险股份有限公司溧阳支公司
经　理　狄小燕（女）
中国人寿保险股份有限公司溧阳支公司
经　理　狄　昕（女）
中国人寿财产保险股份有限公司溧阳支公司
经　理　狄伟栋
中国太平洋财产保险股份有限公司溧阳支公司
经　理　王益斌
中国太平洋人寿保险股份有限公司溧阳中心支公司
经　理　阮　伟

镇（区）·街道

昆仑街道
党工委书记　陈　波（至2月）
史志伟（7月任）
办事处主任　朱立峰（2月任）
天目湖旅游度假区
党工委书记　张　顺
管委会主任　柳建平（至10月）
周文光（10月任）
天目湖镇党委书记　张　顺
镇　长　柳建平（至12月）
江苏省溧阳经济开发区
党工委书记　夏国中
管委会主任　朱　威
上兴镇党委书记　夏国中
镇　　长　朱　威
曹山旅游度假区
党工委书记　夏国中（至2月）
王　晓（2月任）
管委会主任　张成新（2月任）
社渚镇党委书记
吴志东（至2月）
方学军（2月任）
镇　　长　赵　波（至2月）
马立峰（2月任）
溧城镇（7月撤销）
党委书记　潘建中
镇　　长　姜　卫
溧城街道（7月设立）
党工委书记　潘建中（7月任）
办事处主任　姜　卫（7月任）
埭头镇党委书记　孙龙斌
镇　长　王旺荣（至2月）
颜　萍（女）（2月任）
戴埠镇党委书记
扈军华（至2月）
陈　波（2月任）
镇　长　张余亮
南渡镇党委书记　施雪芹（女）
镇　　长　王鹏程
竹箦镇党委书记
方学军（至2月）
赵　波（2月任）
镇　长　张国良（至12月）
周　伟（12月任）
上黄镇党委书记
张　涛（至12月）
强建方（12月任）
镇　长　强建方（至12月）
陈建伟（12月任）
别桥镇党委书记　姚觉成
镇　长　孙　斌（至4月）
高　洁（4月任）
古县街道（8月始）
党工委书记
钱　栋（8月任）
办事处主任
钱　栋（8月任）

市委重要会议

【“重大项目突破年”和“现代化建设试点工作突破年”动员大会】 3月13日上午在市文化艺术中心召开，市委副书记邵钦华主持会议。市委书记、市长徐华勤指出，站在“撤县设市”三十年时间节点上，溧阳把今年的工作主题确定为“重大项目突破年”和“现代化建设试点工作突破年”，就是要始终把项目建设作为经济社会发展的主旋律，把现代化建设试点作为推动溧阳行稳致远的强引擎，立足当下、放眼长远，打牢基础、激发动力，为溧阳开启下一个三十年新征程提供条件和制度设计。

徐华勤强调，2020年，常州市委立足长三角区域一体化，着眼争先进位要求，对溧阳提出了“远学海宁、近赶启东”的工作目标，溧阳要以“两大突破年”的实际成效学先进超标杆。一要把项目作为学先进超标杆的“压舱石”。在溧阳，项目是“硬通货”、项目是“话语权”、项目是“试金石”，各个板块要始终把心思和精力聚焦到项目上来。二要把成果作为学先进超标杆的“助推器”。四项改革试点的任务清单已明确，要抓落实抓推进，开创空间重构的示范性成果、探索生态价值的市场化成果、衍生农副产品的服务性成果、形成土地改革的实践性成果。三要把开放作为学先进超标杆的“定盘星”，政府要有开放的视野，能用包容大气的胸怀构建国际通行的规则、公平透明的准则，打造全国一流的营商环境；社会要有法治的环境，尊崇法治精神，内化法治信仰，浓厚“讲规矩光荣、不守规矩可耻”的氛围；企业要有创新的激情，面对现状永不满足、面对挑战永不懈怠，在你追我赶中求新、求变、求突破。

【“决胜全面小康决胜试点攻坚”推进会】 3月21日上午在市文化艺术中心召开，市委副书记邵钦华主持会议。市委书记、市长徐华勤指出，决胜全面小康是要兑现党对人民作出的庄严承诺，决胜试点攻坚是要回答好“全面小康后现代化的路子怎么走”的时代命题。站在这承前启后、继往开来的紧要关头，我们既要跑好兑现承诺的“最后冲刺”，又要答好时代命题的“精彩答卷”，自觉以使命担当的责任心坚定“双决胜”的必胜心。

徐华勤强调，要以“团结、实干、开放、创新”为内核的溧阳精神，掀起一场全民动员、声势浩大的人民战争，坚决打赢“双决胜”战役。一要深入研究工作任务。任务谋划与争创一流相结合，敢想敢为，推动各项工作走在全省，乃至全国前列，争取更多省内第一、全国一流。二要更快节奏推进落实。一个专班抓推进，“四大试点”工作专班要切实担起牵头抓总的责任，专心研究谋划试点工作，按时保质推进各项举措，各镇区及相关部门要强化主体责任，积极配合。三要广泛凝聚各方力量。党员干部、广大企业、社会各界要共同参与，要强化社会与政府的联动，激发全社会投身“双决胜”热潮的责任感，一举打赢全面小康和试点攻坚“决胜战”。

【全市党建引领发展和作风引领突破部署会】 4月1日下午在市文化艺术中心召开，市委副书记邵钦华主持会议。市委书记、市长徐华勤指出，过去的一年，溧阳高举习近平新时代中国特色社会主义思想伟大旗帜，传承发扬新时代“团结、实干、开放、创新”

溧阳精神，两大攻坚年活动成效显著，全省高质量发展考核进步明显，疫情防控全面向好的态势正在拓展，经济社会稳中有进的走势持续显现。2020年是“两个一百年”奋斗目标的交汇点，是两个“五年规划”承转的交接点，也是溧阳“撤县设市”三十周年。位处这样一个崭新的时代坐标，全市上下要始终坚持“抓好党建是最大政绩，全面从严治党是最大责任，政策落实公平是最大形象，推动地方发展是最大成效”的党建理念，抓实党建抓出生产力，抓细党建抓出凝聚力，抓强党建抓出战斗力，实现长三角生态创新示范城市的良好开局，切实让群众看到变化、得到实惠、感到自豪。

徐华勤就完成好今年党建工作各项任务提出要求。一要引领统领，纲举目张揽全局。坚持把党的领导地位体现在统领全局引领发展上，以高质量党建引领高质量发展。要以思想理念定向领航，持续深入学习习近平新时代中国特色社会主义思想，在学懂弄通做实上下功夫，推动习近平新时代中国特色社会主义思想在溧阳落地生根、开花结果；号召全市各级党组织和广大党员干部敬仰英雄、学习榜样、学赶先进，深刻领会英雄模范的精神内核，化作奋进“两大突破”的强大力量。二要争先争优，事事争当第一流。坚持把党的建设内核体现在争先创优带领发展上，推动工作向高处攀登，各项事业向纵深发展。坚持归零心态，以有为求作为，争得影响、争先进位，全市党建工作要按照“全国有影响、江苏有地位、常州当标杆”的目标定位，以归零心态整装出发，用积极作为赢得地位。三要从严从实，突出实绩论英雄。坚持把党的作风特质体现在实干担当保障发展上，为“两大突破”注入持续动力，为全市经济社会高质量发展保障护航。要激扬实干担当之风，“三凭一看”用干部，要克服精神状态上的“疲软”，力戒工作落实上的“虚浮”，营造崇尚实干激励担当的干事创业氛围；杜绝纪律规矩上的“漠视”，破除行为规范上的“散漫”，打击社会秩序上的“不知敬畏”，自觉讲原则、懂规矩、守纪律、知敬畏，以正气充盈的“小气候”促进形成加快发展的“大环境”。

【中共溧阳市委十二届十次全会】 6月1日下午，在市文化艺术中心召开。市委常委会主持。市委副书记邵钦华就《溧阳市部分行政区划调整工作方案（草案）》作情况说明，并宣读《中国共产党溧阳市第十二届委员会第十次全体会议决议（草案）》。徐华勤表示，这次行政区划调整，是市委站在“十三五”“十四五”承转交接点和整装再出发的新起点作出的重要决策部署，对溧阳做大城区、做优载体、做强产业提供新的历史机遇。全市上下特别是各级领导干部一定要讲政治、讲大局、讲党性，从事关全市长远发展的高度来认识该次区划调整的重要性和紧迫性，提高认识，服从大局、步调一致，明确责任、落实措施，切实把区划调整与“两大突破年”活动有机结合起来，做到“思想不散、秩序不乱、目标不减、工作不停、发展不满”，确保完成全市经济社会发展目标任务，为长三角生态创新示范城市建设积蓄新的动能。

【中共溧阳市委十二届十一次全会】 7月28日上午，在溧阳宾馆召开。市委常委会主持。会议在回顾总结2020年以来工作的基础上，强化疫情防控和经济社会发展的落实之举和应对之策，明确“十四五”规划编制的基本方向，把干部队伍的作风建设抓出实效，以疫情防控和经济社会发展“双胜利”的过硬成果向溧阳“撤县设市”30周年致敬。市委书记徐华勤代表市委常委会作题为《誓夺“双胜利”致敬三十年奋力谱写长三角生态创新示范城市建设新篇章》报告。报告指出，溧阳“撤县设市”已经过30年风雨历程。站在“两个五年”规划交接的历史当口，又逢疫情防控常态化和经济社会发展“保稳进”“两场硬仗”交加的复杂局面，迫切需要从三个方面重点发力：一要聚焦“两大突破”，聚力“两个决胜”，奋力夺取疫情防控与经济社会发展“双胜利”。以“信心就是力量，坚持才能成功”“问题就是导向，突破才有希望”“效果就是标准，务实才能取胜”的要求，守牢“保”的底线、夯实“稳”的基础、提高“进”的质效，确保不折不扣完成“六保”“六稳”任务，在常州目标管理考核中再争胜、在全省高质量发展考评中再进位。二要致志生态创新，致功城乡融合，全力建设长三角生态创新示范城市。以推动城乡经济协合、城乡环境契合、城乡生活翕合、城乡治理匡合“四项融合”为目标，以空间拓展与融入长三角协同谋划、生态涵养与城市美誉度协同推进、产业培育与新型城镇化协同互动、民生共享与功能辐射力协同发展“四个协同”为路径，以发展先进制造、高端休闲、现代健康、新型智慧“四大经济”为抓手，依靠溧阳人，办好溧阳事，系统、双向、持续打通“两山”价值转换路径，建设长三角生态创新示范城市。三要坚持干部先行，坚定干事优先，激发团结实干开放创新的精神力量。更加坚定地扛起管党治党重大政治责任，认真落实新时代党建总要求，坚持“三凭一看”用干部，“三效三提”振作风，“四个突出”抓基层，既统筹兼顾、全面推进，又突出重点、抓住关键，把组织活力转化为发展动力，把党建优势转化为发展胜势。

【中共溧阳市委十二届十二次全会】 12月6日上午，在市文化艺术中心召开。市委常委会主持会议。全会讨论并审议通过了《中共溧阳市委十二届十二次全体会议决议（草案）》和《中共溧阳市委关于制定溧阳市国民经济和社会发展第十四个五年规划的建议（草案）》。市委书记徐华勤代表市委常委会作题为《阔步奔向生态创新的绿色现代化》的报告。报告充分肯定了溧阳“撤县设市”三十年来取得的发展成果。徐华勤指出，面对百年未有之大变局加速演进，我们必须充分认识到，发展转型仍然任重道远，区域突围仍需乘势而进，城市提升仍将大有可为。基于这样的判断，未来我们在迈向生态创新的绿色现代化征程中，应重点抓好五方面工作。一是争创公园城市示范。以国家城乡融合发展试验区和新型城镇化建设为抓手，按照120万人口规模实施规划控制与城市框架形成，“人城境业”，和谐统一推动公园城市成为溧阳的鲜明标识。要治山理水打造一方净土，描绘高颜值、高品质、有归属感的生态空间；要依山傍水建设一座新城，对标全国一流建设天目湖生命康原，成为健康经济主平台、城市发展新中心；要融山秀水描绘一派风景，围绕公园城市规划落实国土空间规划，让“山水融城、和谐共生”成为溧阳公园城市的生动写照。二是争创全域旅游示范。聚焦“生态生产生活共融、全景全时全龄可享”，努力打造全国知名的长三角休闲康旅目的地。坚持用“溧阳1号公路”串全景，大力实施“溧阳1号公路”内涵提升工程；坚持抓功能板块完善享全时，全面提升天目湖旅游度假区定位与档次，加快曹山旅游度假区的定位形成，丰富南山地区休闲康养体验感，加快宋团城改造，建设历史文化街区示范段；坚持创新型消费业态悦全龄，让不同年龄、不同层次、不同喜好人群深度体验“到溧阳，就是一种生活方式”。三是争创产业集群示范。以江苏省中关村高新区创成国家级高新区为引领，面向世界、迈向一流，加快构建以先进制造为主体的现代产业集群。其中，项目是灵魂和核心，要驰而不息引进重大项目育强产业；质效是关键和根本，突出“亩均论英雄”，强化载体支撑，推动制造企业向系统集成和整体解决方案提供商转型，并打造特色生产性服务业集群；企业是主体和主力，以强化创新能力为核心，打造企业雁阵梯队，全力以赴实现未来五年规上工业企业翻番目标。四是争创乡村建设示范。以率先基本实现农业农村现代化为目标，加快城乡融合，打造富有特色和底蕴的“乡村艺术作品”。要聚焦美意显魅力，纵深推进新一轮村庄规划布局调整，力争“十四五”期间，建成全国知名的美丽乡村连片示范区；要聚力融合强动力，建设全国知名的农业绿色发展先行区和农村“三产”融合发展示范区，推动相邻镇区间公共基础设施统筹规划、合作共建和功能共享；要聚合试点激活力，推动农村宅基地“三权分置”实现形式改革取得突破，打造可复制、可推广的乡村治理“三治融合”溧阳样板。五是争创区域协作示范。突出“聚焦上海、远拓京深，联动六县、融宁接杭”，在深化产业共建、交通共联、生态共护、服务共享中加快区域协调发展。绿色共建要成样本，把长三角产业合作区打造成全国省际边界地区绿色发展新示范；创新协作要成品牌，全面建设“电动溧阳”，搭建上海、杭州、南京、深圳等科创基地，力争“十四五”期间在应用型大学引进、高等职业院校建设上再有突破；营商环境要成高地，以营造全国一流营商环境为突破口，建设“智慧政务”体系，打破行政壁垒，畅达服务体验，强化规则至上，厚植公平公正、创新创业土壤。

【中共溧阳市委十二届十三次全会】 12月28日下午，在市文化艺术中心召开。市委常委会主持。会议深入学习贯彻党的十九届五中全会精神和习近平总书记视察江苏重要讲话指示精神，贯彻落实省委十三届九次全会和常州市委十二届十一次全会决策部署，以项目建设为核心，总结2020年工作，部署“生态品质巩固提升年”主要任务，动员全市上下发扬“勇争一流、耻为二手”的常州精神，团结、实干、开放、创新，奋力开启长三角生态创新示范城市建设新征程，在江苏书写“争当表率、争做示范、走在前列”的新时代答卷中争当优等生、争创新示范。市委书记徐华勤代表市委常委会作题为《坚定使命信念，跨越万水千山全面铺展“处处绿水青山、家家金山银山、人人寿比南山”美好画卷》报告。全会充分肯定了2020年溧阳市经济社会发展取得的成绩。一年来，全市上下万众一心，在非常时期奋发蹈厉，取得了非凡业绩。总投资176亿元的德龙高端不锈钢项目、总投资15.7亿美元的赛得利莱赛尔项目当年签约、当年开工，总投资280亿元的曹山未来城建设加速推进；以现代化建设试点统筹的“1+8”试点工作创出了品牌、干出了影响，高分通过全国文明城市、全国卫生城市三年复评，创成国家全域旅游示范区等。在“十三五”规划收官当口回望五年，全市上下在“凝聚精气神，建设新溧阳”的共鸣中同心同德、一路同行，在“依靠溧阳人，办好溧阳事”的共担中协力携手、一往无前，在“只要肯奋斗，一切皆可能”的共识中突围突破、一苇以航，以重大项目突破、全域旅游发展、全国文明城市创建“三大任务”的超预期成绩实现了“吃上五年苦、不负十三五”的圆满收官。全会要求，2021年要重点办好“七件事”：一要加快建设“一路两廊”，大力实施“溧阳1号公路”内涵提升工程，推进溧阳琴廊全线规划落地，实施森林长廊全景勾画工程；二要深度发力乡村建设，抽调精干力量组建乡村建设工作专班，以工匠精神雕琢美丽乡村；三要强力推进生命康原，打造溧阳城市发展新中心，迈向世界知名、全国一流、区域领先的现代化健康智慧活力城；四要融入情怀改造团城，提升承载力，改善人居环境。五要持续攻坚环境治理，确保污染防治攻坚综合考评位居常州第一方阵；六要勠力抓好水源保护，大力实施新一轮天目湖水源地保护行动计划，确保饮用水源安全；七要高点建设文明城市，以规范市民行为、提升文明素养为重点，不断巩固文明城市建设成果。

【市委常委会会议】 *研究2020年市委常委会工作要点* 1月22日，市委常委会召开会议，讨论2020年溧阳要重点做好五个方面的工作：一要围绕对标目标，推动项目突破，全力追赶超越；二要全力以赴推动“社会主义现代化建设试点”“国家城乡融合发展试验区”“全国乡村治理体系建设试点县”“全国新时代文明实践中心试点”四大试点工作，力争形成一批制度性、普惠性、示范性、引领性成果；三要以过硬业绩庆祝溧阳“撤县设市”30周年；四要建立“不忘初心、牢记使命”主题教育长效机制，引领溧阳经济社会发展高质量向前推进；五要加大力度推进干部队伍建设，重点抓好年轻干部队伍配备，机关作风改善以及营商环境营造。

讨论研究《关于加快建设“电动溧阳”的实施意见和工作方案》 10月21日，市委常委会召开会议，会议讨论研究并原则通过了《关于加快建设“电动溧阳”的实施意见和工作方案》。会议指出，建设“电动溧阳”是打造便捷绿色交通出行体系，强化全社会节能环保共识，探索富有溧阳特色的“绿色现代化”之路的重要措施。各级各部门要进一步明确职责，持续开展市场调研工作，不断优化各项政策措施，做好宣传推广工作，提高全社会认知度。

听取讨论部分行政区划调整工作情况汇报 7月25日，市委常委会召开会议，会议听取部分行政区划调整工作情况汇报。针对确保区划调整顺利实施到位，会议要求，一要统一思想。该次行政区划调整，是关系溧阳城市发展格局所做的一次调整，也是对未来溧阳城区范围扩张的一次总体布置。全市各级各部门广大党员干部尤其是领导干部要充分认识行政区划调整的重要意义，对于区划调整各项工作任务的落实只能强化不能削弱，只能加快不能推迟。二要有序推进。区划调整工作时间紧、任务重，要按照蹄疾步稳的要求，有章有法、有效有力地推进，明确时间节点，细化实施方案，落实工作责任，扎实稳妥推进机构设置、人员安排、工作交接等各项工作，推动新设区划各项工作尽快步入正轨。三要严明纪律。行政区划调整是一项政治性、政策性很强的工作，要严肃政治纪律，党员干部特别是领导干部要带头讲大局、讲政治，严格执行市委、市政府部署，坚决做到令行禁止、上下一致；严肃组织人事纪律，各级党员干部要自觉服从组织调配和安排，为平稳过渡提供坚强组织保证；要严肃财经纪律和工作纪律，加强监督检查，严肃查处违纪违法行为。四要保证稳定。要加强宣传引导，营造良好舆论氛围，凝

聚发展正能量；扎实抓好各项民生工作，确保群众正常生产生活不受影响；严格落实维护稳定工作责任制，健全处置突发事件的工作机制和应急预案，确保社会大局和谐稳定。

市委重要活动

【重大项目突破】 2020年，溧阳引进10亿元以上项目32个。总投资15.7亿美元的赛得利莱赛尔项目当年签约、当年开工。申特钢铁重整取得突破，总投资176亿元的德龙高端不锈钢项目成功入驻。总投资60亿元的大唐电力燃机热电项目、50亿元的上汽房车生活家平台项目成功签约。中科院物理所长三角研究中心、上上特高压特种电缆、华鹏超高压变压器等重点项目有序推进。净增规上工业企业70家。

【热烈庆祝溧阳“撤县设市”30周年】 围绕撤县设市30周年系列活动，2020年，溧阳统筹结合、认真谋划，把全面建成小康社会、爱国主义教育、典型选树、基层群众教育宣传等体系内的工作有机融入活动中来，先后筹划开展了“继往开来、再谱华章”溧阳撤县设市30周年暨全面建成小康社会图片展、撤县设市30周年“时代先锋”评选、“走小康之路、看家乡巨变”——“三百看溧阳”采风、“口述三十年云和月”“激荡三十年、爱上一座城——教我如何不想她”群众性活动等10个主题、28项活动。其中图片展观展人数平均每天400人左右，得到了全市领导干部、老同志、社会各界群众的高度认可；“激荡三十载、礼赞新时代”广场舞大赛、青少年体育文化节、戏曲乡村大舞台等一系列群众性活动，以宣传30年来的发展巨变、赞颂全面建成小康社会的发展成就为主题，参与人数达到了15万余人次。“三百看溧阳”引起了社会共鸣，各镇（街道）各单位各条线相继组织老同志、老模范、文明家庭文明户以及在上半年疫情防控中表现突出的党员群众进行采风活动，累计达到4万余人次。撤县设市30周年“时代先锋”精心组织、优中选优，充分展示30年来各行各业先进典型的开拓进取、模范带头的奋斗精神。“口述三十年”累计征集老领导、老同志的稿件300余篇，整理出版的书籍受到普遍欢迎。统筹协调发展大会、《走在大路上》文艺汇演融合本地文化系统展示了溧阳30年来的发展变化，形式多样，节目精彩，为新时代溧阳文化发展注入了新的活力。

【社会主义现代化建设试点突破】 建立天目湖流域水生态容量评价体系，生态产品交易机制开拓“两山”相互转化新路径。稳慎探索宅基地改革，形成宅基地基准地价、竞价择地、资格权退出及置换等一系列实施细则。构建“党建引领、三治融合、网格管理”乡村治理体系。健全“五大平台”协同机制，建立文明实践阵地“资源库”，推动志愿服务标准化、制度化、生活化。在实践样本上抓示范。“三生共融”的“溧阳样本”入选生态环境部绿色发展案例。生态产品交易市场被发改委作为典型案例推广。农村宅基地改革多点并进，戴埠镇以及4个试点村探索不断深化。构建“1+4”城乡产业协同发展平台，现代农业产业园建设迈开步伐。完成北水西村、胥泊村撤村建居试点。“百姓议事堂”经验被中宣部向全国推广。新时代文明实践工作走在全省前列。苏皖合作示范区合作机制创新和实体公司运作齐头并进。健全“一岭六县”协商机制，构建“一岭六县”智慧政务一体化平台，跨区域交流合作日益密切。

（夏冶成）

组织工作

【概　况】 2020年，全市组织工作以全面贯彻落实中共十九大和十九届四中全会精神为主线，围绕全国组织工作会议及市委“两大突破年”工作要求，全面推进党的思想、组织、作风建设，基层党组织组织力不断加强，干部队伍专业化素质能力不断提升，人才爱国奉献精神不断凝聚，组工干部精专意识不断增强，为高质量建设长三角生态创新示范城市提供强力的组织保证和人才支撑。

【新时代干部选配工作】 突出政治标准，抓好“五大体系”建设，落实“三项机制”要求，坚持“三凭一看”原则，着力培养忠诚干净担当的高素质干部队伍，不断激发干部干事创业热情，为建成长三角生态创新示范城市建设提供干部支撑。

围绕换届需求，统筹推进领导班子配备。配强板块党政正职。以“关键岗位”为龙头，大胆使用善抓经济发展、善抓社会管理、善抓班子带队伍的优秀领导干部担任板块党政正职，2020年调整7名领导分别担任5个镇

（区、街道）党政正职。打通干部交流渠道。围绕生命康原、苏皖合作社渚先导区建设，结合全市建设、交通、招商等方面发展需求，对重点板块、重点部门和市属企业领导班子进行较大幅度交流调整。专项开展金融系统干部调整，配备 8 个镇财政分局局长，金融系统建立完善的管理体制。全年召开常委会讨论干部任免 8 批次 427 人次，其中提任正科职领导干部 31 名，副科职领导干部 93 名。

对照“三凭一看”，完善结构性干部配备。大胆使用年轻干部。面向全市通过公开遴选的方式，选拔四大经办副主任 4 名、现代农业科技产业园专职副总指挥 3 名，有效加强四大经济办、现代产业园班子配备。2020 年共提拔 90 后优秀年轻干部 11 名，其中提拔 90 后任团市委书记 1 名。统筹使用女干部、党外干部。加大结构性干部配备比例，提拔使用女干部 31 名，其中正科职 10 名，副科职 21 名。提拔使用党外干部 8 名，其中正科职 2 名，副科职 6 名。

着眼长远发展，精心规划年轻干部培养。统筹干部教育工作。研究出台《2020 年全市干部教育培训工作要点》，发放《习近平在宁德》《曾国藩的正面与侧面》等学习书本和学习参考书目千余本。组织第三期青年干部培训班，在全市范围内择优选取 66 名青干班学员，邀请中科院物理所等各大高校院所的 20 多名专家学者为学员授课。举办市领导干部调训班，调训科级以上领导干部 42 名（含 7 名正科级领导干部）。组织专项调研。坚持“广覆盖”原则，摸排出全市 90 后年轻干部 441 名，经过筛选，召开 9 场年轻干部座谈会，以互动交流形式深入了解年轻干部的工作、经历、专业等情况，为下一步育好用好年轻干部提供现实依据。强化实践锻炼。根据“四大经济”办公室需要，为“四大经济”办公室分别增派 1 ~ 2 名挂职干部；选派 29 名年轻干部赴国家部委、省级机关和发达地区跟班学习；为加快年轻干部成长，积极搭建平台，选派 13 名年轻干部到镇区、市级机关、群团等部门挂职，明确由 1 名工作经验丰富的导师帮带，通过一线挂职锻炼锤炼意志品质、能力素质和党性作风。深化人才引进。紧扣溧阳发展的现实需求，继续推进高层次人才引进工作，共 619 人报名，285 名考生完成资格审查，通过材料评议、面试等环节。积极做好第一批高层次人才试用期满考核工作，试用期内考核合格给予事业编制，对表现较差，不胜任工作的给予解聘。

规范有序有效，创新推进公务员工作。创新公务员招录模式。在全省试点开展部分岗位统招再分配模式，46 个岗位中 8 个岗位 20 个名额属统招后由溧阳市再行分配，利于实现“精准化”定岗；62 名招录计划数中，设定 20 个名额的 12 个男性岗位，5 个适合男性岗位，为历年之最，将进一步优化溧阳市新招录公务员的男女结构比例。分步实施职级晋升。以竞争择优的方式，有序推进公务员职务与职级并行制度，让德才素质好、工作实绩突出的优先晋升。在职级职数使用上，坚持向急难险重等重要岗位倾斜。全面摸排镇区按照岗位分级管理情况和驻镇机构属地人员情况，在市基层“三整合”改革重点工作中，注重与职务职级并行政策有效结合。2020 年分批次对敢于担当、实绩突出的干部进行职级晋升，晋升四级调研员 10 名、一级主任科员 14 名、二级主任科员 3 名、三级主任科员 5 名。

严管厚爱，提升干部监督实效。以提醒、函询、诫勉为契机，完善日常管理体系。综合运用干部考察考核、巡察、选人用人检查等成果，抓住苗头，找准问题，不断加大提醒、函询、诫勉力度，推动干部中的一些问题得到及时纠正和解决。因个人有关事项填报问题对 1 名干部进行诫勉谈话，1 名干部进行提醒谈话。以巡察检查为契机，推进干部监督管理。着力突破“独立审计”工作局限，按照对象相同、时间一致、目标相近的原则与巡察办共同协商提出联动开展计划。2020 年安排审计单位 9 个，其中“巡审联动”2 个。将选人用人专项检查与巡察深度融合，组建 3 个选人用人专项检查组，进驻 27 个单位进行选人用人专项检查，紧盯选育用管全链条，发现问题线索 35 个。以“三项机制”为保障，激励干部担当作为。根据《溧阳市党政干部鼓励激励实施办法》文件精神，授予方学军“2019 年度溧阳市优秀镇（区）党委（党工委）书记”称号，授予刘新农、高伟新、赵波、史军、张雅萍 5 名干部“2019 年度溧阳市优秀市级机关部门正职”称号。在 2019 年度考核优秀等次评定中，对考核等次优秀的市级机关与镇区领导班子，增加班子成员年度考核优秀等次人数和一般公务员优秀等次比例。

年，市委组织部按照省委基层党建“五聚焦五落实”要求，聚焦主业主责，强化担当作为，围绕打基础、强规范方向，紧抓难点破解、弱项补短，推动全市基层党建工作质量再上新台阶。

以规范化为基础，全面准备村（社区）“两委”换届。开展集中排查和综合研判。市委书记亲自带队赴镇（街道）听取村（社区）“两委”换届工作面上总体情况。市镇联动，对所有村（社区）逐一分析研判、排查整顿，全市173个行政村和54个社区全部形成综合分析研判报告。实行红、黄、绿“三色管理”，对15个换届重点关注村（社区）实行红色管理，按照“一村（社区）一策”制定解决方案和换届预案。建立“双联直挂”机制。市级层面，由12名党员市领导每人直接督导联系1个镇（街道）；从换届领导小组成员中抽调骨干人员组建5个指导组。镇级层面，领导班子中的党员领导干部至少联系1个村（社区），矛盾突出、选情复杂的由党委（党工委）书记直接挂钩；镇里向每个村（社区）至少选派一名机关事业干部担任换届工作联络员。结合上级最新要求，集中精力梳理一套支部换届规范，编写的村（社区）换届流程演示材料，得到省委组织部好评。组织全员资格审查。严格按照“十不准”负面清单，先期对全市村（社区）“两委”换届关联人员进行背景联审前期预审，全面排查近5年来受党纪政纪处分人员、有失信行为等人员。从严开展村干部经济责任审计。

以专业化为保障，培养基层党建人才队伍。以能力和待遇的双提升激励村书记。9月，举办全市村党组织书记培训班，组织44名村书记赴江苏农林职业技术学院开展学习交流，不断提高村书记的履职能力。启动村（社区）书记缴纳企业年金工作，让书记们安心、安身、安业。全面推行村党组织书记县级备案管理，将219名村（社区）党组织书记全部纳入。启动村书记、主任“一肩挑”摸排工作，督促各镇（街道）倒排推进，2020年届中调整村书记60余名。构建标准化体系推动村（社区）干部专职化管理。出台《关于聚力“五大试点”攻坚锻造基层治理铁军的实施意见》，以及《关于规范专职化管理村干部薪酬体系的指导意见（试行）》等5个配套文件，构建“1+5”标准化管理体系。顺利完成2020年20名“定制村干”报考招录工作，首批10名定制村干在8月初踏上工作岗位。像培养科学家一样培养青年企业家。开展溧阳市新生代企业家“青蓝接力”工程，优选40周岁以下民营企业接班人选或成长型民营企业负责人，通过“青蓝学院”“青蓝名师”“青蓝伙伴”等十项举措，建立青年企业家英才库，培养10名领航青年企业家，50名骨干青年企业家，带动100名新锐青年企业家，打造一批青年企业家标杆性企业，此项做法被《中国组织人事报》宣传推介。

以网格化为依托，提升党建引领发展能级。“楼长制”布密疫情防控线。以机关干部和党员志愿者为主体，在全市推行疫情防控“楼长制”，共4035人下沉4071栋楼宇，构建“总楼长—副总楼长—楼长”的组织防线，实现城市、乡镇、社区的全覆盖。党员中心户架起党群“连心桥”。全面推行农村党员中心户制度，以骨干党员为中心户，通过建立“行政村党组织＋网格党支部（党小组）＋党员中心户＋党员＋群众”的工作网络体系，拓宽党员联系服务群众渠道，增强基层党员做群众工作的能力，体现党员先锋模范作用。网格党组织引领城乡治理。突出“组织建在网格上”，在全市近600个综合网格中同步建立党支部（党小组），网格党组织书记与网格长同步匹配，发动基层党员担任网格员。构建“街道党工委—社区党组织—网格党小组—党员中心户—群众示范户”模式，统筹好网格内党的建设、基层治理、公共服务等各项工作，确保组织架构和治理网格全面融合。加强行业党建工作。开展物业党建集中推进活动，将党组织建设情况作为物业管理和招投标等工作的加分项，打造30个党建引领物业管理示范小区，组建物业企业党组织15家。成立常州辖市区第一个律师行业党委，9家律所独立建立党支部，9家律所建立2个联合党支部，对1家暂无党员律所选派党建工作指导员，实现党的组织和党的工作全覆盖。指导成立戴埠镇南山民宿党建联盟，以党建引领民宿行业更高质量发展。

以常态化为目标，持续从严党员教育管理。抓住“节点”契机弘扬老党员精神。结合溧阳撤县设市30周年庆祝活动，开展“三十载风雨路，一座城一生情”走访慰问和座谈活动，表彰和慰问一批30年来作出重要贡献的老党员。在纪念中国人民志愿军抗美援朝出国作战70周年之际，各基层党组织及时向老英雄、老党员送去党组织的问候和温暖。开展“九个一”活动迎接中国共产党成立99周年。回顾一次主题教育成果，选树一批党内先进典型，表彰99名优秀基层党组织书记，组织一轮党内关怀走访，开展一次主题党日活动，组建一支名师党课队伍，合过一次党员政治生日，开展一天“奉献日”服务，举办一次党员寄语展示，开展一次初心故事征集。持续有力抓实党员管理。规范做好全市发展党员工作，尤其是疫情期间发展党员和火线入党工作。创作完成2020年全市党员教育全媒体作品创作大赛作品《脚步》《父辈的旗帜》。制定《2020—2023年溧阳市党员教育培训行动计划》，为全市近300个远教站点配备天猫魔盒。开展“党课开讲啦·龙城先锋”系列活动，上报党课视频46个。开展常州“龙城先锋”党群服务阵地和党员创业“扬帆行动”示范项目申报活动，溧阳市3个村（方里村、水西村、南山后村）和1个扬帆项目（向阳花爱心驿站）获评入选。

以创特色为契机，激发机关干部内生动力。开展特色支部创建活动，以特色党课、特色活动、特色阵地、特色队伍建设为着力点，锻造机关特色品牌。开展“推进五大行动、争当五类标兵”“创建模范机关”等主题活动，评选表彰一批标兵典范和党员示范岗，为机关党员干部树立学习标杆。深入开展党员政治生日卡活动，发放党员政治生日卡1万余份。组织开展篮球赛、乒乓球赛、志愿服务、交流座谈等形式多样、健康向上的文体活动，不断激发机关党员干部奋发进取的时代精神。

以严和实为重点，打好作风建设持久战。组建作风建设“特邀监督员”队伍，不定期开展定向察访、专题暗访等工作。开展“啄木鸟”专项行动，对形式主义、首问负责制、违规吃喝、违规办理“烟卡”等问题进行专项整治，对各类服务窗口、重要企业等工作实施重点察访。开展机关作风暗访活动，通报重点工作推进不力、窗口服务规范落实不到位、工作纪律执行不到位等问题，实行销号整改、严肃问责问效。实行开门评议制度，组织开展“网上民调”、服务重大项目第三方测评、年终部门评议，邀请不同群体进行评议打分，以群众满意度检验作风建设成效。实施干部动态管理，把全市55家市级机关单位、4144名干部纳入电子日志管理，以“实录”形式全程记录干部日常工作。

【新时代人才引育工作】 2020年，市委组织部落实省委“五坚持五提升”人才工作体系，聚焦“四大经济”，积极放大新一轮“天目湖英才榜三年行动计划”的导向和激励作用。

完善党管人才体系，巩固人才工作政治基础。围绕“两大突破年”工作主题，制定下发《关于实施2020年全市重点人才工程意见》，明确全年工作目标。将人才工作作为党建工作责任制重要内容，纳入镇区（街道）和市级机关单位年度综合考核体系。修订《溧阳市高层次卫生人才、医学重点学科（临床重点专科）引进、培养资助（奖励）办法》，进一步加大对医疗专科人才引育力度；围绕培养、使用、评价、激励和保障等环节出台《溧阳市关于提高技术工人待遇的实施意见》。开展“六个一”行动，通过培树一批身边的人才典型、打造一批人才爱国奋斗奉献精神教育基地、推出一批人才红色教育专线、选拔一批优秀宣讲员、挂牌建设一批红色驿站、赠送一本人才书籍，示范带动广大知识分子自觉弘扬爱国奋斗精神。

强化“双招双引”机制，加快创新创业人才集聚。2020年，申报科技部“创新人才推进计划”项目1个，获评省“双创计划”双创团队1个、双创人才2人，入围省创新创业大赛决赛项目1个，推荐顶尖人才项目1个，获评“龙城英才计划”创业类项目14个、创新类项目2个。发挥科技镇长团集聚创新资源桥梁纽带作用，积极对接上海科学院、西安交大国家技术转移中心、中科院自动化所和理化所等高校、科研院所开展“产学研”合作，建立院士团队创新试验基地1个、研究生实践基地1个，签订“产学研”和技术服务合同507万元。受肺炎疫情影响，及时调整“龙城英才计划”申报程序，允许人才项目先网上申报、后备案发文、再注册落户，减轻领军人才创业压力和项目推进阻力。

提升行业主管效能，强化六支人才队伍建设。推进“县管校聘”人事制度改革，引进硕士研究生、双一流高校优秀教育人才31人；出台《关于深化溧阳市教育系统学校绩效工资改革的实施办法（试行）》，持续加大对乡村一线教育人才的倾斜力度。完善高层次卫生人才引进培养政策，新增“溧阳名医”“溧阳名院长”等本土人才奖励。实施乡村医生师承计划，以两年为一个周期，培养一批下得去、留得住、用得上、能扎根基层服务的乡村医生。获评第二批省乡土人才“三带”名人1人、能手4人、新秀7人，评选第四批“溧阳市乡土专家”30人。针对粮食、茶叶、民宿管理、农家乐等行业，开展新型主体带头人培训260人次，培育新型职业农民2430人。与省戏校联合举办“溧阳锡剧班”，定向委培锡剧文化传承接班人20名；通过未来城、竹溪谷等重大文旅项目建设，引进、培育一大批中高端文化旅游管理人才。设立溧阳籍文化名人工作室，打造溧阳文化特色品牌。开展“送培训进园区”活动，组织知名高校、管理咨询公司先后深入上上电缆、科华控股、江苏骏益科创园等重点企业及园区实施专题培训。支持骨干企业和特色行业选拔生产、服务一线的优秀高技能人才建立“技能大师工作室”，以师徒结对形式，带动一批技能人才素质提升。2020年，培育高技能人才1530人，其中创新评价机制，以赛促评1050人。

构建一流人才生态，增创人才环境竞争优势。深入实施新一轮“天目湖英才榜”三年行动计划，兑现“天目湖英才榜”专项基金资金4036万元。制定溧阳籍优秀人才专项政策，吸引1000名溧阳籍高校毕业生回乡就业创业。依托“自在溧阳”APP，上线“天目湖英才榜”在线申报平台，提供购房补贴、工作津贴等政策申报的不见面审批服务；为高层次人才子女提供优质学额保障；为省“双创人才”、省乡土“三带名人”配备提供专职家庭医生；组织优秀科技人才赴扬州、连云港等地疗养。与邮政储蓄银行合作推出“人才贷”产品，为绿能检测、高瓴新材料2家人才企业发放贷款400万元。积极推广“科技创新券”“苏科贷”等科技金融产品，兑现2019年度科技创新券784.4万元，发放“苏科贷”7笔2200万元。

【新时代组工队伍建设】 2020年，市委组织部以新时代党的组织路线为指引，立足组织部门职责职能，注重加强组工干部的大局观念培养和素质能力提升，努力打造一支符合新时代特点要求的组工精兵。

能力铸核，增强业务本领。开展“远学海宁、近追启东”对标找差活动，组织30名组工干部走进市融媒体中心学习考察，并召开思想交流会，围绕组织工作怎么想、怎么做进行交流研讨。开展“组工讲堂”学习竞赛，围绕《习近平谈治国理政（第二卷）》内容，安排12名组工干部，结合组织工作分别进行领学，进一步提升组工干部的思想理论和业务能力。组织大科科长以上干部，赴钟楼区学习“常州三杰”精神，并考察青果巷党建示范点。开展支部团建活动，观看爱国主义影片《金刚川》《夺冠》，进一步凝聚全体组工干部的团结实干意识。

作风铸骨，明规矩严风气。为应对肺炎疫情，积极号召全市党员干部参加疫情防控工作，组织全体组工干部奔赴各小区担任“楼长”，实行24小时值班制。开展文明城市常态化道路巡察和文明城市三年迎检工作，确保道路每周都有人巡，台账资料完整无缺。继续实施“党建引领脱贫攻坚”行动，对挂钩帮23户贫困群众进行精准帮扶，全部实现脱贫。开展组织部门“强作风、我担当”活动，通过谈心谈话、教育警示、参观考察等方式，不断提升组工干部公道正派、担当作为的作风，筑牢组工干部拒腐防变的思想堤坝。

（崔　虎）

宣传思想工作

【概　况】 2020年，全市宣传思想文化战线全面贯彻中共十九大，十九届二中、三中、四中、五中全会和省委十三届七次全会精神，增强“四个意识”（政治意识、大局意识、核心意识、看齐意识）、坚定“四个自信”（中国特色社会主义道路自信、理论自信、制度自信、文化自信）、做到“两个维护”（坚决维护习近平总书记党中央的核心、全党的核心地位，坚决维护党中央权威和集中统一领导），聚焦举旗帜、聚民心、育新人、兴文化、展形象的使命任务，为实现重大项目和社会主义现代化试点工作突破、建设生态创新示范城提供坚强思想保证与强大精神动力。

【理论学习】 2020年，市委宣传部坚持把学习宣传贯彻习近平新时代中国特色社会主义思想作为首要政治任务，作为中心组学习的重中之重，组织全市各部门征订《习近平谈治国理政（第三卷）》15300余册。市委中心组全年举行17次集中学习，其中举办报告会8场、集中研讨6次，开展“学习日”活动5次。全市开展2844场主题宣讲，参与人数86991人次。成功举行“我身边的小康”百姓名嘴风采展示活动。市委党的十九届五中全会精神宣讲团，分赴各条线各镇区街道进行宣讲，安排51场宣讲。“学习强国”学习平台注册率达到75%，活跃度达到85%以上。超额完成“学习强国”平台录用稿任务。

【意识形态工作】 严格落实意识形态领域情况分析研判制度。印发2020年全市意识形态工作任务清单。开展维护意识形态专项行动。加强网上正面宣传，净化网络空间。疫情期间，“溧阳发布”官方微博发布指挥部通告32条，转发各类告知、疫情健康科普知识等190条，总阅读量900万次。以“坚决打赢疫情防控阻击战”话题，在溧阳市论坛网站推送防疫工作信息209条，阅读量14万次。

【主题宣传和新闻外宣】 2020年，市委宣传部开展“重大项目突破年、现代化建设试点工作突破年”、“新冠肺炎疫情防控”、“扫黑除恶专项斗争”主题新闻宣传和全面建成小康社会、撤县设市30周年系列宣传。省级以上主要媒体及网站新媒体平台追踪各类报道146篇。常州市级媒体平台刊播新闻120篇，国内各级主流媒体刊发重点报道150多篇，线上曝光量达2.75亿人次，发挥良好的宣传效应。联合今日头条江苏分公司策划“抖在茶香新溧阳”抖音挑战赛，上线短短5天点击量突破1亿元。承办“‘Go Jiangsu’海外社交媒体外籍粉丝线下活动走进常州溧阳”“2020高质量发展看江苏——全国新闻广播增强‘四力’江苏行”溧阳站等大型外宣活动。全年在《人民日报》客户端、《光明日报》《农民日报》、中央广播电视总台综合频道（1套）、财经频道（2套）、社会与法频道（12套）、新闻频道（13套）、农业农村频道（17套）等中央级平台刊播新闻近60条。与新华报业传媒集团进行深度合作，引进中央广播电视总台科教频道（10套）《百家讲坛》栏目为溧阳制作《今古话溧阳》特别节目。“溧阳1号公路”冠名京沪高铁，全力展示溧阳全域旅游的魅力新形象。全年举办12场新闻发布会，确保与宏观经济、民生关系、密切和社会关注事项较多的部门及时向社会进行信息的公布，省内外30多家媒体记者参加发布会并进行报道，形成专项报道100余篇。

【宣传文化与新闻出版】 溧阳撤县设市30周年系列庆祝活动安全圆满，先后筹划开展“继往开来、再谱华章”溧阳撤县设市30周年暨全面建成小康社会图片展等10个主题、28项活动。持续做好公益广告宣传。继续开展“爱国筑梦·奋斗圆梦”群众性爱国主义宣传教育活动。持续开展“三下乡”集中服务活动。组织优秀文艺精品项目向上级争取扶持，2020年度确定64个创作扶持项目和16个奖励项目。继续推进社区天天乐惠民活动。组织形式丰富的群众文化活动。2020年演出17场大型群众活动。

规范全市新闻出版行业生产经营秩序。高效推进全民阅读工作。开展阅读推广活动20余项近200场次。举办“拥抱春天，共建书香溧阳”为主题的“全民读书节”启动仪式并进行网上直播。2020年溧阳市全民阅读指数位居常州市第一。全力推进“扫黄打非”工作。开展“清源2020”“护苗2020”等专项行动，全面整治出版物市场。推进“扫黄打非”进基层工作。全市9个镇区3个街道的175个行政村和52个社区238名“扫黄打非”联络员开展业务培训工作，培训率达100%。电影市场有序建设。对全市8家影院逐一检查验收，有序推进电影市场复工复产。完成全年放映农村电影3744场的任务。

【网信工作】 2020年，市委宣传部围绕“全面小康”“脱贫攻坚”“撤县设市”“苏陕协作”“疫情防控”“文明城市建设”“全域旅游”等重大主题和重点工作推出各类网络宣传专题20多个，刊发各类报道5000余条。以“坚决打赢疫情防控阻击战”为话题，在溧阳论坛网站推送防疫工作信息209条，阅读量14万次。推动“中国溧阳”微信公众号“理论学习”园地全面改版，及时转载发布重要理论文章和重大政策解读文章，围绕热点话题组织网民讨论，引导热点。对溧阳市2400多个网站开展督查，排查存在涉黄、涉赌、备案问题的网站480余家，首批提请江苏省文明办关停处置涉黄网站38家，对100余个违规账号实行警告、禁言等处理。开展“清朗”“净网”“网剑”等系列专项行动。

（陈 柯）

精神文明建设

【文明城市建设】 2020年，全市文明城市建设以《溧阳市深化文明城市“建设”三年行动计划（2021—2023年）》为总纲领，紧紧围绕“全国前十、全省前三”

的目标，按时序稳步推进各项工作，较好地完成全年工作任务。每季度开展第三方城乡一体文明程度指数、小区、集贸市场专项测评，并召开点评会，常态化组织文明城市点位督查和“路长制”督查并及时通报，设计制作并发放《溧阳市民文明手册》10万余份，每月组织文明城市督查，并及时通报督查结果。开展提升物业服务质量、提标农村农贸市场、整治交通小微违法、规范城区犬只管理、推进移风易俗五项整治工作，全力推进文明城市建设工作突破提升。

组织开展第六届全国文明镇村、单位申报评选工作，1个全国文明单位（税务局）、1个全国文明镇（埭头镇）、1个全国文明村（溧城街道八字桥村）保留荣誉称号，新增2个全国文明村（天目湖镇三胜村、埭头镇余家坝村）；预申报2019—2021年江苏省文明村5个、文明镇3个、文明社区2个、文明单位9个、文明校园2个；开展第二届溧阳市文明家庭评选，全市评选出62户文明家庭。

【公民思想道德建设】 2020年，市文明办常态化开展身边好人评选活动，2020年溧阳市获评常州好人28人（其中8名援鄂医护）、江苏好人5人（组），芮俊、宗长生继常州道德模范提名后又被评为江苏省见义勇为模范，陈西马被评为2020全国慈孝典范。大力加强疫情防控先进典型选树和宣传，8名援鄂医护获评常州好人，2名基层医务工作者陈杰、陈国琴获评常州好人，社区书记朱俊获评江苏好人。道德典型潘伟、计耀明、史建中等参加疫情防控的事迹登上中国文明网。持续加强道德典型礼遇工作，春节前夕市领导带队走访道德典型20余人，邀请道德典型参加庆祝撤县设市30周年系列活动，在全市营造向上向善的浓厚氛围。

制定全市道德讲堂总堂课程计划，重点打造百姓视角、家风家训等创新课程30场，5个课程案例入选常州市道德讲堂精品课程。围绕战疫主题，重点开展“致敬战疫中的凡人善举”道德讲堂系列活动。联合市教育局等部门开展“我的妈妈回来了”道德讲堂创新活动。指导各单位开展战疫主题道德讲堂活动，援鄂医护史云奇等人，江苏好人、抗疫先锋朱俊先后走进部门、社区、学校道德讲堂，分享疫情防控中的暖心故事，银行系统疫情期间创新组织“疫”线微光网上讲堂，2020年全市开展战疫主题道德讲堂活动36场次。

【未成年人思想道德建设】 2020年，市文明办持续推进新时代好少年推选、宣传。2020年，溧阳市获评新时代江苏好少年1人，4人获评新时代常州好少年。深化未成年人项目机制建设，组织2020年未成年人思想道德建设优秀项目现场展示评审活动。精心组织策划“我们的节日”主题活动，深入挖掘传统节日的文化内涵，在2020年常州市“我们的节日”主题活动优秀案例中获一等奖。深化推进文明礼仪教育，组织全市未成年人文明礼仪风采大赛，5万多名学生参与线上知识竞赛，14所学校参加现场礼仪大赛，评选出3所学校赴常州比赛，初中、高中组分获一等奖，小学组获二等奖。打造乡村学校少年宫“一宫一品”建设，别桥小学无人机项目入选江苏省乡村学校少年宫建设成果展，11所学校入选常州市乡村学校少年宫成果展示活动。疫情期间组织全市广大中小学生参与各类网上宣传活动156场，联合市教育局开展“与抗疫人员面对面”交流活动，全市近40所学校组织形式多样的活动。组织抗疫心理健康教育与家庭教育优秀案例评选活动。面对突发疫情，在网上开展“战疫心理吧”专题并开通“家校共育，战胜疫情”专栏，组织30多名心理咨询师，开通抗疫心理热线。

【新时代文明实践中心建设】 2020年，新时代文明实践试点工作被列为市委市政府“两大突破年”主题内容之一。下发《深化建设新时代文明实践中心试点工作实施方案》，进一步明确“五大平台”（理论宣讲平台、教育服务平台、文化服务平台、科技与科普服务平台、健身体育平台）牵头部门和联席会议成员单位工作职责，推动全市文明实践活动有序高效开展。建立例会、通报、评估和问责四项制度，列出文明实践工作6项任务清单，纳入市、镇党政领导班子和领导干部实绩考核、意识形态工作责任制落实情况监督检查和文明程度指数测评，确保文明实践各项工作落到实处、取得实效。定期召开新时代文明实践中心联席会议暨五大平台推进会，完善五大平台阵地资源、项目清单、活动发布等信息。建好用好文明实践阵地“资源库”，常态化发布新时代文明实践活动，统筹协调全市文明实践工作。加大新时代文明

1月1日，“城市温暖日——一杯姜茶　温暖溧阳”新时代文明实践活动
（市文明办　供稿）

实践志愿服务培训力度，提升志愿服务质量。组织全市175个实践站站长参加新时代文明实践深化建设培训，持续开展“救在你身边”“美丽溧阳 益路有礼”“城市温暖日——一杯姜茶　温暖溧阳”等新时代文明实践系列培训10余场。拓展新时代文明实践阵地建设，打造各类实践基地，不断汇聚社会资源加入新时代文明实践建设。围绕践行“两山”（绿色青山就是金山银山）理论，深入开展生态保护、政策宣讲、技能培训等文明实践活动，全年达3500余场。坚持“小事细节有温度”，系统实施“五堂一站”（如意小食堂、道德讲堂、百姓议事堂、文化小礼堂、幼童小学堂和心愿树爱心工作站）微民生工程，在中央文明办举办的全国新时代文明实践工作培训班上，溧阳市百姓议事堂经验得到介绍推广。深入挖掘文明实践的闪光点，提升“小城故事”幸福加油站品牌内涵。围绕疫情防控、撤县设市30周年等重要节点，专题化、系列化录制小城故事电视访谈节目；组建小城故事寻访团，形成常态化报送机制；成立小城故事百名宣讲员队伍，走进实践中心、商圈、农村、学校等开展百场宣讲活动，讲述小城大爱，传递城市温度。“小城故事视听说五个一”志愿服务项目入选第五届江苏志愿服务展示交流会优秀项目展示。

（姚　瑶）

统战工作

【概　况】 2020年，溧阳市委统战部深入学习贯彻落实中共十九大和十九届三中、四中、五中全会精神，紧紧围绕市委、市政府中心工作，服务发展，坚持“系统化、社会化、网络化、平台化、项目化、品牌化”工作理念，笃“定”信念筑牢政治圆心，谋“定”方向延展服务半径，锁“定”目标优化管理路径，推动全市统战工作水平全面提升。

【统战组织工作】 2020年，市委统战部注重系统谋划，加大对统战工作的组织领导，统一思想认识。在市委常委会上，传达学习上级统战工作会议精神。召开市委统一战线领导小组会议，谋划部署2020年统战工作主要任务，下发统战工作要点，专门编制溧阳市委统战部“十四五”计划。强化系统引导，开展十九届五中全会精神宣讲活动、“不忘合作初心，继续携手前进”主题教育、理想信念教育等活动，组织统战干部和广大统一战线成员深入学习贯彻中共十九届五中全会精神。专门邀请省委统战部领导进行信息宣传写作辅导，提升统战干部的写作水平和业务能力。推动系统培养，多次研究党外干部队伍建设工作，分门别类地开展党外代表人士队伍梯队建设，完善人才数据库，为培养选拔和使用党外代表人士提供基础数据。教育、科技、住建、农业农村、文旅、卫健、审计、司法8个市政府工作部门党外干部配备全部到位。

【统战工作服务经济社会发展】 2020年，市委统战部发挥统一战线政治优势，打响抗击新冠肺炎狙击战，全市统战各界捐资捐物超过600万元。高度重视民营经济统战工作，开展向民营企业家“送政策、送温暖、送服务”活动，推进企业复工复产，市领导走访企业150家，各镇（街道）领导企业1600多家，处理问题600多条。打造积极向上、公正公平的营商环境，搞好“代际传承”，形成溧阳市“三机制、三平台、三工程”先进经验。通过“百千万”工程提升企业人才的综合素养和发展能力。召开溧商大会，举行“焦尾琴沙龙”3期，发放溧商服务卡，教育引导服务企业家凝心聚力，发展家乡经济。继续推进“万企帮万村”精准扶贫行动，引导商会会员企业，积极投身光彩事业，组织企业定向捐赠300多万元。开展苏陕合作对口扶贫工作。认真做好溧阳与建湖、滨海两地企村联建工作，签订企村联建协议，为帮助当地推动乡村振兴贡献统战系统的力量。

【统战工作服务社会管理】 2020年，市委统战部以全省“苏统云”平台建设为契机，试点建设“溧阳市宗教场所智慧云安全管理平台”，推行“宗安码”，建立“人防＋技防＋物防”三位一体的安全防范体系，提高宗教场所安全管理水平。开展“大排查、大整治、大提升”活动，持续推进宗教活动场所安全专项整治工作。检查过程中，委托有资质的建筑设计单位，对全市宗教活动场所进行全方位“会诊”，明确隐患整改内容和整改途径。推进网络人士统战工作，打造一支包含网络直播达人、电商骨干、互联网平台从业人员在内的网络代表人士队伍，在创客联盟建设网络代表人士实践创新基地。在曹山举办“一路同行手牵手、多元一体奔小康”少数民族打卡活动，相关视频作品被新华通讯社、学习强国等报道，获中共中央统战部“脱贫攻坚，奋斗有我”随手拍活动二等奖。

【统战队伍建设】 2020年，市委统战部抓住市委巡察整改契机，推动统战工作查漏补缺、提质升级，确保整改工作落实落细。畅通参政议政平台，协助市委下发《2020年度中共溧阳市委与各民主党派政治协商计划》，开展党外各界代表人士迎春座谈会、经济社会发展情况通报会等活动。组织市各民主党派和无党派人士查实情、建诤言、献良策，撰写调研报告3篇。组织党外人士赴安徽泾县新四军军部旧址、水西新四军江南指挥部旧址开展考察学习活动，增进政治认同。指导中国民主同盟溧阳市基层委员会完成换届工作，指导中国民主建国会完成基层支部升级基层委员会和相关换届工作。严格按照《加强和改进镇（街道）统战工作的实施意见》要求，做好镇（街道）统战干部队伍配备，夯实基层工作基础，在江南铁军教育学院举行2020年统战干部培训班，学习新形势下做好统战工作的理念、思路、方法，提升统战干部的业务能力、写作水平。

【统战内引外联工作】 积极做好服务，助推总投资15.7亿美元的新加坡金鹰国际集团莱赛尔纤维项目落户溧阳。开展新一轮的侨情调查工作，积极搭建平台，加强与港澳台侨胞和归侨侨眷的交流联系，引导他们积极主动参与和支持地方经济建设。提升对港资企业的服务水平，助力港资企业健康发展，用心用情做好港资企业的服务工作。推进溧台经贸合作，积极探索台青产业园建设，提升服务台企水平，全心全意为台资企业办实事、做好事、解难事。以“天目湖－日月潭”两湖交流为平台，积极推动溧台茶农、果农、渔农“三农”交流合作。

【统战工作创新】 大力弘扬“溧商”精神，以“凝聚乡贤力量，建设美丽溧阳”为主题举办第二届溧商大会，邀请国内外知名人士、在外溧商、本地企业家等350余人参加，表彰“溧商回乡创业功臣”8名、“服务家乡招商引资功臣”6名。结合“两大功臣”的采访报道，推出宣传报道20余篇，大力弘扬“溧商”精神，打响“溧商”品牌。专门为溧阳市三星、四星、五星级企业的法人代表定制“溧商服务卡”。着力铸牢中华民族共同体意识，加强各民族交往交流交融。推进全省红石榴家园创建工作，2020年7月，成立马垫小学红石榴小屋——王颖工作室，开设“红石榴基金”，举办“红石榴课堂”，关注少数民族学子健康成长，相关活动被中央广播电视总台社会与法频道（12套）、江苏卫视等媒体相继报道。对在外溧阳籍乡贤开展新一轮排摸，开展“温暖重阳”重阳敬老节走访活动，市四套班子领导对口联系、走访重点乡贤父母90户。开展“关爱一键通”安装工作，对乡贤家有75周岁及以上父母及独居的重点侨眷家中统一安装远程智能看护设备。

（魏　立）

巡察工作

【概　况】 2020年度，市委巡察机构深入学习贯彻习近平新时代中国特色社会主义思想和党的十九大精神，坚持以习近平总书记关于巡视巡察工作的重要论述为指引，认真贯彻落实上级巡视巡察的新精神、新要求，坚持问题导向，注重标本兼治，在推动从严治党向纵深发展，保障上级决策部署贯彻落实中发挥积极的作用。

【推进巡察监督】 全年对市委宣传部、市应急管理局、行政审批局等27家单位开展三轮巡察，顺利完成巡察全覆盖任务，发现“聚焦基层贯彻落实党的路线方针政策和党中央决策部署情况，聚焦群众身边腐败问题和不正之风，聚焦基层党组织软弱涣散、组织力欠缺”等方面的问题153个，提出整改意见51条，移交问题线索24件。

【保障巡视巡察】 积极主动、全力做好常州市委巡察组对市公安局和市法院开展的提级巡察，对社渚镇及金山、周城、孔村的巡察“回头看”，对溧阳市落实“六保”任务情况专项巡察以及危化品安全生产专项巡视巡察联动巡察等上级巡视巡察的服务保障和参与联动等工作，得到省委巡视与常州巡察的充分肯定。

【巡察整改】 编印《市委巡察整改工作手册》《市委巡察整改督查评估工作手册》，明确巡察整改的路线图和施工图，便于基层按图对单整改。以《市委巡察整改“三五”工作法》为遵循，持续深化巡察整改督查评估工作，开展3轮对巡察整改完成半年以上的昆仑街道、溧城镇、市自然资源局、市文化和旅游局等12个党组织巡察整改成效的评估，推动“再整改、再落实、再问效”长效、常态抓好整改。

【深化监督联动】 深入开展巡纪联动，探索在巡察进驻前巡察组与纪检信访室、案件管理室、审理室、派驻纪检组，一对一“闭门会议”，提高带题进驻的针对性。积极探索巡审联动，巡察组与审计组同步进驻，实现巡察与审计的力量互助、工作互动、成果共享。

【创新巡察方法】 在巡察方式方法创新上持续用力，聚焦精准发现问题目标，对溧阳市巡察工作的好方式、好经验进行总结提炼拓展。编制《巡察发现问题100法》，增强问题下延法、横向比对法等巡察方法的经验厚度、实践深度；继续探索党建、财务等模块化推进和工程、农经等专家团队保障的巡察推进机制，不断探索符合实际、行之有效的组织形式、工作方式。

【巡察规范建设】 以巡察规范化建设为导向，强化制度机制支撑作用。实施巡察报告的底稿制度，对照“巡察报告体现的每一个问题都有据可查，都有支撑”要求，落实落细底稿工作，进一步增强巡察工作的严肃性和巡察报告的真实性。积极落实巡察组与被巡察党组织主要负责人的沟通机制，促进找准问题、找真问题、找实问题，切实提高被巡察单位自行整改、主动整改的责任，增强巡察反馈的公信力。

【总结提炼巡察经验】 坚持在实践中总结，在总结中提高，在推进巡察监督的同时，不断完善“溧阳巡察经验”。市委书记徐华勤署名文章《深化政治巡察，提升治理效能》和市委巡察工作办公室结合工作实际撰写的《既要跑也要讲》2篇文章被《中国纪检监察报》录用；《推动政治生态与“生态创新”融合创新》被“学习强国”平台录用；《扛牢主体责任，推动巡察工作高质量发展》被省委巡视工作办公室专刊录用。

（史　璟）

机构编制工作

【概　况】 2020年年底，溧阳市党政序列机构数37个，其中，市委序列9个，政府序列28个。全市事业单位234家。全额拨款150家，差额单位78家，自收自支6家。

【“三整合”改革工作】 为构建简约高效的基层管理体制，推动基层治理体系和治理能力现代化，5月7日，市委、市政府印发《溧阳市推进基层整合审批服务执法力量实施方案》，以加快形成“集中高效审批、强化监管服务、综合行政执法”为目标的基层“三整合”（在乡镇、街道整合审批服务执法力量）改革工作正式启动。市委编办结合自身工作职责，复制推广经济发达镇“1+4”（加强党的全面领导、审批服务一窗口、综合执法一队伍、基层治理一网格、指挥调度一中心）改革经验，通过开展改革试点、重建组织架构、制定配套政策、编制权力清单等工作，顺利完成基层“三整合”各项改革任务。

构建简约精干的组织架构。将镇（街道）所属事业单位职责与相关职能机构整合重组，综合设置大体一致的职能机构，溧城街道、古县街道、昆仑街道设置7个职能机构；埭头镇、上黄镇、别桥镇、竹箦镇、南渡镇统一设置8个职能机构；上兴镇、天目湖镇分别与江苏溧阳经济开发区、天目湖旅游度假区实行“区政合一”管理体制，设置10个职能机构；戴埠镇与南山景区实行“区政合一”管理体制，设置9个职能机构。各镇（街道）下属事业单位统一整合为综合保障中心，机构不实际运转，仅用于事业单位工作人员关系挂靠。

建立务实高效的用人制度。建立岗位分级管理制度。制定印发《溧阳市镇（街道）人员岗位分级管理办法（试行）》，打破“身份管理”，将镇（街道）现有行政、事业编制人员统一调配到各职能机构工作，根据原任职务层次相应设置岗位等级。优化派驻机构管理体制。制定印发《溧阳市派驻镇（街道）机构（人员）管理办法（试行）》，提升镇（街道）对各类驻镇机构的统筹管理、协调指挥能力，强化各类驻镇（街道）机构与属地融合协作。

确立科学规范的六大机制。职责准入机制。初步形成26项镇（街道）属地管理事项主体责任和配合责任清单，明确市级部门和镇（街道）在具体事项上的主体责任、配合责任以及法律依据。资源下沉机制。镇（街道）职能机构同类管理城管、市监、公安等市级部门的驻镇机构（人员），并接受市主管部门业务指导，实现年度综合考核奖系数向镇（街道）倾斜。权力调整机制。首批下放8个部门25项行政许可及公共服务事项，并将基层较为突出的事项作为执法重点，下放12个领域的213项行政处罚事项。全员培训机制。制定全员培训方案，开展全市综合行政执法、行政审批专项培训7场，切实提高基层审批服务执法水平。考核评估机制。各镇（街道）所有行政、事业在编人员设置五级岗位，并各设A/B两档分级管理，岗位等级用于确定年度综合考核奖金系数，形成与岗位分级管理相配套的考核体系。信息共享机制。充分整合基层党建、审批执法等政务信息系统，竹箦镇率先开展一体化平台建设，其他镇（街道）年底大体完成建设目标。

【功能园区管理体制】 优化开发区布局。实现中关村的扩围和现代农业产业园区主阵地的转移，对阶段性任务已经完成的燕山新区予以撤销，逐步形成以中关村为主园区，其他开发区协同发展的“一区五园”全新格局。理顺开发区与属地关系。中关村继续代管昆仑街道，除社会事务外，其他领域工作全面交由园区管理；溧阳经济开发区和天目湖旅游度假区明确“区政合一”管理体制，统筹核定区、镇领导职数，统筹设置区、镇职能机构；现代农业产业园区“独立板块”运转，受市委、市政府委托管理辖区内重要事务。规范开发区机构编制管理。中关村、溧阳经济开发区、天目湖旅游度假区保留党工委、管委会，其他开发区管理机构统一改为“管理办公室”。重新制定“一区五园”管理机构的“三定”规定，打造扁平高效的组织架构，避免园区管理机构“机关化”。

【相对集中行政许可权落实】 2020年，市委编办事项划转到位。从12个市级部门划转59项审批事项到市行政审批局，截至年底，市行政审批局已有效承接57项，承接率96.6%。已划转工作人员59名，其中行政编制16名、行政附属编制1名及编外人员32名，事业编制人员10名。事项划转以后，从事审批工作的人员由原在部门的138名压缩至市行政审批局的59名，审批人员精简57%。审批环节和申请材料进行优化，部分审批事项的审批环节和申请材料预计将压缩50%以上。权力清单调整到位。市行政审批局接收的部门权力事项完成事项迁移和调整，并进行流程优化。

【事业单位改革试点】 5月16日，市委常委会议研究确定与党政机构改革联动的事业单位改革方案，明确全市各事业单位编制核定、人员过渡、股级内设机构设置、领导职数等内容。7月10日，溧阳市被确定为全省4家承担全国深化事业单位改革试点工作县市之一。市委编办在市委常委会通过的改革方案基础上，对照国家深化事业单位改革试点最新要求“对标找差”，重点围绕“小散弱”事业整合、坚持和加强党对事业单位的全面领导、优化布局结构、建立健全制度机制、完善支持保障政策等方面先行先试，试出成效，加大深化事业单位改革力度。

推进部门内事业单位分类整合。坚持优化协调高效的改革原则，“瘦身和健身”相结合，根据不同情形，分别采用“归类设置”“同类合并”“化散为整”“区域统筹”等方式，清理撤并事业单位98家，实现市级事业单位压缩率53%。

探索跨部门事业单位联合共建。跨部门同性质整合，将科技科协、民政残联等向社会提供同类性质公益服务的事业单位进行合并，通过制定部门共管议事规则，规范事业单位运行；跨部门同系统整合，将7个党群口事业单位整合组建党群服务中心，隶属市委组织部，事业人员试行派遣制；跨部门同体系整合，将市信访局“来访中心”与市司法局

“矛调中心”整合，组建市社会矛盾纠纷调处化解中心，实现信访工作“只进一扇门、最多跑一地”。

推进事业人员编制资源均衡配置。加大事业编制资源精简力度，通过直接收编或设立内控方式收回编制520名，向市疾控中心增编24名、民政增编8名，安全生产增编4名，从而将盘活的资源进一步向疾病预防控制、院前急救、学前教育、安全生产等民生方向一线倾斜。

制定完善各项改革配套制度。研究制定党群单位集中派遣管理、跨部门联合共建、事业人员身份管理“老人老办法、新人新办法”、公开遴选、编制“周转池”管理、备案制管理等系列制度，作为改革的配套支持，确保改革规范有序。同时，建立事业单位遴选机制，新建全额拨款事业单位人员配备按一定比例从全市差额拨款和自收自支事业单位人员中公开遴选。

【打造公益服务品牌】 打造融媒体品牌。通过整合广播电视台、新闻信息中心、锡剧团机构职能，组建市融媒体中心。打造红色教育品牌。以市委党校为载体，利用新四军江南指挥部红色资源，打造市委党校与铁军学院（新四军纪念馆）“院校合一”管理模式，通过深度整合各类资源，打造国内一流的红色文化教育培训品牌。打造教育医疗品牌，重点围绕打造苏皖边界教育医疗高地，着力推进南航天目湖校区、省人民医院、省中医院溧阳分院等高层次联合办学、联合办医。同时，打造120指挥急救中心，健全院前急救体系，加大专病预防控制整合力度，补齐公共卫生体系短板，加大义务教育学校“县管校聘”力度，优化教师资源配置。

【事业单位监督管理】 2020年，市委编办全面完成2019年度事业单位法人年度报告公示。3月底前完成所有单位材料申报和网上公示工作，392家事业单位通过网上审核，公示率实现100%。推进事业单位登记管理标准化管理。落实“简政放权、放管结合、优化服务”改革要求，改进监管方式，提高办事效率，完成事业单位法人设立登记7件、变更登记49件、注销登记9件。完成事业单位信用等级评价工作。市委编办联合法院、财政等10家监管部门，通过并行评价、等级初定、反馈征询、申请复核、终定等级，结果公示等流程，强化单位及监管部门责任，扎实完成2019年度全市事业单位信用等级评价工作并向社会公示结果，事业单位参评率100%，其中终定等级为A单位355家。

【机构编制管理和服务】 2020年，市委编办强化机构编制监督检查工作。开展“三超两乱”自查自纠。根据《中央编办关于开展超审批权限设置机构等问题自查自纠的通知》文件要求，通过编办内部自查、部门上报、联合审核等方式在全市范围开展“三超两乱”（超职数配备干部、超机构规格提拔干部、超审批权限设置机构、擅自提高干部职级待遇、擅自设置职务名称）自查自纠工作，并对涉及“三超两乱”问题的5个单位下达限期整改通知书。强化机构编制日常管理。开展社渚镇“三责联审”、机构编制问题整改专项督查、编外用工专项督查等，做好“12310”机构编制违规违纪的受理，全力完成机构编制督查和机构编制执行情况评估工作。完成年度机关绩效管理考核。根据年度机构编制工作重点，完善市级机关部门绩效管理考核评价指标体系。突出目标和问题导向，引导市级机关各部门主动担当作为，提升履职绩效。将日常监督、年中检查、年终考核相结合，完成年度机关绩效管理考核。

规范全市编外用工管理。贯彻落实国家和省关于“财政供养人员只减不增”“严格控制编外聘用人员”的要求，研究制定《关于进一步规范编外用工管理的实施意见》，对用工岗位、员额核定、报批程序、公开招录等具体问题进行全面规范。组织对全市各类编外用工分类调查摸底，形成机关事业单位编外用工情况调查报告，为编外用工清理规范提供决策依据。启动全市机关事业单位不规范使用的编外用工清理工作。

（黄中瑜）

史志工作

【概　况】 2020年，市委党史工委、市地方志办公室紧紧围绕“重大项目突破年”和“现代化建设试点工作突破年”工作主题，以深化苏皖合作示范区建设，加速融入上海大都市圈、南京都市圈以及长三角一体化发展步伐为着力点，充分发挥史志部门“以史鉴今、资政育人”的职能作用，以扎实推进《吾村吾民》编纂、溧阳撤县设市三十周年口述史编纂、年鉴和地方党史编纂工作为重点，全面推动溧阳史志事业科学发展。6月，《溧阳市志（1986—2007）》被江苏省地方志办公室评为2020年度江苏省地方志书质量评定优秀成果。9月，《溧阳市革命老区发展史》编纂工作获评江苏省特等奖。12月，《吾村吾民》丛书获评常州市哲学社会科学优秀成果二等奖。

【《吾村吾民》丛书编纂工作】 2019年12月，《吾村吾民》在溧阳南山后村首发，首批采集溧城镇礼诗圩村、戴埠镇杨家村、别桥镇塘马村、上兴镇牛马塘村、上黄镇南山后村5个特色田园乡村村民口述，合编为40余万字的丛书，定名为《吾村吾民》，以丛书形式分册出版。

2020年一季度，溧阳市地方志办公室启动《吾村吾民》第二辑编纂工程。在村民的大力支持下，采编团队分驻各村，走进田间地头，采拾最真实的记忆。12月，《吾村吾民》第二辑《陆笪》《庆丰》《新塘》三本丛书顺利编纂完成。第二辑在第一辑的基础上，在农耕文化、“非遗”文化、乡风民俗、乡村教育、乡村治理等方面采集到更多鲜活的历史信息，对研究溧阳乡村变迁、传承乡土文化留下大量珍贵、生动、有温度的历史记忆。12月15日上午，常州市召开第十六届哲学社会科学优秀成果奖终评会议，经小组初评和评奖委员会终评，由溧阳市地方志办公室编纂的《吾村吾民》丛书获评常州市第十六届哲学社会科学优秀成果二等奖。

【组织编纂溧阳撤县设市三十周年口述史《路上》】 2020年，市委党史工委、市地方志办公室根据市委、市政府庆祝溧阳撤县设市三十周年工作安排，组织编纂《路上》口述史，全面展现溧阳30年来的辉煌历程、重大成就和宝贵经验。该项目于5月启动，历时7个月完成，11月，《路上》印刷出版。该书邀请四套班子老领导、市人大政协主要领导、相关部门和企业负责人以及对溧阳经济社会发展作出贡献的各界人士讲述溧阳撤县设市30年来的发展历程、生动故事以及亲身经历，形成30余万字的口述文集。全书分为54个专题，共计30余万字，收录图片110余幅，录制音频20余条，全景式地记录溧阳30年来波澜壮阔的发展历程和翻天覆地的变化。12月，该书入选第二届溧商大会暨胡润2020中国最具投资潜力区域百强榜发布仪式赠阅书籍。

该书的编纂坚持“三亲”（亲历、亲见、亲闻）原则，以口述式为主，与以往的文章式、资料式的文集相区别，与叙述者的口气相吻合，让作品真实真切。确保溧阳撤县设市以来大事不遗漏，要事不遗忘，新事不遗缺，好事不遗丢。体现客观性、大局性、全面性、连贯性、精彩性。编纂项目组将口述实录与档案文献资料相结合，力求资料翔实丰富；始终坚持“匠人”精神，对该书精雕细琢、精益求精，磨成精品；将最新的二维码技术和微视频技术相结合，以视频、音频、图文等多媒体的形式给读者带来生动有趣的阅读体验，同时突破传统图书版面局限，使图书内容具有延伸性，可扩展阅读。

【镇村志编纂】 镇志编纂实现全覆盖，编纂工作顺利进行，所有修志镇村均在初稿撰写中。至12月底，《别桥镇志》完成出版社审核和修改，《天目湖镇志》篇目整体进度完成百分之九十，其他镇完成2/3以上的初稿；竹箦镇水西村《水西村志》、南渡镇旧县村《旧县村志》完成初稿及初审，南渡镇陆笪村《陆笪村志》篇目整体进度完成百分之八十。

【《溧阳年鉴（2020）》编纂】 《溧阳年鉴（2020）》编纂工作于2019年12月启动，全市各镇区、各部门高度重视，及时撰写、报送稿件。2020年4月完成组稿，6月完成编辑合成，8月完成单位审稿，9月完成统稿校对，10月正式出版。《溧阳年鉴（2020）》共设31个类目，1137个条目，77张表格，72.4万字。该卷年鉴紧紧围绕2019年溧阳市中心工作，全面、系统、准确地记述了2019年度市委、市政府领导全市人民聚焦“重大项目攻坚年”和“全域环境攻坚年”工作主题，实现迈向高质量发展的关键转折，扎扎实实办好民生实事的新做法、新业绩。重点反映溧阳新兴产业、旅游业、现代服务业、现代农业的发展步伐及传统产业的改造提升情况；2019年为民实事和各项民生工程的完成情况；政府依法行政、管理创新、转变工作作风、推行廉洁从政的各项行动、措施，体现了年度特色和地方特色。该卷年鉴增设“专记”类目，克服年鉴条目的年度、篇幅和文体的局限性，对溧阳市“南京航空航天大学天目湖校区启用”作出系统、完整、有深度的记述。该卷年鉴公益专版按传统设经济社会发展主要数据2个通版、要闻回顾6个通版及民生实事通版，让人直观地从彩图上了解溧阳的全貌。《溧阳年鉴（2020）》可读性、实用性强，是市内外各界了解、研究溧阳的窗口。

【溧阳党史三卷本编纂】 2020

年，市委党史工委根据全国、省和常州市党史工作要求，积极推进《中国共产党江苏省溧阳历史》第三卷编纂工作。修订完善《中国共产党江苏省溧阳历史》第三卷纲目，纲目设置更加科学合理；按照编写任务的分工，档案资料收集完成75%以上；定时召开专题讨论座谈会，对查阅到的档案文献和地情资料进行研究和讨论，完成5篇党史专题。

【“溧阳史志”宣传阵地建设】 2020年，根据加强史志宣传要求，继续加强运行“溧阳史志”微信公众号，全面宣传溧阳地方党史、地情文化、民俗风物、大事要事，充分挖掘溧阳史志文化遗产，传播历史文化、弘扬优良传统、凝聚社会共识。全年推送“纸船明烛照天烧——追溯溧阳历史上的疫情”“溧阳革命老区飞出的金凤凰”等115条文稿，并被多个微信公众号转发，逐步扩大溧阳史志工作的影响力和受众面。

【溧阳旧志整理】 2020年，在出版《弘治溧阳县志》的基础上，加大旧志整理力度，组织专家对旧志《康熙溧阳县志》《乾隆溧阳县志》进行整理，12月出版发行《康熙溧阳县志》《乾隆溧阳县志》影印本。

为了传承优秀的地方传统文化遗产，做好文化典籍整理工作，本着“对历史负责，为现实服务，替未来着想”的理念，溧阳市地方志办公室对《康熙溧阳县志》《乾隆溧阳县志》进行整理并出版发行，是继2019年《弘治溧阳县志》发行之后的又一重大整理成果。这些旧县志客观地反映当时溧阳的地情、传统文化、历史智慧和人文习俗，是后世研究溧阳发展历史弥足珍贵的文献资料。

《康熙溧阳县志》以清康熙六年（公元1667年）刻本为底本影印，由清徐一经（时任江苏溧阳知县，后官至御史）纂修，共14卷，包括舆地志、建置志、财赋志、官师志、科名志、人物志、轶事志、艺文志等。《乾隆溧阳县志》以清乾隆八年（公元1743年）刻本为底本影印，由清吴学濂（时任江苏溧阳知县）纂修，共12卷，分星野疆域、沿革公署、户口田赋、风俗灾祥、职官宦迹、人物、列女迁籍、艺文等。

（莫　俊）

党校工作

【概　况】 2020年，市委党校坚持以习近平总书记关于党校办学治校系列重要指示精神为指导，以全面落实《中国共产党党校（行政学院）工作条例》为契机，坚持党校姓党，矢志改革创新，围绕抓实精品课程、特色载体、优势资源、咨政服务“四项重点”，修主业、创特色、打品牌，努力亮出“长三角红色教育新地标”。

【打造党校“精品课程”】 2020年，市委党校认真组织实施年度干部培训计划，积极打磨理论教育和党性教育精品课，以党员干部学懂、弄通、会用为目标，集中力量办好主体、轮训班次。强化师资队伍建设。选聘30位领导干部、专家学者、道德楷模充实师资力量，出台《加强教学助理队伍建设的意见》等制度进一步明确教学助理岗位职责。组织中共十九届五中全会精神、“四史”（党史、新中国史、改革开放史、社会主义发展史）、新四军军史等重点主题的教学研讨会，集体备课，升级教学课程体系，持续健全名特优新课程培育机制。组织主体班次学员全方位、深层次地接受理论教育和党性教育，设置“撤县设市三十周年”感恩课堂，开设突发事件新闻发布会、土特产直播带货模拟课堂，开展老领导、重点板块“一把手”等特色教学品牌。优秀党课“危难时刻看‘担当’——疫情笼罩下的中国与世界”多次受邀宣讲。全年完成12个系统的专题培训，深入镇村、国有企业宣讲“四史”、十九届五中全会精神30余场次，围绕五中全会精神、溧阳十四五规划，聚焦群众关心的热点话题，精心准备5节30分钟微党课。

【搭建红色教育特色载体】 2020年，市委党校积极落实溧阳市委强化红色教育、建设全省一流党性教育基地的决策，加快推进资源整合，构建红色教育培训基础形态。制定《建设一流红色教育基地三年行动计划》，明确在未来3～5年将江南铁军教育学院品牌建设由“形”到“品”再到“星”的铸造过程。制定红色教育、党性修养、廉政教育、乡村振兴、生态产业、本土文化6个板块的基本课程体系，整合溧阳红色资源、生态资源以及产业资源，设置近60个现场教学点，布局10个现场微党课点。新四军江南指挥部纪念馆获评“全国研学旅行基地”；“铭记历史、继往开来”传承铁军精神专题活动登上中央广播电视总台综合频道《新闻联播》；在“学习强国”、人民网、《新华日报》等主流媒体发表5篇，介绍院校“打造长三角红色教育新地标”做法。

【提升干部培训内涵】 2020年，市委党校着重把握好红色、生态、教育之间的关系，构建以红色资源为精神引领、叠加生态资源为发展引领的党性教育培训机制。调研摸排全市现存红色遗址47处，制作现场教学《溧阳红色地图》。有机融合访谈教学、情境教学等多种教学形式，提升干部教育现场教学讲解词层次，将新四军江南指挥部纪念馆老馆、水西村、宋巷里新四军一支队司令部三组旧址等10个现场教学点讲解词，按照干部教育要求进行重新编订。将“撤县设市”三十年来形成的以“团结、实干、开放、创新”为内核的溧阳精神，由内在精神转化为溧阳实践的外在表现，转化为坚定不移走好生态之路的信仰力量，打造溧阳干部教育培训大IP。建立与常州大学、常州市委政法委等机关单位和盐城新四军干部学院等院校的合作关系，与常州市社会治理学院合作成立溧阳分院并推动清华大学社会学系社会治理研究实践基地挂牌。

【实践调研】 2020年，市委党校积极主动融入全市工作大局，坚持问题导向，加强研究和思考，力争提供有价值的决策服务。撰写课题报告《关于增强溧阳市青年友好度的意见建议》，环太湖五市发展研究中心课题《高质量推进溧阳建设——宁杭经济带最美副中心城市研究》顺利结项。围绕基层治理、机构改革、高质量党建等主题，组成课题组深入镇村开展调研；在《溧阳时报》开辟专栏，结合溧阳生态创新、绿色现代化发展方向，六连载专题解读五中全会精神评论文章。

（孙　庆）

老干部工作

【概　况】 2020年，全市老干部工作围绕中心、服务大局，扎实推进离退休干部党的建设，突出加强离退休干部服务管理，注重发挥老干部优势和作用，推动溧阳市老干部工作高质量发展。溧城镇老干部党支部被评为全省离退休干部先进集体，彭留双被评为全省离退休干部先进个人；老促会老干部党支部被评为常州离退休干部先进集体，武宝林、路发今被评为常州离退休干部先进个人。全市离休干部看病就医“三有一落实”（有就医绿色通道、有签约家庭医生、有医疗特困帮扶机制、落实好离休干部提高享受医疗待遇政策）工作推进情况调研报告获2019年度老干部工作优秀调研成果二等奖。

【离退休干部党建工作】 打造组织网络，着力加强离退休干部基层党组织建设。对部分单位的离退休干部党建工作进行调研，以“设立总支、总支下设支部”的方式，对市市场监管局等老党员人数过多的支部及时进行调整；对影剧公司等支委任期到龄的支部及时进行换届选举；对支部书记年龄偏大、身体不适的，及时进行更换。

根据《全市离退休干部党组织“六有一提升”工程具体实施计划》，上半年对22家支部达标创优工作进行调研，在调查研究中解决问题，推动工作。12月第二批22家支部接受省委老干部局、常州市委老干部局的复核全部通过。在做好支部“六有一提升”达标工作的基础上，培养推荐示范支部，总结离退休干部党建创新典型案例。9月15日，全省离退休干部先进集体和先进个人表彰大会在南京市召开，溧阳市埭头镇机关老干部党支部被评为全省离退休干部“六有一提升”示范党支部；溧阳市离退休干部党建工作案例《抓好“领头雁”强化支部书记队伍建设》获得全省离退休干部党建创新典型案例奖。

根据“六有一提升”达标要求，全市各支部以现有的老干部活动室、党建室、新时代文明实践中心等资源为依托，全部建立“离退休干部党员之家”。以市老干部活动中心易地改造为契机，谋划建立市级离退休干部党建组织生活馆，为全市的离退休干部党支部提供学习、活动的统一场所。

【离退休干部服务管理工作】 在做好离休干部签约家庭医生工作的同时，把高龄、身体不适的四套班子老领导纳入家庭医生签约服务工作范围。竭力提高享受医疗待遇政策。上半年，和市财政局、市卫健局、市医保局共同制定下发《关于进一步加强溧阳市市属离休干部医药费统筹管理工作的意见》，升级离休干部住院医疗费用自费部分补助办法。自然年度内，2万元以内的部分，按100%给予补助；2万元以上的部分，实行所有离休干部总量控制的办法进行补助。若发生重大疾病，经以上补助后自费金额仍然较大的，经市委老干部局、市财政局、市医疗保障局等部门专题研究后，酌情予以补助。

建立离休干部疫情安全信息

库，7月组织全市89名离休干部在市中医院进行健康检查，对离休干部健康情况进行排查。全面准确掌握老干部的身体状态和生活情况，尽力帮助解决实际困难和问题，当好老干部的贴心人，让老同志在疫情面前安心、放心。通过微信群，及时向老干部传达上级精神，发送防疫动态，宣传正面信息，引导老干部科学正确对待疫情，不信谣不传谣，带头做好个人防护。组织老干部发挥作用。组织老干部结合实际，因地制宜开展志愿服务活动，用实际行动支持疫情防控工作。多名退休干部参加社区志愿服务，市书画院老干部们第一时间进行募捐。

对离休干部高龄护工费发放工作进行督查落实。重点关注改制企事业离休干部，由于省人社系统发放项目调整，市委老干部局全面接收改制企业离休干部补贴发放工作，确保改制企事业老干部各项待遇落实到位，管理服务到位。切实做好易地安置离休干部服务管理和关心关怀工作。

为创新离休干部服务模式，更好地为全市离休干部提供优质服务，出台《关于为全市离休干部安装智能看护设备的预备通知》，为全市离休干部、四套班子老领导住所免费安装智能看护设备。

在做好春节、夏季走访慰问工作的基础上，制定《四套班子老领导庆生方案》，为70周岁、80周岁、90周岁及90周岁以上的老领导，在生日当天送去鲜花、蛋糕和慰问金。在抗战胜利75周年前夕，走访慰问全市8名抗战老干部，发放慰问金每人1000元，听取他们的心声，解决实际生活困难。

【离退休干部主题活动】 把离退休干部社团协会建设纳入规范化、制度化轨道，定期与协会负责人召开会议，商定活动安排和内容，做到年年有主题、月月有活动。天目湖诗社、溧阳书画院遵照换届改选制度，更换法定代表人。

以老干部活动中心为阵地，开展切合老干部身心特点的政治、文化、健身、联谊活动。1月，老干部书画协会开展义务送春联下乡活动，现场挥毫泼墨，实现扎根生活、服务社会。4月，以网络形式组织诗社和书画院发行抗疫专题，同时配合诗社，书画院做好“抗疫情，颂党恩”网上作品展，做好信息工作的上报。天目湖诗社围绕“游子吟”开展“歌颂母爱”全国诗词大赛，并于10月1日赴竹箦镇采风。改版《诗草》期刊，围绕庆祝溧阳撤县设市三十周年出版专辑。书画院开展“庆国庆 迎新活动中心迁址”书画展、少儿书法展等。与市级机关工委联合举办机关离退休老干部乒乓球比赛。

继续推进“银发生辉”工程。围绕溧阳撤县设市三十周年，在原市老领导和部分老干部中开展“五个一”话成果、赞伟业、促发展联谊活动。初步整理溧阳“撤县设市”30年来的30件大事，争取老领导的意见，最终选出有代表性的10件大事。5月12日，组织部分老领导参观天目建设集团建设成果，并回顾30年巨变，畅谈新时期变化发展。7月，组织市原四套班子老领导到南渡镇参观视察，感受当前溧阳市乡村振兴的蓬勃景象，听取老干部对推动农村发展的意见和建议。市委十二届十二次全会召开前，多次举办研讨会、上门走访等，听取老领导的建议和意见。

根据老干部的专业特长和意愿，在市级层面组建“银发先锋宣讲志愿队、银发文艺宣传志愿队、银发扶贫惠农志愿队、银发普法宣传志愿队、银发关爱青少年志愿队”5支专业志愿者队伍。全市每个离退休干部党支部组建一支综合性志愿者队伍。9月，在全市老干部志愿者中开展推进老干部助力“决战脱贫攻坚、决胜全面小康”专项行动。

（市委老干部局）

保密工作

【概　况】 2020年，溧阳市保密局以中共十九届五中全会和习近平总书记视察江苏重要讲话指示精神为指导，紧紧扭住新发展阶段、新发展理念、新发展格局，将党中央决策部署精神落到实处，推动全市保密工作高质量发展，助力打赢“十三五”收官战。牢牢把握“优质高效”和“安全可靠”的核心目标，坚持学习常态化、制度化、规范化，积极组织参加保密知识授课，提升全市保密队伍知识素养。

【保密管理】 坚定落实中央、省、常州各项工作，推动溧阳市保密工作法制化、规范化、科技化。面对突如其来的新冠疫情，在2020年高考期间，积极与市招生办对接，研究部署高考安全保密方案，开展保密要害部位检查，全程参与高考试卷的运送、交接、颁发、监督等环节，确保高考安全保密。做好8个省适应性高考保密工作，与市教育局、公安局等部门联合组建工作小组，在考试期间委派干部定岗定时参与24小时值班工作，把好考试“保密”关。

推进定密规范管理。深入贯彻落实中央对保密工作的决策部署，加强国家秘密管理。在全市开展10年期间定密事项统计工作，摸清国家秘密分布情况，确定全市定密生产数量，明晰定密责任人基本情况，建立定密工作基础数据库，促进定密工作科学化、规范化、法制化。

开展保密监督检查。2020年以来对全市34家机关单位进行实地走访，通过查台账资料、检测计算机、听取汇报、座谈交流等方式开展保密检查，督促各单位堵上失泄密漏洞，守好国家秘密基层防线。

打造素质过硬队伍。把党的政治建设放在首位，积极开展保密工作优良传统教育。在水西宾馆承办常州市保密教育培训班，全市保密干部积极参与培训，持续加强思想淬炼、政治历练、实践锻炼、专业训练，不断提升政治判断力、政治领悟力、政治执行力。

推广商密技术应用。利用溧阳市数字证书本地注册系统（LRA）为全市制作、维护数字证书1300余枚，保障数字证书和电子签章在溧阳市安全支撑平台的日常使用，提升政务信息化密码保障水平。

【保密宣传教育】 把保密法制宣传教育机制建设作为开展宣传工作的基础，构建以宣传贯彻保密工作方针政策、保密法及其配套法规规章为主线，以增强领导干部和涉密人员保密意识与技能为重点，以完善保密宣传教育体制机制为保障的保密宣传教育格局。

强化涉密人员教育。5～6月，主动靠前服务，通过上门播放保密宣传教育片的形式，对全市各机关单位2000多名工作人员进行保密宣传教育。结合岗位实际，在市委办公室开展保密警示教育学习，通过运用典型案例，以案说法、以案释法，增强公务员遵守保密法律法规的自觉性。将保密学习教育纳入公务员初训体系，在2020年初任公务员培训班上，开设保密培训课堂进行专题培训，推进公务员保密法治宣传教育制度化、规范化、经常化。

抓住领导干部“关键少数”。把对领导干部的保密法治宣传教育与落实领导干部保密工作责任制相结合，大力推动领导干部带头学法、模范守法，不断提高运用法治思维和法治方式管理国家秘密的能力和水平。将保密工作部署、保密法规和保密工作重要文件等纳入市委常委会会议和党委（党组）理论中心组学习内容，促进领导干部自觉守法、用法。对专职保密干部进行全面系统的保密法规制度教育和岗位业务培训，严格考核制度，努力提高专职保密干部专业化水平。组织全市涉密人员签订2020年《保密承诺书》，督促自觉履行保密责任和义务。继续开展《保密工作》杂志征订工作，抓好涉密人员上岗、在岗及离岗后的保密宣教工作。

加强公众保密宣传。充分发挥主流媒体作用，积极利用新媒体，创新宣传教育形式，开展多层次、立体化的保密法治宣传教育。以“法治宣传月”“宪法宣传周”活动为抓手，主动对接市司法局，建立协作机制，通过设置展板、发放宣传手册、现场讲解等方式，做好《中华人民共和国密码法》普及宣传，营造保密工作良好社会氛围。

（经　轲）

信访工作

【概　况】 2020年，溧阳市信访部门牢牢把握“一战两整治”（信访矛盾化解攻坚战，城乡建设领域信访问题、规范越级进京访秩序专项整治）工作主线，立足化解矛盾解决问题，持续推进信访基层基础工作，全力做好防疫情、听民声、护民利、促稳定、促和谐各项工作，全市妥善处理群众信访1927件（次），接待到市集访128批2241人次，未造成矛盾上行，为做好“六稳”工作、落实“六保”任务，夺取疫情防控和经济社会发展双胜利营造良好环境，为溧阳高质量发展综合考核跃居常州第一、全省前列，建设长三角生态创新示范城市提供有力支撑。信访工作综合绩效考核位居全省第一，连续三年进入全省县市区“第一方阵”，被评为全国信访工作“三无”县和全省信访工作先进市。王颖被国家信访局评为第二届“寻找最美信访干部”50位入围人选；金国友在省信访系统主题演讲比赛中获三等奖；芮云凯获得2019年“江苏最美信访干部”称号。

【构建大信访工作格局】 2020年，市委、市政府主要领导先后10多次对信访工作作出批示，常态批阅群众来信，亲自听取和部署重点群体矛盾化解工作，以上率下高质量做好领导干部接访下访和全省、县、市区党政主要领导“百县千案”化解工作，坚持真包案、包难案、解难题。2020

年7月17日，《人民网》发布《领导留言板》江苏版块留言情况时，溧阳市作为留言办理回复100%的县市区被第一个点名表扬。全市党政领导接访下访完成率87.8%，接访事项化解率97%。镇（街道）、重点部门相应落实领导干部接访下访制度，接待群众来访364批。对2019年以来的重点突出信访矛盾全部纳入市领导包案，市领导全面听取包案的73件重点信访人员和重点信访事项的解决措施落实情况，提出工作要求，22件城乡建设领域的疑难复杂矛盾明确解决路径和方法。

【信访基层基础工作】 2020年，市信访工作在全市范围开展“基层基础建设年”活动，进一步完善镇（街道）信访接待场所建设，固化信访工作制度建设。健全镇（街道）信访工作联席会议机制，统筹基层信访工作资源力量，提升及时发现、就地化解问题隐患的能力，防止矛盾外溢上行。实施“人民满意窗口”建设质量提升工程，压实初信初访首办责任，依法及时就地解决群众合理诉求，努力提高初信初访一次性化解率，实现信访事项化解率、群众满意率、重复信访率“两高一低”。天目湖镇、埭头镇、戴埠镇、南渡镇、竹箦镇、别桥镇被市联席会议办公室评为“2020年度全市信访工作四无镇（街道）”。在6月16日全省召开的信访基层基础建设暨“人民满意窗口”创建工作电视电话会议上，播放溧阳市制作的专题片《“三轮驱动”笃实致远——溧阳市推进新时代信访工作纪实》，全省县级市仅一家单位。8月4日，江苏新时空“推行阳光信访，优质服务群众”节目组对溧阳市“一张表格工作法”互动采访，《奔跑吧，小易》原创动漫作品在节目中播放。

（周子皓）

档案工作

【概　况】 2020年，市档案馆紧紧围绕市委、市政府“双突破”“双胜利”“双引领”工作主题和要求，紧贴中心，服务大局，为溧阳市高质量发展贡献档案力量。2020年年末，拥有馆藏全宗242个、102199卷、561920件，资料16354册，代保管档案14878卷，向社会开放16350卷。配合全国文明城市复评，做好部分迎检材料的台账工作，统计出溧阳市获得国家、有关部委和省委、省政府的荣誉称号29项，并做好相关图片收集、整理工作。配合市委宣传部溧阳撤县设市30周年成果展，提供图片400多张。

【疫情防控档案】 高度重视并认真落实省委书记娄勤俭对新冠肺炎疫情防控档案工作作出的“及时归档，以资借鉴”重要批示，以及省“两办”通知要求，及时起草《关于做好新冠肺炎疫情防控档案工作的通知》，由市应急防控部门下发，要求各部门、各镇区按照《溧阳市新冠肺炎疫情防控文件材料归档内容及分类参考表》，制定符合本部门、本单位实际情况的具体收集归档范围，认真做好疫情管控、病患收治、物资调度、人员调配、先进事迹、新闻报道过程中文件材料的形成积累，并落实专人及时完成各种载体类型的档案收集。明确要求各单位疫情防控形成的档案，向本单位档案机构移交，实行集中管理。安排专人对市疫情应急防控指挥部、11个疫情防控重要职能部门和疾控中心、医院、主要新闻媒体等部门的疫情防控工作进行建档指导。

【档案资料收集征集】 2020年，市档案馆积极开展到期档案移交进馆工作。印发《市委办公室关于做好2019年度文件材料归档及档案移交进馆等工作的通知》，通过现场指导、电话联系、网络沟通等多种方式，对列入2020年移交范围的单位逐一进行督促指导。完成市财政局等11家单位档案548卷又65273件接收进馆，并进行整理、输目和全文数字化。完成市工信局、市检察院2家单位12164卷档案的代保管。突出地方特色档案资料的收集征集。征得钱氏、金渊周氏、汤氏、史氏宗谱46册，地方性资料116册，抗战时期《日本人民反战革命同盟会临别留念》照片1张，征得溧阳形象《生态创新满眼春》和溧阳市新冠肺炎疫情防控《全“溧”战“疫”十二时辰》两部专题宣传片，征得重大建设项目视频7个、红色档案354件、粮票若干。溧阳记忆图片库图片增至20969张。

【档案开发利用和宣传教育】 2020年，市档案馆完成2019年度溧阳市大事记合订本的内部印刷，并报送市四套班子和各部门。围绕撤县设市30周年，联合出版《乡镇变迁》一书。深度参与的“溧阳市庆祝改革开放40周年”图片展获全省档案开发利用成果二等奖，“溧阳印记——溧阳市档案史料陈列展”“城市变迁”两项获全省档案开发利用成果三等奖。积极组织“6•9 国际档案日”系列宣传活动。以“档案见证小康路、聚焦扶贫决胜期”为主题，制作档案宣传片《云逛溧阳市档案馆》和微视频专题片《聚焦发展大局 传承红色基因》，并走进昆仑小学开展宣传，拉近中小学生与档案的距离。邀请嘉丰社区代表走进溧阳市档案馆参观，感受档案文化的魅力，同时在微信公众号“中国溧阳”“融溧阳”“今日溧阳”上发布宣传。2020 年，接待利用者 2335 人次，提供档案资料 4612 卷（件、册），复印 11069 页，出具证明 3074 份。主动做好政府信息公开服务工作，接收、整理 9 个单位送交的政府公开信息纸质文本 202 件。

【档案信息化】 2020 年，市档案馆指导、督促各部门各单位加强档案数字化和信息化工作。加快推进馆藏档案的全文数字化进程，将 2020 年移交进馆的 36 个单位的 133105 件 445G 到期档案全部数字化数据添加进市档案馆档案管理平台，挂接好全文数据并检查核对完毕。协调数字化服务公司对各单位 2088 卷死亡干部档案进行数字化加工工作，检查核对档案数字化数据并添加进档案馆档案管理平台，全文检查核对挂接无错误。

【档案业务指导】 2020 年 3 月，市委办下发《市委办公室关于做好 2019 年度文件材料归档及档案移交进馆等工作的通知》，就贯彻落实《机关档案管理规定》、2019 年度文件材料归档工作及做好到期档案移交进馆等工作提出明确的要求。市档案馆业务指导科积极推进相关工作，抓紧落实，加强对企业档案工作的业务指导，先后对江苏天目湖集团、江苏平陵建设投资集团有限公司、上海汽车集团股份有限公司等单位进行上门业务指导。

（市档案馆）

机关事务管理

【会务后勤服务】 2020 年，溧阳市机关事务管理中心全年会务保障 300 余场，2600 余人次。圆满完成市“两会”保障工作，获得“服务热情周到，保障专业有力”高度评价。强化人员管理和食品安全培训力度，安排专人每天对食堂进行检查，每月对机关食堂进行食品安全监督检查考核，确保干部职工的用餐安全，全年无食品卫生安全事故发生。完善并严格落实各项安全管理制度，坚持每月进行一次安全检查，重大节日、重点时期均组织全面安全大检查，确保机关大院安全运转。严格落实日巡夜查制度，消除安全隐患 11 起，各类设备设施全年安全运行无事故。

【接待保障】 圆满完成 2020 年中国•溧阳茶叶节暨天目湖旅游节、长三角旅游联盟联席会议、江苏省生态环境局长会议、苏皖合作示范区决策层会议等活动的服务保障工作；重点服务成都融创中国上兴未来城项目方案汇报会、赛得利集团莱赛尔项目签约仪式、新加坡金鹰集团主席陈江和到溧阳等重大活动；用心保障陕西白河县、陕西汉阴县、常州经开区、常州天宁区、盐城大丰区、扬州生态新城、浙江淳安县、江苏建湖县、浙江长兴县、河南光山县、安徽桐城市、安徽太湖县、安徽潜山市、无锡惠山区、镇江丹阳市、扬州高邮市、武进高新区等党政代表团的来访活动。全年接待来宾 550 余批，共计 11000 余人次。

【资产管理】 全年公共机构单位建筑面积能耗、人均综合能耗和人均水资源消耗逐年下降。社渚镇中心卫生院被评为江苏省公共机构节能示范单位。全市公共机构垃圾分类设施建设完成率 100%，组织“垃圾分类”志愿者队伍开展垃圾分类进社区、进学校活动 66 次，发放宣传手册 30000 册。促进党政机关办公用房的规范管理使用，实施办公用房配备情况年度报备制度，无一超标、超规格现象，合理调配办公用房近 2000 平方米。积极做好市政府机关大院、直管宿舍的维修建设工作，做好水、电、电梯等设施设备的检修、保养。

【公车管理机制】 修订完善《公务用车管理平台运行管理服务制度》《溧阳市机关事务管理中心车辆管理科驾驶员管理办法》等规章制度，对车辆申请、车辆调度、车辆维修、油耗统计、费用结算等环节进行规范，有效实现对公务车辆的监控、调度等综合管理服务功能。有力保障市两会、“两节”和各地党政代表团到溧阳考察等重大任务的应急保障用车需求，全年保障各类会议活动考察参观 4000 余车次。严格规范公务用车平台管理，利用平台规范用车、阳光用车，杜绝游离于流程之外的用车和公车私用的现象，实现公务用车监管“一张网”，切实保障公务出行。

（胡　赟）

综 述

【概　况】 2020年，市十六届人大常委会紧扣全市中心工作，紧扣人民群众重大关切，依法履职，担当作为，为高水平全面建成小康社会、建设“强富美高”新溧阳贡献力量。

重要会议

【市第十六届人民代表大会第四次会议】 2020年1月3～5日在溧城镇召开。大会通过关于溧阳市人民政府工作报告的决议、关于溧阳市2019年国民经济和社会发展计划执行情况及2020年计划安排意见（草案）报告的决议、关于溧阳市2019年财政预算执行情况和2020年财政预算（草案）报告的决议、关于溧阳市人民代表大会常务委员会工作报告的决议、关于溧阳市人民法院工作报告的决议、关于溧阳市人民检察院工作报告的决议。投票表决产生“学前教育提升工程”“居家养老服务体系提升工程”“城市空间资源共享提升工程”“便民服务水平提升工程”“城市公园建设工程”“餐饮业品质品牌提升工程”6项2020年溧阳市重点民生实事项目。

【市十六届人大常委会会议】 2020年，市十六届人大常委会举行8次会议，听取和审议市政府、市法院、市检察院的工作情况汇报21项，依法任免国家机关工作人员131人次。

第二十六次会议　3月12日在市人大常委会会议室召开。市人大常委会主任潘云芳，副主任夏国浩、龚友强、陆晓明、石伟期，党组成员朱志军、史萍出席会议。市委常委、常务副市长周卫中，副市长陆慧琦，市监察委员会、法院、检察院及有关部门负责人列席会议。会议听取市人大常委会办公室关于溧阳市人大常委会2020年工作要点的报告，讨论通过《溧阳市人大常委会2020年工作要点》；以书面形式听取市人大常委会昆仑街道党工委工作情况报告；听取和审议了市医疗保障局局长马俊浩受市政府委托所作的全市医疗保障工作情况报告。会议决定接受王泽宗辞去市人民政府副市长，史云龙、黄晓军、杨丹军、施春俊辞去市十六届人大常委会委员职务；免去马立峰市政府办公室主任、赵明市发展和改革委员会主任、高伟新市财政局局长、操文杰市城市管理局局长、赵波（1972年11月出生）市交通运输局局长、谢菊芬市农业农村局局长、王国权市应急管理局局长职务；免去史云龙市人大常委会农业和农村工作委员会主任、黄晓军市人大常委会昆仑街道工作委员会主任、陈青市人大常委会办公室副主任职务；免去仲军市人民检察院副检察长、检察委员会委员、检察员职务。会议决定任命赵明为市政府办公室主任、吴志东为市发展和改革委员会主任、王国权为市财政局局长、谢菊芬为市城市管理局局长、田伟民为市交通运输局局长、扈军华为市农业农村局局长、赵波（1976年1月出生）为市应急管理局局长；任命张迎春为市人大常委会农业和农村工作委员会主任、赵军为市人大常委会昆仑街道工作委员会主任。

第二十七次会议　4月23日在市人大常委会会议室召开。市人大常委会主任潘云芳，副主任夏国浩、龚友强、陆晓明、石伟期，党组成员朱志军、史萍出席会议。市委常委、常务副市长周卫中，副市长刘新农，市监察委员会、法院、检察院及有关部门负责人列席会议。会议听取和审议常州市溧阳生态环境局局长王洪明受市政府委托所作的2019年度环境状况和环境保护目标完成情况暨突出环境问题整治情况报告；听取和审议市司法局局长沈健清受市政府委托所作的“七五”普法实施情况报告。会议决定接受张雅萍辞去溧阳市第十六届人大常委会委员，王海斌代表辞去常州市第十六届人大代表和溧阳市第十六届人大代表职务；免去陆卫林市人力资源和社会保障局局长、朱红新市文体广电和旅游局局长职务。会议决定任命殷洪雅为市人力资源和社会保障局局长、张雅萍为市文体广电和旅游局局长。

第二十八次会议　6月5日在市人大常委会会议室召开。市人大常委会主任潘云芳，副主任夏国浩、龚友强、陆晓明、石伟期，党组成员朱志军、史萍出席会议，市委常委、常务副市长周卫中，副市长曹俊，市监委、法院、检察院及有关部门负责人列席会议。会议听取和审议市财政局局长王国权受市政府委托所作的2019年度全市行政事业性国有资产管理情况的专项报告、关于溧阳市2019年决算草案的报告，作出关于批准2019年市级财政决算的决定；听取和审议市审计局局长王剑锋受市政府委托所作的关于溧阳市2019年度本级预算执行情况的审计工作报告。会议通过市政府“关于提请审议溧阳市部分行政区划调整工作方案（草案）的议案”。

第二十九次会议　6月30日在市人大常委会会议室召开。市人大常委会主任潘云芳，副主任夏国浩、龚友强、陆晓明、石伟期，党组成员朱志军、史萍出席会议，市委书记、市长徐华勤，副市长陆慧琦，市监察委员会、法院、检察院及有关部门负责人列席会议。会议听取和审议市卫生健康局局长陈志豪受市政府委托所作的《中华人民共和国传染病防治法》贯彻执行及公共卫生应急管理体系建设情况报告。会议决定接受徐华勤辞去市人民政府市长职务；免去沈健清市司法局局长职务；免去李江明市人民法院副院长、审判委员会委员、审判员职务；免去杨枫市人民检察院副检察长、检察委员会委员、检察员职务；免去左乐市人民检察院检察员职务；接受李定福代表辞去溧阳市第十六届人大代表职务。会议决定任命叶明华、翟胜丞为市人民政府副市长，叶明华为市人民政府代理市长；任命孙斌为市司法局局长；任命杨枫为市人民法院审判员、审判委员会委员、副院长；任命李江明为市人民检察院检察员、检察委员会委员、副检察长。

第三十次会议　8月26日在市人大常委会会议室、溧阳宾馆世纪厅召开。市人大常委会主任潘云芳，副主任夏国浩、龚友强、陆晓明、石伟期，党组成员朱志军出席会议，市委副书记、代理市长叶明华，市委常委、常务副市长周卫中，市纪委书记、监委主任毛建国，副市长刘新农、曹俊、陆慧琦、周晟、翟胜丞，市法院、检察院及有关部门负责人列席会议。会议听取和审议代理市长叶明华所作的市政府上半年工作情况报告；听取和审议市法院院长吕捷所作的市法院诉调对接工作机制运行情况、市检察院检察长赵鑫所作的市检察院公益诉讼检察工作情况报告；作出关于设立市人大常委会溧城、古县街道工作委员会的决定。会议决定接受杨云龙、黄东英辞去市十六届人大常委会委员职务；免去史萍市人大常委会办公室主任、杨云龙市人大常委会财政经济工作委员会主任、徐彦市人大常委会教科文卫工作委员会主任、黄东英市人大常委会环境资源城乡建设工作委员会主任、王东升市人大常委会财政经济工作委员会副主任、管红市人大常委会教科文卫工作委员会副主任职务；免去丁红市统计局局长、唐洪祥市教育局局长职务；免去潘文杰、吴惠芬市监察委员会委员职务；免去阮留生市人民法院少年和家事案件综合审判庭庭长，李丽市人民法院环境资源审判庭庭长，朱陟峰市人民法院天目湖人民法庭庭长，黄松伟市人民法院南渡人民法庭庭长，周忠明市人民法院速裁审判庭副庭长，雷波市人民法院竹箦人民法庭副庭长，王云兰市人民法院竹箦人民法庭庭长、审判委员会委员，卞建忠市人民法院立案庭庭长，王驰市人民法院环境资源审判庭副庭长、审判员，毕波、殷克平市人民法院审判员职务。会议任命李忠为市人大常委会办公室主任、刘学俊为市人大常委会财政经济工作委员主任、姜竹旻为市人大常委会教科文卫工作委员会主任、庄玉宝为市人大常委会环境资源城乡建设工作委员会主任、陈建国为市人大常委会溧城街道工作委员会主任、刘永山为市人大常委会古县街道工作委员会主任、张鸣为市人大常委会办公室副主任；任命郑枚南、葛艳明、王丽萍、沈利平为市人大常委会昆仑街道工作委员会委员，刘峰、费爱平、周洪珍、李琴为市人大常委会溧城街道工作委员会委员，杨柳、宋建平、史蒙杰、周天喜为市人大常委会古县街道工作委员会委员。会议决定任命丁红为市教育局局长；任命曹黎明为市监察委员会委员；任命阮留生为市人民法院南渡人民法庭庭长、李丽为市人民法院天目湖人民法庭庭长、朱陟峰为市人民法院立案庭庭长、黄松伟为市人民法院民事审判第二庭庭长、周忠明为市人民法院民事审判第二庭副庭长、雷波为市人民法院速裁审判庭副庭长、安彪为市人民法院竹箦人民法庭副庭长；任命金灿、杨译为市人民检察院检察员。

第三十一次会议　10 月 27 日在市人大常委会会议室、溧阳宾馆世纪厅召开。市人大常委会主任潘云芳，副主任夏国浩、龚友强、陆晓明、石伟期，党组成员朱志军、李忠出席会议，副市长曹俊、王耀庆，市监委、法院、检察院及有关部门负责人列席会议。会议听取和审议市农业农村局局长扈军华受市政府委托所作的关于全市精准扶贫工作情况的报告；听取和审议部分常州市十六届人大代表履职情况的报告；听取和审议本届以来任命的部分法官和检察官履职情况的报告。会议听取和审议市工业和信息化局局长蔡红兵受市政府委托所作的关于《中华人民共和国中小企业促进法》贯彻执行情况的报告，并针对全市营商环境建设情况开展专题询问。会议通过市政府“关于提请审议《溧阳市沙涨村历史文化名村（保护）规划》的议案”；决定接受黄晓军、江涛、杨丹军、王旺荣、施春俊、陈秋平、孙斌、史幸君、赵波、陈金伟、张雅萍、柳建平等辞去市十六届人大代表职务；决定免去吕胜中市科学技术局局长职务；决定任命黄盘芳为市科学技术局局长；任命沈冰洁为市人大常委会财政经济工作委员会副主任。

第三十二次会议　12 月 16 日在市人大常委会会议室、溧阳宾馆世纪厅召开。市人大常委会主任潘云芳，副主任夏国浩、龚友强、陆晓明、石伟期，党组成员朱志军、李忠出席会议，市委常委、常务副市长周卫中，市监察委员会、法院、检察院及有关部门负责人列席会议。会议听取市科学技术局、自然资源局、农业农村局、退役军人事务局、应急管理局、审计局、统计局负责人所作的部门工作汇报，常委会组成人员和 13 名市人大代表对 7 个部门进行工作评议；听取市政府办公室副主任钱康平受市政府委托所作的 2021 年重点民生实事候选项目排定情况汇报，并原则通过 2021 年重点民生实事候选项目；审议并通过市人大常委会代表资格审查委员会“关于补选叶明华等同志为溧阳市第十六届人民代表大会代表的代表资格审查情况报告”“关于召开溧阳市第十六届人民代表大会第五次会议的决定”“溧阳市人大常委会关于支持和保障南京都市圈共建长三角一体化高质量发展合作示范区的决定”“关于表彰 2020 年度优秀代表建议的决定”和“关于表彰溧阳市优秀人大代表的决定”；讨论并原则通过溧阳市第十六届人大常委会工作报告。会议决定接受毛建国辞去市监察委员会主任职务；决定接受史萍、陈荣林、徐彦、黄跃华辞去市十六届人大常委会委员职务；免去陈荣林市人大常委会法制和内务司法工作委员会主任，市第十六届人民代表大会法制委员会、社会建设委员会、监察和司法委员会副主任委员职务；免去潘文伟市人大常委会环境资源城乡建设工作委员会副主任职务，免去杨云龙市第十六届人民代表大会财政经济委员会副主任委员职务，免去徐彦市第十六届人民代表大会社会建设委员会副主任委员职务，免去史云龙市第十六届人民代表大会财政经济委员会委员职务；决定免去钱栋市住房和城乡建设局局长职务；免去刘学俊市监察委员会副主任职务；免去陈靖市人民检察院副检察长、检察委员会委员、检察员职务，免去田智中市人民检察院检察委员会委员、检察员职务，免去花莎市人民检察院检察员职务。会议任命潘文伟为市人大常委会法制和内务司法工作委员会主任，市第十六届人民代表大会法制委员会、社会建设委员会、监察和司法委员会副主任委员；任命许兴健为市人大常委会环境资源城乡建设工作委员会副主任；任命刘学俊为市第十六届人民代表大会财政经济委员会副主任委员；任命姜竹旻为市第十六届人民代表大会社会建设委员会副主任委员；任命张迎春为市第十六届人民代表大会财政经济委员会委员；任命朱开国、刘华为市第十六届人民代表大会法制委员会、监察和司法委员会委员；任命刘永山、黄泽欣为市第十六届人民代表大会社会建设委员会委员；决定任命操文杰为市住房和城乡建设局局长；任命陈靖为市监察委员会副主任；任命钱鹏为市人民检察院副检察长。

第三十三次会议　12月31日在市人大常委会会议室召开。市人大常委会主任潘云芳，副主任夏国浩、龚友强、陆晓明、石伟期，党组成员朱志军、李忠出席会议，市委副书记、市政府代理市长叶明华，市委常委、常务副市长周卫中，市监察委员会、法院、检察院及有关部门负责人列席会议。会议听取和审议市财政局局长王国权受市政府委托所作的2020年财政预算执行情况和2021年财政预算（草案）；听取和审议市审计局局长王剑锋受市政府委托所作的2019年度本级预算执行及决算草案审计查出问题整改情况的报告；审查批准市政府“关于提请审议2020年度财政预算调整方案（草案）的议案”“关于提请调整2020年国民经济和社会发展部分主要指标预期目标的议案”和“关于提请调整‘十三五’时期国民经济和社会发展部分主要指标预期目标的议案”；会议决定免去赵明市政府办公室主任、蒋彤市民政局局长、马祥中市水利局局长、陈建伟市商务局局长职务；决定任命严俊、赵明、朱剑波为市人民政府副市长，张国良为市政府办公室主任 、徐军芳为市民政局局长、蒋彤为市水利局局长、周莉为市商务局局长；补选叶明华、吴寅为常州市十六届人大代表；讨论并原则通过溧阳市第十六届人民代表大会第五次会议有关事项。

监督工作

【经济工作】　2020年，面对复杂严峻的经济形势，市人大常委会密切关注全市经济运行情况，深入走访镇（区）、部门和企业，认真分析全市经济走势。市十六届人大常委会第三十次会议专题听取和审议政府上半年工作报告，提出坚定不移贯彻新发展理念，积极融入“双循环”新发展格局，力促经济恢复增长，全力做好“六稳”工作,全面落实“六保”任务。市十六届人大常委会第三十一次会议专题听取和审议《中华人民共和国中小企业促进法》贯彻执行情况报告，并就全市营商环境建设情况开展专题询问，围绕政策落地、政务服务、法治保障等方面提出10个问题，同时对部门应询和履职情况开展现场测评，通过《溧阳时报》向社会公开问题及答复，推动构建更加便利的政务环境、更加透明的市场环境和更加公正的法治环境。市十六届人大常委会第十九次主任会议专题听取全市休闲经济发展情况报告，并就重大旅游项目建设情况开展课题调研，围绕项目招引、产业融合、要素配套等方面，提出要精准把握全市休闲产业发展定位，大力发展高端休闲经济，加快补齐高端度假酒店、夜间休闲项目等短板，推动旅游和科技、文化、体育、康养等创新融合，为溧阳市创成国家全域旅游示范区献智添力。市十六届人大常委会第二十次主任会议专题听取社会主义现代化建设试点推进情况报告，支持政府围绕生态创新发展战略，持续探索城乡融合最优路径，加快打造长三角生态创新示范城市。常委会专题视察重大项目建设情况，提出树立“项目为王”理念，以重大项目的持续突破夯实高质量发展基础。同时，专题听取全市安全生产工作情况报告，并组织对《中华人民共和国安全生产法》和《江苏省安全生产条例》开展执法检查，选派两名常委会领导参与全市安全生产派驻督导工作，督促镇区及相关部门进一步强化安全红线意识，压紧压实安全生产责任，坚决防范和遏制重特大事故发生。

【财政工作】　2020年，市人大常委会扎实推进预决算全口径审查监督工作，促进预决算安排更加精细、财政管理更加规范。在市十六届人大常委会第二十八次会议上，听取和审议2019年决算草案的报告和2019年度本级预算执行情况的审计工作报告，督促相关部门就预算执行过程中存在的问题，及时抓好整改落实。同时，听取和审议2019年度全市行政事业性国有资产管理情况的专项报告，推动政府进一步提高国有资产管理绩效，促进国有资产保值增值。在市十六届人大常委会第三十三次会议上，听取和审议2020年财政预算执行情况和2021年财政预算（草案）的报告、2019年度本级预算执行及决算草案审计查出问题整改情况的报告，提出要贯彻上级财税政策、保持经济运行在合理区间，加大财政统筹力度、提高财政支出精细化水平，落实审计整改责任、切实抓好审计查出问题整改。此外，围绕公共财政、政府基金、国有资本经营、社会保险基金预算“四本账”，认真落实预先审查、初审、审查批准“三审”机制，促进预算安排更加精细、财政管理更加规范。建成预算联网监督系统，推动预算审查监督由静态向动态、由阶段向全程、由被动向主动转变。

【法制和内务司法工作】 2020年，为推动法律法规贯彻落实，市人大常委会配合常州市人大开展《全国人大常委会关于全面禁止非法野生动物交易、革除滥食野生动物陋习、切实保障人民群众生命健康安全的决定》《中华人民共和国野生动物保护法》《江苏省野生动物保护条例》执法检查，推动政府从体制机制上创新，强化重大疫情防控举措，更好地保障人民群众生命健康安全。同时，听取和审议“七五”普法实施情况报告，并组织对《常州市城市绿化条例》《常州市住宅物业管理条例》《常州市电梯安全管理条例》等法规开展立法、修法调研，在全社会营造尊法学法守法用法的良好氛围。为深化监察司法监督，常委会听取和审议法院诉调对接和检察院公益诉讼工作情况报告，要求“两院”把司法审判和法律监督职能有效融入市域治理体系与治理能力现代化建设，为全市经济社会发展保驾护航；持续推进“听百案、议百事、评百员”活动，组织人大代表旁听庭审13批284人次，并对13名法官、6名检察官进行现场评议，强化对司法机关的日常监督。为推进基层社会治理，常委会专题听取基层公安治理能力现代化工作情况报告，提出要提高政治站位、巩固现有成果、提升创新能力、加强队伍建设。

【教科文卫工作】 2020年，为扎实推进市医疗保障工作发展，市十六届人大常委会第二十六次会议听取和审议全市医疗保障工作情况报告，围绕政策研究、服务模式、基金监管、队伍建设等方面积极建言献策。为促进全市公共卫生应急管理体系建设，市十六届人大常委会第二十九次会议听取和审议《中华人民共和国传染病防治法》贯彻执行及公共卫生应急管理体系建设情况报告，提出常态化抓好疫情防控，完善防控救治体系，提升应急管理水平，强化人才科技支撑。为助推旅游业高质量发展，专题调研溧阳市重大文旅项目建设情况，围绕强化思想认识、把握发展趋势、加强项目招引、整合资源要素等方面积极建言献策。

7月22日，市人大常委会调研基层公安治理能力现代化推进情况
（市人大办　供稿）

【环资城建工作】 2020年，聚焦“现代化建设试点工作突破年”主题，市十六届人大常委会第二十七次会议，听取和审议2019年度环境状况和环境保护目标完成情况暨突出环境问题整治情况报告，提出要统筹兼顾、补齐短板，按时保质完成问题整改，紧扣重点、多管齐下，形成群防群治合力，不断提升环境治理水平，推动全市生态环境质量持续改善。市十六届人大常委会第十六次主任会议专题听取溧阳市城市管理全域一体化情况报告，建议政府坚持城乡一体、彰显溧阳特色，坚持问题导向、突出工作重点，坚持机制创新、推进精细管理，强化队伍建设、提升履职能力。专题调研“四好农路”建设情况，围绕基础建设、区域差距、道路管护、利用效率等方面存在的突出问题，提出一系列“管当前、谋长远”的解决思路和措施，为推进城乡融合发展出谋划策。

【农业和农村工作】 2020年，为确保如期高质量打赢精准脱贫攻坚战，市十六届人大常委会第三十一次会议专题听取和审议精准扶贫工作推进情况报告，推动扶贫工作从主要解决收入型贫困向统筹解决支出型贫困、相对贫困转变，从主要依靠政府推动向构建政府、社会、自身相结合的新型减贫治理格局转变。为助力乡村振兴战略在溧阳市实施，市十六届人大常委会第十七次主任会议专题听取《溧阳市乡村振兴三年（2018～2020）行动计划》实施情况报告，在充分肯定溧阳市乡村振兴发展成效的基础上，提出要把乡村振兴与溧阳市试点工作、脱贫攻坚、污染防治等重点工作紧密结合，围绕产业支撑、生态宜居、乡村善治、农村改革、协同共建5个方面，全力打造乡村振兴“溧阳样本”。为加快推进“美意田园”建设，专题视察农村人居环境提升工程建设情况，提出在整治范围上坚持点面结合，在产业发展上坚持“一域一特”，在成果巩固上坚持常态长效，建成一批望得见山、看得见水、记得住乡愁的新农村。专题调查全市重点农旅产品情况，形成《农旅融合发展的溧阳探索与启示》专题报告，并编印《溧阳为什么这么美》一书，系统梳理溧阳市农旅融合发展成果，全面展示撤县设市30年来的农旅发展成就，为宣传推介溧阳贡献人大智慧。常委会还持续关注天目湖水源地保护工作，专题视察《常州市天目湖保护条例》贯彻实施情况，从工作机制、项目建设、精准施策、区域共治、严格执法等方面提出针对性建议，为推动天目湖周边生态环境持续优化、水质稳中向好寻找良方。

【部门评议工作】 2020年，围绕“推动科学发展、提升服务效能、规范行政行为、促进依法行政”的要求，市人大常委会组织对科学技术局、自然资源局、农业农村局、退役军人事务局、应急管理局、审计局、统计局7个部门开展工作评议。评议前，通过向社会公开征求意见、组织服务对象座谈、开展问卷调查等方式，广泛听取社会各界的意见，客观公正地对被评议部门进行“画像”。评议中，邀请13名市人大代表参与评议，增强评议的广泛性和代表性。评议后，当场公布结果，并向市委报告，向市政府通报，抄送组织部备案，有力促进了部门工作作风改进和效能提升，达到了“评出正能量、评出新动力”的效果。

代表工作

【概　况】 2020年，全市有各级人大代表972名，其中，全国人大代表1名，省人大代表5名，常州市人大代表62名，溧阳市人大代表279名，镇人大代表625名。

市人大常委会始终坚持依靠代表、服务代表，以增强代表履职积极性、主动性为导向，促进代表更好地发挥主体作用。

履职途径更为丰富。邀请48人次代表列席常委会会议，广泛组织代表参与视察调研、执法检查、工作评议、专题询问等活动，不断扩大常委会工作中代表的覆盖面和参与度。组织驻溧阳的全国、省、常州市三级人大代表赴新北区开展对口视察。组织开展“脱贫攻坚•人大代表在行动”活动，积极助力困难群众脱贫。全体代表积极投身疫情防控和复工复产“主战场”，唱响议政督政“好声音”，当好人民群众“代言人”，在推动经济社会发展中发挥了重要作用。

激励约束更添动力。市人大常委会深入推进人大代表“六个一”（市人大代表每年或任期内至少参加一次履职培训、提出一件议案建议、参加一次人大活动、走访一次选区选民、开展一次代表述职、办好一件实事好事）主题活动，建立代表履职APP系统，完善代表履职登记、积分评价等工作机制，做到履职有记载、考核有依据。组织13名常州市人大代表向常委会述职、54名溧阳市人大代表回原选区述职，进一步密切常委会与代表、代表与群众的联系。组织开展优秀人大代表评选活动，编印《溧阳市第十六届人大代表履职风采录》，全面展示本届以来人大代表履职尽责的时代风采。

工作创新更显特色。优化民

9月8日，市人大常委会集中督办代表建议

（市人大办　供稿）

表 2 2020 年度溧阳市优秀人大代表建议

序号	代表姓名	代表建议名称
1	李海平	关于加强我市养犬管理，提高小区和谐氛围的建议
2	沈利平	关于做好城乡垃圾分类处置构建完整体系的建议
3	吴腊梅	关于整合各类服务平台，切实为基层减负，提高网格化社会治理效率的建议
4	张龙海	关于更大力度做大做强我市建筑业的建议
5	施春俊	关于进一步共享机关事业单位开放空间的建议
6	葛曙波	关于利用交管大数据，引导广大市民更加遵守道路交通规则的建议
7	冯初华	关于在乡村建设中保护村落文化的建议
8	史幸君	关于建设水西红色文化教育培训高地的建议
9	李玉芝	关于加快农村宅基地改革，助推乡村振兴发展的建议
10	汤全明	关于以乡村价值为突破口，推进城乡融合高质量发展的建议
11	肖和平	关于优化营商环境的建议
12	桂　娟	关于增加公办园建设，解决幼儿入园难入园贵的建议
13	吕三美	关于增设中学心理课程的建议
14	蒋云虎	关于加强美意田园工程后期维护管理的建议

生实事票决项目监督机制，针对 2020 年市本级的 6 项重点民生实事项目，组建 6 个联系监督组，每组分别由 1 名常委会领导担任组长，1 名委室负责人担任副组长，8 名人大代表为成员，开展一对一联系监督，通过“日常查、定期报、现场督”，对项目推进情况进行全程监督、跟踪问效。在全市各镇（街道）推行人大代表问政制，制定出台《关于实行人大代表问政制的实施意见（试行）》，构建起代表问、政府答、人大督、群众评的闭环运行机制，实现从实践创新到制度规范的提升。

【指导镇（街道）人大工作】 2020 年，市人大常委会深化基层联系指导，认真落实常委会领导分工联系镇（街道）人大制度，切实加强对基层人大规范化建设的指导，推动市、镇两级人大工作互动共进。听取昆仑街道人大工委工作情况报告，促进街道人大工作规范提升。各镇（街道）人大在同级党委的领导下，依法履职，积极作为，有力推动全市人大工作的整体发展。

【市十六届人大四次会议代表建议办理】 2020 年，市人大常委会为增强建议办理实效，推行代表议案、建议预提预审制，开展优秀代表建议、优秀承办件、优秀承办单位评选活动，并首次将人代会上代表提出的 8 条审议意见纳入建议进行办理，代表议案、建议的质量持续提升。选择“加强物业管理”“加快农村宅基地改革，助推乡村振兴发展”“推进养老服务发展”等 12 件建议，由常委会领导和工委牵头重点督办。组织对“共享机关事业单位开放空间”“加强美意田园工程后期维护管理”“建设水西红色文化教育培训高地”等 4 件建议，进行现场督办。137 件建议均在规定期限内办理完毕并答复，办理工作的质效不断增强。

人事任免工作

【概　述】 2020 年，市人大常委会本着对党、对人民高度负责的精神，坚持党管干部原则和依法任免干部有机统一，认真审议各项人事任免议案，严格执行任前法律知识考试、拟任职发言、无记名票决、颁发任命书、奏唱国歌、宪法宣誓等工作程序，切实增强被任命人员的法律意识和责任意识。依法任免国家机关工作人员 131 人次，从组织上保证国家机关正常有序运转。

备案审查及信访办理工作

【备案审查】 按照《中华人民共和国各级人民代表大会常务委员会监督法》的规定，市人大常委会不断完善规范性文件备案审查制度及工作流程，对市政府报送的规范性文件进行审查，切实做到有案必备、有备必审、有错必纠。

【信访办理】 高度重视信访工作，把信访接办工作作为增强监督实效的重要手段及拓宽监督视野的重要途径，不断健全人大信访工作机制，促进人大信访工作的规范化。通过积极协调处理，及时转送涉法信访诉求，督促各有关方面切实保障人民群众合法权益，一批群众反映强烈的问题得到依法处理和妥善解决。

（市人大常委会办公室）

综　述

【概　况】 2020年，是极不平凡的一年，面临的风险挑战前所未有，肩负的历史重任前所未有，经受的时代考验前所未有。溧阳市坚持“双引领”,发力“双突破”,攻坚“双决胜”，统筹推进疫情防控和经济社会发展，不仅在第一时间控制住了疫情，较早迈入全省低风险地区;而且全力做好“六稳”工作、落实“六保”任务，奋力夺取“双胜利”；更是以决胜全面建成小康社会取得的决定性成就、社会主义现代化建设试点取得的领先性成果，向溧阳“撤县设市”30周年献礼。在做好常态化疫情防控的前提下，百亿项目接续突破，经济增长好于预期，全年地区生产总值增长4.6%，人均GDP突破2万美元，公共财政预算收入73.8亿元人民币，城乡居民人均可支配收入4.51万元人民币，入选全国农村宅基地制度改革试点城市、国家级新型城镇化建设示范县城，商事制度改革、财政管理、制造业创新转型、粮食工作获省政府激励表彰，创成全国“绿水青山就是金山银山”实践创新基地、国家全域旅游示范区，位居“2020年中国县级市全面小康指数百强”第19名。

【经济运行态势稳中向好】 2020年，溧阳市守牢疫情防控“安全线”，及时按下经济回暖“快进键”。深化精准扶持推动经济复苏。积极落实各级防疫惠企政策，兑现减税降费、社保减免等惠企资金30.93亿元。及时出台2批18条专项扶持政策，直达企业资金4400余万元。规上工业总产值、工业应税销售收入分别增长10.4%和11.4%。全力稳定外向型经济，进出口总额增长6%左右。率先发放3000万元旅游电子消费券，举办茶叶节、旅游节、爱情泼水节、“四美”丰收节等活动，持续推动旅游市场回暖。“米袋子”“菜篮子”保障有力，实现生猪稳产保供，粮食产量稳定在4亿公斤以上，农村电商销售额增长34.5%。“天目湖白茶”入选首批省级特色农产品优势区名单。获评国家农产品质量安全市。出台新一轮建筑业精准扶持政策，建筑业施工总产值增长4%、入库收入增长5%。强化要素保障激发经济活力。全年向上争取用地指标1.36万亩，盘活存量土地3200余亩。争取资金近百亿元，其中上级转移支付资金27亿元、各类债券资金66.9亿元。贷款余额突破千亿元，普惠型金融领域贷款余额占比14.8%，位列常州辖市区第一。减免电费超亿元。解决用工缺口1.16万个。入选省级重大科技计划项目2个，认定高新技术企业68家、省级以上“三站三中心”18家。引进领军人才或团队项目23个、高层次人才307人。刘啸嵩团队获评省“双创团队”。刘文洲获得“全国劳动模范”称号。科技镇长团工作成效明显。优化营商环境助力实体经济。完善市领导挂钩重点企业和项目机制，举办企业家焦尾琴沙龙，积极为企业排忧解难。推广复制经济发达镇“1+4”改革模式,推进基层“三整合”改革，完成镇村两级政务服务中心标准化建设。完善招商项目“代办制”，深化“六个办”建设，“溧即办”政务服务品牌愈发响亮。

【产业转型升级步伐加快】 2020年，溧阳市创新开展“月通报、夺红旗”活动，全面掀起攻坚重大项目热潮，全年引进10亿元以上项目32个。全社会固定资产投资增长5.1%。工业质态再提升。总投资15.7亿美元的赛得利莱赛尔项目当年签约、当年开工。江苏申特钢铁有限公司重整取得突破，总投资176亿元的德龙高端不锈钢项目成功入驻。总投资60亿元的大唐电力燃机热电项目、50亿元的上汽房车生活家平台项目成功签约。中科院物理所长三角研究中心、江苏上上电缆集团有限公司特高压特种电缆、华鹏超高压变压器等重点项目有序推进。净增规上工业企业70家。规上工业亩均产值增长7%、亩均税收增长14.2%。工业入库税收增长13.6%，纳税超亿元的企业达9家，江苏金峰水泥集团有限公司超10亿元。江苏安靠智能输电工程科技股份有限公司、常州时创能源股份有限公司、溧阳市江南烘缸制造有限公司获评国家专精特新“小巨人”企业，新认定省级专精特新企业4家。江苏金源高端装备股份有限公司被工业和信息化部评为绿色工厂。新认定“国家制造业单项冠军产品”2个。丁山华获评江苏省省长质量奖提名奖。文旅品牌再升级。总投资60亿元的天目湖休闲文旅特色街区、30亿元的中国再生医学健康管理中心等重大项目顺利签约。国际高端品牌瑞吉酒店选定溧阳市作为入驻的首个县级城市。曹山未来城加速建设，先导展示区对外开放，古桥水镇、会展中心及酒店项目全面开工。竹溪谷、火车来斯等文旅新产品投运。天目湖旅游公司、新四军江南指挥部纪念馆获评全国研学旅行基地。溧阳入选全国乡村旅游精品线路推荐名单，获评中国十佳体育旅游精品目的地。载体建设再强化。部分行政区划变更落定，发展空间不断优化。江苏中关村扩围提质，创成国家绿色园区，入选县域创建国家级高新区试点。经济开发区功能不断完善，苏皖合作示范区建设加速。天目湖镇上榜“全国乡村特色产业十亿元镇”。天目湖生命康原启动建设，樱花公园成为网红打卡点，国家健康医疗大数据应用示范中心与产业园建设试点市成功签约。竹箦绿色铸造获批国家火炬特色产业基地。

3月5日，常州市委书记齐家滨（前排中）率队调研溧阳经济开发区总体规划及曹山未来城项目情况（史茵杰 摄）

【绿色崛起动能不断增强】 2020年，溧阳市以现代化建设试点为突破，集聚高质量发展绿色动能。在系统集成上强统筹。组建“四大试点”工作专班，统筹推进社会主义现代化建设试点、国家城乡融合发展试验区、全国乡村治理体系建设试点和全国新时代文明实践中心试点工作，加强试点任务与谋划“十四五”发展、美丽溧阳建设等重大部署的衔接，系统提升试点经验。在制度探索上求突破。建立天目湖流域水生态容量评价体系，生态产品交易机制开拓“两山”相互转化新路径。稳慎探索宅基地改革，形成宅基地基准地价、竞价择地、资格权退出及置换等一系列实施细则。构建“党建引领、三治融合、网格管理”乡村治理体系。健全“五大平台”协同机制，建立文明实践阵地“资源库”，推动志愿服务标准化、制度化、生活化。在实践样本上抓示范。“三生共融”的“溧阳样本”入选生态环境部绿色发展案例。生态产品交易市场被国家发改委作为典型案例推广。农村宅基地改革多点并进，戴埠镇以及4个试点村探索不断深化。构建“1+4”城乡产业协同发展平台，现代农业产业园建设迈开步伐。完成北水西村、胥泊村撤村建居试点。“百姓议事堂”经验被中宣部向全国推广。新时代文明实践工作走在全省前列。苏皖合作示范区合作机制创新和实体公司运作齐头并进。健全“一岭六县”协商机制，构建“一岭六县”智慧政务一体化平台，跨区域交流合作日益密切。

【打造全面小康社会】 2020年，溧阳市聚力打好打赢三大“攻坚战”，确保全面小康经得起历史和人民的检验。高质量决胜脱贫攻坚。出台就业、教育、医疗等一揽子政策对冲疫情影响，建档立卡低收入群体全部实现脱贫。“领导挂钩、企业联村、干部帮户”机制被《新华日报》头版头条报道。基本养老金、低保、特困供养标准持续提高。困难群体全部纳入城乡居民基本养老保险，重度残疾人护理补贴实现全覆盖。高起点强化污染防治。深度治理大气污染，$PM_{2.5}$平均浓度下降12%，空气质量优良天数比率达82%。实施新一轮天目湖保护三年行动，完成区域治污一体化工程，农村污水治理实现行政村全覆盖。国省考核断面、水源地水质优Ⅲ类比率100%。城市固体废弃物焚烧发电水泥窑协同处置中心建成投运，生活垃圾处理实现“全量焚烧”。污染防治攻坚考核位居常州辖市区前列。高标准防范化解重大风险。深入推进26个重点领域安全生产专项整治行动，实施道路交通安全综合整治三年行动，事故数量明显下降。突出抓好金融风险防控，帮助企业应急转贷28.3亿元，“政银担”累计担保余额7.1亿元。强化国有资金资产管理，2家国有企业获“AA+”主体信用评级。科学应对严峻汛情，全市未出现重大险情和灾情。获评全国深化小型水库管理体制改革样板市。常态化开展扫黑除恶专项斗争。完善公共卫生应急体系。连续2年获评全省信访工作先进市。荣获全省法治政府建设示范市称号。

【群众幸福指数持续提升】 2020年，溧阳市完成“五提升一建设”为民实事，兜住疫情“大考”下的民生底线。努力改善人居环境。入选全省美丽宜居城市建设综合试点城市。编制公园城市规划，建立“公园城市”指标监测体系。“溧阳1号公路”成为全省唯一入选的“全国十大最美农村路”。溧阳琴廊和森林长廊启动实施，焦尾琴公园加快建设。高质量通过干线公路“国评”。入选全省首批城乡公交一体化建设试点和全国深化农村公路管理养护体制改革试点。区域供水一体化步伐加快。“敞墙透绿”工程、犬只规范管理、控违拆违攻坚成效突出。城市长效管理考核位居常州辖市区前列。高分通过全国文明城市、国家卫生城市三年复评。完成新一轮镇村布局规划，大力提升村庄人居环境，新增省级特色田园乡村3个。着力创优公共服务。新建和改扩建汤桥幼儿园等10所幼儿园，完成东升小学等3所学校续建工程，启用平陵高中新校区，加快建设南京航空航天大学天目湖校区二期、明顿国际学校。省人民医院溧阳分院与南京医科大学共建教学医院，省中医院溧阳分院新院启动建设。举办第二届“溧商大会”，表彰“两大功臣”，设立“读书台”讲坛，凝聚在外乡贤力量。广泛开展庆祝“撤县设市”30周年系列活动，承办中国柔道锦标赛等赛事活动，在丰富群众生活的同时不断提升城市影响力。全力强化社会保障。坚持把稳就业摆在更加突出位置，新增就业超1.4万人，城镇登记失业率1.8%。稳步推进社会保障扩面提标，健全基本医疗保险、大病保险和医疗救助制度。深入推进基本医疗保险异地就医直接结算。市级老年人日间照料中心投入运行，政府购买居家养老上门服务覆盖老人4.3万名。“救急难”经验在全省推广。慈善指数名列全国前十。

6月6日，溧阳“读书台讲坛”在市文化艺术中心揭幕

（史茵杰　摄）

重要会议

【市政府全体（扩大）会议】 2020年，溧阳市政府召开2次全体（扩大）会议。

9月7日，市政府召开全体（扩大）会议暨廉政工作会议，会议深入贯彻落实国务院廉政工作会议和市委十二届十一次全会精神，部署“美丽溧阳”建设，扎实推进市委市政府十项重点工程，诠释安全生产工作，秋冬季疫情防控工作以及政府系统作风建设，动员全市上下进一步解放思想，凝心聚力，接续奋斗，高质量建设长三角生态创新示范城市。

12月25日，市政府召开全体（扩大）会议，解读2021年《政府工作报告》起草情况、总体框架及主要内容。

【市政府常务会议】 2020年，溧阳市政府召开13次常务会议。

1月31日，市政府召开第30次常务会议。会议听取市人力资源和社会保障局《关于调整我市机关事业单位老职工租金补贴和新职工逐月住房补贴及上下班交通补贴工作方案》、事业单位综合目标考核奖励方案、市政府办公室关于《2020年溧阳市重点工程》和市卫生健康局关于新型冠状病毒感染的肺炎防控的情况汇报。

2月29日，市政府召开第31次常务会议。会议听取了市安委办关于市委、市政府领导班子成员2020年安全生产重点工作清单、市发展和改革委员会关于2020年镇区主要经济指标目标任务分解的情况汇报。

3月14日，市政府召开第32次常务会议。会议听取市农业农村局《关于开展全国乡村治理体系建设试点示范的实施意见》、市自然资源局《关于探索农村宅基地所有权、资格权、使用权“三权分置”实现形式的实施意见（试行）》等情况汇报。

3月24日，市政府召开第33次常务会议。会议听取市农业农村局《关于促进生猪生产保障市场供应的实施意见》、市生态环境局关于《溧阳市畜禽养殖禁养区划定调整方案》以及市教育局关于《溧阳市青少年校外培训机构长效管理实施意见》的情况汇报。

4月23日，市政府召开第34次常务会议。会议听取市商务局关于《溧阳市电子商务进农村综合示范工作实施方案》、市公安局关于《溧阳市道路交通安全综合治理暨全面压降道路交通事故专项行动方案（2020～2022年）》等情况汇报。

4月26日，市政府召开第35次常务会议。会议听取市安全生产委员会办公室关于全市安全生产工作、市信访局关于全市信访工作、常州市溧阳生态环境局关于天目湖两大水库（沙河水库、大溪水库）水质和当前全市疫情防控工作的情况汇报。

5月16日，市政府召开第36次常务会议。会议听取市级机关工作委员会关于机关电子工作日志、市防汛防旱指挥部办公室关于全市防汛防旱准备工作、市民政局关于社会组织孵化基地工作、市发展和改革委员会关于《溧阳市机动车停放服务收费管理实施办法》、市化治办关于全市化工产业安全环保整治、市委机构编制委员会办公室关于《溧阳市事业单位改革方案》和深入排查解决突出民生问题的情况汇报。

6月13日，市政府召开第37次常务会议。会议听取市司法局关于全市法治建设满意度提升暨“七五”普法迎检工作、市住房和城乡建设局关于联盟村11号等4处城区D级危房解危工作、全市重点领域安全生产专项整治工作等情况汇报。

8月14日，市政府召开第38次常务会议。会议审议《在溧阳市镇（街道）开展相对集中行政处罚权改革工作的实施方案》《溧阳市拟赋予乡镇（街道）行使的行政处罚权限目录》《关于大力推进美丽溧阳建设的实施意见》等内容，听取《溧阳市独生子女一次性奖励发放情况汇报》《溧阳市2020年苏陕扶贫协作工作总结及下一步工作打算》等情况汇报，学习《中华人民共和国民法典》。

9月25日，市政府召开第39次常务会议。会议审议《溧阳市企业破产处置府院联动机制实施方案》《溧阳市拟赋予镇（街道）经济社会管理权限事项清单》《溧阳市深入排查解决突出民生问题三年行动计划（2020～2022年）》《溧阳市国家级县城新型城镇化建设示范工作实施意见》《溧阳市生态环境保护工作责任规定（试行）》等内容，听取《“发展四大经济推动生态创新”三年行动计划2019年政策兑现情况》《省人民医院溧阳分院申请解决经费问题相关情况汇报》《全市危化品和化工企业安全生产专项整治情况汇报》等情况汇报。

10月18日，市政府召开第40次常务会议。审议《溧阳市重大行政决策事项目录管理办法》《关于全面推行行政规范性文件合法性审查机制的实施意见》《关于2021年度调整城乡居民基本医疗保险政策的通知》等内容，听取《国家林草局驻上海专员办来溧督查情况》的情况汇报。

11月27日，市政府召开第41次常务会议。会议听取关于调整溧阳市职工医保大病保险筹资标准、《溧阳市农村宅基地制度改革试点实施方案（讨论稿）》、2021年重点民生实事备选项目排定情况等情况汇报，讨论《溧阳市国民经济和社会发展第十四个五年规划纲要（讨论稿）》《关于进一步加强市级行政事业单位财务管理的实施意见（讨论稿）》等文件，集中学习《全国人口普查条例》。

12月24日，市政府召开第42次常务会议。会议审议《2021年政府工作报告》（讨论稿）《关于开展“生态品质巩固提升年”活动的实施意见》（讨论稿）《关于深化改革加强食品安全工作的实施方案》（讨论稿）等内容，听取了关于溧阳市镇村布局规划暨实用性村庄规划编制情况、溧阳市2021年度城乡居民基本养老保险基础养老金拟提标情况、2020年度溧阳市文化产业发展引导资金项目的评审情况等情况汇报。

（市政府办公室）

政务服务工作

【概　况】 2020年，市行政审批局全面深化“放管服”改革，聚焦相对集中许可权改革、“3550”改革深化、政务服务体系向基层延伸等重要工作，主动作为、克难求进，各项工作开展扎实有序，改革成果不断涌现。

市政务服务中心（含分中心）全年办理各类审批事项和服务事项115.5万件，其中，市政务服务中心窗口为17.86万件，公共服务窗口为4.5万件；公共资源交易中心为0.19万件，比上年增长21.6%。受邀参加小康杂志社主办的“2020年第十五届中国全面小康论坛”，入选“2020年度中国营商环境百佳示范县市”；获评常州市“最佳政务大厅”称号，公共资源交易中心溧阳分中心和市场准入窗口获评“常州市巾帼文明岗”。

【顶层设计】 2020年，市行政审批局推进相对集中行政许可权改革。2020年5月，市行政审批局正式承接市发展和改革委员会、市住房和城乡建设局、市场监督管理局等11个部门的36项行政许可和21项其他权力事项，率先在市场准入和投资建设两大领域实现“一枚印章管审批”。划转后，各部门从事审批的工作人员由138名缩减到57名，审批人员减少58.7%，

完善三级政务服务体系建设。全市12个镇（街道）为民服务中心、229个村（社区）便民服务中心启动运行。按照镇级机构改革要求，各镇（街道）组建行政审批局，科室、窗口设置逐步完善，确保审批服务工作法治化、制度化、常态化。

【审批制度改革】 2020年，市行政审批局全方位推进简政放权。在深化开发区赋权方面，就相对集中行政许可权改革中承接的各部门划转事项，与两大园区重新签订事项委托协议。在推进乡镇赋权方面，分两批梳理形成乡镇赋权事项清单，下放15项行政权力事项和10项公共服务事项。

深化3550改革。打造“企业开办专区”和“投资建设项目专区”，巩固“3550”（开办企业3个工作日内完成、不动产登记5个工作日内完成、工业建设项目施工许可50个工作日内完成）改革成果，向“1230”（开办企业1个工作日内完成、不动产登记2个工作日内完成、工业建设项目施工许可30个工作日内完成）常态化目标迈进。2020年企业开办平均用时1.2个工作日；不动产交易登记平均用时0.5个工作日；工业项目领取施工许可证的平均用时9.59个工作日。

深化工程建设项目审批制度改革。明确溧阳市工程建设项目审批事项77项，取消审批事项12项，将29项审批事项或技术审查事项合并为11项，7项审批事项调整为政府内部协作事项，将11项审批事项或中介事项调整审批时序。2020年出台17项工程建设项目审批配套制度文件，制度化规范工程建设项目审批运行。

“一件事”改革作为2020年溧阳民生实事，确定12个市场准

4月28日，溧阳市首个“一件事”专窗试运行　（邹迪　摄）

入领域“一件事”、4个工程建设领域“一件事”和30个民生类“一件事”改革目录，通过线下设立“一件事”服务专窗，线上开发建设“一件事”受理审批平台，至2020年年末，实现99个“一件事套餐办”线上办事场景，打造线上线下深度融合的立体政务服务体系。

【审批服务便利化建设】 推进“一网一门一次”改革。以“整合”促“便捷”，以“集成”提“效能”，以“创新”促“精简”，不断推进实现“一网通办、只进一扇门、最多跑一次”。加快推进政务服务事项集中办理，协调各部门事项以“专窗＋综合”的方式进驻政务服务中心，进一步优化政务服务大厅“一站式”功能；在政务大厅设立“部门综窗”、在基层为民服务中心开展“全科窗口”试点，不断完善“前台综合受理、后台分类审批、综合窗口出件”工作机制；以“一件事”为导向，梳理优化流程、简化办事环节，推广审批服务“一次办”，探索实施综合受理和联合审批。

深入推进“互联网＋政务服务”，提升企业群众的体验感和获得感。以“四级四同”为要求，推动服务事项标准化；以标准化工作为根基，促进“互联网＋”向政务服务延伸；以“六个办”为支撑，不断丰富“溧即办”品牌内涵。6月起，推动40个部门分批次开展行政权力事项标准化业务办理项认领和办事指南完善工作，实现同一事项名称、编码、依据、类型等基本要素“四级四同”。已开放事项中市级部门行政权力事项和公共服务事项基本认领编制完成，并实现“全流程网上办”90项、“移动办”42项、“自助办”36项、“套餐办”46项、“异地办”55项、“就近办”110项、“秒批秒办”1项。

【政务信息数据共享平台建设】 2020年，市行政审批局推动数据整合，扩展数据来源，创新政务数据区域共享。4月初印发《溧阳市政务信息资源共享管理暂行办法》，推动全市政务信息系统整合和政务信息资源共享应用，进一步规范全市政务信息资源管理工作，提升政务服务水平和行政效能。加快本地自建系统整合，与常州大数据中心、智慧溧阳进行对接，形成方案。依托政务信息资源共享交换平台，建立完善人口、法人、社会信用、电子证照、空间地理五大基础数据库，在“智慧城市”大数据云平台汇聚8278项数据资源共享目录，归集5.49亿条数据。依托“一岭六县”长三角区域地理中心位置的优势，2020年10月举办第一届“一岭六县”数字长三角协同发展联盟论坛，建立长效沟通机制，并以“智慧政务”、“智慧旅游”、“智慧养老”为突破口，形成良好的社会效益，成功申报江苏省公共数据资源开发利用试点。

【公共资源交易】 2020年完成各类公共资源交易数量1888个，较上年增加21.6%；交易总额473.81亿元，较上年增加124.4%，节约国有资金16.32亿元，溢价22.02亿元。其中工程建设项目440个，比上年增加27.5%，交易总额204.5亿元，比上年增加148.2%；政府采购类项目101个，同比增加9.8%，交易总额2.68亿元，资金节约率6.6%；农村产权交易项目1253个，交易总额4.4亿元，资金溢价率7.8%；土地交易项目94个，交易总额262.2亿元，同比增加112.2%，溢价率达9.0%。

按照“成熟一项、推动一项、进场一项”的原则，不断扩大交易范围和规模，实现教育设备类、卫计设备类项目进场交易，生态环保领域和实物资产转让纳入国有产权交易范围。

积极推动“不见面开标”。自2020年5月完成首例建设工程“不见面”开标以来，市房屋建筑和市政基础设施工程公开招标项目172个，其中不见面开标项目有65个，占比37.8%。农村产权交易实现线上交易镇级全覆盖，2020年全市线上交易成交标段数43个，成交金额7809.55元，线上交易成交金额位于常州地区第一、江苏省县市区第九，获评江苏省县市区农村产权“线上交易半年度之星”称号。

（沈　博）

外事及港澳事务

【概　况】 2020年，坚持地方外事服务中央外事，地方外事服务地方经济建设的方针，从大局出发，以溧阳市经济建设为中心，积极、稳妥地开展外事工作。由于受疫情影响，2020年全市未办理因公出国（境）团组审批。

【友城交往】 2020年，面对突如其来的疫情，充分调动国际友好城市的关系，积极争取国外对溧阳市提供紧缺医疗物资的支援，以缓解全市防控物资紧缺的问题。为了尽可能多地购买到防疫物资，友城工作人员想了很多办法，几经辗转买到护目镜、防护服等防疫物资，却又面临着大量航班停运的实际困难。对此，市政府外事办公室坚持问题导向和目标导向，积极协调防疫物资通关，有效克服国际时差、疫情期间分散办公、外语翻译任务重、疫情发展迅猛等多种困难，第一时间与15个国际友好城市、友好交往城市以及各类境外友好人士、海外友好组织和海外企业开展沟通、联络，尽最大可能畅通防护物资捐赠和采购渠道，指派专人跟进捐赠事宜、反复甄别物资质量、全程协助物资接收等工作。经联系，溧阳分别接收到国际友城德国黑森州富尔达大区捐赠4000余件医疗物资；美国马里兰州哥伦比亚市捐赠口罩2000只；日本石川县白山市捐赠口罩2000只；英国曼彻斯特市友好人士帮助采购1000多件医用防护服、护目镜。为确保从国外采购防疫物资的质量，从全球各类货源信息当中层层筛查，采取一切手段和措施进行最大限度核实，遴选出质量可靠、运输便捷的货源渠道，第一时间将英国、德国、美国、日本等地的医用防护物资货源主动对接给市卫生健康局和相关企业。在与疫情的斗争中，保持公开、透明、负责任的态度，始终与国际友城保持着良好的沟通，积极引导关注、回应关切。截至2020年年底，共有11个国际友好城市向溧阳发来慰问视频或慰问信，或声援溧阳市坚决打赢疫情防控阻击战，或高度评价溧阳市疫情防控工作经验和做法。

向国外疫情严重国家传递信心和温暖。随着国外疫情持续蔓延，抗疫形势越来越严峻。疫情波及200多个国家和地区，及时向近期受疫情蔓延影响的意大利、德国、荷兰、日本、美国、加拿大、塞浦路斯、加纳、巴西等国家友好城市发去函电表示慰问，传递信心和温暖。应友城请求，及时向友城提供力所能及的支持和帮助。3月底，报经市委、市政府批准，紧急协调组织一大批防疫物资通过UPS和DHL快递驰援友城，以最快的速度发往德国富尔达大区、美国哥伦比亚市、日本白山市、意大利科莫市和荷兰莱瓦顿市等国际友城。截至4月初，溧阳市累计向国际友城捐赠口罩23万余只、防护服600余套，赢得国际友城的一致好评。7月30日，塞浦路斯共和国总统发来感谢信。

在疫情期间创新友城签约方式。4月18日，2020中国·溧阳茶叶节暨天目湖旅游节开幕式在溧阳市上兴镇曹山牛马塘村举行。在新冠病毒全球蔓延之际，为传递守望相助、共同战胜疫情必胜信心，体现一诺千金、共克时艰的中乌两国优良传统，在开幕式现场，按照双方约定，溧阳市副市长陈峰与乌克兰利沃夫州特鲁斯卡韦茨市市长安德瑞杰·库尔钦斯基准时出现在视频两端，签约席前中乌两国国旗庄严矗立，两位市长分别在经双方确认后的国际友好城市关系协议书上签字，通过“屏对屏”的方式进行交换，在疫情期间创新签约方式，得到各界一致赞誉。至此，溧阳市正式缔结国际友好城市数量增至9个。

与日本白山市保持联系，交换疫情过后两市在复工、复产、复学等方面的做法。溧阳市的抗疫经验多次在白山市政府网站上刊出。10月，收到日本白山市寄来的学校生活视频；12月，溧阳市寄出3所溧阳学校的生活视频。

9月2日，收到省外事办公室关于同意江苏省溧阳市与爱尔兰戈尔韦市缔结友好城市关系的批复。戈尔韦市是爱尔兰第四大城市，坐落于爱尔兰西海岸，人口约7万人，面临大西洋，距首都都柏林217公里。是爱尔兰的文化中心、旅游中心和贸易中心，被誉为爱尔兰的“文化首都”和“西部之都”，以其传统的爱尔兰古典音乐与年轻充满活力的人民而闻名。

与燕山中学联手，组织学生绘画作品赴日参展。

9月11日，第二十七届德国“富尔达经济大会”在溧阳国际友城富尔达大区举行，代理市长叶明华通过视频发表云致辞，期望两地进一步增进友好交流，巩固友好情谊。

为鼓励外籍人士减少春节期间流动，尽量在溧阳度过春节，主动对接市发展和改革委员会，为企业和培训机构的外籍人士争取补贴。

积极协调溧阳市公安局出入境管理大队和市科技局，为在溧阳外籍人士解决签证和外国专家证的困难。

【外事接待】 2020年，溧阳市接待中外嘉宾5批、10人次，包括多米尼克驻华大使马丁·查尔斯、古巴驻华大使佩雷拉、古巴驻沪总领事托雷斯、以色列驻沪领事加农、以色列驻沪总领事顾问尤西及芬兰驻沪总领事馆、印度驻沪总领事馆等官员。此外，还接待上海瑞士中心、上海联桥管理咨询有限公司客商一行。同时，积极对接以色列驻沪总领事馆、马来西亚驻沪总领事馆，为溧阳的企业在外投资做好服务。外事接待工作有礼、有节，友好、热情，使外宾对溧阳市留下深刻而美好的印象。

【工作创新】 2020年，市外事办在友城工作和外事接待工作中，坚持开拓创新。在严峻的疫情考验面前，按照“外防输入、内防传播”总要求，主动联系市教育局、公安局及各镇区，第一时间成立涉外疫情防控工作组，建立在溧阳外籍人士联动机制，及时摸排所有在溧外籍人士详细信息，研判并部署疫情防控工作。面对突如其来的疫情，很多在溧阳的外籍人士感到非常焦虑。为及时通报溧阳疫情防控动态，稳定在溧阳外籍人士情绪，引导其积极配合疫情防控工作、科学做好防控工作，在全面梳理防控政策基础上，立足于溧阳防控实际和需要，及时撰写《致在溧外籍人士的一封公开信》（中英版）。经溧阳新型冠状病毒感染的肺炎疫情应急防控指挥部授权，1月30日公开对外发布。信中提醒外籍人士关注权威信息、减少外出、加强自我防护、主动参与防控工作，并公布24小时英语专线电话，当日就接到20个咨询电话。1月30日，分别走访了相关外籍人士，传递战胜疫情的信心，帮助他们解决防控中遇到的一些实际困难，温暖他们的心，缓解其恐慌和焦虑情绪，让在溧阳外籍人士感动不已。为动态做好在溧外籍人士防疫工作，1月31日，建立在溧外籍人士微信群，当日即有39人入群。通过微信群用英文适时通报疫情最新动态、及时传达对外籍人士疫情防控有关工作举措。2月27日，为落实“外防输入”责任，守卫人民群众生命安全和身体健康，根据防控需要，及时发布《致来溧阳外籍人士公开信》（中英日韩版），点击量高达2万多次。建立到溧阳外籍人士统计群、组建到溧阳外籍人士翻译志愿者团队（20余人），涵盖英语、德语、法语、西班牙语、日语、韩语和泰语等7个语种。3月30日，针对海外疫情快速扩散蔓延，波及一百多个国家和地区，发布《致海外溧阳籍人士的一封公开信》，提醒海外溧阳籍人士减少不必要流动、做好个人防护工作、利用好中国驻外机构等平台。参与全市境外返溧阳人员的信息摸排、风险处置、宣传教育、信息报送等工作，指导各镇区做好疫情防控期间境外返溧外籍人士疫情防控政策宣传、联防联控及相关信息报送工作。主动深入防控一线，传达关于外籍人士疫情防控工作要求，指导镇区切实做好外籍人士疫情防控工作，现场处置各类突发情况，稳定外国人情绪，坚定他们抗疫信心。加强学习，结合实际，积极探索如何把外事工作做得更好；如何在新形势下，充分发挥外事工作的优势，为地方经济工作服务，撰写《守土尽责战疫情，守望相助促合作——溧阳市外办强化责任担当动态精准战疫侧记》。做好筑牢社区疫情防控第一道防线，溧阳市在全市范围内建立“楼长制”。为支援社区做好防控工作，外事办工作人员有了一个新身份——小区楼长。作为楼长，每天一大早准时抵达“战位”投入“战斗状态”，一家家上门摸排、给居民打电话询问情况、建立“楼长”微信群，一整天不间断地滚动排摸、值守，摸准摸实疫情防控中的社情民意，积极引导邻里之间守望相助、和衷共济、共克时艰。外事办党员干部充分发挥先锋模范带头作用，切实做到守土有责、守土负责、守土尽责，所到之处疫情防控都有条不紊地进行。

在创新疫情防控工作的同时，多措并举提升外事工作水平和质量。认真落实溧阳市2020年因公出国（境）计划以及《关于进一步规范国家工作人员因公临时出国管理的若干规定》，明确职责，加强管理。积极征求在溧阳外籍人士、APEC卡持有人意见，进一步改善服务方式，提高服务质量；赴企业推介APEC商务旅行卡，举办小型推介会、举办在溧阳外籍人士国庆中秋招待会、中国·溧阳迎新春外国友人联谊会、青峰山下游子吟联谊活动。加强学习，结合实际，积极探索如何把外事工作做得更好；如何在新形势下，充分发挥外事工作的优势，为地方经济工作服务，在《江苏外事》上发表《携手种植友谊树，天目湖畔满园春——溧阳市外办二十余载持续打造国际友城“朋友圈”侧记》《双肩担道义，万里驰援见真情》等文章。认真总结，开拓创新，充分调动工作人员的积极性和主动性，提升外事人员形象与外事工作水平，派员参加江苏省外事办、常州市外事办举办的国家安全专题培训会、江苏省外事办举办的2019年度《江苏外事》报道员业务培训班、常州市外事办组织的因公出国（境）行风监督员培训班、省外事办举办的全省外事系统青年干部政治能力建设专题培训班等。

（市外事办公室）

综　述

【概　况】 2020年，市政协常委会带领全体委员和各族各界人士认真落实上级新部署新要求，紧扣市委、市政府工作安排，根据政协工作站位全局有高度、融入大局有担当、服务大局有作为的总体要求，彰显政治本色，提升履职成色，组织召开4次专题协商会、13次重点协商会、186次基层协商座谈会，形成常委会调研报告2篇，主席会议专题建议2篇，视察活动纪要11篇，委组调研报告29篇，立案交办提案170件，报送《社情民意》专刊29期。

重要会议

【市政协第十五届委员会第四次会议】 2020年1月2～4日在天目湖豪生大酒店召开，市四套班子全体领导和市法院、市检察院的主要负责人参加开幕式并在主席台就座。市委书记、市长徐华勤作重要讲话。市政协主席狄立新受市政协十五届委员会常务委员会委托，向大会作工作报告。会议表彰2019年度"政协委员特别奖"获得者、先进委组、先进委员、优秀提案；报告市政协十五届四次会议提案审查情况；审议通过《中国人民政治协商会议江苏省溧阳市第十五届委员会第四次会议决议》。各镇（区、街道）党委、党工委书记、有关部门主要负责人、市政协老领导、老干部、住溧阳江苏省、常州市政协委员列席开幕式。

【市政协第十五届委员会常委会议】 第十五次会议　2020年1月4日召开，听取各界别对市委书记讲话、政府工作报告、政协常委会工作报告、提案工作报告的讨论情况以及委员们提出的有关经济建设、社会建设、政治建设、政协工作等方面的意见建议。

第十六次会议　2020年5月21日召开，专题协商"增强城市'青'和力"课题。市委常委、常务副市长周卫中到会并讲话。

第十七次会议　2020年6月3日召开，专题协商《溧阳市部分行政区划调整工作方案（草案）》，学习传达全国"两会"精神。

第十八次会议　2020年7月30日召开，听取全市上半年经济社会发展情况和市政协2019年度履职成果转化落实情况通报。市委常委、常务副市长周卫中到会通报市政协履职成果转化落实情况；市委副书记、代理市长叶明华到会通报全市上半年经济社会发展情况并讲话。

第十九次会议　2020年9月18日召开，专题协商"促进天目湖白茶健康发展"课题，副市长曹俊、翟胜丞到会并讲话。

第二十次会议　2020年12月22日召开，协商通过市政协十五届五次会议有关事项；审议通过政协委员特别奖、先进委组、先进委员、优秀提案、提案办理工作先进单位、优秀承办件名单；讨论修改市政协常委会工作报告和提案工作报告；协商通过有关人事事宜；市政协6名常委进行现场述职。

政治协商

【全委会议整体协商】 溧阳市政协十五届四次会议期间，委员们认真听取和讨论政府工作报告、政协常委会工作报告、提案工作报告及其他报告，紧扣全市经济社会发展的重大问题议政建言，围绕人民群众关心的热点问题为民发声。市委主要领导参与界别讨论，认真听取委员的意见建议。组织民主党派、委组围绕打造高质量先进制造产业集群、田园综合体建设、乡村振兴、教育布局优化、文化遗产利用保护等 12 个议题进行大会交流建言。市委、市政府领导全程听取委员专题发言，对委员建议给予充分肯定，要求相关部门认真采纳吸收。大会首次编印会议简报，将委员思想观点、意见建议固定下来，并将委员建议交由相关部门办理。

【常委会议专题协商】 溧阳市政协常委会根据市委批复的专题协商议题，对“增强城市‘青’和力”和“促进天目湖白茶健康发展”2 个专题开展重点调研和协商议政。常州市政协主要领导专题调阅并高度肯定这 2 篇调研报告。

增强城市“青”和力专题。抓住城市发展、生态创新中“人”尤其是青年这一重要因素，组织政协常委、委员深入开展调查研究、座谈协商，形成《关于溧阳增强“青和力”的思考》专题调研报告。市委主要领导认为建议抓住了城市发展的关键，要求在起草“十四五”规划时很好吸纳。

促进天目湖白茶健康发展专题。针对天目湖白茶发展情况查找不足和问题，开出了良种、良地、良法、良序、良才、良品、良策 7 个方面的“良方”。市委、市政府主要领导高度评价政协的调研报告，批示要求出台行动方案，措施要实要管用。修订天目湖白茶地方标准、推进茶旅融合等建议快速组织实施。

【主席会议视察】 溧阳市政协共召开 11 次主席会议，深入市工业和信息化局、教育局、供电公司、天目湖镇等 11 个部门和镇（区）开展视察和重点协商，把协商的出发点放在凝心聚力、解决工作难点上，把落脚点放在落实市委市政府工作部署上，提出协商建议 50 余条，推动相关工作的改进和提升。

【委组视察调研】 溧阳市政协各委组紧扣“两大突破年”工作主题，立足自身优势，聚焦绿色产业发展、乡村振兴、集团化办学、生态环境区域联防联控、构建和谐劳动关系等课题，形成专题调研报告 29 篇，为党委政府决策参考。各委组、广大委员从群众最关心最迫切的事情入手，深入困难群众献爱心、走近弱势群体送温暖，出资出力帮扶经济薄弱村，大力支持镇（区、街道）教育、文化、卫生健康事业发展，积极开展慰问困难职工、捐资助学等活动，主动参与社会志愿服务，累计捐款捐物超 600 万元，用实际行动践行人民政协为人民的初心使命。

【文史宣传】 溧阳市政协会同宣传部门认真做好“继往开来，再谱华章——‘撤县设市’30 周年图片展”的筹备和布展工作，并将图片精装成册；牵头编印《乡镇变迁——方明泉溧阳影像新老对比记录》摄影画册，献礼“撤县设市”30 周年，激发社会各界的爱乡热情和奋进力量。深度挖掘文史书籍《天边》的社会价值，组团赴新疆维吾尔自治区举行首发仪式暨赠书活动，举办专题品读会，传承支青精神，担当时代责任，向支边老人致敬。全年在《人民日报》公众号、《人民政协报》及公众号、“学习强国”、《新华日报》等新闻媒体上刊发宣传溧阳、宣传溧阳政协的作品 18 篇，牵头制作发表《彩虹之尚》微视频，广泛有力地宣传“到溧阳就是一种生活方式”。

【基层协商】 2020 年，溧阳市政协建好 11 个镇（街道）“有事好商量”协商议事平台，并将协商机制全面延伸到村、社区。各级各类协商议事室将多元议事与民主决策相结合、民主协商与解决问题相结合、民意表达与舒心解忧相结合，引导群众在协商磨合中找到共鸣，在沟通对话中达成共识，有效解决村口塘治理、废

8 月 17 日，市政协全面推进“有事好商量”协商议事平台建设
（余琛　摄）

弃场地整治、公共自行车站点增设等大批难点热点问题。市级协商议事室围绕《天目湖流域污染控制与水质提升三年行动方案(2020～2022年)》和市政协建议的落实情况，认真听取中国科学院南京地理与湖泊研究所专家和各方意见，梳理归纳形成协商成果报告。经市委、市政府主要领导批示，相关部门办理落实，完成《天目湖保护规划》《溧阳市集中式饮用水源突发污染事件应急预案》修编、划定库区上游青虾禁养区等工作。

【疫情防控】 溧阳市启动突发公共卫生事件一级响应后，市政协迅速行动，在全省政协系统率先发出慰问信和倡议书，慰问广大一线抗疫工作者，倡议全体委员积极落实市委、市政府的统一部署，做好政策宣传和引导工作，科学参与防控工作。紧扣全市疫情防控和复工复产形势，组织全体委员围绕“发挥政协优势作用，助力夺取疫情防控和经济社会发展双胜利”议题开展专题议政活动。各委组和委员们报送260余条意见建议，涉及企业复工复产、加快物资运输、优化疫情防控等诸多方面，为全市疫情防控工作科学决策提供了有益参考。报送的《关于尽快畅通物流，推动企业复工复产的建议》社情民意，被常州市政协、省政协采纳，并被《新华日报》摘发。广大政协委员积极参与疫情防控工作，踊跃捐赠各类防疫物资和资金超1400万元，生动诠释了为国履职、为民尽责的深厚情怀。

民主监督

【提案工作】 溧阳市政协做好提

表3　2020年市政协十五届四次会议优秀委员提案情况

序号	提案号	提案人	提案标题
1	1	陈科云	关于全面推进“警保合作”切实减少安全事故及隐患的建议
2	14	经浩芳	走好建筑工人产业化发展，促进溧阳建筑业健康成长
3	105	王惠中	关于整合溧阳传统制造业向高端智能制造和机器人行业配套的建议
4	85（四件合并为一件）	杜洪宇	关于在我市人流密集的公共场所设置AED（自动体外心脏除颤器）的建议
		高　瑾	关于应急救护知识全面普及和公共场所显要位置配置AED的建议
		史建中	把除颤仪纳入应急救护设备
		沈　俊	关于完善公共场所急救设备设施的建议
5	100	集体提案（港澳台侨组）	关于进一步加大城区水环境治理力度，着力培育公园城市水文化新亮点的建议
6	37（二件合并为一件）	刘秀兰	关于建设农旅综合平台，服务溧阳乡村振兴的提案
		杨书平	关于进一步促进农旅融合发展的提案
7	2（五件合并为一件）	吴彩萍	关于多措并举促进我市学前教育高质量发展的建议
		潘　珺	关于对我市学前教育师资队伍建设的建议
		齐荟萃	关于加强对婴幼儿早教机构规范管理的建议
		唐玉法	关于规范我市早教市场的建议
		张鸿浩	关于解决燕山新区学前教育资源不足的问题的提案
8	167	王　芬	关于扶持低收入残疾人群体自主创业的建议

表4　2020年市政协优秀社情民意情况

序号	反映人（单位）	反映信息
01	市政协办公室	关于尽快畅通物流推动企业复工复产的建议
02	市政协经贸一组丁志鸿	关于解决运输问题的建议
03	市政协经贸一组陈志亮	关于加大对外贸企业应对疫情的指导力度的建议
04	市政协社会福利保障组陆卫林	关于实施灵活用工和就业服务保障政策的建议
05	市政协科技环保组杨育美	关于禁止交易和滥食野生动物的建议
06	市政协工商联组陈科云	关于解决口罩供应存在问题的建议
07	市政协港澳台侨组	关于缓解市政府院落敞开项目建设期间停车难的建议
08	市政协科技环保组	关于加强大溪水库环湖公路两侧环境管理的建议
09	市政协教育组吕文清	关于建立镇卫生院与属地中小学防疫联动机制的建议
10	市政协竹箦镇工委	关于加强防疫期间农村宴席监管的建议
11	市政协民族宗教组孙艳	建议对出售封闭式三、四轮电动车商家加强监管

续表 4

序号	反映人（单位）	反映信息
12	市政协港澳台侨组管霄	关于加大监管处罚力度加强犬只规范化管理
13	市政协文史组彭洁	关于修缮姜丹书故居的建议
14	市政协经贸二组罗春龙	关于溧城西片区增设公交路线的建议
15	市政协经贸二组经浩芳	小区电动车充电安全隐患亟须引起重视
16	市政协政法组陈靖	关于对全市围墙进行安全检查的建议
17	市政协经贸一组邹启东	关于发展工业电商助推工业经济发展的建议
18	市政协工商联组施春俊、史国忠	关于建立重点建设项目市领导挂钩督办的建议
19	市政协农业组蒋群茂	关于在主流导航软件电子地图中增设南山竹海分流线路的建议
20	市政协经贸二组吴彩萍	关于改造实验幼儿园奥体园区绿化带的建议
21	市政协经贸二组陈杰	关于对下份路道路改造的建议
22	市政协农业组钱军雷	关于改善信访局门前道口出行条件的建议
23	市政协经贸一组邹启东	关于重视推进 5G 建设过程中存在的问题及建议
24	市政协港澳台侨组童瑛	关于加强对住宅小区顶层平台管理的建议
25	市政协科技环保组丁金荣、王洪明	关于加快全市新能源汽车充电桩建设的建议
26	市政协城建交通组	关于天目路“天目云谷公交站台”移位的建议
27	市政协城建交通组	关于因中河大桥拆建封路，对别桥线居民公交接驳运输的建议
28	市政协文体新组汤莉	关于文化公园地下停车场收费亭设置的建议
29	市政协科技环保组杨育美	关于加强卫生防疫体系建设的建议
30	市政协天目湖镇工委杨丹军	支持企业家创新创业服务民营经济高质量发展
31	市政协文体新组黄晓芳	关于实行高龄父母独生子女护理假制度的建议
32	市政协社福利保障组卢天明	关于完善工伤保险制度的建议

案工作提质增效的加法，通过事先征集、培育重点提案，引导界别、委组、委员提出高质量提案；主动搭建“提办”双方协商互动平台，让提案人参与办理全过程，推动“办成率”持续提升。市政协十五届四次会议共审查立案提案 170 件，将“关于全面推进‘警保合作’，切实减少安全事故及隐患的提案”等 9 件提案列为重点提案，提案办理满意和基本满意率保持在 100%；市政府、市政协分别开展重点提案督办，通过重点突破实现以点带面。

【反映社情民意】 溧阳市政协广大委员面对面体察民情、了解民声、纾缓民愿，通过反映社情民意参政议政，全年收集社情民意信息 290 余条，报送社情民意专刊 29 期，内容涉及疫情防控、复工复产、新基建、环境保护、市容市貌管理、医疗卫生等方方面面，每期社情民意都得到市政府领导批示交办，促成一批重点难点问题得到及时解决，较好地发挥社情民意信息“直通车”作用。

【特邀评议】 组织委员参与常州、溧阳市级机关工作作风评议。向相关部门推荐多名政协委员担任特邀监督员，通过听取情况通报、走访调研、座谈讨论等形式，积极参与政风行风民主评议工作。各镇党委、各街道党工委组织委员对本镇重点项目建设、民生工程和服务中心工作等开展监督评议。

参政议政

【概　况】 2020 年，溧阳市政协通过主要领导参加市委常委会议、党政联席会议、政协常委参加市委全体（扩大）会议、政协委员参加市政府常务会议等方式，参与事关全市经济社会发展和重要工作的决策。

持续高度关注天目湖水源地保护，针对大溪水库库容扩大、水位抬高后水体水质出现的新变化新情况，向市委、市政府报送《进一步加强天目湖水源管理和保护》的专题建议。市委、市政府主要领导批示要求排出计划表、落实时间表，把建议落到实处。

关注“一地六县”产业合作区建设，加强和相关地区政协的日常工作交流及互动，推动召开苏浙皖“一地六县”政协第一次主席联席会议，提出的建立高效工作对接机制、建立联合协商机制等建议，在会议协议中得到充分体现。

按照市委部署，市政协领导下沉一线靠前工作，主动抓实项目招引、挂钩推进重大项目、脱贫攻坚、河长制、安全生产督导等工作。

（市政协办公室）

综　　述

【概　况】2020年，全市纪检监察组织坚持稳中求进工作总基调，认真履行党章和宪法赋予的职责，坚持问题导向、突出改革创新，瞄准“反腐倡廉创品牌、护航发展当王牌”目标定位，聚力“清廉溧阳建设”、聚焦“双突破双决胜”，一体推进不敢腐、不能腐、不想腐，推动全市纪检监察工作不断迈向高质量。全年向市委常委、党员副市长送达廉情抄告7份，督促各级党委（党组）主要负责人履责1891次，问责履行主体责任不力党组织10个，党员领导干部75人，给予党纪处分38人。编写上报容错纠错典型案例15个，为3名领导干部澄清正名，挽回名誉。全年查处享乐主义、奢靡之风问题54起92人，点名道姓通报曝光14起43人，查处形式主义官僚主义问题68起109人，通报曝光16起23人。反腐惩恶高压震慑。全年立案366件，处分326人，处分6名行贿人员，受理信访举报332件，查处群众身边的腐败问题140起234人，处分141人，通报曝光典型案例19批23起48人。严肃查处涉黑涉恶腐败和黑恶势力“保护伞”，受理问题线索93件，立案31人，组织处理24人。

重点工作

【践行“两个维护”】溧阳市纪委监委始终坚持擦亮政治底色，检验政治成色，以政治监督的具体化常态化保障落实“两个维护”。认真学习上级纪委监委关于做好疫情防控监督工作部署要求，研究出台疫情防控监督实施方案，成立6个工作专班，通过“四不两直”进村入企督查，对发现的132个苗头性、倾向性、缺失性问题线索即收即办、即转即核、即查即处，严肃查处看不清形势、担不起责任的“梦中人”“老好人”19起30人，给予党纪政务处分10人；向市委、市政府呈报疫情防控检查报告28期，排查问题396例，提出意见建议82条。疫情期间，35名纪检监察干部主动请缨担任“楼长”和隔离点志愿者，既监督又战斗，收获人民群众点赞好评。围绕打好三大攻坚战、统筹疫情防控和经济社会发展等重大决策部署开展监督检查，直查快办“散慢敷推拖”等典型问题7个。围绕做好“六稳”工作、落实“六保”任务，开展优化营商环境专题调研，对复工复产、复商复市、学校复学、春耕春种等关键环节实施全程监督、跟进监督、精准监督，开展多轮次滚动监督30余次，发现问题21例，提出工作建议10条。全面从严治党，优化政治生态。切实履行“协助”职责，深化“四责协推”，用好廉情抄告，科学精准问责，推动全面从严治党向纵深发展。完善“四化一联”政治生态监测评估机制，运用“数据碰撞”精准绘制政治生态“画像”、描摹勤廉“画像”。全年动态调整和更新完善干部廉政档案1365份。深入落实“三个区分开来”，印发《溧阳市深化容错纠错机制实施改革创新廉洁风险备案的工作方案》，激励干部担当作为，进一步营造改革创新、干事创业良好氛围。推动政治生态从“积极向好”到“向上向优”。

【坚守“第一职责”】溧阳市纪委监委一体推进纪律监督、监察监督、派驻监督、巡察监督相互贯通融合，形成监督合力。以组织实施“9+X”专项监督为牵引，对党委政府重视、人民群众关注的全省社会主义现代化建设试点、安全生产、镇村应收款结算、涉农资金补贴清查等9项工作开展专项监督，制发监督建议单32份，给予党纪政务处分11人。将“电视问政”监督品牌越擦越亮，16位镇长、局长在聚光灯下，接受开放式问政，制作历年问政集锦《问渠哪得清如许》，“督”出履职加速度、“问”出整改真效力。坚持挺纪在前，主动监督，提高谈话函询比例，将事后监督向事前监督转变，促进问题早发现、早处理；将突击监督向经常性监督转变，凸显监督的日常化、常态化；将结果监督向过程监督转变，确保监督全程性、全覆盖。运用监督执纪“四种形态”处理896人次。“倒金字塔”结构更趋明显，监督执纪“惩治极少数”的震慑效应、“管住大多数”的规模效应更加彰显。按照监察体制改革要求，持续排摸调整监察对象；紧盯公权力行使，推动监察职能不断向“最后一米”有效延伸。监察员办公室实施网格化监督模式，统筹监察员力量，处置问题线索158个，政务立案50件，处分30人。出台《关于深化溧阳市纪委监委派驻机构改革的实施意见》，新设2个派驻纪检监察组，综合监督6家市属国有企业。综合运用廉情监控、谈话提醒、信访听诉、参加“三重一大”会议、列席民主生活会等措施，放大“派”的权威和“驻”的优势。2020年，派驻机构立案70件，党纪政务处分56人。全年开展三轮对27家单位的巡察，发现“三个聚焦”方面的问题153个，提出整改意见51条，移交问题线索24件。同时，对昆仑街道、溧城街道、市自然资源局、市文体广电和旅游局等12个党组织开展巡察整改督查评估，反馈问题26个，形成“再整改、再落实、再问效”的常态长效整改机制。

【纠治“四风”】 溧阳市纪委监委始终以永远在路上的恒心和韧劲，落细落实中央八项规定及实施细则精神，持之以恒纠风治弊。创新构建作风建设协同监督模式，实施“1+14”作风建设问题线索移送制度，强化作风问题线索及时移送、会商会办、季度研判。2020年，成员单位移送问题线索7批次87起，市纪委监委制发监督提醒函7份，立案查处10人。不断完善“发现＋打击＋治理”的纠治“四风”长效机制，构建立体化作风监督体系。围绕开会发文、津补贴发放、公务接待、公务用车等方面共性问题，督促作风建设职能部门系统梳理制度规定，着力破解制度建设方面存在的模糊地带、监管盲区和执行漏洞，列出正面“应该为”和负面“不可为”清单，形成刚性约束。深化“清廉溧阳”建设，重点打造清廉机关、清廉村居、清廉企业、清廉学校、清廉医院，将“清廉”潜移默化融入全市经济社会发展和党的建设各方面全过程。深度挖掘本土廉元素，依托网红“一号公路”，倾力打造“廉旅一号”，构建“一路一廉景、一廉一特色”的廉政教育新格局。自编自排“清风伴我行”廉政文化展演，与市妇联联合开展“十佳善美母亲”评选，传播廉洁正能量。

【正风反腐】 溧阳市纪委监委始终保持稳高压态势、稳惩治力度、稳干部群众对持续正风反腐的预期，实现腐败“存量清结”“增量随结”。全年处分326人，其中科级干部23人，查处违反政治纪律4人；移送检察机关10人，其中留置8起8人。坚持受贿行贿一起查。针对打“太极”、躲着不见的违纪党员，持续开展缺席审理，维护党纪权威。建立健全来信、来访、来电、网络“四位一体”的信访举报渠道，出台《实名检举控告“3+X”反馈办理办法》，探索实施信访举报“三色预警”，常态化开展信访举报问题分析研判和抽查核实力度。全年受理信访举报332件，其中范围内225件，转立案率67.8%。坚持宽严相济、区别处理的原则，深入开展暖心回访教育，帮助45名受处分干部卸下“包袱”轻装上阵，确保“不掉队”。做好干部选拔任用监督，严把党风廉政意见回复关，全年回复121次935人，对4人提出否定性廉政意见。对监督和办案中发现的典型案例和带有普遍性的问题，及时下发“三书”，督促案发单位以案示警、以案明纪、以案促改；制作《镜鉴》警示教育片，把典型案例作为警示教育的“活教材”，将纪律处分“一张纸”变成警示教育“一堂课”。全年制发“三书”54份，提出整改建议109条，开展现场警示教育29场，受教育4000人次。

【整治群众身边腐败问题】 溧阳市纪委监委始终把整治群众反映强烈的腐败和作风问题摆在突出位置，让群众的操心事、揪心事、烦心事变成顺心事、开心事、舒心事。按照整体推进、动态管理、镇村联动、示范带动原则，稳步开展清廉村居建设。聚焦教育、医疗、农村集体“三资”管理等领域漠视侵害群众利益的突出问题加大整治力度，对重点部位、重点问题，开展大调研大走访，实施多轮次滚动式专项督办、挂牌督办，竭力护好群众“奶酪”。全年严肃查处群众身边的腐败问题 140 起 234 人，处分 141 人，通报曝光典型案例 19 批 23 起 48 人。出台《溧阳市村级小微权力清单》，研发“小纪请您一起来监督”智能监督系统，实现监督事项“码上知”、权力运行“码上督”、群众诉求“码上办”，护航脱贫攻坚。打通线上监管、线下督查双渠道，重点加强对扶贫脱贫情况复查复核、省环保督察反馈问题整改、政府隐性债务平台运行情况的跟踪监督、嵌入监督，查处扶贫领域腐败和作风问题 7 起 10 人，通报 2 起 4 人，查处环保领域 4 起 5 人。深入推进打“伞”破“网”。紧盯“打伞”工作重点，严肃查处涉黑涉恶腐败和黑恶势力“保护伞”，督促推动党委政府和相关职能部门进一步深化源头治理、系统治理、联动治理，受理问题线索 93 件，立案 31 人，组织处理 24 人。

【打造铁军干部队伍】 市纪委监委按照“打铁必须自身硬”的政治要求，坚持严管和厚爱结合、激励和约束并重，突出教育培训、注重作风养成、强化纪律约束、彰显人文关怀，着力打造“忠诚干净担当、勤学严实创优”的“硬核”纪检监察干部队伍。强化纪法贯通意识，练就过硬本领，提升队伍战斗力。涵养担当务实情怀，锻造优良作风，提升队伍执行力。开展纪检监察调研月活动，班子成员带头领课题、下基层，探求监督执纪问责和监督调查处置工作中的新方法、新途径，营造比学赶超、争先进位的良好氛围。实施“青蓝结对”导师制，班子成员与年轻干部明确帮带关系，签订帮带协议，以导师的身份引导年轻干部在实践历练中砥砺品质、增长才干、健康成长。出台《纪检监察干部谈话提醒制度》，按照分级负责的原则，经常性开展激励、知情、告诫、诫勉“四类谈话”，全面及时掌握干部思想动态，防止干部由小错酿成大祸。切实帮助化解思想顾虑、解决实际困难，激发干部的干事激情和工作热情。出台《溧阳市纪检监察干部人事管理工作暂行办法》，打破隐性台阶，不拘一格大胆使用优秀年轻干部。

【巡察工作】 2020 年，溧阳市委巡察办公室按照年初工作计划，对照中央和省委、市委巡视巡察的新精神、新要求，坚持政治巡察的根本站位，严字当头、稳字兜底，扎实推进巡察工作，切实担负起巡察的政治保障任务。探索对江苏建设投资集团有限公司、苏皖合作示范区建设发展集团有限公司、溧阳市城市建设发展集团有限公司 3 家市属国有企业和市地方金融监督管理局、市财政局等单位的同步巡，增强巡察对象安排的科学性、系统性。全年开展巡察 3 轮、对 27 家单位的巡察，顺利完成巡察全覆盖任务，发现“三个聚焦”方面的问题 153 个，提出整改意见 51 条，移交问题线索 24 件。深入开展巡纪联动，提高带题进驻的针对性。积极探索巡审联动，市委巡察组与审计组同步进驻，实现巡察与审计的力量互助、工作互动、成果共享。编印《市委巡察整改工作手册》《市委巡察整改督查评估工作手册》，明确巡察整改的路线图和施工图，便于基层按图对单整改。以《市委巡察整改“三五”工作法》为遵循，持续深化巡察整改督查评估工作，共开展 3 轮对巡察整改完成半年以上的溧阳市昆仑街道办事处、文体广电和旅游局等 12 个党组织巡察整改成效的评估，推动“再整改、再落实、再问效”长效、常态抓好整改。坚持在实践中总结，在总结中提高，在推进巡察监督的同时，不断完善“溧阳巡察经验”。市委书记徐华勤署名文章《深化政治巡察，提升治理效能》和市委巡察办公室结合工作实际撰写的《既要跑也要讲》2 篇文章被《中国纪检监察报》录用；《推动政治生态与“生态创新”融合创新》被“学习强国”平台录用；《扛牢主体责任，推动巡察工作高质量发展》被中共江苏省委巡视工作办公室专刊录用。

9 月 21 日晚，2020 年“龙城清韵”文艺汇演在常州大剧院精彩上演，溧阳市巡察干部登台表演，获得一致好评。2020 年 7—12 月，常州市纪委监委机关，常州市委宣传部、常州市文化广电和旅游局共同组织开展“常州市廉洁文化月”活动，溧阳市纪委监委积极响应活动号召，先后在市内进行多次节目评选，最终市委巡察工作办公室的诗朗诵《巡察之歌》被选调入围。该次表演，不仅展现出近年来溧阳市委巡察工作所取得的显著成就，同时也树立起溧阳廉洁文化建设新形象。

重点活动

【督查疫情防控工作】 2 月 11 日，市委常委、市纪委书记、市监委主任毛建国带队赴市工业和信息化局督查新型冠状病毒感染肺炎疫情防控期间企业复工复产工作。市工业和信息化局主要负责人向督查组着重汇报卫生防护用品等应急物资的储备、管理和企业复工复产审批情况。毛建国一行深入企业，实地察看生产车间、员工食堂宿舍等情况，详细了解企业复工安排、员工来源分布情况和疫情防控举措以及存在的困难和问题，并要求切实履行企业主体责任，从严从细制定落实防控措施，确保各项防控要求落到实处。

2月13日，市委常委、市纪委书记、市监委主任毛建国带队赴市农业农村局调研指导疫情防控工作，强调一手抓疫情防控，加强疫情风险评估监测，进一步细化应对措施；一手抓春耕备耕，加强在田作物苗情分析，强化农资农机准备和监管，强化支农补贴政策落实。

3月3日，市委常委、市纪委书记、市监委主任毛建国采取“四不两直”方式，带队赴江苏省溧阳中学督查疫情防控和开学准备工作。督查组实地查看该校物资储备情况和应急值班记录，并对完善突发公共卫生事件应急预案和开学预案等工作进行检查，并对校值班领导提出四点要求：提前谋划，抓好开学准备；完善制度，抓好源头防控；突出重点，抓好物资储备和环境整治；压实责任，抓好应急处置。

【“清廉溧阳”建设】 3月9日，由市纪委起草并报经市委常委会研究同意，市委办公室印发《关于深入开展清廉溧阳建设的意见》。建设“清廉溧阳”的主要目标是紧扣政治生态清明、经济生态清净、社会生态清朗、文化生态清新“四清”目标，抓住2022年和2035年两个时间节点，谋篇布局，步步推进。第一步，到2022年“清廉溧阳”建设取得阶段性重要成果。主要标志是实现全市各级党组织管党治党的责任落实体系、清廉教育体系、防治腐败制度体系、权力运行监督体系、社会道德体系进一步完善，不收敛、不收手的腐败犯罪案件扩量明显下降，领导干部腐败犯罪数量明显下降，行贿犯罪数量明显下降，党员干部执行纪律规矩更加自觉，党内政治生活更加规范，党内正气更加充盈，党风政风社风民风更加纯净，全社会崇廉尚廉的文化氛围更加浓厚的目标。第二步，到2035年全面建成清廉溧阳。主要标志是各项制度机制成熟定型，权力运行规范有序，清廉文化深入人心，社会整体廉洁程度显著提升，清廉成为全社会的自觉行为；建设“清廉溧阳”具体任务要求是按照构建清明的政治生态、清净的经济生态、清朗的社会生态和清新的文化生态4个方面，明确提出19项具体任务。

【业务知识竞赛】 6月28日，在中国共产党成立99周年之际，全市纪检监察系统举行主题为“淬火铸铁军亮剑再出发”业务知识竞赛。市委常委、市纪委书记、市监委主任毛建国出席活动。知识竞赛内容包括《中国共产党章程》《中国共产党纪律处分条例》《中国共产党纪律检查机关监督执纪工作规则》《中华人民共和国监察法》等内容，分为见微知著（必答题）、快马加鞭（抢答题）、攻防守擂（风险题）3个环节进行。比赛中，各位选手沉着冷静、快速准确的回答赢得现场观众的阵阵掌声。最后角逐出一等奖1个，二等奖2个，三等奖3个，共6支队伍18人参加。

【徐华勤调研指导纪检监察工作】 7月2日，市委书记徐华勤一行赴市纪委监委机关调研指导全市纪检监察工作。徐华勤认真听取工作汇报，并对全市纪检监察工作取得的成绩给予充分肯定，对如何进一步做好纪检监察工作提出要求。徐华勤强调，纪检监察机关要以习近平新时代中国特色社会主义思想为指导，坚守初心使命，切实提高政治站位，把重

7月2日，市委书记徐华勤一行赴市纪委监委机关调研指导全市纪检监察工作

（何金明　供稿）

点重心放在政令畅通、基层一线和制度设计上，在政治监督上有更新的举措；把重点重心放在营造良好的社会开放度、政治清廉度和干部担当度上，在端正社会风气上有更大的作为；把重点重心放在纪检监察干部提高发现问题、沟通基层和抵抗诱惑的能力上，在队伍建设上有更强的力量。市委将旗帜鲜明地领导和支持纪检监察机关履行职责、行使权力、开展工作，为纪检监察机关开展工作提供良好条件，为深化党风廉政建设和反腐败斗争营造良好环境，用奋斗与担当开启长三角生态创新示范城市建设“新篇章”。

【张春福到溧阳宣讲调研安全生产工作】 7月27日，常州市委常委、市纪委书记、市监委主任张春福在江苏省中关村高新技术产业开发区江苏上上电缆集团有限公司西厂区报告厅作安全生产专题宣讲。溧阳市委常委、常务副市长周卫中主持宣讲会。从6月起到11月，根据省委、省政府部署安排，江苏在全省范围内开展“百团进百万企业”安全生产专题宣讲活动。张春福在宣讲中指出，深入学习贯彻习近平总书记对安全生产的重要论述和重要指示批示精神，牢固树立安全发展理念、完善安全生产责任体系、加大排查整治安全隐患力度、健全安全生产制度机制、全面加强应急救援工作、严肃追究安全事故责任。在当前及下一阶段的安全生产工作中，坚决抓好上级督查指出问题的整改，持续深入开展安全生产专项整治，健全完善安全生产责任链条。压实党政领导责任、部门监管责任、属地管理责任。树牢安全发展理念，自觉增强法治意识，严格依法依规办事。坚决守住安全红线、守住人民群众生命线，努力防范各类事故发生，确保事故起数和死亡人数逐年大幅度下降，确保安全生产形势持续稳定向好，为建好“五个明星城”提供坚强的安全保障。张春福在宣讲中还特别介绍常州市纪检监察机关和巡察机构近年来通过制定工作方案、探索专项巡察、强化督查推进、严肃查处问责、深化源头治理，全面加强安全生产监督的经验做法。

8月26日，常州市委常委、市纪委书记、市监委主任张春福（中）带队到溧阳调研危险化学品安全生产专项工作　（何金明　供稿）

8月26日，常州市委常委、市纪委书记、市监委主任张春福带队到溧阳调研危险化学品安全生产专项工作。溧阳市领导徐华勤、毛建国、王耀庆陪同调研。张春福一行先后督查上兴镇溧阳中材环保有限公司危废品处置、安全生产具体措施、值班监督等情况，督查南渡镇江苏力强化工有限公司危化品生产、存储和安全生产信息平台建设情况。张春福专题听取溧阳市危险化学品安全生产工作情况、南渡镇强埠工业园区危化品专项整治相关情况以及市纪委监委监督推进危化品安全生产工作情况汇报。张春福对溧阳市安全生产总体情况，以及对危险化学品安全生产工作的重视和取得的成效表示充分肯定，对下一步工作提出要求。切实提高认识，增强做好危险化学品安全生产工作的使命感、责任感、紧迫感。以扎实的工作迎接江苏省委危化品安全生产专项巡视。巡视期间，溧阳市纪委监委推动督促市安全生产委员会相关联的职能部门履职尽责，严防安全生产事故，做好各项迎检工作。高度重视危化品生产企业安全监管，摸底数、防风险、查问题、促发展，积极推进产业加快转型升级，践行新发展理念、推动高质量发展。

【于强先进事迹学习活动】 8月4日，溧阳市纪检监察系统开展学习于强先进事迹暨“养五气、勇担当”作风建设活动。市委常委、市纪委书记、市监委主任毛建国出席活动。市纪委监委相关负责人对学习于强先进事迹暨“养五气、勇担当”作风建设主题活动进行动员部署。市纪委监委选派4位代表，结合自身岗位和工作职责作了表态发言。毛建国对学习活动提出要求。全市纪检监察干部要在于强先进事迹的示范引领下，身体力行、求真务实、勇争一流，不断将全面从严治党向纵深推进，坚持严管和厚爱结合、激励和约束并重，用奋斗和担当开启长三角生态创新示范城市建设新篇章。

【纪检监察干部素能提升培训班】 12 月 23 日，溧阳市纪委监委举办的全市纪检监察干部素能提升培训班在江南铁军教育学院开班。市委常委、市纪委书记刘佩在开班仪式上作动员讲话，市纪委副书记陈靖主持开班动员会议。市委巡察机构、各镇（区、街道）纪（工）委、派驻（出）机构、委机关 120 余名纪检监察干部参加该次培训班。培训班内容设置有"党的十九届五中全会"和"市委十二届十二次全会"精神解读等理论知识，还包括"领导者的表达策略与技巧"等业务内容，并立足当前国情设置"国际格局演变与中国战略应对"专题解读，为提升纪检监察干部宏观把握实际、增强业务素质和履职能力筑牢基础。此外，培训班开设心理健康辅导，帮助纪检监察干部掌握健康的生活习惯和保健知识，强健体魄、减压正心。

12 月 23 日，溧阳市纪委监委举办全市纪检监察干部素能提升培训班

（何金明　供稿）

重要会议

【疫情防控专项监督工作会议】 2 月 20 日，溧阳市纪委监委借力"学习强国"视频会议，召开疫情防控专项监督工作视频会议。委领导班子成员、各镇（区、街道）纪（工）委书记、委机关相关室主要负责人参加会议。市委常委、市纪委书记、市监委主任毛建国认真听取各基层纪（工）委关于当前疫情防控监督执纪情况的工作汇报并表示高度肯定。

毛建国对做好下一步防疫工作提出要求：深入学习贯彻习近平总书记关于疫情防控工作的重要指示批示精神，坚决落实省、常州和市委疫情防控工作部署，加强对防疫物资供应、企业复工复产、返校复学、春耕春种等工作的推进情况监督检查。认真谋划推动全年工作，对照中央纪委 146 项指标、上级纪委监委工作部署，结合溧阳市纪委全会意见征求稿、"1+9+X"专项监督工作要求，明确工作重点、拿出务实举措，确保各项工作开好头、起好步。构建自身"防护墙"。扎实做好自身防控，实行"一提倡、六必须、两暂停"和每日"零报告"制度，对全市走读式谈话场所进行严格管控、落实消杀要求，坚决守住自身不发生疫情的底线。

【市第十二届纪律检查委员会第五次全体会议】 4 月 29 日，中共溧阳市第十二届纪律检查委员会第五次全体会议召开。会议首先传达 4 月 27 日市委书记徐华勤对全市纪检监察工作的批示，要求全市纪检监察组织提高政治站位，强化政治监督；保持足够韧劲，纠"四风"树新风；深化标本兼治，一体推进"三不"。市委常委、市纪委书记、市监委主任毛建国作了题为《聚力"清廉溧阳建设"护航"双突破双决胜"为全市高质量发展走在前列提供坚强保障》的市纪委工作报告。

【特约监察员座谈会】 7 月 9 日，市监委召开特约监察员座谈会。市委常委、市纪委书记、市监委主任毛建国主持会议并讲话。通报上半年纪检监察工作开展情况。部分特约监察员结合自身履职情况进行交流发言。最后，毛建国强调：围绕纪检监察机关自身建设，拿起"聚光灯"，当好"监督员"；围绕正风反腐政策制定，拿起"谏言笔"，当好"智囊团"；围绕民情民意收集反映，拿起"广角镜"，当好"连心桥"；围绕舆论氛围引导营造，拿起"传声筒"，当好"领唱者"。

（何金明）

中国民主同盟溧阳市基层委员会

【概　况】 2020年，民盟溧阳市基层委员会召开二届五次盟员大会暨换届选举会议，选举产生由谢菊芬任主委的民盟溧阳市基层委第三届委员会；下设教育一、教育二、科技、文化、中医院、人民医院、经济等7个支部。截至年底共有盟员138人，其中离退休盟员28人，在职盟员110人，高级职称者92人，主流界别占73.4%，平均年龄51.05岁。拥有常州溧阳两级人大代表、政协委员23人，其中常委6人；受邀、受聘担任各类特约人员、民主监督员10人；担任副科职以上领导干部6人，其中副处职领导干部1人。谢菊芬履新政协溧阳市副主席、市城管局局长，徐国昌履新江苏中关村高新技术产业开发区建设规划管理局局长、市住房和城乡建设局副局长，张雅萍履新市文体广电和旅游局局长，沈喆履新市苏皖合作示范区建设发展集团有限公司总经理。年内，依托“盟员之家”平台，共开设“同心·献智惠民”民盟公开课线上30场次、线下59节，受惠群众线上50多万人次、线下3827人次，获民盟常州市“先进集体”、“社会服务工作标兵项目奖”、“参政议政先进集体”、溧阳市“抗击新冠疫情先进集体”等荣誉；民盟中央副主席张平、宣传部部长曲伟等领导到“盟员之家”视察指导，并给予高度评价；63名盟员获省市级以上奖项，其中，唐银芳获评民盟中央思想政治建设和宣传工作先进个人，姬金富等3位盟员的5项研究成果获国家专利；马雪松获评江苏省科技教育先进个人，魏继川获江苏省老年大学教育工作突出贡献奖，狄新炎、宋红波、陈云波等分别获盟省委、省市场监督管理局、省卫健委表彰，赵小峰取得正高级会计师职称、成为省级领军人物；史铭、陆建保等分获常州市抗疫工作先进个人称号，陈罗明、史云霞、周兰、张待娣、车惠娟、沈森等39名盟员获常州市、溧阳市表彰，周春雷获溧阳撤县设市30周年“时代先锋”称号；10名盟员获民盟常州市优秀盟员称号，25名盟员被评为溧阳市优秀盟员，3名盟员获评市政协2020年度先进委员，1名盟员获评市优秀人大代表；2件提案获评2020年度优秀提案，基层委提交的调研报告《关于推进我市城乡融合发展的探索与思考》被推荐作溧阳市政协大会发言交流，获盟常州市委“参政议政先进集体”称号。

【思想建设】 2020年，民盟溧阳市基层委员会始终把坚持中国共产党的领导和坚持走中国特色社会主义道路作为立盟之魂，坚持在深化学习中凝聚政治共识。通过线下召开基层委员会和各支部的各层次学习研讨会、线上推送各类学习材料、盟讯赠阅、新盟员入盟宣誓以及依托盟员之家“群言悦读区”开展阅读交流等形式，组织盟员学习领会中共十九大和习近平总书记系列重要讲话精神，学习盟章盟史，开展“不忘合作初心，继续携手前进”主题教育活动20余次；组织参加盟省委、盟常州市委“我与民盟”征文比赛等教育实践活动4次；邀请常州民盟、基层委员会原第二届班子成员来“盟员之家”，围绕“新时代盟务工作新要求、盟强我荣、以我心创五星（优秀基层组织）、登高声自远、榜样引领我前进”等主题，为盟务骨干作专题讲座6次；组织参加省盟务工作培训、抗疫宣传，常州市委统战部的新盟员培训、盟员之家建设工作调研交流，常州民盟基层组织建设工作推进会、《纪念中国民主同盟成立80周年》书画作品展，参观史良故居和常州盟史馆，参加溧阳市政协“区块链技术,应用及监管”“溧阳市开展社会主义现代化建设试点的探索之路”等专题讲座、溧阳市委统战部举办的中共十九届五中全会精神统战系统专场宣讲会、信息写作培训、宣传工作培训,市司法局开展的专题学习《中华人民共和国民法典》活动，参观省特色田园乡村牛马塘村、“溧阳撤县设市30周年图片展”“苏南第一方，庆丰稻花香”、市交通运输局“十三五”工作成果展、新时期戴埠乡镇的城管工作、由盟员刘根林为省溧中捐赠的票证展览馆，参加市党外各界代表人士经济社会发展情况通报会和迎春座谈会等活动30余次；引导7个支部因地制宜开展学习研讨活动20余次；年内，参与学习交流300余人次，以较高的分数通过2020年度常州民盟组织测评考核，获评常州市“先进集体”。有64篇有关盟务工作的稿件被各级网站刊物录用，其中《我与我的工作室同成长》《有梦就这样“盟”》《大爱无疆，溧阳民盟“疫”路在行动》《溧阳民盟：建“家”立制，夯实组织基础》等分别发表于《江苏教育报》《常州民盟》和《常州统战》。

【组织建设】 2020年，基层委员会根据《中国民主同盟章程》规定，依照“民盟常州市关于基层组织换届工作实施方案”，从换届动员和部署到基层委和各支部换届前的走访，再到各支部换届时间节点的确定和实施，各项工作开展有条不紊，圆满完成7个支部的换届工作，21名委员全部选举接任。8月5日，中医院支部完成换届，狄剑秋、游嵘、吴彩萍分别当选支部主委、组织委员、宣传委员。8月6日，教育一支部完成换届，狄新炎、沈森、刘叶兰分别当选支部主委、组织委员、宣传委员。8月8日上午，教育二支部完成换届,邵九红、薛宁华、张待娣分别当选支部主委、组织委员、宣传委员。8月8日下午，经济支部完成换届，陈云波、洑苏翔、史枫分别当选支部主委、组织委员、宣传委员。8月9日，科技支部完成换届,赵小峰、周兰、蒋燕分别当选支部主委、组织委员、宣传委员。8月10日，文化支部完成换届，胡昊丞、程安忠、张科分别当选支部主委、组织委员、宣传委员。8月24日，人民医院支部完成换届，翟国庆、孙小红、孙溧鸿分别当选支部主委、组织委员、宣传委员。10月18日，基层委召开二届五次盟员大会暨换届选举会议，选举产生由11名盟员组成的民盟溧阳市基层委第三届委员会，谢菊芬任主委，徐国昌、沈喆、叶俊任副主委，史铭、陆建保、陈少华、沈俊、陈云波、赵小峰、邵九红任委员。为贯彻执行民主党派地方组织发展的有关原则和要求，2020年没有发展新盟员；围绕“节日慰问”“病患探访”“‘暖冬’关爱”及“谈心交流”等工作开展活动100余项，积极关心盟员成长、关爱盟员身心健康。

【参政议政】 2020年，基层委通过提案和建议案形式就全市经济社会发展和社会和谐稳定方面的热点难点问题，综合全体盟员意见和建议，反映社情民意31件、提出政协提案和人大建议案24个，形成调研报告3份，其中《关于推进我市城乡融合发展的探索与思考》获评民盟常州市优秀调研成果三等奖，被推荐作溧阳市政协大会发言交流，向市委统战部、上级盟组织报送信息20余条；主委谢菊芬被选举为市政协十五届委员会副主席；濮学栋、张待

10月18日，民盟溧阳市基层委二届五次盟员大会暨换届选举会议

（民盟溧阳市基层委　供稿）

娣、吴彩萍分获“先进政协委员”；史铭获“优秀人大代表”；沈俊等的《关于在我市人流密集的公共场所设置AED（自动体外心脏除颤器）的建议》被评为“优秀提案”；市政协会议期间，副主委徐国昌接受媒体采访，以“立足岗位实际，加快推进中关村高新区建设发展”为主题发表委员心声；6月3日，与对口联系单位市交通运输局开展联系活动，充分发挥参政议政、民主监督职责，为市交通运输工作再上新台阶献计出力，获评民盟常州市“参政议政先进集体”。

【社会服务】 2020年，基层委创新方式，依托“盟员之家”，通过设置一套系列化公开课课程表，遴选一批优秀的开课老师，做到线上和线下开设公开课相结合、发挥盟员优势登台授课和外请专家教授上台授课相结合、以“家”为教室和将公开课外送相结合，打造“同心•献智惠民”社会服务品牌。年内，共开设民盟公开课线上30场次、线下59节，邹芸、吕自新、黄鉴明、张待娣、马雪松、朱国平等30多位盟员参与该项目，受惠群众线上50多万人次、线下3827人次，“‘同心•献智惠民’系列公开课”项目连续三年获民盟常州市社会服务工作标兵项目奖；民盟中央副主席张平、宣传部部长曲伟等领导到“盟员之家”视察指导，并给予高度评价。面对突如其来的新冠肺炎疫情，基层委积极响应号召，组织盟员通过在危难时刻交一次特殊盟费、致敬盟员白衣战士勇赴“战场”、“守望相助”争当志愿者、“停课不停教”线上教学等多种途径为全力打赢疫情防控阻击战注入民盟力量，获市“抗击新冠疫情先进集体”，陆建保、史铭分获常州市抗击新冠肺炎疫情先进个人。两个教育支部积极协助基层委开设线下民盟公开课。同时为降低疫情对学校教学秩序和学生学业带来的影响，开设线上公开课；宣传委员张待娣于10月21日和11月16日分别献课市首届“名师成长营”和南通市通州区实验初中以及安徽蚌埠固镇县青年教师培训班。文化支部积极组织参与市“全民艺术普及”活动，利用节假日在文化馆开设日常艺术公益培训、开展各类演出、展览、讲座、阅读与朗诵分享等活动；组织委员程安中率队一批知名画家用手中的妙笔画出一幅幅抗击疫情图。市人民医院和中医院2个支部40多名盟员医生做好常态化疫情防控工作；6月13日，到市委统战部挂钩帮扶村上兴镇桥东干村开展义诊活动，12位专家医生现场坐诊，持续2小时的送诊入村活动，共接诊群众100余人次。经济支部分别组织盟员开展学习宣传《中华人民共和国民法典》活动、赴市四方不锈钢有限公司考察调研。科技支部分别组织盟员赴江苏国强太阳能智能运维装备项目暨中国（溧阳）安全产业示范园、市现代建筑设计院考察学习。盟员朱国平博士坚持在网上开设免费书法教学17年；退休教师沈思初和王琴新夫妇都是盟员，义务帮教贫困学生及外来工子女已16年整，连续5年获评“溧城镇优秀志愿者”；原基层委主委魏继川获江苏省老年大学教育工作突出贡献奖；退休教师刘根林为省溧中捐赠涵盖政治、经济、历史、文化等3000多枚票证，助力省溧中票证展览馆建设为省溧中“江苏省多维探究历史课程基地”注入溧阳民盟的元素。

（唐银芳）

中国民主建国会溧阳市基层委员会

【概　况】 2020年，民建溧阳基层委将学习中共十九届五中全会精神和贯彻习近平新时代中国特色社会主义思想紧密结合，切实增强坚持中国共产党领导、坚持走中国特色社会主义道路的思想自觉、政治自觉和行动自觉。宣讲好习近平总书记重要讲话精神，通过多种形式，做到学习制度化、常态化，进一步增强“四个意识”，坚定“四个自信”，做到“两个维护”。年末，会员总数29人。民建会员袁国强、陈晓凌获溧阳撤县设市30周年“时代先锋”称号。

【参政议政】 2020年，民建溧阳市支部增强履职实效，为推动高质量发展献计出力。加强会员中人大代表、政协委员、骨干人才的作用发挥，努力营造发现人才、尊重人才、善用人才的良好环境。制度化走访会员所在单位，努力为会员成长和发展争取更多的关心、支持和帮助。紧紧围绕构建新发展格局，深入开展调查研究，提高建言献策质量，做好党委政府的参谋助手。积极引导会内企业家自觉践行新发展理念，主动融入新发展格局，加快企业转型升级步伐，民建基层委撰写《关于溧阳市卫健事业发展情况的调研报告》。年末，民建溧阳市支部共有省、市、溧阳各级人大代表、政协委员10人。

【社会服务】 2020年，民建溧阳

市支部发动广大会员积极采取各种方式，为疫情阻击战奉献爱心、贡献力量，捐款捐物达200多万元。史天翔被评为江苏省民建优秀会员；基层委被评为“民建常州市委新冠肺炎疫情防控工作先进集体”；周建国等7人被评为“民建常州市委新冠肺炎疫情防控工作先进个人”。民建企业联村对口扶贫5个，村企合作修建宿舍、标准厂房、大型广告牌、种植基地等为打赢脱贫攻坚贡献力量。国强公司采取有序可控的措施促进企业复工复产，一周内3200多名员工全部上岗。江苏安靠智能输电工程科技股份有限公司研制的550千伏单相新产品达到国际先进水平，252千伏三相新产品世界首创。

（史天翔）

溧阳市总工会

【概　况】 2020年，全市新组建基层工会组织42家，其中联合工会5家，独立工会37家，发展会员3910人。年末，全市有工会组织1732家，工会会员219828人。深化信赖职工之家建设工程，创成模范职工之家50家，信赖职工之家13家，合格职工之家建成比例达100%。全市获评全国劳模1名，江苏省五一劳动奖状1名，江苏省五一劳动奖章1名，江苏省工人先锋号4个，常州市劳动模范14名。市总工会获常州辖市、区工会工作考核特等奖、常州市第三届职工“创新、创业、创意”大赛组织奖、常州市优秀工会红娘分队等称号。

【支持企业复工复产】 2020年，市总工会积极响应上级号召迅速行动抗击新冠疫情，筹集专项资金百万余元，用于疫情防控保障专项工作；加大对职工创业企业贷款支持力度，成功放贷227家，发放扶持资金2470万元；落实小微企业退费，办理小微企业退费7501笔，退费726.3万元；推行线上线下相结合落实就业招聘工作，在线提供就业岗位6700余个，对口湖北就业援助，向湖北省提供岗位信息1980个；推动小微企业开展创新创业行动，积极发动职工参与常州市第三届职工创新、创业、创意大赛。推荐“大疆植保无人机的应用与推广”项目获常州市总工会第三届“创新、创业、创意”大赛三等奖，市总工会获大赛组织奖。

【助力安全生产】 2020年，市总工会组织全市近万名职工参加“紫金保险”杯劳动保护知识竞赛、网上安康课堂学习，充分利用工会微信公众号等阵地和载体，加强安全宣传与教育，营造人人讲安全、事事重安全、处处保安全的安全生产环境；组织开展工会劳动保护监督检查员培训班2次，全市百余家企业150余名企业班组长接受新时代企事业工会劳动保护工作、安全生产事故分析等内容的培训；举办全市第一届工会劳动保护技能竞赛暨“安康杯”安全知识答题活动和水务系统“安康杯”消防暨安全知识竞赛活动；组织全市386家单位参加“安康杯”竞赛活动；引导职工立足岗位开展第六届安全隐患随手拍”活动，收到安全隐患随手拍作品58余幅，增强职工安全生产知识、安全技术和安全管理水平。

【推进产改工作】 2020年，根据《新时代江苏产业工人队伍建设改革实施方案》要求，市总工会加强对产业工人队伍建设与发展情况的调查研究，探索产业工人建设改革。拟写《关于加强和改进新时代溧阳产业工人队伍思想政治工作的实施意见》，切实加强和改进产业工人队伍思想政治工作；出台《关于成立新时代产业工人队伍建设改革工作领导小组的通知》《关于实施新时代溧阳产业工人队伍建设改革的通知》《关于积极培育产业工人队伍建设改革试点单位的通知》产改相关文件；建立由26家单位组成的产改联席会议制度，确定本单位产改领导小组；举办台区经理、综合柜员、动物防治员和点钞识假4个工种的职工职业技能比赛，承办常州市电梯维修保养职工职业技能比赛，提升技术工人素质；选树中关村、科华、索尔维为常州市级试点企业，重点围绕政治引领、建功立业、素质提升、地位提高和队伍壮大等方面进行积极探索，通过重点突破、以点带面，推进产改往深里走、往实里走。

【普惠帮扶工作】 2020年，市总工会按照规范困难职工申报管理工作要求，继续推动困难帮扶工作常态化、精准化，全年对32位困难职工共计发放帮扶金16.5万元，为128人次困难职工发放价格补贴共计1.838万元；继续推进工会服务卡的办理，落实工会服务卡专项保障，全年为161名持卡职工发放住院、工伤、工亡、大病补助等共计9.16万元；落实普惠服务进企业行动，组织全市17家企业近万名职工，参与“粪惠咖”服务平台的优惠职工行动；为环卫工人、公安辅警、邮政投递员、一号公路养护员等户外一线职工赠送意外伤害互助保障2200余份；挂牌首家工会红娘工作室，以无偿服务为原则，公益帮扶为理念，为广大单身青年职工牵线搭桥；开展“遇见爱情 牵手幸福”大型单身联谊交友会，助力单身职工解决婚恋问题，为企业留住人才，为全面推进溧阳社会经济发展建功立业。

【和谐劳动关系】 2020年，市总工会通过邀请专家授课，开展民法典宣传进企业、进车间、进班组活动，在微信公众号开设“《中华人民共和国民法典》普法微课堂”，向广大工会干部和职工群众宣传《民法典》等相关法律法规，全市千余名职工接受《民法典》培训学习；先后举办“尊法守法•携手筑梦”普法宣传活动4场，向职工宣传有关法律法规以及劳动争议过程中应当注意的法律事项；在常明律师事务所、上兴公共法律服务中心挂牌设立职工法律援助站2家，为广大职工提供有关劳动保障、工会工作等方面的法律法规宣传及法律咨询；开展工会劳动法律监督检查，检查企事业单位17家，报送的案例“禁止职工自愿不缴社保行为”评选为全省工会劳动法律监督十大优秀案例；加强信访接待工作，积极化解劳动争议；推进职工（劳模）技术创新专项集体合同签订，激发职工创新创造积极性，推动企业提质增效；深入开展和谐劳动关系创建活动，深化集体协商工作，完成天目湖镇、埭头骏益科创园集体协商指导工作室挂牌，骏益科创园成立集体协商专兼职队伍，指导8家企业签订集体合同，保障职工权益、助推企业健康发展。

【职工文化活动】 2020年，市总工会深化“中国梦•劳动美”主题教育，开展“十佳最美职工”表彰宣传活动，劳模宣讲团、志愿者服务队宣讲活动，讲好职工故事、劳动故事；开展“非常时期 共克时艰”一封家书征集和“新时代江苏女职工精神大讨论”活动，宣扬抗击新冠肺炎疫情工作中涌现的先进人物和感人事迹，引导女职工弘扬抗疫精神，做新时代践行者奋斗者；以“职工幸福课堂”进基层活动为载体，开展专题讲座、案例分析，加强对意识形态工作重要性的认识，引导广大职工积极投身社会主义现代化建设试点工作。全年开展职工幸福课堂进基层活动30场次，提供压力缓解、安全生产和心理健康类等课程培训，满足职工在心理健康、人际交往、婚恋家庭等多方面的精神文化需求；积极开展读书活动，鼓励有条件的单位积极建设职工电子书屋，真正把职工书屋打造成广大职工的精神文化家园，全年创建常州市职工书屋示范点5家。

（石春芳）

中国共产主义青年团溧阳市委员会

【概　况】 2020年，共青团溧阳市委以习近平新时代中国特色社会主义思想位指引，坚决贯彻落实中共中央和共青团中央的重大会议精神和决策部署，围绕共青团的根本任务、政治任务和工作主线，紧扣“两大突破”工作主题，深化改革攻坚，全面从严治团。团市委党支部获2020年度溧阳市级机关工委直属先进基层党组织称号。年末，共青团溧阳市委共有直属团组织49个，其中镇（区、街道）团组织12个、机关事业单位团组织20个、学校团委9个、企业团组织8个。在“智慧团建”系统中录入团支部2406个、团干部5313人，有团员33416人。

【“青”字号品牌工作】 2020年，共青团溧阳市委开展庆祝中国共产党成立99周年主题团日活动120余场，营造学习党情国情、团情团史的浓厚氛围；开展新生代企业家“不忘初心跟党走、青春建功新时代”“荷塘映初心、‘青’风话使命”等活动，让青年企业家听党话、跟党走；开展“绽放抗疫青春”主题宣讲6场，引导青年感悟抗疫背后的制度优势和精神力量；累计推荐“江苏好青年”2名、“江苏好少年”98名、“常州好青年”2名，用榜样的力量为思想领航；开发“栗小志栗小青”微信表情包和“青年随身听”线上栏目，以生动活泼的形式传递青春正能量；开展“新时代•青年说”“树荫下的团课”“追梦宣讲课堂”等主题教学50余场，教育辐射青年8000余人次，溧阳“1号公路”青年学习社线路和塘马青年学习社分别获评省级青年学习社线路和省级青年学习社；燕山中学党团队一体化教育馆为常州首创。

【岗位建功活动】 2020年，共青团溧阳市委深化青年文明号建设，按照“亮身份、亮形象、亮承诺”的要求，深入重大项目建设和全域环境提升第一线，开展“青年文明号助力两大突破集中服务月”活动，营造溧阳青年勇担新使命、建功新时代、展现新作为的浓厚氛围，市法院南渡法庭获评省级青年文明号；引导各级团组织成立医疗、公安、交通、通信、金融服务等32支“青年突击队”参与疫情防控，600余名青年深入高速路口、街道等一线开展志愿服务，募集并捐赠手套8000只、防护服200套、口罩10000余只、消毒液4470斤、洗手液1000瓶，募集抗疫善款6.2万元，溧阳青年突击队助力复工复产情况登上《风流一代》杂志；以创带建推进安全生产宣传，创建省级青年安全生产示范岗2家，常州市级2家，开展岗企结对宣讲活动12场，助力全市安全生产工作；承办全省环保大会、全域旅游迎检、两节开幕式等各类大型活动志愿服务保障。

【助力成长活动】 2020年，共青团溧阳市委完善青创金融服务体系，持续推出青年创业金融套餐，扩大青年创业朋友圈和导师团，青年创业贷款全年发放1263万元，新农精英贷全年发放801万元；开展青少年禁毒防艾、平安自护等教育宣传活动66场；深化“红铃铛”公益品牌建设，常态化联系全市327名困境和特殊青少年；实施“梦想改造+”关爱计划，为5名事实孤儿建成“梦想小屋”；开展微心愿对接、爱心义卖等帮扶活动8场,筹集发放“圆梦行动”助学金近15万元，帮助30名寒门学子圆梦大学；制定溧阳“撤县设市”30周年研学路线，带领全市2000余名青少年感受溧阳变化，埋下报效家乡的种子；持续开展暑期社会实践岗位对接活动，为98名高校大学生提供实践岗位。

【规范化建设工作】 2020年，共青团溧阳市委完善“双积双评”推优入团机制，全年发展团员1175名，严格入团把关、严控团学比例、突出先进性，全市初高中毕业生团学比分别为17.8%和56.1%；在全市团支部推行《团支部工作清单制度》，开展团支部星级评定工作；新建非公有制企业团组织300家、社会组织团组织3家及互联网企业团组织1家，真正把团组织建设到青年身边；深化青联改革，召开溧阳市第六届青年联合会全体（扩大）会议，委员结构比例全面达标、会员团体制度全面落实；建设“联青服务站”14个，常态化开展联系青年活动；狠抓团干部建设，开展团干部培训1期，触角延伸至村级支部；强化共青团考核，出台KPI量化考核机制，全团创先争优意识逐渐增强，你追我赶氛围日渐浓厚。

【“青蓝接力”工程】 溧阳市新生代企业家“青蓝接力”工程由市委组织部、团市委联合举办，围绕全市民营企业接班人和成长型民营企业负责人，通过建立一个培训基地、成立一支导师团队、打造一个交流分享平台、建立一个政企双向互动机制、引进一批高端人才、组织一系列对外合作活动、落实一批金融服务项目、开展一系列红色教育、树立一批优秀青商标杆和编撰一份青商发展纪实“十个一”系统工程，引导青年企业家“立信、立威、立言、立行、立业”，培育和建设一支政治上有方向、发展上有本事、责任上有担当、文化上有内涵的新生代企业家队伍，经过悉心筛选，全市有76名青年企业家入围该次“青蓝接力”工程，其中规模以上企业23家，涵盖全市一、二、三类产业。按照“月月有活动，次次有主题”的组织理念，“青蓝接力”工程围绕“管理强化月”“接力创新月”“研学交流月”“公益爱心月”“调研提升月”和“总结突破月”等主题开展系列活动13场，通过培育和提升青年企业家

6月12日，全省培育发展农村青年人才助力乡村振兴座谈会在溧阳召开

（团市委　供稿）

的政治素质、经营能力、社会责任和文化修养，使青年企业家成为“匠心精神的传承者、民营经济的接力者、创新发展的先行者、现代企业的领跑者”，实现全市民营企业平稳接班和壮大发展。

（潘涛俊）

溧阳市妇女联合会

【概 况】 2020年年末，全市有镇街道妇联12个，村妇联174个，社区妇联54个，机关妇联40个，四新领域企业妇联38个。全市各级妇联组织按照抓实改革夯牢基层基础，突出重点打造特色品牌，项目运作开放工作格局的工作理念，稳步推进各项工作，在推进新冠肺炎疫情防控、实现经济社会发展目标中主动作为，妇联组织在基层治理中的影响力和联动力得到有效增强。先后获2020年度《中国妇女》宣传工作突出贡献奖、江苏省妇女儿童慈善工作优秀组织奖、“战疫关爱”项目入围省妇儿公益社工重点项目展示交流、“和谐平安＋1℃”获常州妇女维权项目二等奖，相关工作得到“学习强国”平台、中国新闻网《中国妇女报》等媒体关注和持续报道。2019年至2020年年底，省妇联主席张彤3次到溧阳专题调研，对溧阳市妇联扎实的基层工作给予充分肯定。

【思想政治宣传工作】 2020年，市妇联把深入学习贯彻习近平新时代中国特色社会主义思想作为首要政治任务，坚持用党的创新理论教育引导妇女群众，在助力夺取“双胜利”中展现妇联担当，在大战大考中书写“妇联答卷”。以宣传引领凝聚巾帼力量。组织开展百户最美家庭命名和第三届十佳善美母亲评选表彰，举办“她的力量 家的温度”主题道德讲堂及“激荡三十年 最美巾帼奋斗者”评选表彰活动，以“最美”为传播主体，让看得见、听得到的身边人故事，成为街坊邻里听得进、记得牢的学习标杆。做亮“巾帼好声音”宣讲品牌，联动税务、卫健等各机关部门妇联及馨爱、汇众社等社会公益组织开展政策法规、家风故事、环保知识、移风易俗、急救保健等宣传服务500余场，引领广大家庭讲政治、守规矩、敢担当、善服务，争做弘扬新时代文明风尚的践行者。疫情防控战中，全市各级妇联干部主动请缨，并发动巾帼志愿服务队、女性社会组织骨干进入居住地小区楼幢担任“楼长”、走上卡口执勤、参与日常巡查和入户防疫宣传。市妇联通过微信公众号发出倡议，推送党委政府便民惠民政策、疫情防治知识、“疫”线家书等信息55条，阅读点击达8万人次。开通“和美佳”心理防疫热线，推送家庭教育系列微课程，有效引导家庭树立战“疫”、必胜信心。联合市人社、税务、市监等部门及律师、心理咨询师等组成专家团，通过100场“春风行动”女性线上专场招聘会、巾帼复工复产法律微咨询、“病毒无情，家有爱”专场热线心理辅导、巾帼战“疫”“复工助力行”减税降费微课堂及线下送政策送资金送服务行动，阻疫不隔爱，用贴心服务彰显“娘家人”的温暖。携手爱心单位、企业共做暖心后援，为战“疫”中义无反顾、逆向而行的医护人员、人民警察、志愿者等发放致敬卡，倡扬舍小家为大家的无私精神和大爱无疆。

【“妇”字创新创业品牌建设】 2020年，市妇联以高质量发展为目标，赋能乡村振兴，为创业女性搭建沟通交流、优势互补、共谋发展的平台，助力创新创业、共同发展。举办溧阳市首届育婴员技能大赛和保育员大赛，联合人社、财政出台《溧阳市城乡妇女培训工作实施办法》，争取省级和市级专项培训经费19.2万元，全年开展家政从业人员培训45场，培训妇女3000余人次，634名妇女获得国家职业技能资格证书。与市农业农村局、科技局、商务局等单位密切合作，围绕民宿线上营销、采茶制茶、旅游服务、家庭烘焙等实用技能开展培训，150名妇女获得茶艺师和茶员合格证。卯定农村家庭“脑袋、口袋双富足”目标，选送深山沟、加顺等6家创业女性企业入驻常州“丁香苗圃”女性创业平台；联合人社等部门线上线下举办各类女性专场招聘会，提供岗位500余个，吸引求职者1000余人；搭好银企直通桥，用活妇女小贷财政扶持政策，完成妇女小贷1160万元，贴息13.4万元。做强“溧阳巾帼民宿联盟”、妇女创业微家等服务平台，举办“她说——后疫情时代溧阳新农人发展论坛”，启动“巾帼创业助跑行动”，推动扶持巾帼民宿主有效盘活村闲置房产、土地等各项资源，带领农户齐心协力奔小康。全年培育省、常州市和本级“双学双比”活动巾帼示范项目41个，发放扶持奖励资金超过50万元。以“巾帼心向党·建功新时代”为主题，动员广大女性在本职岗位上开拓进取、争创一流。富民资产专业合作社、公安治安综合窗口2家单位获“全国巾帼文明岗”称号；溧阳税务局第一税务分局等4家单位获省级“巾帼文明岗”称号；溧阳市人民医院急诊科等12家单位获常州“巾帼文明岗”称号。以培养新型职业女农民为基础，树立妇女科技致富先进典型，郑香获全国先进个体工商户称号，王颖获全国“双带”农村致富青年先进个人和江苏省乡土人才“三带”能手称号；陈逸轩获常州市涉农产业青年创业大赛二等奖。

【家教家风建设】 2020年，市妇联全力做活“家”字引领,以“善治溧阳+1℃”主题活动融入新时代文明实践和全国乡村治理建设两大国家试点工作大局。持续深耕家庭文明建设，升级“新时代文明实践 五到农家”活动版本，以“善治溧阳+1℃”主题活动落实全国妇联“家家幸福安康工程”工作，策应“全国新时代文明实践试点”和“全国乡村治理体系试点”两大国家级试点攻坚要求，通过凝聚广大家庭同心同向同行的澎湃力量，为全市扬新时代文明实践之善、增乡村治理体系之效提供有力支撑。全年围绕“最美寻访+1℃”“文明宣教+1℃”“兴业富民+1℃”“和谐平安+1℃”“暖心关爱+1℃”5个版块开展活动600余场，有效汇聚和弘扬良好家风正能量，得到各级媒体高度关注，《中国妇女报》先后刊发多篇专题报道，“学习强国”APP也先后数次刊登消息（组建“楼长会”化解居民疑难事、脱贫攻坚愿为岭上映山红等）。发挥社区家长学校家庭教育指导服务功能，开设溧阳读书台家庭讲坛，结合“4·23”家庭阅读日、“5·15”国际家庭日、5月家风家教主题宣传月等时间节点，组织科学家教活动20场，开展“清风常伴勤廉齐家”“小荷助廉”等家庭立德助廉活动及“玉兰芬芳 书香淳家”等家庭阅读活动11场，青少年急救知识普及、垃圾分类活动9场，邀请援鄂医护人员走进学校讲述方舱故事4场。实施“幸福家”公益课堂项目，开设“暖心家政、大敬茶修、邻里乐厨、花茶美学、情绪管控、父母成长”六大系列公益课程，线上线下传播科学家教理念，增益个人素养品味，造浓和谐家庭氛围。开设家风文化小讲堂，利用“文化三送”“戏曲下乡”等文化惠民活动，组织观看家风家训微动漫，推动溧阳家教家风文化传承发展。

【基层治理工作】 2020年，市妇联以促社会和谐为目标，联部门、联社会、联群众，有效化解当前基层社会治理中存在的阻滞问题，为基层社会治理固本强基。联合《溧阳市政策文件性别平等评估工作指导意见》《关于建立侵害未成年人权益案件强制报告制度的工作意见》和《关于加强罪错未成年人分级处遇预防工作的实施办法》3项指导性文件，强化源头推动。成立溧阳市婚姻家庭纠纷人民调解委员会，实施“幸福e家”婚姻家庭危机干预与辅导项目，全年提供咨询服务100余起。开展“合力监护，关爱成长”特殊儿童关爱保护专项行动，实施“困境儿童变更权救助项目”，劝解8名家长履行监护职责，判决成功变更儿童监护权5起，为多名儿童拿到困境补助。试点推进婚姻家庭矛盾网格化治理，依托村（社区）妇联执委队伍，完善建立市—镇—村—自然村4级婚姻调解网格员队伍，推动妇联力量与网格治理相融合，全年关注和摸排矛盾隐患家庭80余户，化解矛盾纠纷45起，其中美景天城“红燕子我想问问你”网格家庭矛盾化解模式，得到常州市妇联充分肯定和高度赞扬。与法院建立“三员”队伍，推荐22名诉调对接家事调查员、疏导员、陪审员直接参与案件审理和调解，对涉及侵害妇女儿童权益的案件优先处理，夯实婚姻家庭矛盾纠纷“第一道防线”。2020年，处理婚姻家庭矛盾纠纷案件100余件，妇女儿童法律援助案件11起，为22名受害人提供心理疏导和帮扶，其中，回复率100%，调处率99%。以抓两规助推妇儿实事落地。高质量推动“十三五”实施妇儿纲要规划落实落地，顺利通过常州督导组验收。持续发挥“春蕾助学”“两癌救助”“99腾讯”三大公益品牌效应，“99腾讯”3天筹款29.15万元，位居常州辖市区第一。完善全市461名特殊未成年人个人档案和联系卡，开展“真情1+1结对助学”“暖心关爱+1℃公益文化节”等活动，新增“一对一”爱心爸妈结对11对，设立妇女儿童公益实事项目8个，争取妇儿实事项目资金5万元。做优“小候鸟”服务品牌，增设后六、永和两个服务点，全年开展情商、财商、编程等各类课程11场。

【基层精准服务】 2020年，市妇联全力做好改革破难文章，以基层妇联服务聚“溧”行动破题县级妇联改革活力提升计划试点难点痛点。制定《溧阳市村级妇联工作手册》，重点对全市175个村51个社区执委队伍做好“去芜存菁”和引导赋能工作。纵向实行村属自然村—村—执委，横向重点吸纳村域优秀女企业家、致富女能手等优秀女性典型加入执委队伍，有效链接和储备工作资源。制定“三化三办”工作机制，表彰优秀执委典型，促动执委人人心中有目标、肩头有责任、手里有办法，真正让执委“动”起来，让履职“活”起来。根据不同领域妇女特点和具体情况，灵活多样建立妇女组织，填补组织覆盖盲区。以党群联建、组织联建、区域联建的方式，先后建成科华控股妇联、骏益产业园区妇联、苏华建设集团妇联等企业妇联15家；南山乡村旅游协会妇联、汇众社妇联、劦善志愿者协会妇联等社会组织妇联10家；苏浙皖边界市场妇联、社渚青虾市场妇联、戴埠深山沟合作社妇联、昆仑物业管理公司妇联等区域妇联13家。依托“巾帼文明岗”结对共建活动，挖掘妇联执委、团体会员、各类女性社会组织和社会各界人才资源注入妇女儿童阵地。顺应创新社会治理要求，建立雨蓝婚姻家庭工作室、汪小西家庭教育工作室、行知妇女儿童活动中心、和美佳妇女儿童活动中心等一批妇儿服务阵地，有效提升阵地服务的专业化水平。

（王　金）

溧阳市科学技术协会

【概　况】 2020年，市科协认真贯彻落实习近平新时代中国特色社会主义思想和中共十九届四中、五中全会精神，围绕溧阳市委、市政府“重大项目突破年”和“现代化建设试点工作突破年”主题，持续推进科协系统深化改革，积极响应新冠病毒疫情防控，不断创新全民科学素质工作举措，各项工作稳步推进。年末，各类科普教育基地100家，惠农服务站144家，市级学会16家，农业科协7家，企业科协31家，总计6000余人。

【疫情防控工作】 2020年，市科协积极响应市新冠肺炎疫情应急防控指挥部号召，春节期间召开党组会议，快速部署防控工作。向全市科技工作者发出倡议书，协调融媒体中心、溧阳广电网络及时播出由中国科协统一制作的新冠病毒科普知识视频、文稿。在“溧阳科普”微信公众号开展两次新冠病毒科普知识专项有奖答题活动，参与人数达6.7万人次。积极助力企业复工复产，向企业推送“科学防控促进复工复产”宣传手册，并向企业和学校赠送10万只医用口罩。

【新时代文明实践建设】 2020年，市科协作为溧阳市新时代文明实践五大平台之一，积极联系协调平台各成员单位、各科技团体和社会科技资源，认真贯彻落实市新时代文明实践中心系列指示精神。扎实开展“科普1号”少年科技研学、“科普1号”科学实验秀、“李求生”助学困境科技志愿服务行动、“科普大篷车进校园”、溧阳“1号公路”科普一日游、经常性科技志服务等系列新时代文明实践科技志愿服务活动，营造社会化参与、市场化运作、智慧化支、制度化保障的公民科学素质建设生态，不断满足新时代人民群众对科学文化生活的新期待，为实现长三角生态创新示范城市建设新开局，建设生态创新的绿色现代化溧阳贡献科协力量。

【线上线下科普传播】 2020年，市科协继续办好“科普宣传周”“全国科普日”等品牌科普活动，利用“三下乡”、防灾减灾、粮食安全、气象日、地球日、民防、电信等各类主题，联合相关部门开展科普联合行动，营造讲科学、爱科学、学科学、用科学的浓厚氛围。推动科普传播信息化建设，联合中科院物理研究所长三角研究中心，引进中科院优质科普资源，开展线上“云里悟理”科学家科普报告活动，组织学校师生收听收看向涛院士等20余位学术大咖的网上科普报告，同步上传至“溧阳时空网”、溧阳广电网络电视平台，供师生、居民点播观看。大力加强“科普中国e站”建设，每年开展优秀科普信息员评选，截至2020年年底，注册科普信息员人数2770人、传播文章达228871篇，位列常州第一。

【宣传表彰科技工作者】 2020年，对陈晓凌等15名溧阳市优秀科技工作者进行表彰宣传，对部分优秀科技工作者进行系列报道，宣传他们感人事迹，营造尊重人才的氛围。市委常委、政法委书记王朝晖代表市委和市政府，部分优秀科技工作者，了解他们的工作、生活，听取他们意见与建议，送去温暖，勉励他们为溧阳经济社会发展多作贡献。组织科技人才围绕全市乡村振兴、“四大经济”、文明城市创建和新冠肺炎病毒防疫防控等中心工作，积极开展建言献策，其中《溧阳中医药健康产业的发展机遇与对策研究》获得市委书记徐华勤批示。

【溧阳市科协第十次代表大会】 12月16日，市科学技术协会召开第十次代表大会，全面回顾总结市科协第九次代表大会以来的工作成绩和经验，研究确定今后五年工作的目标和任务，通过换届选举进一步团结引领全市广大科技工作者，践行科技创新引领发展的新理念，为建设长三角生态创新示范城市贡献科技新力量。常州市科协主席宋平和、溧阳市四套班子领导出席会议。

（周　昱）

溧阳市归侨侨眷联合会

【概　况】 2020年，市侨联坚决贯彻党和国家关于侨务工作的方针、政策，在市委的领导下和上级侨联指导下，结合实际、科学谋划、强化统筹、广泛联络，充分利用侨界资源，为“美音溧阳”注入侨的力量。全力配合市委第四巡察组对市侨联的巡察工作，以高度的政治责任感认真对待，以端正的心态做好服务保障，以良好的作风抓好整改，以踏实的工作态度接受检阅，将巡察作为契机，对在巡察中发现的问题、提出的意见，虚心听取、高度重视，认真研究、及时整改，把巡察工作的成效转化为为侨服务的不竭动力。12月，溧阳市第八次归侨侨眷代表大会召开。大会审议并通过《溧阳市归侨侨眷联合会第七届委员会工作报告》《溧阳市归侨侨眷联合会工作细则》，选举产生溧阳市侨联第八届委员会和领导班子。表彰市侨联系统“侨胞挚友”，聘请15位海外顾问。

【抗击疫情】 2020年，新冠疫情发生后，市侨联积极响应党委政府号召，迅速行动，建立“市侨联＋涉侨组织＋海外侨团侨领＋侨界人士”的抗疫网络，为取得抗疫阻击战的阶段性胜利贡献力量。市侨联坚决落实党委、政府相关要求，自觉服从市抗疫指挥部的安排，自上而下全员投身到“楼长”工作中去，不畏风险迎难而上，坚守岗位切实履职，用真心、真情服务群众；密切关注指挥部发布的疫情信息，及时向侨界和社区群众传达，构筑起疫情防控的人民防线。当好“侨”梁，助力筹措物资。国内疫情的暴发也牵动着海外华侨华人的心，海外侨胞倾力支援祖（籍）国抗击疫情，涌现出许多暖心故事。斯里兰卡华人华侨联合会在会长张旭东的号召下，迅速募集17.4万元款项，通过湖北省归国华侨联合会，向祖国人民表达自己真挚的慰问。英国苏曼教育集团总裁许言忠博士，在得知家乡防疫物资紧缺之后，竭尽所能，四处奔走，筹集专业医疗器材分先后三批次发往国内，为家乡抗疫的形势解了燃眉之急。英国中医协会会长汤淑兰教授与江苏省中医院多位专家远程连线，探讨新型冠状病毒费用防治方案，并多次为家乡人民录制抗疫中医学视频，奉上防疫药方。市侨联在做好牵线搭桥的同时，也及时整理好事迹材料发布于涉侨平台，感谢海外侨胞对家乡人民的关心和帮助。分享经验，支援海外抗疫。密切关注海外疫情，多平台转发《致海外溧阳籍人士的一封公开信》，及时向海外游子传达家乡政府、侨联组织和亲人朋友的牵挂惦念。询问与溧阳有关系的海外社团、香港溧阳同乡会等是否需要防疫物资支援，帮助有需要的海外社团采购口罩，通过海外侨团和侨领了解当地疫情对海外侨胞的影响，分享国内抗疫经验，正确引导海外侨胞科学防疫、避免恐慌，帮助他们建立信心。加强服务，引导复工复产。通过侨商会平台，积极引导和服务侨资企业在确保安全的情况下，有序开展复工复产。多次在涉侨平台发布企业复工复产注意事项、复工后工资社保等政策解读等内容。市侨联领导带队走访江苏兴锻智能装备科技有限公司和溧阳市怡洲服饰有限公司等涉侨企业，广泛收集和反馈侨企复工复产难题，帮助企业渡过难关，努力营造侨企发展的良好环境，确保市委市政府稳经济、稳发展的政策落实到位。

【联谊交友】 2020年，市侨联紧紧围绕侨联工作特点，立足服务全市中心工作和发展大局，加强对侨界代表人士的联谊、服务和引导，有效涵养优质侨务资源。5月，常州辖市区侨联工作例会暨基层侨联组织建设现场在溧阳召开，常州市侨联机关全体人员和辖市区侨联主席全部出席会议。会议通报了常州市侨联上半年的工作，明确相关要求，随后各辖市区侨联交流2020年以来的工作。6月13日，致公党常州市委主委、常州市科教城管委会副主任、常州欧美同学会会长蒋鹏举等一行25人到溧阳举行“生态创新看溧阳”调研活动。代表团一行先后到曹山花坊、牛马塘村、庆丰村、江苏中关村新能源科技馆等地，实地感受溧阳生态创新的魅力。在座谈交流中，溧阳市归国留学人员联谊会相关负责人介绍了归国留学人员联谊会的发展概况；市委统战部相关负责人以“三生”共融、生态创新为主题，介绍了溧阳在生态创新上的思路与实践；天目湖生命康原指挥部人员介绍了“未来城”的建设理念与规划情况。调研人员就参观感悟、为溧阳发展献计献策等方面进行了交流讨论。留德归来的江苏理工学院教师熊燕在发言中讲到了德国的社区管理方式，特别赞叹溧阳在生态创新中重视基层组织建设的举措，有利于提升乡村凝聚力、传承中国文化。7月25日，由溧阳市侨联指导、溧阳侨商会主办的“后疫情时期”侨企发展沙龙——金坛、溧阳两地侨商、侨青座谈会在溧阳召开。省侨商总会秘书长马云鹏，省侨青会副秘书长马建及溧阳、金坛两地侨商、侨青代表等20余人参加了活动并座谈交流。活动先后参观了美岕南山花园、江苏兴锻智能装备科技有限公司、江苏德盛食品有限公司。秘书长马云鹏对溧阳、金坛两地侨商在疫情防控与复工复产中作出的积极贡献给予充分肯定。

【为侨服务】 2020年，市侨联始终把为侨服务作为侨务工作的出发点和落脚点，深怀爱侨之心、恪守护侨之责、多办利侨之事，依法依规把党和政府的温暖送到侨胞心坎上，持续改善侨界民生，扩大侨务工作社会影响力。春节前夕，与市委统战部联合走访慰问侨界“四有人物”、老归侨和困难归侨侨眷家庭40余户，送上新春祝福和慰问品、慰问金，并详细询问归侨侨眷们的身体生活、海外亲属的最新情况，通过他们把党和人民的关心问候传达出去，邀请海外游子常回家看看，积极投身家乡经济社会建设，为家乡发展献计献策。疫情期间，通过电话、网络等方式联系归侨侨眷和侨资侨企100余人次，了解他们身体生活和复工复产情况，送去侨联娘家人的关心和关爱。在疫情得到有效控制后，从4月起恢复“侨胞之家”活动，组织侨界群众疫情防控慰问座谈。7月，针对部分老归侨独居的情况，市侨联积极探索为侨服务新举措，在广泛调研、征求意见、与网络公司沟通的基础上，决定为没有子女在溧阳的“空巢”老归侨和侨眷安装“六件套”智能看护设备，让他们切实感受到党和政府的关怀和爱护。8月，市侨联领导带队走访了老归侨陈军、邱敏惠、刘梦金、方川和谢碧钦等，仔细询问和了解他们的生活起居和身体情况，叮嘱老人注意防暑降温，安全度夏，并送上慰问品和慰问金。重阳节前，陪同市长叶明华、市政协主席狄立新分别走访慰问了中国科学院院士吴云东的母亲王凤英、加拿大皇家科学院和工程院两院院士吴柯的母亲马小芳、美国新罕布什尔大学终身教授葛力明的母亲徐荣妹等多位侨眷，向他们送上节日的问候和祝福。组织开展了“爱在溧阳 情暖重阳”——溧阳市撤县设市30周年港澳侨人士联谊活动、“听美音溧阳、迎中秋国庆茶会话——溧阳市侨界‘我们的节日’主题活动”，参观“继往开来再谱华章——溧阳市庆祝撤县设市30周年图片展”等一系列“侨胞之家”活动。8月，联合市司法局、公安局出入境管理大队、常明律师事务所，组织旅居欧洲、北美洲、亚洲三大洲的溧阳籍侨领，围绕新形势下创建溧阳市跨境为侨公共服务体系的新模式，进行跨境为侨公共服务体系建设的专题调研座谈。10月23日，陪同常州市委统战部副部长、侨办主任陈建新一行，赴溧阳走访部分侨资企业，开展向侨界企业家“送政策、送温暖、送服务”活动。

【文化宣传】 2020年，市侨联根据当前侨情的新变化，针对意识形态领域宣传工作的极端重要性，重视对外交流活动中外宣工作，进一步探索和强化主流媒体的运用，把握导向。积极配合“大统战”，做好侨务宣传工作。配合做好全市“2020中国溧阳茶叶节暨天目湖旅游节”的外宣工作，5月在美国《侨报》上专版宣传溧阳，从创新创业、文明幸福、休闲度假等方面介绍溧阳，扩大在海外的知名度、影响力；用微信传媒加强特定对象和综合信息宣传，全年发布各类信息40余条；积极向上报送溧阳市侨界动态信息，被省委统战部、省侨联、常州市委统战部和市侨联录用信息20余条。在“濑江侨音”微信公众号和涉侨平台，推送侨务政策法规、侨界大事要事和侨务工作的动态信息，让天南海北的溧阳人始终关注家乡、支持溧阳。

【扶贫攻坚】 2020年，市侨联充分发挥侨界力量的独特优势和侨务部门的独特作用，凝侨心聚侨力，始终致力于脱贫攻坚工作。7月，溧阳侨界再次奉献爱心，针对结对帮扶的上兴镇汤桥村3名贫困户“两残一病”的实际困难，在侨界发起捐款，捐助贫困户27200元。8月6日，市侨联和侨商会理事代表，带着23位溧阳侨界人士及侨联侨办机关工作人员的爱心捐款 到汤桥村，看望慰问9名贫困户，发放爱心捐款，实地调研了扶贫养殖项目。

（徐　丹）

溧阳市工商业联合会

【概　况】 2020年末，全市有各类基层商会组织43个，其中，镇（区）商会11个，行业商会18个，异地商会2个，综合性商会2个。另有10个地级以上城市成立溧阳商会。市工商联被中华工商时报社表彰为“2020年度构筑民营经济舆论阵地先进单位”；被中华全国工商联表彰为“2020年度民营企业调查点工作先进示范单位”。

【组织建设】 2020年，市工商联对照“四好”商会目标要求，修订完善商会评估办法，使基层商会步入规范化建设轨道。在所属商会中，拥有全国“四好”商会3家，即溧阳市电梯商会、无锡市溧阳商会和江苏中关村产业园商会；省“四好”商会7家，即天目湖商会、酒业商会，青年企业家商会、上兴商会、餐饮业商会、名优特产商会和铸造协会。同时对长期处于“停摆”状态、会员反响强烈的2家商会进行了换届，商会的凝聚力、向心力、号召力明显增强。

【调研工作】 2020年，市工商联按照上级工商联调研工作要求，结合自身工作实际，深入商会和企业开展专题调研，撰写《关于减税降费后中小企业发展机遇的情况调研》《加强异地商会建设　促进溧商回乡创业》等调研文章。组织区域营商环境评估调查，调查企业197家，反馈有效问卷169份。组织60家调查点企业完成上级工商联部署的专题调查10余次。组织30多家企业参加全国工商联开展的2019年度上规模企业调研，金峰水泥、国强镀锌、上上电缆3家企业入围“2020年中国民营企业500强”；金峰水泥、国强镀锌、上上电缆、申特钢铁4家企业入围“2020年中国民营企业制造业500强”。

【宣传工作】 2020年，市工商联与融媒体中心合作，在报刊、电视推出“天南海北溧阳人——奋斗中的溧商”栏目。结合“两大功臣”采访报道，大力弘扬溧商精神，推出宣传报道20余篇，在社会上产生较好反响。在《常州商会》“创业故事”栏目刊发企业家陶洪昌的创业创新故事。省工商联调研组专程到溧阳就民营企业家代际传承情况进行专题调研，对全市代际传承中建立的“三大机制”、打造的“三大平台”，推进的“三大工程”的成功做法，形成溧阳经验，被《新苏商》第10期刊登。

【培训工作】 2020年，市工商联根据常州的相关要求，开展第二轮（2020～2024）“百千万工程”培训工作，先后组织5名企业领军型人才参加了“百人班”、33名企业成长型人才参加“千人班”、100名企业中高级管理人才参加“万人班”系统培训，全年完成万人班课程7期。引导基层商会依据自身特点组织各类培训班20多期，培训人数1000多人。

【经济服务】 2020年，市工商联围绕全市重点工作，积极筹备第二届溧商大会，优选出“溧商回乡创业功臣”8名，“服务家乡招商引资功臣”6名。在外溧阳籍重要嘉宾马培华、彭华岗，省委统战部副部长、省工商联党组书记顾万峰，省工商联副主席熊杰，常州市工商联主席陆强，溧阳市委书记徐华勤、市长叶明华等四套班子全体领导及200余名溧商集聚一堂，共谋溧阳发展新蓝图，并对14名“两大功臣”进行表彰。出台《关于支持企业家创新创业服务民营经济高质量发展的若干措施》文件，囊括支持企业家的方方面面。市工商联专门为全市三星、四星、五星级企业的法定代表人定制“溧商服务卡”，为其提供VIP优质服务，进一步提振民营企业的发展信心。承办以“青蓝传薪火，逐梦十四五”为主题的第三期企业家沙龙，39位新老企业家参加会议，就进一步改善营商环境等提出了宝贵意见。先后组织企业家副主席、基层商会会长、商会秘书长走进南航天目湖校区，感受家乡巨变，以创新理念厚植发展新优势，促进企业与高校对接合作，助推企业高质量发展。深入走访商会和企业，组织开展座谈调研，会同相关部门进行政策解读推介活动，加大惠企政策宣传力度。加强政（银）企对接服务，全年落实政（银）企对接30余次。

【光彩事业工作】 2020年，市工商联组织企业定向捐赠250.78万元，用于美丽乡村建设和扶贫帮困。募集爱心助学基金32万元，为60余名贫困学子圆了上学梦、大学梦。与云南省镇雄县场坝镇麻园村结对扶贫，捐献资金10万元，帮助当地农民发展高效农业。根据苏陕合作对口扶贫的工作要求，帮助销售陕西汉阴农产品20万元。会同市农业农村局做好溧阳与建湖、滨海两地企村联建工作，19家重点企业签订企村联建协议，为推动乡村振兴贡献全市民营企业的力量。

（杨秀华）

溧阳市文学艺术界联合会

【概　况】 2020年，市文联深入学习习近平新时代中国特色社会主义思想和中共十九大以及十九届四中、五中全会精神，学习省文联十代会及省作协九代会、常州市文联第十一次文代会精神，坚持文艺“二为”方向和“双百”方针，深入生活、扎根人民，自觉担当推动溧阳文艺发展的历史使命，主题活动不断创新，优秀作品不断涌现，文艺队伍不断壮大，人文环境不断优化，有力推进全市文艺事业的繁荣发展。

【抗疫主题创作】 2020年，市文联为了用文艺的方式提振信心，坚决打赢疫情防控阻击战凝聚力量，组织各协会会员用文学、书法、美术、音乐等多种形式致敬英雄、传递真情，为奋战在抗疫一线的白衣天使和广大干部凝聚斗志、助力加油。共创作了文学作品200余篇、书法美术作品60余幅、音乐作品10余首。创作的作品择优分别在《溧阳时报》《天目湖》杂志及“融溧阳”等微信公众号上刊登。其中潘振新创作的音乐作品《伸出爱的手》进入“学习强国”平台；《幸福不会延期》由江苏省音乐家协会网站发布。市书法家协会、市美术家协会会员创作部分作品捐赠给赴鄂白衣勇士和龙城先锋。市舞蹈家协会制作舞蹈公益短片祝福祖国，鼓舞士气。

【文艺活动】 2020年，市文联指导下属协会深入生活、扎根人民，通过丰富多彩的文艺活动，在围绕全市中心大局、为群众服务中充分发挥自身作用，有效提升文艺组织和文艺工作的凝聚力和创造力。为提升溧阳城市文化内涵，扩大溧阳的影响力，吸引全国各地摄影爱好者到溧阳采风，中国摄影家协会和溧阳市政府联合举办“摄影发现中国• 溧阳生态摄影大展活动暨创建‘中国摄影之乡’活动”。为隆重庆祝溧阳撤县设市30周年，激励和引导广大干群不忘初心、牢记使命，在新起点上奋发勇为、敢于担当，充分发挥文艺工作优势，组织市戏剧家协会、市音乐家协会开展庆祝撤县设市30周年文艺汇演活动。市摄影家协会、市民间文艺家协会承担了撤县设市30周年大型图片展览照片供稿和文字撰稿活动。

6月12日，“摄影发现中国•溧阳生态全国摄影大展”开镜仪式

（市文联　供稿）

市作家协会举办“溧阳小说创作现象”研讨会，挖掘乡村剧变、书写风情民俗，编撰采写《吾村吾民》；配合市疾控中心和市慈善总会分别采写《守护疾控人》和《慈善之光》等书。市书法家协会和美术家协会员创作90余幅作品，参加市司法局举办“绿水青山就是金山银山”生态法治书画大赛；市书法家协会到戴埠镇、上黄镇开展文化卫生“三下乡”，送福送春联活动；举办溧阳市首届书法刻字艺术展。市摄影家协会在万达广场举行“平遥国际摄影展”溧阳汇报展，展出溧阳的生态环境和高质量发展全域旅游、建设宁杭生态经济带最美副中心城市的生动实践；举办“山水恋、家乡美”宜兴、丹阳、溧阳、武进、金坛五市区摄影联展；市老年摄影家协会进村入户为溧阳市200多位长寿老人拍摄肖像，编印《星影》影集。市舞蹈家协会举办第二届青少年艺术书。市民间文艺家协会策划“焦尾故里听美音•溧阳市2020年古琴名家新年音乐会”参加“2020中国溧阳茶叶节暨天目湖旅游节开幕式”多项活动的策划和组织、举办“非遗”民俗展等。市影视家协会开展“我与新时代”征文（影评）及“美音溧阳，自在我家”微视频征集等活动。

【文艺创作】 2020年，市作协高云凤出版作品集《占位》、洪超出版闪小说集《濑水闪说》、颜小方出版诗集《朴颜雅风》等。市书协饶金龙作品在“江左风流奖”江苏省第九届青年书法篆刻作品展中获提名奖；饶金龙、张丽萍在上海市书法小品展中入展；沈韵之作品在首届全国印社邀请展中入展；凌丹作品在江苏省书协成立40周年获奖作品邀请展、江苏省十佳青年书法作品展中入展。市美协刘琴芳中国画作品《南山芳草》入选“运河画脉 南田风骨——2020恽南田艺术双年展”；程安忠中国画《远方》入选2020“万年浦江”全国中国画手卷作品展、程安忠中国画《家山清韵》入选“2020雨花满天——全国山水画作品展览”；潘建忠粉画作品《铁牛》入选“小康颂”第三届江苏美术奖作品展；市摄协王晓云、车保华、蒋爱珍等24人，在中国摄影家协会主办的摄影发现中国• 溧阳生态摄影大展中有39幅作品入选。韩福珍作品《传统制伞》获一带一路“摄影大联盟”国际金奖。

【文艺志愿服务】 2020年，市文联充分发挥新时代文明实践中心文化服务平台作用，各协会文艺志愿服务小分队深入各镇新时代文明实践点，采用书法、美术、戏剧、歌曲、表演等多种形式开展文明实践活动，丰富群众的精神文化生活，把思想价值引领贯彻于联系服务群众的全过程和各方面。市戏剧家协会举办“唱响溧阳，戏曲专场迎端午”活动；市音乐家协会与市民间文艺家协会上黄南山后村、竹箦陆笪村开展交流演出活动。

【组织建设】 2020年，市文联接受政治监督，配合巡视巡察。市委第一巡视组对市文联开展为期两个月的巡视巡察工作。切实加强自身建设，及时组织传达学习贯彻习近平新时代中国特色社会主义思想和全国两会精神，收听学习“守正道 创新局”县（市、区）委宣传部长讲坛有关精神，以“学习强国”、“两个责任”等平台为学习载体，落实中央“八项规定”和省委、市委“十项规定”及“一学习两整治”要求，继续深化“不忘初心、牢记使命”主题教育学习，进一步增强责任意识、服务意识。牢牢把握意识形态主阵地，切实做好各协会的思想政治工作。始终坚持服务为本，在服务中坚持求真务实和守正创新，在新时代文化繁荣中发挥更好的作用。

（丁月辉）

溧阳市红十字会

【概　况】 2020年，市红十字会紧紧围绕中心，服务大局，认真履行法定职责，加快推动改革创新，坚持“抓重点、干实事、见成效”的原则，秉承“人道、博爱、奉献”的红十字精神，做好宣传筹资、人道救助、救灾救援、应急救护培训、造血干细胞捐献、红十字志愿服务等工作，健全完善基层红十字组织，积极推进基层红十字会组织的建立和作用发挥。6月，红十字会党支部召开全体党员会议，进行换届选举，产生新一届支部委员会。制定出台《市红十字会党风廉政建设工作要点》，明确提出工作要求，切实将党风廉政建设与红十字重点工作同部署、同落实。9月，市政府办公室出台《溧阳市红十字会改革实施方案》；与市应急管理局联合下发《关于建立防灾减灾救灾联动工作机制的通知》，修改完善自然灾害和突发事件应急预案，成立红十字应急救援队，为社会各界参与志愿服务提供平台和渠道。全年发放助困资金65.45万元，救助困难群众和贫困学生332人次。各类活动信息被溧阳市政府网站录用70篇，被常州市红十字会网站录用121篇，被省红十字会网站录用106篇，被中国红十字报刊录用10篇。

【助力疫情防控】 2020年，市红十字会积极助力新冠疫情防控工作。全市社会各界爱心单位、爱心人士踊跃捐款捐物，表达对疫情防控工作的关心和支持。苏华建设集团有限公司捐赠100万元，定向用于市防疫指挥部购置2辆负压救护车；江苏上上电缆集团有限公司捐赠200万元，定向用于市防疫指挥部购置5台高端呼吸机；中纺联针织有限公司向湖北省英山县医务人员捐赠2800套羊毛内衣；金峰国际饭店集团、天目湖旅游股份有限公司定向慰问溧阳市援鄂医务人员；溧阳曙光置业有限公司、溧阳市富华房地产开发有限公司、江苏国强镀锌实业有限公司、江苏康宏新材料有限公司、溧阳市特种变压器电器设备有限公司、江苏大岭生态农业科技发展有限公司等企业，充分履行理事、会员单位职责，踊跃捐赠支持溧阳市疫情防控；市政协委员甘全松个人捐赠10万元，环卫工人郭建民、赵君秋夫妇捐款3000元。市红十字会接收爱心善款4076337元，接收物资价值616000元。所有的捐赠款物已全部支出用于新冠肺炎疫情防控工作。市献血者协会会长史建中作为集中观察点志愿者，身心疲惫依然坚守岗位；蓝天救援队在队长陈跃俊值守在医学观察隔离区，在社区管控点协助工作；红十字应急救援队队长杨洁奔赴抗击疫情的最前线；红十字应急救护培训讲师高慧，坚守岗位不忘捐款用于抗击疫情；志愿者彭莺主动参与12345热线服务；溧城街道心愿树爱心工作站站长陈萍全身心投入社区疫情防控工作；爱心车队58辆爱心志愿车日夜奔波，保障乘客基本出行以及运送防控应急物资等等。

【助力精准扶贫】 2020年，市红十字会深入全市各镇（街道）发放大米、食用油等救助物资和慰问金，慰问困难家庭和重大疾病患者。组织各镇(街道)红十字会、各红十字志愿者服务活动站开展专家义诊、走访慰问等活动；依托心愿树爱心工作站平台，给予孤、老、病、残等困难群体关怀和帮助；持续开展“阳光扶贫”、“双挂双促”活动，深入上兴镇陶村、汤桥村走访慰问，送上帮扶资金；服务“苏陕合作”大局，与白河、汉阴两地红十字会联系，结对帮扶50名困难学生；联合民建溧阳支部连续七年到上沛小学开展爱心助学活动，每年为20名困难学生发放2万元助学金；发挥红十字养老照护服务队作用，为老年人提供救护培训、健康咨询、送餐上门等志愿服务。

【救护培训】 2020年，市红十字会积极开展救护培训，服务安全生产。组织救护师深入景区开展应急救护培训，重点培训心肺复苏、创伤救护等急救知识和技能，增强在突发事故发生时沉着应对能力；在天目湖山水园、南山竹海、御水温泉等景区急救站小药箱内配置药品，着力加强南山竹海景区红十字救护站建设，配齐配强设施设备。为时代上汽动力电池有限公司、江苏鼎塑实业有限公司和布勒（常州）机械有限责任公司等企业进行应急救护培训，共完成1210名救护员、9460名普及性救护培训任务。在常州市红十字会举办的救护大赛中，组织的三支代表队分别获一、二、三等奖，史建中、臣平获应急救护能手称号。以纪念世界急救日、防灾减灾日为契机，联合市应急管理局、溧阳生态环境局、市教育局、市地震局等单位，深入天目湖旅游股份有限公司以及南京航空航天大学天目湖校区、上兴中心小学等学校，大力开展水上搜救、防灾减灾、逃生演练活动。

【捐献工作】 2020年，市红十字会开展造血干细胞血样集中采集活动。联合溧城、昆仑街道开展纪念“5•8”世界红十字日暨造血干细胞血样集中采集活动。社渚、竹箦等镇通过前期的沟通协调以及发放通知、宣传动员、报名登记等准备工作，相继开展造血干细胞采集活动，加强造血干细胞捐献知识的宣传；成功捐献造血干细胞、挽救他人生命的郑晨，积极配合市红十字会发动优秀青年加入中华骨髓库。全年，有161人进行造血干细胞采样并同意捐献，其中9人初配成功，再动员成功率为100%。与献血者协会共同组织广场宣传咨询活动，共同招募志愿者；协调遗体捐献者家属参加常州市开展的网上遗体器官捐献者缅怀活动；配合常州市红十字会认真做好遗体（器官）捐献登记工作，全市遗体（器官）捐献登记1384例，实现捐献12例。

【世界红十字日主题宣传】 2020年，市红十字会以纪念“5•8”世界红十字日、“6•14”世界献血者日、世界急救日等重要节日为契机，广泛开展红十字文化传播、救护培训、志愿服务等形式多样的宣传活动。联合市文明办开展纪念“5•8”世界红十字日暨“防疫有我　与爱同行”主题活动；联合市血站、市献血者协会开展纪念第17个世界献血者日活动；联合市交通运输局举行纪念第21个“世界急救日”主题活动，为1号公路沿线驿站配置急救箱，助力全域旅游；与市人民医院联合开展“医路相伴　与爱同行”大型义诊活动，在《溧阳时报》刊登专刊。

【对外交流】 2020年，市红十字会加强对外学习交流。6月1～5日，全省红十字水上救援培训班在溧阳举办，省应急管理厅、省红十字会相关领导到溧阳观摩水上救援演练并调研南山竹海红十字救护站。7月，参加全省红十字会半年度工作会议。9月，赴宜兴就红十字博爱家园项目实施工作进行学习交流。10月，参加常州市红十字系统能力素质提升培训班。市红十字会工作人员相继参加省、市红十字会以及机关工委组织的各类培训学习，不断提高业务工作能力。

（金　璐）

人民武装

【思想政治教育活动】 2020年，市人武部党委深化“传承红色基因、担当强军重任”和“不忘初心、牢记使命”主题教育，分阶段参加教育活动，组织部机关人员参观“溧阳市庆祝撤县设市30周年图片展”，教育引导机关人员弘扬优良传统，投身强军事业。坚持读原著学原文，每周利用不少于1个小时的时间集中学习《习近平谈治国理政（第三卷）》《习近平论强军兴军》等书目，做到理论知识常备常新，引导现役干部、文职人员和职工争做强军思想的坚定信仰者、忠实执行者和模范实践者。以“五看五增强”专题教育活动为抓手，持续开展“抗疫精神”教育，强化疫情防控政治工作。持续深化全民国防教育活动，协调举办“不忘初心、牢记使命”专题文艺晚会，增强全民国防观念。

【疫情防控】 面对严峻防疫形势，人武部机关人员和全市广大民兵听令行动，全程参与村庄、社区和交通卡口封控。在春节后的37天内，出动民兵4700余人次，高标准完成疫情防控任务，为全市打赢防疫总体战、阻击战贡献民兵力量。其中，溧阳市民兵数据信息排和大数据班线上抗疫的先进事迹得到《中国民兵》《中国国防报》报道。

【军事斗争国防动员准备】 2020年，市人武部贯彻落实中央军委年度开训动员令，聚焦练兵备战主责主业。全年落实523人次民兵训练，分两批次组织民兵应急分队集中轮训备勤，承接常州军分区民兵防空分队10天跨区联训任务。重视民兵“武教头”培育和精品课打磨，参加军分区民兵“四会”教练员比武，“植桩机操作与使用”课目位列常州市第一，参加军分区民兵干部骨干集训，队列会操比武位列常州市第一。加强基础设施建设和物资器材配备，抓实应急分队建、管、用，推进了战备规范化建设。狠抓动员能力建设，滚动修订行动方案、预案，勘察设置2个公路机动保障点，组织首建任务分队进入战位开展人装合一专攻精练。

【征兵工作】 2020年，全市完成征兵政治考核工作。市政府征兵办公室注重抓好18周岁适龄青年兵役登记，达到100%落实。注重抓好宣传教育动员，深入社区家庭开展征兵宣传教育，印制宣传册、悬挂横幅，利用手机、微信公众号、短信多层次多渠道开展征兵政策宣传，激发适龄青年报名应征的热情。抽调市卫健和公安机关精干力量，严密组织进站体检和政治考核，组织预征对象开展役前适应性训练，狠抓廉洁征兵、择优定兵，在市国防园召开溧阳市大学生积分定兵现场观摩会，探索大学生积分排名优先选择去向等方法，树立鼓励高学历青年参军入伍的良好导向，确保新兵质量。与市退役军人事务局积极对接，落实优抚措施、抓好退役安置，确保优抚政策落实到位，让官兵入伍时开心、退伍时安心。加强军人荣誉体系建设，把优秀现役士兵和优秀退伍军人代表纳入走访慰问范围，把官兵在部队立功受奖的喜报敲锣打鼓地送到家庭，营造“一人参军、全家光荣”的良好社会氛围。

【规范化建设】 2020年“八一”建军节前夕，召开溧阳市委党委议军会议，会议决定在新设立的溧城街道和古县街道分别设置人民武装部，在市住建局和卫健局2家单位内增设人民武装部，遴选专职武装干部上岗，通过不断健全体制机制，打通军地协作“最后一公里”。2020年底前，溧阳市12个镇、街道，200余个民兵村通过规范化建设达标检查，全市规范化建设基本完成。

（朱海棋）

退役军人事务管理

【概　况】 2020年，溧阳市退役军人事务局全面履行工作职责，切实让优抚对象看到变化、得到实惠、感到自豪，确保各项工作平稳发展、扎实推进。

围绕“基层基础基本建设年”活动要求，联合市委组织部、编办、市人社局等部门联合下发《关于学习贯彻新时代“枫桥经验”加强全市退役军人服务中心（站）建设的通知》，加强镇村退役军人服务站建设的政策保障，开展“全国示范型退役军人服务站”创建工作，11个镇级服务站成功创建全国示范型退役军人服务中心（站），其中天目湖镇退役军人服务站被评为全国标杆型退役军人服务站。

与城中医院共建优抚医院，在不增加财政支付和个人支出的情况下，为全市200余名老复员军人及600余名老复员军人遗孀免费上门巡检并建立健康档案。提高全市优抚对象体检标准，争取提标金额150余万元，为年度退役军人和现役军人家属免费体检，争取免费金额90余万元；为150余名住院治疗退役军人（家属）争取减免自理费用60余万元，为全市现役军人家庭送上爱心医药箱1200个。

创建“溧挺退役人”服务品牌。运用“互联网＋”技术，打造溧阳退役军人专属服务网络云平台，让服务对象足不出户知晓政策、表达诉求、维护权益，以“人人享有服务平台、家家拥有服务队伍、月月都有主题活动”为目标，用全新的工作理念、主动的作为意识、热情的服务态度、无私的奉献精神，切实打通权益维护和优质服务的“最后一公里”。

开展优抚对象和部分退役军人信息数据整理工作，对照档案信息建设标准，完成数字化档案资料整理28450份，相关基本资料接入全国数据库。高标准完成部分退役士兵社保接续任务，审核通过退役士兵社保补缴申请材料补缴，补缴资金3790万元。参与并举办“最美退役军人”评选活动，钱洪金被评为常州最美退役军人，钱俊等9人被评为首届溧阳最美退役军人，连升阳等8人获评首届溧阳最美退役军人提名奖。

配合做好全市疫情防控工作，广泛动员全市退役军人参与疫情防控，组织33名退役军人组成抗疫应急志愿者先锋队，奔赴全市7个防控疫情道路卡口和隔离点参与为期20多天的联合防控工作，号召数百名退役军人志愿者奔走在村（社区）防控一线，充实基层防疫力量。局机关和直属单位8人主动请缨志愿担任“楼长”。

【优抚工作】 落实优抚对象抚恤优待政策。按照省、市《关于提高部分对象抚恤补助的通知》等文件的要求，溧阳市自2020年7月起调整各类优抚对象抚恤补助金标准，抚恤补助标准平均增长约8%。截至2020年年底，发放优待抚恤补助金5600余万元，新增定补优抚对象157人，其中伤残军人8人、带病回乡退役军人7人，优抚对象保障水平不断提升。

落实现役军人优待优惠政策。2020年全市有36名现役军人立三等功及以上奖励，全市发放现役军人立功奖励金17万余元，发放义务兵家庭优待金446人次、1400余万元，户均优待标准提高约8.1%。

实施优抚对象关爱工程。开展优抚对象“三关爱”活动，安排80余名重点优抚对象参加省荣军医院短期疗养，组织260余名国防施工退役军人参加矽肺病排查，落实1556名重点优抚对象医疗保障政策。发放抗美援朝70周年纪念章，为溧阳市参加抗美援朝战争及朝鲜经济社会建设的292人发放纪念章，纪念伟大的抗美援朝战争。开展退役军人困难援助帮扶活动，通过困难慰问、大病救助、危房改造等方式，2020年投入资金97.4万元，对636户困难退役军人家庭实施帮扶救助。对符合条件的部分退役士兵开展社保补缴，补缴1406人、缴纳社保补缴资金3701万元。开展优抚对象家庭走访慰问活动。在春节、“八一”等重要节日期间，对溧阳市革命伤残军人、在乡复员军人、参战参试退伍军人等重点优抚对象开展走访慰问活动，全市走访354人次、发放慰问金（品）58.6余万元。发放疫情期间优抚对象物价临时补贴3万人次、411万元。

加大烈士纪念设施保护力度。进一步优化烈士纪念设施展陈内容，投入430余万元对纪念馆进行重新布展，推出抗战参观内容，广泛发挥烈士纪念设施宣传教育作用。升级改造2个乡镇烈士陵园。组织“致敬•2020清明祭英烈”网上祭扫及西山烈士陵园祭英烈活动，西山烈士陵园全年接待单位、学校、群众团体等29家单位，接待7000余人次的教育活动。开展烈士纪念设施第三阶段数据采集校核工作，完善全市156处烈士纪念设施信息。向第三批国家级抗战纪念设施、遗址和英烈、英雄群体名录推荐6名抗战英烈。

落实军休干部的政治和生活待遇。市军休所现有军休干部22人，其中，离休干部1人，退休干部21人。2020年围绕落实军休干部“两个待遇”，深入学习贯彻习近平新时代中国特色社会主义思想和中共十九届四中、五中全会精神，组织军休干部迎春茶话会、“情系军休，同庆八一”、“九九重阳节、浓浓军休情”等活动，提高军休干部的获得感和幸福感。完成军休人员年度调资工作，为军休干部发放22块光荣牌和3块抗美援朝纪念章。

【“双拥”工作】 开展走访慰问活动。做好春节期间走访慰问活动。组织开展拥军优属、拥政爱民活动，举办军地领导迎新春座谈会、军民座谈会、组织对驻军官兵和重点优抚对象的走访慰问活动。向驻溧阳部队官兵赠送慰问金（纪念品）合计137万余元。组织各级双拥工作分管领导走访慰问重点优抚对象，送上节日慰问金、慰问品。向优抚对象家庭发放年画、慰问信6万余份。赴扬州慰问常年住院的退伍军人。组织好“八一”建军节期间部队走访慰问活动。市四套班子主要领导以及全市78家双拥共建单位负责人，走访慰问驻溧阳部队官兵，为官兵们送去慰问品、慰问金73万元。组织庆“八一”、庆祝中华人民共和国成立71周年联欢活动。夕阳红艺术团到部队开展拥军慰问活动，向官兵们赠送慰问品6万余元，为官兵们表演歌舞、共庆佳节。组织开展光荣牌换发工作。9～12月，组织各乡镇为全市退役军人及其他优抚对象换发光荣牌。走访慰问在边海防服役的现役官兵家庭。全面摸排，逐一登记造册，统一走访慰问，建立一对一联系，“八一”和春节期间，分别为每个家庭送上慰问品，并为溧阳市所有边海防官兵家属免费体检，赠送一份爱心“医疗包”。

全面落实拥军项目。按照“部队所需、地方所能”的原则，支持驻溧阳部队官兵不断完善执勤、训练、工作、生活设施，支持驻溧阳部队全面建设发展。全年投入经费85万余元（含挂钩单位慰问金），为市人武部维修营房、建设营区政治文化环境；为驻溧阳部队配置文体设施器材、建设营区绿化；为武警常州支队执勤二大队配置净水器、消防柜等生活设施；为武警常州支队执勤三大队升级改造执勤设施；为武警溧阳市中队改造接待室、配置洗衣机等生活设施，完成2020年实施拥军项目。

加强双拥国防宣传。结合庆祝中国人民解放军建军93周年、庆祝抗战胜利75周年、中国人民志愿军抗美援朝出国作战70周年，广泛开展形式多样的国防教育和双拥宣传，激发广大军民跟党走、爱祖国、强国防的政治热情。通过与《溧阳时报》联合开设专版，与融媒体中心合作拍摄视频，宣传38位溧阳市最美退役军人候选人事迹。制作《溧阳双拥 在你身边》短视频，获得省双拥公益短视频大赛优秀作品奖。指导镇区制作《擦亮功勋 致敬老兵》宣传片，记录退伍老兵珍贵影像。选树现役军人家庭三代从军的典型进行宣传等。向常州推荐表彰退役军人事务局、城管局等8个双拥模范单位，溧阳市交通运输局等3个双拥先进单位，驻溧阳部队与戴埠镇人民政府2对军民共建先进单位，邵良等5名十佳双拥先进个人，首届常州最美退役军人上兴镇白露山生态园园主余庆贵，江苏华朋集团有限公司董事长钱洪金及常州最美拥军人物陆瑛等。

【安置工作】 2020年，市退役军人事务局全力做好军队转业干部和符合政府安排工作的退役士兵的安置。按照省退役军人事务厅做好退役军人保障水平的要求，坚持“阳光安置”，按照《考核考试积分选岗安置办法》接收安置军转干部。按照《关于进一步加强由政府安排工作退役士兵就业安置工作的意见》，接收安置符合政府安排工作的退役士兵。

做好自主就业退役士兵接收安置和教育培训工作。按照城乡一体化原则，做好退役士兵接收安置工作，发放2019年度秋、冬季退役士兵自主就业一次性经济补助资金1644万余元。完成2020年秋、冬季自主就业退役士兵接收工作。在江苏省溧阳中等专业学校、苏华建筑职业技能培训学校开设电工、电焊、汽修等短期职业技能培训班，联合溧阳市千里马职业培训学校举办创业培训，30余名退役士兵参加免费职业技能培训，113名退役士兵参加创业培训。实施退役士兵学历教育补助政策，组织100余名退役士兵参加各类学历教育培训。2020年发放自主就业退役士兵教育培训补贴资金63.92万元。

扶持退役士兵就业创业。鼓励退役士兵自主创业，为5名退役士兵落实税收减免、贷款贴息优惠政策，帮助退役士兵创业致富。联合溧阳市人力资源市场举办3场2020年度退役军人专场招聘会，200余名退伍军人成功与企业签订劳动用工合同。组织溧阳市退役军人参加退役军人创新创业大赛，夺得常州市大赛一等奖、二等奖、鼓励奖各一名，激励全市退役军人就业创业热情。

【溧阳市退役军人服务中心】 2020年，溧阳市退役军人服务中心本着资源整合、共建共享原则，利用空间资源，科学、合理设置各类场所，服务大厅、来访接待室、老兵调解室、法律援助室、机要档案室、党建综合室、心理咨询室、陈列室等场所配备全部到位，为开展军人军属服务工作提供坚实保障。

服务中心在夯实保障机制、落实常规服务的同时，在巡诊、体检、打造网络服务平台等方面也在不断寻求创新和突破。建立标准化场所。以江苏省退役军人服务中心工作规范为标准，通过资源共享、优化整合等方式，增设来访接待室、老兵调解室、法律援助室、党建综合室、心理咨询室、图书阅览室、陈列室等功能室。做好巡诊工作。为全市800余名老复员军人、老复员军人遗孀上门巡诊，并建立健康档案。做好免费体检工作。为包括现役军人家属在内的全市5000余名优抚对象进行免费体检，提高体检标准。搭建服务云平台。运用“互联网+”技术，牵头创建“溧挺退役人”服务云平台，打造退役军人专属的云端服务。组建退役军人志愿者先锋队。以村（社区）为单位逐级组建226个老兵志愿者服务队。这支700多人的志愿者队伍在全市抗击疫情、汛情防控、常态化联系、光荣牌发放、信访等方面起到积极的作用。做好年度退役士兵接收报到工作，做到科学规划、提前准备、流程清晰，全程“一站式”办理。完成全国示范型中心（站）创建工作。在自身创建的同时，引领全市镇（街道）退役军人服务站上下齐心、同心协力，落实创建工作。12个参评单位全员成功创建全国示范型退役军人服务中心（站），实现创建工作全达标。做好窗口服务工作。2020年，服务大厅处理来电、来访咨询、建议、诉求等事项4000多件，为服务对象提供高效、优质服务。溧阳市退役军人服务中心用全新的工作理念、主动的作为意识、热情的服务态度、无私的奉献精神，切实打通权益维护保障、提供优质服务的“最后一公里”，打造贴民心、知民意、解民困、立民信、树民望的退役军人服务工作“溧阳品牌”。

（柏旭松）

人民防空

【人民防空指挥与训练】 2020年，市人防办对《溧阳市人民防空方案》进行全面修订，方案修订后成为溧阳市未来城市防空袭组织指挥的基本依据，将有效提高全市人民防空行动能力，对维护城市安全和社会稳定有着重大积极意义。

2020年，人防指挥机关组织演练13余次，其中跨区机动演练3次，计21个训练日147个训练小时，人员参训率90%以上，人防机关人员整体专业素质得到较大提高。九·一八警报试鸣日组织2所学校、3个社区进行防空袭疏散演练，参与人数近2000人。多家媒体现场进行报道，收到良好的社会反响。

3月，整组人防专业队伍11支，登记造册，完善资料档案，并新组建平战转换专业队。进一步加强组织领导，明确职能职责，有效地提高人防专业队履行职责的能力。人防志愿者队伍逐年扩增，两支队伍实名率达100%，确保遇有情况能够拉得出，打得赢。

【信息化指挥体系建设】 2020年，市人防办按上级要求对人防指挥所指挥信息系统进行达标改造。按照警报建设规划和布局要求新增安装电声警报器6台。加强对警报设施的管理，给所有警报器制作二维码，通过手机APP实现警报器巡检数字化管理。九·一八警报试鸣期间，中心城区警报器鸣响率和音响覆盖率均达到100%，警报系统进一步向乡镇延伸。

【城市综合防护体系建设】 市人防办完善防护功能和工程布局，不断提高城市整体防护和综合承载能力。开展《溧阳市人民防空工程规划（2018～2030）》实施评估工作。抓好结建人防工程建设工作。依托省人防工程质量监督管理平台，完成在建人防工程质量监督工作，实现人防工程质监全覆盖。深化人防行业专项整治，做好人防工程防护产品质量抽检工作。推行“双随机一公开”活动，开展人防监理企业现场专项检查，进一步规范人防监理企业现场行为。加强人防工程安全维护管理。完成对全市竣工人防工程年度巡查、维护工作并做好相关台账记录，使用完好率达到90%以上。组织开展全市人防安全生产大检查活动，守住安全底线，接受省人防办安全生产暨维护管理年度考核。创新维护管理模式，探索人防工程维护管理市场化改革工作。

【人防专项治理“回头看”】 2020年，市人防办制定深入推进人防专项治理“回头看”工作方案，结合问题清单对整改情况进行再梳理、再盘点，并接受省市防办组织的“回头看”专项检查活动。坚持以案为鉴、以案促改、警钟长鸣，组织开展全市人防系统警示教育会。配合“回头看”工作，接受第三方审计机构对2019年度人防易地建设费及平战结合收入的专项审计。针对人防审批职能划转至行政审批局实际，加强与市行政审批局的沟通并建立协同会商审批机制，保障人防行政审批事项的平稳过渡。

【宣传教育】 在全市中小学发放《人防知识读本》1.3万余册。印制《防空防灾知识手册》3万册发放至各乡镇社区。利用广播电视、报纸、社区广告灯箱、主要街道电子广告牌等多种方式宣传人防政策、法律法规、国防形势和人防知识，对各级领导、机关干部、学校师生和城镇居民有针对性地开展各种宣传教育活动。有效地增强广大公民的国防观念和人防意识，营造领导重视、群众理解、全社会支持的良好氛围。2020年，溧阳市人防办被江苏省评为“人防工作先进单位”，被常州市住建局评为“岗位练兵”先进集体。

（李　剑）

政法综治和平安建设

【概　况】 2020年是政法综治和平安建设工作面临艰巨考验的一年。全市政法综治和平安建设战线认真落实中央和省、市部署要求，忠诚履职、敢于担当，为全市经济社会发展作出积极贡献。

2020年，市委政法委就政治轮训、请示报告重大事项、案件评查、纪律作风督查巡查、政治督察制定5个配套文件，推动政法机关加强政治建设和队伍建设。实行政法干部党性教育专题培训制度，并将2020年12月作为政法系统“党建活动月”，组织开展“习近平法治思想”专题培训、“重走长征路”等一系列主题党建活动，强化政法干部党性锤炼和使命担当。坚持“树典型、学先进”长效机制，组织开展第五届溧阳市“十佳政法干警”评选活动，通过组织发动、层层推荐、媒体宣传、公众投票、公示评定、专题表彰等环节，选树一批“身边的典型”，树立政法机关和队伍的良好形象。2020年，全市群众对政法机关和政法队伍执法工作满意率达97.41%，居全省第三、常州第一。

【服务大局】 2020年，面对疫情，市委政法委第一时间启动高等级勤务，广大政法干警和网格员闻令而动，依托大数据支撑，运用网格化机制，发扬铁脚板作风，全力做好研判预警、排查追踪、矛盾化解、服务群众等工作，构建“外防输入、内防扩散”的坚固防线。1月24日至2月29日，全市网格力量排查走访居民115.9万户次、279.1万人次，排查走访营业场所3.84万家次，发放防疫宣传册130余万册，为居家隔离人员提供服务30.73万次，协助化解疫情相关矛盾纠纷1.04万起。统筹疫情防控和经济社会发展工作，全力服务“六稳”“六保”，围绕全市“双攻坚”“双决胜”工作主题，出台《关于2020年政法服务保障全市重点工作的实施意见》《关于打造溧阳法治高地，优化法治化营商环境的意见》《关于法治护航建筑企业健康发展的意见》等一系列文件，为全市重点工作提供保障，助力溧阳经济高质量发展。“完成申特系企业破产重整”被评为2020年全市推进重点工作特别贡献奖，“烟花爆竹禁放取得明显成效”和“创新多元化纠纷调解工作机制成效明显”被评为2020年度全市优秀项目奖。

【风险防控】 2020年，市委政法委把打好防范化解重大风险攻坚作为重要工作，出台《关于进一步做好防范化解重大风险工作的通知》，召开工作部署会，围绕维护政治安全、反恐防恐、打邪治非等12个重点方面，明确防范化解牵头单位，制定全年工作计划，全面落实风险研判、风险防控协同、决策风险评估和风险防控责任“四项机制”，牢牢守住安全稳定底线。组织开展“排风险、建清单、除隐患、保稳定”专项行动，建立风险研判例会制度，形成重大风险清单，全部明确责任单位、协同单位和管控措施，集中稳控、全力化解。做好行政区划调整期间和涉众型投资等重点群体工作，开展政策宣传、属地管理、矛盾化解和应急处置，有效防止发生有影响的群体性事件和个人极端事件。

【信　访】 2020年，市委政法委提高政治站位，精心谋划部署，合力抓好落实，高质量完成全国两会等一系列重大活动期间的信访任务。持续攻坚突出矛盾，制定《溧阳市信访积案化解专班工作方案》，分类梳理交办化解类信访积案51件，实行挂图作战、压茬推进，全年信访积案化解率38%，为期3年的重复信访治理行动开局良好，化解率49%。对新增信访突出矛盾“随有随交、动态入账、纳入考核”，及时召开联合调处会议推动化解，避免小问题拖大、大问题拖炸。开展信访工作基层基础年和“三无县（市）”“四无镇（街道）”创建活动，统筹基层信访工作资源力量，提升及时发现、就地化解问题隐患的能力，防止矛盾外溢上行。在全省率先整合市接访中心、调解中心，成立市社会矛盾纠纷调处化解中心，并依托网格化治理等机制，在确保小事不出格、一般事项不出村、大事不出镇的同时，对上级下派、领导批示、上门信访、网格派单等信访矛盾做到全覆盖、全调处、全化解。2020年，溧阳市信访工作综合绩效考核位居全省第一，连续第三年被评为全省信访工作先进县（市）和信访“三无”县（市）创建先进单位。

【扫黑除恶】 2020年，市委政法委纵深推进扫黑除恶专项斗争，开展“线索清仓”“逃犯清零”“案件清结”“伞网清除”“黑财清底”“行业清源”等“六清”行动。自专项斗争开展以来，全市摧毁黑社会性质组织2个、恶势力犯罪集团3个、涉恶团伙3个、“套路贷”一般团伙6个，“6•14”“8•14”两个重点专案顺利完成一审庭审工作，“6•14”专案组被评为“全省扫黑除恶专项斗争优秀办案团队”。同时，以专项斗争为牵引，健全社会治安防控体系，全市主干道、重点部位监控覆盖率达100%，万人违法犯罪警情发生率、万人发案率持续低位运行。集中开展命案积案攻坚行动，成功攻克命案积案2起，全市现行命案、八类案件连续4年保持全破。组织开展治安重点地区排查整治和校园及周边环境综合整治，助力文明城市建设。加强易肇事肇祸精神障碍患者等特殊人群管控，有效维护社会安全和政治安全。2020年，全市群众安全感98.96%，位列全省、全常州前列。

【法治建设】 2020年，市委政法委贯彻《重大行政决策程序暂行条例》，出台《溧阳市重大行政决策目录管理办法》等文件，开展法治政府建设“补短板、强弱项”专项活动，溧阳市被评为“全省法治政府建设示范县（市）”。推进法治乡村建设，助力乡村治理现代化。深化司法体制综合配套改革，新型办案机制不断健全，入额办案、办案担责、有责追究的司法权运行机制正在形成。深化“分调裁审”机制改革，完善立案庭初次分流、非诉讼服务分中心二次分流机制，促进矛盾纠纷分层过滤化解。推进刑罚执行一体化建设，开展“智慧矫正”试点工作。做实公益诉讼，检察机关共立案47件，提起公益诉讼3件。做好“七五”普法收官工作，建成溧阳法治文化主题公园和青少年法治教育实践基地，开展“疫情防控 法治同行”专项行动、“美好生活 法典相伴”主题活动和“民法典，典亮美好生活”法治文艺巡演活动，开办《我是溧阳法治代言人》栏目，法治宣传教育有声有色。2020年，溧阳市法治建设满意度达93.4%，位列全省前列、常州第一。

【网格化社会治理】 2020年，市委政法委加大资源整合力度，除古县街道，市镇两级网格化、数字化城管、“12345”办公一体化建设全部到位，溧阳市被常州明确为“一心两智”建设示范点。加大多元共治力度，出台《关于建立溧阳市村（社区）网格化工作联动站的实施意见》，整合社会治理资源，构建集服务、管理、处置、执法为一体的网格化治理联动工作体系，八字桥、庆丰、桂林等8个村及嘉丰社区、东升新村完成建设并投入运行。出台《关于开展“三官一律”进网格工作的实施意见》，“一员多格”实现网格全覆盖。推进“网格+警格”双网融合，全市警网关联率100%，溧阳市成为全省“网格＋警格”联动融合示范点。强化网格化指挥平台大数据应用，定期分析研判，及时部署“小化工专项整治行动”“亮尾行动”等网格巡查重点，并为党委、政府决策提供信息支撑。把综治维稳主业融入网格化治理，牵头整治一批危害公共安全和群众合法权益的案事件，凸显网格化治理效能。清华大学社会学系社会治理研究实践基地落户溧阳市，常州市社会治理学院溧阳分院挂牌成立。2020年，全市网格规范达标率达95.9%，位列全省第七、常州第一。

（沈　超）

公　　安

【概　况】 2020年，全市公安机关紧扣市“两个突破年”工作主题，统筹做好战疫情、护安全、保稳定、促发展各项工作，为全面建成小康社会交上一份党和人民满意的“溧阳公安答卷”。

坚定政治大局。牵头社会面疫情管控工作，联合卫健、各镇(街道）落实入境人员防疫管理、企业复工前防疫安全检查，获常州市委政法委集体通报表扬，交警大队获评全省抗疫工作先进集体。落实“135”快速反应、合成指挥机制，年内联合南航高校等组织突发应急演练7（场）次，及时处置突发事件160余起，疑难警情1900余起，救助有自杀倾向人员111名。

坚持政治建警。组织学习习近平总书记重要训词精神和《习近平谈治国理政（第三卷）》等最新政治理论，开展党委中心组集中学习25次，组织支部学习活动100余次。坚持从严治警。推进全国政法队伍教育整顿、“三教三比”主题活动和常州市委巡察整改，细化分解整改问题。专题观看《国家监察》《镜鉴》等警示教育片，以支部为单位组织开展“廉洁文化月”活动47次。坚持从优待警。落实四位一体暖警工程，强化常态关心慰问、教育训练、健康体检。深入挖掘先进事迹和感人故事，通过“最美系列”宣传评选活动展示风采、激励斗志。2020年，33个集体、316人次获得各级表彰。

【治安管理】 2020年，纵深推进扫黑除恶专项斗争，累计破获涉黑恶案件363起，抓获违法犯罪嫌疑人1043名，查封、扣押、冻结涉案资产33.73亿元。攻克“2001·1·11”“2003·3·22”命案积案，5天4夜110小时攻克“11·24”重大恶性命案，连续10年保持现行命案全破、万人发案率常州最低，公众安全感保持全省先进水平。2020年，侦破10万元以上案件35起，百万元以上案件3起，止付冻结资金1000余万元，返还受害人资金200余万元；集中开展防诈宣传，组织专题防骗讲座80余场，全市二星以上企业财会人员实现“零被骗”。

【服务保障工作】 2020年，走访服务企业800余家，协调解决困难诉求53件；全力服务人才招引，除乡镇自然村外，放开落户限制，对到溧创业人员，企业招聘人员、特殊人才做好落户保障。挂牌成立食品药品和环境犯罪侦查大队，完成森林派出所转隶；破获假冒“上上”商标等侵犯知识产权、破坏市场秩序经济案件71起，为企业挽损1700余万元。形成“老陈调解室”“乡贤调解”等一批多元调解品牌，《县域治理现代化的溧阳公安实践与探索》调研课题被评为“常州市政法工作重点调研课题评选”三等奖。1200余名警力全面落实文明城市迎检重点工作，高水平交出“公安答卷”。《犬只规范化管理》项目被评为“2020年度常州政法工作创新创优奖”三等奖，市文明交通测评指数保持全省先进水平。

2月16日，溧阳北执勤点执勤人员在大雪中坚守岗位

（市公安局　供稿）

【监管整治】 2020年，严整道路交通安全。深入实施道路交通安全综合治理三年行动计划，全市交通亡人事故数和亡人数比上年分别下降31%、30.6%，以全市电动车治理样本为主题的调研报告被省委、常州市委内刊采录推介。严整化工安全，开展危化品安全专项整治，拉网排查梳理全市222家相关企业及237辆危化品运输车，查办一起非法排废100吨以上的刑事案件。严整群租房安全，推广“微安居”小程序，开展出租房、群租房安全隐患联合排查整治，查处不按规定登记承租人信息案件391起。严整新业态安全。强化寄递物流管理，每月随机抽查开箱验视、实名登记“2个100%”落实情况，先后处罚违规寄递企业6家。

（王　萍）

检　察

【概　况】 2020年，市检察部门出台服务保障全市“两大突破年”工作主题的“15条意见”与助推疫情防控和经济社会发展的“6条意见”。强化对民营企业的平等司法保护，起诉影响非公有制经济案件20件41人。出台涉民营企业刑事案件工作办法，在12309检察服务中心开辟涉企案件办理“绿色通道”。开展涉民营企业“挂案”清理专项活动，监督撤案5件。联合市公安局开展打击制售假章假证违法犯罪专项活动，起诉15人。落实最高人民检察院要求，从保障企业发展稳定出发，对涉嫌犯罪的民营企业投资者、经营管理者和技术骨干等关键岗位人员，在法律界限内不批捕3人、不起诉5人，以刚中有柔的办案传递司法的温度。依托企业刑事风险防范中心，为1600余名各类企业人员提供法治教育。助力企业复工复产，成立工作组，主动走进140余家企业，发放防范法律风险提示函，提供法律咨询。

在助力防范风险方面，重点惩治非法集资等破坏市场经济秩序犯罪，起诉43人，涉案总金额超过3370万元。在办案中尽可能挽回群众损失，降低和防止涉稳等方面的次生风险。形成安全生产、生态资源违法犯罪案件等专题调研报告，供市委、市政府决策参考。在助力污染防治方面，以水资源污染、扬尘污染为重点，主动监督、强化对偷排废水废气、非法占用农用地等问题的打击整治，起诉相关犯罪18人。开展生态保护公益诉讼专项行动，督促清理水源5处，恢复治理水域面积8.4亩，分别与金坛区、宜兴市、广德市建立跨区域生态资源保护检察协作机制。在助力精准脱贫方面，办理涉农违法犯罪案件8件，与相关部门会签《关于整治拖欠农民工工资问题加强协作的实施意见》，依托检察职能帮助14名农民工追讨欠薪43.6万元。发挥司法救助功能，救助被害人等困难群众24人，发放救助金12万元，防止和减少因案致贫、因案返贫。开展“党员义工365”活动，组织干警开展常态化阳光扶贫走访困难群众，结队共建，发挥驻村第一书记作用，完成扶贫目标任务。

提出充分发挥检察职能深度融入网格推进市域社会治理现代化的实施意见，推进“检察官进网格”，37名检察官定点联络全市207个社区、街道及行政村。结合“七五”普法活动，进企业、进校园、进社区、进乡村，共开展普法活动32次。与南京航空航天大学天目湖校区联合开展检察宣传进高校活动，开启共建法治校园之路。加强与市法院、司法局、民政局、妇联等部门的沟通联系，重点关注残疾人、老年人、进城务工人员等弱势群体的权益保障，起诉侵犯弱势群体权益犯罪86人，实现案件办理的“三效合一”。针对小区电梯安全故障、业主装修私自拆除承重墙等问题，提出社会治理类检察建议15份，守护群众人身和财产安全。疫情期间，49名检察干警担任防疫“楼长”及志愿者，参与全市疫情防控大局。起诉口罩诈骗、家长群行骗等涉疫情刑事案件7件，严厉打击疫情期间犯罪。

【司法办案】 2020年，发挥检察职能保安全护稳定，增强人民群众安全感，批捕犯罪嫌疑人262人，起诉1102人，出庭指控833件。起诉恶势力犯罪10人，做好两个黑社会性质犯罪组织专案的出庭公诉工作，组建最优的公诉团队，制作出庭预案500余页18万字，证据展示PPT1300余页。通过强有力的指控，两个专案的绝大多数被告人认罪认罚，取得良好的庭审效果。在严厉打击的同时，坚持罪刑法定等原则，既不降格处理，也不拔高凑数。追加认定黑恶犯罪2人，对不构成黑恶犯罪的7人依法不予认定。针对犯罪特点、成因，提出加强管理、堵漏建制的检察建议2件。

提前介入引导侦查“11·24”杀人案，批捕保姆杀人案、“9•9”电信网络诈骗案等社会广泛关注的案件。起诉涉枪涉爆、危险驾驶等危害公共安全犯罪348人，比上年增长44.4%。严厉打击故意杀人、盗抢骗等严重暴力及易发多发犯罪，起诉307人。严惩电信网络诈骗、侵犯公民个人信息、保健品“骗老坑老”、非法集资、“套路贷”等骗“血汗钱”、赚“黑心钱”的犯罪分子，批准逮捕47人，比上年增长近8倍，对危害食品、药品安全等犯罪起诉17人，比上年增长近4倍。参与社会治安防控体系建设，起诉“黄赌毒”犯罪140人，比上年增长10.2%。

开展唤醒“沉睡的法律条款”系列活动，逐步推进落实免于刑事处罚后非刑罚措施适用、罚金刑减免、剥夺政治权利人员管理等7项司法实践，将“纸上的法律”成为实践的“践行准则”。分别与市公安局、司法局等职能部门出台全省首个关于拘役罪犯服刑期间回家的实施意见、被剥夺政治权利罪犯监管实施办法等规范性文件。

将检察环节“案—件”比从2020年年初的1.8降至1.27，在遵循司法办案规律的前提下，通过提前介入引导侦查、自行补充侦查等方式，尽可能减少案件延长审查期限、退回补充侦查等影响办案时效的因素。探索轻微刑事案件“认罪认罚＋快速办理”模式，推动30%的刑事公诉案件实现速裁程序办理，平均办案期限缩短3天。全面做好当事人认罪认罚自愿性审查、量刑协商、签署具结书等工作，认罪认罚案件适用率达到95.6%，适用认罪认罚案件审结数比上年增长32.44%，确定型量刑建议采纳率达到97.3%，不仅节约司法资源，也促进被告人认罪悔罪、被害人宽宥谅解，修复受损的社会关系。

改造12309检察服务中心，完善便民服务设施。实行“群众来信件件有回复”制度，对287件群众来信来访做到7日内程序性回复、3个月内办理情况答复。对不符合受理条件或原处理正确的案件，耐心释法说理，聘请30名人大代表、政协委员、人民监督员，组建常州市检察机关首家“听证员人才库”。邀请律师参与信访接谈，组织公开听证、公开答复56次，刑事和解11件，促进案结事了。

【法律监督】 2020年，坚持法律监督的宪法定位，与各职能部门一起促公正、提公信，办理刑事、民事、行政类监督案件190件。办理立案、侦查、审判、执行等刑事诉讼各环节监督案件88件。落实以审判为中心的刑事诉讼制度改革，加大引导侦查、审前过滤、诉讼监督力度，依法监督侦查机关立案、撤案20件，审查起诉准确改变定性102件，追诉漏犯漏罪12人，提出抗诉或提请抗诉6件。加强与监察机关沟通，互相配合、互相制约，建立健全办案衔接、反馈等机制，提前介入案件9件。加强刑事执行检察，开展服刑人员违规领取基本养老金专项监督和保外就医专项监督。监督将4名被判处实刑但未执行的罪犯收监执行。与市法院出台刑事裁判涉财产部分执行活动法律监督若干具体问题的规定。加强刑事强制措施执行、财产刑执行等监督工作，提出书面监督意见16件。

将精准监督作为民行检察监督的首要标准，办结民事和行政监督案件102件，发出再审检察建议5件，采纳率100%，提出执行监督、审判程序监督类检察建议69件，采纳率91%。对20件申请监督案件决定不予支持监督，并通过释法说理、引导和解等途径，最大限度做好息诉服判工作。探索行政诉讼案件中久访不息的案件实质性化解，在办理环境污染行政争议监督案件中，多次走访调查，在充分论证化解可行性的基础上与案件当事人、行政机关、法院多方沟通协商，以公开听证促成双方矛盾化解，当事人主动息诉息访，在常州基层检察院中率先实现行政争议实质性化解零的突破。

以双赢、多赢、共赢理念为引领，贯彻落实市人大常委会对检察公益诉讼工作的审议意见。立案审查公益诉讼案件47件，把诉前实现维护公益目的作为最佳状态，97%的行政公益诉讼案件通过诉前检察建议得到解决。提起民事公益诉讼案件3件，法院全部支持诉讼请求。落实“四个最严”工作要求，与多部门开展食品药品专项整治活动。对办案中发现的线上减肥食品肆意买卖乱象和私设生猪屠宰场问题，制发检察建议促进监督管理制度完善。开展公益诉讼“回头看”专项活动，邀请人大代表、政协委员实地察看黑臭水体污染整治情况，确保检察建议落到实处。开展文物保护专项行动，与市文体广电和旅游局排查全市66处文保单位，提出检察建议9份，有效推动文物保护制度的落地。

依法从严从快惩治虐待、性侵儿童等犯罪，办理相关案件50件，开展心理疏导34人次，社会救助19人次，亲职教育12次。

对29名未成年犯罪嫌疑人，按照教育为主、惩罚为辅的原则依法从宽处理，其中，不批捕4人，附条件不起诉13人，不起诉3人。牵头市教育局等8个部门建立侵害未成年人权益案件强制报告制度，上报19人次。通过建立的教职工入职查询制度，联合市公安局查询9286名拟入职或在职人员，发现前科劣迹或正被刑事追究人员14人，交相关部门跟进处理。构建困境儿童守护人机制，支持起诉变更监护人3件3人，让“不履职”的父母“不占位”。打造“菲菲说法”未检普法宣传品牌，为全市青少年开展校园暴力、防侵害等普法讲座16次。对办案中发现的网吧违规接纳未成年人上网问题，发出常州市首例未成年人保护公益诉讼诉前检察建议，并与相关职能部门联合开展“清网行动”。

【学习教育】 2020年，开展党组集中学习15次，组织全院培训15次，锻造忠诚、干净、有担当的检察队伍。向市委、市委政法委、上级检察院请示报告重大事项20次，被评为“五个好”市级机关党组织。推进“党旗更红、检察更蓝”系列党建活动，举行“我的初心我践行”“道德讲堂之‘焦裕禄精神’讲述”等活动9次。

以强化干警综合实战能力为导向，实施青年人才培养、岗位素能提升的人才兴检战略，着力固根本、挖潜能。以训促学、以赛促练、以研促思，开展融培训、小课堂、辩论赛等活动32次，与市市场监督管理局建立互挂互促干部培养机制，提升干警专业能力。院团总支被评为江苏省五四红旗团支部，2个专业化办案团队被省检察院表彰，1人在全省检察业务比赛中荣获业务能手称号，5人次在省、市级以上期刊发表调研文章获奖。

通过检务督察、专项治理等方式，持续整治形式主义、官僚主义等“四风”问题。以“零容忍”态度严惩检察人员违法违纪行为。以案为鉴，坚持问题导向，开展为期两个月的“纪律作风整顿月”活动，以查纠突出问题为目标，精准开展警示教育。通过检察长上警示教育专题党课、支部专题学习、面对面谈心谈话以及批评与自我批评，让纪律红线更亮、让底线意识更强。严格落实“三个规定”填报，开展出入境、任职回避、违规投资经商等专项检务督查10次，确保无遗漏。

【检务公开】 2020年，主动接受社会各界监督，公开各类法律文书986份、重要案件信息242条，走访全市19家律师事务所和6家法律服务所，充分听取意见。举办“民有所呼、我有所应”等检察开放日活动5次，提升检察工作透明度和检民联系紧密度。依托“两微一网”平台，让检察工作走出“法律圈”，融入百姓“朋友圈”，开设走进检察、说案品味等8个专栏，拍摄民法典、脱贫攻坚宣传短片，干警自编自导的微电影《我相信》获省“三微”比赛三等奖。

（周晨宇）

法　院

【概　况】 2020年，市法院围绕“努力让人民群众在每一个司法案件中感受到公平正义”目标，牢牢把握“司法为民、公正司法”工作主线，忠实履行宪法法律赋予的职责，各项工作取得新突破、实现新发展。全年受理各类案件20505件（含旧存2905件），审执结案件19364件，比上年分别下降8.75%、1%；结案率、结收案比分别为94.44%、110.02%，在常州7家基层法院中分别位列第一和第三、在全省110家基层法院中分别位列第六和第十一，审执质效持续向好。

持续巩固深化主题教育成果，牢固树立接受监督意识，坚决支持配合省委政法委专项督察、省法院司法巡查、常州市委政治巡察工作，对巡察反馈意见诚恳接受、照单全收，将反馈问题细化分解成42项整改任务、72项整改措施，以钉钉子精神狠抓整改落实。推进“微党校”建设，筑牢全院党员锤炼党性修养、塑造过硬作风的教育培训“主阵地”。加快推进“一支部一品牌”创建，打造“职务犯罪研究暨防控中心”“护企安商”等特色党支部，激发基层党组织活力。

建立健全从严监督管理体系，在内设机构、纪律作风、基础设施建设招投标等重点领域和关键环节开展专项督察11次。开展“三项队建”和司法作风问题专项整治等活动，聘任30名社会人士担任特约监督员、16名院内中层副职担任部门廉政监察员以强化内外部监督。坚持“惩前毖后、治病救人”方针，开展党史国史教育、纪律规矩教育和廉政警示教育，实现监督执纪由“惩治极少数”向“管住大多数”拓展。1名干警受到诫勉谈话处理、2名干警受到党纪政纪处分，接受廉政警示教育690人次。

常态化开展岗位练兵、文书

评比、业务研讨、教育培训和办案竞赛等活动，全方位提升干警履职能力。全年组织463人次参训学习60次，获得“集体三等功”“溧阳撤县设市30周年‘时代先锋’”“全省法院刑事审判工作先进个人”等市级及以上荣誉30项，2篇案例入选《中国法院2020年度案例》，“‘申特系’公司实质合并重整案”入选江苏法院2020年度“十大典型案例”，并被写入江苏省高级人民法院工作报告。建立健全驻院人民调解员管理考核体系，实行“有进有出、优胜劣汰”的市场化退出机制和“一案一补、分档考核”的常态化激励机制，助力提升人民调解员矛盾纠纷化解的能力水平和主动效能。创新人才培养模式，实行聘用制书记员转岗调解员制度，助力书记员业务能力提升和职业发展通道畅通。1名资深聘用制书记员被遴选作为调解员派驻在竹箦人民法庭，全年调解撤销案件179件，位列全院第二。

【防疫司法】 2020年，市法院牢固树立全市防疫工作“一盘棋”思想，组织137名干警紧守社区楼栋防疫“大门”，精选30名书记员组成“速录队”，日夜奋战录入约占全市1/3、178590条“平价口罩购买信息”。推广“互联网+”诉讼模式，引导群众通过江苏法院诉讼服务网、江苏移动微法院、江苏微解纷等平台线上办理诉讼事宜，疫情期间共网上立案1584件、调解1456件、保全查控1730件、庭审128次，实现疫情防控不松懈、诉讼服务不打烊。坚持依法严惩方针和善意审慎文明理念，统筹做好疫情防控和维护稳定、复工复产工作，7天快速审结常州首例“编造虚假涉疫信息案”，妥善运用和解、调解、“活封活扣”、保全财产置换等方式处理“天目湖先进储能技术研究院有限公司追索货款案”“天目湖城市广场租赁合同纠纷系列案”等案件148件，有力服务保障后疫情时代经济社会平稳健康发展。

【扫黑除恶】 2020年，市法院始终把依法严惩与“打伞破网”“打财断血”作为主攻方向，决战决胜扫黑除恶收官之年，三年审结涉黑恶案件20件99人，执结涉黑恶罚金刑案件61件，审结率和执结率均为100%，判处五年以上有期徒刑36人，移送涉黑恶及“保护伞”线索54条，判处罚金2187.5万元、没收违法所得220.33万元，上缴国库和退赃退赔近6.65亿元，查扣冻涉案资产36.23亿元，执行到位122.08万元，坚决确保“案件清结”“黑财清底”。紧盯重大涉黑恶案件不放松，在市公安局、检察院、司法局等单位的配合下，审结被告人32名、涉及罪名14项、涉案资产超全省其他涉黑案件总额达30亿余元、犯罪时间跨10余年、辩护律师52人、庭审（包含庭前会议）历时20天、判决书552页、卷宗500余册、省扫黑办唯一听取个案专项汇报的“6•14”涉黑案，以及以开设赌场等方式严重危害全市安全稳定、16名被告人全部当庭认罪认罚、被列为省挂牌督办案件的“8•14”涉黑案，两案首要分子分别获刑23年、18年。2020年，市法院刑事法庭被江苏省扫黑除恶专项斗争领导小组表彰为“全省扫黑除恶专项斗争优秀办案团队”。

【府院联动】 2020年，市法院聚焦“六稳”“六保”、供给侧结构性改革，提出“能动、全面、善意、审慎、创新”法治化营商环境十字方针，出台《服务保障溧阳法治化营商环境若干意见》《护航建筑业健康发展工作措施》等文件，深入58家市重点企业走访交流，发送营商环境共治司法建议书7份，努力让“法治保障强起来”“营商环境暖起来”。深化府院联动机制建设，健全完善市场化、法治化、常态化破产审判工作机制，全年新收破产案件23件、审结16件，较上十年收案9件和结案2件，分别增长156%和700%，有效安置分流员工3130人，盘活资产约70亿元，化解债权约185亿元，实现破产审判工作量与质重大突破。其中，对涉员工3000余名、债权人550户、债务约180亿元、涉诉纠纷近300件的“申特系”12家关联企业适用实质合并破产重整方式审理，采取引入专业经营管理团队、实行对外整体出租经营等举措维持企业正常生产经营，不仅有效保障企业“破产不停产、职工不下岗”，实现经营产值55.7亿元、税收1.36亿元，成功推动企业在短短6个月内完成破产重整，清偿债务58亿元、引入投资176亿元，更为企业转型升级后年产值、税收预计提升至1450亿元和20亿元奠定基础。

【法治护航】 2020年，市法院发挥行政审判预防化解行政争议主渠道、监督支持依法行政主手段的职能作用，全年审结行政诉讼案件106件，调撤36件，行政机关一审败诉率为4.72%，保持低位态势。聚焦推动行政争议实质性化解，深化司法与行政良性互动，建立健全常态化案件沟通协调机制，依托联席会议、案件研讨、上门送法等方式，成功联动化解“昆仑街道方里村委‘外嫁女’拆迁安置补偿权益争议案”“教育培训机构‘疫期’发放小广告行政处罚案”“王某某不服行政强制措施决定案”等行政争议5起。加大对不诚信诉讼行为制裁力度，对5名不诚信诉讼参与人采取罚款、悔过等处罚措施，助力社会诚信体系建设。主动延伸拓展审判职能，针对办案过程中发现的公共决策、行政执法、社会管理等问题，及时提出“强化集体土地征收证据意识”“堵塞邮政速递物流扫码漏洞”等司法建议22条，实现以司法建议“小切口”做好法治建设“大文章”。开展法治宣传教育，充分运用“一网两微”自媒体和《人民法院报》《江苏法制报》等媒体全方位展示法院工作，依托“法治大讲堂”“法律六进”等活动平台开展《中华人民共和国民法典》等法律政策宣讲24次，讲好法治故事，传播法治好声音。

【守护民生】 2020年，市法院坚持依法严惩危害民生犯罪，审结故意伤害、“两抢一盗”等危害群众人身安全的暴力型犯罪案件191件225人，涉案1.28亿元的“易乾宁”非法吸收公众存款案等侵害群众“钱袋子”的经济犯罪案件5件9人，“叉车碾压身亡案”“触电摔跌身亡案”等安全事故案件3件3人。聚焦未成年人合法权益保护，依法妥善审结社会广泛关注的“上兴镇两岁幼童虐亡案”、全市首例“申请撤销监护人资格案”等涉少案件44件。深化与市妇联、市教育局等单位合作，联合聘请22名家事调解员、家事调查员、心理疏导员助力家事纠纷多元化解，依托“法治校园”平台推动关心下一代工作深入开展，营造关爱妇女儿童良好社会氛围。加大司法救助力度，为当事人减缓免诉讼费41.46万元、发放救助金75.16万元，积极传递司法温暖。开辟劳动者维权“绿色通道”，快立快审快执欠薪纠纷案件822件，为劳动者追回“血汗钱”1811.86万元。

【优化执行】 2020年，市法院全面推进执行指挥中心“854模式”迭代升级，以建立执行案件“中间库”和推行“无纸化”办公等方式集聚信息化、集约化管理优势，助力构建切实解决执行难长效机制。全年执结案件8909件，比上年上升9.84%，执行到位金额13.01亿余元，有财产可供执行案件执结率、无财产可供执行案件终本合格率均为100%。加强执行震慑，常态开展“打财断血”“涉金融”“涉民生”等专项执行行动20次，4437件案件随裁判文书发放《自觉履行生效法律文书》倡议书，司法拘留13人次，公布失信被执行人4598人次，限制高消费5400人次，发布执行悬赏公告20条，司法拍卖成交197件7.78亿元，高效兑现当事人胜诉权益。开展执行领域突出问题专项整治，落实“一案一人一账号”、执行案款发放五级审批等制度促使案款发放更规范，专项清理超期未发放执行案款347笔1.79亿余元，逐步实现执行信息化、制度化、规范化。建立健全涉党政机关、涉民生、涉重点工程等特殊案件执行工作机制，以开辟立审执绿色通道、灵活运用保全措施等方式，妥善执结特殊案件1569件。

【多元解纷】 2020年，市法院聚焦市域社会治理现代化建设，坚持“源头预防在先、多元解纷为主、司法裁判兜底”理念，加快推进“一站式”多元解纷机制优势转化为社会治理效能。深化“一心四点多元”平台建设，打造“商事纠纷”“婚姻家庭纠纷”等特色调解室以提升人民调解工作社会影响力，择优选聘34名各行业领域人员担任常驻或特邀人民调解员充实人民调解力量，不断提升诉前解纷实效。2020年，诉前分流各类纠纷4500件、成功化解1391件，诉前分流率59.56%、化解率30.91%，一审民商事新收案件比上年下降21.16%，“民事行政案件万人起诉率”从常州地区末位迈入第一方阵。坚持共建共治共享工作理念，开展“百名法官进百村”活动，强化与物业纠纷调解委员会、百姓议事堂、网格、村委会等基层组织沟通对接，群策群力化解“花园排挡15名租户逾期支付租金案”“溧城街道福阳社区居民房存放骨灰扰民案”“南渡镇福星村委13户村民农村土地承包经营案”等纠纷，有效推动矛盾纠纷源头预防化解。

【长效监管】 2020年，市法院坚持精准化施策与标准化管理、常态化监督相结合，制定《法官审判权力和责任清单》《“六类案件”监督管理办法》等文件让审判权责边界更明晰，常态化开展审判质效指标月分析会、案件质量评定会等工作让审执目标更明确，采取审判质效“流动小红旗”“红黑榜”等举措让比学赶超氛围更浓厚，动态开展审判质效“提升月”“巩固冲刺月”等加班活动让奋勇争先意识更坚定，实行部门负责人、分管院领导和院长三级审批制度让审限审批手续更严格，有效构建出制度、流程、机制管人管事的“铁三角”。2020 年，法定正常审限内结案率、一审简易程序适用率、12 个月未结案件数等核心质效指标均位居常州地区前列，审限延长案件数比上年下降 91.12%。主动邀请派驻纪检监察组组长列席审委会、质评会、审判质效指标月分析会等核心业务会议，使纪检监督从“事后查处”向“事前事中监督”转变，助推司法公正高效廉洁。

【综合施策】 2020 年，市法院深化“分调裁审”机制改革，完善立案庭初次分流、非诉讼服务分中心二次分流机制，打造“诉前调解、简案速裁、繁案精审”多层次审判模式，实现矛盾纠纷分层过滤、专业化解。建立“案随人走、人随案走”工作制度，动态监测分析各部门人案配比情况，适时分流案件、调整人员，有效改变部门人案失衡、法官忙闲不均问题。深化刑事诉讼制度改革，引入缓刑听证制度，邀请 16 名代表委员、特约监督员参与听证 3 次，推动缓刑适用过程更公开、程序更规范。建立“院考核到部门、部门考核到个人”的二级考核机制，强化绩效考核结果与职级晋升、评先评优、奖金分配等挂钩，更好发挥考核“指挥棒”作用。深化司法公开“四大平台”建设，全年上网裁判文书 19682 份、庭审直播 5917 次，分别位列常州第一、第三。坚持把“请进来”与“走出去”相结合，主动加强与代表委员沟通联络，全年走访和邀请代表委员旁听庭审、见证执行、座谈交流、视察法院 376 人次。

【智慧司法】 2020 年，市法院探索区块链、大数据、“互联网 +”“人工智能 +”等现代科技在司法实践中的运用，加快推进审判体系和审判能力现代化，让法院管理更智能、法官办案更高效、群众诉讼更便捷。紧盯“减负赋能”要求，在速裁庭、天目湖人民法庭试点全流程无纸化办案，以中间柜为依托、电子卷宗为载体、语音识别为手段、审判流程公开网为渠道，实现案件办理全程留痕、信息共享、节点管控、同步推送的“云”模式。相较于传统模式，庭审时间平均缩短 30% 至 50%，简易文书制作时间缩短至 15 分钟。紧盯“纾困惠民”目标，加快推进“一站式”诉讼服务体系建设，以实现“全国跨域立案”“省内跨域查档”诉讼服务改革、建成“24 小时自助诉讼服务中心”等举措，有效突破诉讼“时空”限制，切实打通司法为民“最后一公里”。跨域立案 137 件，跨域查档 14 件。

（周　超）

司法行政

【概　况】 2020 年，市司法局围绕市委市政府“两大突破年”和“司法行政工作成效突破年”工作主题，统筹各项职能，推进重点工作，服务“四大试点”，为夺取“双胜利”提供法治保障。高质量发展绩效考核位列常州市司法行政系统第一名。

完成机关支部和工会换届选举工作，成立律师行业党委，落实党建工作指导员、联络员制度。成立市委巡察反馈意见整改工作领导小组，完成巡察反馈集中整改工作。制定《意识形态工作责任制》，完善宣传审核制度，注重意识形态阵地建设，2020 年在省级以上媒体刊发稿件 44 篇，常州级媒体 29 篇。加强扫黑除恶长效机制建设。局机关增加 6 名政法编制。理顺司法所的管理体制，统一司法所标识标牌和印章，由司法局党组任命 12 名司法所所长，确保司法所建设“五不变一加强”要求落到实处，会同市委编委和各镇（街道）对全市司法所 38 个政法专项编制实行实名登记、动态管理。规范对编外用工的招录、使用和管理，按程序招录 23 名专职社工。

【法治建设】 2020 年，市司法局召开市委依法治市委员会第二次会议、办公室全体（扩大）会议。市委常委会、市政府常务会议分别听取有关法治建设工作汇报。开展法治政府建设“补短板、强弱项”专项活动，开展法治建设专项督察工作。完成“法治溧阳”LOGO、法治吉祥物设计，开办《我是法治代言人》栏目，在有线电视、“自在溧阳”APP 等开设“法治”专栏。以深化“百姓议事堂”建设为契机，启动城乡基层“援法议事”活动。全市法治建设满意度 93.4 分，位列全省前列、常州第一；市委依法治市办公室被评为 2020 年度依法治省工作成绩突出单位；市司法局被评为江苏省合法性审查先进集体。

【法治政府建设】 2020 年，市司法局依法履行镇（街道）赋权清单上报审批手续、规范赋权事项职责交接流程、出台综合执法相关工作制度、组织开展综合执法相关业务培训。针对改革工作中出现的问题，深入研究，编印《法治专报》，首期获市委书记批示肯定。理顺规范性文件制定主体，起草出台《2020年度市政府规范性文件制定计划》。行政复议答复质量和复议案件办理水平进一步提高，经市政府复议的案件无一起被法院撤销、变更或确认违法。2020年，制发10份书面建议函。承办市政府依申请政府信息公开案件33件。受理行政复议申请50件，审结39件。其中，确认违法1件，申请人自愿撤回13件，综合纠错率达36%。发生行政诉讼案件123件，其中以部门为被告的91件，以市政府为被告的有32件，包括市政府因复议为共同被告的16件，法院作出裁判20件，市政府领导出庭应诉次数6次，行政机关负责人出庭应诉率达98%以上，以市政府为单独被告的行政机关负责人出庭率达100%。被评为全省法治政府建设示范县市。

【“七五”普法收官】 2020年，市司法局深度培育市、镇、村和线上、线下普法品牌，加大普法产品研发力度。建成溧阳市法治文化主题公园和青少年法治教育实践基地，借力全域旅游开发，以“旅游+法治文化”打造新型的教育阵地，天目湖镇法治文化特色园初具规模。开展“疫情防控·法治同行”专项行动，组织开展“美好生活·法典相伴”主题活动，编印《民法典365问》《民法典宣传册》，创作《民法典颂·三字歌》，开展“民法典，典亮美好生活”法治文艺巡演活动。做好国家和省级民主法治示范村（社区）创建工作，戴埠镇戴南村创成全国民主法治示范村，省级民主法治示范村（社区）创建率达52%。高质量通过省、常州市“七五”普法终期考核评估。

【矛盾纠纷化解】 2020年，市司法局提升非诉讼纠纷机制建设，重点加强法院非诉分中心协调推进，建成以市非诉中心为总指挥，法院分中心为轴，其他专业分中心联动支持的非诉讼调处工作体系，并取得明显成效。与市妇联共同设立市婚姻家庭纠纷人民调解委员会，建立“婚调委”专家库，建立3家标准化家事调解社区工作室，在市民政局婚调工作室引入婚姻家庭危机干预及心理辅导服务。2020年12月，在全省婚姻家庭纠纷化解现场会上作交流发言。年内，全市各级调解组织排查纠纷7092次，调解纠纷15997件。市司法局被评为全国人民调解宣传工作先进集体，市医患纠纷人民调解委员会被评为“全国模范人民调解委员会”。

【特殊人群管理】 深入《中华人民共和国社区矫正法》学习宣传贯彻，严格按照规定，成立社区矫正工作委员会，严格依法完善各项工作制度，配齐专职社工，提升监管水平。深入推进刑罚执行一体化工作，探索完善监狱与亲属在社区矫正中心视频会见机制。推进“智慧矫正”试点建设，整合公安、检察院、法院数据，积极融入网格化社会治理体系。与9名贫困特殊人群未成年子女建立结对帮扶。2020年年底，在册社区矫正对象416人，其中缓刑409人，假释5人，暂予监外执行2人，在册社区矫正对象比2019年年底增加33人；在册安置帮教对象2435人，其中刑释1485人，解矫1050人。全年接收安置帮教对象561人，年末有在册后续照管对象127人；接回“必接必送”刑满释放人员40名，重点刑满释放人员接回率100%。

【公共法律服务】 2020年，市司法局落实“六稳”“六保”任务，开展“法治体检四进四送”专项法律服务活动，推动公共法律服务进园区。开展“百所帮千企”专项活动，实地走访600余家企业。卢天明律师事务所成功代理全国最大虚假诉讼案件，被最高人民法院列入2020年度十大案例之首。发挥法院立案受理、检察院涉法涉诉窗口、信访接待、妇联维权中心等窗口“公益律师服务岗”作用，为1000余名群众免费提供法律帮助，代写诉状150份。推动村（社区）法律顾问进网格，提供上门服务589次，举办法治讲座和开展法治宣传（法律咨询）753场次，调解矛盾纠纷360件，协助处理村（社区）重要法律事务126余件，参与公益活动695次。全市19家律师事务所，189名执业律师，办理各类法律事务9368件，其中民事案件7504件，刑事案件412件。6家基层法律服务所，28名基层法律服务工作者，代理民商事案件1679件，担任法律顾问930家。办理指派法律援助案件931件(民事687件，刑事244件)，接听12348热线电话1505个。公证处办结各类公证事项2668件。设立公职律师机构14家，公职律师18名，公司律师机构1家。

（蒋军明）

公用基础设施建设

【概　况】 2020 年，溧阳市建设公用基础设施项目 13 个，其中，新建项目 9 个，续建项目 4 个，总投资额 3.24 亿元。主要对市退役军人事务局、检察院实施院落敞开，通过“敞墙透绿”盘活城市空间，实现公共资源共享；实施公交站亭三期、四期工程，完成姚家巷、城中路、江南路等背街小巷改造，进一步提升市容市貌，完善市政配套设施。建设完成甘露名苑配套道路、下宋路、清泓路北延伸道路、台港路东延伸道路，并交付使用，将持续发力，完善区域交通组织。完成东方花园、昆仑东苑宜居示范住区建设；对 20 个老小区及 167 处散住管线整治，涉及住户约 2.6 万户；推进有条件的新旧小区增设汽车充电桩，30 个小区约增加 200 个电瓶汽车充电桩，年度总投资额 0.32 亿元。

【文明城市建设和长效管理】 在文明城市建设和长效管理工作中，2020 年完成市长效管理指挥部下派长效管理问题件 5500 多件，网格化平台问题案件 800 多件，对路长制及责任广场进行日常巡查保洁和维修，发现问题及时处理，确保长效管理工作不失分。

【城市道路照明】 全市完成 99 条主次干道和 50 条街巷的道路照明设施的维护，其中路灯杆 11013 个、路灯 16095 盏、路灯专变 85 台、控制柜 168 只；维护电缆总长度 475 公里，架空线 7.1 公里；全年新建长阳路、台港路东延伸、机关院落敞开区域等道路路灯 419 套，更换罗湾路、永定路、南大街、台港路等路段废旧灯杆 234 根，更换路灯控制柜 7 只，更换路灯杆号牌 3700 余张；处理撞杆、移杆 40 余起，处理控制柜及电缆故障 163 处，维修单灯故障 600 余起，处理其他各类缺陷故障 600 余起。有力保障全市路灯年度亮灯率达 99% 以上，设施完好率达 96% 以上。

（张　云）

精美村镇工程

【概　况】 2020 年，全市镇村建设精益求精，创新启动精美镇村工程。优化镇村布局，编制实用性规划，进一步优化城乡空间结构，推进乡村集约建设，促进城乡基本公共服务均等化，科学引导乡村发展。2019 年 9 月，市住建局会同市自然资源局委托江苏省城镇与乡村规划设计院和常州市规划设计院联合开展新一轮镇村布局规划（以下简称《规划》）编制工作。《规划》梳理确定全市规划发展村庄 609 个，其中包括集聚提升类村庄 390 个、特色保护类村庄 188 个、城郊融合类村庄 31 个；搬迁撤并类村庄 848 个；其他一般村庄 1037 个，并提出各类村庄建设指引。各镇（街道）逐步启动实用性村庄规划编制工作，整合原村庄规划、村庄建设规划、村土地利用规划、土地整治规划等形成“多规合一”的法定规划。综合整治并规划发展村，申请地方专项债券资金 2 亿元，选择 20 个村进行村庄环境综合提升，主要建设内容“两清两拆”、基础实施完善、公共服务配套建设、重要节点提升、预留空间等。

（胡　斌）

房屋征收与补偿

【概　况】 2020 年，紧紧围绕本市“重大项目突破年”和“现代化建设试点工作突破年”工作主题，全面服务于《2020年溧阳市重点工程》进度推进要求，勇于担当，攻坚克难，坚持依法征收、阳光操作，深化“市级—镇级—村级”合力推进的征收格局，实现快速推进和清零目标，在全面做好抗击新冠肺炎疫情的前提下，较好完成全年各项工作目标任务，营造良好的征收氛围，为长三角生态创新示范城市建设奠定坚实的基础。2020年征收项目69个，其中往年结转37个，新启动32个，全年完成1459户，征收企业28家，征收面积57.8万平方米，完成清零项目31个，由于疫情影响，项目基本都是下半年才启动，新开项目平均完成率达96%。

【重点征收项目】 焦尾琴公园项目　是全市重点建设工程项目，启动两个村，征收210户，面积4.9万平方米，由溧城街道负责实施，均在一个月内完成清零。

大溪水库水位线恢复项目　征收119户，面积3.3万平方米，由天目湖镇负责实施，完成清零。

淦西良种场项目　属常州内河港口溧阳西作业区码头工程，为莱赛尔项目服务，由昆仑街道负责实施，一个月内完成清零。

生命康原吴冶岭、西山庄片项目　征收231户，面积8.1万平方米，由古县街道负责实施，吴冶岭完成清零，西山庄片完成率95%。

竹簧铸造园、撇洪沟项目　共需征收70户，面积1.5万平方米，由竹箦镇负责实施，已完成清零。

【司法程序保障】 2020年，市征收办亲临征收现场进行业务指导，规范各类文书制作、送达程序，积极应对行政复议和诉讼，打通肠梗阻疑难问题，2020年审核项目征收安置补偿方案5件，新受理及往年结转司法案件48件，调解搬迁19件，实施强制执行1件，剩余案件中作出责交令或补偿决定21件，13件在复议、诉讼中。

（蒋昊峰）

交通运输

【概　况】 2020年，市交通运输系统紧扣“重大项目突破年”“现代化建设试点工作突破年”主题，勇于担当，奋力前行，统筹推进疫情防控和项目建设，在“双引领”“双突破”“双决胜”中作出交通新贡献，以交通建设的过硬成绩向溧阳“撤县设市”三十周年献礼。

【新冠肺炎疫情防控工作】 2020年春节以来，根据市新冠肺炎疫情应急防控指挥部工作要求，牵头成立交通管控组，负责做好道路和客运场站管控工作，系统广大职工积极参与、主动作为、勇于担当，战“疫”一线，疫情防控工作取得阶段性胜利。积极开展“党旗飘在一线、堡垒筑在一线、党员冲在一线”突击行动，316名交通干部职工冲锋在前，日夜奋战在交通卡口联防联控一线，实施高铁站、汽车站严格管控，2020年登记检查旅客超过200万人次；严格抓好交通工具防控，做到“驾乘人员教育、车辆技术检测、道路安全排查和车辆防疫措施”四个到位；优化重点企业货物运输办理流程，为企业办理运输车辆通行证 6378 张。坚持疫情常态化管控，严格按照“外防输入、内防反弹”的防控要求，做到“可知可控、精准防控”，坚决守住高铁站、长途汽车站疫情防控“第一道关口”。溧阳市交通运输局被常州市委、市政府授予“抗击新冠肺炎疫情工作先进集体”称号，1人获省委省政府表彰。

【交通重点工程（工作）】 规划先行，市域交通体系规划研究有效开展。结合溧阳综合立体交通网和“十四五”规划，推进连（云港）镇（江）铁路南延等干线通道前期研究，紧盯沪（上海）苏（州）湖（州）铁路建设进程，开展项目对接，加快纳入上海“一小时交通圈”；对接省道网调整，调优溧阳路网体系，争取将丹金溧快速路、233国道至安徽458省道连接线、360省道至安徽202省道连接线等纳入新一轮省道网规划；稳步推进项目前期工作，加速推进水西互通、233国道、456省道等项目前期工作，力争尽快具备开工建设条件；围绕南部山区基础设施提升和西部现代科技产业园建设，开展南部山区和南渡以西地区路网规划研究。项目为王，重点交通工程项目建设加快推进。溧高高速公路溧阳段9月建成通车，汤桥互通同步投运，溧宁高速公路溧阳段前期工作顺利推进，共线段主体工程加快实施。芜申运河溧阳城区段航道整治工程完成项目招投标，计划改造桥梁11座，前期工作加快推进；芜申运河河定大桥、丹金溧漕河别桥大桥建成通车。加快国省干线路网建设，加快市际、县（区）际的沟通联系，360省道溧阳东段、456省道先导段先后建成通车。矿产品专用通道建成通车。矿产品专用通道全境在安徽境内通过，与高速、县道、乡道均采取立交形式，项目总投资4.96亿元，除市交通运输局负责实施的溧梅河整治工程（总投资1.2亿元）外，投资3.76亿元的专用通道及码头作业区均由矿联体出资建设。至12月15日，专用通道完成主体工程施工，并于2021年元旦前正式通车。

【高速公路网络日趋完善】 全市高速公路通车里程至2020年年底，增至94.54公里，宁杭高速溧阳东互通、曹山互通和溧高高速汤桥互通先后建成投用，溧阳境内建成高速互通达到10个、在建高速互通3个、规划高速互通2个，“一轴四射”高速公路网络基本形成，快速沟通国省干线网络，加速融入南京都市圈及宁杭经济带。

【“1号公路”建设】 2020年，“溧阳1号公路”品质内涵持续提升。全面策应“生态创新、城乡融合”发展战略，以“溧阳1号公路”为载体，加快推进“规划统筹、路网提档、配套完善、环境提升、文化丰富”五项重点，邀请第三方对“溧阳1号公路”进行整体策划提升，新建、提档升级“1号公路”80公里，151县道（水西至239省道）建成通车，环大溪水库线、360省道至小白线、洑家村道路改造先后完成，实施蓄能电站大桥及连接线工程，持续提升“1号公路”品质内涵。9月，溧阳1号公路“瓦屋山线”获评2019年度全国“十大最美农村路”，成为江苏唯一上榜的线路。10月，以“溧阳1号公路”为典型的农村公路管养模式，成为交通运输部和财政部组织开展的深化农村公路管理养护体制改革试点县。12月，成功入选全省第一批“农村公路+”典型案例。

【城乡客运】 2020年，以溧阳成功入选江苏省城乡公交一体化建设第一批试点县（市、区）为契机，积极探索，努力实现“全域交通公交化”目标。坚持公交优先发展，新增新能源公交车30辆，优化公交新路5条，电动出租车更型11辆，新改建智能化公交站亭169只。溧阳市城乡公交一体化规划编制完成等待最终评审，市镇公交改革顺利推进，路运公司承诺放弃经营权等相关协议完成草拟，车辆残值评估已经市财政局审定，完成城乡公交一体化票价调整方案并网上公示广泛征求市民意见，制定适应溧阳市情的城乡公交一体化改造方案并报市政府同意后组织启动实施。

【行业管理】 2020年，溧阳市交

溧阳“1号公路” （市交通运输局 供稿）

通运输行业安全持续向好。以“安全生产整治年”为契机，牵头道路运输、水上交通运输、铁路运输3个专项整治方案，重点落实企业主体责任。深入倡导安全生产标准化建设，“两客一危”企业二级标准化达标率100%，“两客一危”主动安全智能防控系统安装率100%。专项整治各项工作进展有序，安全生产形势持续平稳。持续打好污染防治攻坚战，提升码头专项整治成果，内河港口码头规范清理工作走在全省前列，全省内河港口码头整改攻坚现场会在溧阳举行，并在全省推广溧阳的经验做法。治超治限成效明显。与公安开展超限运输联合执法。对全市国省干线和重点路段开展白天和夜间流动巡查，依托104国道溧阳收费站和239省道南渡超限检测站坚持24小时执勤执法，干线公路超限率得到明显压降，达到省定标准2%的目标。征收工作规范有序。104国道溧阳收费站自2018年1月18日开征，至2020年年底征收通行费9800万元，其中2020年征收达2000万元。在2020年度江苏省普通公路车辆通行费征管工作评比中，104国道溧阳收费站在全省18家收费站中排名第一；收费站“五零四好·党员先锋”获评全省公路系统优质党建品牌。机构改革顺利完成。根据市委市政府统一部署，按照“编随事走、人随编走”的原则，对照交通运输综合行政执法大队、发展中心岗位职能，根据在编在岗人员目前所从事的岗位工作职责进行整合优化，机构和人员分流到位，“一大队三中心”10月22日正式挂牌成立，各项工作有序开展。

【创新工作思路】 2020年，市交通运输系统不断夯实基层基础建设不断夯实。全年共组织党委理论中心组学习会12次，认真落实“三会一课”制度，深入学习贯彻习近平新时代中国特色社会主义思想和中共十九和十九届五中全会精神，“学习强国”平台学习深入开展，学习成效不断提升。举办交通系统干部能力素质提升培训班两期。扫黑除恶实现长效常态。做到疫情防控工作和扫黑除恶专项斗争两手抓、两不误。坚持问题导向，围绕“深挖根治、两个清零”的目标，聚焦交通重点领域和重点区域，全面深入开展专项整治，对照行业存在的突出问题集中开展专项整治60余次。建立健全长效机制，确保专项斗争取得最终胜利。干部队伍建设持续加强。创新工作思路和机制，做到党建与业务工作“两手抓”，有效突出党员先锋模范作用。志愿服务深入开展，全年组织100多批次“1号公路”交通党员志愿服务和文明实践活动，服务游客20万多人次。精神文明建设深入开展，紧抓教育引领、文化熏陶、实践养成、制度保障，呈现出风清气正、凝心聚力、加快发展的良好局面。创成全国交通运输行业文明单位，在全国交通运输行业精神文明建设工作会议上，溧阳交通运输局作为代表在会上作经验交流发言。

（董小俊）

公用事业

【供　水】 2020年，溧阳市城市供水量4825.11万立方米（其中区域供水量365.85万立方米），售水量4194.71万立方米，最高日供水量15.92万立方米，水质综合合格率、主要供水设备完好率、管网抢修及时率和用户投诉处理时率达99%。除溧城街道、昆仑街道、古县街道、上黄镇、埭头镇外，其余7个建制镇有农村集中式水厂9座，供水总量约4350.03万立方米，售水量约2376.02万立方米。2020年，建成中心水厂15万立方米／日深度处理工程。所有水厂供水水质由市卫生部门定期检测，确保达标供水。

区域供水PPP项目完成工程量：一级管网完成129公里，二级管网完成566公里，三级管网完成1665公里，户表改造完成862个自然村48853户，完成原水管道约7公里，南渡净水厂规模6万立方米／日（含深度处理）完工投运。

【排　水】 2020年，城市污水处理厂污处理规模12.8万吨／日，（第二污水处理厂9.8万吨／日，花园污水处理厂3.0万吨／日）按要求全部进行无害化处理。实际处理污水3462.16万吨，出水执行国家GB18918-2002《城镇污水处理厂污染物排放标准》一级A标准，城市污水集中处理率97.05%，污水厂处理处置污泥26423.33吨，城市污水厂再生水生产能力12.8万立方米／日，2020年再生水利用量达670.96万立方米，用于工业冷却水使用。现有建制镇污水处理厂4座，污水处理总量588.65万吨，乡镇污水处理厂由市水利、环保部门按季度进行检查考核，督促污水厂实现安全、稳定、尾水达标排放。

（李　珍）

【供　电】 2020年，全市社会用电量101.01亿千瓦时，首次突破百亿千瓦时，比上年上升5.47%。完成售电量92.93亿千瓦时，比上年上升5.74%。调度最高用电负荷135.67万千瓦，比上年增长11.07%，创历史新高。高效推进电网建设，深度对接地方国土空间规划，超前谋划“十四五”电网布局。优化完善“生命康原”区域网架结构，细致做好廊道及站址预留。科学编制11个配网单元制网格规划方案。白鹤滩入苏特高压直流工程顺利开工，率先完成全省县域范围首处厂房和民房拆除。主动服务上兴“未来城”开发，争取资金超前建设110千伏曹山变。如期投运220千伏永和变线路送出工程，有序更换35千伏横涧变、平桥变、沙河变6台主变压器，稳步推进2条35千伏“三跨”线路入地改造。配网自动化遥控使用率提高至97.89%，故障自愈功能使用率提升至96.13%。建成9个农网标准化台区。持续优化营商环境，实行政电“减免审批、联合办结”，高压业扩平均接电时长比上年压降13%。提前完成上上电缆、科华控股等7个省市重点项目接电，高效完成中、高考13个考点增容、双电源改造工程。深度推进天目湖景区智慧物联全电化建设，投入运营全国内湖最大纯电游船，成功入选省电力公司第一批能源互联网示范项目。芜申运河常州段首个内河航道服务区岸电项目在溧阳投运。查处违约窃电行为161起，挽回经济损失177万元。电费回收率长期保持常州第一。科学利用电力杆塔资源，投运常州首个运营商共享5G基站。

（蒋品丰）

【供　气】 2020年溧阳市管道燃气销售量2.8亿立方米，用户总数139682户，其中居民用户137502户，工业用户261户，商业用户1847户，公服用户72户。新增燃气管道118公里，累计管道总长度为2434公里。液化石油气销售量为5154吨，总用气户数71600户。

（张　云）

智慧城市建设

【智慧城市云平台】 溧阳市智慧城市大数据云平台由中国电信集团公司溧阳分公司云计算中心提供平台保障维护服务。2020年，云平台按照一个中心，统一架构，依托云中心搭建大数据云平台，利用云计算高可靠性、弹性计算、按需服务等特性，为基于政务大数据的政务信息资源开发以及政务系统应用提供有力保障。整套系统部署在电子政务网内，采用私有云的组网方式，确保了网络安全高效。聚焦四类数据，统一数据。人口、法人、宏观经济、地理信息公共基础库；公共安全业务库、旅游业务库、城市管理业务库公共业务库；政务视频、城市运行体征、政务共享编目、专题库、诚信库；遥感影像数据、GIS专题数据时空信息库公共服务库。对接54个部门，超3.2亿条数据入库。建成五大平台，统一平台。包括应用集成，工作流，目录服务，统一权限管理，统一身份认证等功能的应用服务平台，主要包含资源目录体系和数据交换体系的集成服务平台；MapGIS系统搭建的时空服务平台；基于ESB产品和消息总线产品构建的数据服务平台；监控、资产配置、操作审计、流程管理、集成展现等子系统的运维服务平台。

【天目湖国际数据中心】 由中国电信集团公司投资建设，位于江苏省溧阳市燕山新区，总投资约4.5亿元，具备满载2156个机架的服务能力。该中心具备六大优势：网络优势，实现了骨干网直连；出口带宽达200G（后续扩容至400G）；是中国电信在华东江浙地区重要节点。星级优势，机房按最高标准五星级建设，是目前省内唯一县级五星级云数据机房、常州地区最大的云计算资源提供商。承重优势，机房地面全面积承重均达1.6吨，承重标准在同类机房中处于领先地位。安全优势，电力系统双路配置；双管路按照空调水系统；水蓄冷能满足市电停电时15分钟的不间断供冷。交通优势，周边有常溧高速、宁杭高速，邻近高铁站、高速站；有常州机场、杭州机场、上海虹口等多个机场，距南京禄口机场仅45分钟车程，交通四通八达。服务优势，机房可以按客户需求提供全面个性化定制服务；网络质量在历次第三方网络质量测评中，均列江苏第一。

2020年，有腾讯、网易、云里雾里等一批国际互联网公司正式入驻，并积极服务于地方政务云、智慧教育、平安护民、智慧城市等一批民生政务项目及企业信息化建设。

（史春荣）

【智慧经济】 2020年，溧阳市推进综合型工业互联网标识解析二级节点建设，推动企业上云、用云，全面深化研发、生产、经营、管理、服务等环节的数字化应用，企业上云、互联网标杆工厂建设实现新突破。年内实现标识发标量超过1亿，日均标识解析量达到5万次；新增上规模行业级、企业级平台2个以上；新增五星级上云企业2家、四星级上云企业3家以上；创建省级示范智能车间（工厂）3家，常州市级智能车间（工厂）4家。

（市工信局）

房地产

【概　况】 2020年，溧阳房地产市场克服新冠疫情的影响，房地产投资回暖，房地产开发完成投资82.38亿元，比上年增长0.12%。全年新建商品房（剔除政府安置小区）销售面积基本平稳，新建商品房签约成交95.88万平方米，其中商品住宅88.32万平方米，比上年分别下降8.34%、3.58%；新建商品房新增供应115.03万平方米，其中商品住宅90.64万平方米，比上年分别增长29.39%、19.89%；新建商品房成交均价11682元/平方米，其中商品住宅11908元/平方米，比上年分别下降1.62%、增长1.06%。全年楼市的特征概况为：在新冠疫情全球大流行、“房住不炒”“三道红线”政策的大背景下，房地产市场总体运行平稳，房地产投资和商品房销售保持平稳，商品房去化周期保持在合理区间。

（戴雪峰）

住房公积金管理

【概　况】 2020年，全市新增开户单位586家，较上年增长6.16%；新增开户职工1.83万人；年末缴存职工人数达9.58万人，较上年末净增8394人。全年归集住房公积金15.02亿元，较上年增长18.92%；提取住房公积金10.88亿元，较上年增长21.03%；年末归集余额35.83亿元。全年向2474户职工家庭发放住房公积金个人贷款10.23亿元；回收住房公积金贷款6.82亿元，较上年增长25.14%；年末个人贷款余额49.53亿元。全年实现增值收益5351.75万元。计提廉租住房建设补充资金5028.01万元，比上年增长42.1%，计提达2.96亿元。

【增人扩面】 2020年7月，溧阳市政府组织召开全市住房公积金工作会议，首次实现乡镇扩面协作签约的全覆盖，首次组织全部劳务派遣企业开展扩面座谈与协作。开展编外人员扩面专项行动，别桥镇、社渚镇、溧城街道等先后为社区工作者和村干部等开设住房公积金账户缴存住房公积金。城管编外人员31人开户建缴，上兴镇、别桥镇、天目湖镇、社渚镇分别为184名、98名、116名、101名社区工作者和村干部开设住房公积金账户，戴埠镇、埭头镇等3个镇、街道制定落实计划。继续发挥溧阳市“天目湖英才榜”人才优惠政策，全年有989名溧阳籍高校毕业生获得公积金补助奖励370.46万元，补助人数和资金分别较上年增长1.9倍、2.6倍。

【资金归集】 2020年全市有2686家单位7.77万名职工参加基数调整，比上年分别增长15.4%和8%；单位参调率为94.44%，职工参调率达到99.84%；月应缴存额比调整前增加989万元，增幅9.56%，人均月缴存额由调整前的1329元增加到调整后的1432元。主动牵头财政、人社协调，完成机关事业单位的基数调整和补缴工作，为全市274家机关事业单位的10721多名职工办理基数调整，调整后使资金缴存增长了502万元。发挥托收联络员机制优势，积极提高托收率。全年新增开户的586个单位中，有583家办理了托收业务，占99.49%。开展重点催缴，每月对重点缴存企业进行电话提醒催缴；按季对欠缴3个月以上单位发送催缴函；每月专人负责关注托收到账情况，对到账不及时的单位进行电话跟踪，确保应缴尽缴；发挥QQ业务群、微信群便捷优势，为全市60家重点企业提供汇缴提醒服务。

【贷款管理】 始终坚持“房住不炒”要求，继续支持刚性需求。全年受理住房公积金贷款申请2413笔10.29亿元，其中首次申请的有2092笔8.75亿元，分别占86.70%、85.03%。继续在“租购并举”住房消费格局中，保障好住房类消费提取，全年用于住房类消费提取9.58亿元，其中支持职工购、建、修等资金达到2.11亿元，占总提取金额的19.43%。为支持房地产企业渡过疫情难关，同时保证符合住房公积金贷款政策的缴存职工充分享受住房公积金贷款，做好房源管理和贷款政策的落实，实地察看全市已准入未放款楼盘施工进度，全年有45张预售证批准准入，准入面积为80万平方米。继续支持低收入家庭公积金贷款贴息。全市有5户低收入家庭申请贷款贴息，贴息金额为1.87万元。

【风险防控】 加强制度体系建设，提高规范化管理水平，梳理各项工作制度和业务规范，不断完善操作层面的规范化要求，做到人人依规办事。定期组织排查风险点，开展廉情分析，加强内部检查，做好与外部公安、法院、检察院的联动，注重预防打击各类违规骗提骗贷行为。继续保持与溧阳市检察院和溧阳市公安局的工作对接，积极处理骗提退款。严格落实党风廉政建设，多形式开展党风廉政教育，结合行业案例先后组织以案为鉴的专题警示教育2场。继续做好存量房抵押督办手续，全年办理抵押手续17笔，还剩24笔。

【服务效能提升】 积极推动“放管服”改革，引导职工“不见面”办理业务，全年开通单位网上用户430家，累计2200家，占全部缴存单位的62.86%。多形式宣传推广常州住房公积金微信公众号，推行个人网上业务签约，全年个人网上业务签约18000人，累计49000人，占缴存人数的52%，全年累计有95.7%租房提取和28.3%还贷提取在线上办结。进一步完善和细化服务措施，对来办事职工做到“解决服务的最后一门”，通过服务提醒单的方式，对职工办事做好完全告之，助力实现“跑一趟”的服务目标。积极开展文明创建工作，2020年，公积金中心获溧阳市“文明单位”称号，省住建行业先进基层党组织一名员工获省住建系统窗口单位服务明星称号，并受到常州市级机关表扬。

（潘　璠　张　蕾）

城市管理

【概　况】 溧阳市城管局紧扣“两大突破年”工作主题，聚焦全域环境提升，落实长效管理举措，全力做到疫情防控与城市管理“两不误”。组建疫情防控突击队，深入街道、社区、村组，配合相关部门开展疫情联防联控。加强菜场、公园等人员密集场所管控，强化设施设备消杀，规范收运废弃口罩，做好职工健康防护。重大项目有序推进，总投资6.68亿元的森林长廊项目开工建设，完成宜兴界至233国道段高速、高铁夹心带道路贯通和部分绿化建设。固废清零深入开展，溧阳市城市固体废弃物综合处置中心正式投运，全市生活垃圾实现“全焚烧、零填埋”处置格局。民生工程落实落地，14家农村菜场实施升级改造，完成焦山宕口封场整治和生态修复，新增公共自行车站点18个、高品质绿道8公里，增设便民餐车5辆，便利市民生活。深化文明城市建设，开展户外广告、露天烧烤、油烟污染、渣土运输、垃圾收运等专项整治，大力改善市容市貌，有效保障全国文明城市复评迎检和全省社会文明程度测评。城市长效管理考评覆盖全市域，考评重点向农村倾斜，长效管理工作在2020年度常州考评中位列常州辖市区第一名。市城管局先后获评常州市建设全国文明城市工作先进集体、常州市双拥模范单位、溧阳市工作创新奖，锦绣园景观提升等2项绿化工程获评常州市“戈裕良杯”园林绿化优质工程奖。

城管大队执法巡逻　　（市城管局　供稿）

【环境卫生管理】 2020年，完善城乡环卫基础设施，完成6座乡镇环卫综合体、6座易腐垃圾处理设施（乡镇5座、城区1座为清溪菜场易腐垃圾处理设备），提升农村垃圾处置能力。深入开展固废清零攻坚，开展垃圾填埋场专项整治，编制《溧阳市固废清零和再生资源回收利用实施方案》和《溧阳市“无废城市”建设实施方案》，提升溧阳市固废管理和再生资源利用水平。打好垃圾分类“持久战”，完成17个单位、53个行政村、93座垃圾“房改亭”和天目湖镇全域垃圾分类设施建设，新增1个生活垃圾分类示范片区（溧城街道），创成5个常州市垃圾分类实效小区、11个江苏省垃圾分类达标小区，全市公共机构和城市建成区生活垃圾分类设施覆盖率达100%，农村生活垃圾分类设施覆盖率达80%，建筑垃圾资源化利用率90%以上，垃圾分类集中处理率从上年63.81%提高到94.1%，排名位列全省县级市第三。全力推进农村“厕所革命”，新改建农村公厕84座，进一步提升农村人居环境。规范垃圾收运管理，撤除城区57条道路662只沿街垃圾桶，实行定时定点上门收集，有效减少临街垃圾桶的二次污染。

【市容秩序管理】 2020年，积极开展市容市貌专项整治，加强城（镇）区街面立景管理工作，对户外广告存在的“一店多招”“多层多招”等现象开展系列整治活动。按照“先主后次、部门协作、稳步推进”的工作原则，在全市开展道路道板违法停车集中整治工作，管控力量逐步向支路、背街小巷延伸；有序推进公共停车收费管理工作，公共停车资源使用效率稳步得到提高。实施主次干道沿线及菜市场外围市容专项整治，整治流动摊点20500余处，提高支街背巷菜场外围管理标准，消除环境死角和管理盲区。本着“早发现、早查处”的原则，全面管控全市违法建设，发现一起拆除一起，全年拆除违章建筑60万余平方米，其中存量违建占92%。

【园林绿化管理】 2020年，积极发挥行业管理职能，完成全市绿地数据测算和恒大观澜府等9个绿化方案评审，摸底调查全市居住区112个，并根据绿化情况进行分类指导。开展创建“常州市园林式居住区（单位）”活动，新增1个市园林式居住区和5个园林式单位。强化绿化考核督查，全年管辖范围绿地共派件约3000件，绿化专项考核名列常州地区第一名。开展城区道路绿化景观提升工程，补植红叶石楠、马尼拉麦冬等约7万平方米。提升公园绿化彩化水平，完成公园绿地苗木色块补植6万余株、铺设草坪地被2.2万余平方米，更换时令草花4万平方米，建成7处创意景观小品，确保公园花开不断、四季有景。科研创新项目有机物处理中心提档升级，全年接收处理绿化废弃物2000余吨。“溧阳市园林废弃物资源再利用项目”成功申报并获批江苏省美丽宜居城市建设试点项目和江苏省2020年园林绿化示范项目。

【市政设施管理】 2020年，以网格化巡查和动态化管理为基础，完善市政设施管护长效管理机制。完成燕山路、罗湾路、南大街等65余条城区主次干道市政设施维修改造，拆换井盖约1000个、舒砖约5600平方米、花岗岩道板约12500平方米及沥青路面约1400平方米等；更换公交站台、路名牌日光灯管450余根，防水加固450余处，更换地图约450张。对照设施检修标准，各公园道路、路灯、厕所、宣传牌等基础设施提升改造，全年完成公园铺装改造及破损路面、道板修补等约2000平方米，出新面积约4000平方米。

【菜市场管理】 2020年，有效落实各项疫情防控措施，全力保障市民购物安全。加强菜场难点、重点问题管理力度，对城区菜场停车秩序、经营秩序等开展集中整治，清除占道经营2364处，出摊溢摊2590处，乱吊挂、乱晾晒1392处，乱堆放2965处，流摊1969处，清除非机动车场内乱停放2138辆次。增强菜场主办方和经营户的消防安全意识，补齐菜场消防短板。督促菜场主办方做好商品快速检测工作，严防菜场食品安全事件的发生。实施全市菜市场长效管理考评，开展文明经营户、优秀菜场主任考核评比，提升菜场开办者、经营者文明素质，着力建设规范有序、依法经营、诚实守信的市场秩序。

【队伍建设】 2020年，市城管局发挥基层组织战斗堡垒作用，组建党员先锋突击队，在疫情防控、控违拆违、项目建设等急难险重任务中让干部接受锻炼、经受考验。打响“蓝盾驿站”党建品牌，完成天目路、罗湾路2座“蓝盾驿站”建设。持续推进扫黑除恶专项斗争。强化执法队员学习培训，开展星级协管员评比活动，提升执法队员业务水平和办案能力。加强对乡镇派驻中队的督查考核，完善执法制度，固化执法流程，规范权力运行。落实党风廉政责任制，深化城管作风建设，畅通信访投诉渠道接受社会监督，全年受理处置网络、电话类投诉2905件，办理办结信访类投诉929件。承办人大、政协提案21件，办结率和满意率均为100%。

（陶英杰）

自然资源管理

【概　况】 2020年，全市自然资源管理系统以坚持新发展理念、推动高质量发展为主线，围绕履行好“两统一”核心职责和“优空间、护资源、促发展”中心任务，紧扣溧阳市“重大项目突破年”“现代化建设试点工作突破年”工作主题，大力促进自然资源治理体系完善、治理能力提升、服务环境优化，各项工作取得积极成效，为重大项目建设和全域旅游攻坚提供有力保障。

【规划编研】 2020年，加快编制国土空间规划。坚持从实际出发，立足溧阳市情，按照高质量发展要求，建立国土空间规划体系，重点推进三线划定、城市发展战略定位研究、国土综合整治等10个专题研究。编制覆盖城乡的公园城市规划，探索构建“人、城、境、业”高度和谐统一的精美城市形态。开展上兴与竹箦片区规划统筹、溧阳北道口至腾飞路片区规划专题研究，切实提升区域门户形象和功能品质。加快推动省级历史文化名城申报工作，编制完成《历史文化名城保护规划》《溧阳市第一批历史建筑保护规划》《书院巷、费家巷历史街区保护规划》等历史文化相关保护规划。

【用地保障】 2020年，实行“重保优供、分级保障”制度，强化土地供应的导向性和针对性，报批用地48个批次、1.05万亩；完成供地134宗、面积1.07万亩，涉及出让金258亿元。

【耕地保护】 2020年，严守耕地保护红线，严格贯彻落实上级关于农村乱占耕地建房问题专项整治工作要求，完成所有的问题图斑摸排情况上报。依托溧阳市后备资源禀赋，大力开展土地整治。全力做好“土地整治＋”文章。大力实施城乡建设用地增减挂钩及工矿废弃地复垦利用，累计新增农用地面积8945亩。立足全市重大项目建设及生态文明建设，完成储备补充耕地核查复核认定、永久基本农田储备区划定及耕地质量等别年度更新评价等工作。

【节约集约工业用地】 2020年，积极落实工业用地节约集约利用措施。完善《国有建设用地使用权出让（租赁）合同》与《产出监管协议》并举的“双合同”管理制度，推行工业用地差别化供应，完成“双合同”供地43宗、面积5100余亩。2020年度获评省自然资源节约集约利用模范县（市）称号。

【矿产资源管理】 2020年，对全市在采矿山进行全面检查，不断规范全市矿山的环境整治，对发现的环境问题列出整改清单，推动溧阳市在采矿山全面创建成省级绿色矿山。按照全市“打好污染防治攻坚战”统一部署，加快推动全市废弃矿山综合治理的收尾工作，督促指导相关镇区完成9个废弃露采矿山的综合整治任务，占地面积达139万平方米。上兴镇天山芝山矿入选全国绿色矿山名录。

【林业资源保护】 2020年，牢固树立“绿水青山就是金山银山”理念，统筹推进山水林田湖的系统治理和生态修复，有效探索绿水青山转化为金山银山的现实路径，切实提高溧阳市生态“含金量”、发展“含绿量”。大力推进全市绿化造林，实现林木覆盖率达31.59%，位居全省前列；推动天目湖和长荡湖两大国家级湿地公园的建设及挂牌，溧阳市成为全国唯一拥有两处国家级湿地公园的县级市。切实加强森林资源管理及护林防火工作，充实森林防火巡护队伍，组织开展森林防火突击队业务和技能集中培训，定期进行防灭火专项督查，有效保障全市森林防火安全。

【执法监察】 2020年，严格落实自然资源“严起来”的总基调，全面落实全覆盖、严查处的监察工作机制，全年开展日常巡查1600余次，切实做到实时发现，实时监管，始终保持对违法违规用地的高压态势，严厉打击各类违法用地。全面推动违法用地综合整治三年行动工作，提前5个月完成整改率85%的目标，有效清理违法用地“历史账”。积极配合完成全覆盖森林督查、土地例行督查、耕地保护督查等各类督查检查工作，扎实推动相关整改完善工作。

【政务服务改革】 2020年，深入开展审批制度改革。在“多规合一”的基础上，全面深化“多审合一、多证合一”改革，实现规划选址和用地预审合并办理。大力推进“多测合一”“多验合一”，常州地区率先实现“联合踏勘、联合测绘、联合竣工验收”工作机制。协同推进工程建设项目审批制度改革，牵头开展溧阳市立项用地阶段、工程建设许可阶段的改革工作，不断完善各类制度，做好系统对接，推动各项改革工作全面、及时、精准到位。不断提升服务水平。做优“溧即办”品牌，不动产工作在全省营商环境评比中名列前茅，在常州“苏小登”不动产业务技能竞赛中获团体第一名。完成不动产权属登记5.7万多件，发放不动产权证书2.7万件，不动产权证明1.1万件；实现常州地区商品房小区首个“交房（地）即发证”。切实拓宽监督渠道。完善领导干部接访下访和包案制度，落实“包掌握情况、包思想教育、包调处化解、包停诉息访”的“四包”责任制。全年完成信访办理170余件、政府信息公开110余件、诉讼仲裁20余件，获评全省信访系统工作成绩突出单位。

【信息化建设】 结合溧阳市国土空间总体规划推进情况，完成自然资源数据的梳理、整合、标准化处理。建设自然资源核心数据库，实现数据动态更新维护机制，全面建成自然资源“一张图”信息系统，及基于“一张图”的移动踏勘与展示系统。

【创新工作思路】 制定《“绘自然”特色党建品牌创建工作方案》，林业党支部围绕林业职能特色创建“实境课堂”，昆仑中心所党支部围绕园区建设开设“8：00课堂”，不动产登记窗口党支部拓展“溧即办”设立“苏小登”党员先锋岗等，社渚中心所党支部获评全省不动产登记“党员先锋岗”，做实打响“绘自然”党建品牌群。制定年度落实全面从严治党主体责任“三项清单”，细化分解目标责任，拓展履职渠道，完成“两个责任”信息化平台履职纪实191条。做好巡察整改报结和督查验收工作。扎实开展“清风自然·党风廉政教育学习月”活动，拍摄的《清风廉韵自然人》廉政视频被学习强国录用，切实引导全系统干部职工自警自戒，筑牢拒腐防变的思想堤坝。出台《青年干部助力成长培育工程》实施方案，以助力青年干部成长为契机，激发年轻党员干部爱岗敬业、主动担当的实干激情；以“大自然的声音”自然资源论坛为载体，持续开展干部职工上讲台活动；充分发挥群团组织活力，开展“战疫我们在行动”疫情防控志愿服务、“热血抗疫”义务献血、“世界地球日”暨“爱鸟周”主题宣传等活动，不断激发干事创业活力。

（马亚男　虞希昀）

水　利

【概　况】 2020年，溧阳水利系统贯彻落实中央、省、市的决策部署，积极践行“节水优先、空间均衡、系统治理、两手发力”治水方针，紧紧围绕“凝聚精气神、建设新溧阳”总要求，一手抓疫情防控，一手抓水利建管，扎实推进各项工作，圆满完成各项工作目标和任务，水利事业取得新跨越。

【防汛防旱】 按照“安全第一、常备不懈、以防为主、全力抢险”的防汛防旱工作方针，以险工处理、责任制落实为主线，扎实全面做好各项准备，加强汛期各项预案的管理和应用，圆满完成防汛防旱各项工作。

2020年汛期，全市多次遭受强降雨袭击，特别因梅雨期明显偏长、梅雨量显著偏多、强降水过程频繁，导致河湖库水位长时间全面超警。全市平均降雨量为1569.2毫米，较常年（1193.4毫米）偏多31%，降雨偏多地区主要集中在北部和南部地区，其中东岳庙站偏多42%，平桥站偏多40%。溧阳市6月10日入梅，7月22日出梅，梅雨期长42天，经历7场连续降水过程，面平均梅雨698.7毫米，为常年梅雨量243.6毫米的2.87倍，最大点雨量戴埠镇桃树岕水库926.0毫米。2020年溧阳市梅雨量位列历史第三（仅次于1991年、2016年）、近十年第二，梅雨期长位列历史第三（仅次于1991年、1996年，与1980年、1999年并列第三）、近十年第一。6月13日晚，市区遭遇短时强降水，20分钟雨量达到30毫米。7月6日，溧阳市北部遭遇大暴雨，最大雨量为竹箦镇牛石龙水库站，日雨量133.5毫米；7月15日溧阳市南部大暴雨，最大雨量为戴埠镇桃树岕水库站日雨量140.0毫米。

2020年对城市易涝片盛世华城北门、建设西路（人民医院处）等进行雨水管道节点改造，新建戴埠十亩头排涝站、上兴下桥排涝站、别桥尖管河排涝站等工程。开展汛前大检查，全面落实责任制，在《溧阳时报》上公示水库及重点塘坝、3000亩以上圩的防汛行政和技术责任人名单，修订完善各类预案。6月，进行防汛防台应急综合演练，加大物资储备和队伍建设力度。全市储备麻袋69.2万只、编织袋32.9万只、草包3.1万只、木材1187.9立方米、块石8260吨、铁丝6221千克、柴油3.5吨及救生衣等其他必要的抢险物资，汛前成立防汛抢险队伍347支，总人数7852人。完成城市防洪枢纽及闸站的维修养护工作，对城市排水管网进行全面疏通，组建城区抢险队伍，并配备抢险器材，全市未发生明显水旱灾情。

【水利工程建设】 2020年，市水利局努力克服新冠肺炎疫情影响，实现重点工程先复工。适时调整建设思路，在持续完善防汛工程体系的基础上，纵深推进城乡污水治理、供水一体化建设等民生实事项目。全年水利系统实施政府性投资项目6个，投资2.79亿元。

完善防汛体系。新建汤桥集镇上、下桥排涝站，芜申运河南渡集镇段圩堤达标建设、芦荡河整治二期等工程全面完工。顺利完成大溪水库恢复运行水位工程中的取水口改造项目，大溪水库汛限水位已恢复至14.00米。上兴工业园区水系调整下游连接段优化工程完成拆迁工作并开工建设。推进供水治污。区域治污扫尾，埭头、南渡、花园、社渚污水处理厂建成，4座污水厂配套管网约330公里敷设到位并投入运行；42个一体化泵站、11个传统泵站全部建成；建制镇污水纳管工程建设到位，敷设污水管道约76.5公里。农污治理采取相对集中方式治理村庄598个，新建621套分散式污水处理主体设施和591套净化槽设备，接入区域污水管网村庄63个，实现全市行政村污水治理全覆盖，规划发展自然村治理率98%以上。南部山区供水在完成戴埠至横涧主管网及水窖村改水工作的基础上，加快推进天目湖新水厂及配套管网建设。此外，市第二污水厂、埭头污水厂提标改造及市中心水厂深度处理基本完成。水源保护稳中有升。水源地二级保护区内高关岭等7个自然村农村生活污水治理工程、天目湖镇平桥村青山大塘及吴村三亩冲塘治理工程等全部完工。

农村水利补短板、强监管，完成农村河道综合整治3条；完成农村水利基础设施建设18座；农村河道、村庄河塘疏浚125.67万立方米；水土保持工作持续加强；农业水价综合改革工作通过省级验收。移民工程进度较快、成效显著，得到省水利厅通报表扬，2020年上级分批下达溧阳市水库移民扶持资金6364.62万元，批复实施移民项目10个。

【行业管理】 2020年，市水利局充分利用“世界水日”“中国水周”，将水法律、法规，节水、护水等列为宣传的主要内容，通过媒体、网络、广场、室外屏幕等载体，向社会、公众进行宣传教育，不断提升全民爱水、护水、惜水等意识。切实发挥“河长办”的协调作用，持续推进“两违三乱”整治，去存量、遏增量，《关于下发省级领导担任河长的河湖第二批主要违法行为问题清单的通知》中溧阳市长荡湖涉及的3处违章点全部整改销号，《关于在全市开展河湖违法圈圩和违法建设专项整治工作的通知》中排查出的违章点完成销号30处，顺利完成省高质量考核目标任务。科学运用市场机制，区域治污、农污治理等项目从建设期向运维期过渡。深化工程长效管护机制，小水库管护“溧阳模式”始终走在全省乃至全国前列，规范化创建率超98%，成功创建全国深化小型水库管理体制改革样板县，获评溧阳2020年度工作创新奖。加强水行政执法，全年出动水政巡查764人次，巡查224次，巡查河道总里程约3360公里，巡查水库总里程约1450公里。发现各类水事违法违章案件62起，现场处理55起，立案7起，结案7起，行政处罚7起，罚款金额为20.7万元。加强移民后期扶持政策实施监督检查。

【水源地保护】 2020年，溧阳市水源地保护工作不断出实招、求实效，持续加强饮用水源地保护力度，实现天目湖水质稳中向好。立足水源地保护，编制《常州市天目湖保护条例实施细则》和《天目湖保护规划》；立足水源地安全，制定《溧阳市集中式饮用水源突发污染事件应急预案》。实施大溪水库取水口迁移、4条主要入湖河流（平桥河、徐家园河、中田河、洙漕河）综合治理、3个人工湿地建设、沙河水库生态清淤、水源地二级保护区内路西等7个自然村农村生活污水治理工程以及平桥村青山大塘及吴村三亩冲塘治理工程。相继开展天目湖流域生态监测与评价、流域生态健康评估、小型塘库水环境调查等工作，内容涵盖沙河与大溪水库流域社会经济发展现状、生态环境质量和生态服务现状、流域土地利用变化、库区藻类群落变化、主要入湖河道与苏皖跨界断面水质评价等。加大水源地保护宣传，开展“保护饮用水源，造福溧阳人民”主题宣传活动，设立水源地保护举报电话、电子邮箱和网络举报平台。

（李　珍）

生态环境保护

【概　况】 2020年，溧阳市空气质量达到Ⅰ级（优）空气质量的天数为101天，达到Ⅱ级（良）空气质量的天数为198天，合计占全年总天数的81.7%，比上年增加19天，上升5%；$PM_{2.5}$平均浓度为35.2微克／立方米，比上年下降12%；集中式饮用水源地沙河水库、大溪水库水质达标率为100%；全市六个“水十条”国考、省考断面达到或好于Ⅲ类水比例为100%。2020年城市区域环境噪声监测结果平均值为55.1dB(A)，比2019年下降0.1dB(A)，城市交通环境噪声监测结果平均值为66.7dB(A)，比2019年下降1.8dB(A)。

10月，溧阳市被生态环境部命名为全国第四批“绿水青山就是金山银山”实践创新基地。推动生产、生活、生态“三生共融”，打造“溧阳样本”的做法被生态环境部列入绿色发展示范案例。溧阳“生态创新”实践在第十八届中国经济论坛上获评“中国创新榜样”。2020年，溧阳生态环境局被市委、市政府表彰为“特别贡献奖”单位和市级机关综合考核优胜单位。

【打好污染防治攻坚战】 2020年溧阳市打好污染防治攻坚战在常州各辖市区综合考核中位列第一名，连续五年保持第一方阵。

打赢蓝天保卫战。打好柴油货车污染治理攻坚战。强化车辆尾气治理，投入使用5家I/M站共治理尾气超标车辆342辆次。加快岸电设施建设，建成港口岸电设施9套，主要港口基本具备向船舶供应岸电的能力，同时督促停泊船舶全面使用岸电装置。深度治理工业大气污染。加强重点行业治理改造，国强镀锌煤气发生炉搬迁改造工程完成。实施锅炉综合整治，完成49台生物质锅炉和83台天然气锅炉整治。严格管控各类扬尘。对1个扬尘管控不力的企业及项目经理、总监进行红黄牌警示，警示期间禁止参与招投标。对10个扬尘管控不到位的施工工地实施行政处罚。推行智慧工地建设，完成46个智慧工地建设，全市86个5000平方米以上建筑工地已全部安装$PM_{2.5}$、PM_{10}等监测仪和远程视频监控系统，接入相关管理部门平台。严格堆场扬尘监管，江苏申特钢铁有限公司、江苏友邦新型建材有限公司和溧阳市社渚金骑物资中转站3家码头

长荡湖湿地　　（市自然资源局　供稿）

完成堆场扬尘治理。全面推行湿式机械清扫作业模式，大幅增加路面冲洗保洁频次，防止路面扬尘。深化 VOCs 专项治理。加强企业 VOCs 无组织排放管理，江苏乔翔、江苏爱嘉和振兴塑料 3 家企业 VOCs 无组织排放管理均已完成治理。全面推进用电监控设备安装，全市 191 家企业完成安装并与常州市平台联网。完成江苏维多、江苏兴锻智能装备科技、江苏双益节能玻璃 3 家企业废气治理提升工程。加强面源污染控制。加强餐饮油烟污染防治，严控新增产生油烟污染的餐饮单位。集中治理城区占道烧烤、流动烧烤、休闲烧烤等露天烧烤行为。加强烟花爆竹污染防治。大力实施禁放宣传，严肃查处违法燃放行为。

打好碧水保卫战。打好水源地保护攻坚战。完成“千吨万人”乡镇水源地综合整治管道建设工程。大溪水库取水口迁移工程完成。沙河水库二级保护区 39 个村庄农村生活污水治理工程全部完成。打好污水处理提质增效攻坚战。巩固黑臭水体整治成效，全市列入常州考核目标的 41 条黑臭水体全部完成整治。加快消除污水直排口和污水管网空白区，完成平陵东路、东升路、平陵街等 10 公里污水管道建设工程。加强污水管网检测修复及养护管理，完成管网检测修复 20 公里。打好长江保护修复攻坚战。综合整治排污口，完成丹金溧漕河周边地区涉磷污染状况调查。加强船舶污染防治，完成辖区 45 艘 400GT（总吨）以下适改内河货运船舶生活污水防污染的改造。打好太湖治理攻坚战。组织实施重点治太工程项目，耕地轮作休耕、大溪水库水源地取水工程、城市固废焚烧发电、天目湖罗家湾湿地建设等 10 个项目全部完工。强化重点断面专项综合整治，完成国省考断面综合整治提升方案编制和涉磷污染状况自查报告编制。打好农业农村污染治理攻坚战。加强村庄生活污水治理，溧阳市规划发展村庄生活污水处理设施覆盖率已达 96% 以上。全面治理农村生活垃圾，完成 53 个行政村垃圾分类设施建设。科学防治农业面源污染，积极推广使用有机肥、绿肥种植，推广测土配方施肥、水肥一体化节水节肥新技术，多措并举减少农药施用量。在全市稻麦轮作种植区域推行夏熟小麦季节性轮作休耕优化生产，完成 12.66 万亩。稳步推进地膜残膜、农药包装废弃物回收试点工作，落实戴埠镇和上兴镇两个农药包装废弃物回收与处置试点镇，回收农药包装废弃物 15 吨；初步建立农药使用者—乡镇回收点—市级暂存点—无害化处置的农药包装废弃物回收处理体系。推进水产健康养殖，完成 4000 亩池塘标准化改造。推进畜禽粪污资源化利用，落实属地负责原则，严格禁止禁养区反弹回养。全市畜禽粪污综合利用率达到 95.88%，规模养殖场粪污处理设施装备配套率达到 100%。

推进净土保卫战。打好固体废物污染防治攻坚战。加强生活垃圾污染防治，完成 17 个单位垃圾分类设施建设。提升危险废物安全处置能力，溧阳市前峰环保科技有限公司 6 万吨 / 年水泥窑协同处置危险废物项目建成投入试运行。制定溧阳市危废固废专项整治工作方案，完成全市化工、机械、电子元器件等 7 个行业 292 家涉危废固废企业自查排查，发现环境问题 471 个，完成整改 471 个。2020 年底溧阳市危废库存量 496 吨，与 2019 年同期库存 790 吨相比，减少 37.2%。推进土壤污染防治。持续深化土壤环境管理，完成 12 家新增调查对象基础信息采集、提交和全市 24 个关闭企业地块的现场采样、分析测试和数据上传。完成申特钢铁、国强镀锌、康宏新材料和中材环保 4 个地块周边土壤和地下水现场采样。

【推进生态文明建设】 2020 年，溧阳市贯彻落实中共中央、国务院关于加快推进生态文明建设的决策部署，加强生态环境保护和治理修复，构建绿色安全屏障。创建“两山”实践创新基地。积极探索“绿水青山就是金山银山”的有效转化路径，深入贯彻习近平生态文明思想和全国生态环境保护大会精神，成功创建成全国第四批“两山”理论实践创新基地。加强生态保护红线管理。完成全市生态空间管控区域一区一策初稿编制。强化重点生态保护修复。完成新增造林 3000 亩，恢复湿地 500 亩。天目湖罗家湾湿地、金宝山湿地和红石岕湿地建设项目完成，芜申运河两侧景观提升改造完成。全面完成全市 27 个关闭矿山环境综合整治。开展生态细胞创建。南渡镇庆丰村、社渚镇河口村创成市级生态文明建设示范村，杨庄小学创成常州市绿色学校。

坚持生态为本、绿色发展，生态文明建设不断迈上新台阶。新华社智库要情专报刊发的《开展生态资源交易试点推进美丽江苏建设的“溧阳样本”及深化建议》，得到省厅领导和赵世勇副省长的批示肯定。8月，由全省各市县生态环境局局长、省厅各部门和直属单位负责人、省环保集团中层以上干部250多人参加的全省生态环境局长学习会在溧阳市召开，并现场参观考察溧阳市生态保护和建设成果，参会代表以“身许三成山，心耕六分田。坚守生态绿，惠民一水间。”高度赞扬溧阳秀美生态。

【优化环评评估审批】 2020年，溧阳市充分发挥环境准入、环评服务等方面作用，倒逼落后和过剩产能淘汰，为新增优质产能腾出环境容量。为各镇区提供各类建设项目咨询近80起，退掉不符合相关法律法规、政策等的建设项目近10起。持续推进放管服改革，将监管和服务相结合，在确保审批质量的前提下，继续将报告书项目审批时限由法定60个工作日、报告表项目30个工作日统一压减至5个工作日（不含公示时间），提高工作效率。全年审批建设项目250个，其中审批报告书项目20个、报告表项目230个，有1621个项目在备案系统完成备案。指导排污单位开展排污许可证申报，2020年新发放排污许可证176个，发证完成率100%，登记完成率100%，做到发证与登记双达标。

【日常环境执法监管】 落实生态环境系统垂直管理改革，完成溧阳执法分局机构调整，撤销原有中队，成立3个内设科室和3个执法所，形成全市执法工作条块结合新局面。加强队伍建设，组织开展业务培训，不断增强履职尽责、做好生态环境保护工作的本领，努力建设一支政治强、本领高、作风硬、敢担当，特别能吃苦、特别能战斗、特别能奉献的生态环境保护铁军。传统执法模式与创新执法模式并举，对重点区域、重点流域和重点企业的环境监管上坚持不定期开展交叉检查、夜间检查、雨天抽查等各类突击检查，做到全方位、全天候检查企业的水、气、声等各类污染防治设施的运行情况和各类污染物的排放情况。将溧阳市49家企业纳入正面清单管理，实行分类、差异化监管，充分利用在线监控、用电监控、微信视频等新手段开展对企业的监督、执法和服务。全年出动环境执法人员53191人次，检查企业25947厂次，其中“双随机”抽查企业344家（重点企业102家，一般工业企业216家，建设项目26家），立案查处各类环境违法行为283件，下发行政处罚决定书157件，决定处罚总金额1062.38万元。其中，查封扣押15件，实施停产限产3件，10起涉及行政拘留案件移送公安部门进行处理，3起涉及刑事案件移送公安部门进行侦查。加强与公检法、税务、水务、供电、银行等部门协调、联动，同步运用断水、断电、停贷、吊销营业执照等法律、经济、行政手段合力打击环境违法行为。开展信用动态参评工作，将17家涉及危险化学品生产企业名单纳入信用评定，配合供电部门对进入红黑榜企业征收差别化电价。

【区域联防联控】 溧阳市自2020年1月加入南京都市圈环保专委会以来，认真落实南京都市圈党政联席会议精神，围绕《长江三角洲区域一体化发展规划纲要》和《南京都市圈一体化高质量发展行动计划》等要求，积极与其他9个成员单位开展合作交流，统筹协调重点项目，明确着力推进长江经济带生态共保、开展长江饮用水水源地联合保护、开展流域水污染联防联控，共同打造人与自然和谐的美丽南京都市圈。强化与周边城市特别是天目湖水源地上游地区的执法协作，编制《苏皖合作交界区域环境综合整治实施方案》，联合安徽省郎溪、广德县协同治污、联动执法，推动与安徽交界区域的环境综合整治。加强省界水环境保护，与宣城市环境监测中心形成梅渚河殷桥断面水质监测工作方案，两市环境监测部门启动联合监测工作，实行监测数据共享。

【队伍作风建设】 牢固树立“四个意识”，坚定“四个自信”，做到“两个维护”，坚持用习近平生态文明思想武装头脑，指导实践。推进基层党组织“两化”建设，成立推进党组织标准化规范化建设工作专班。开展“忠诚核心、勇担使命”主题实践活动，扎实推进“三个表率”模范机关建设。开展基层党组织标准化规范化建设试点建设，制订出台实施方案。选取先进基层党组织，适时组织经验交流，抓好示范引领，开展“党员之家”建设。开展“不忘初心、牢记使命”等主题教育，组织全体干部赴水西村新四军江南指挥部纪念馆等地接受红色革命传统教育，并邀请市委党校老师进行《弘扬铁军精神，坚定理想信念》专题教育，引导党员干部悟初心、守初心、践初心。

（周岷瑾）

开放型经济

【利用外资】 2020年，全市完成协议外资11.5亿美元，其中新批项目23个，协议外资10.72亿美元，占93.2%；增资项目10个，协议外资0.78亿美元，占6.8%。其中新增制造业项目协议外资5.77亿美元，占50.17%。实际到账外资3.34亿美元，其中到账大项目（到账500万美元及以上项目）9个，完成实际到账外资3.21亿美元，占96.11%。

【项目招引】 2020年，全市围绕“重大项目突破年”工作主题，聚焦“四大经济”产业方向，积极推广不见面招商与外出招商相结合，开展“云推介”“云洽谈”“云签约”“云服务”活动，采取“线上+线下”服务模式，全方位、多层次、强力度开展招商引资和服务经济活动，实现全员、全力、全域的大招商格局。组织参加“两节”“9•28”常州经贸洽谈会、常州深圳创新合作交流会等重大经贸活动，成功对接和签约一大批优质项目。建立项目招引“月通报、夺红旗”制度，推动“书记上台讲、项目公开评、红旗抢着扛”，营造争先夺优的浓厚氛围。完善《溧阳市重大项目招引预评审办法》，提高项目的质量和落地效率，2020年首次实现年度三个“百亿项目”的突破。

【专业招商】 2020年，全市完善招商推介资料库，编印中、英、日、德等多语种城市宣传手册和相关招商资料；设计一图看溧阳、营商环境等系列长图，打造云招商资料库，宣传溧阳投资环境、城乡风貌、人文底蕴、商务动态等内容。

全年举办18期全员学习日活动。前十期将全员学习日与主题教育学习、公益活动等相结合，邀请机关单位业务骨干传经送宝，组织招商人员分享产业链研学经历、招商故事。完善在英国、德国、日本等地经贸交流平台的联络机制和运营体系，巩固驻上海、深圳、南京等招商代理渠道。推进“接轨南京”产业合作进程，与南京知名高校合作，成立溧阳市商务局“十四五”发展规划方案课题组，加大产业接轨南京的研究力度。完成提升国际化发展路径与策略研究等方面4个调研课题。依托“溧阳乡贤信息库”，梳理南京人脉资源，畅通招商信息渠道。在溧阳市南京商会设立联络点，委托专门机构开展驻点招商、外向联络。

围绕“四大经济”产业以及航天装备、半导体、5G通信、区块链、人工智能等新兴行业绘制产业布局地图、产业招商地图、产业空间地图，明确产业发展重点、提高招引精度，进一步突出“产业链招商”的基础作用；拓宽招商渠道，搭建专业驻外招商平台，加强与领事馆、投融资机构、行业协会、商会和中介机构的联系与合作，增强有价值信息和项目的搜集、整理与跟进，加强“资源库、项目库、乡贤库”三库建设。承办第二届溧商大会，举办荷兰——溧阳设施农业合作研讨会等活动。

【对外贸易】 2020年，全市实现进出口总值857694万元，比上年增长5.1%，高于常州全市1.4个百分点，其中出口707593万元，比上年增长0.8%；进口150101万元，比上年增长31.7%；一般贸易进出口771925万元，占比90%，比上年增长5.8%。进出口总值占常州全市的3.5%，比上年增长0.06%。

【外经合作】 2020年，全市完成新签外经合同额15102.29万美元，完成年计划的125.85%，完成营业额14816.95万美元，完成年计划的132.29%，新备案境外投资项目4个，完成年计划境外投资目标任务的200%，中方协议总投资1380.69万美元。工程项目涉及电站安装、电厂安装、锅炉安装、热电安装、道路改造、钢结构安装、变压器成套设备安装、调试、运营以及炼钢炼铁和水泥建设安装等项目58个，项目涉及国别和地区24个，主要分布在东南亚、非洲、西亚、北非及中东地区。

溧阳中材重型机器有限公司在乌兹别克斯坦承接的乌兹别克斯坦RASH-MILK有限责任公司日产2500吨熟料生产线项目工程，总合同额为3713.6万美元。

【商贸流通】 2020年，全市实现社会消费品零售总额317.49亿元，比上年下降1.2%。从消费形态看，批发和零售业实现社会消费品零售总额299.27亿元，比上年增长1.1%；住宿和餐饮业实现社会消费品零售总额18.22亿元，比上年下降28.1%。全市亿元以上市场实现成交额128.50亿元，下降4.4%，超10亿的市场2家（江苏苏浙皖边界市场、溧阳市江南春市场），江苏苏浙皖边界市场成交额达110.26亿元。按照双随机抽查机制要求，定期开展单用途商业预付卡检查活动，确保备案发卡企业“三项制度”执行到位。定期开展商贸流通领域安全检查工作。大力开展矿区非法加油点整治，规范成品油市场秩序。

（蒋依纯）

海关

【概况】 2020年，常州海关驻溧阳办事处坚持政治引领和强化理论武装，履职尽责，加强监管，优化服务，深化纪律作风和清廉海关建设，把主体责任落实和党风廉政建设融入日常，对党风廉政建设工作做到常研究、常布置、常督促、常检查，坚持日常提醒和节假日等专题教育和重点提醒相结合，守住风险底线，做好新冠肺炎疫情防控和稳外贸稳外资工作，加强政策宣传，推进和落实进出口企业问题清零机制。

全年通过全国海关通关一体化系统处理进出口报关单证391票，报关单无纸化率达100%；入库税收7289.7万元，税款电子化支付比例达100%，税款企业自报自缴率达100%；辖区企业通过加工贸易一体化作业平台等申报设立电子化手册59份，金额2805万美元，核销结案手册38份，加工贸易手（账）册报核及时率和结案及时率均为100%。

2020年办理出境货物报检1645批次，报检金额21067.9万美元；办理入境货物报检45批次，报检金额1048.5万美元。签发各类证书3677份，金额22209.4万美元，其中，签发区域优惠原产地证2267份，金额13472.1万美元，为溧阳出口企业减免进口国关税约1077.8万美元。

【质量监管】 2020年，加强对新冠肺炎疫情防控物资进出口质量管理和有效监管，确保进出境防控物资合法和快速通关。落实内部疫情防控的各项要求，保障进出办公大楼人员安全。把好安全生产责任关，落实安全检查和监督管理要求，筑牢安全管理防线。加强对进出境通关监管、检验检疫等领域的实际监管。强化对进出口商品的质量检验工作，健全对进出境危险货物及其包装的长效管控机制。开展行政“两简”案件的办理工作，增强了全员打私意识。

【新型海关监管机制】 2020年，做好对两步申报、两段准入等通关改革的宣传、推广，落实检验检疫业务融入通关一体化模式。做好对原产地证书自助打印改革试点的宣传和推进，使进出口企业充分享受此项改革红利。推动税款电子支付、自报自缴、关税保证保险等税征改革举措的落地，方便本地企业属地开展进出口通关和纳税业务。线上线下多维度开展对进出口企业的调研和政策宣讲、解读，解答企业问题，落实企业问题清零机制。压缩货物整体通关时间，落实国家减税降费的政策，进一步优化口岸营商环境。

（张志东）

江苏省中关村高新技术产业开发区

【概况】 2020年，江苏省中关村高新技术产业开发区（简称高新区）紧扣“两大攻坚年”主题，围绕“凝聚精气神，建设新溧阳”总要求，坚持“一切围着项目转、一切围着项目干”，克难攻坚干事业，凝心聚力谋发展，以高质量发展的成绩向溧阳撤县设市30周年献礼。

争先进位蝉联省级高新区榜首，被评为国家级绿色工业园区。

主要经济指标均实现两位数增长，对全市经济增长贡献度已超70%。全年完成地区生产总值275.3亿元，公共财政预算收入23.27亿元，工业应税销售841.8亿元，工业设备投入34亿元，高新区作为全市经济发展主阵地的地位越发稳固。高新区企业保持良好发展态势。江苏上上电缆集团有限公司纳税超5亿元，苏华建设集团有限公司纳税超3亿元，江苏华朋集团有限公司纳税超2亿元，江苏时代新能源科技有限公司、时代上汽动力电池有限公司纳税近2.7亿元，全年新增规上工业企业31家，实体经济对高新区发展的支撑作用愈发显著。

高新区坚持以创新引领发展，不断集聚创新要素，激发创新活力。入选江苏省储能产业产学研协同创新基地、省级华侨华人创业创新服务中心、省两业深度融合试点、省智能电网产业集群融合试点、第三批省级特色小镇（溧阳锂享小镇）。全年国家级高新技术企业通过认定32家，高企培育库入库企业17家，认定科技型中小企业61家。申请专利1326件，其中，发明专利申请419件；获专利授权873件，其中发明专利授权63件；欧美日发明专利申请29件。新增常州市级以上“三站三中心”22家，其中省级7家。第十三批“龙城英才计划”项目9个，占全市64%；入选3个省“双创计划”，占全市100%。天目湖先进储能技术研究院的“高比能全固态锂离子电池关键技术与产业化开发”项目入选省重点研发计划，溧阳天目先导电池材料科技有限公司入选苏南国家自主创新示范区潜在独角兽企业，均实现溧阳“零”的突破。

【项目招引】 高新区坚持“项目为王，发展为要”，推行全员招商，组建双招双引团队，强劲攻坚重大项目。2020年，累计引进5000万以上项目31个。其中，百亿元项目2个、50亿元项目1个、10亿元项目9个。其中，江苏德龙镍业总投资176亿元的高端不锈钢热轧项目当年签约并开工建设，一个年产值超千亿元的高端不锈钢产业孕育新生。深耕特色产业，集聚国内知名动力电池产业链项目50余个，全年产值超200亿元，规模效应蓄势待发。

【优化营商环境】 2020年，高新区推出优化营商环境“升级版”，在常州市率先试点缩小施工图审查范围、分阶段发放施工许可及环评信用承诺等措施，常态化实现“1220”改革目标，对接企业需求开展系统集成改革，进一步降低企业成本。苏控集团信用评级提升至AA+。通过多种形式助企招工，全年为企业招聘员工5123人。开展各类项目申报，60家次企业获得省市级以上荣誉和资金补助，其中省级以上申报项目占全市60%。秉持民生为本，围绕产城融合，交付1358套安置房，加快推进各类生活配套，完善路网基础设施建设，实现与城区无缝对接。彻底治理“散乱污”现象，提升大气污染防治攻坚战成效。企业和居民的幸福感和获得感不断提高，高新区逐渐成为吸引和集聚优质资源要素的产业高地。

（秦　宇）

溧阳经济开发区

【概　况】 溧阳经济开发区（简称经开区）位于溧阳市西北部，与上兴镇、曹山省级旅游度假区实行区镇合一管理体制，区域面积245.6平方公里，户籍人口8.11万元，辖23个行政村和2个社区，核心区面积80平方公里（其中制造业园区规划面积15平方公里，曹山省级旅游度假区规划面积50公里，集镇生活集聚区15公里），是国家应急产业基地和国家卫生镇。2020年，实现地区生产总值67.3亿元，实现公共财政预算收入4.01亿元，实现工业应税销售265.3亿元，实现规上工业总产值249亿元。

作为全省最早的省级开发区，同时也是最年轻的省级开发区之一，溧阳经济开发区成立于1992年，1993年被江苏省人民政府批准为省级经济开发区。2016年8月溧阳市委、市政府围绕“融入常州、接轨南京”的发展战略，加之经开区原核准面积区域已为建成区和江苏中关村科技产业园竞合，为此经常州市委、市政府同意，溧阳市委、市政府作出了将溧阳经济开发区主战场移师到上兴镇的重大决策，将上兴镇委托经开区管理，同时曹山旅游度假区于2018年1月创成省级旅游度假区，为经开区“二次创业”提供更为广阔的舞台，注入新的活力。经开区以深入开展产业新城、旅游名城、宜居绿城、幸福美城“四城行动”为引领，加快推动经开区二次创业、跨越发展，建成宁南生态创新城。

【产业规划】 2020年，以高端装备制造、生命健康（含健康食品）、会议会展为三大重点产业。会议会展产业主要以投资280亿元的曹山未来城项目、总投资30亿元的九洲城市综合体项目为代表。高端装备制造产业主要以总投资

60亿元的国强智能装备项目、总投资10亿元的康本汽车及动力电池系统复合材料结构件制造项目和总投资10亿元的意企威乃达高端家具生产基地项目等为代表，康本于2020年4月开工，威乃达项目于2020年12月正式开工。生命健康（含健康食品）产业主要以总投资15亿元的绝味食品和总投资10亿元的满贯食品项目代表，绝味食品项目于2020年5月开工。此外，还有一批以德资法德尔、第一有机光电、载驰新材料、容导设备、乔翔房车等为代表的“小而精”制造产业。

【载体建设】 2020年，经开区城镇功能不断完善，学校、医院、老年公寓、文化中心、健身公园、住宅小区有大的提升，“园区、镇区、景区”融合发展的雏形进一步显现。按照规划加快征收拆迁和基础设施建设，2020年建成公园路、456省道溧阳先导段等主要道路12.2公里，在建安置小区4个共40万平方米，建设标准厂房3.5万平方米，对128幢散住楼进行综合改造和雨污分流，新开地块8个，签约493户，征用土地5960亩，保障重大项目的推进。

【创新资源】 2020年，抢抓融入南京重大机遇，推进“接轨南京第一城”建设，引进绝味食品、黑莓饮品、食品监测等项目，进一步推动产业融合发展。南京大学国际孵化中心、南工大新材料研发中心，南京信息工程大学遥感观测中心、南京航空航天大学四综合检测中心相继开始运转使用。

【农旅融合】 2020年，依托曹山省级旅游度假区的优势旅游资源，9月30日正式运营“乡村振兴号”欢乐火车项目，接待游客突破30万人次，带动周边村民农产品销售100万元以上，打造长三角文旅产业崭新IP，创新绿水青山与金山银山转化路径，走出一条差异化、特色化发展之路，成为溧阳乡村振兴实践的新亮点，全域旅游发展的新动能。

【民生保障】 2020年，经开区公共服务不断完善，成立省级农村留守儿童和困境儿童“关爱之家”，新建吐祥村居家养老服务中心。生态环境修复美化，以“散乱污”企业整治行动为抓手，成立城乡环境和矿区环境整治2个工作专班，排查整改 27个“散乱污”问题。社会治理更精细，成立行政审批局，承接行政审批事项41项、公共服务类事项23项，全年信访案件329起，期内办结率100%，深化扫黑除恶专项斗争，强力推进安全生产专项整治行动，广大居民的幸福感、安全感不断提升。

（许　峰）

天目湖生命康原

【概　况】 溧阳市天目湖生命康原建设指挥部于2020年3月13日揭牌成立。机构组建后，围绕现代都市、生态街区、康养基地的目标定位，始终践行“坚韧不拔、勇往直前、脚踏实地、众志成城”的工作精神，心无旁骛、坚定不移地朝着建设生命康原未来城、打造溧阳城市中心区的既定目标奋力前进。以智慧城市、智慧办公、专业性效能为引领，抢抓机遇、真抓实干，为全市开展好全省社会主义现代化试点，加快建设长三角生态创新示范城市提供保障。

【谋划发展】 天目湖生命康原规划区域东至南山大道，西至十里长山山脊线、南至360省道、北至宁杭高铁，总面积约50平方公里。划分五大功能片区，分别是康养核心区、功能提升区、科教文创区、生态利用区、空间拓展区。按照健康经济主平台的产业定位，城市发展新中心的区域定位，不断谋划与溧阳老城、江苏省中关村高新技术产业开发区、天目湖景区三者的承接关系。按照中等城市规模、山水城市特色、旅游城市内涵的溧阳城市发展愿景，着手对城市公用资源进行指标量化，合理配置区域公共服务资源。突出重点任务，高效推进路网、安置房和拉动性公建配套项目建设，推动片区开发在“十四五”期间成势成型。着重是围绕三个五年目标和八年行动计划，为产业导入、城市功能、公共配套等留足发展空间，确保如期实现“三五成城”时序目标，确保城市品质符合社会公众对“未来城”的期盼。

【资本运作】 坚持市场思维，创新机制拓宽渠道，通过高质量的资本运作，多元化的顶层设计，把社会资金引入新城建设，降本增效，确保建设周期的投入产出形成良性循环，高效闭环。对新城开发经济评价所使用的各种参数，特别是建设投资成本，尽可能详尽地综合考虑各种实地因素。对新城开发综合收益的测算，特别是未来15年的土地收益预期，既充分考虑国家经济持续向好的基本面，又对新冠疫情冲击、人口自然增长缓慢、房地产行业起伏波动等利空因素保持清醒认识，尽可能将困难估计得更充分一些，把挑战认识得更到位一些，提前做好应对和战胜各种困难挑战的预案准备。尝试城市功能项目市场化，对可经营城市公共设施项目进行“一案一策”个性化单独包装，招引目标投资商，减轻新城开发的投资压力。探索国有资产项目证券化，将可经营城市公共设施项目的所有权与经营权相互剥离，招引目标运营商，以租金覆盖财务成本。

【项目引进】 2020年，天目湖生命康原通过整合溧阳生态、旅游、康养、科教资源，聚焦南亚、欧美等国家和中国港澳台地区，把城市招商的目光从国内最强转向国际最佳。全年接待客商78批次，洽谈招商项目63个，其中重点项目7个。让全球顶级的优秀项目、优秀品牌、优秀运营商在生命康原落地开花结果。谋划筑巢引凤式城市建设，在起步阶段，即通过预谋式布局，植入国家健康医疗大数据应用示范中心等健康经济塔尖项目，以期在区域内带动生成生命周期的大健康产业链。谋划TOD+CBD模式的导入，通过公共交通导向，突破高铁、高速物理阻隔，推动十里长山入城。通过导入总部经济，聚焦现代商务，打造充满活力的溧阳城市中心区。探索建立招商引资项目合同履约监督管理机制，按照合同的条款、要素，在建设周期内定期不定期对项目投资额、投资强度、用地规模、开竣工时间等进行全方位监督，确保项目的方案实施不走样，内涵质量不缩水。

（陈　诺）

溧阳现代农业产业园

【概　况】 2020年4月，溧阳市委办市府办下发文件全面启动溧阳现代农业产业园建设，将原先位于天目湖的江苏省溧阳现代农业产业园区拓址到溧阳西部片区，设立园区管理办公室，与产业园党工委、指挥部合署办公，实行“两块牌子、一套班子”，并成立了江苏溧阳现代农业产业园发展有限公司。市委将社渚镇的乘马圩村、东升村、河口村、湖西村，上兴镇的毛家村、缪巷村、汤桥村、圩庄村、蒲村村、吐祥村10个行政村和市埑口良种场归入园区管理，总面积约106平方公里，人口近3.6万人。在事权方面，除人大、政协、村“两委”换届等法律规定必须由属地镇履行法定手续外，其他区域内规划建设、集镇管理、物业管理、安全生产、社会综治等经济社会事务交由现代农业产业园指挥部负责。

产业园将通过发展现代农业、绿色农业、智慧农业和特色农业，围绕国家级现代农业产业园的创建，立足长三角，打造绿色农业发展样板区、智慧农业总部集聚区、乡村振兴创新发展区。建设农业产业园区。依托园区现有的万亩青虾、万亩水稻等进行提升。以农为本，发展农业主导产业，培育特色产业，提升传统农业收益与价值，丰富农品种类。建设农业科技园区。构建智慧农业服务平台，打造科技农业展示示范园，成为溧阳农业展示窗口，智慧农业技术应用示范基地。建设农业创业园区。围绕农业科技成果转化和职业技能培训，打造农民创意孵化园、新农人社区等，搭建农业产业试验平台，发展适度规模农业经济和庄园经济，构建农民创业创新高地。

组织架构初步形成。以精简高效为导向，配备8名班子成员，设立5个工作部门24名工作人员，建立一周工作周报、月度工作点评、重大事项党委会决定的运作机制，建立员工绩效薪酬和目标考核体系。经过半年多的磨合，运转顺畅，团队凝聚力、战斗力加速形成。规划编研基本完成。产业、空间一体发展规划形成初稿，实用性村庄规划形成中期成果，永久性基本农田双评价年内完成。资金保障综合施策。成功申请基础设施建设专项债券3亿元，2021年3.41亿元专项债券入库，项目建议书和可行性报告编撰完成。在金融局的指导下，对接农发行做好融资前期准备工作。项目招引紧抓不放。新希望六和、常州志华年出栏20万头现代化生猪养殖项目开工建设；江南渔业基地青虾湾项目汤桥点建设接近尾生；央企融通农业5000亩特种水产高标准改造和尾水循环处理工程已开工；浙江七河生物3000亩有机种养殖项目已签约；中化农业MAP项目以及香港指姜项目在谈。基础建设加快实施。107县道建设项目前期准备工作完备；启动产业园东入口区域4个村庄环境整治试点工作，为全域推开积累经验，一体推进树头岗美意田园和江南钓鱼中心建设。

【创新发展】 生态筑基，绿色发展。以生态系统修复为基础，促进生态格局保护，实现生态反哺产业的理想状态。通过生态修复实现农业生产的绿色化、有机化，为园区的进一步发展奠定基础；通过生态格局的优化，构建山、水、林、田、湖、村生命共同体，促进生态微循环改善，提升园区生产环境价值，优化空间格局；通过生态文明的建设反哺产业经济的发展，丰富生态空间功能价值。

全产业链，全域协同。以产业园全产业链建设为核心，突出产业建设与溧阳周边农业产业平台的协同发展，围绕多种业态共同发展的城乡产业融合，建设国家级现代农业产业园。

科技赋能，智慧引领。加强农业与科技融合，加强农业科技创新，引入科学理念、技术创新、数字农业服务等。建立数字农业技术赋能下的农业全链路生产服务体系，打造智慧农业服务中心、农业科技研发中心、植物工厂、智慧农场、研究中心等项目，形成集农业研发、农业信息服务、大数据信息中心、人工智能的、科技绿色的现代农业产业园区。

机制创新，联农富农。创新完善辐射带动农户持续增收机制，坚持为农、利农、惠农导向，确立农民在创建中的主体地位，完善利益联结机制，带动农民就业增收、增产增收和增效增收，让农民充分分享发展成果。

【特色产业】 立足现有条件，壮大青虾和水稻两大传统优势产业，培育精品花木、优质水果和健康粗粮三大特色产业。通过技术研发、基地优化、资源整合和品牌打造等途径，建设水产（青虾）养殖基地，生态稻米种植基地、功能稻米生产基地、精品苗木生产基地、健康粗粮生产基地、特色花卉生产基地、水生蔬菜种植基地和规模化生猪养殖基地八大基地。围绕绿色健康，做大农产品加工业，促进园区综合发展。依托青虾、水稻等主导产业，加强和拓展农产品初加工和深加工，结合多元主体，发展私人庄园、农业博览庄园以及美食加工坊等特色体验式加工。加快一二三产融合，发展农业配套服务，促进全产业链建设。围绕主导产业，发展新型农业服务，支持供销、农民合作社及乡村企业等。引导电商、物流、供销、快递等电子商务主体到乡村布局，构建农村购物网络平台。加快发展农产品冷链物流设施，拓展农产品、特色食品、民俗制品等产品的进城空间。挖掘各村优势，拓展各具特色的农旅服务，发展田园农耕体验、文化休闲体验和健康养生体验等业态。

立足本地特色及各行政村区位交通、自然禀赋、文化资源、产业现状等因素，总体形成突出丘陵特色，以生态循环农业为主导的北部循环农业示范片区；突出产业集聚、农事服务、双创孵化等多项功能的中部产业融合发展片区及发挥圩区优势，以规模农业生产为主导的南部稻虾规模种养片区的格局。南部片区布局优质农产品、北部片区以特色农产品、中部片区以科技成果转化和技术集成应用为主，建设溧阳农业总部。

【农业发展】 构建溧阳农业总部。以产业园为核心，引领溧阳城乡产业协作发展，构建农业总部。围绕新功能、新模式、新业态和新品牌，加强研发、营销、品牌和物流功能的集中配置，重点引进农业科研院所、高校、农业互联网科技企业、农业加工企业、农业种养殖企业、农业服务企业和冷链物流等配套企业；加快推进和南京农高区合作，促进科技农业成果应用示范落地；对接在溧农科院所和工作站，引导其在产业园设立办公室；融合对接曹山、社渚、天目湖和南山农业服务功能，形成协同发展载体，共同打造服务于溧阳乃至周边地区的农业总部园区。

发展智慧农业。结合主导产业，建设智慧农业示范应用基地。依托现有青虾和稻米产业基础，培育或引进新的农业经营载体，优先布局涵盖农产品生产、加工、储运、销售等环节的智能监测、自动控制、数据分析和智能决策等技术、设备，创建可复制、可推广的智能生产、互联网销售、智慧物流、质量追溯等模式，引导农业生产经营主体主动应用数字农业技术，扩大生产智能化规模，创建数字农业示范应用基地。围绕智慧农业应用，搭建农业服务平台。围绕主导产业产业链建设，搭建农业电子商务平台，支持本地农业电子商务企业发展，鼓励和引导涉农企业开展电商业务。同时，结合“1 号优选品牌”设立农产品体验店，构建农产品线上线下新型营销体系。对接长三角消费市场，围绕产销一体，发展“中央厨房 + 冷链配送 + 物流终端”“健康数据 + 营养配餐 + 私人订制”等新型加工业态，搭建智慧物流平台。

一二三产融合发展。构建以“青虾、水稻”两大基础产业为主导，以具有保健功能的精品花木、优质果蔬、健康粗粮等产业为特色，以智慧农业服务、农产品物流、农产品加工、农业休闲旅游等为配套的产业结构。在“两主一特”和配套服务业的产业结构基础上，发挥现代农业科技成果对生产力的促进作用，发展“智慧农业”，重点突出“功能农业”“康养农业”等新业态导入与开发，以特色化布局、标准化生产、产业化经营为主要抓手，建设“研发＋种植＋养殖＋加工物流＋休闲”全产业链及全过程社会化服务体系，形成一二三产融合发展。

（陶启宇）

镇工业集中区

【别桥工业园】 江苏省溧阳经济开发区别桥工业园位于溧阳工业重镇别桥镇。园区北靠省道上上线，西接扬溧高速后周道口，东、南分别于三级航道丹金溧漕河和五级航道北河相连，区位优势明显，水陆交通便捷。园区商业服务、园林绿化、环境保护、文化教育、卫生事业等市政公用工程设施和公共生活服务等配套设施齐全。

别桥工业园规划总面积18平方公里，其中工业用地12平方公里。园区按照国家一、二类产业规划分期组织实施，主要由东区的绿色建筑产业和西区的电梯产业和装备制造产业组成。园区一期5平方公里启动区建成，区内道路20公里，土地平整、自来水、天然气、通信设施到位，由供电公司投资为园区配套建设的11万伏、22万伏变电所分别于2009年3月和2012年12月建成。为园区配套的日处理1000吨的生活污水处理厂开始运行。自2007年启动以来有30余家企业进驻。别桥工业园新建污水管网8公里，形成绿色建筑产业、工业型材加工、电梯产业和无人机产业四大特色产业集群。入驻江苏盈德机电设备制造有限公司、江苏金久科技新材料有限公司、江苏鑫林钢铁有限公司等知名企业。在当地政府招商引资下，2020年新入驻南京航空航天大学无人机研究院产业化基地、松菱重工（溧阳）有限公司、江苏屹居木业有限公司等企业，为别桥工业园区的发展注入了新鲜的血液。

（潘　超）

【中国溧阳无人机产业园】 中国溧阳无人机产业园（江苏省别桥无人机小镇）地处江苏省溧阳市别桥镇境内，规划面积3.78平方公里，核心区面积1.1平方公里。溧阳市委、市政府在发展四大经济三年行动计划中，把智慧经济作为溧阳生态创新的标志性符号，建设中国工业级无人机主要集聚区，计划至2022年实现产能30亿元，成为溧阳新的产业地标。2019年，别桥镇在全市首获省级特色小镇和省级双创示范基地称号，为推进市委、市政府提出的发展镇级特色园区“带好头”。

硬件建设　在已有通用机场空域的前提下，拥有无人机训练空域，真高300米，半径3公里，配备1000亩无人机试飞基地。

小微产业园建设　作为全市首个镇区小微产业园的试点，设计总占地150亩，20万平方米可分割式工业地产项目方案，该项目结合无人机小微企业引入，预计可引进100家无人机企业，实现产能20亿元。

小镇精品工程　建设地标性建筑——小镇客厅，内部功能配套“三馆两中心”，包括国内首个中国无人机博物馆、小镇规划展示馆、科普教育馆、培训中心、通航电商中心等。建设无人机特色街区，串联小镇生产、生活、生态，打造成为无人机研学基地；无人机大道绿化工程已启动实施。

产业氛围　百度搜索溧阳无人机产业园排名第一。多次举办全国首届农用植保无人机理论培训班、中国无人机系统峰会、中国首届无人机低空对抗赛等大型活动。小镇成为深圳市无人机行业协会副会长单位，连续两年举办溧阳国际无人机发展论坛和无人机百人会，成为年度无人机行业的盛会。

产业集聚　通用机场24小时施工，将建成并交付使用。至2020年，别桥镇引进和孵化无人机小微企业20余家，并逐步向规上企业过渡。其中，无锡汉和航空技术有限公司将主生产基地建立在别桥镇，产能超亿元；东翼航空110千克重载无人机具有完全自主知识产权，南航入股20%，被评为国家高新技术企业，与多家国字头企业建立战略合作；壹心智能和德将精密两家无人机配件企业，设备投入均超过3000万元，目标建成国内首个“无人机配件超市”。

培训功能　常州科技经贸技工学校总投资5亿元打造航空职业培训学校，一期320名学生2020年9月1日入驻，二期将建设6万平方米教学建筑，形成3000人规模，建成溧阳市第一家技师学院。波音公司在别桥镇开设航线运输驾驶员理论培训班，每年组织入职飞行员在小镇进行为期半年的理论培训。

（潘　超）

【埭头工业园区】 2020年，园区有工业企业228家，其中规模以上企业41家，亿元企业9家，外资企业20多家，业已形成食品、轻纺、新材料、机械精密制造、建材、机电等产业体系，嘉士伯天目湖啤酒（江苏）有限公司是该镇本土企业。着力打造1平方公里绿色建筑产业集聚区和1平方公里宝钢装配化住宅产业基地。江苏骏益科技创业园是埭头镇重点打造的绿色建筑产业集聚区，总规划用地100公顷，建筑面积91万平方米，骏益科创园成为江苏中关村第一个拓展的主题园区、溧阳第一个省级众创空间和国家级科技孵化器，三期12800平方米标准厂房完工交付，已有90余家成长型企业入驻。同时，全镇加快工业的转型升级，加快推动传统企业和国企、外企、上市公司的合资合作，推进企业兼并重组和股改上市，全面优化企业资本结构、创新水平。2020年实现工业总产值46亿元。

（罗赵华）

【上黄科创园】 上黄科创园始建于2006年3月，园区东南至239省道，西至上林路，北至北环路。总体规划面积2.5平方公里，已开发面积1平方公里，尚有1500多亩发展备用地，区内自来水、污水管网、电力、通信、天然气、道路、路灯"七通一平"设施全部到位，基础设施投入5000多万元，年处理40万吨的污水处理厂已经运行。

截至2020年年底，园区形成高端装备制造、信息技术、新材料、电子轻工等优势产业，入驻企业30多家，包括溧阳市飞跃机电有限公司、溧阳市宇政机械制造有限公司、江苏京晶光电科技有限公司、江苏瑞复达新材料有限公司、常州恒联五金有限公司、江苏共昌精密铝业有限公司、江苏利德塑业有限公司等规模企业。

上黄镇进一步拉大上黄科创园框架，着力推进园区二期基础设施建设，不断完善园区发展规划以及园内主干路工程，先行做好"七通一平"工作，积极开展"筑巢引凤"工程，为企业招引夯实基础。依托镇村环境综合整治，优化园区发展软环境，全面提升园区的承载能力。

（刘龚献）

【溧阳市南渡新材料工业创新区】 溧阳市南渡新材料工业创新区位于南渡镇旧县村境内，104国道穿区而过，毗邻芜申运河，交通十分便利。

园区以发展国家战略新兴产业莱赛尔纤维、动力电池、高端材料为主导，以及上下游产业链补链强链为发展方向，形成新材料研发、生产及应用开发的产业链，拥有规模以上企业30多家，从业人员达2万人，成为溧阳市招引新材料行业领军型、冠军型企业的主要载体。其中，赛得利集团投资建设的年产50万吨莱赛尔纤维素纤维和年产8.3万吨无纺布项目，是中国第一家外商独资纤维素纤维生产企业，全球最大的纤维素纤维生产商和全球纤维素纤维行业的领导者。江苏乔尔塑料有限公司是国内现有唯一能规模化生产高压氨基模（颗粒）塑料的企业，是中国氨基模塑料行业之最。联盟科技是亚洲最大、技术最优的PVC稳定剂制造龙头企业，是行业标准制定参与者。江苏天赐高新材料由深交所上市企业广州天赐投资建设，是国内领军、国际知名的高科技民营企业，是全球锂电池电解液的龙头企业。

（金　科）

【社渚镇工业集中区】 社渚经济发达，是溧阳市首个百亿元工业强镇，工业集中区规划面积10平方公里，初步形成建材、纺织、机械、新材料、汽配等产业为主导的产业结构，形成以全国单体最大水泥企业金峰集团、中建材江苏南方水泥为龙头的建材产业，以恒天宝丽丝纤维、广道针织、阔拼服饰、大南服饰为龙头的30多家轻纺产业；以社渚轴承、宏兴机械、华生机械、凌光科技为龙头的机械产业；以铭丰高档电子铜箔、天麒锰基减震特种金属为龙头的新科技产业；以华强汽车模具、惠太安全气袋、九久汽车安全带为龙头的汽车配件产业等工业体系。

（王文强）

【戴埠镇工业集中区】 2020年溧阳市行政区划调整后，戴埠镇有工业集中区3个，分别是镇西、镇南、镇东工业集中区。有工业企业近140家，其中规模以上工业企业27家，国家高新技术企业6家。

镇西工业集中区总规划面积约1.2平方公里，区内有近40家工业企业，按照产业集聚、链条培育的发展规划，形成以江苏鸿开有色金属有限公司为代表的有色金属企业、以江苏谦胜合成材料有限公司、华晶合成为代表的合成材料企业、以巨峰机械为代表的饲料机械企业。其中溧阳华晶电子材料有限公司与中科院成都化学有机所、常州大学共同建立江苏省特种工程材料工程技术研究中心。

镇南工业集中区规划面积约0.4平方公里，区内有30余家工业企业，聚集了以溧阳市江南烘缸制造有限公司、博尼钢管等一批拥有高新自主科技产权的企业，以海德机械、天佑机械为代表的农牧饲料机械企业，以港鹏重工、德意利为代表的非标钢结构生产企业。其中溧阳市江南烘缸制造有限公司生产的具有自主专利技术的钢制扬克缸填补国产化空白，2020年被评为国家级“专精特新”科技小巨人企业。主要从事不锈钢无缝钢管生产加工的常州博尼特种钢管有限公司是国家锅炉、热交换器用管行业标准主要起草者。

镇东工业集中区规划面积1.1平方公里，以高端成套装备和零部件制造为核心。区内有工业企业近40家，已有以江苏恒力通用装备有限公司为代表的高端装备企业、以江苏翔能科技发展有限公司为代表的高端零部件企业入驻。

（袁子杰）

【溧阳市（竹箦镇）绿色铸造科技产业园】 溧阳市（竹箦镇）绿色铸造科技产业园位于竹箦镇集镇南侧，始建于2015年，规划面积3.8平方公里，一期核心区建设面积1.2平方公里，是全市铸造产业的专题园区。竹箦镇以“敢想、敢干、敢创新、敢争先”的精神，突出“绿色”发展理念，强力推进铸造产业持续、健康、有序发展，使传统铸造产业浴火重生，焕发生机，成为江苏省铸造产业转型升级示范基地，是被中国铸造协会授予全国唯一一个“中国绿色铸造小镇”称号的小镇。2020年通过中国铸造协会三年复评，重新授牌“中国绿色铸造小镇”称号，同时被评为“国家火炬常州溧阳绿色铸造特色产业基地”“江苏省绿色铸造特色小镇”，行业影响力大幅提升。园区坚持定位打造成百亿元级具有国际竞争力和影响力的国家级绿色铸造产业集群（高端制造业基地）。随着一批批项目的相继落户建设，园区一期1.2平方公里基本布满，园区形象初步展现。产业涵盖汽车零部件、风电、核电、船舶、柴油机、农业机械、工程机械、轨道交通、环保机械、五金工具等20多个系列、千余个品种。园区拥有纽威股份、柳晶科技等多家知名企业。

（岳　磊）

燕湖公园　　（市摄影家协会　供稿）

接轨南京

【概　况】 2020年，按照溧阳市建设宁杭生态经济带最美副中心城市、融入长三角区域一体化战略的发展定位，溧阳经济开发区作为全市“接轨南京第一城”，始终立足全市，着眼长三角城市群竞和态势，系统谋划、科学分析、精准发力，全方位、深层次、多角度接轨南京，力争与周边区域形成交通同城、产业同兴、山水同绿、人文同认的发展格局。

【产业发展】 2020年，溧阳市发挥资源优势，抢抓融入南京重大机遇，推进“接轨南京第一城”建设，吸引南京创新资源流动和高端产业转移，密切联系南京高校和重点企业，推进上下游产业链耦合和对接，成功引进绝味食品、黑莓饮品、食品监测等项目，进一步推动产业融合发展。南京大学国际孵化中心、南京工业大学新材料研发中心，南京信息工程大学遥感观测中心、南京航空航天大学4个综合检测中心相继开始运转使用，东南大学与江苏国强镀锌实业有限公司共建的“东南大学国强创新研发中心”成功落户，与省农科院顺利签约。通过创新要素集聚，推动本地企业转型升级，为镇区拉开框架、完善综合配套、服务产业项目、落实“接轨南京”战略提供了载体与平台。

【区位交通】 2020年，溧阳市融入南京都市圈交通体系建设，进一步畅通与南京溧水、高淳及主城区的连接通道，构建快进快出、畅通无阻的交通新格局，实现公路、铁路、航空的全面接轨。全国铁路线路调整后，瓦屋山高铁站至南京、杭州高铁班次增开至22列，溧高高速加快建设，并新建宁杭高速曹山互通和溧高高速汤桥互通。

【民生保障】 2020年，聚焦南京优质的教育、卫生资源，主动对接，积极沟通，上兴卫生院和省中西医结合医院合作共建技术合作医院，骨伤科、消化科等6个特色专科的专家门诊覆盖所有工作日，提升医疗卫生水平，为吸引南京人才、居民健康提供医疗保障。上兴初中与南京师范大学附属中学树人学校签约结对，两校围绕教育教学、师资培养、干部建设、学生交流、特色建设等方面开展全方位的合作交流，重点为上兴初中开展优秀教师的培养和优质资源的共享活动，促进两校互助成长、共同发展。与溧阳市知名品牌江苏省溧阳中学同质化运行的上兴民办高中，也为开发区招资引智提供智力支持。

【生态旅游】 2020年，依托曹山省级旅游度假区的优势旅游资源，加大曹山在南京的宣传推介，扩大影响力和知名度，加强与南京一些旅行社、电视台、融媒体中心、高校的合作，联合举办丰富多彩的主题活动，让更多的南京人能参与其中，实现两地文化互动交流，精品旅游生态资源共享。随着曹山未来城的建设和曹山互通、瓦屋山—曹山旅游专线的投运，以5公里旅游火车为纽带，串起火车来斯、汽车来斯、牛马塘、美音茶园的乡村农旅板块，以“旅游+”带动全域发展。

（许　峰）

苏皖合作示范区

【概　况】 溧阳作为长三角地区唯一一个同属于上海大都市圈、南京都市圈、苏锡常都市圈三大都市圈的县级市，坚持以生态为底色，打造省际边界地区一体化发展。以建立跨省交流新体制机制为引领，合作示范达到新高度。2016年1月，江苏省“十三五”发展规划明确提出“在苏南丘陵地区建设苏皖合作示范区”，拉开溧阳、郎溪、广德三地共建苏皖合作示范区的序幕；4月，三地联合启动编制《苏皖合作示范区发展规划》（以下简称《规划》）；9月29日，三地政府主要领导首次会晤，在溧阳召开了“苏皖合作示范区共建合作圆桌会议”，并签订了《共建“苏皖合作示范区”备忘录》；10月9日，三地合作首次得到省级层面认可，在苏皖两省人民政府共同签订的《进一步加强战略合作框架协议》中，提出“支持江苏常州溧阳与安徽宣城郎溪、广德等共同建设苏皖合作示范区”；12月7日，在溧阳召开苏皖合作示范区三地领导会谈，会议原则通过三地建立决策层、协调层、执行层的区域合作新机制。至此苏皖合作示范区建设在新机制的引领下步入了快车道。多年来，通过多次召开决策层、协调层和执行层会议，苏皖合作示范区各项工作取得了长足发展，并得到国家和苏皖两省的认可。2018年11月30日，通过三地的共同努力，国家发改委正式对《规划》进行批复，苏皖合作示范区成为全国首个以县为单位，以生态为底色的跨省合作区。2019年，《长江三角洲区域一体化发展规划纲要》起草过程中，苏皖合作示范区的发展模式得到起草组和国家相关智能部门的高度关注，在充分吸收示范区机制创新成果的基础上，明确支持三省一市依托苏皖合作示范区，在溧阳、宜兴、郎溪、广德、长兴、安吉以及白茅岭农场建设产业合作区，为“一地六县”的深度合作奠定了坚实基础。

【产业协同发展】 在文旅融合方面，在加快推进长三角旅游“一卡通”的基础上，三地联合进行旅游推介，打造精品旅游线路，推出“太极洞南山竹海纯玩两日游”等旅游产品，开发伍员山区域文化旅游资源，同时相互支持区域内溧阳茶叶节暨天目湖旅游节、郎溪伍员山水农业公园蓝莓文化旅游节、广德农耕文化旅游节等特色节庆活动，增强苏皖合作示范区旅游品牌的辐射力和影响力。在农业方面，发挥社渚镇“中国青虾第一镇”品牌优势，强化以青虾为代表的农业产业合作，通过市场化手段开展青虾联合养殖和销售，培训两地养殖户600余人次，发放养殖资料900多份，帮助两地销售青虾量超1000吨。在先导区建设方面，社渚先导区园区框架基本成型，安置小区、主次干道、雨污水管网、生态廊道等前期工作基本完成；梅渚先导区推进智能制造产业发展，芜申运河定埠港建成运营，成为宣城市唯一实现通江达海的水运口岸；邱村先导区国家机动车产品质检中心广德基地、“田之润”田园综合体等项目按序时进度稳步推进，广德汽车检测特色小镇通过安徽省政府审批。

【基础设施一体化】 溧宁高速加快建设，通车后三地主城区将迈入“1小时通勤圈”；交界道路建设有序推进，溧阳社徐线改造工程、溧阳304县道社渚殷桥到郎溪梅渚段等项目已完工通车；争取宁杭高速二通道、宁杭高铁二通道、连镇铁路南延等一批跨区域交通项目；分享“溧阳1号公路”成功经验，广德“竹乡画廊旅游100”风景道建设有序实施，郎溪“清新飞鲤·通湖绿道”项目完工验收、“云舞之路·七彩环线”项目建设稳步推进。

【公共服务共享】 在教育方面，三地校际间的教学交流越发频繁，“名师工作室”“名校长”“名教师”送培活动等项目持续推进，有效促进优质教育资源的辐射和延伸，建立两省三地六校教学研讨会机制，先后推动成立“胥河情”“竹海情”教育联盟，推动教育事业常态交流互动。在医疗方面，基层医疗机构开展全方位合作交流，2019年，皖苏浙三省五县（市）血防联防工作第47次会议在广德召开，建立苏皖合作血防联防合作制度，溧阳社渚卫生院加快二级医院创建步伐，构建区域性农村医疗中心，交界地区医疗服务能力得到进一步提升。在社会保障方面，针对三地人力资源的互补需求，三地人社部门协商签订《苏皖合作示范区溧郎广三地人力资源合作协议》，通过多年努力，基本实现人力资源和企业需求的信息共享。加快推进医疗卫生信息管理平台建设，2020年年底，三地已实现参保人员异地就医住院费用实时结算。

【生态环境共保联治】 在中国科学院南京地理湖泊研究所和生态环境部南京环境科学研究所等国家级科研团队的支持下，溧阳以长期生态环境监测大数据为基础，构建天目湖流域水生态容量评价体系，对区域各类市场主体开展生态容量占用常态化评估，核算生态治理工程生态贡献值，建立以确保区域生态质量稳步提升为前提的生态容量指标交易制度，通过政府对公共生态产品采购、生产经营者对生态产品约束性有偿使用、供需双方在生态产品交易市场中的权益交易等方式，淘汰低质量、低效率的生态产品使用行为，鼓励集约发展、绿色发展，并将生态治理工程带来的生态贡献转化为可入场交易的生态容量，让生态保护行为可以通过市场交易、绿色金融等方式直接获得经济收益，从而形成多方参与生态保护治理并长效评价生态功能效益的现代化生态治理体系。

（蒋　开）

【社渚先导区】 基础设施方面。完成拆迁清零工作。社渚先导区高质量完成园区动迁清零任务，拆迁范围4.82平方公里，涉及10个自然村，拆迁总户数约746户，拆迁建筑面积约10万平方米。完成拆迁安置小区建设。社渚先导区推进拆迁安置小区建设，地块总用地约105亩，建筑面积13万平方米。完成主体建设。推进配套基础设施建设。社渚先导区完成一期总长约12公里的8条沥青道路、5座桥梁以及道路两侧绿化亮化、雨污水管网、给水、燃气、强弱电部分配套基础设施。推进农村道路畅通工程。农村道路畅通工程（即矿产品专用通道）起点位于石山岕附近，贯穿两地，总长度约19公里。社渚先导区目前基本完成道路灰土路基，部分桥梁下部结构施工。

强化矿产品通道整治。社渚镇联合梅渚镇打造苏皖合作示范通道，全力推进矿产品通道建设。新改建社渚至社渚农场延伸至郎溪境021县道，开展环境提升工程。完成溧梅河疏浚工程，保证溧梅河河段畅通。强化先导区设施建设。完成社渚先导区拆迁安置房交付工作，完成生态廊道景观建设。根据企业进驻情况完善道路、给水、燃气、强弱电等基础设施。强化两地联合执法力量。巩固苏皖交界“金三角”区域的违建和违规烟花爆竹整治成果，将生态环境治理理念与安全生产工作的极端重要性相结合，对该区域实施土地复耕，恢复公路两侧苗木绿化，打造苏皖边界安全、高效的景观通道。社渚镇在全镇新增违建“零增长”的基础上，继续强化巡查力度，确保“拆违控违”工作继续取得实效；按照社渚先导区已流转土地管理的相关规定的要求，加强先导区已流转土地、树木的管控，保护好政府应有资源；持续优化先导区及周边环境，对先导区拆迁后遗留的垃圾堆、卫生死角等区域进行集中清理，安排洒水车对路面及绿化进行养护。在综合执法的范围内，两地执法队伍联合为企业提供有效的帮助，为企业排忧解难，确保两地企业能安稳在合作示范区内落地生根。

产业发展方面。推进新型电梯配件生产基地项目。由溧阳安华精工科技有限公司实施，总投资10亿元，其中设备投入约3.2亿元，计划用地312.82亩。项目一期计划投资47864.6万元，设备投入13211.2万元，规划用地约152.82亩，新建建筑面积78562.2平方米。一期项目达产后形成年产46万吨对重块及电梯配件、塔筒电梯、塔筒爬梯及钣金件产能，年销售约12亿元。加强青虾产业帮扶。社渚镇计划培训郎溪、广德两地青虾养殖户350人次，发放养殖资料500份；常年提供渔需物资包括优质的青虾饲料，常年进行技术咨询服务；全年为郎溪、广德地区提供太湖2号种虾250千克，优质虾苗1亿尾；常年定时派人到两地进行现场技术指导；计划帮助两地的青虾养殖户销售青虾400吨；计划培训50名有一定文化基础、吃苦耐劳，并能起到带头作用的农民，采取专人技术指导服务的方法，确保郎溪、广德两地发展一户，成功一户，在养殖过程中为他们提供全产业链服务，包括：提供优质虾苗、渔需物资、青虾饲料、技术咨询等服务，同时让青虾交易中心与养殖农户做好青虾销售对接工作，并培养2名经纪人。加强人才资源合理流动。建立苏皖合作示范区网上人力资源市场，积极开展“互联网+就业”，通过在线咨询、网络招聘、网络直播等方式实现合作示范区企业招聘岗位信息、人力资源供求信息异地同步共享。按照优势互补的原则，与郎溪、广德地区在高层次、高技能人才方面开展互学互助活动，发挥人才的辐射带动效应，引导合作示范区三地企业在行业领域内建立结对关系，互相通过知识讲座、现场指导等方式开展人才项目合作。不断激发农村活力。抓好建设现代农业产业体系、生产体系、经营体系三个重点，打造长三角有机农产品基地。两地积极融入溧阳市西部片区现代农业园建设，围绕青虾产业，搭建城乡产业协同发展平台，借助“社渚青虾节”，加大与大型农产品深加工企业对接，不断延伸农副产品产业链和附加值；通过引进“5055”“南梗46”等优质水稻品种，建立科技成果入乡转化机制。社渚镇以草莓、枇杷、火龙果、精品西瓜等多个四季时令水果为主，打造宜巷、金庄、宋村、金山4个休闲观光采摘园，并以此带动乡村旅游发展。

民生共享方面。人口计生互利互享。社渚镇先后与安徽省郎溪县的梅渚、钟桥、建平、凌笪等镇签订“苏皖流动人口服务与管理”双向协作协议书。利用郎溪县在社渚镇建立的流动人口区域协作工作站与该县卫健委联合开展“流动人口心理健康讲座”，郎溪县驻溧阳流动人口协会开展免费健康服务活动，推进流动人口计划生育“一盘棋”和全面落实“六免两优惠”工作机制。医疗资源合理共享。

推进人口服务和管理。社渚镇将继续依托苏皖区域合作工作站，稳妥扎实地开展依法管理、信息互通、综合治理、药具发放和走访慰问等流动人口服务与管理工作。推进教育文化共享平台。社渚镇将继续推进苏皖合作工作机制，加强在师资配备、岗位聘任、绩效管理等方面向苏皖合作工作倾斜的力量，推动胥河情教育联盟内师资合作交流；加强“渚”文化的共同研究；加强与安徽周边县（市）积极开展傩文化研讨活动，共同推动傩文化的传承、巩固、发展和繁荣。推进医疗卫生资源流动。与郎溪、广德两地医院组建医疗联合体，推进区域间分级诊疗、双向转诊、医师多点执业，促进优质资源横向和纵向合理流动，实现资源共享。

综合执法方面。社渚镇和梅渚镇联合出台《社渚镇、梅渚镇区域合作执法协议》，强化苏皖区域联合执法。两镇联合整治苏皖交界“金三角”区域的违建和违规烟花爆竹，累计拆除违建11处，面积2331平方米，收缴烟花爆竹1000余箱。

生态保护合作方面。联合开展非法排污企业整治。成立跨两地行政区域环境联合执法小组，成员由两地环境监察人员组成，对苏皖交界的非法排污企业进行全面排查，保持高压态势，加大对“散乱污”等非法企业作坊的整治力度。联合执法小组制定环境联合执法年度计划并组织排查，落实联合执法定期会商制度，协调处理交界污染纠纷问题，建立交界污染苗头排查机制，控制交界区域环境污染纠纷发生。联合开展生态保护与修复。打破行政分割，坚持分工合作和协同治理，加强区域生态安全格局构建和生态红线保护，推进以水污染为主的环境污染协同治理，推动环境基础设施共建共享，维护“绿水青山”，将苏皖合作示范区打造成长三角发展的生态阵地。联合整治和修复废弃宕口环境，保护和修复河湖湿地，开展跨界水污染联防联控，加强流域污染治理，探索固体垃圾及危险废弃物共同处置。

（王文强）

苏陕扶贫协作

【概　况】 2020年是脱贫攻坚收官之年，溧阳市认真贯彻落实中央、省市关于东西部对口协作决策部署，应对新冠肺炎疫情的不利影响。围绕人才交流、劳务协作、产业合作、结对帮扶等重点领域精心组织、周密部署、强化推进，全面对标对表，加压奋进，各项工作取得积极成效。在双方的共同努力下，两个对口贫困县全部摘帽，脱贫攻坚目标任务如期全面完成，同时全市对口帮扶白河、汉阴工作组受到了安康市委颁发的“脱贫攻坚先进集体”荣誉表彰。强化统筹推进。2020年，召开苏陕挂钩协作工作专题会议1次，市政府常务会议1次，全面部署我溧阳市对白河的年度扶贫工作，对挂钩协作工作提出明确要求。印发《溧阳市2020年苏陕挂钩协作工作要点》（溧委办〔2020〕25号），全面细化全年目标任务、工作重点，责任落实到部门。开展互访交流。7月，溧阳市委书记徐华勤率溧阳市党政代表团赴白河、汉阴考察交流；白河、汉阴党政主要领导也多次带队赴溧阳对接劳务合作、消费扶贫、旅游合作等支持帮扶工作。互访交流成为常态，双方共举行苏陕协作联席会议7次（白河4次、汉阴3次），促成两地文旅、教育、农业、交通、供销社等部门签订多个合作框架协议。

【人才交流】 2020年，溧阳市与白河、汉阴持续扩大人才交流范围。已选派4名党政干部赴两县挂职，两地到溧挂职干部各2名。加强专业技术人才帮扶力度，已选派卫健、农林、教育系统的40名专业技术人才赴两地支医、支农和支教（白河21名、汉阴19名）。两地也相应选派32名专业技术人才到溧跟岗学习（白河12名、汉阴20名）。做好援陕挂职人员的保障工作。为解决挂职人员的后顾之忧，对每位挂职人员给予一定的生活补贴，安排“一对一”志愿者为其家属提供志愿服务。做好白河、汉阴两县干部人才到溧挂职的协调、服务和管理工作，提供必要的生活条件和良好的生活环境。

【加大资金帮扶】 2020年，溧阳市县乡财政资金援助白河、汉阴累计535.5万元（其中白河258.5万元，汉阴277万元），省财政直接划拨援陕财政资金2238万元。同时鼓励企事业单位、社会组织和个人参与苏陕扶贫协作，截至2020年年底，累计向白河、汉阴无偿捐款捐物折合444.35万元（其中白河265.2万元，汉阴179.15万元）。

【聚焦消费扶贫】 溧阳市将助力农副产品销售纳入苏陕扶贫协作重要内容，积极引导政府资源、电商企业和其他社会力量共同发力，多渠道宣传推销白河、汉阴特色产品农副产品。积极开展产品推介活动，成功举办“2020年安康扶贫产品常州行溧阳专场活动”、白河美食节等活动。引导江苏优鲜到家农业科技有限公司在汉阴成立分公司，与汉阴县供货企业签订特色农产品购销意向协议，精准助力消费协作。2020年，通过农产品展销会、专区专柜、电商平台、企业订单采购等方式，帮助两县销售农副产品金额累计超8168万元，带动3495名贫困人口实现增收。

【劳务协作】 2020年，针对新冠疫情特殊情况，溧阳市与两地联合举办线上、线下苏陕劳务协作专场招聘会3次，通过“云招聘”“点对点”包车接送等方式，帮助贫困劳动力转移就业，帮助两县贫困人口转移到江苏就业296人（白河153人、汉阴143人），转移到其他地区就业133人（白河95人、汉阴38人），帮助在省内就近就业318人（白河164人、汉阴154人）。

【全方位帮扶】 构建全方位、多层次、立体化的多元帮扶协作体系，对口帮扶工作更加直接、更加具体、更加深入。疫情防控期间，市委、市政府筹集15万个口罩、1500套防护服等紧急防控物资支援白河、汉阴，物资折款累计60万元。溧阳市先后有6个经济强镇（区）、12个村（社区）、17家医院、12所学校与白河、汉阴两地签订对口合作协议，不断深化合作交流。

（蒋　开）

“1号公路”神女之心　（市交通运输局　供稿）

综　　述

【概　况】 2020年，全市农业农村工作围绕“产业兴旺、生态宜居、乡风文明、治理有效、生活富裕”总目标，以深化农村改革、强化精准扶贫、促进乡村振兴为着力点，积极探索具有溧阳特色的乡村振兴之路。全市实现农林牧渔业现价总产值90.48亿元，比上年增加4.8%。其中农业产值为49.70亿元，比上年增长4.5%；林业产值为1.03亿元，比上年增长9.3%；畜牧业产值3.43亿元，比上年降低2.0%；渔业产值31.7亿元，比上年增长5.5%，服务业产值4.62亿元，比上年降低7.8%。

（朱　廷）

【农业综合开发】 2020年，溧阳市实施高标准农田建设项目3个0.7万亩，总投资1318.23万元，共争取各级财政资金1300万元，项目承担单位自筹18.23万元；实施常州市级高效节水灌溉项目7个1860亩，总投资471.74万元，申请市级财政资金286万元，承担企业自筹185.74万元。

（葛惠兴）

【农民培训】 2020年，全市完成新型职业农民培训25期、2480人（部级340人、省级1600人、溧阳市级540人），新增3.28%，全年农民培育程度（持证率）为58.76%。按照中共江苏省委农村工作领导小组《关于印发〈江苏省乡村振兴监测实施办法〉的通知》要求，全市培训小农户农民1607人，占64.8%，较2019年的61.3%增加3.5个百分点。江苏省职业农民培育指导站公布高素质农民实训基地（田间学校）名单，天目湖茶叶研究所名列第三批次名单，成为首次入选高素质农民实训基地（田间学校）。苏州农业职业技术学院授牌曹山天之福生态园新型职业农民培育实训基地（农民田间学校），扬州大学园艺与植物保护学院授牌杨家村产学研创新基地。积极做好乡土专家选拔工作，在各镇（街道）审核推荐的基础上，市农业农村局邀请省、常州市农业专家，评审确定第四期天目湖英才榜乡土专家30名。

（杨朝华）

戴埠镇欣龙生态园有机茶园　　　　（市农业农村局　供稿）

【农业品牌建设】 2020年，全市新增“绿色食品”认证2只，种植业绿色优质农产品占81.73%。拥有有效期内的“二品”企业46家，产品122只，其中绿色食品企业38家，产品95个；有机农产品企业8家，产品27只。溧阳青虾、溧湖大米、龙峰天目蓝莓三个品牌入选江苏农业品牌目录，“香山白云”牌天目湖白茶等6个产品被认定为常州市第二十二届名优农产品。组织农业企业参加第十八届中国国际农产品交易会、第二十二届江苏农业国际洽谈会等农业展会，有效提升溧阳农产品品牌的影响力。

（杨朝华）

【农业产业化建设】 2020年，全市围绕农业产业化发展，促进特色产业集聚发展，推进农业产业转型升级。天目湖镇入选全国乡村特色产业十亿元镇名录，创建农业产业联合体6家，江苏优鲜到家园艺产业联合体、溧阳欣龙茶叶产业联合体入选省级示范联合体名录。溧阳天目湖玉枝特种茶果有限公司被认定为农业产业化省级重点龙头企业，溧阳岁丰科技农业有限公司等6家企业被认定为常州市级农业产业化龙头企业，江苏海斌米业有限公司等3家企业通过常州市农业农村局组织的“20强”农产品加工示范企业考核。全市农业龙头企业实现销售138.8亿元，各级农业龙头企业直接带动农户达12.4万户。

（濮　俊）

农村工作

【实施乡村振兴战略】 2020年，全市将乡村振兴工作纳入镇、部门年度绩效考核体系，着力实施产业振兴、生态宜居、富民增收、改革创新、乡村治理五大工程，明确工作任务和职责，密切协同配合，强化资源要素支持和制度供给，形成工作合力。坚持“一村一品”理念，推动农业高质量发展，因地制宜发展精品茶果、特种水产、优质稻米、花卉苗木等特色产业，强化地方特色农产品挖掘和品牌保护，培大培强合作社、家庭农场等新型经营主体，全市农民合作社达1172家，累计培育各级农民合作社示范社246家；家庭农场达1250家。

（孙根华）

【创新农村集体“三资”管理】 完成市级平台会计科目初始化工作，办理“银企互联专线”，通过牵头单位接口实现银行业务功能。完成所有村级资产、资源数据的初始化工作，镇（街道）全面使用常州市级平台的资金在线支付功能。完成4000多个组级单位资产资源的数据录入工作，独立记账的8个组纳入平台核算。全市行政村实行村账镇代理的管理模式，有村委托会计服务站专职记账员代理记账，一般一个记账员代理3～5个村，每个月结账记账一次。“村务卡”使用基本能按照“村务卡”的使用额度、适用范围以及管理方式，实现公务支出全程留痕，“村银”对接使用正常。在审批手续齐备的前提下，村级所有收支业务都能从网上办理，并进行线上审批。村居信息公开途径除橱窗栏、网络平台、触摸屏公开形式外，电视公开从每镇1个自然村试点扩面到覆盖全市12个镇（街道）30%的行政村，用户量超万户。全年农村产权交易成交标段数873个，成交金额24366.15万元，溢价2299.03万元，溢价率10.4%。线上交易成交标段数45个，成交金额7989.82万元，占全市项目总成交金额的32.79%，溢价1502.14万元，占全市项目总溢价的65.34%，溢价率23.2%。线上交易成交金额位于常州地区第一，获江苏省县市区农村产权“线上交易半年度之星”称号。

（朱云龙）

【精准扶贫工作】 2020年，全市按照省、市统一部署，以人均年可支配收入低于8500元的标准，认真开展低收入农户建档立卡动态管理工作，录入国家扶贫信息开发系统建档立卡低收入农户5827户、10425人。深入推进阳光扶贫、精准扶贫，建档立卡低收入农户全部实现脱贫。按照“阳光扶贫”工作要求，市、镇、村三级干部与低收入农户挂钩结对。帮扶责任人使用“阳光扶贫”手机APP完成对挂钩村和结对农户四个季度的走访慰问活动。深化“领导挂钩、企业联村、干部帮户”活动，完善“企业联村”活动机制，新增9对村企结对。大力挖掘集体经济“造血”项目，制定全市2020年经济薄弱村扶持项目申报指南，建立全市村集体经济发展项目库，共有25个集体经济发展项目入库，项目总投资预计3285万元，为村集体经济平均增收15万元以上，全市各行政村集体经营性收入均稳定在50万元以上。结合全省“万企联万村，共走振兴路”活动，加强南北共建，全市173个村与169家企业结对连接，江苏天目湖旅游股份有限公司等21家企业与盐城市建湖县10个村、滨海县11个村签订帮扶协议。溧阳市企业联村工作被《新华日报》头版头条宣传报道。推行村级集体经济项目库管理，以“先建后补”方式，对经济薄弱村实施的因地制

表 5

2020 年溧阳市主要农作物生产情况

类 别	面 积（千公顷）	比上年（±%）	总 产（万吨）	比上年（±%）	单 产（千克／公顷）	比上年（±%）
稻谷	31.87	1.59	29.55	0.44	9270	−1.15
小麦	19.04	−2.56	9.46	−2.17	4971	0.42
油菜	4.05	−7.61	1.12	−5.08	2779.5	3.17

宜盘活闲置、低效的村级集体资产、资源，发展物业经济等项目给予资金补助，全年实施省、常州、溧阳市各级项目共计 10 个，补助资金 843 万元。

（谢云钧）

【深化农村集体产权制度改革】 2020 年，全面推进农村集体产权制度股份制改革，进一步加强对农村产权制度改革业务指导和督促检查，规范改革程序，合理界定成员资格和股权设置，确保农村社会稳定。做好农村集体经济组织登记赋码和村股份经济合作社股民股份证书发放工作。全市 185 个村成立股份经济合作社，占比超 98%，共量化经营性资产 7.2 亿元，确定成员总数 63.60 万人，完成登记赋码 185 个村。

（朱云龙）

种 植 业

【概 况】 2020 年，全市粮食种植面积 54853.33 公顷，比上年增加 160 公顷，增 0.29%；粮食总产 40.86 万吨，比上年增加 0.03 万吨，增 0.07%；单产 496.6 千克，比上年减少 1.10 千克，减 0.22%。

【粮油作物良种推广】 2020 年，全市稻、麦、油播种面积 54960 公顷，良种覆盖率为 99.5%，优质化率 78.4%。主要应用优质水稻品种 5 个，优质小麦品种 3 个，油菜品种 3 个，水稻主要种植优质高产武运粳系列及高产优质食味南粳系列品种，小麦主要种植扬麦系列，油菜主要种植宁杂 1818、油研系列、苏油系列等双低优质油菜品种。

埭头镇邹家村何家桥农机专业合作社油菜种植基地

（市农业农村局 供稿）

【轻简高效栽培技术推广】 2020 年，全市应用水稻高产优质精确定量栽培技术 30133.33 公顷，占水稻种植面积的 94.5%。应用小麦群体质量栽培技术 17533.33 公顷，油菜轻简栽培技术 3866.67 公顷。

【农技服务】 2020 年，全市从事粮油和经济作物的农技推广人员 100 余人。在开展农技服务过程中，坚持抓好粮油基础产业，稳定粮油面积，培育建设优质粮油生产基地，推广优质高产良种配套、精确定量栽培、新型轻简栽培、测土配方施肥、全程机械化生产和病虫草害绿色防控等技术。坚持抓好农技信息服务，印发《溧阳农技》等农技资料 1 万余份。

【高产创建】 2020 年，全市组织实施水稻绿色高质高效创建示范片（方）12 个（其中部级万亩片 1 个、省级 5000 亩片 3 个、省级千亩方 8 个），面积 2273.33 公顷；小麦绿色高质高效创建示范片 13 个，面积 1013.33 公顷。粮油高质高效创建活动的开展，对促进粮油大面积平衡增产起到了积极的推动作用。

（葛家颖）

水 产 业

【概 况】 2020 年，全市养殖水面 15402 公顷，水产品总产量 5483 万千克。养殖结构进一步调优调强，河蟹放养面积 6253 公顷，以蟹塘套养青虾、蟹虾混养为主要模式。青虾主养面积5153公顷，养殖模式进一步优化。社渚镇通过苏皖合作示范区建设和对口帮扶等平台，将青虾养殖技术和效能逐步进行输出。黄颡鱼、加州鲈等名优品种养殖积极性突出，与特种鱼养殖、垂钓、餐饮、乡村旅游相结合的休闲游钓观光渔业蓬勃发展。

【渔业现代化工程建设】 2020年，全市新建、改造标准化池塘267公顷，亩效益5000元以上的设施渔业面积累计6380公顷。借助政府加快推进“四圈三区二园一重点”工程契机，推动三大渔业园区发展，树立产业亮点。黄家荡园区增加抗灾设施设备资金投入，在变化异常的天气中抗旱抗涝抗高温能力不断加强；做好生态循环养殖尾水达标工作，在环保上下大功夫、做大文章。市、镇各有关部门着力管控青虾“太湖二号”新品种的生产、销售环节，确保苗种市场的规范性。青虾批发市场通过市场发力、集群发展，进一步打通青虾销售环节的瓶颈。

【渔业科技创新】 2020年，重点推广河蟹“长江1号”“长江2号”，青虾“太湖2号”等新品种，推广养殖水体水质调控、水产病害防治、渔用药物安全使用、青虾标准化生产、池塘尾水净化等技术。通过政府推动、市场拉动、项目带动、科技人员与养殖户联动，健全制度、延伸覆盖、提升水平，建立健全全市渔业科技成果快速转化长效机制，不断提升渔业综合生产能力和劳动者综合素质。

【水产品质量安全建设】 2020年，深入贯彻落实《中华人民共和国农产品质量安全法》《江苏省农产品质量安全条例》等法律法规，切实加强农产品质量安全工作领导，促进农业生产健康发展，加快推进农业现代化进程。全面提升全市农产品质量安全监管水平，建立健全监测制度，确保农产品生产和消费安全，印发《2020年溧阳市农产品质量安全工作目标任务考核办法》，明确监管机构的职责分工及具体的考核指标，市农业农村局与相关科站、镇（街道）农产品质量安全监管站签订责任书，确定相关责任单位和责任人员。局渔业渔政科与养殖生产企业分别签订农（水）产品质量安全责任状，建立质量安全责任制及责任追究制。局渔业渔政科制定2020年全市水产品质量安全工作计划和安全专项执法监管工作方案，积极进行水产品质量安全管理诚信企业建设工作，水（农）产品质量安全工作纳入年度目标考核。发放《水产品安全生产告知书》，与养殖场、苗种场、合作社和重点养殖户签订《农业企业农产品质量安全承诺书》，并且对重点渔业养殖户发放规范的养殖记录台账。全年开展以水产品质量安全生产为重点的培训35期，计受训养殖户2551人次。

【水产品质量监管抽检】 2020年，积极配合部、省、市农检等部门定期定点抽检，特别是三品一标产地、水产品质量安全监测点及病害测报点，采用不定期上门督查、抽检等检打联动手段，接受各级抽检8次，样品64只，全部合格。开展水产品风险监测工作，严格按照国家法律法规要求，遵循抽样机构与检测机构分离的原则。抽样的鱼采用现场撒网的方式进行，河蟹、青虾由市农业农村局专人监督地笼下塘，等执法人员到来时起笼采样。抽样人员应当现场制备和封存样品，现场制备的样品分为三份，分别用于检验检测、检验检测备用和留存备复检。检测工作由有资质的单位具体承担，提供水产品相关指标监测数据，全年完成42只样品的监测。

【渔政监督管理】 2020年，全市共有495艘机动渔船参加了年度检验，检验合格495艘，合格率达100%。完成渔民人身平安互助保险5940份，投保额为5940万元。联合执法10余次，劝解责令改正天目湖沿湖初次钓鱼行为200余起，办理非法捕捞案件91起，抓获各类违法犯罪嫌疑人104人。结合“渔政亮剑行动”暨“非法捕捞清网行动”，清理地笼158条、网簖7条，接到关于电力捕鱼的举报73次；查获电力捕鱼案14起，没收电鱼工具22套。通过增殖放流、生态环境营造等方式，丰富天然水域的渔业资源。12月8～10日连续3天举办沙河、大溪水库渔业资源增殖放流活动，放流生态碳汇类鱼种白鲢、鳙鱼2个品种33万尾，以渔活水，优化沙河、大溪水库生物多样性种群，改善沙河、大溪水库水质。做好渔业风险预警与防范工作，在台风、高温等特殊时期，及时向社会及渔民发布相关信息，确保渔业生产及渔民生命财产安全。

（孙红辉）

畜　牧　业

【概　况】 2020年，全市畜牧兽

表 6　2020 年溧阳市畜牧业主要指标情况

项　　目	单　　位	指　　标
生猪出栏	万头	5.62
生猪存栏	万头	4.12
能繁母猪	万头	0.378
家禽出栏	万羽	248.169
家禽存栏	万羽	54.248
羊存栏	万只	0.126
羊出栏	万只	0.172
兔存栏	万只	0.1
奶牛存栏	头	89
猪肉产量	吨	4310
禽肉产量	吨	7340
羊肉产量	吨	10
蜂蜜产量	吨	95

医工作克服新冠肺炎疫情影响，在上级业务部门的关心指导下，促进恢复生猪生产，加强重大动物疫病防控长效机制建设，加大动物卫生监督执法工作力度，扎实开展畜产品质量安全监控体系建设，保障全市畜牧业健康平稳绿色发展。年末，全市生猪存栏 4.12 万头，较上年的 1.19 万头增加 246.2%，全年出栏 5.62 万头，较上年的 3.765 万头增加 49.27%；生猪恢复生产成效显著。肉禽存栏 43.35 万羽，较上年的 88.39 万羽减少 50.96%，出栏 248.169 万羽，较上年的 324.35 万羽减少 23.49%；蛋禽存栏 10.898 万羽，较上年的 19.02 万羽减少 42.7%；肉羊存栏 0.126 万只，较上年的 0.44 万只减少 71.36%，出栏 0.172 万只，较上年的 0.615 万只减少 72.03%。

【畜禽基础免疫】 2020 年 3 月、7 月和 9 月，全市开展三大基础防疫行动，防疫高致病性禽流感 331.5 万羽、鸡新城疫 133.12 万羽、家畜口蹄疫 4.53 万头、猪瘟 4.58 万头、高致病性猪蓝耳病 4.15 万头、羊小反刍兽疫 0.85 万只，免疫密度 100%。在三大行动实施及集中监测过程中，及时组织督查，并反馈督查意见。“三大防疫”行动中应免畜禽免密率达 100%，免疫后家畜耳标悬挂率 100%。

【非洲猪瘟防控】 2020 年，持续开展非洲猪瘟疫情排查，严格执行日报制度，开展非洲猪瘟病原检测 468 份，结果均为阴性。按照上级部门有关要求，开展生猪养殖场（户）、生猪定点屠宰场日常监测及采样送检工作，重点对从外地调入生猪进行监测。并在 4 月 24 日举办“全市非洲猪瘟防控技术培训班”，邀请常州市疫控中心主任金松就非洲猪瘟生物安全综合防控技术进行讲解。5 月 15 日，被省疫控中心确定为“授权开展非洲猪瘟检测工作实验室”。

【兽医实验室监测】 2020 年，对全市所有规模养殖场及禽存栏 200 羽以上养殖场（户）进行采样抽检；对于其它小散养殖户，各镇自行核查免疫情况。全市采样检测养殖量占总饲养量的 82%。全市完成家畜口蹄疫抗体检测 460 份、猪高致病性蓝耳病抗体检测 360 份、猪瘟抗体监测 312 份、羊小反刍抗体检测 707 份，禽高致病性禽流感免疫抗体监测 3171 份，鸡新城疫免疫抗体检测 1044 份。全市重大动物疫病免疫抗体合格率均在 70% 以上。开展牛布病检测 176 份，结核病菌检测 176 份，家畜血吸虫检测 91 份，结果均为阴性。

【规范性畜耳标管理】 2020 年，根据省疫控中心《关于加强全省畜禽耳标管理工作的通知》精神，5 月 28 日举办全市牲畜耳标管理工作培训班，指导各镇耳标管理员进行农业农村部牲畜耳标管理 APP 操作，新建“村级防疫员”账号，全面开展耳标二次发放工作。

【动物疫病防治员操作技能竞赛】 2020 年，为加快推进全市动物疫控系统队伍建设，全面提高基层人员技能，市农业农村局、市总工会、市人力资源和社会保障局于 6 月 28 日联合举办溧阳市动物疫病防治员技能比赛。比赛评出重大动物疫病防疫技术能手 6 名，展现全市基层畜牧兽医技术人员勤学知识、苦练技能的精神风貌，为全市重大动物疫病防控工作打下扎实的基础。

【构建畜牧业绿色发展长效机制】 2020 年，按照省、市的统一要求，做好畜禽养殖污染整治工作。通过治理认定的规模场，畜禽粪污主要通过种养结合农牧循环生产模式，按照种养匹配的原则配套粪污消纳用地，委托第三方进行处理，建设粪污收集、贮存、处理、利用设施，促进畜禽粪污转化增值。全市34家规模场全部完成治理认定，规模养殖场治理率100%。规模场畜禽粪污综合利用率98.9%，全市畜禽粪污综合利用率95.9%。

【完成畜牧生态健康养殖技术认定】 2020年，根据省、市要求，继续开展生态健康养殖技术推广工作。经过年初的推广动员，在8月中旬完成上兴镇史洪宝猪场、竹箦镇四大一中养鸡场、竹箦镇丁家养鸡场、溧阳市秋川农牧4家养殖场的“常州市畜牧生态健康养殖示范基地”认定工作。在农业农村部备案的所有规模养殖场通过“常州市畜牧生态健康养殖示范基地”认定。

【畜产品质量安全专项整治】 2020年，全面落实生猪“瘦肉精”监督监测工作制度，各镇（区）兽医站和辖区内养殖场签订畜产品质量安全责任状。建立健全生产监测与屠宰监测两项制度，全年监测场所120个，出动执法人员160人次，指导培训人次220，抽样数量4736个，合格数量4736个，合格率为100%。按照属地管理，结合恢复生猪生产领导挂钩服务制度，推行包场包户等方式，实行监管人员网格化管理，确保一个养殖场（户）挂钩三个网格化管理人员，每月1日和15日报送网格化半月报表。

【动物诊疗机构专项整治】 2020年，全市积极开展动物诊疗机构专项整治活动3次，出动执法人员12次，对全市12家诊疗机构进行监督检查，并做好动物诊疗监督检查记录。在检查中，发现有部分动物诊疗机构污水处理设备未安装完善，出具处方不符合规定，对病历保存条件不完善的情况，当场对诊疗机构负责人提出整改要求。

【规范屠宰执法行为】 2020年，规范养殖环节无害化处理，按照相关规定通过焚烧或深埋，发放相关补贴。对无害化收集体系的建设根据常州市的规划和设计到位后，按时建设到位。实施现场检查与县级审核联动机制，强化生猪产地检疫出证排查、抽查。在督查过程中要求官方兽医在生猪出栏环节，严格按规程实施生猪产地检疫，强化资料审核查验等环节；科学开展动物疫病风险评估，做好跨省调运种猪产地检疫工作。规范产地检疫证明领取、使用和管理，加强检疫证明电子出证账号管理，明确出证人员的权限和责任，严禁“隔山出证”、倒卖检疫证章标志等违法违规行为。全年在线电子化出证产地检疫生猪29052头，屠宰检疫90914头；养殖环节无害化处理生猪3712头。

【兽药经营企业监管】 2020年，加强对全市兽药经营企业的日常监管。认真做好执业兽医师注册管理工作，新注册执业兽医师7名。全年抽取饲料样品40余个，兽药样品4个，配合农业农村部、省农委等上级部门做好监管采样及风险评估。经过抽检，未发现饲料、兽药的违法违规案件。加强安全生产检查，将检查过程中发现的问题对企业作出书面的整改通知，要求企业限期整改到位。

（姜军华）

园　艺　业

【概　况】 2020年，全市茶园总面积4800公顷，开采面积4133.33公顷。春季干毛茶产量1140吨，产值超10亿元。全年干毛茶产量1359吨，总产值12亿元。全市茶叶加工企业300余家，其中省部级龙头企业4家，地市级（含县级）龙头企业52家。茶叶主要栽培品种有白叶1号、福鼎大白、乌牛早、苏茶早等。

积极推进蔬菜生产机械化应用，努力促进农机农艺有机融合，减少用工，克服自然灾害频发的条件，最大限度提高劳动生产率，稳步提高蔬菜生产效益，总体态势发展良好。全市蔬菜播种面积8540公顷，总产约32.55万吨。种植效益平稳，蔬菜质量明显提高。

全市水果总面积保持稳定，新品种不断引进，新技术、新设施得到应用。水果种植面积1793.33公顷、产量17700吨、产值18460万元。其中，葡萄285.33公顷、产量3080吨、产值3420万元；梨281.33公顷、产量3940吨、产值2280万元；桃556.67公顷、产量4850吨、产值5250万元；草莓230公顷、产量3310吨、产值4310万元；其他407.33公顷、产量2490吨、产值3040万元。

全市蚕桑春季发种100张，全年发种150张，总产量6吨，产值20万元。全市果桑种植面积66.67公顷。

天目湖镇天目四季春生态农业发展有限公司梨花、海棠花基地

（市农业农村局 供稿）

【废旧农膜回收利用】 2020年，通过积极探索、创造性开展废旧农膜回收利用工作，通过省农业农村厅上半年组织的考评。2个省级五有废旧农膜回收网点建设高标准展开，各项工作有序推进。实施32个废旧农膜回收网点和2个回收集中存放站建设。全市废旧农膜回收利用率80%以上，地膜减量替代技术全市推广应用面积1500余亩，推广强化膜55.8亩，有效地减少地膜的使用量和田间地膜拾拣率。

【技术服务与培训】 2020年，为有效推广茶叶、蔬菜绿色防控技术，全市开展园艺作物绿色防控示范区建设，创建6个省市级绿色防控示范区，示范推广菜果茶绿色防控433.33公顷，推广试验园艺作物绿色防控技术。做好蚕种催青和养蚕辅导，年前即布置春蚕种收订工作，加强宣传引导，及时统计数量，落实蚕种。蚕种催青工作顺利，蚕茧单产稳定。蔬菜技术指导能深入田头，及时向种植企业、大户发布蔬菜病虫害防治预测预报16次，发放蔬菜生产安全用药指南350余份，配合监管科认真做好蔬菜日常抽检。做好果树新品种的引进和推广，分别引进葡萄、柑橘等新品种3个，全面提升水果产业设施化水平，果品质量明显提高。全年共举行茶叶制作培训、水果标准化种植技术培训、园艺科技下乡辅导员技术培训等各类培训班6期，参加常州市组织的果树、蔬菜培训4期，提升园艺企业的茶叶制作、果树栽培管理能力。开展疫情防控期间蔬菜保供及生产管理工作，做出蔬菜保供预案，适时抢种保供速生蔬菜，保障疫情期间蔬菜供应。针对多变的不利天气条件及时指导农户采取合理应对措施，促进在田果蔬正常生产。开展春茶安全生产调查和春茶生产疫情防控专项检查，确保春茶安全生产工作落实到位。

【品牌推介和展示】 积极组织茶企参与2020年中国溧阳茶叶节暨天目湖旅游节相关活动，举办2020年天目湖白茶开采节、特色农产品展销等，推介展示天目湖白茶。在第十九届江苏省“陆羽杯”名特茶评比中，全市送茶样20只，其中江苏大岭生态农业科技发展有限公司“戴大敬”牌天目湖黄茶等4只茶样获特等奖，溧阳市天目湖早春茶果种植家庭农场“余氏六碗茶”牌天目湖黄茶等4只茶样获一等奖。组织水果企业参加省、市各级各类水果评比、评鉴活动，有16只样品在各类水果评比活动中获金奖和银奖。6月14日，江苏省优质杨梅果品评鉴推介暨第二届江苏省杨梅产业发展成果交流会在溧阳市成功举办。7月18日，由江苏省茶叶协会、江苏省茶叶学会、江苏省农业技术推广总站和溧阳市人民政府主办，溧阳市农业农村局承办的“2020江苏茶产业高质量发展论坛”在溧阳市举办。

（魏继燕）

农业机械化

【概　况】 2020年，全市以农机农艺融合、机械化信息化融合、农机服务模式与农业适度规模经营相适应、机械化生产与农田建设相适应为路径，以科技创新、机制创新、政策创新为动力，补短板、强弱项、促协调，全市农机装备总量继续保持平稳增长，农机装备总动力57.02万千瓦，高能耗、低性能机具不断淘汰，大马力、高性能、特色、复式先进的农机数量不断增加，畜牧、林果、渔业、设施农业机械化水平和农产品加工机械化水平全面提升，推动农机装备产业向高质量发展转型，推动农业机械化向全程全面高质高效升级，特色农业机械化发展道路，为实现农业农村现代化提供有力支撑。

【粮食生产全程机械化】 2020年，通过加强领导，重点扶持，出人出钱出政策、注重宣传，汇聚合力，重内重外重实效 、高标实施，示范带动，抓点抓面抓考核、突出重点，主攻难点 ，补弱补缺补短板、狠抓主体，整体推进，强社强技强人才五方面工作措施，完成省级主要粮食生产全程机械化示范市、全国主要农作物粮食生产全程机械化示范市的创建工作。年末，主要粮食耕整地、种植、高效植保、收获、烘干、秸秆处理六大生产环节生产全程机械化水平达96.49%。主要农机装备实现全面升级转型。

【农机购置补贴】 2020年，市农财两部门密切配合，持续巩固主要粮食生产全程机械化示范县建设成果，加快设施、果蔬茶、渔业、畜牧业机械装备的发展，扎实开展农机购置补贴政策管理工作，推动强农惠农政策落实到位，支持农业机械化全程全面高质高效发展，促进农业供给侧结构性改革，助力乡村振兴战略。全市补贴各类机具1160台（套）使用农机购置补贴资金1140.57万元，拉动购机者投入4957.72万元，受益对象871户。其中，新增喷杆式植保机7台，烘干机19台，联合收割机32台（其中全喂入自走履带式31台），插秧机73台（其中手扶5台），大中型拖拉机81台，耕整地机械283台，茶叶机械15台，农用挖掘机32台，无人植保飞机53台。

【农机报废更新】 2020年，出台《溧阳市农业机械报废更新补贴工作方案》，明确树立新发展理念，围绕实施乡村振兴战略，坚持“农民自愿、国家扶持、安全环保”的原则，通过政策支持，进一步加大耗能高、污染重、安全性能低下的老旧农机淘汰力度，促进农业机械安全生产和新农机新技术推广应用水平不断提高。对拖拉机、联合收割机、水稻插秧机、机动喷雾（粉）机、饲料（草）粉碎机、铡草机六种机型实施定额报废补贴，鼓励引导陈旧农机的更新，推动农机节能减排，优化农机装备结构，消除老旧机型安全隐患，保障农机安全生产。

【秸秆机械化还田】 2020年，全市稻麦种植面积75.518万亩，（小麦27.718万亩，水稻47.8万亩），全市夏（秋）收期间共投入大型秸秆还田机械1731台、联合收割机1041台，大中型拖拉1154台。首次落实犁耕深翻还田面积7.09万亩，实际秸秆机械化还田面积65.24万亩，秸秆还田作业补助实行“普惠制”，补助对象4.607万户，兑付补贴资金1040.92万元，本级配套补助资金276.92万元。其中夏季完成秸秆机械化还田27.098万亩，还田率达97.76%；秋季完成秸秆机械化还田38.1439万亩，还田率达79.8%，全年还田率达88.8%，全面完成了下达还田任务。

【农机职业技能获证奖补培训】 2020年，完成农机行业职业技能获证奖补培训一期，培训农机维修初级工、中级、高级及技师86人，全市通过农业农村部技能鉴定70人，圆满完成获证奖补培训任务，提升农机化人才队伍素质。

【农机合作社】 2020年，围绕发展农机社会化服务组织，培育壮大农机大户、农机专业户以及农机合作社、农机作业公司等新型农机服务组织，支持农机服务组织开展多种形式适度规模经营，鼓励家庭农场、农业企业等新型农业经营主体从事农机作业服务的目标，持续开展以农机合作社“管理、服务、装备、人才、安全”五大水平提升的“强社”活动，通过“定标准、树典型、立榜样”，带动全市农机合作社建设。建设成标准机务管理农机专业合作

社渚镇芳伢农机合作社农机夏收场景　（市农业农村局　供稿）

社11家。鼓励发展农机社会化服务新业态、新模式、新主体的建设，加快推动农机服务模式与农业适度规模经营相适应，加快推进农业机械化全程全面高质高效发展，引领小农户进入现代农业发展，建成省级“全程机械化＋综合农事服务中心”农机服务组织1家，本级“全程机械化＋综合农事服务中心”农机服务组织2家。

【农机示范推广】 2020年，大力推广典型示范，建设基本设施建设和种植符合宜机化要求。中耕、施肥、植保、修剪、采收、田间转运6个环节配套机械化装备齐全，满足作业需求，机械化水平达到85%以上的全程机械化标准果园实训基地1个，形成示范带动效应，固化适宜实施机械化的茶叶生产和蔬菜生产机械化基地模式、机械选型匹配模式、宜机化改造模式，形成机械化人才培训、观摩的实训点，为农业全面全程机械化的水平提升提供可借鉴的版本和可复制的模板。引进大宗蔬菜自动化包装设备、果园自卸式升降作业平台、烘干机电加热热风炉、智能化插秧机驾驶辅助系统等一系列先进适用的农机装备，开展有效的试验示范和推广应用，加快推进全市农业机械化和农机装备产业转型升级，农机化高质量发展提供有力支撑。

【农机安全生产】 2020年，紧扣农机安全生产不放松，全面贯彻农机安全专项整治年工作，农机安全生产形势好转。坚持开展农机整治，不断加强农机安全知识宣传、全面实施农业机械免费实地检验，以提高“三率”为抓手，深入进行安全生产大检查、隐患排查和“平安农机”示范社创建，贯彻落实省市关于“变形拖拉机”的相关要求，实现了全市在册“变型拖拉机”全面清零工作。将农机安全监管纳入网格化管理模式，初步形成农机安全监管长效机制。全市未发生农机死亡事故和重特大农机事故，农机安全生产形势总体保持良好态势。

（蒋秋新）

老区开发

【概　况】 2020年，市老区开发促进会、扶贫开发协会围绕中心，服务大局，践行初心使命。被江苏省老促会和常州市老促会推荐为全国先进单位，并入选《全国老区群英谱》；《溧阳市革命老区发展史》获全国革命老区县发展史丛书（江苏卷）特等奖；获全国老区宣传工作特等奖。

【宣传老区精神】 2020年，市老促会总结了别桥镇前程村、南渡镇石街村、竹箦镇水西村、社渚镇宋村、上兴镇分界村等20多个村脱贫致富奔小康的成功经验，在《溧阳老区通讯》《常州老区》《江苏老区》《溧阳时报》《常州日报》《大江南北》等刊物宣传报道。《小村大义——来自革命老区彭家村的报告》，被中国老区网和《人民日报》头条宣传推广。《打好阳光扶贫、产业扶贫、就业扶贫“组合拳”》被“学习强国”平台推广。全年共有60多篇调研文章，被全国、省、市级报纸杂志刊登。《加大溧阳老区宣传和助推力度，为开启社会主义现代化新征程作出应有贡献》一文在全国老区宣传工作会议上交流，并被中国老区网作为经验材料宣传推广。向市委、市政府上报《关于打通两镇之间“1号公路”延伸通道的调研报告》和《关于陈毅新四军“竹箦桥会议”旧址谢家祠堂所在地——荷花静园有关“红色传承、绿色发展”的调研报告》，市委、市政府领导作出批示，并得到有效落实。

【爱心组织实现全覆盖】 2020年，全市各级各部门十分重视和关心爱心组织和志愿者服务队伍建设。溧城街道党委书记亲自抓，分管领导具体抓，街道老促会配合抓，建立爱心组织和志愿者服务队各50个，志愿者5519人。常州市老促会组织召开现场会推广，武进区、新北区组织60多位骨干参观学习，《江苏老区》作了报道。埭头镇各村相继成立爱心服务站和志愿者服务队伍，全镇志愿者队伍超1000余人，接受社会贤达和有关企业家捐款捐物等在1000万元以上，建立了助学基金和助老基金。竹箦镇重视新时代文明实践的阵地建设，为打造高品质发展活力、高品位文化内涵、高品度生态环境的溧阳明星强镇，提供强有力的保障。南渡镇主要领导兼任爱心工作站总站长，并成立志愿者服务总队。全市镇村（社区）建立150多个爱心组织和志愿者服务队，真正做到市、镇、村爱心组织建设全覆盖。全市建立各类爱心基金和奖励基金，建立助学帮困基金1000多万元，爱心基金达1亿元左右。建立8000多万元慈善关爱基金和300万元首家茅山老区小石桥村精准扶贫基金；建立健康扶贫基金700多万元。帮助近百名家庭困难劳动就

12 月 14 日，市老促会会长彭留双陪同省扶贫“三会”领导考察王家村食用菌生产基地项目　　（市老促会　供稿）

业，为“助学帮困”贫困学生和“因病致贫”等困难群众提供帮助。市老促会和系统的 5 个志愿服务队资助 100 多名困难学生，连续三年组织调查摸底，商定困难群众名单。倡议和动员爱心单位、社会贤达每年向 300 多户弱势群体送温暖、献爱心。

【爱心奉献】 2020 年，市促老会响应省“三会”为新冠病毒感染的肺炎防控提供援助的倡议，建立“江苏省扶贫基金会和溧阳市老促会邀请您一起做公益”的专项捐赠平台，开展奉献爱心的捐赠行动。捐赠平台设立后的一周内，共有 616 人次参与了捐赠行动，共捐款 76038.88 元，全部奖励给全市援鄂医务人员及逆向志愿者。市老促会各位理事、监事，各镇（区、街道）老促会领导和其他工作人员第一时间纷纷解囊相助，机关、乡镇、金融和有关企事业单位的有关领导和爱心人士，都纷纷加入了市老促会捐赠平台的捐赠行列。经江苏省老区开发促会领导批准，江苏省扶贫“三会”和溧阳市老区开发促进会联合开展“2020 众筹助老区·溧阳行”公开募捐平台。首推社渚镇王家村“扶持食用菌产业基地”项目，得到了一批爱心单位、爱心企业和社会贤达的支持。公募钱物已超 100 万元，社渚镇、财政局、中纺联等 10 个单位和超 1500 多人的爱心捐赠，得到省市老促会领导的赞誉和评价，被评为江苏省 2020 年度社会公募业绩一等奖。

【开展系列活动】 2020 年，是溧阳老促会成立三十周年，也是溧阳撤县设市三十周年，为进一步传承红色文化，助推老区振兴，市老促会与有关部门和单位合作，开展讲老区故事、老促会故事、老区振兴故事，为老区人民办实事、做好事、解难事等活动。与市委老干部局、天目建设集团合作开展“撤县设市三十周年”系列活动；市委老干部局、市级机关工委、市乒协、市老年体协成立老促会代表队，举行“革命老区振兴杯”、“机关杯”老年人乒乓球友谊赛，并获冠军和季军；合作举行“新四军竹箦桥会议旧址”共建单位以及有关团体社会公益活动。与市老促会成员单位安顺燃气集团合作，投资 450 万元，在 10 个村推进天然气入户，捐赠 30 万元资金“新四军伙房”建设，建立 500 万元的天然气奖励基金。与江苏天目建设集团有限公司合作开展庆祝溧阳市撤县设市 30 周年系列活动，参观天目集团 30 年成果展，天目集团在助学帮困活动中捐赠省溧中 300 万元，为茅山老区别桥镇西庄村增加集体经济收入 20 万元以上。

【助学帮困】 2020 年 4 月 23 日，举行全市中小学《溧阳市革命老区发展史》颁发仪式和助学帮困活动。市老促会携 8 家扶贫示范企业向光华高中、省溧中、南渡高中、戴埠高中、竹箦中学（高中部）的 29 名贫困学生每人发放 2000 元助学金。向全市百所中小学颁发了《溧阳市革命老区发展史》。启动“滴水筑梦”助学帮困行动，重点支助革命老区农村建档立卡低收入家庭和城市低保户家庭的高一贫困学生，并从低保对象、残疾家庭、因病因灾以及单亲家庭中，筛选出第一批助学帮困学生名单，共 10 名（光华、南渡各 5 名），支持每人 3000 元助学金。市无偿献血志愿者协会赴上兴镇吐祥村“情系老区，奉献大爱”的助学帮困活动，资助贫困学生 12 名。参加茅山老区南渡镇石街村爱心志愿者服务中心奖学金发放仪式，有 7 名大学新生获此奖金。建立了“亿名环境”200 万元的助学帮困基金，《中国老区网》发文报道推广。

（陈志明）

综 述

【概 况】 2020年，全市工信系统紧扣“重大项目突破年”和“现代化建设试点工作突破年”工作主题，坚持不懈抓项目、比学赶超促发展，统筹推进“战疫情、促发展”，牢牢稳住经济发展“基本盘”，为全面建成小康社会和“十三五”规划圆满收官作出应有贡献。转型升级成效明显获省政府督查激励；综合型工业互联网二级节点标识启动建设；百亿级项目顺利推进；3家企业获评国家专精特新“小巨人”企业；新认定“国家制造业单项冠军产品”2个；2家企业获省互联网标杆工厂项目；江苏金源高端装备股份有限公司获评国家级“绿色工厂”；江苏省中关村高新技术产业开发区获评国家级“绿色工业园区”。

2020年，全市完成规模以上工业总产值1579亿元，比上年增长10.4%，增速列常州各辖区第一。规模以上工业增加值增长8.5%，增速列常州各辖区第一。全年实现工业应税销售1912亿元，增长11.4%，增速列常州各辖区第一。全年全市工业企业入库税收52亿元，增长13.6%。全年全市工业用电总量84.4亿千瓦时，其中制造业用电56亿千瓦时，均比上年增长6.1%。

规模以上工业企业中，动力电池、智能电网、农牧与饲料机械和汽车及零部件四大重点产业实现产值641.9亿元，比上年增长11.3%，占规上工业产值比重为40.7%，较上年提升2.9个百分点；实现利润44.8亿元，增长36.2%，高于规上工业企业利润增速11.3个百分点，拉动规上工业企业利润增长5.1个百分点；实现税收16.2亿元，增长19.2%，占规模工业企业入库税收的36.6%。动力电池产业产值增长8.3%，利润增长133.8%，税收增长76.3%。智能电网产业产值增长12.3%，利润增长8.3%，税收增长10.1%。汽车及零部件产业产值增长10.5%，税收下降13.5%。农牧与饲料机械产业产值增长17.6%，利润下降18.2%，税收增长45.7%。

规模以上工业企业中，传统机械、冶金、建材、化工医药、纺织轻工等传统行业累计实现产值906.6亿元，比上年增长9.7%；实现利润82.5亿元，增长19.7%；实现税收25.8亿元，增长16.7%。金属制品、通用设备制造、专用设备制造等传统机械行业产值增长7.1%，利润增长31.5%，税收增长19.5%。冶金行业产值增长25.0%，利润增长13.9%，税收下降3.7%。建材行业产值下降1.6%，利润增长19.5%，税收增长23.0%。化工医药行业产值增长5.7%，利润下降26.2%，税收增长28.8%。纺织轻工行业产值下降5.1%，利润下降8.0%，税收下降1.1%。

水、电、天然气、蒸汽生产供应等企业实现产值30.4亿元，比上年增长11.5%；实现利润4.3亿元，增长20.5%；实现税收2.3亿元，下降1.4%。

【企业疫情防控】 2020年，建立驻厂监督指导员和市领导挂钩联系复工企业（重点项目）制度。8个责任部门抽调人员负责具体指导和巡回督查，11个镇区采取“一人驻一厂”或“一人驻多厂”的形式驻厂指导。对全市56家重点企业（重点项目）建立市领导挂钩联系制度，指导企业复工复产，加快重点项目建设。与交通控制组联合建立返溧阳员工信息报备和健康信息跟踪制度。为约1.5万名企业员工报备返溧阳信息，办理运输车辆通行证2527张。2月底全市规上工业企业实现全部复工复产。

【项目建设与设备投入】 以“稳投资”为主线，全力以赴推动重点项目建设。全市94个重点工业项目，计划总投资791亿元，当年计划投资245亿元。其中新建项目43个，续建项目51个；“四大重点产业”项目31个，先进制造业重点项目44个。重点项目按时序进度完成全年投资计划。43个新建项目全部开工建设，新建项目开工率为100%。工业设备投入完成58亿元，其中“四大重点产业”项目设备投入达236亿元，占工业设备投入的62%。

【落实各级惠企政策】 印制助企抗疫政策汇编8000份下发至企业。遴选上报应急物资保障体系建设项目，争取中央财政应急物资保障体系建设补助资金407万元。做好溧阳市出台的相关扶持政策的兑现工作，兑现先进制造经济扶持政策资金33533.23万元。组织申报省工业和信息产业转型升级专项资金项目13个，争取项目资金1555万元。为39个项目申请到常州市级“三位一体”加快有效投入项目资金2403.5万元，拉动社会投资20亿元以上。

【转型升级】 开展“企业信息化专家行”服务活动，走访服务企业63家，助推企业信息化水平提升。培育三星级上云企业8家，四星13家，五星1家；有61家企业开展两化融合管理体系贯标评定认证工作，其中40家企业通过认证；培育省工业互联网标杆工厂1家（上上电缆集团有限公

时代上汽动力电池有限公司　　（市工信局　供稿）

司）；争取工业化互联网标杆工厂项目扶持资金1130万元。5家企业获得省级示范智能车间（工厂）认定；5家企业获得常州市级智能车间（工厂）认定；4家企业获得省级企业技术中心认定；6家企业获得常州市级企业技术中心认定；3家企业获得常州市首台（套）重大技术装备认定。

【走访服务工业企业】 2020年上半年，组织全体机关干部下沉一线，对350家规模以上工业企业进行走访服务，重点关注企业发展以及应对疫情过程中遇到的问题和难点，形成《送服务、解难题、强信心、促发展——规模以上工业企业走访服务情况调研报告》，并通过市委刊物《调查与研究》发送至四套班子领导和各镇区。及时将梳理出的关于市场需求、经营成本、资金需求、人才用工、政策扶持、出口贸易等各类企业诉求反馈至8个部门和5个镇区，建议部门进一步研究并积极回应，帮助企业解决困难和问题，提振发展信心。

【企业专项整治】 2020年，严格落实省、常州市关于化工产业安全环保整治提升要求，稳步推进化工产业安全环保整治提升工作，全年关闭退出化工企业7家，21家化工企业基本完成省化工安全环保整治工作平台隐患问题整改销号工作。开展船舶修造行业安全生产专项整治工作，会同相关部门多次对溧阳市现有船舶修造企业（江苏国盛船舶有限公司）开展联合检查，及时排查隐患和问题，提出整改建议，要求企业在限期完成整改。

【构建绿色制造体系】 2020年，以制造业绿色改造升级为重点，加快构建绿色制造体系。配合制定“电动溧阳”实施方案。组织中关村和金源、钢锐、翔能等一大批骨干企业参加绿色制造体系培训。2020年，全市规上工业综合能耗443.4万吨标准煤，能耗下降4.04%。开展8家重点用能单位能源审计；13家企业开展自愿性清洁生产审核；获评工业和信息化部“绿色工业园区”1个、工业和信息化部“绿色工厂”1家、省级“绿色工厂”2家。

（市工信局）

表7

2020年溧阳市工业企业产品销售收入前100家企业

序号	企业名称	序号	企业名称
1	江苏上上电缆集团有限公司	51	江苏维多股份有限公司
2	江苏申特钢铁有限公司	52	溧阳市力士汽车配件制造有限公司
3	江苏国强镀锌实业有限公司	53	常州时创能源股份有限公司
4	江苏时代新能源科技有限公司	54	江苏司能润滑科技有限公司
5	江苏金峰水泥集团有限公司	55	江苏安靠智能输电工程科技股份有限公司
6	溧阳市新金峰水泥有限公司	56	溧阳市盛杰机械有限公司
7	溧阳市宏峰水泥有限公司	57	江苏碧玉谷化工有限公司
8	江苏华鹏变压器有限公司	58	江苏华鹏智能仪表科技股份有限公司
9	江苏瑞昕金属制品科技有限公司	59	溧阳紫宸新材料科技有限公司
10	时代上汽动力电池有限公司	60	江苏奥冠首信薄钢有限公司
11	江苏弘溧新材料有限公司	61	常州乔尔塑料有限公司
12	溧阳市华力金属有限公司	62	江苏开利地毯股份有限公司
13	江苏国电新能源装备有限公司	63	溧阳市金昆锻压有限公司
14	布勒（常州）机械有限公司	64	溧阳市万兴特种建材有限公司
15	溧阳市金山尾矿综合利用有限公司	65	江苏迪赛诺制药有限公司
16	江苏和中普方新能源科技有限公司	66	江苏明佳交通材料有限公司
17	顺博合金江苏有限公司	67	江苏立达电梯有限公司
18	科华控股股份有限公司	68	江苏宝鹏建筑工业化材料有限公司
19	江苏超强工程材料有限公司	69	江苏联盟化学有限公司
20	江苏富民新材料有限公司	70	溧阳金利宝胶粘制品有限公司
21	江苏正昌集团有限公司	71	冶建新材料股份有限公司
22	江苏国信溧阳抽水蓄能发电有限公司	72	溧阳二十八所系统装备有限公司
23	江苏金源高端装备股份有限公司	73	江苏翔能科技发展有限公司
24	江苏钢锐精密机械有限公司	74	江苏中溧智能装备制造有限公司
25	江苏鸿开有色金属有限公司	75	溧阳市宏峰矿业有限公司
26	江苏鑫林钢铁有限公司	76	江苏冠宇机械设备制造有限公司
27	江苏保龙设备制造有限公司	77	常州金纬片板膜科技有限公司
28	江苏鹏程钢结构有限公司	78	溧阳兰天化工有限公司
29	江苏扬子水泥有限公司	79	溧阳市山湖实业有限公司
30	常州海大生物饲料有限公司	80	溧阳市虹翔机械制造有限公司
31	溧阳安顺燃气有限公司	81	江苏力强化工有限公司
32	溧阳中材重型机器有限公司	82	溧阳市中大电力交通装备有限公司
33	上汽时代动力电池系统有限公司	83	溧阳市江山矿业金山有限公司
34	溧阳市鹏程彩钢有限公司	84	江苏国粮仓储工程有限公司
35	溧阳市宏鑫泰机械制造有限公司	85	溧阳市诚泰机械制造有限公司
36	溧阳市光明金属有限责任公司	86	江苏盛昌钢铁有限公司
37	江苏宏光钢铁有限公司	87	江苏卓高新材料科技有限公司
38	溧阳市飞跃机电有限公司	88	上汽大通房车科技有限公司
39	溧阳市宏泰特种扁钢有限公司	89	江苏金隆新材料有限公司
40	江苏旗云油脂科技有限公司	90	江苏顺风光电电力有限公司
41	江苏铭丰电子材料科技有限公司	91	江苏联赢激光有限公司
42	溧阳索尔维稀土新材料有限公司	92	溧阳好利医疗用品有限公司
43	溧阳天山水泥有限公司	93	江苏省社渚轴承有限公司
44	常州市宏豪制钢有限公司	94	江苏荣辉木业有限公司
45	江苏久业新材料有限公司	95	溧阳市储丰钢板仓设备制造工程有限公司
46	江苏共昌精密铝业有限公司	96	江苏法斯特机械有限公司
47	江苏开磷瑞阳化工股份有限公司	97	江苏力乐汽车部件股份有限公司
48	江苏科达利精密工业有限公司	98	江苏南洋中京科技有限公司
49	嘉士伯天目湖啤酒（江苏）有限公司	99	江苏溧阳南方水泥有限公司
50	溧阳市四方不锈钢制品有限公司	100	上齿集团有限公司

表8

2020年溧阳市工业企业产品实现利税总额前100家企业

序号	企业名称	序号	企业名称
1	江苏申特钢铁有限公司	51	江苏联盟化学有限公司
2	江苏时代新能源科技有限公司	52	上汽时代动力电池系统有限公司
3	江苏国强镀锌实业有限公司	53	溧阳市江南烘缸制造有限公司
4	江苏金峰水泥集团有限公司	54	溧阳市盛杰机械有限公司
5	江苏上上电缆集团有限公司	55	溧阳金利宝胶粘制品有限公司
6	溧阳市宏峰水泥有限公司	56	科华控股股份有限公司
7	溧阳市新金峰水泥有限公司	57	溧阳中材环保有限公司
8	江苏华鹏变压器有限公司	58	江苏司能润滑科技有限公司
9	江苏瑞昕金属制品科技有限公司	59	江苏碧玉谷化工有限公司
10	江苏弘溧新材料有限公司	60	江苏中溧智能装备制造有限公司
11	溧阳市华力金属有限公司	61	溧阳市力士汽车配件制造有限公司
12	溧阳天山水泥有限公司	62	江苏卓高新材料科技有限公司
13	江苏超强工程材料有限公司	63	冶建新材料股份有限公司
14	时代上汽动力电池有限公司	64	溧阳市江山矿业金山有限公司
15	溧阳安顺燃气有限公司	65	溧阳中材重型机器有限公司
16	溧阳市金山尾矿综合利用有限公司	66	江苏沙河抽水蓄能发电有限公司
17	江苏国信溧阳抽水蓄能发电有限公司	67	溧阳市鹏程彩钢有限公司
18	江苏正昌集团有限公司	68	江苏冠宇机械设备制造有限公司
19	布勒（常州）机械有限公司	69	溧阳市宏峰矿业有限公司
20	嘉士伯天目湖啤酒（江苏）有限公司	70	常州金纬挤出机械制造有限公司
21	江苏安靠智能输电工程科技股份有限公司	71	溧阳市万兴特种建材有限公司
22	江苏国电新能源装备有限公司	72	常州金纬智能化工装备有限公司
23	江苏富民新材料有限公司	73	江苏力乐汽车部件股份有限公司
24	溧阳索尔维稀土新材料有限公司	74	溧阳市宏鑫泰机械制造有限公司
25	江苏金源高端装备股份有限公司	75	江苏新华机电设备制造有限公司
26	江苏鑫林钢铁有限公司	76	江苏盛德电子仪表有限公司
27	常州金纬片板膜科技有限公司	77	江苏荣辉木业有限公司
28	溧阳市四方不锈钢制品有限公司	78	江苏铭丰电子材料科技有限公司
29	江苏华鹏智能仪表科技股份有限公司	79	常州恒联机械五金有限公司
30	溧阳市飞跃机电有限公司	80	江苏省社渚轴承有限公司
31	江苏保龙设备制造有限公司	81	金纬机械常州有限公司
32	顺博合金江苏有限公司	82	江苏奥冠首信薄钢有限公司
33	江苏久业新材料有限公司	83	江苏鹏程钢结构有限公司
34	常州金纬片板设备制造有限公司	84	江苏科达利精密工业有限公司
35	江苏迪赛诺制药有限公司	85	江苏兴源矿业有限公司
36	常州时创能源股份有限公司	86	松菱重工（溧阳）有限公司
37	江苏扬子水泥有限公司	87	江苏中关村嘉拓新能源设备有限公司
38	江苏开磷瑞阳化工股份有限公司	88	溧阳市山湖实业有限公司
39	江苏翔能科技发展有限公司	89	常州金纬管道设备制造有限公司
40	常州乔尔塑料有限公司	90	溧阳市虹翔机械制造有限公司
41	江苏钢锐精密机械有限公司	91	溧阳市乔森塑料有限公司
42	江苏联赢激光有限公司	92	溧阳市宏泰特种扁钢有限公司
43	溧阳水务集团有限公司	93	溧阳市塑宝塑胶科技有限公司
44	江苏明佳交通材料有限公司	94	荷贝克电源系统（溧阳）有限公司
45	江苏富春江环保热电有限公司	95	溧阳市佳禾电子材料有限公司
46	常州金纬化工成套设备有限公司	96	溧阳侨云电子有限公司
47	江苏维多股份有限公司	97	常州博尼特种钢管有限公司
48	江苏恒祥石化工程有限公司	98	溧阳市双马塑胶纺织有限公司
49	溧阳好利医疗用品有限公司	99	常州亚泰焊材有限公司
50	江苏宝鹏建筑工业化材料有限公司	100	溧阳爱格板业有限公司

表9

2020年溧阳市工业企业期末资产总计前100家企业

序号	企 业 名 称	序号	企 业 名 称
1	江苏申特钢铁有限公司	51	常州乔尔塑料有限公司
2	江苏时代新能源科技有限公司	52	江苏国粮仓储工程有限公司
3	江苏金峰水泥集团有限公司	53	溧阳市飞跃机电有限公司
4	江苏华鹏变压器有限公司	54	江苏弘溧新材料有限公司
5	江苏上上电缆集团有限公司	55	江苏翔鹰新能源科技有限公司
6	江苏国信溧阳抽水蓄能发电有限公司	56	嘉士伯天目湖啤酒（江苏）有限公司
7	江苏国强镀锌实业有限公司	57	溧阳顺能光电电力有限公司
8	时代上汽动力电池有限公司	58	溧阳市四方不锈钢制品有限公司
9	溧阳市新金峰水泥有限公司	59	江苏华鹏智能仪表科技股份有限公司
10	溧阳市宏峰水泥有限公司	60	江苏力乐汽车部件股份有限公司
11	科华控股股份有限公司	61	溧阳市华力金属有限公司
12	溧阳市金山尾矿综合利用有限公司	62	江苏维多股份有限公司
13	江苏正昌集团有限公司	63	申芝电梯有限公司
14	江苏和中普方新能源科技有限公司	64	江苏超强工程材料有限公司
15	江苏钢锐精密机械有限公司	65	江苏立达电梯有限公司
16	布勒（常州）机械有限公司	66	江苏鸿开有色金属有限公司
17	江苏金源高端装备股份有限公司	67	上齿集团有限公司
18	江苏科达利精密工业有限公司	68	冶建新材料股份有限公司
19	江苏安靠智能输电工程科技股份有限公司	69	江苏冠宇机械设备制造有限公司
20	溧阳紫宸新材料科技有限公司	70	溧阳市虹翔机械制造有限公司
21	江苏国电新能源装备有限公司	71	江苏省奥谷生物科技有限公司
22	江苏中关村嘉拓新能源设备有限公司	72	江苏共昌精密铝业有限公司
23	上汽时代动力电池系统有限公司	73	溧阳市力士汽车配件制造有限公司
24	溧阳水务集团有限公司	74	江苏司能润滑科技有限公司
25	江苏顺风光电电力有限公司	75	江苏宝鹏建筑工业化材料有限公司
26	顺博合金江苏有限公司	76	江苏翔能科技发展有限公司
27	溧阳安顺燃气有限公司	77	溧阳市万兴特种建材有限公司
28	江苏中溧智能装备制造有限公司	78	江苏德盛食品有限公司
29	溧阳索尔维稀土新材料有限公司	79	江苏迪赛诺制药有限公司
30	溧阳天山水泥有限公司	80	江苏嘉成轨道交通安全保障系统有限公司
31	常州时创能源股份有限公司	81	江苏粘博士新材料有限公司
32	溧阳中材重型机器有限公司	82	常州海大生物饲料有限公司
33	江苏开磷瑞阳化工股份有限公司	83	溧阳金利宝胶粘制品有限公司
34	溧阳二十八所系统装备有限公司	84	江苏天目建设集团钢机有限公司
35	上汽大通房车科技有限公司	85	常州市诚鑫环保科技有限公司
36	江苏鹏程钢结构有限公司	86	江苏盛德电子仪表有限公司
37	江苏瑞昕金属制品科技有限公司	87	江苏竹箦阀业有限公司
38	江苏扬子水泥有限公司	88	溧阳市金昆锻压有限公司
39	江苏保龙设备制造有限公司	89	常州金纬片板膜科技有限公司
40	江苏卓高新材料科技有限公司	90	溧阳市盛杰机械有限公司
41	江苏开利地毯股份有限公司	91	江苏恒祥石化工程有限公司
42	江苏联盟化学有限公司	92	江苏三乔智能科技有限公司
43	江苏省前峰服饰有限公司	93	江苏兴锻智能装备科技有限公司
44	纽威精密锻造（溧阳）有限公司	94	溧阳市山湖实业有限公司
45	江苏富民新材料有限公司	95	江苏南洋中京科技有限公司
46	江苏弘博热电有限公司	96	江苏溧阳南方水泥有限公司
47	江苏富春江环保热电有限公司	97	江苏省社渚轴承有限公司
48	江苏铭丰电子材料科技有限公司	98	溧阳别桥华鹏光伏有限公司
49	江苏联赢激光有限公司	99	江苏鑫林钢铁有限公司
50	江苏诺信达特种电缆有限公司	100	江苏沙河抽水蓄能发电有限公司

新能源电池与新材料制造等新兴产业

【概　况】 溧阳的新能源电池与新材料制造等新兴产业发展速度惊人，已经拥有一批初具规模的企业。

建设新材料基地是提升产业结构的重要途径之一。溧阳的新材料主要有锂电池、稀土、太阳能、氨基模塑料、有机硅、绿色建材和生物能源等，拥有以上汽时代、时代上汽、江苏时代新能源、国电新能源为龙头的锂电池、索尔维稀土为龙头的稀土新材料、以乔尔塑料为主的聚酰亚胺膜材料产业。2020年，江苏时代新能源销售收入83.7亿元，时代上汽销售收入30.2亿元，索尔维稀土销售收入6.3亿元，乔尔塑料销售收入4.1亿元，国电新能源装备销售收入22.9亿元。

【溧阳索尔维稀土新材料有限公司】 是比利时索尔维（SOLVAY）集团在全球投资规模较大的稀土电子与催化剂新材料生产企业，成立于2000年8月，占地面积167亩，建筑面积3.7万平方米，主要从事稀土相关产品（含稀土新材料）的开发、应用，生产与销售。

积极发展下游、功能性材料产品，通过逐年投资、改进、优化，依托索尔维集团的技术研发创新优势，成功实现从冶炼分离为主向稀土应用新材料开发的转型升级，转型后建成4000吨稀土催化剂材料生产线和500吨陶瓷材料生产线。公司开发的用于汽车尾气净化处理的稀土催化材料、用于电子领域的稀土精密电子电容陶瓷材料等稀土应用产品得到德国巴斯夫、英国庄信万丰、比利时优美科等国际知名跨国公司和无锡威孚等国内高端客户的青睐，核心竞争力不断增强。通过ISO 14001环境管理体系认证、ISO 9001质量管理体系认证、ISO 50001能源管理体系认证、清洁生产和安全生产标准化审核。企业的HSE管理水平、产品质量档次、技术创新能力、信息技术应用、社会经济效益在国内稀土行业中处于领先地位。2020年，克服新冠疫情影响，复工复产，积极满足客户需求，全年实现销售收入6.28亿元、利税1.6亿元、进出口额3.76亿元，主要经济指标均保持增长。

建有江苏省稀土电子与催化剂材料工程技术研究中心，成为江苏省人民政府确定重点支持和培育的省稀土催化材料产业基地。始终兼顾客户、环境、社区、员工、供应商、股东的和谐统一，坚持推行索尔维经营之道，始终追求公司经济效益和社会效益的双丰收。先后获得“海关高级认证企业”“江苏省劳动保障诚信示范企业”“常州市安全生产先进企业”“常州市四星明星企业”、“常州市五星明星企业”“常州市环保信用评价绿色企业”“溧阳市外贸先进企业”“溧阳市资源利用集约综合评价优胜企业”“溧阳市工业四星企业”、溧城街道“税收贡献之星”和“经济发展之星”等称号。

（马　辉）

【冶建新材料股份有限公司】 成立于1988年，是一家长期致力于高端、特种、环保海洋重防腐新材料和其他特种材料的研发、生产、销售和服务的国家高新技术企业。公司拥有国家重点新产品4项、省高新技术产品9项，拥有国家授权发明专利15项、实用新型专利32项、联合国发明专利金奖一项，获得江苏省科技进步奖2项、常州市科技进步奖3项，参与制定国家和行业标准五十多项。公司通过ISO 9001:2008质量管理体系、GB/T 18001-2011职业健康安全体系、ISO 24001-2004环境体系认证，获得“中国驰名商标”“江苏省名牌产品”“国家高新技术企业”“国家新型涂料产业化基地重点企业”“江苏省创新型企业”“江苏省民营科技企业”“江苏省博士后科研工作站”“江苏省企业技术中心”“江苏省工程技术研究中心”“全国守合同重信用企业”“绿色工厂”“常州市明星企业”“工业企业资源集约利用综合评价优胜（A类）企业”“财力贡献奖企业”“纳税销售奖企业”“安全生产先进单位”等称号。2020年，实现销售收入3.2亿元。

（马　辉）

【常州乔尔塑料有限公司】 成立于2005年，位于南渡镇旧县工业园区，占地面积8.6万平方米，建筑面积6万平方米，总资产5.8亿元，有员工500余人，其中科技研发人员120名。公司拥有发明专利等自主知识产权30余件，年生产氨基模塑颗粒料4.5万吨、甲醛15万吨。2020年，实现销售收入4.1亿元。

公司于2008年起与北京航空航天大学、中石化北京化工研究院、四川大学等科研院校合作。2009年9月，承担江苏省科技计划支撑项目“低成本高性能氨基模塑复合材料及其新工艺技术”，2011年1月进行科学技术成果鉴定，“该项目形成的技术成果为国内首创，达到国际先进水平”。2010年9月，公司被江苏省科学技术厅认定为高新技术企业。2011年5月，成立江苏省热固性新材料工程技术研究中心、江苏省工程中心、江苏省企业技术中心。2013年9月，获批江苏省科技成果转化专项资金项目“环保型高性能氨基模塑颗粒料关键技术研发与产业化”，项目竣工验收后被常州市评为产学研合作成果奖。2015年5月，获批科学技术部（产业化示范）火炬计划项目。2015年12月，获江苏名牌产品证书。2016年，成立江苏省博士后创新实践基地。2015年3月和2017年11月，分别成功申报并获批江苏省“双创计划”—双创团队和双创博士（企业博士后类）2个项目。

（金　科）

【江苏金隆新材料有限公司】 主要从事不饱和聚酯树脂及醋酸纤维增塑剂的研发和生产，坐落于南渡镇新材料工业集中区，创建于2012年6月，占地面积90亩。公司注册资本1800万元，总资产1.4亿元，有员工90名，具有年生产10万吨不饱和聚酯树脂及4万吨醋酸纤维增塑剂的能力。公司通过ISO 9001质量体系认证和ISO 14000环境体系认证，2019年被评为高新科技企业。产品广泛应用于建筑、工矿、木材、塑胶、玻璃、金属、纸张、皮革等领域，得到国内外广大客户的普遍认可。2020年，实现销售收入2.2亿元。

（金　科）

【江苏京晶光电科技有限公司】 位于上黄科技创业园飞跃路8号，于2019年投资实施蓝宝石高亮度（LED）衬底材料生产项目，盘活晶瑞半导体存量土地50亩，总投资6亿元，其中设备投资2亿元。项目分两期实施，一期投资3亿元，其中设备投资1.5亿元，新建厂房及办公用房1.2万平方米。公司拥有搬迁切割机、超声波清洗机、参数检测、光谱仪等各类设备244台套，项目达产后年产能达蓝宝石衬体材料500万片，可实现年销售收入10亿元。

（刘粪献）

【江苏国电新能源装备有限公司】 成立于2015年10月，注册资金6800万元，有员工700余人，位于上兴镇曹山路。公司主要从事光伏支架的生产和销售；输电线路铁塔、广播通信铁塔、导航塔、输变电钢管结构、铁附件、公用天线及钢结构设计和制造；热浸镀锌；焊管、金属制品、浸塑制品的制造和销售；交通安全工程设施的制造、销售和施工；绿化工程、环保工程、钢结构工程的设计和施工；声屏障产品、钢结构桥梁的设计、制造和销售；有色金属的销售等。综合年生产能力达200万吨，其中，吊镀产能35万吨（具备国内最大容量锌锅），太阳能光伏支架30万吨，声屏障100万平方米。名列“2017中国光伏支架企业20强”榜单首位。2020年，实现销售收入22.9亿元。

公司拥有5万平方米堆放料场，场内有用于塔件吊装的龙门吊10台（10吨）、塔吊4台（6吨～13吨），专业塔件操作人员达50人；配有专业的太阳能光伏支架和声屏障设计、施工队伍。整合制作、新能源、铁塔、声屏障、大吊镀等业务版块，集中技术、生产、设备、管理等资源优势，以更加优质的服务为客户提供业务保障。

公司与常州大学联合开展镀锌工艺研究，与合肥工业大学联合开展冷弯与焊管工艺研究，与武钢研究所联合开展材料结构研究，与南京大学联合开展纳米技术研究，与大连理工学院联合开发吸音降噪声、风屏障和防尘网项目，与多家电力设计院结合国内外先进技术联合开发太阳能支架、西格玛立柱产品。

（许　峰）

【江苏铭丰电子材料科技有限公司】 成立于2013年，位于社渚镇工业集中区，紧临239省道，交通便利。公司占地95亩，建筑面积27710平方米，注册资本3626万元，总资产4.5亿元，其中固定资产3亿元，资产负债率60%，溧阳市产业投资引导基金有限公司和国润二号（常州）企业管理咨询合伙企业为公司股东，占股15%。公司有职工300人，其中各类专业技术人员60余人，汇集一批具有20多年电解铜箔生产经验的技术与管理团队。主要从事电子铜箔及FR-4覆铜板的研发、生产和销售，产品主要应用于电脑、手机等电子通信业、消费电子业和大容量锂电池等。2020年，实现销售收入6.4亿元。

公司与国内外相关各知名的企业合作，并积极加强与国内高校的产学研合作，累计投入5000万元以上资金用于研发，合作研发出HTE、低轮廓耐高温高延伸、锂电双面光、5G 高频高速特种低轮廓 RTF 4 种铜箔产品。公司 7 成产品销往生益科技、华正新材，金安国纪，星恒电源、鹏辉能源等上市公司。

公司拥有年产 1.5 万吨高档电子铜箔生产线，并于 2019 年年底计划建设年产 1.5 万吨高性能锂电池用铜箔生产车间，设备投入 5 亿元（不含厂房及土地），流动资金 3 亿元，采购国际国内最先进设备，全面提高技术及品质管理，全力发展宁德时代等高端客户，并寻求通过自主 IPO 或者并购上市的方式实现主板上市。

公司拥有国际先进水平的水处理设备、铜箔制造设备、完善精良的检测设备、先进的电力系统，控制机组均从日本、美国进口，产品质量达到美国 ANSI/IPC-MF-150F（2009）标准要求。技术力量雄厚、自动化程度高、质量控制可靠，获得职业健康安全管理体系认证、质量管理体系认证、环境管理体系认证、IATF 16949 管理体系认证、国家高新技术企业、江苏省民营科技企业、江苏省研究生工作站、江苏省企业技术中心、常州市工程技术研究中心、常州市工程研究中心、常州市工业设计中心等称号。

（王文强）

【荷贝克电源系统（溧阳）有限公司】 的前身是成立于 1998 年的荷贝克电源系统（上海）有限公司，是一家德国独资公司，在行政、生产、质量管理、技术、实验测试以及原材料的选购等方面，完全由德国荷贝克公司统一管理，符合国际 ISO 9001 和 ISO 9002 质量管理体系标准、德国 DIN 和中国 GB 标准。2016 年 5 月，从上海整体搬迁至溧阳。公司总投资 285 万美元，占地面积 1 万平方米，有员工 80 人，50% 以上的员工拥有本科以上学历，其中留德研究生 3 人，留德博士生 1 人。2019 年通过高新技术企业认证，拥有自主专利技术逾 20 件，“轨道交通智能辅助电源（蓄电池）系统”被评为常州市高新技术产品。2020 年，实现销售收入 1.6 亿元，实现利润 1000 万元，上缴税收 1200 万元。

德国荷贝克公司已经生产电池及相关配件达 90 多年，为全球提供了数以千计的蓄电池种类和具有专利技术的产品，以满足不同客户的需求，是欧洲著名的四大蓄电池制造商之一。公司生产的蓄电池系统，使用寿命长，适用温度范围广，主要应用于铁路与轨道交通系统、电车、无人驾驶系统，是西门子、庞巴迪、中国中车集团等整车厂的优质配套供应商。

（黄雪隔）

【江苏联赢激光有限公司】 成立于 2017 年，是从事精密激光焊接设备及自动化解决方案的主要供应商，是上市公司深圳市联赢激光股份有限公司（股票代码：688518）的全资子公司，注册资本 5000 万元，总用地面积超百亩，其中建筑面积超 6 万平方米，有员工 700 余人，其中专业研发及技术人员占比超 40%。公司是国家重点高新技术企业，着力打造新能源汽车生产装备基地、省级激光焊接重点实验室和自动化技术人员实训中心，已成为激光焊接行业领军企业。

公司研发、生产和销售国内外先进的新能源动力电池自动化焊接生产线、汽车零部件焊接生产线、非标定制自动化生产线，不仅可以为客户提供全功率全系列激光器、激光焊接机、工作台以及激光焊接自动化成套设备，可以针对客户的各种不同需求，为客户提供软硬兼备的智能焊接解决方案。产品广泛应用于动力电池、汽车及零部件、3C 电子、光通讯、锡焊塑料焊、医疗器械、五金及军工等二十多个行业，客户群体覆盖国轩高科、比亚迪、亿纬锂能、松下、三星等各大行业领军企业，远销至日本、越南、韩国、巴西、捷克、马来西亚等二十多个国家及地区。2020 年，实现销售收入 2.1 亿元。

基于母公司在激光光学系统研发、激光器研发、激光焊接工艺研发、自动化研发、智能产线信息化管理等方面拥有的多项自主知识产权技术体系，江苏联赢组建高水平的研发团队和先进的研发平台，日益完善研发体系，建设激光器研发中心及自动化及汽车装备研发中心。终坚持“自主研发创新 + 联合共赢”的发展路径，承担省市若干激光焊接相关实验室、研究中心及技术中心的组建，实现一系列标志性的重大科技成果，拥有激光焊接相关专利 139 项，其中发明专利 19 项，拥有 131 项软件著作权。

（黄雪隔）

【江苏中关村嘉拓新能源设备有限公司】 成立于 2017 年 7 月，有员工 1500 余人，是一家集技术研究、开发、生产和销售于一体的新能源设备制造商和方案解决商，是上海璞泰来集团的全资子公司，注册资本 2 亿元，拥有 20 多万平方米的生产制造基地，位于江苏省中关村高新技术产业开发区。下设深圳市新嘉拓自动化技术有限公司、宁德嘉拓智能设备有限公司、江西嘉拓智能设备有限公司、东莞市嘉拓自动化技术有限公司4家独立子公司，以及控股子公司东莞市超鸿自动化设备有限公司。

公司拥有发明实用新型专利和软件注册权200多件，其中2项国际专利。以专业的设计理念和技术创新引领国内新能源设备的技术发展，以现代化的管理模式培养一批高素质的管理队伍和高水平的技术开发人员。拥有大众、TDK等国内外大客户，海外业务拓展已具规模。2020年，实现销售收入11777万元，实现利润2358万元，上缴税收151万元。

（黄雪隔）

【江苏卓高新材料科技有限公司】 成立于2017年4月，注册资金1亿元，位于江苏省中关村高新技术产业开发区码头西街617号，建筑面积6.8万平方米，是璞泰来集团投资项目“高安全性锂离子电池功能涂层隔膜生产基地及研发中心建设项目”的实施主体，为国家高新技术企业、省级民营科技企业和省级两化融合贯标试点企业。位于动力锂电池产业的中心地带，拥有强大的地域优势和成熟的产业链布局。致力于为国内高端锂离子电池安全提供解决方案，主要从事中、高端锂电池用涂覆隔膜（陶瓷涂覆隔膜、PVDF涂覆隔膜等）的研发、制造和销售，主要客户均为新能源业界领先企业。2020年，实现销售收入22850.33万元，实现利润总额2455.78万元，上缴税收659.2万元，研发投入1401.02万元，占销售收入比重达6.13%。

公司购置先进的研发设备并建设高规格的研发实验室，拥有一支强大的科研团队，与高等院校、研究机构开展前沿项目合作，构筑高水平研发平台，开展顺应涂层隔膜发展趋势的研发项目。依托自主研发力量实现技术创新，从主导产品的核心技术到生产工艺的系列流程，创立自主知识产权体系，新型隔膜涂层技术居于国内领先水平。成功开发陶瓷涂层隔膜、PVDF涂层隔膜、陶瓷和PVDF混合涂层隔膜产品等新型涂覆隔膜，产品主要用于高端锂离子电池市场。通过IATF 16949质量管理体系认证，2020年通过两化融合管理体系、知识产权管理体系贯标认证。

（黄雪隔）

【江苏科达利精密工业有限公司】 是深圳市科达利实业股份有限公司的控股子公司，注册资金6亿元，位于江苏省中关村高新区。公司投资建设的新能源锂电池精密结构件项目，总投资20亿元，用地面积320亩，总建筑面积18万平方米，设备投资9亿元，项目达产后可新增年产汽车动力锂电池结构件方型1.2亿套、圆形3亿套及电池包结构件10万件的生产能力，年新增销售收入25亿元。项目分两期实施，一期投资14亿元，其中设备投资6亿元，用地面积210亩，新增建筑面积10.8万平方米，预计达产后年销售达20亿元。产品主要致力于满足中航锂电、松下、力神、CATL、LG、亿纬等周边下游高端领先客户及周边其他潜在客户的需求。2020年，完成销售收入5.38亿元，比上年增长42.3%。

（黄雪隔）

【溧阳紫宸新材料科技有限公司】 是上海璞泰来新能源科技股份有限公司的全资子公司，成立于2017年9月30日，位于江苏省中关村高新区城北大道588号，用地面积330亩，注册资本2.7亿元。经营范围包括纳米材料研发，锂离子电池负极材料、碳复合负极材料、硅负极、硅碳石墨体系等复合材料的研发、生产和销售，实业投资，自营和代理各类商品及技术的进出口业务。公司是全球人造石墨负极材料的引领者，与众多世界知名锂电客户建立密切的业务合作关系。2020年，实现销售收入41085万元，利税470万元，研发投入3030万元，占销售收入的7.37%。

公司拥有实践经验丰富、素质高、技术精湛的石墨化加工工艺技术领域技术团队，与中科院等国内多家著名科研院所紧密合作，具有强大的自主研发实力拥有世界最大的负极材料石墨化窑炉，采用先进的特高温加热技术，石墨化加工成本低、质量好，产品获得国内外锂离子电池及负极材料客户的普遍认可。负极材料项目首期投产后，将形成年产4万吨高性能锂离子电池负极材料的生产能力，可实现销售收入30亿元。

（黄雪隔）

【上汽时代动力电池系统有限公司】 成立于2017年6月8日，由上海汽车集团与宁德时代共同投资。公司坐落于江苏省中关村高新技术产业开发区城北大道999号，主要经营范围为动力电池模组和系统的开发、生产及销售。

公司注册资金3亿元，其中上海汽车集团占51%，宁德时代占49%。一期建设用地133亩，规划总建筑面积约4万平方米，一期建成后将具备年产45万辆新能源汽车用动力电池系统的配套能力。已实现配套10余种新能源车型，并为上汽集团提供近10万台高品质动力电池系统。高度重视工程技术研发能力，研发人员占比超过20%，与江苏大学联合设立“产、学、研”基地。2019年11月，公司通过ISO 14001：2004环境管理体系认证和ISO 45001职业健康安全管理体系认证，获得IATF16949汽车行业质量管理体系证书。2019年11月，公司获评江苏省高新技术企业；2020年12月，获评江苏省五星级上云企业；2020年12月获评江苏省示范智能车间。

公司开发生产的三代动力电池产品中，第一代产品采用标准VDA模组，实现产线兼容多种产品，通过电池包的紧凑设计和模组密集排布，工艺性较好，自动化程度较高。第二代产品通过轻量化和大模组结构，工艺性好，系统能量密度高，多种电量和车型共用动力电池底壳，接口标准化，实现产品平台化。第三代产品创新采用cellto pack的CTP技术，大幅减少零件数量，在平台化的基础上进一步降低成本、提升安全性和能量密度。2020年，实现销售收入7.3亿元，净利润超过5000万元，上缴税收近4千万元，研发投入占销售收入比达3.44%。

（黄雪隔）

【常州时创能源股份有限公司】 前身系常州时创能源科技有限公司（成立于2009年11月），2019年7月，更名为常州时创能源股份有限公司，注册资本5780.62万元，股份总数5780.62万股。坐落于江苏省中关村高新技术产业开发区，占地面积82.5亩，由浙江大学硅材料国家重点实验室毕业的博士团队创立，有505名员工，其中235名研发人员，包括6名博士、40名硕士。主导产品是自主研发的高尖端的晶硅太阳电池制绒辅助品、晶硅太阳能电池体缺陷钝化设备Anti-LID、太阳能电池链式退火设备，属国内首创，国内客户市场覆盖率达70%以上，海外市场覆盖率达50%以上。2020年，实现销售收入48562.89万元、利润7062万元、税收4708.25万元，研发投入占销售收入16.81%。

2011年，公司与浙江大学硅材料国家重点实验室成立“浙江大学——时创能源联合研发中心”。2018～2021年，与浙江大学、厦门大学、电子科技大学、中国科学院半导体研究所、中国科学院宁波材料技术与工程研究所等高校和科研院所进行产学研合作。获得科学技术部中小企业创新基金、江苏省科技型企业创新基金支持，主创产品单晶硅太阳电池制绒催化剂列入2013年度国家火炬计划。先后获得国家高新技术企业、江苏省最具成长性高科技企业、瞪羚企业、江苏省工程技术研究中心、江苏省工程研究中心、江苏省企业技术中心、国家级博士后科研工作站、省级小巨人、国家专精特新小巨人等称号。

（黄雪隔）

【时代上汽动力电池有限公司】 是由宁德时代新能源科技股份有限公司与上海汽车集团股份有限公司共同投资，于2017年6月8日注册成立，主要从事锂离子电池、锂聚合物电池、燃料电池、动力电池、超大容量储能电池开发、生产和销售服务，主要产品为三元电池模组。坐落于江苏省中关村高新区，注册资本20亿元，拥有动力电池研究院，已申请国内外发明专利100余项，其中国际专利37项。上汽集团（股票代码600104）是国内A股市场最大的汽车上市公司，总股本达到116.83亿股。上汽集团是国内唯一一家在纯电动、插电式混合动力和燃料电池三种技术路线上同步发展和积极布局的汽车企业，并自主掌握新能源汽车的“电驱、电池、电控”三电核心技术。宁德时代为国内最大的具备国际竞争力的动力电池生产企业，已建立动力和储能电池领域完整的研发、制造体系，实现了材料、电芯、电池系统、电池回收的全产业链布局。

上汽集团与宁德时代在动力电池及电池系统技术方面强强合作，共同投资建设先进动力电池和电池系统产业化项目，项目按照国际一流、国内领先的标准，建设高度智能、绿色环保的先进动力电池和电池系统生产基地，推动中国汽车产业转型升级。项目总用地面积2007亩，总投资超200亿元，其中一期用地800亩，投资100亿元，一期达产后将形成年产18.6百万千瓦小时动力电池及电池系统的生产能力。公司已建有8条动力电池及模组生产线，建筑面积15万平方米，具备10百万千瓦小时的年生产能力。

2019年6月投产，当年实现营业收入22.6亿元；2020年实现营业收入30.2亿元。

（黄雪隔）

【江苏时代新能源科技有限公司】 是宁德时代新能源科技股份有限公司（简称“宁德时代”，股票代码300750）的全资子公司，注册资本10亿元,成立于2016年6月，主要从事新能源汽车动力电池系统、储能系统的研发、生产和销售推广。宁德时代成立于2011年，是全球领先的动力电池系统提供商，专注于新能源汽车动力电池系统、储能系统的研发、生产和销售，在电池材料、电池系统、电池回收等产业链关键领域拥有核心技术优势和可持续研发能力，2017～2019年连续三年动力电池销量排名全球领先。

宁德时代为主动融入国家“一带一路”倡议和长江经济带发展战略，2016年在江苏中关村投资建设锂离子电池长三角生产基地，2018年宁德时代决定在一、二期建成10百万千瓦小时产能的基础上，增加投资120亿元建设三期扩能项目，新建厂房23万平方米，新增设计产能40百万千瓦小时，于2019年下半年开始陆续投产。项目全部达产后，动力及储能锂离子电池年设计产能可达50百万千瓦小时，实现年销售收入超300亿元。截至2020年年底，江苏时代1—4号厂房内18条电芯生产线已投产,实际产能超25百万千瓦小时。2020年，实现销售收入83.7亿元，比上年增长72%。

江苏时代动力及储能锂电池研发与生产项目（四期）总投资120亿元，用地约1056亩，总建筑面积约76.5万平方米，拟建设12条全球先进锂离子大电芯生产线及相应模组、电池包生产线，达产后可形成年产40百万千瓦小时动力及储能锂离子电池的生产能力，预计年销售额250亿元，税收15亿元。宁德时代在溧阳累计总投资将超过300亿元，溧阳将成为宁德时代全球战略布局中的“桥头堡”，溧阳锂离子电池产能有望突破126百万千瓦小时，成为全球最具影响力的储能产业生产科创基地。

（黄雪隔）

输变电设备制造业

【概　况】 2020年，溧阳市输变电产业在全市工业经济中继续保持着领先地位。输变电行业主要靠龙头规模企业带动发展，上上电缆集团的特种电缆和华朋集团的特种变压器等产品在国内外具有很大的知名度和很高的市场占有率，两大集团销售总额均在溧阳市位列前10位。安靠智能为溧阳市首家A股上市公司，股票代码300617。

【江苏安靠智能输电工程科技股份有限公司】 成立于2006年，为智能电网产业内的领军型企业，2017年在创业板上市，是全球唯一同时掌握两种地下输电技术（超高压电缆输电、气体绝缘输电）的高新技术企业。在地下输电领域，成为国内乃至全球最专业的技术、产品和方案供应商之一。2020年，实现销售收入4.9亿元。

主要产品为电缆连接件系列、GIL系列及智慧变电站系列，并为客户提供地下智能输变电系统整体解决方案、城市电力架空线迁改与入地、电力工程勘察设计及施工服务。“安靠”牌电缆连接件是江苏省名牌产品、省著名商标，先后有5项产品被评为国家重点新产品、39项产品被评为省级高新技术产品，并参与500千伏电缆连接件国家标准的制定。先后获得省民营科技企业、省创新型试点企业、省管理创新优秀企业、省创新型企业100强、国家专精特新小巨人等称号；先后承担国家级火炬计划6项、省级火炬计划2项、科技型中小企业技术创新基金项目1项、江苏省重大科技成果转化项目1项、江苏省重点科技攻关项目1项和江苏省重点研发计划项目1项，拥有授权专利62项，其中发明专利20项。

公司用现有的设备技术保障了国家500千伏能源大动脉的安全，带动中国超高压电缆产品的发展，高压电缆附件的研发成功推动中国电能工业由大到强的转变，实现高压到超高压的跨越。2018年，作为全球地下绿色智能输电系统的领跑者，代表着中国输电技术的最高水平，安靠智电走到《大国重器》第二季的聚光灯下。在电缆输电总承包工程方面，创造3项国际第一：世界最大800兆瓦水电机组500千伏电缆线路（三峡向家坝）、世界最长单根500千伏电缆线路（仙游抽水蓄能电站）、全球最大落差462米竖井超高压电缆线路（厄瓜多尔美纳斯水电站），创造了2项国内第一：国产第一条500千伏电缆线路（山西同华电厂）、国产第一条330千伏电缆线路（甘肃酒钢）。

GIL（气体绝缘输电）技术广泛运用于城市高压架空线迁改

与入地项目中，不仅具有大容量、长距离传输的优势，更能盘活核心城区大量宝贵土地资源，每公里能盘活150～200亩土地。公司研发出的1100千伏GIL产品获得全球第一个型式试验报告，弥补了电缆不能大容量输电的缺陷，GIL的搅拌摩擦焊技术，填补了国际空白，达到全球领先水平；研制的252千伏、550千伏单相GIL产品达到国际先进水平，252千伏三相共箱GIL产品为世界首创，国际领先。先后完成世界首条火电行业220千伏三相共箱GIL EPC总包工程（华能济宁电厂）、世界首条220千伏三相共箱GIL EPC总包工程（江苏中关村），全球最长220千伏三相共箱GIL输电线路工程（鲁西化工），率先实现国内电网首条220千伏（无锡荣巷）、首条500千伏（常州武进）气体绝缘输电线路示范工程的投运。

（陈　诺）

【江苏海强电缆有限公司】 成立于1997年，位于天目湖集镇，注册资金2800万元，拥有固定资产8000多万元，占地面积8000多平方米，建筑面积为5000多平方米，有职工80余人，其中技术人员25名。公司是生产电线电缆的专业厂家，拥有电线电缆专业生产设备80余台套，主要产品有450/750伏及以下聚氯乙烯绝缘电线和电缆、聚氯乙烯绝缘和交联聚乙烯绝缘控制电缆、0.6/1千伏及以下聚氯乙烯绝缘和交联聚乙烯绝缘电力电缆、无卤低烟及阻燃耐火系列电线电缆、分支电缆、屏蔽电缆等特殊产品，年生产能力10万千米。2020年，实现销售收入2000多万元、利税500万元。

（李双双）

【江苏华鹏变压器有限公司】 始建于1967年，占地29.84万平方米，注册资本3亿元，资产总额77亿元，年生产能力12万兆瓦，公司为国家重点高新技术企业、中国机械工业企业核心竞争力100强企业、全国机械工业质量效益型企业。产品为10千伏～750千伏电力变压器，容量最大达2400兆瓦，品种达千种以上，广泛用于国内各大火电、水电、核电、光伏、风电、特高压、海上平台、轨道交通、数据中心、航空航天、石油化工、冶金建筑、高层建筑等领域，远销北美、南美、欧洲、东南亚、中东、非洲等60多个国家和地区。获评“2020年度中国机械工业百强”“国家认定高新技术企业”“2020年中国工业创新标杆企业”“企业资信等级AAA级”“国家鉴定新产品新技术（5项）”“国家认定CNAS认证”“首批江苏省先进制造业和现代服务业深度融合试点单位（龙头骨干企业）”“江苏省两化融合管理体系贯标试点企业”等称号，产品被认定为首届“江苏精品”，获评“单项冠军产品（110千伏电压等级变压器）”称号，被纳入国家能效之星和节能技术装备推荐目录。2020年，主营业务收入达44.52亿元，利润5.04亿元，纳税2.22亿元，研发投入近1.72亿元，占比3.86%。

公司自主研发的500千伏级超高压电力变压器性能水平达国际先进，在北美市场份额占比位列国内同行业第一位；世界首台4万千瓦110千伏干式变压器一次性研发成功，通过国家级鉴定，2020年3月24日于中国联通浦江云数据中心一次性送电成功，填补该领域国际空白；自主研发的48脉波干式整流变压器技术为国际首创；国内500米以上高楼以及银行数据中心几乎全部使用华鹏干式变压器；自主研发的海上风电机舱变压器和塔筒变压器均通过国家级鉴定，其中8200千兆35千伏海上风电机舱变压器为国内首台通过内燃弧试验的变压器。2020年9月，研制成功世界首台63000千兆110千伏干式变压器（世界上容量最大的干式变压器）以及11000千兆66千伏海上风力发电用机舱安装变压器（国内通过内燃弧试验容量最大、电压等级最高的机舱安装变压器）。

（黄雪隔）

【江苏上上电缆集团有限公司】 创建于1967年，注册资本5亿元，占地面积76万平方米，建筑面积56万平方米，拥有国家认定企业技术中心和博士后科研工作站。获得首届“中国线缆行业最具竞争力企业”第一名，全球绝缘线缆企业规模排名获中国第一、全球第七。获评中国工业界“奥斯卡”——“中国工业大奖”，并获得第二届、第三届“中国质量奖提名奖”。

专注于电线电缆产品的研发、制造和服务，涉及新能源、输配电、海工及船舶、建筑工程、矿用、工业制造、轨道交通、汽车、机场等领域。产品为天安门城楼及广场改造、北京奥运、北京大兴国际机场、港珠澳大桥、京沪高铁、核电工程、苏通GIL（气体绝缘金属封闭输电线路）综合管廊工程等国家重点项目所选用，并出口全球80多个国家和地区。2020年，实现销售收入227.6亿元，实现利税10亿元，研发投入占销售收入比重达3%。

企业具备从220伏直至50万伏全系列电力电缆及各类特种电缆的生产能力，年生产能力超300亿元。拥有自主知识产权和国家级新产品等288件，其中发明专利29件产品，自主研发的核电站用电缆入选“全国制造业单项冠军产品榜单”，其中三代核电壳内电缆填补世界核级电缆领域空白，华龙一号壳内电缆达到国际领先技术水平。新能源汽车用电缆、港口机械用卷筒电缆、柔性防火电缆、风能用耐扭电缆、光伏电缆、轨道交通用机车电缆等一大批新型特种电缆引领中国电缆技术的前沿。

（黄雪隔）

工程机械制造业

【概　况】 溧阳的工程机械制造业主导产品有汽车部件、风电设备、电梯设备以及农牧机械设备，该产业的龙头企业规模较大、数量较多。正昌集团是中国行业内第一家“中国驰名商标”企业，2020年实现销售收入14.8亿元。金源高端装备2020年实现销售12.9亿元。布勒（常州）机械有限公司建成亚太地区最大、最高端谷物食品加工基地，2020年实现销售收入19.6亿元。钢锐精密2020年实现销售11.8亿元。鹏程钢结构2020年实现销售收入9.3亿元。科华控股为溧阳市第3家上市企业，股票代码603161，2020年实现销售收入16.2亿元。

【江苏力乐汽车部件股份有限公司】 为国内规模最大的汽车座椅零部件生产企业，位于别桥镇绸缪集镇建设南路1号，创建于1987年，前身为江苏省溧阳市汽车座椅调角器总厂，2011年12月改制为股份有限公司，注册资金8000万元，占地面积25万平方米，建筑面积10万平方米，有员工500多人，其中大专以上人员100多人。

公司主要生产汽车座椅调角器、滑轨、精冲件、骨架等汽车部件，其中座椅调角器、滑轨年生产能力为2000万套、精冲件年生产能力为5000万件、骨架年生产能力为20万件。公司成为一汽大众、华晨、长城、北汽、江淮、奇瑞、东风柳汽、东风小康、上汽通用五菱、重庆五十铃、重庆长安等著名品牌的配套供应商，调角器、滑轨国内市场占有率在全国同行业中名列前茅，部分产品远销海外。2020年，实现销售收入2亿元。

公司引进日本森铁工精冲压力机生产线4条、瑞士法因图尔精冲生产线2条、韩国自动盘簧生产线3条、BBH预抽真空渗碳热处理生产线3条，拥有专业热处理（网带炉）生产线4条、进口全自动弹簧机8组、焊接机器人50组、精密数控机床40台、自动装配生产线30余条、专业实验室1个。具有较强的各种汽车调角器滑轨开发制造能力，能够满足行业顾客群体多样化的需求。

公司是中汽协会成员单位，先后获得全国质量管理先进企业、江苏省先进企业、江苏省民营科技企业、江苏省高新技术企业、江苏省企业技术中心、江苏省工程技术研究中心、常州市高端装备制造企业（特色企业）、AAA信用企业等称号，通过ISO/TS 16949质量管理体系、ISO 14001环境管理体系及OHSAS 18001职业健康安全管理体系认证。重视高端汽车座椅零部件关键技术，聚集和培养重点学科领域学术带头人和创新团队，拥有专利139项，其中发明专利6项。2010年，公司被中国汽车协会授予“中国汽车零部件（调角器）龙头企业”称号；“力乐”品牌被评为江苏省著名商标。2013年公司成功入库江苏省科技企业上市培育企业，承担国家级火炬计划项目一项、省级（工业）支撑项目一项。

（潘　超）

【江苏新华机电设备制造有限公司】 是一家专业从事各种设备结构、机械加工、钣金、涂装、电气安装的涉外民营企业，特别擅长制造不锈钢产品。公司成立于1994年，有员工380人，中级以上技术人员占总人数的23%。已通过ISO 9001:2008质量管理体系认证、ISO 14001:2004环境管理体系认证和OHSAS 18001:1999职业健康安全管理体系认证。拥有大型龙门加工中心近20台套（最大的龙门镗铣床长16米、宽5米、高2.8米）、各种立式加工中心数十台及龙门式三坐标（5米×2.5米×2米）等检测设备，设备总投入超过4000万元。

公司长期与美国GE（通用电气公司）、德国西门子、日本三菱重工等国际知名大公司建立合作关系，配套制造各种设备零部件。2020年，实现开票销售2亿元、税收1268万元；外贸销售超过3000万元。连年被溧阳市评为重合同守信用企业，2020年度工业企业资源集约利用综合评价被溧阳市发改委评为B类（支持发展类）。

（潘　超）

【松菱重工（溧阳）有限公司】是海洋装备工程及其他设备部件产品制造加工生产基地，为上海玛顿钢结构工程有限公司的全资子公司，成立于2018年，位于别桥镇工业园区，项目占地面积186亩，总建筑面积12万平方米。专注于海洋装备工程为主的模块设计和集成制造，同时生产环保节能锅炉HRSG钢结构配件、电厂设备钢架、空气冷却器等具有高技术附加值的产品，具备年产HRSG余热锅炉16套、空气冷却器50套、海洋石油钻井平台8套、发电设备结构件1万吨及其他设备结构件1万吨的设计制造能力。致力于满足国内外工程装备部件产品市场消费的需要，引进国内领先技术，改善产品质量，降低生产成本及能源消耗，打造现代化产业生产示范基地，促进地方制造产业转型升级，为国际高端能源客户提供服务。承接生产三菱、日立等著名企业大量设备部件产品，包括火力发电设备结构件、原子能发电设备结构件、海上石油钻井平台、风力发电设备支架、大型设备底座及支架等。2020年，实现销售收入1.8亿元。

（潘　超）

【江苏迈雷特智控技术有限公司智能装备制造（工业智能母机）项目】为迈雷特智能装备有限公司投资的长三角总部基地，是溧阳市重点招商引资项目，于2020年12月落户埭头镇。一期征用土地80亩，新增建筑面积62500平方米，二期征用土地120亩，新增建筑面积74500平方米。达产后年产智能装备2000台、控制系统1万套、伺服驱动3万套、伺服电机3万套、机器人及智能柔性制造中心200套（含电控系统）、高端齿轮检测仪器100套。项目投产后预计年产值达10亿元。

迈雷特智能装备有限公司拥有中山市火炬开发区智能制造基地、重庆市永川区生产基地、国内多个服务分支机构及海外服务机构，是国内少有的能够自主开发高端数控系统（“机床大脑”）与智能装备，软硬一体解决“卡脖子”问题的企业。公司申请各类主营业务相关的核心发明专利合计130余项，包括发明专利50项、软件著作权20项、国际PCT专利2项，已实施股改并规划2021年在科创板上市。

（罗赵华）

【江苏优力克自动化设备有限公司工业自动控制系统装置制造项目】于2020年12月落户埭头镇。项目征用土地50亩，新建生产厂房1.9万平方米，购置人机界面气动机、普通车床、切削用数控机床、VESSEL气动工具、扭矩测试仪、剥线机等设备，主要生产自动化智能设备、零件、配件等，预计年产电气自动化设备25000台套、工业自动控制系统装置4000台套。项目投产后预计年产值达1.7亿元。

（罗赵华）

【江苏鼎吉能源工程技术有限公司高性能阻尼器研发制造项目】于2020年12月落户埭头镇。项目计划总投资2.58亿元，规划用地40亩，建设1.6万平方米制造、测试厂房和3000平方米科研办公楼，形成国内领先的阻尼器产品专业化工厂，并申请构建江苏省阻尼器产品工程技术研究中心。项目建成后年产6000套抗震阻尼器、3000吨机械类产品。项目投产后预计年产值达3亿元。

（罗赵华）

【江苏翔能科技发展有限公司】成立于2012年5月，总投资2亿元，主要从事专业化精密锻造生产，具备超合金和钛合金环锻件加工能力，产品在大尺寸轴承、风电齿轮应用领域居于国内领先地位。2018年12月，与中信泰富特钢正式签约合作，中信泰富特钢注资965万美元，共同启动中大型高端环锻件项目，致力于打造国内领先、国际先进的仿形环锻件生产线。项目实施以来，公司综合实力逐年稳步跃升。2020年，与中信泰富特钢合作新建航空航天零部件及新材料生产线项目，项目达产后，公司在航空航天和陆地燃机等领域的领先优势将进一步增强。2020年，实现应税销售30389万元，比上年增长35.62%。

（袁子杰）

【溧阳市江南烘缸制造有限公司】创建于1993年4月，注册资金1600万元，是一家专业从事钢制烘缸设计、研发、生产的国家高新技术企业。公司占地23亩，拥有标准化现代厂房4.6万平方米，有员工120余名，其中研发人员15名。2020年，实现应税销售1.53亿元，比上年增长33.5%。

主要产品为钢制扬克烘缸、

镀铬烘缸等，投放市场各种型号钢制烘缸多达1.6万余台，拥有各类实用新型专利30余项。公司先后与比利时考克利、德国福伊特、奥地利安德里茨等多家国际知名企业合作并引入先进技术理念，成功研发制造出具有自主专利技术的钢制扬克烘缸，填补钢制扬克缸国产化空白，价格仅为进口产品的40%。拥有江苏省研究生工作站、常州市钢制扬克烘缸工程技术研究中心、常州市企业技术中心、常州市工业设计中心等研究机构。公司为江苏省民营科技型企业和中国造纸协会生活用纸委员会会员企业，2016年获中国轻工业联合会科学技术进步奖三等奖，2018年获评江苏省“专精特新”产品，2020年被评为国家“专精特新”科技小巨人企业。

（袁子杰）

【布勒（常州）机械有限公司】是瑞士布勒集团的独资公司，创建于2006年，占地面积300亩，建筑面积16.5万平方米，有员工1000余名，其中大专以上学历的员工480多名，硕士30多名，共有200多名销售、服务和技术人员（包含20余名外籍员工）。公司专注生产畜禽饲料、水产饲料、宠物食品加工设备和成套工程，谷物输送设备，昆虫技术及加工设备，并为客户提供专业的技术咨询、服务和培训。2020年，实现销售收入19.6亿元，纳税4687万元。瑞士布勒集团成立于1860年，是一家在全球拥有150多个销售和服务网点的全球性的粮食加工、饲料加工、巧克力、油墨，以及压铸等行业全球领先技术的国际性企业。

2019年，布勒（常州）公司销售收入达20亿元（其中出口占40%），在饲料机械行业中位列中国第二，已经成长为在水产、预混料、猪料、反刍动物、宠物等市场的技术和工程交付的市场领导者；产品销售到欧洲、东南亚、南亚、东亚、南美、中东、远东等100多个国家和地区，饲料机械出口占据中国饲料机械出口总量的20%。公司饲料成套设备用户包括通威集团、新希望集团、海大集团、泰高集团、正大集团、中粮集团、嘉吉集团、Bunge集团、帝斯曼集团、九鼎集团、温氏集团、康地集团、唐人神集团、正邦集团、天邦集团、光明集团、淮安天参等国内国际知名集团约600家客户。

（陈　诺）

【江苏钢锐精密机械有限公司】为国内装备先进、技术力量雄厚的大型铸件生产厂家，隶属于中国台湾永冠能源科技集团（股票代码“1589”），是一家符合《战略性新兴产业分类（2018）》要求的国家高新技术企业，获评中国铸造行业综合百强企业称号。公司拥有4个主要生产厂区，总占地面积近29万平方米，有员工800余名。致力于产品质量、创

布勒（常州）机械有限公司新厂区　　（市工信局　供稿）

新变革与智能化卓越管理，是全球主要大型再生能源、注塑机械、产业机械及医疗设备机械四大类设备厂商的长期重要合作伙伴，铸件最大浇注单重近百吨。2020年，实现销售收入11.8亿元，比上年增长25.2%。

公司注重内部质量管理和社会信誉，通过ISO 9001质量管理体系、ISO 14001环境管理体系认证、ISO 45001职业健康安全管理体系认证、ISO 50001能源管理体系认证、两化融合贯标体系认证、中国船级社、美国船级社、立恩威船级社、英国劳氏船级社认证，拥有专利近80项，拥有江苏省企业技术中心和常州市风电能源工程技术研究中心，获得“江苏省绿色工厂”“江苏省两化融合示范企业”“常州市智能示范车间”“江苏省产教融合试点企业”“江苏省信用贯标企业”“江苏省厂务公开民主管理先进单位”“常州市信赖职工之家”等称号。

（陈 诺）

【江苏鹏程钢结构集团有限公司】 成立于2001年，注册资金1.01亿元，总资产达10多亿元，有生产基地2个，占地17万平方米，生产厂房10万多平方米，有员工600多名，其中中高级技经人员160多名。拥有轻重钢结构及钢箱梁生产流水线8条，配备国内较先进的生产设备，年生产轻重钢结构制品十多万吨，产品风靡全球，涉及钢铁、冶金、化工、电力、轻工以及民用建筑领域，2010年起年销售收入均突破10亿元，连续多年被评为“江苏省钢结构十强企业”。2020年，实现销售收入9.3亿元。

公司参与建设国内几十项大型项目钢结构制作安装，参建的多项工程获上海市最高质量奖“金钢奖”，钢结构民用装配多住宅安装方法的创新被评为江苏省工程建设优秀质量管理小组活动成果“一等奖”，2019年参建的谷物加工成套设备制造项目获2018—2019年度“国家优质工程奖”、江苏省“扬子杯”优质工程奖。

公司重视掌握国内外钢结构行业的发展趋势，拥有一流的技术、先进的机械设备及完善的组织管理机构。通过GB/T 9001—2000质量管理体系和GB/T 28001—2011安全管理体系认证。2010年获得中国建筑金属结构协会颁发的最高荣誉奖项——“中国钢结构金奖”。先后获得“溧阳市先进企业”“常州市重合同守信用AAA企业”“全国质量信得过企业”“全国钢结构百强企业”“江苏省质量守信誉诚信施工单位”“江苏省明星企业”“江苏省百强企业”“江苏省钢结构十强企业”“国家优质奖”等称号。

（陈 诺）

【溧阳中材重型机器有限公司】 注册资金1亿元，占地面积327亩，总建筑面积9.5万平方米，拥有员工500余人，其中专业技术人员50多人，形成年产日产5000～10000吨新型水泥生产线装备6.93万吨的研发、设计、制造能力。

公司为江苏省高新技术企业、江苏省知名企业，拥有各项专利35项，其中授权发明专利7项，授权实用新型专利28项。生产的破碎机、板喂机均为江苏省高新技术产品，产销量位居业内第一；堆取料机、辊压机、立磨、回转窑等产品拥有自主知识产权，市场占有率在20%以上，位居业内前三，研制的LRM矿渣立磨经中国建筑材料联合会科技部鉴定，主要技术经济指标达国际先进水平。

主要产品畅销全国各省市、自治区，并多次出口沙特、尼日利亚、巴基斯坦、越南等国家。公司对产品、从图纸设计到产品出厂都进行严格的全面质量检查，确保用户满意率达到100%。2019～2020年，公司连续签订两个乌兹别克斯坦2500吨/日水泥生产线总承包项目，项目投资金额达7000万美元。2020年，实现销售收入7.3亿元。

（陈 诺）

【溧阳市力士汽车配件制造有限公司】 创建于1976年，是江苏省定点生产汽车配件的重要企业，产品质量具有国内一流设计技术水平。2018～2020年连续三年被溧阳市政府授予资源集约利用综合评价“优胜企业”称号。公司是上汽集团、北汽集团、比亚迪集团、东风集团、吉利集团、南京依维柯、上汽时代等传统及新能源车企的一级或二级配套企业，过硬的产品质量和周到及时的服务受到合作企业的普遍赞誉。2020年，实现销售收入4.5亿元。

企业有职工400余人，其中专业技术人员50多人，注册资金2000万元，总资产2.6亿元，其中固定资产2亿元，占地面积5.3万平方米，建筑面积4万平方米，其中厂房建筑面积3.5万平方米。拥有精加工设备近300台，其中大型、高精度设备78台，冲压设备近50余台，其中新冲压线16台。具有精良的检测仪器，其中三坐标测量仪2台，多元素分析仪2台；拥有完善的零件表面处理设备，包括现代化的焊接设备，其中点焊机器人工作站18台，弧焊机器人工作站16台，固定台焊机14台。

（陈　诺）

【溧阳市山湖实业有限公司】 创建于1986年，占地面积80多亩，是一家专业生产机械设备及汽车内饰的国家级高新技术企业。注册资本5088万元，总资产1.5亿元，有员工328名，其中研发技术人员50名。公司已发展成为集通用机械设备设计和制造、汽车顶篷PU复合板生产和PHC产品机器人自动化生产线于一体的民营企业。2018年，获评江苏省企业技术中心、江苏省工程技术研究中心。2020年，实现销售收入2亿元。

公司技术力量雄厚，拥有先进的生产流水线，检测仪器先进。生产各种规格的变压器油箱外壳、散热器，整套生产线设备，年产能3500吨；各种型号皮带输送设备及非标钢结构制作，年产能6000吨；汽车顶棚PU板四条生产线年产能150万台套；SUV汽车后备胎盖板年产能60万台套。

（金　科）

【江苏三乔智能科技有限公司】 成立于2014年6月，注册资本4500万元，总投资7.5亿元，主要从事汽车玻璃制品、房车门窗、模具的研发、生产及销售，是国内房车配件行业中品质精良、品种最多的企业，规划拓展房车电控系统、车用空调等关键配件生产。投资超2亿元，喷涂车间、玻璃成型车间、注塑车间、装配车间、净化车间已投产。2019年，在南渡智能制造园区选址340余亩建设新厂区，项目全部竣工达产后将形成年产电动汽车玻璃13万台套、房车类门窗3万台套、直升机玻璃1.25万平方米、建筑用玻璃10万平方米、车载冰箱30万台、标准座椅10万台套的生产能力。公司已成为北汽、长城、通用五菱、宇通、上汽大通等房车企业的供应商，产品出口韩国、澳大利亚、欧洲等国家和地区。2020年，实现销售收入10亿元、利税2亿元。

（金　科）

【溧阳市飞跃机电有限公司】 成立于1984年，注册资金1000万元，主要从事风力发电机、电梯、轨道交通等领域的机械部件制造和加工。公司位于上黄镇科创园内，占地面积12万平方米，有员工900名，主要机械设备250多台套。2015年，新增用地60亩，投资1.8亿元，建设现代化厂房1.8万平方米。拥有精密焊接机器人、大型数控激光切割机、大型数控等离子切割机、大型数控落地镗铣床、大型数控龙门镗铣床、大型数控立式车床等大批专业设备和完整的原产料检验设备、焊接检验设备及全套的表面处理检查设备。与西门子、上海电气等多家国内外知名企业建立战略合作关系。2020年，实现销售收入6.5亿元。

（刘龚献）

【申芝电梯有限公司】 成立于1999年，是一家集电梯设计、生产、销售、安装及维保于一体的大型现代化电梯企业，拥有国家定点设计、制造、安装、维保“双A”级资质。注册资金2.08亿元，总面积5万平方米，厂房面积4.5万平方米，有员工近400人。已通过ISO 9001质量管理体系认证、ISO 14001环境管理体系认证、OHSAS 18001职业健康安全管理体系认证。拥有机器人折弯、机器人焊接、数控激光切割机、数控多工位转塔冲床、数控剪板机、数控折弯机、数控加工中心加速度测试仪、限速器测试仪等一整套先进的制造加工设备和检测仪器。拥有几十余项各类专利，在业内独家研发成功并在部分电梯上应用无油导靴，该技术成为绿色技术典范品牌。2020年，实现销售收入1.55亿元。

（刘龚献）

【常州恒联机械五金有限公司】 成立于2008年，位于上黄镇科创园内，占地面积1.9万平方米，有员工300名，注册资金3800万元，主要从事机械设备、五金产品、把手的制造加工和塑料零件的制造。拥有环保防爆抛光机10台、环保防爆拉丝机10台、自动涂抹钝化液设备、压铸自动线集成设备等主要机械设备150台，配有洁净室和加工中心。新建自动化阳极氧化线、手动阳极氧化线和喷粉线。2020年实现销售收入1.3亿元。

（刘龚献）

【溧阳市盛杰机械有限公司】 前身为溧阳市上兴农具厂，2000年改制为上兴机械配件厂，2003年8月更名为现名并迁移至上兴工业园区，注册资本2600万元，是一家专业从事工程机械部件研究、开发、制造和销售的高新技术企业。占地面积5.6万平方米，标准厂房4.5万平方米，办公大楼、综合楼6000平方米，有员工490名。

公司为常州柳工、三一重工、现代（江苏）等国内知名工程机械制造企业配套生产装载机、挖掘机、压路机、平地机等零配件产品，主要产品有挖掘机大臂、小臂、上部车架、下部车架、铲斗、侧框、推土板、前罩、提升臂、油管、连杆、销轴、轴套、法兰、阀块、链轮、不锈钢管等精加工件、结构件和钣金件。年生产能力为6万台套，部分产品通过现代集团出口到韩国本部。2019年，实现销售收入23130万元，纳税1500万元；2020年，实现销售收入43327万元，纳税2000万元。

公司拥有大型涂装流水线、数控龙门加工中心、数控双面镗、数控卧式铣镗床、精细数控等离子下料线、大型液压机、大型工件加工台、斗杆焊接机器人系统、TIG自动熔焊机、数控铣边机、数控折弯机等大量先进设备。具备一定的技术研究开发实力，拥有发明专利2件、实用新型专利14件、省高新技术产品2件。通过ISO 9001质量管理体系认证和ISO 14001:2004环境管理体系认证，通过两化融合贯标评定认证，先后获得先进供应商、特别贡献奖、最优秀供应商、信用（合同）AAA级企业、银行信得过企业、江苏省民营科技企业、安全生产一级达标企业、A级纳税信用等级企业等称号。

（许　峰）

【江苏保龙集团】 成立于1997年，主要生产林业机械行业木材加工机械、风力发电塔架、风能发电等产品，是中国重型机械协会、中国林业机械协会、中国造纸协会、中国能源协会会员企业。旗下拥有全资公司5家，包括江苏保龙机电制造有限公司和江苏保龙设备制造有限公司，注册资本20200万元，总资产12亿元，占地面积600多亩，拥有员工800多人，其中各类专业技术人员180余人。配有各种机械加工设备和多种精、大、稀加工设备，以及科学准确、完备齐全的检测技术和手段，拥有先进的软硬件系统和辅助系统，具备专业设计、制作及安装机械设备和大型非标设备的实力和适应各类用户要求的快速反应能力。综合技术力量雄厚，建立完善的研究开发管理体系，承担国家级、省级、常州市级项目多项，拥有一批核心自主知识产权，获得授权国家发明专利3项、实用新型专利56项，并掌握多个技术诀窍，在行业内处于领头羊地位。2020年，实现总销售收入101814万元，实现利润5904万元，上缴税收2911万元。

集团注重科技成果转化，已开发出林业机械产品、风能领域产品、高新技术改造传统产业（绿色制造）产品、冶金机械新型产品等。自主研制开发出完整的国产化木材剥皮、削片、筛选设备，填补国内在人造板和造纸行业全套国产化优质工程的空白。集团是中国唯一能够提供制浆造纸、人造板企业剥皮备料工段成套生产线的企业，“小径材轮胎驱动式滚筒剥皮及削片筛选成套设备”被江苏省科学技术厅评定为高新技术产品。抢占华东、西南、东北地区的绿色能源风力发电领域的风力塔架制造市场，并辐射华北、西北等地区，成为中国覆盖面积大、制造能力强的风塔主要制造商。

（黄雪隔）

【江苏金源高端装备股份有限公司】 始建于1997年5月，注册资本9000万元，厂区面积23万平方米，建筑面积16万平方米，是一家民营科技型高新技术企业。长期专注于高速重载齿轮锻件的研发、生产和销售，产品主要涵盖电力、海洋工程、轨道交通、矿山机械等领域，为发电设备、工业设备和运输设备等重大装备制造业配套。2020年，实现销售收入12.9亿元，利润1.1亿元，其中税收4714万元，研发投入4461万元，占销售收入的3.46%。

公司建有江苏省企业技术中心、江苏省3兆瓦及以上级风电精密齿坯工程中心、江苏省大型锻件成形与控制工程技术研究中心以及获得CNAS（中国合格评定国家认可委员会）认证的国家实验室（可完成金相、力学、探伤、化学分析）；与南京理工大学、东南大学、江苏大学等国内知名院校进行产学研合作，累计开发高新技术产品20余项，拥有专利技术49项，多个项目获得省市级科技奖项。

（黄雪隔）

【溧阳金纬产业园】 位于江苏省中关村高新区，占地339亩，有员工600余人，拥有金纬机械溧阳有限公司、金纬机械常州有限公司、常州金纬挤出机械制造有限公司、常州金纬管道设备制造有限公司、常州金纬化工成套设备有限公司、常州金纬片板设备制造有限公司、常州金纬片板膜科技有限公司、常州大云环保科技有限公司、常州金纬管道科技有限公司、常州金纬智能化工装备有限公司、常州金纬国胜管道设备有限公司、常州戴格机械制造有限公司、常州龙纬机械制造有限公司13家专业公司，其中6家公司是高新技术企业。

产业园拥有一支高素质的研发队伍和经验丰富的机械、电气调试工程师团队，以及先进的机械加工基地和规范的装配车间。公司自主开发了多项世界领先的关键核心技术，多项产品获得国家有关部门的表彰奖励，在挤出行业的每一个细分领域做出自己的成果，确立公司在行业内的引领地位。年生产1000多（台）套高档的塑料挤出生产线和其他成套设备，2020年出库产值超过10亿元。主要产品有各类汽车塑料配件设备、医疗塑料设备、管道生产线（大口径 PE/PVC 双壁波纹管生产线、大口径PE/PVC 实壁管生产线、PP-R/PEX/PE-RT冷热水管生产线、PA/PE/PVC 单壁波纹管生产线）、各类塑料异型材生产线、各类塑料板材、片材生产线、化纤纺丝工程设计与制造、微电脑自动塑料中空成型机、塑料辅助回收（破碎、清洗、造粒）生产线、各种单螺杆／双螺杆挤出机及螺杆机筒、T 型模具、换网器、辊筒、机械手等配套件。“jwell”和“金海螺”是中国塑料机械行业的知名品牌。产品畅销全国各地，并出口到俄罗斯、印度、韩国、印尼、中东、非洲、南美洲、西班牙、意大利等100多个国家和地区。

（黄雪隔）

【科华控股股份有限公司】 创建于2002年，注册资金13340万元，员工2700余人，为汽车涡轮增压器零部件细分行业头部企业。2018年1月5日，在上海证券交易所主板上市，股票代码603161。拥有溧阳市联华机械制造有限公司和德国子公司LYKH GmbH 2家全资控股子公司。

公司专业生产汽车涡轮增压器零部件、工程机械配件、液压泵阀以及新能源汽车零部件，已与盖瑞特、博格华纳、三菱重工、石川岛等世界500强关键客户建立全球供应链的战略合作关系，产品大量出口国际市场，并被广泛应用于所有国内外知名汽车品牌。营业收入年复合增长率超过20%，国内市场占有率达30%，全球市场占有率达12%，排名国内第一、国际前三。2020年，实现销售收入16.2亿元。

公司建有江苏省博士后创新实践基地，江苏省（科华）涡轮增压器部件工程技术研究中心、江苏省企业技术中心、江苏省工业设计中心、常州市工程研究中心等科研平台，有各类技术人员296名，其中博士1名、硕士4名。多所高校、科研单位建立产学研合作基地，利用校企双方优势，有效提升技术研发的水平和绩效。至2020年年底，获得专利授权101项，其中发明专利27项，获得荣誉100余项。先后被授予国家高新技术企业、国家绿色工厂、中国铸造行业综合百强企业、中国铸造行业汽车铸件分行业排头兵企业、中国绿色铸造示范企业、中国优秀民营科技企业；江苏省示范智能车间、江苏省放心消费创建示范单位、江苏省两化融合贯标重点培育企业、江苏省产教融合试点企业；常州市服务型制造企业、常州市守合同重信用企业等称号，2018年获评溧阳市市长质量奖，2019年获评常州市质量管理先进单位，2020年获评常州市市长质量奖。

（黄雪隔）

【上汽大通房车科技有限公司】 成立于2016年9月，是上汽集团旗下上汽大通汽车有限公司的全资子公司。致力于成为房车生活全方位服务商，在柔性化智能工厂建设、互联网服务平台打造和房车生态园推进等领域提供个性定制、线下体验、房车租赁、营地建设、房车旅行等全方位服务。引进欧洲先进的生产设备，拥有柔性化装配车间、智能化家具车间、厢板车间、展示及研发中心，产品覆盖全系列智能房车产品。2020年，实现销售收入2.3亿元。

上汽大通房车研发生产基地为国内首个专为大规模定制化房车打造的研发及生产基地，占地420亩，总投资17亿元。截至2020年年底，4.5万平方米联合厂房及5000平方米展示中心竣工，3条生产线投产，实际年产能超1万辆。项目达产后将成为国内最大、最先进的房车研发及生产基地，年产能超2.5万辆，年销售额达60亿元。

（黄雪隔）

【江苏正昌集团有限公司】 是一家集饲料机械与工程、粮食加工装备与仓储、农牧饲料与油脂、房地产为一体的大型产业化集团，为国内饲料机械行业的领军型企业，创建于1918年，占地400余亩，有员工1500余人，下属20个分支企业和海内外30多家服务机构。公司是中国行业内第一家ISO 9000质量体系认证企业，连续12年被评为国家级“守合同重信用企业”，先后获得“亚洲名优品牌”“中国国家重点高新技术企业”“中国行业标志性企业”“全国模范劳动关系和谐企业”等称号。产品通过欧盟CE认证、俄白哈海关联盟CU-TR认证。2020年，实现销售收入14.8亿元，研发投入占销售收入比重达8%。

正昌系列饲料机械和成套工程覆盖全国各省、市、自治区，业务遍及东南亚、中东、非洲、欧洲、大洋洲、南美洲等80多个国家和地区。为全国1万多家饲料企业中65%的企业提供9800多台套制粒机装备，在国内外完成近3600座整厂工程，项目涉及饲料机械成套设备、牛羊饲料成套设备、水产饲料工程，宠物工程项目，国粮仓储等领域。

正昌集团是粮食行业的大型粮食烘储保粮装备一体化的提供（解决）商，旨在提高粮食的储藏周期、确保粮食的纯天然无污染以及储粮设备、工程的安全性等。粮食加工装备与仓储技术是国家粮食局科研院“十一五”新技术，获得国家科技进步奖一等奖。为粮食、港口、油脂、面粉、饲料、酿造、建材、化工、环保等行业的国内外1800多家用户设计交钥匙仓储成套工程3600多套。

正昌集团设有农牧饲料、预混料（包括畜禽、水产系列预混料、猪料、鸡料、鸭料、鱼料等）培训中心，一方面为饲料企业提供现场实际操作技术培训，为饲料企业提供便利，创造价值；另一方面为饲料机械设备研发人员提供现场理论联系实际的机会。

（黄雪隔）

【溧阳市虹翔机械制造有限公司】成立于1995年6月，注册资金503万元，占地面积10万平方米，建筑面积8万平方米，员工330余人，资产2.8亿元。公司为国家高新技术企业、江苏省创新型企业、江苏省高成长型中小企业、江苏省科技型中小企业、中国铸造协会和江苏省铸造协会成员企业。设有江苏省汽车传动系统部件制造技术工程技术研究中心，中心检测设备齐全，配备意大利直读光谱、炉前快速分析仪、硬度试验机等理化检测设备。通过IATF 16949：2016国际质量管理体系认证、GB/T 24001-2004环境质量管理体系、GB/T 28001-2001职业健康安全管理体系认证。2015年，公司被工业和信息化部确认为首批通过《铸造行业准入条件企业》企业，被江苏省环保厅认定为“绿色企业”；2016年被中国铸造协会评定为“中国绿色铸造试点企业”。

公司建成年产8万吨铸件生产线，拥有2条日本进口的国际先进的水平自动造型流水生产线、1条丹麦进口的国际先进的垂直无箱造型线和1条国内一流的静压线。产品涵盖各类高低牌号的灰铸铁、球墨铸铁、奥贝球铁（ADI）材质的汽车零部件系列、农机传动箱体系列、工程机械零部件系列、新能源太阳能系列和各类皮带轮系列等。2020年，实现销售收入2.6亿元。

（岳　磊）

【溧阳市北方机械有限公司】是一家集黑色金属铸造、机械加工于一体的机械制造企业，创建于1994年，占地面积18750平方米，拥有固定资产总额8986万元，有员工235人，其中中高级以上技术人员35人。企业为中国工程协会、中国工程机械学会成员和理事单位，拥有实用新型专利16项，2018年被评为高新技术企业。

公司是工程机械、农业机械、冶金机械、液压（润滑）、汽车零部件生产的专业企业，也是中国最大的拖拉机零部件制造企业之一。生产设备精良，工艺先进，研发技术雄厚，检测手段完备，售后服务健全，生产过程严格执行IATF 16949:2016汽车质量管理体系标准，自2010年起年产铸件均达1万吨以上。不断加快企业技术进步和产品结构调整，开发汽车及工程机械变速器（箱）总成产品。于2016年斥资3800万元，投入日本新东株式会社FMCX水平分型造型线一条，造型能力达160箱／小时，适合生产高精度铸件，使公司的铸造工艺达到国际先进水平。2020年，实现销售收入1.2亿元。

公司在原有农业机械零部件产品的基础上，逐渐开发工程机械、运输机械、流体机械、内燃机等零件箱（壳）体、盖、盘类等系列产品，形成以黑色金属铸造及全门类的数字化金属切削加工于一体的生产格局，与上汽集团、宁波鲍斯能源装备股份有限公司、合肥美桥汽车传动及底盘系统有限公司、长城汽车股份有限公司、江铃集团协和传动技术有限公司、南京汽车变速箱有限公司等国内知名企业建立协作关系。公司为银行信得过企业，信用（合同）等级为A级，资信评估信用等级为AAA级。2017年通过GB/T 24001-2016/ISO 14001:2015环境管理体系、GB/T 28001-2011/OHSAS 18001:2007职业健康安全管理体系认证，2018年通过IATF 16949:2016汽车质量管理体系认证。

（岳　磊）

【溧阳市联华机械制造有限公司】为科华控股股份有限公司的全资子公司，成立于2007年12月，注册资本5000万元，坐落于中国绿色铸造小镇竹箦镇。专业生产汽车涡轮增压器部件和液压泵阀、工程机械配件，是国家高新技术企业和江苏省民营科技企业，占地面积2.5万平方米，建筑面积1.5万平方米，有员工200余名，其中各类工程技术人员25名。

公司拥有国内一流的呋喃智能化铸造生产流水线和高端数控加工流水线以及具有国际先进水平的检测、试验设备，先后通过ISO9002、TS16949质量管理体系认证，具有完备、可靠的质量体系保证。致力于提升生产过程中的质量控制、成本控制、设备技术改造等环节，相应开发的专利成果丰硕，获得国家专利授权25项，其中发明专利授权1项。公司主要客户有位于行业前列的霍尼韦尔、卡特比勒等国际知名企业，产品主要销往国内外汽车行业和液压机械行业，出口北美、南美、欧洲、日本、韩国等国家和地区。2020年，实现销售收入8000万元。

（岳　磊）

生物医药和精细化工业

【概　况】溧阳的生物医药和精细化工保持稳定增长，生产生物医药产品、农用化工产品、化学试剂等多个大类几百个产品，其中有些产品的质量居国内领先水平。2020年联盟化学销售收入3.2亿元，维多股份销售收入4.6亿元，迪赛诺制药销售收入3.4亿元，兰天化工销售收入3.8亿元。开磷瑞阳化工是全国最大的多元醇制造商，2020年实现销售收入5.4亿元。

【江苏开磷瑞阳化工股份有限公司】是贵州开磷控股（集团）有限责任公司国有控股的混合所有制企业，总部位于南渡镇强埠集镇，创建于2001年11月，占地面积110亩，是一家集多元醇系列、UV光固化系列、水性聚氨酯系列、新型树脂涂料和相关产业链拓展的精细化工企业集团，是全国最大的多元醇制造商。2020年，实现销售收入5.4亿元。

公司坚持绿色循环、创新发展之路，拥有江苏溧阳、内蒙古赤峰、湖南衡阳、贵州息烽及江西黎川5个主要生产基地和卡帕瑞化学（上海）公司1个技术和市场服务平台。公司是国家级高新技术企业，拥有多家省级工程技术研究中心等研发创新平台和一个博士后科研工作站，与多所科研院校建立长期稳定的合作关系，拥有发明和实用新型专利70余项。

公司具有年产2万吨光固化单体、1万吨光固化低聚物（江苏溧阳生产基地）、1万吨涂料、1万吨树脂、5000吨水性聚氨酯、6万吨酒精、4500吨草酸亚铁的生产能力。通过ISO 9001质量管理体系、ISO 14001环境管理体系及职业健康安全管理体系认证；“瑞阳”商标被评为中国驰名商标，产品畅销全国及全球50多个国家和地区。

（全　科）

【溧阳兰天化工有限公司】成立于1999年11月，坐落于旧县集镇，注册资本800万元，总资产1.08亿，有员工41名。生产基地于2004年迁移至宁夏银川贺兰县，2018年搬迁至内蒙古阿拉善左旗。主营业务为生产及销售靛蓝产品，年产能达1.5万吨，产品主要应用于牛仔布染色工艺，具有强度高、经久耐磨、色光鲜艳等特点。

公司依托高效务实的技术团队和先进的经营管理理念，通过有效整合地区资源优势，增强企业的综合竞争实力，通过ISO 9001:2015质量体系认证。采用先进的技术生产高含量的靛蓝产品，产品深受中高端客户的认可，9成销往国外，主要销往日本、韩国、印度、土耳其、巴西、德国等国家。2020年，实现销售收入3.8亿元。

（全　科）

【江苏联盟化学有限公司】是一家从事PVC（聚氯乙烯）稳定剂生产的知名龙头企业公司，创建于1991年1月，坐落于南渡新材料工业创新区，占地面积8万平方米。公司注册资本3200万元，总资产5.6亿元，有员工256名，其中研发技术人员26名，具有年生产8万吨PVC稳定剂的能力，产品畅销全国20多个省市。被中国塑料加工工业协会聘为副会长单位，被中国塑料加工协会异型材及门窗制品专委会聘为副理事长单位。

公司通过一系列富有吸引力的人才政策，广泛吸纳一批国内PVC稳定剂行业的精英加盟，拥有一支强大自主研发能力和超强售后服务能力的技术团队，建有完备的试验中心，配备包括BRABENDER流变仪等先进的研发和检测设备。与中国科技大学、浙江大学、南京工业大学等知名院校建立长期的“产、学、研”合作关系。建有常州市“高分子材料研发中心”平台，拥有专利22件，通过ISO 9001：2015质量管理体系认证、ISO 14001：2015环境管理体系认证，被评为江苏省安全生产标准化二级企业。产品从2012年起连续获得中国塑料加工协会塑料行业“十佳助剂”称号。2020年，实现销售收入3.2亿元。

公司先后获得“农业部全面质量管理达标企业”“江苏省高新技术企业”“江苏省中小科技创新企业”“江苏省清洁文明生产企业”“江苏省民营科技企业”“江苏省著名商标”“江苏省2015—2017守合同、重信用企业”等称号。

（金　科）

【江苏力强化工有限公司】 位于南渡镇强埠集镇化工集中区，注册资本1250万元，资产总额20027万元，净资产12686万元，占地面积21万平方米，建筑面积14万平方米，有职工人数219人，其中专职从事质量工作人员27人。具有甲醛10万吨、电玉粉(氨基模塑料）1.5万吨、密胺粉1万吨和酚醛树脂(酚醛模塑料)1.2万吨的年生产能力。2020年，实现销售收入2.5亿元。

公司技术力量雄厚，各类产品检测手段齐全，设备精良，主导产品均采用国家标准和国外先进标准，质量稳定，产品深受用户欢迎。全年出口氨基模塑料及酚醛模塑料5000吨左右，国内市场占有率、覆盖率在同行业中名列前茅。2017年，通过ISO 9001:2015质量管理体系和ISO 14001：2015环境管理体系认证。多次被评为“全国百强化工企业”“全国乡镇化工先进企业”、常州市“文明单位”“明星企业”等称号。

（金　科）

【江苏迪赛诺制药有限公司】 成立于2006年10月，系上海创诺医药集团成员企业，由上海创诺制药有限公司和上海创诺医药集团有限公司共同投资成立，注册资金1亿元。2007年3月开始进行异地迁建，新厂区位于江苏省中关村高新区，坐落在美丽的天目湖畔，近临宁杭、常溧、扬溧高速及宁杭高铁，距南京高铁和禄口机场半小时车程，交通便捷，厂区土地面积133230平方米，总建筑面积31480平方米，有职工315人，其中大专以上学历超过40%。完成投资3.7亿元，拥有发明专利8件、实用新型专利16件，产品涉及63个品种83个规格，生产许可涵盖小容量注射剂、粉针剂、片剂、硬胶囊剂、洗剂、原料药、无菌原料药等，产品广泛应用于心血管、皮肤科、抗感染等领域。2020年，实现销售收入3.4亿元，比上年增长37.5%。

上海创诺医药集团有限公司为工信部百强企业，是由创建于1996年的上海迪赛诺医药发展有限公司因业务发展需要而成立的企业集团，本部位于上海张江高科技园区，在上海市、江苏溧阳、江苏大丰、江苏盐城、江苏南通、内蒙古赤峰以及印度等地建有十余处生产基地和研发中心，其中，5家为省级高新技术企业，7家通过中国GMP认证，3家通过美国FDA认证。

（黄雪隔）

建材工业

【概　况】 建材工业是溧阳的传统产业，溧阳的建材工业以水泥为主，主要生产干法新型水泥及熟料。2020年，金峰水泥销售收入171亿元，扬子水泥销售收入8.8亿元，天山水泥销售收入6.3亿元。金峰集团是江苏省最大的水泥生产企业。

【江苏屹居木业有限公司】 位于别桥镇北山工业园，是一家集家居设计、研发、生产、安装、售后服务于一体的生产服务型公司，生产基地面积50余亩，厂房面积1.4万平方米，办公面积2500平方米，主要生产木门、木饰面、衣柜、卫浴柜、橱柜、楼梯、木包铝合金移门、家具等装饰木制品。有十多年的专业技术及管理经验，重视各种生产设备操作技术人员的培训，产品质量在同行业内处于领先水平，已通过ISO 9001:2000质量管理体系认证。2020年，实现销售收入8700万元。

（潘　超）

【溧阳市万兴特种建材有限公司】 占地面积18万平方米，建筑面积4万平方米，有员工160人，是全国最大的预应力金属制品生产基地之一，具有年产10万吨预应力钢绞线的生产能力。拥有清华大学和浙江大学研发的高新技术设备，建立完整的质量保证体系，产品通过国家权威机构检验，各项性能和技术指标均超过国家标准，广泛应用于铁路、桥梁、电力、高层建筑等行业，年产值达9亿元。紧跟国家高铁建设的步伐，稳步扩充预应力钢绞线产能，产品遍布众多客运专线，在哈大、京沪、厦深、向莆、哈齐、兰新、大西、沪昆、郑徐、连盐、石济等大型铁路上得到广泛应用。凭借优质的质量和服务、精良的设备和技术工艺享誉业界，产品深受客户赞誉。2020年，实现销售收入3.5亿元。

（潘　超）

【江苏廷锴建材有限公司】 坐落在南渡镇平城村，拥有现代化生产设备基地7万平方米，绿化面积2万平方米，厂区有自备港口，运输便利。主要生产生石灰粉，轻烧白云石灰等冶金类粉灰，年产量达300万吨以上。2007年，与江苏申特钢铁有限公司达成配套服务长期协议。公司凭借优质的产品、合理的价格，得到业务单位的普遍认可和充分肯定。2020年，实现销售收入1.3亿元。

（金　科）

【江苏扬子水泥有限公司】 始建于1985年，拥有2条日产2500吨新型干法水泥熟料生产线暨纯低温余热发电，固定资产总额6亿元，占地面积45万平方米。在职员工500多人。建立完善的管理体系，通过“产品质量认证”“质量管理体系认证”和“环境管理体系认证”。产品获得“产品质量国家免检”“江苏省名牌产品”等称号。被农业部授予“全面质量管理达标企业”称号；被江苏省人民政府命名为“重合同、守信用企业”“江苏省建材行业优秀企业”；连续十年被常州市人民政府命名为“重合同、守信用企业”“常州市文明单位”。2020年，实现销售收入8.78亿元。

（刘龚献）

【常州杰祥新材料有限公司】 成立于2013年，注册资金1000万元人民币，位于上黄镇扬子西路1号，占地面积2.3万平方米，有职工40多名。主要从事各大中小型钢厂炼钢用镁质砖、钢包砖及散装耐火材料制造与销售，拥有电动压砖机9台、破碎线2条、混料机4台、卧式烘箱炉4台及辅助设备。2020年，实现销售收入1亿元。

（刘龚献）

【溧阳天山水泥有限公司】 成立于2002年，隶属于江苏天山水泥集团有限公司，其控股母公司新疆天山水泥股份有限公司在深交所主板上市(股票代码“000877”)，是全国一流的水泥生产企业之一，也是中国建材集团有限公司控股的上市公司。公司是一家专业生产水泥熟料并可协同处置各类废弃物的绿色环保科技型企业，注册资本8000万元，占地面积300亩。

公司拥有1条日产5000吨新型干法水泥熟料生产线，具备利用水泥窑炉每日无害化协同处置城市生活垃圾450吨和年处置危险废弃物2.98万吨的能力，配套9兆瓦纯低温余热发电系统及脱硝工程。通过质量、环境、职业健康安全三合一体系及能源体系认证并达到国家安全标准化二级。

公司为常州市环境资源保护公益协会理事单位，始终坚持环保节能、技术创新和产业创新“三项并举、整体推进”的发展战略，成功完成水泥熟料生产企业向绿色环保科技型企业的转型，拥有7项各类专利。先后获得中国建筑材料联合会及中国水泥协会颁发的“建材行业百家节能减排示范企业”“中国大型水泥集团环保标杆企业”“中国水泥工业水泥窑协同处置示范工程”及“江苏省管理创新优秀企业”“工业五星企业”等称号。2014年，和中材国际环境工程公司合作建设的“利用水泥窑炉协同处置城市生活垃圾系统集成创新技术与工程运用项目”通过中国建筑材料联合会成果鉴定，认定该项目具备多项技术创新成果，达到国际先进水平。2018年，完成水泥熟料总产量155万吨。2020年，实现销售收入6.3亿元。

（许　峰）

【江苏金峰水泥集团】 下辖溧阳市宏峰水泥有限公司、溧阳市新金峰水泥有限公司，是江苏省最大的水泥生产企业，同时也是全国最大的单个水泥熟料生产基地，被江苏省经贸委列为全省101家重点培育发展企业。厂区占地面积2000亩，固定资产规模达156亿元，员工人数4836人，其中，各类技术人员400多人，本科及以上学历的工程师100多人。东临104国道，西依芜太运河，500吨级的船舶直通厂内码头，水陆交通十分便利。建设9条新型干法旋窑水泥熟料生产线（1条2000吨／日、8条4500吨／日）及4台80兆瓦配套纯低温余热发电机组，拥有大型粉磨站2座，年生产水泥能力达3000多万吨。2004年取得“质量管理体系认证证书”；2011年取得“环境管理体系认证证书”“职业健康安全管理体系认证证书”；2014年取得《能源管理体系认证证书》。连续多年被评为全国私营企业纳税百强企业，江苏省私营企业纳税大户和溧阳市纳税超亿元企业。2019年，集团公司完成水泥熟料总产量2071万吨，入库税金超12亿元。2020年，实现销售收入171亿元。公司生产的金峰牌P.O52.5、P.O42.5普通硅酸盐水泥获得“江苏名牌产品”“江苏省著名商标”“国家免检产品”等称号，产品主要销往上海市、安徽省、南京市、苏州市、无锡市、常州市及苏北等地区。

2014～2020年，金峰集团投资近15亿元，深入开展厂区设备提标改造、环境整治、防护区内居民搬迁安置等各项工作，环保、节能、低碳的绿色产业链在金峰各个角落延伸。2018年，金峰集团积极转型，投资5.8亿元建设“溧阳市城市固体废物综合处置中心”，利用现有6条4500吨／日回转窑水泥生产线协同处置城市生活垃圾、建筑垃圾、餐厨垃圾。项目建成后将成为溧阳市垃圾处置综合中心，以实现全市垃圾处理“无害化、减量化和资源化”目标。同时，集团投资3.2亿元建设“采用水泥窑协同处置危险废物项目”，采用2条4500吨／日生产线系统协同处置，为改善城市环境质量作出贡献。

公司先后获得“中国建筑材料企业管理协会副会长单位”“中国水泥协会产能50强单位”“中国民营企业500强”“中国民营建材企业10强”“江苏省建材行业先进单位”“江苏省民营企业纳税大户”“江苏省民营企业就业先进单位”等称号。2018年5月，江苏省建材行业协会举行第五届会员大会，公司董事长徐贵生当选新一届理事长。

2018年12月20日，市慈善资金捐赠暨设立茅山老区精准扶贫基金签约仪式在金峰国际饭店举行。金峰集团与市慈善总会签署捐赠协议，捐赠慈善资金2000万元；为切实解决茅山老区人民生产生活问题，为老区快速脱贫提供慈善支撑平台，市慈善总会、社渚镇政府、金峰集团共同签约设立茅山老区精准扶贫基金，金峰集团再次捐赠500万元。金峰集团不断投入教育、文化、体育、艺术等社会公益事业，在扶贫、抗洪、救灾等方面广伸援手，已累计为社会公益捐助7000万元。

（王文强）

【江苏荣辉木业有限公司】 位于社渚镇振兴南街183号，占地面积150余亩，生产车间1.3万平方米，是一家从事中（高）密度纤维板生产和销售的民营企业，主要产品包括轻质板、家具板、镂铣板、基材、薄板和超薄板，年生产能力达18万立方米。公司装备两条全国最大、最先进的中（高）密度纤维板生产线，拥有北京亚联31.6米连续平压生产线、瑞典维美德热磨系统和苏福马砂光锯切线设备。产品主要原料是“枝桠材”“次小薪材”和林业采伐“剩余物”，符合国家产业政策，有效地带动周边林木产业的发展，为国家鼓励发展的高效利用林木资源的环保型综合利用项目。产品普遍应用于地板加工、家具制作、建筑装饰装修等领域，有效替代原生木材在各领域的使用，销售市场广阔，市场空间巨大。2020年，实现销售收入2亿元。

（王文强）

【江苏福泰建材有限公司】 坐落于竹箦镇前马工业园区，总占地面积60多亩，注册资本3000万元。生产各种标号商品混凝土以及各种环保建材产品，年生产能力达30万吨。2020年，实现销售收入1.6亿元。

公司设备精良先进，拥有国内最先进的徐州天地重工单烘干塔楼式自动化预拌干混砂浆生产线和2条商品混凝土生产线；拥有背罐车1辆、砂浆运输车3辆、砂浆罐数百个；37米、46米、56米汽车泵及地泵各一台；12立方米搅拌车16台。拥有各类经验丰富的专业技术人员和设备先进的实验室，具有完善的质保体系和管理制度，生产过程达到国家环保要求，可满足建筑行业不同用户需要，生产质优、稳定、环保的商品预拌干混砂浆、商品混凝土产品。

（岳　磊）

食品加工和制造业

【概　况】 溧阳的食品加工和制造业以天目湖啤酒为龙头，拥有以天目湖啤酒为主的酒类系列产品，以果蔬原汁、矿泉水、植物蛋白饮料为主的饮料系列产品，以畜禽水产深加工为主的天目湖香肠、周城羊肉火锅、天目湖鱼头、竹箦风鹅、社渚青虾等生熟制品。2020年，天目湖啤酒实现销售收入5.1亿元。

【嘉士伯天目湖啤酒（江苏）有限公司】 创建于1985年，年生产能力达30万千升啤酒，是嘉士伯集团（全球第三大啤酒公司）旗下子公司，被定位为华东区域重点制造基地之一。2014年加入嘉士伯成为公司发展的分水岭。随着嘉士伯投资的不断扩大，公司向打造国际啤酒行业标杆、高端品牌生产基地、传统优势产业典范、绿色工厂及智能化工厂目标奋进。公司具有国际高端品牌啤酒生产线，从德国KHS引进世界级装备和领先技术的拉罐线，整体装备水平处于行业领先地位。天目湖系列啤酒不仅覆盖江苏全省，而且远销上海、浙江、安徽、河南、山东等周边省份。多次获得“常州市明星企业”“溧阳市工业四星企业”“埭头镇重大贡献奖”等称号，成为溧阳市传统企业的标杆，江苏啤酒行业的知名企业。天目湖啤酒因品牌内涵与城市文化的高度契合，被誉为溧阳的一张城市名片。2020年，实现销售收入5.1亿元。

公司引入嘉士伯高新技术和管理模式，持续推进高端化战略和生产网络优化战略，形成“国际高端品牌（K1664、皇冠铝瓶、嘉士伯、乐堡等）+本地强势品牌（天目湖）”的强大品牌组合，并持续推进产品高端化，应对啤酒消费结构变化所带来的机遇和挑战。通过节约水电、减少能耗、降低排放的模式提高生产能效，实现以“零碳排放”“零水资源浪费”“零事故文化”和“零非理性饮酒”为重点的可持续发展目标。

（罗赵华）

金属冶炼和加工业

【概　况】 金属冶炼和加工业是溧阳的重要产业，占全市工业企业销售收入的比重超过15%。2020年，国强镀锌实现销售收入140.7亿元，顺博合金实现销售收入17.2亿元，瑞昕金属实现销售收入34.9亿元，鸿开金属实现销售收入10.39亿元。

【常州市宏豪制钢有限公司】 成立于2006年11月28日，位于别桥镇绸缪集镇，占地面积3万平方米，注册资本金1000万元，实际投资6000万元。拥有₵550自动化连轧生产流水线一条，以及万能试验机、光谱仪等先进的理化检测设备，主要生产“宏豪”品牌热轧扁钢，年生产能力18万吨，“宏豪牌商标”被认定为江苏省知名商标。产品规格齐全，广泛应用于造船、电力、邮电通信、市政、公路、桥梁、钢格栅（板）、钢结构及车辆制造等领域，畅销北京、上海、广东、江苏、浙江、安徽、江西、湖南等地区，并出口东南亚、澳洲及欧洲地区。2007年8月，公司通过中国船级社质量认证公司ISO 9001:2000质量管理体系认证；2008年，被常州市工商行政管理局授予“企业信用（合同）AAA”证书；多次被溧阳市政府授予“先进私营企业”“溧阳市光彩之星”等称号。2020年，实现销售收入6.4亿元。

（潘　超）

【江苏鑫林钢铁有限公司】 成立于1984年6月，位于别桥镇北山工业园福山路5号，占地面积3.7万平方米，建筑面积1.7万平方米，注册资本2000万元，总投资8000万元，具有年产60万吨钢材的生产能力。坚持贯彻ISO 9001：2015质量管理体系，拥有钢筋混凝土用热轧钢筋生产许可证。

公司是主要从事钢压延热轧加工的生产型企业，拥有轧机生产线一条、100t/h（蒸吨）天然气单蓄热推钢式加热炉一套、步进式冷床一套，理化检测及其他辅助设施齐全。公司主要生产HRB400、HRB400E、HRB500及HRB500E钢筋混凝土用热轧钢筋（不含钢坯），规格为直径10～25毫米；HPB300热轧光圆钢筋，规格为直径10～20毫米，产品质量稳定、规格齐全，畅销苏、浙、沪等市场。2020年，实现销售收入9.9亿元。

（潘　超）

【溧阳市四方不锈钢制品有限公司】 是专业从事不锈钢卫生流体设备研发与制造的高新技术企业，成立于1995年，2009年与瑞典阿法拉合资。总投资5000万元，注册资本2310万元，占地面积310亩，总资产4.15亿元，有员工750名。专注于卫生泵、阀门、管件的研发与制造，在卫生级流体产品领域不断进行专业化投资、研发、扩大生产规模，成为国内行业中的知名品牌，生产规模、专业化程度、市场占有率等均处于国内领先水平。2020年，实现销售收入4.75亿元，出口6500万元。

公司在保护环境、安全生产、员工职业健康等方面不断进行有效投入，实现污水零排放，安全生产标准化创建达标。注重设备的投入与改造，每年的固定资产投资均保持一定的水平，专业化、自动化生产水平不断提高。

（罗赵华）

【常州亚泰焊材有限公司】 是国内专业研发、生产与销售各类焊接材料及焊接、切割设备的重点企业，为中国焊接协会理事单位，创建于2004年，位于埭头镇工业园，占地面积4.5万平方米，有员工120多名。2014年，公司先后投资1500多万元，增加3条药芯焊丝生产线，并加大对特种焊材的研发和推广力度，先后有十多个产品不断推向市场，收到良好的市场效应。截至2020年年底，公司拥有直进式粗拉生产线4条，精拉生产线8条，具有年产2万吨各类焊丝的生产能力。

公司主要产品形成气体保护焊丝、埋弧焊丝、氩弧焊丝、机器人专用焊丝四大系列15个品种35个规格，产品广泛应用于船舶制造、冶金机械制造、钢结构制作安装、电力设备生产、矿山设备制造、机车车辆生产和压力容器生产等领域，产品因焊接强度高、飞溅小、性能稳定等特点而畅销海内外。2020年，实现销售收入1.7亿元

公司致力于设备的技改和投入，提高产品质量，开发新品种，满足客户的个性需求，通过ISO 9001：2008质量管理体系认证、中国船级社认证和挪威船级社认证。先后获得“江苏省民营科技企业”“江苏省质量信用A级企业”“江苏省五一劳动奖章”等称号，亚钛尔牌焊丝被评为常州市名牌产品。

（罗赵华）

【常州博尼特种钢管有限公司】 成立于1992年，位于戴埠镇镇南工业集中区，注册资金5000万元，占地面积2.5万平方米，有职工100人，其中技术人员24人。主要从事不锈钢无缝钢管的生产加工，生产的流体输送管及换热管主要应用于石油、化工、制药、航空航天等领域。拥有国内领先的冷拔、冷轧不锈钢无缝钢管技术，成功参与中国不锈钢行业标准制定起草，产品通过国家石油钻采炼化质量监督局、国家质量监督检验检疫总局等多项质量认证。与中石化、德国拜尔、日本三菱化学等多家国际国内知名企业开展业务合作。2020年，完成应税销售1.59亿元，比上年增长10%。

（袁子杰）

【江苏鸿开有色金属有限公司】 创立于2011年，位于戴埠镇镇西工业集中区，占地300余亩，拥有高标准厂房8万平方米，办公楼及配套设施1.5万平方米，是一家专注于高导铜导体材料研发、生产和销售的科技型企业，主要产品为铜金属和合金压延拉丝等高标准通信绞合导体。拥有国产连铸连轧和德国尼霍夫大拉机等多条先进生产线，形成年产27万吨低氧光亮铜杆及3万吨各类铜绞线加工生产能力，产品主要应用于高铁、核电、船舶和信息工程领域。通过ISO 9001质量管理体系认证和ISO 14001环境管理体系认证。2020年，公司围绕高标准5G通讯连接件市场需求，启动高标准电气电子通讯组件生产，不断推动产业链向纵深发展。2020年，实现应税销售10.39亿元，比上年增长39.6%。

（袁子杰）

【江苏宏光钢铁有限公司】 成立于2002年10月，位于溧城街道金山路88号，占地面积100亩，注册资本1000万元，有员工90人，其中各类技术人员20人。主要产品为HRB400、HRB400E、HRB500、HRB500E钢筋混凝土用热轧带肋钢筋，畅销周边市场。2020年，实现销售收入7.9亿元。

公司于2010年5月开始搬迁技改项目，年设计产能为55万吨，厂区分为经营区、生产区和码头区。取得《全国工业产品生产许可证》，通过ISO 9001质量管理体系认证和中冶冶金产品认证（MC认证），2016年8月通过江苏省清洁生产审核验收抽查，2020年1月通过企业安全生产标准化三级复审。先后获得江苏省节水型企业、江苏省钢铁协会常务理事单位等称号。

（马　辉）

【江苏瑞昕金属制品科技有限公司】 坐落于南渡镇小金山工业园区，为华东地区最具竞争力的金属表面处理基地，创建于2012年2月，占地面积400亩，建筑面积10万平方米，注册资本8000万元，有员工700名，具有年生产80万吨镀锌带钢、轻钢龙骨料、电缆铠装料、型钢料等产品的能力。产品广泛应用于建材、钢结构、装饰装潢、卷帘门窗、农业大棚、仓储及货架、钢板仓等领域，质量得到广大客户的充分肯定。通过ISO 9001质量体系认证，获得国家专利20余项。2020年，实现销售收入34.9亿元。

（金　科）

【溧阳市宏泰特种扁钢有限公司】 是一家以优质扁钢、弹簧钢为主，其他型钢为辅的生产贸易型企业，位于上黄镇坡圩桥塆，占地面积5万平方米，有员工100多人。拥有轧机1套、连轧机组9套等轧机流水生产线，年产量30万吨以上，产品畅销全国各地及东南亚、欧美等海外地区。先后获得

"银行信得过企业""信用（合同）AAA企业"等称号，通过ISO 9001质量管理体系认证。2020年，实现销售收入6.6亿元。

（刘龚献）

【江苏共昌精密铝业有限公司】位于上黄镇，成立于2013年12月20日，注册资金1亿元，其中宜兴共昌轧辊投资有限公司控股51%；常州祥龙冶金设备有限公司占股49%。主要从事微通道铝扁管、脱氧杆、电工杆及相关铝制品的研发、销售，是微通道铝扁管国家标准第一副主编单位、上海铝业行业协会理事单位。公司是上海交通大学产学研基地之一，拥有专门的微通道铝扁管研发中心，专业技术开发团队由博士生导师、教授级高工、高级工程师组成。

公司拥有行业领先的微通道铝扁管生产线装备，意大利达涅利35MN卧式型挤压机，具有挤压力大、速度稳定、可控性强等特点；德国IAS加热炉，是世界上最好的铝棒加热炉，具有热效率高、能耗低、温度控制精度高、生产能力强等特点；瑞典收卷机，是国际市场最著名的品牌，具有张力可控性好，运行稳定等特点。实验室引进德国金相显微镜、美国拉力试验机、德国光谱仪、英国锌层测厚仪等高端仪器设备。完成IATF 16949/ISO 9001/14000/OHSAS 180001四合一体系认证，拥有发明专利1项、实用新型专利9项，江苏省高新技术产品1项、常州市高新技术产品2项、溧阳市科技进步奖1项。获国家科技进步二等奖的"微通道管材与换热器制造技术及其应用"项目实现产业化。

2019年，公司对原有铝制品生产线进行全面技术改造，引进并优化熔化炉、保温炉、连铸连轧设备、铝杆切粒机等设备，2019年4月开始复产，主要生产脱氧杆、电工杆、铝包铁等相关铝制品，年产量达4万吨。用于钢厂炼钢脱氧的产品规格有直径9.5毫米以上的铝线、铝丸、铝块、铝丝、钢砂铝等；用于电缆厂所需电工铝杆规格有A4 /A6 /A8纯铝产品、1/3/5/6/8等系列合金杆产品。2020年，实现销售收入5亿元。

（刘龚献）

【江苏国强镀锌实业有限公司】始建于1998年10月，拥有员工4700余人，资产总额50亿元，是一家集制造、新能源配套、智慧物流等行业为一体的多元化跨领域的大型企业。拥有纳米自清洁护栏等多项发明专利，连续多年镀锌综合生产能力达300万吨以上，年销售额在100亿元以上，年纳税额超1亿元。各类产品被广泛运用于新能源产业、军工、铁路、建筑、石油、电力通信、轨道交通等领域，公路护栏产品连续15年市场占有率排名全国第一。营销网络涵盖全国，并与美国、印度、荷兰、澳大利亚、阿联酋、韩国等国际客商建立长期业务合作关系。先后获得"全国民营企业500强""中国交通百强""全国重信用守合同企业""AAA级资信企业""中国交通名牌产品""电子商务企业""百亿规模企业""常州重大贡献企业""纳税百强企业""常州市五星企业"等称号。获得"全球光伏20强中国光伏支架第一名"及"中国光伏分布式应用贡献大奖"等多项大奖。2020年，实现销售收入140.7亿元。

公司积极开发节能、环保、技术含量高的产品，并将之作为企业未来发展的方向。与大连理工学院联合开发吸音降噪声、风屏障和防尘网项目，与多家电力设计院合作开发太阳能支架、西格玛立柱等产品。为满足生态环境保护要求，投入大量资金在污染源控制、污水处理、锌烟吸收、冷煤气使用、技术工艺改进及"7轴自动焊接机器人"等领域进行技术改造。

积极参与社会公益慈善事业，主动捐助地方政府修桥铺路等基础设施建设；为困难群众安装自来水和有线电视；帮助周边村民清塘筑坝和发展现代农业；先后启动"江苏国强爱心基金""袁氏兄弟奖学金""春蕾计划"等爱心助学慈善项目；向溧阳市慈善总会、汶川地震灾区捐款近2000万元；为新农村建设作出积极贡献。董事长袁国强先后被授予"全国乡镇企业家""江苏商誉最佳民营企业家""常州市明星企业家""中国民营科技促进会会员""建国七十周年最受尊敬的苏商实业家"等多项称号，并被推选为江苏省人大代表、江苏省光彩事业促进会理事。

（许　峰）

【溧阳市立方贵金属材料有限公司】是以白银为原料进行深加工的高新技术企业，成立于2007年，总投资5000万元，占地20亩，位于天目湖镇田家山工业园区。主要生产超纯银粉、超细银粉、片状银粉、球形银粉、光亮银粉、电子浆料等产品，产品广泛应用于电器、电子、粉末冶金、航天军工、太阳能光伏等领域。2012年，通过ISO 9001质量管理体系和ISO 14001环境管理体系认证。与国内著名院校、科研单位和众多国际知名客户建立深层次的战略合作关系，2014年5月被授予“江苏省企业研究生工作站”“江苏理工学院研究生实践基地”。公司拥有多项国家发明专利，产品远销国内外。2020年，实现销售收入1.8亿元，比上年增长25%。

（李双双）

【溧阳市金昆锻压有限公司】 注册资本8000万元，占地120亩，建筑面积3万平方米，有员工300余人，其中中高级工程师10余名，各类技术人员30余名，是一家专业从事各类金属材料的锻造、热处理和机械加工的高新技术企业，成为全球知名锻件和机械配件供应商。产品主要涉及航空航天、风力发电、轨道交通、船舶制造、压力容器制造、饲料机械、矿山冶金等多个行业领域，远销德国、意大利、俄罗斯、美国、新加坡、日本、韩国等二十几个国家和地区。公司锻件年生产能力达5万吨，制粒机锻件国内市场占有率达到30%以上。通过ISO 9001国际质量管理体系认证、GB/T 29490-2013知识产权管理规范认证、GB/T 23001-2017两化融合管理体系认证，获得ABS（美国）、DNV-GL(挪威-德国)、LR(英国)、BV(法国)、RINA(意大利)、NK(日本)、KR(韩国)、CCS(中国)八大船级社认证，PED欧盟承压设备指令认证，API美国石油协会认证，TSG中国特种设备制造(压力管道元件)许可证(A+B)，采用ERP、MES等企业管理软件作为日常流程管理工具。公司注重知识产权保护，申请专利28项，其中23项已经得到授权。2020年，实现营业收入3.86亿元，利润852万元，税金382万元，研发投入1258.8万元，占销售收入3.26%。

公司拥有江苏省新能源设备耐磨锻件成型与控制工程技术研究中心，通过江苏省企业技术中心、江苏省研究生工作站、常州市外国专家工作站认定。先后获得“国家高新技术企业”“中国外贸出口先导指数样本企业”“江苏省民营科技企业”“江苏省专精特新产品”“江苏省小巨人企业”“常州市劳动保障诚信企业”等称号。

（黄雪隔）

【顺博合金江苏有限公司】 是集再生铝合金锭研发、生产、销售为一体的大型企业，总公司为重庆顺博铝合金股份有限公司，成立于2016年，位于江苏省中关村高新区，注册资本21500万元，项目总投资10亿元，有员工230人，本科以上学历56人，各类工程技术人员50人，其中高级工程师8人。总占地面积380亩，一期占地面积180亩，建筑面积12.6万平方米，二期占地面积200亩，一期项目于2017年9月投产，年产能10万吨，二期项目年产能20万吨，全套设备投产后，年产值达45亿元。2020年，实现销售收入17.2亿元，实现净利润7783万元，上缴税收2182万元，研发投入占销售收入比重达3.3%。

公司专业从事再生铝原料回收，主要为国内各大知名汽车、摩托车行业配套产家、通用机械铸造企业及铝制品公司提供各类标准牌号和非标准牌号的再生铝合金锭系列产品，是国内再生铝行业中的标杆企业，业内排名前三，市场占有率达15%以上。重庆顺博铝合金股份有限公司于2020年8月28日在深交所成功上市，股票简称“顺博合金”，股票代码002996。

公司高度重视技术创新和自主知识产权技术的开发，2019年被评为江苏省高新技术企业，科研团队申请发明专利2个、实用新型专利19个。先后获得江苏中关村高新区“2017年度园区发展之星”“2018年度销售十强企业”“2019年度工业销售十强企业”“2020年度销售十强企业”“2020年度纳税先进企业”和“常州市环境资源保护公益协会”等称号。

（黄雪隔）

【溧阳市万盛铸造有限公司】 成立于 2004年，是一家专业从事灰铸铁、球墨铸铁的铸造及精密加工的国家高新技术企业，占地面积8万平方米，员工400人，其中中高级技术人员30人。产品涵盖汽车零部件、高铁零部件、船用零件、液压阀门、常用农机、石油开采、工程工具等领域的铸件，覆膜砂、粘土砂、树脂砂等方式造型，可以制造不同种类、不同大小的铸件。2015年销售额突破1亿元；2020年，实现销售收入16872万元、利润355万元，纳税582万元，研发投入839.5万元。

公司于2006年引进第一条新东自动造型线，拥有日本新东FBO、FCMX造型线等全球先进的绿色铸造设备50多台（套），Creaform3D扫描仪等检验检测设备60台（套），仪器设备原值5400多万。公司建立了完善的科研试制体系，技术研发及质量保证能力居于行业领先地位，围绕高铁制动系统核心部件绿色制造相关技术与江苏科技大学、常州工学院、南京航空航天大学等高校建立稳定的长期合作关系并组建项目研发团队，人才和智力支撑效果明显。公司先后获得“常州市工程技术研究中心”“常州市企业技术中心”“江苏省工程技术研究中心”等称号。

（黄雪隔）

【溧阳市新力机械铸造有限公司】 是一家专业生产灰口铸铁、球墨铸铁、合金铸铁的民营科技企业。成立于1996年6月，位于中国绿色铸造小镇竹箦镇，注册资本1500万元，占地面积5.2万平方米，建筑面积4万平方米，有职工280余人。

公司主要生产工程机械类、高端农机类、泵阀类、机床类、纺织机械类、医疗器械类和汽车零部件等铸件，能生产3吨以下，尺寸达2米左右的铸件，月产铸件2000吨左右，年产量达2万吨以上，产品远销美国、德国、意大利、英国、日本等多个国家。2020年，实现销售收入1亿元。

公司拥有先进的自动砂处理再生设备、自动造型线及铸件清理设备，铸造检测设施齐全。公司为江苏省铸造协会常务理事单位，在历届中国国际铸造博览会上均获得优质铸件金奖。在“中小批量多品种”订单类型上具备优势，适应大批量订单的生产。坚持技术升级，优化产品结构，不断提升产品品质，于2011年被评为中国铸造行业千家重点骨干企业；2014年被评为“江苏铸造行业铸铁十五强企业”；2016年入选国家高新技术企业。通过ISO 9001和IATF 16949质量体系认证，并取得DNV-GL、BV、LR、ABS和CCS等船级社工厂认可证书。

（岳　磊）

【纽威精密锻造（溧阳）有限公司】 为苏州纽威阀门股份有限公司的全资子公司，成立于2017年11月，位于竹箦镇竹节路9号。经营范围为锻件制品制造及加工、销售；阀门铸件制造、加工与销售；金属材料、金属零部件的销售；自营和代理各类商品及技术的进出口业务。总投资约10亿元，用地230亩，预计年产值8亿元。一期锻件工厂将建设年产能5万吨锻造生产线，预计年产值达5亿元；二期铸件工厂总投资2亿元，预计年产值达3亿元。

公司主要生产各类碳钢、合金钢、不锈钢材质的阀体、法兰、球体、管板、齿圈锻件、回转支撑锻件等环形及轴类锻件，能够生产外径300到6300毫米，高度达1500毫米的各类环锻件，产品广泛应用于石油、天然气、化工与核电领域；风电、水电、燃气轮机等能源机械装备领域；工程机械、大型机械设备等传动机械领域；港机、海洋平台等船舶与海工领域；石化压力容器装备等领域。2020年，实现销售收入9000万元。

（岳　磊）

纺织服装业

【概　况】 纺织服装业是溧阳的传统产业，也是溧阳的主要出口创汇产业之一，同时更是高就业、广富民的产业，呈现出地毯、纺织两大系列产品。2020年，开利地毯销售收入3亿元，东发纺织销售收入1.8亿元，新元窗帘实现销售收入1.2亿元，恒天宝丽丝实现销售收入1.4亿元。

【溧阳新元窗帘制品有限公司】 创建于1993年2月，为绿色科技型窗帘制造外向型企业，占地面积3.4万平方米，建筑面积1.6万平方米，有员工300多名。通过美国MTL机构检测，远销北美、欧洲、中东及日本市场。2020年，完成窗帘制作600万平方米，实现销售收入1.17亿元。

公司累计投入1亿多元，引进世界上先进的窗帘制作设备100多台套，使企业的装备技术达到国际先进水平。实行质量检测封闭、检测过程封闭、工资考核封闭的“三封闭”制度，生产、经营全部实现微机化管理，通过ISO 9001：2000国际质量体系认证。

公司在成立之初就配合供应Wal-Mart并一直合作至今。每年参加芝加哥国际家庭用品展览会，并以参加各种国际展览会为切入点，以国际互联网为市场平台，努力提升产品在世界窗帘业的市场占有率。2004年，在阿联酋迪拜建立窗帘加工厂，在中东及波斯湾地区拥有固定的客户群，销售业绩不断攀升。2002年起，通过东京展会平台，先后与日本港南KOHNAN、NITORI（似鸟公司）、AEON（日本永旺株式会社）、CAINZOHE、KOHNAN、NAFCO、KOMERI等大型公司合作，日本已成为公司的国外重要市场。

（马　辉）

【恒天宝丽丝生物基纤维有限公司】 创建于2015年7月，由常州宝丽丝纤维有限公司和恒天集团出资成立，是一家以生物基复合纱线为核心业务的高新技术企业。注册资本1亿元，占地面积56亩，建筑面积5万余平方米，有员工240人，其中，大专以上管理人员和各类专业技术人员96人。2017年，总投资5亿元新上生物基纤维、智能纤维等中试生产线项目。2020年，实现销售收入1.4亿元。

公司集纺纱、捻线、染整、制线于一体，年产绣花线、天蚕丝、曲珠纱、蚕丝蛋白纤维、银纤维等各类中高档纱线3000余吨，其中天蚕丝主推产品在国内综合销量排名第一。具有独立自营进出口权，产品80%外销到欧美、东南亚等30多个国家和地区。与音儿、哥弟、欧时力、雅莹EP、LANCY、Marisfrolg、诗篇PSALTER、歌力思、太平鸟、曼德诗、播Broadcast、秋水伊人、红袖、伊芙丽、JNBY等国内一线知名品牌建立长期合作关系。银纤维、蚕丝蛋白纤维等创新产品先后被皮尔卡丹、梦特娇、老人头、鳄鱼等世界知名品牌选用。

公司配置了完整的中央集控系统，引进意大利Color-Service双线液态染料注料系统、FADIS绞纱－精密络筒一体化设备及数控烘房设施，将“科技创新”和“环保理念”深度融合。公司不断致力于新型生物基纱线的研究和开发，不断推出新的工艺、新的产品，秉承绿色、时尚的设计风格，传递给消费者绿色的穿着体验，满足客户多样化的需求。

公司为江苏省高新技术企业，获批成立“中国化纤功能纱线研发中心”“江苏省功能银纤维工程技术研究中心”。获得国家发明专利3项，实用型专利10项，“博洋”牌商标被评为江苏省著名商标，2项银纤维产品获得江苏省高新技术产品证书，7项产品获得常州市高新技术产品证书。通过ISO 9000质量体系认证和ISO 14000环境体系认证及职业健康安全管理体系认证，历年都通过瑞士OeKo-Tex100认证。

公司先后获得“常州市劳动保障诚信示范企业”“常州市两化融合试点企业”“常州市和谐文化建设示范企业”“江苏省著名商标”“江苏省节水型企业”“中华慈善总会慈善之星”等称号。

（王文强）

【溧阳东发纺织有限公司】 成立于2000年，占地面积112亩，建筑面积7万平方米，拥有喷水织机400台，PVC压延生产线2条，PE复合生产线2条，TPE生产线1条，PU、PA涂层生产线2条，印花生产线2条，染缸40只。2020年，实现销售收入1.8亿元、利税3000多万元。产品有单色、双色、提花、印花等系列的PVC、PE、TPE、PU、TPU、PA复合涂层六大类面料上千个品种，应用于各种系列的箱包、旅游用品、沙滩椅、野营床和服装。产品被中国国际贸易委员会评为高科技产品，被法国科技质量监督委员会评为向欧盟市场推荐产品，国内销往十多个省市，国外销往美国、墨西哥、俄罗斯、乌克兰、埃及、南非、土耳其、印度、日本、韩国等二十多个国家和地区，近年开发的RPET环保再生产面料更是受到客户的一致好评。先后被评为国家“AAA级诚信企业”、中国“外商投资优秀企业”、江苏省明星企业。

（李双双）

【溧阳市诚亿布业有限公司】 位于天目湖镇田家山工业区，占地面积2万多平方米，注册资本500多万元，员工百余人，其中20%为各种专业技术人员。主要生产经营各类真丝绸织品、化纤织物、麻类织物、化纤和棉混纺交织织物，是从事涤棉及全棉织物等基材涂层深加工的专业工厂，年产纺织涂层布料1000万米。产品主要应用于服装服饰、工业用布（汽车罩、飞机罩、电脑罩、画布、通风道等）、旅游用品用布（遮雨棚、旅游帐篷、睡袋、箱包）等领域，产品性能优越，具有防风、防尘、防雨、防静电、阻燃、抗紫外线等优点。公司是常州AAA级信用企业，通过ISO 9001质量管理体系认证和ISO 14001环境管理体系认证。先后在意大利、德国、西班牙引进一批国际一流纺织染整设备，进口设备占公司总设备的70%，产品开发和销售始终处于同行业领先地位。2020年，实现销售收入8000万元。

（李双双）

【江苏开利地毯股份有限公司】 成立于1994年，注册资本13910万元，占地666亩，建筑面积15万平方米，为集地毯及其材料的专业设计、研发、生产、销售和服务于一体的国际型全产业链式地毯集团公司，拥有国内7家子公司和国外1个生产基地、3个销售公司。产业规模居于中国地毯行业领先行列，拥有先进的技术和生产设备，并不断在航空、汽车、游轮专业地毯项目上持续加大投入，各类地毯年产能达3000万平方米，BCF纺丝年产能达2.6万吨。威尔顿满铺块毯、阿克明工程毯、仿手工毯、船用毯、火车毯、汽车用毯、单面威尔顿航空毯、各类印花家用、工程毯、PVC、沥青方块毯均名列行业品类前列。严格按照国际环保及等级要求，将“绿色、环保”理念贯穿到整个产品制造的全过程，生产流程坚持按照ISO 9001：2015质量管理体系、ISO 14001:2015环境管理体系进行管理营运。2020年，实现销售收入3.04亿元，研发投入占销售收入比重为3.77%。

公司为高新技术企业、江苏省工业设计中心、常州市服务型制造示范企业，拥有发明专利7个，实用新型专利34个。公司拥有国际环保地毯认证书和美国CRI+PLUS室内空气质量认证书。2014年11月，通过全球最具权威的认证机构挪威船级社(DNV GL)认证并获得证书。2016年3月，获得由欧洲权威认证机构Dedal颁发的欧盟CE证书。2016年12月，与上海纺织集团等共同发起成立中国纺织国际产能合作企业联盟。2019年，开利地毯被评为“中国商用满铺地毯十大品牌”。

（黄雪隔）

造纸印刷、塑料制品、仪器仪表、日用杂品及其他行业

【溧阳金利宝胶粘制品有限公司】 坐落于天目湖工业园区，占地面积4万平方米，依照“制造一流的产品、提供一流服务、培养一流人才、创建一流企业”的经营理念，从原料的购进到生产过程中的操作、检验，直至产品的销售，都以专业认真的态度加以对待。

公司有7条涂布线及附属设备，生产日用品、医药、物流、服装、防伪、玩具、酒、交通、电子胶带、电子电器、广告装饰、安全警示等5000多种类别标签产品，广泛应用于电子电器、日化、汽车、轮胎、啤酒、防伪、玩具标签等领域。具备完善的研发体系，拥有不干胶材料（金利宝）工程技术研究开发中心。通过ISO 19001标准质量管理体系认证和ISO 14001标准环境管理体系认证。2020年，实现销售收入3.1亿元。

（陈　诺）

【溧阳顺能光电电力有限公司】 为无锡尚德集团独资控股公司，成立于2019年10月，注册资本1000万美元，坐落于天目湖工业园区，占地300亩，距离无锡120公里，距离溧阳市区5公里，附近有多处高速公路入口，地理位置优越。尚德集团成立于2001年，是全球知名的高性能光伏产品制造商，专注于太阳能电池片及组件的研发与生产20年，销售区域遍布全球100多个国家和地区，拥有1500多个合作伙伴，历史累积出货量超25GW（百万千瓦）。

公司拥有先进的全自动化设备生产线和顶级的自动化高架仓库，适配各类先进技术生产要求，拥有出众的电池技术和领先的制造工艺，实现了从制造到智能制造的跃迁。SAP、ERP业务平台可以做到实时交互、实时计划、实时执行、实时报表和分析，实现了无间断创新。不断加强新型技术的研发、生产工艺的改进，竭诚为客户提供高品质、高可靠性的光伏产品，积极推动光伏发电“平价上网”目标的早日实现。2020年，实现销售收入2.2亿元。

公司采用改进的电池工艺与精选的封装材料，组件产品拥有良好的PID抗性，实现了组件高转换效率。组件采用电流分档工艺，有效降低因失配造成的高达2%的损失，实现了系统输出功率最大化。公司组件产品品类丰富，拥有高功率、双面双玻、智能、轻质等优点，能够满足不同的场景需求。

（陈　诺）

【安顺集团】 安顺集团始建于2000年，是以能源、建设为主的多元化发展企业集团，下辖安顺集团建设有限公司、安顺控股集团有限公司、溧阳安顺燃气有限公司、宁国安顺燃气有限公司、歙县安顺燃气有限公司、南平安顺燃气有限公司、政和安顺燃气有限公司、江苏安顺置业有限公司等十多家成员企业，集团业务遍布于全国10多个省份30多个市县。安顺集团建设有限公司成立于2012年9月，注册资本12800万元，具有市政公用工程施工总承包一级等资质，拥有各类技经人才380多人，累计完成施工总产值112亿元。集团连续多年获得“溧阳市服务业五星企业”“常州市明星企业”称号；先后被授予全国、江苏省、常州市“守合同重信用企业”；获得“江苏省文明单位”“江苏省放心消费创建活动先进单位”“江苏省平安

企业”“溧阳市书香企业”等称号；董事长邵良先后获得“江苏省诚信之星”“中国好人”“溧阳市杰出企业家”“常州市十佳爱国拥军企业家”等诸多称号。集团总裁邵顺先后获得“溧阳市十佳转型发展青年先锋”“中国长三角十大杰出青商”“溧阳市创新之星”等称号。

安顺集团能源板块涵盖城市燃气、加气站、成品油等多个方面业务，所属公司13家，安顺控股集团有限公司为管理总部，下辖溧阳安顺、宁国安顺、歙县安顺、南平安顺、政和安顺等公司，业务覆盖范围包括江苏、安徽、福建三省相关区域，拥有居民用户18万户、工商用户2500多户，年销气量近4亿立方米，配套中压管网建设累计达1000多公里，高压管网建设80多公里。

能源板块核心经营单位溧阳安顺燃气有限公司及其全资子公司，拥有高中压管线680多公里，管网覆盖溧阳市所有镇（区、街道），全年可接收利用天然气21.66亿立方米；拥有天然气门站2座，天然气加气母站1座，CNG、LNG加气站4座，高中压调压站3座，LNG应急储备站1座。公司拥有的2座门站“西气东输溧阳天然气门站”和“川气东送南渡天然气门站”，让溧阳市成为苏南县级市中唯一拥有2座天然气门站的城市。2020年，溧阳安顺燃气有限公司实现销售收入8.5亿元。

（马　辉）

【溧阳水务集团有限公司】 成立于2008年5月，由中国水务投资有限公司收购溧阳市自来水有限公司重组而来，总资产12.9亿元，是一家集自来水生产、污水处理、工程建设、再生水生产销售为一体的综合性水务企业。

公司有中心水厂一座，一期规模15万吨／天，采用沙河和大溪水库的优秀源水，最高日供水量达15万吨，供水区域面积600平方公里，服务人口超过45万人，城区供水普及率达100%。拥有污水处理厂一座，总规模为9.8万吨／日，采用AAO污水处理工艺，污水配套收集管网主管网长212.8公里，污水处理收集范围95.12平方公里，服务人口28万人，服务区域覆盖主城区及城郊部分地区，出厂水水质稳定达到国家一级A排放标准，其中30%中水由溧阳申特钢铁公司回用。

2016年，成立溧阳新源水务有限公司，注册资本16666.67万元，由溧阳水务集团有限公司和溧阳市民水投资发展有限公司参股，持股比例分别为70%和30%。公司有南渡水厂一座，设计总规模6万吨／日，取用大溪水库的优质原水，供水服务范围覆盖溧阳市南渡、上兴、社渚、别桥、竹箦五个乡镇，服务面积875平方公里，服务人口36万人。

溧阳水务先后获得水利部综合事业局“昆仑奖”、中国城镇供排水协会“中国供排水行业企业文化先进单位”、江苏省价格诚信单位等称号；旗下污水厂被评为全国城镇污水处理厂节能减排绩效考核达标竞赛优秀达标单位，连续多年被评为“江苏省优秀污水处理厂”；旗下工程公司被评为江苏省十佳工程施工企业、江苏省质量安全管理AAA优秀施工企业等称号。自觉扛起“国”字号企业责任担当，始终秉承服务用户、服务发展的理念，实现企业发展成果与员工的共享，坚持“用心”为广大百姓提供优质、安全、足量、放心的自来水。2020年，实现销售收入1.5亿元。

（马　辉）

【溧阳市双马塑胶纺织有限公司】 成立于2000年，位于溧城街道永定路28号，是一家拥有自营进出口权的独资企业，主要生产和销售各类瑜伽垫及地垫。注册资本800万元，有员工130余名，工厂占地面积2.3万平方米，厂房面积2.5万平方米，办公面积3600平方米，投资总额达1亿元人民币，其中设备投资5000万元。2020年，实现销售收入2亿元。

公司拥有一流的设备和先进的工艺，具有进口PVC瑜伽垫生产线2条、TPE生产线3条、NBR生产线2条、PVC地垫生产线2条、数码喷绘打印机5台。公司专业生产环保PVC瑜伽垫、NBR运动垫、TPE瑜伽垫、橡胶瑜伽垫、机械垫、PU抗疲劳地垫、PVC数码喷绘地垫等100多种产品，年产量达1000万条垫子，产品畅销全国各地并出口至欧洲、美国、日本、韩国、俄罗斯等十多个国家和地区。公司已成为WAL-MART、TARGET、LIDL等多家国外知名大型品牌的供应商。

（马　辉）

【江苏利德塑业有限公司】 成立于2016年6月，注册资本3000万元，位于上黄镇工业集中区飞跃路10号，占地面积70亩，有员工120名。主要从事再生聚酯切片、化纤及化纤制品的生产与销售，收购废塑料与废弃化学纤维及制品，自营和代理各类商品及技术的进出口业务。总投资3亿元，建设现代化厂房3万平方米。2020年，实现销售收入5000万元。

（刘粪献）

【江苏盛德电子仪表有限公司】始建于2001年3月，是一家集电能表设计开发、生产、销售、服务于一体的民营企业，注册资本3000万元，有员工200多名，占地面积40亩，厂房面积4万平方米，其中电能表生产综合楼1.6万平方米。电能表年生产能力达500万只。

公司主要生产普通单、三相有功电能表，单、三相485电能表，三相无功电能表，三相有功无功组合电能表，单、三相复费率电能表，单、三相预付费电能表和三相多功能电能表。产品全部取得（CMC）许可证、质量体系认证和相关的“3C”认证，国家及省质量技术监督部门质量抽查全部合格。国网集中招标产品的单、三相智能电表均通过国家电力科学院的检测并获得合格报告。产品主要销往陕西、宁夏、湖南、江西、四川、甘肃、云南、哥伦比亚、中东等地区。2020年，实现销售收入1.7亿元。

公司拥有12条流水线、国网与非国网校验设备58台。生产车间实行防尘、防静电管理，产品质量全过程实施监测与跟踪，可靠性设备及校验台设备齐全。公司拥有深圳海琳达、南京军超、苏源悦力、南京舜义等优秀原料供应商。整机试验设备有雷击浪涌测试设备、快速脉冲群测试设备、耐压测试设备、高温高湿和低温设备、灼热丝（阻燃）设备、振动试验设备、误差检测设备等，能够满足产品性能的检测。

（许　峰）

【溧阳市宝丽佳塑胶纺织有限公司】成立于2015年4月，是一家牛津布、箱包面料生产企业，注册资本1000万元。拥有从织布到涂层的完整产业链，拥有织布工厂和压延工厂，分别位于埭头镇和上兴镇，总占地面积1万平方米。在业内拥有良好的品牌影响力，产品广泛应用于新秀丽、瑞士军刀等众多知名品牌户外用品。2020年，实现销售收入1亿元。

（许　峰）

【江苏溧阳抽水蓄能电站】位于天目湖镇境内，由江苏省国信资产管理集团有限公司、中国电建集团中南勘测设计研究院有限公司、江苏平陵建设投资集团有限公司出资成立。电站安装6台25万千瓦混流可逆式水泵水轮电动发电机组，总装机容量150万千瓦，是江苏省最大的抽水蓄能电站，在全国已投产电站中装机容量排名第五，是国家发改委指定的首批抽蓄机组国产化自主开发项目。该电站设计年发电量20.07亿千瓦时，年抽水电量26.76亿千瓦时，工程总投资85.63亿元人民币。电站为一等大（1）型工程，枢组主要由上水库、下水库、输水系统、发电厂房及开关站等组成。2008年11月，该项目获得国家发改委正式核准，2008年12月，电站筹建期工程开工，2011年4月，主体工程开工，2017年10月，6台机组全部投产发电。

溧阳电站工程获中施企协绿色建造设计水平一等成果、中国电力优质工程、中国安装之星、国家优质投资项目奖、国家优质工程金奖、全国建筑业绿色施工示范工程等各类奖项183个，其中科技进步奖16项；发明专利18项、实用新型专利68项；国家及省部级工法19项；QC（质量控制）成果40项。

溧阳电站承担着电网调峰、填谷、调频、调相及事故紧急备用、黑启动等任务，对保障电网安全、稳定、经济运行发挥着重要作用，有利于消纳核电、风电、光伏发电、区外来电。该电站与国家AAAAA级旅游景区天目湖旅游度假区高度融合，拥有生态、环保、健康的自然环境，植被恢复率达99%，污水100%回收利用，每年减排二氧化碳43万吨，减少煤耗20万吨。2020年，实现销售收入14亿元。

（李双双）

【江苏沙河抽水蓄能发电有限公司】1997年9月16日，由江苏省国信集团有限公司、国网江苏省电力有限公司、江苏平陵建设投资集团有限公司等三家单位共同出资成立江苏沙河抽水蓄能发电有限公司（以下简称沙河电站）。沙河电站征地面积519亩，临时用地931亩。电站合营期限50年，注册资本金15100万元，出资比例分别为江苏省国信集团有限公司42.5%，国网江苏省电力有限公司37.5%，江苏平陵建设投资集团有限公司20%。1998年9月18日，沙河电站正式开工兴建，工程概算总投资60330万元，工程竣工决算59770万元，单位千瓦造价为5977元/千瓦。沙河电站装机容量为2×50兆瓦，采用法国ALSTOM公司制造的立轴单级混流可逆式水泵水轮机及三相立轴悬式空气冷却同步可逆式发电电动机，并配备计算机监控系统，自动化程度高。设计年发电量1.82亿千瓦时，年抽水用电2.44亿千瓦时。2002年6月14日，1号机组投入商业运行；2002年7月30日，2号机组投入商业运行。

投产19年来，公司全面完成董事会下达的各项工作目标和经营指标，取得较好的经济效益和社会效益，为提高江苏电网的供电质量和电网的安全稳定运行发挥了重要作用。截至2020年12月31日，实现连续安全生产6776天。2020年，完成发电电量18745万千瓦时，实现主营业务收入13214万元，实现利润总额2339万元。

（李双双）

【江苏竹箦阀业有限公司】 原名江苏省竹箦机械厂，始建于1972年，占地面积25万平方米，员工1100多名，各类工程技术人员200多名。

公司主要产品有钢制、铁制和铜制闸阀、截止阀、球阀、止回阀、船用阀门以及蝶阀和水嘴等共计150多个品种2000多种规格。产品通过美国FM认证、住房和城乡建设部“康居认证”、英国水务WRAS证书等十多个国家和地区的专业认证，产品由中国人民保险公司质量承保。

公司获有23项国家专利，具有国家特种设备制造许可证（TS）和自主出口经营权，是《CJ/216—2013 给排水用软密封闸阀》《GB/T12232—2005 法兰连接铁制闸阀》等10多项国家阀门标准的主要起草单位，是中国石化物资源市场成员单位、中国石油天然气集团公司一级供应网络成员单位、国家电力公司电站配件供应网络成员。

公司有精密铸造、锻造、焊接、热处理、金加工、装配等十多个专业车间，拥有数控加工中心等先进加工设备和先进检检测设备400多台套，产品出口到欧洲、日本、新加坡、韩国、以色列、澳大利亚、中国香港等20多个国家和地区，“ZJ”牌、“V”牌成为中国阀门行业的知名品牌。2020年，实现纳税销售1.8亿元。

（岳　磊）

【江苏竹溪活性炭有限公司】 成立于1978年，是一家集活性炭科研、开发、生产、销售于一体的专业化工厂，系中国林科院林产化工研究所联营合作企业，占地面积105亩，固定资产1.2亿元，有员工100余人，其中中、高级科研人员40余人。公司拥有一所高水准的活性炭研发及试验中心，并装备有十多台（套）先进且适用于不同工艺的活化炉和后处理生产设备，年设计生产能力2万余吨。选用木屑、木炭、椰壳、果壳、煤等为原料，以先进的生产设备、工艺技术和专业的检测水准，严格按照国际、国家、行业及企业标准规范产品质量，生产60余种“竹溪牌”系列活性炭产品，并先后参与制定《木质活性炭试验方法》的国家标准及《室内空气净化用木质颗粒活性炭》的行业标准。拥有安徽、江西、广西、河北、宁夏、山西等多个不同种类活性炭的原料生产基地，是国内活性炭行业中历史久、品质稳、服务优的规模型活性炭生产企业，也是出口活性炭主要生产基地之一。2020年，实现销售收入9000万元。

竹溪牌系列活性炭具有比表面积大、吸附力强、耐磨强度高、过滤速度快等特性，适用于液相及气相吸附，并具有脱色、吸附、净化、过滤、载体、回收、提纯、去异味等功能，广泛应用于各种试剂精制、制药、制糖、食品、饮料、酿酒、净水、化工、电力、纺织、环保、核能、电镀、黄金提取等领域。

公司通过ISO 9001国际质量体系认证，先后获得市、省、部、国家优质产品、“江苏省著名商标”“高新技术企业”“江苏名牌产品”“江苏省工程技术研究中心”“江苏省质量信用等级企业”等称号，取得“国家火炬计划项目证书”“全国工业产品生产许可证”“江苏省涉及饮用水卫生安全产品卫生许可批件”“药品生产许可证”“食品生产许可证”等证书。拥有发明专利6项、实用新型专利21项、国家重点新产品1项、国家新产品2项、江苏省高新技术产品6个、常州市高新技术产品23个。

“竹溪牌”活性炭在食品、医药、化工、环保等众多行业赢得客户的信赖，公司成为可口可乐、娃哈哈、上好佳、益海嘉里、中粮集团、联邦制药、修正药业、鲁南制药、壳牌石油、中石化、保利协鑫、南京市自来水总公司等800余家国内知名企业单位的固定供货商与合作伙伴，外贸出口中东、南美、东南亚、非洲等多个国家与地区。

（注：以上具体企业选介中的数据由于统计口径原因，可能有所偏差，仅供参考）

建筑施工

【概　况】 2020年溧阳建筑业实现产值1074.7亿元（含电梯70亿元），税收贡献21.77亿元，分别较上年增6.3%和3%，建筑业施工产值位列全省县（市）级第一方阵，税收贡献名列前茅。苏华集团、天目建设集团税收贡献超3亿元，龙海集团超2亿元，江苏金马工程有限公司超1亿元。前十名税收贡献率比上年提高了1个百分点，达57%。有5家建筑企业名列省百强。

建筑队伍

【概　况】 2020年，溧阳农村劳动力从事建筑业人员达26万人，其中，从事电梯安装、锅炉安装和管理人员的溧阳人，超过10万人均收入接近7万元，外经营业额达6533.4万美元。溧阳建筑队伍中涉及的施工门类包括土木工程、钢结构安装、起重吊装、电梯安装、锅炉安装、管道排设、电力安装、成套设备安装等数十个类别。2020年，溧阳建筑行业拥有一级建造师996人，二级2884人，合计3880名，比2019年新增410名。

建筑管理

【概　况】 2020年，溧阳市内勘察设计单位10家，完成勘察设计281项，建筑面积125万平方米。完成资质申请、延续、升级增项3项；资质变更1项。抽查住宅及公建2项，涉及3家勘察设计单位。完成施工图审查项目481个，报审面积336.42万平方米。

【建筑企业资质管理】 2020年新增建筑业企业48家，动态核查取消资质24项、企业20家。引进外地来溧阳注册企业15家。三星级以上企业10家，省技术中心新增1家；溧阳建筑行业协会获省先进行业协会。至2020年年底，溧阳市建筑行业各级资质企业476家，其中，特级资质（综合类）2家，一级资质44家，二级资质196家，三级资质176家。产值超亿元的60家，超10亿元15家，超50亿元5家，百亿元企业3家，分别是龙海、天目、苏华集团。一级（以上）建筑企业产值占全市建筑业的61%。

【企业发展转型】 2020年，在“十三五”期间实现建筑业产值

江苏瑞峰建设集团承建的溧阳码头西街南侧2号楼

（市住建局　供稿）

翻一番的基础上，面对国家“新基建、新型城镇化、重大基础设施”的战略调整，分析国内循环为主，国内国际双循环相促进的国际新形势，市委市政府精准施策、科学把控，制定《精准扶持建筑业做大做强做优做精三年行动计划》，明确到2025年建筑业产值冲刺1500亿元，培养施工产值超200亿元的航母企业，创国家级荣誉10项，使建筑强市的地位进一步加强，“溧阳建筑”品牌的影响力进一步扩大。着重在加大政策扶持、促进市场拓展、激励创新创优、优化发展环境等四个方面落实工作措施，体现更加开放创新，更加突出贡献，更加规范公平。

2020年是建筑业面临大考的一年，管理部门与建筑企业携手答卷，化危为机，共渡难关，逆势上扬，2020年下半年持续正增长，成功举办建筑业企业家焦尾琴沙龙，扬帆“一带一路”，繁荣建筑强市，举办建筑工匠技能大赛，挖掘行业能工巧匠，弘扬建筑工匠精神，通过融媒体转载文章和拍摄宣传片，宣传溧阳建安品牌。创新举措，解危解困，发放建筑企业疫情补贴146万元，夺取疫情防控和复工复产双胜利，实现建筑经济稳增长。公检法司等部门联合成立领导小组，硬碰硬，出实招，保驾护航建筑业发展。

溧阳安装业占据建筑业产值不到30%，但是税收贡献达50%，电梯、锅炉、起重三大安装更是溧阳建筑业的重中之重。天目集团在浙江石化吊起了3000吨世界首台反应器；龙海集团在河南中原城市群城际铁路网签订百亿框架协议，承接的大兴国际机场项目获得鲁班奖（参建）；苏华集团与越南南定燃煤电站项目形成战略合作；正方园集团的技术中心获省级鉴定；苏南集团承接的亚运会室内自行车场馆申报浙江“钱江杯”；城建集团承建的万豪大酒店是溧阳目前的第一高楼；万远建设成为全国垃圾发电厂维修项目首选单位。建设项目分布祖国大江南北，扬帆“一带一路”，建筑业的产值50%以上是省外创造，在17个国家有38项在建。疫情期间，企业家的关爱有加彰显大国情怀，捐款捐物数量达千万元之多，抗疫先进人物不断涌现。建筑企业参与乡村振兴，投身美意田园、美丽乡村建设，出现大批乡村能工巧匠。十家建筑企业挂钩村企形成联盟，为村级经济繁荣、农民致富创收注入新鲜血液，支持宋团城观灯节等民俗活动，推动建筑文化与民俗文化的融合发展。

建筑企业选介

【苏华建设集团有限公司】 注册资本3.28亿元。2020年，纳税近7亿元，其中溧阳本地入库3.68

2020年度溧阳市省级建筑施工标准化文明示范工地情况

表10

工程名称	施工单位	项目经理	获奖名目
溧阳市御湖城东侧皇伦村（一期）地块开发建设项目——A4-1号基础教学楼、C3垃圾中转站、C4开闭所建设工程	苏华建设集团有限公司	张　伟	江苏省标化工地
常州市邹新花园建设项目	苏华建设集团有限公司	温荣华	江苏省标化工地
室训楼01、室训楼02	龙海建设集团有限公司	王建平	江苏省标化工地
水乡苑三期征地搬迁安置房（A1地块）项目施工1标	龙海建设集团有限公司	杨建良	江苏省标化工地
龙海大厦	龙海建设集团有限公司	史俊杰	江苏省标化工地
徐州经济技术开发区海外人才中国创新创业示范园项目	龙海建设集团有限公司	薛惠宇	江苏省标化工地
邳州经济开发区标准化工业厂房（非晶F区）项目	龙海建设集团有限公司	强苏琴	江苏省标化工地
公共卫生服务中心	龙海建设集团有限公司	胡　捷	江苏省标化工地
NO.2017G06地块商办1～3#楼，住宅3、6、8、9、11#楼工程	龙海建设集团有限公司	王　奎	江苏省标化工地
溧阳市东门旧城棚户区改造项目4-2	龙海建设集团有限公司	梁　萍	江苏省标化工地
瑞声科技3#厂房、8#厂房	龙海建设集团有限公司	杨　鹭	江苏省标化工地
南京丰泽路以南、临麒路以东地块（一号楼、二号楼、三号楼、地下车库、门卫1、门卫2）工程	江苏天目建设集团有限公司	曹军强	江苏省标化工地
常州高新智汇中心项目	江苏天目建设集团有限公司	陈　莉	江苏省标化工地
常州科创水镇一期（1～13#楼、地下车库）	江苏天目建设集团有限公司	姜志强	江苏省标化工地

续表 10

工　程　名　称	施　工　单　位	项目经理	获奖名目
常州市第一中学原址改扩建工程 11 号观摩中心、12 号学科中心、13 号大剧院、14 号司令台、15 号体育馆、20 号南大门、地下接送中心	江苏天目建设集团有限公司	潘梦娇	江苏省标化工地
溧阳市泓口路北侧 3–1#、3–2# 地块	江苏天目建设集团有限公司	潘　杰	江苏省标化工地
水西红色文化教育培训中心建设工程	常州东华建筑安装工程有限公司	狄卫星	江苏省标化工地
堰新家园三期安置房小区项目	江苏天力建设集团有限公司	张留平	江苏省标化工地
武进西大道南侧、新知路东侧地块开发项目 11# ～ 19# 楼、21# 楼（1# 配电房）、22# 楼（2# 配电房）及 20# 楼（地下车库）二标段建筑工程施工总承包	江苏天力建设集团有限公司	张国平	江苏省标化工地
溧阳市南大街西侧 12# 地块开发项目 S4#、S5# 及地下室建筑工程（溧阳万豪酒店）	江苏溧阳城建集团有限公司	刘忠云	江苏省标化工地
君融智能网络物联管理器和智能网络物联传输设备研发及产业化项目一期（A 栋）	江苏溧阳城建集团有限公司	杨　丽	江苏省标化工地
南京特盛科技投资大厦一期（C 栋）	江苏溧阳城建集团有限公司	汪　旭	江苏省标化工地
勤业中学原址改扩建工程综合实验楼及综合楼	江苏溧阳城建集团有限公司	陈　凯	江苏省标化工地
常州市高技能人才公共实训基地二期	江苏溧阳城建集团有限公司	计剑强	江苏省标化工地
新东方时代广场 A 座	江苏瑞峰建设集团有限公司	陆　平	河北省文明工地
燕山新区时代天悦 3# 楼	江苏正方园建设集团有限公司	翟建东	江苏省文明工地
年产 6.5 万吨新能源汽车铝材新建厂房	江苏正方园建设集团有限公司	虞旭强	江苏省文明工地
手机 3D 玻璃及陶瓷背板生产项目	江苏正方园建设集团有限公司	张亚波	江苏省文明工地
上兴码头地块安置房建设工程（含 1 ～ 15# 住宅楼、16# 社区服务及物业管理用房、地库、室外道路、景观绿化、围墙工程）	江苏溧阳建设集团有限公司	蒋维霞	江苏省标化工地
劳动东路南侧、通济河东侧（DN050711–01）地块项目建设工程设计＼采购	江苏溧阳建设集团有限公司	朱丽萍	江苏省标化工地
星港大道（樱花路 – 奔牛路）工程星港大道工程（K0+000–K1+392）市政施工总承包	江苏溧阳建设集团有限公司	于峰苗	江苏省标化工地
省锡中实验学校第三小学新建工程	江苏溧阳建设集团有限公司	毛　涛	江苏省标化工地
天目湖小学东农民新村 1#、2#、4#、5#、7#、9#、10#、13#、15#、16# 及地下车库	晟唐伟业建设集团有限公司	王苏蓉	江苏省标化工地
溧阳市贝桥拆迁安置房一期建设工程（1 ～ 16#、18#、20#、22# 住宅楼、商业楼、社区服务用房、物业用房、1#、3 ～ 5# 配电房、门卫、幼儿园、地下室）	晟唐伟业建设集团有限公司	徐勤武	江苏省标化工地
溧阳市下份村南地块拆迁安置小区 9、12 ～ 17# 住宅楼、E# 商业楼、4 ～ 6# 配电房	晟唐伟业建设集团有限公司	史旭琴	江苏省标化工地

2020 年度溧阳市工程建设类专利情况

表 11

专　利　名　称	专利权人	专利号	类别
应用 TPO 防水卷材的屋面防水结构	江苏茂盛建设集团有限公司	ZL 2019 1 0671968.X	发明专利
一种深基坑抗浮锚杆防水结构	江苏茂盛建设集团有限公司	ZL 2019 2 1178763.X	实用新型
一种防水卷材热压焊接机	江苏茂盛建设集团有限公司	ZL 2019 2 1178790.7	实用新型
一种抗浮锚杆防水结构	江苏茂盛建设集团有限公司	ZL 2019 2 1178638.9	实用新型
一种屋面防水结构	江苏茂盛建设集团有限公司	ZL 2019 2 1178812.X	实用新型
一种防水卷材的铺设装置	江苏茂盛建设集团有限公司	ZL 2019 2 1178322.X	实用新型
一种抗浮锚杆防水结构	江苏茂盛建设集团有限公司	ZL 2019 2 1178788.X	实用新型

续表 11

专 利 名 称	专利权人	专利号	类别
一种防水材料的喷涂设备	江苏茂盛建设集团有限公司	ZL 2019 2 1178786.0	实用新型
一种防水卷材的铺设装置	江苏茂盛建设集团有限公司	ZL 2019 2 1178815.3	实用新型
一种抗浮锚杆防水结构	江苏茂盛建设集团有限公司	ZL 2019 2 1178802.6	实用新型
一种深基坑抗浮锚杆节点处的防水结构	江苏茂盛建设集团有限公司	ZL 2019 2 1178255.1	实用新型
既有建筑砌体的保温结构体系及其建造方法	常州东华建筑安装工程有限公司	ZL 2019 1 0286662.2	发明专利
一种保温装饰墙	常州东华建筑安装工程有限公司	ZL 2019 2 0277759.2	实用新型
一种减少工后沉降的软土地基结构	常州东华建筑安装工程有限公司	ZL 2019 2 0277760.5	实用新型
一种建筑设备用脱线装置	江苏天力建设集团有限公司	ZL 2020 2 0191331.9	实用新型
一种建筑工地用外围防护墙板	江苏天力建设集团有限公司	ZL 2020 2 0185368.0	实用新型
一种钢筋切断机	江苏天力建设集团有限公司	ZL 2020 2 0185365.7	实用新型
一种建筑用外墙模板	江苏天力建设集团有限公司	ZL 2020 2 0204626.5	实用新型
一种市政工程施工用工具清洗装置	江苏天力建设集团有限公司	ZL 2020 2 0217239.5	实用新型
一种建筑用预制板	江苏天力建设集团有限公司	ZL 2020 2 0204624.6	实用新型
一种建筑用筛沙装置	江苏天力建设集团有限公司	ZL 2020 2 0191315.X	实用新型
一种建筑吊装绳索用收卷装置	江苏天力建设集团有限公司	ZL 2020 2 0185403.9	实用新型
一种建筑用便于清理的搅拌机	江苏天力建设集团有限公司	ZL 2020 2 0191310.7	实用新型
一种便于携带的用于树木固定装置	江苏天力建设集团有限公司	ZL 2019 2 1398187.X	实用新型
一种建筑垃圾运转车	江苏天力建设集团有限公司	ZL 2019 2 1398237.4	实用新型
一种便于移动施工的临时围墙	江苏天力建设集团有限公司	ZL 2019 2 1397165.1	实用新型
一种用于崎岖路面的市政工程用照明设备	江苏天力建设集团有限公司	ZL 2019 2 1397754.X	实用新型
一种灌注桩施工用砂浆搅拌机	江苏苏南建设集团有限公司	ZL 2019 2 1117826.0	实用新型
一种灌注桩施工用钢筋弯曲机	江苏苏南建设集团有限公司	ZL 2019 2 1118906.8	实用新型
一种灌注桩施工用钢筋切断机	江苏苏南建设集团有限公司	ZL 2019 2 1118964.0	实用新型
一种拉杆式外脚手架阳角定型化工具结构	江苏正方园建设集团有限公司	ZL 2019 2 1456196.X	实用新型
一种预制陶粒混凝土空心板定型胎膜及其施工工法	江苏溧阳建设集团有限公司	ZL 2019 1 0678352.5	发明专利
基于装配式建筑墙板的管线预埋件及其安装方法	江苏溧阳建设集团有限公司	ZL 2019 1 0678321.X	发明专利
一种建筑模板的连接锁紧装置	江苏溧阳建设集团有限公司	ZL 2020 2 0543945.9	实用新型
一种带防护网的可拆装简易扶手	江苏瑞峰建设集团有限公司	ZL 2019 2 0855709.8	实用新型
一种建筑外墙用吊篮	江苏瑞峰建设集团有限公司	ZL 2019 2 0855755.8	实用新型
一种建筑用隔震装置	江苏瑞峰建设集团有限公司	ZL 2019 2 0855751.X	实用新型
一种施工用脚手架	江苏瑞峰建设集团有限公司	ZL 2019 2 0855592.3	实用新型
一种装配式墙板支撑装置	江苏瑞峰建设集团有限公司	ZL 2019 2 0848103.1	实用新型

2020 年度溧阳市建筑施工省级以上优质工程情况

表 12

工 程 名 称	施 工 单 位	项目经理	获奖名目	颁发部门
衡水市生态循环产业园生活垃圾焚烧发电项目	苏华建设集团有限公司	范伟星	中国安装之星	中国安装协会
河南心连心采用洁净生产技术进行产业升级项目一期	苏华建设集团有限公司	杨善勇	化学工业优质工程	中国化工施工企业协会
怀柔区生活垃圾焚烧发电项目［安装工程（工艺)］	苏华建设集团有限公司	史卫忠	北京市建筑长城杯银质奖	北京市优质工程评审委员会

续表 12

工　程　名　称	施　工　单　位	项目经理	获奖名目	颁发部门
中芯国际集成电路制造（天津）有限公司 T2/T3 集成电路第二生产厂房	苏华建设集团有限公司	邹渊	天津市“金奖海河杯”	天津市建筑业协会
萍乡市生活垃圾、污泥　干化焚烧发电项目扩建工程	苏华建设集团有限公司	范伟星	江西省建筑结构示范工程	江西省建设工程安全质量监督管理局
2019—2020 年度建筑长城杯金质奖（北京新机场工程）	龙海建设集团有限公司	尤波涛	长城杯	北京市优质工程评审委员会
北京新机场东航基地项目(1＃配餐楼等 12 项)	江苏天目建设集团有限公司	龚建军（参建）	2020—2021 年度国家优质工程奖	中国施工企业管理协会
上海市轨道交通 5 号线南延伸工程车站装修及风水电安装工程 2 标	江苏天目建设集团有限公司	姜庚财	安装工程优质奖（中国安装之星）	中国安装协会
黄浦区 594（北块）、596 街坊商办用房项目 II 标段 594 地块 N1 楼及室外总体安装工程	江苏天目建设集团有限公司	晏永健（参建）	申安杯	上海市安装行业协会
常州科技金融中心项目	江苏天目建设集团有限公司	谈志彬（参建）	扬子杯奖	江苏省住房和城乡建设厅
常州新龙电子商务产业园发展有限公司 1＃、地下车库	江苏天目建设集团有限公司	王义来	扬子杯奖	江苏省住房和城乡建设厅
红宝丽集团泰兴化学有限公司年产 12 万吨环氧丙烷项目	江苏天目建设集团有限公司	周志斌	扬子杯奖	江苏省住房和城乡建设厅
北京新机场热源工程锅炉安装工程	中易建设有限公司	袁岭 朱云飞	中国安装之星	中国安装协会
无锡圆融广场南地块酒店	江苏正方园建设集团有限公司	赵文征	扬子杯奖	江苏省住房和城乡建设厅
布勒—谷物加工成套设备制造项目	江苏正方园建设集团有限公司	江方文	扬子杯奖	江苏省住房和城乡建设厅
句容市宝源矿业有限公司车间 1 号、车间 2 号	江苏鹏程钢结构集团有限公司	杨俊华	金钢奖	上海市金属结构行业协会
谷物加工成套设备制造项目	江苏鹏程钢结构集团有限公司	孔林方	扬子杯奖	江苏省住房和城乡建设厅

2020 年度溧阳市工程建设省级工法情况

表 13

工　法　名　称	主要完成单位	完成人
异形构造柱一次成形施工工法	龙海建设集团有限公司	史俊杰
地下室自动化排水系统施工工法	龙海建设集团有限公司	周　瑜
大型钢桥步履式多点连续顶推滑移工法	江苏天目建设集团有限公司	陈伟东
特大龙门吊液压控制拆卸施工工法	江苏天目建设集团有限公司	蒋金保
楼地面高强度线槽防水装饰一体化施工工法	江苏茂盛建设集团有限公司	张　惠
CH 轻钢龙骨结合玻镁板单侧隔墙免支撑施工工法	江苏茂盛建设集团有限公司	张　惠
一墙一图智能化免支模墙体砌筑绿色施工工法	常州东华建筑安装工程有限公司	经浩芳
高承压水位透水地质跟管带浆式预应力锚索施工工法	常州东华建筑安装工程有限公司	经浩芳
高层混凝土结构尾料回收再利用系统施工工法	江苏天力建设集团有限公司	史俊生
基于铝模板外门窗钢副框预埋免二次抹灰收口施工工法	江苏苏南建设集团有限公司	王　恒
组合装配式伸缩缝结构一体化施工工法	江苏溧阳城建集团有限公司	高　峰
带翻边双 T 板防水施工工法	江苏正方园建设集团有限公司	杨　飞
新型电梯井组合式整体提升可折叠式操作平台施工工法	江苏溧阳建设集团有限公司	王敬凯
多曲面非对称无接缝清水混凝土装饰结构柱施工工法	晟唐伟业建设集团有限公司	彭秀川
内置支点下约束型钢混凝土柱无支撑体系施工工法	晟唐伟业建设集团有限公司	彭秀川

续表 13

工　法　名　称	主要完成单位	完成人
外墙无机保温模数化衔接 BIM 技术施工工法	晟唐伟业建设集团有限公司	史　超
预制空心柱可调式双套筒快速连接安装施工工法	江苏瑞峰建设集团有限公司	缪技峰
基于 BIM 技术转角处构件式幕墙整体装配安装施工工法	江苏瑞峰建设集团有限公司	缪文峰
标准层预埋水电管线快速定位安装施工工法	江苏瑞峰建设集团有限公司	朱振军

亿元；完成产值 140 亿元。获省百强企业。拥有电力、冶金等总承包一级资质，是以设备成套安装为主的施工企业。大力发展房屋建筑、市政水务及环保工程。2020 年，河南衡水市生活垃圾焚烧发电项目获“中国安装之星”。下属职业技能培训学校承办全市首届建筑工匠职业技能大赛，并获得圆满成功。

【江苏天目建设集团有限公司】 承继 1958 年溧阳安装队，注册资本 3 亿元，总承包特级资质（综合类），建筑行业工程设计甲级、机电工程、市政公用工程施工总承包一级建筑行业资质，资质门类最齐全，等级最高。拥有天目钢机和天目电梯子公司，施工区域辐射全国各省、直辖市及海外。2020 年，完成施工产值 123.16 亿元，地方税收贡献 3.03 亿元，省建筑业百强企业（综合实力类 40 名）。公司现拥有鲁班奖 1 项，国优工程奖 4 项，中国安装工程优质奖（中国安装之星）10 项。浙江石化起吊 3000 吨反应器成为全国之最。

【龙海建设集团有限公司】 成立于 1998 年，注册资本 5 亿元，拥有 40 家分公司，是常州地区首家获得建筑工程施工总承包特级资质的企业。2020 年，年产值超 140 亿元，本地纳税超 2.4 亿元，承接 3 亿以上合同 9 个，秉承蓝海战略，在“一带一路”沿线国家、柬埔寨投资建厂，承建的北京大兴国际机场获得鲁班奖（参建）。

江苏天目建设集团承建的溧阳市泓口小学幼儿园工程

（市住建局　供稿）

【江苏天力建设集团有限公司】 为省百强企业（市政类），拥有市政公用工程、石油化工工程、建筑工程施工总承包壹级，公司注册资本 5 亿元，2020 年纳税额 1.3 亿元，其中溧阳纳税 0.8 亿元。承接四川眉山岷东新区西纵线市政道路工程、中石油西气东输二线工程新疆吐鲁番分输联络站工程等多项重点工程。获“扬子杯”、省准化工地等称号，“武进水厂工程”获评国家“市政金杯示范工程”。

【江苏溧阳建设集团有限公司】 注册资本 3 亿元，净资产逾 8 亿元，下属 6 个子公司，19 个分公司，员工近 21000 人，其中各类技经人员 400 余人，拥有各类工程机械设备 1500 多台（套）。2020 年，公司签订合同额约 50 亿元，年施工总产值近 80 亿元，营业收入 31 亿元，上交税金 1.3 亿元，地方纳税 0.5 亿元。成为恒大房地产企业的金牌合作单位，新开工建筑面积 290.05 万平方米，是溧阳企业中最多的。

【江苏溧阳城建集团有限公司】 具有建筑工程施工总承包一级资质。2011 年取得对外工程承包资格证，获得江苏省第一批 EPC 总承包试点企业资格。2020 年，完成施工产值 25 亿元，全年上缴税金 0.7 亿元。秉承诚信经营，立足自身，逢建必优，承建的银江国际大厦创“扬子杯”，是常州地区信用分最多的企业。

【江苏瑞峰建设集团公司】 注册资本3亿元，房屋建筑总承包一级资质企业。缪文峰董事长被评为常州市优秀企业家。2020年，完成施工产值31.88亿元，地方纳税0.5亿元。研发5项国家实用新型专利、4项省级工法。结对帮扶永和村，成为村企联盟、脱贫攻坚的典范。

【苏南建设集团】 成立于1993年，拥有房建总承包、地基与基础、装饰装潢一级资质；市政公用、机电安装二级资质。2020年施工产值达40亿元，税收贡献4000万元。江苏省建筑业“最具成长性百强企业”“江苏省安全生产先进单位”称号被市住建局授予“十佳企业”“十强企业”称号，在溧阳首届建筑工匠技能大赛中获“团体优胜奖”。2019年承接的千岛湖第19届亚运会室内自行车场馆获评国家AAA级文明工地、申报浙江省优质“钱江杯”工程；2019—2020年承建的徐州好得家商贸城1#、2#楼及R区综合楼总造价达20亿元，获评江苏省文明工地；2020年承建的苏南建设办公大楼获评溧阳市智慧工地；南京市重大项目，42.3平方公里南京龙潭港新城工程，已进入前期道路市政配套工程施工。

建筑业先进榜

【溧阳市建筑业2020年度突出贡献企业】

1. 苏华建设集团有限公司
   董事长　宋小华
2. 江苏天目建设集团有限公司
   董事长　周天喜
3. 龙海建设集团有限公司
   董事长　张龙海
4. 江苏金马工程有限公司（单项税收）
   董事长　马亚平

【溧阳市建筑业2020年度十强企业】

1. 江苏天力建设集团有限公司
   董事长　史俊生
2. 江苏溧阳建设集团有限公司
   董事长　吕永武
3. 江苏正方园建设集团有限公司
   董事长　吕树宝
4. 江苏溧阳城建集团有限公司
   董事长　姜　军
5. 江苏瑞峰建设集团有限公司
   董事长　缪文峰
6. 江苏茂盛建设集团有限公司
   董事长　陈建平
7. 晟唐伟业建设集团有限公司
   董事长　沈祖富
8. 江苏苏南建设集团有限公司
   董事长　花新华
9. 江苏万远建设有限公司
   董事长　潘志荣
10. 江苏鹏程钢结构集团有限公司
    董事长　史蒙杰

【溧阳市建筑业2020年度优质企业】

1. 常州东华建筑安装工程有限公司
2. 中易建设有限公司
3. 中峥建设集团有限公司
4. 溧阳市水利市政建筑有限公司
5. 溧阳申菱电梯工程有限公司
6. 江苏圣科建设有限公司
7. 江苏通用路桥工程有限公司
8. 江苏中辰建设工程有限公司
9. 百茂建设集团有限公司
10. 江苏华晨路桥有限公司

【溧阳市建筑业2020年度优秀（骨干）企业】

1. 安顺集团建设有限公司
2. 江苏龙地建设工程有限公司
3. 江苏中天市政工程有限公司
4. 江苏天目建设集团电梯工程有限公司
5. 溧阳市立达安装工程有限公司
6. 江苏汉宇建筑有限公司
7. 江苏溧阳晶鑫建设有限公司
8. 江苏金之润建设工程有限公司
9. 江苏昱星建设有限公司
10. 江苏科嘉建设有限公司
11. 中一达建设集团有限公司
12. 臻龙建设有限公司
13. 宏昌建筑集团有限公司
14. 苏阳建工集团有限公司
15. 江苏金沙建设有限公司
16. 江苏中安建设集团有限公司
17. 江苏恒卓建设有限公司
18. 江苏伟力建设有限公司
19. 江苏中硕建设有限公司
20. 江苏恒固建设集团有限公司
21. 江苏顺联工程建设有限公司
22. 江苏天目神威建设有限公司
23. 江苏天之恒建设有限公司
24. 江苏铭浩建设劳务有限公司
25. 溧阳市常兴环保工程有限公司
26. 江苏鼎邦建设工程有限公司
27. 溧阳市金燕建筑安装工程有限公司
28. 江苏宇浩建筑安装工程有限公司
29. 江苏腾中建设工程有限公司
30. 江苏宸希建设有限公司

【溧阳市建筑业2020年度十佳工程】

1. 河北衡水市生态循环产业园生活垃圾焚烧发电项目

——苏华建设集团有限公司

2. 浙江石化二期 3000 吨级反应器吊装工程

——江苏天目建设集团有限公司

3. 徐州邳州经济开发区标准化工业厂房（非晶 F 区）

—— 龙海建设集团有限公司

4. 山西绛县 54 兆瓦分散式风电项目

——江苏金马工程有限公司

5. 重庆绿地全球商品西北运营中心

——江苏天力建设集团有限公司

6. 常州市星港大道市政项目

——江苏溧阳建设集团有限公司

7. 溧阳市燕山新区时代天悦

——江苏正方园建设集团有限公司

8. 常州勤业中学综合实验楼及综合楼建设

——江苏溧阳城建集团有限公司

9. 南京江北新区 2018G08 项目 B 地块

—— 江苏瑞峰建设集团有限公司

10. 山东曹县阳光城市五区工程

——江苏茂盛建设集团有限公司

【溧阳市建筑业 2020 年度十佳工地】

1. 中芯国际集成电路制造（天津）有限公司 T2/T3 集成电路生产线项目（项目负责人邹渊）

——苏华建设集团有限公司

2. 溧阳市泓口小学、幼儿园工程（项目负责人潘杰）

——江苏天目建设集团有限公司

3. 武进柳工东部大型机械及矿机项目 2# 联合厂房（项目负责人戴明瑜）

——龙海建设集团有限公司

4. 山东圣泉酚醛高端复合材料及树脂配套扩产项目（项目负责人张春元）

——江苏金马工程有限公司

5. 苏州市金庭镇输水管工程（项目负责人徐杰）

——江苏天力建设集团有限公司

6. 溧阳天目湖古县村东侧安置房（项目负责人花枫）

——江苏溧阳建设集团有限公司

7. 溧阳市奥体商务中心（项目负责人王忠华）

——江苏正方园建设集团有限公司

8. 溧阳明顿生态国际学校（项目负责人郭乾）

——江苏溧阳城建集团有限公司

9. 溧阳码头街南侧 2 号楼（项目负责人殷刚明）

——江苏瑞峰建设集团有限公司

10. 合肥市星火小学扩建项目 4 幢教学楼（项目负责人董瑞祥）

——江苏茂盛建设集团有限公司

【溧阳市建筑业 2020 年度十佳工匠（管理类）】

1. 卢建平　苏华建设集团有限公司
2. 陈　强　江苏天目建设集团有限公司
3. 陈炜炜　龙海建设集团有限公司
4. 史伟庆　江苏金马工程有限公司
5. 潘　晶　江苏天力建设集团有限公司
6. 王拥林　江苏溧阳建设集团有限公司
7. 沈建伟　江苏正方园建设集团有限公司
8. 潘文君　江苏溧阳城建集团有限公司
9. 陈雪峰　江苏瑞峰建设集团有限公司
10. 强小钟　江苏茂盛建设集团有限公司

【溧阳市建筑业 2020 年度十佳工匠（工程类）】

1. 杨志龙　苏华建设集团有限公司
2. 陈伟东　江苏天目建设集团有限公司
3. 袁茂水　龙海建设集团有限公司
4. 赵桂民　江苏天力建设集团有限公司
5. 尤波涛　江苏溧阳建设集团有限公司
6. 赵水平　晟唐伟业建设集团有限公司
7. 钱浩兴　江苏苏南建设集团有限公司
8. 石旭东　江苏万远建设有限公司
9. 孔林方　江苏鹏程钢结构集团有限公司
10. 陈　君　常州东华建筑安装工程有限公司

【溧阳市建筑业 2020 年度十佳工匠（技能类）】

1. 向　炜　苏华建设集团有限公司
2. 蒋金保　江苏天目建设集团有限公司
3. 潘韶其　龙海建设集团有限公司

司

4. 刘　跃　江苏正方园建设集团有限公司

5. 沈丽斌　江苏溧阳城建集团有限公司

6. 芮　华　江苏瑞峰建设集团有限公司

7. 陈　俊　江苏茂盛建设集团有限公司

8. 钱国荣　晟唐伟业建设集团有限公司

9. 闫兆辉　江苏苏南建设集团有限公司

10. 狄卫星　常州东华建筑安装工程有限公司

【溧阳市建筑业 2020 年度最美项目部】

1. 苏华建设集团有限公司
史国民项目部
2. 苏华建设集团有限公司
姜华平项目部
3. 苏华建设集团有限公司
孙朝兴项目部
4. 江苏天目建设集团有限公司
赵文斌项目部
5. 江苏天目建设集团有限公司
沈留坤项目部
6. 江苏天目建设集团有限公司
房国锋项目部
7. 龙海建设集团有限公司
沈崇良项目部
8. 龙海建设集团有限公司
陶　春项目部
9. 龙海建设集团有限公司
陈　园项目部
10. 江苏金马工程有限公司
郑正球项目部
11. 江苏金马工程有限公司
朱丽平项目部
12. 江苏天力建设集团有限公司
刘爱金项目部
13. 江苏天力建设集团有限公司
张　芳项目部
14. 江苏溧阳建设集团有限公司
刘　香项目部
15. 江苏溧阳建设集团有限公司
吴　纬项目部
16. 江苏正方园建设集团有限公司
吴　建项目部
17. 江苏正方园建设集团有限公司
吕顺宝项目部
18. 江苏溧阳城建集团有限公司
沈　俊项目部
19. 江苏溧阳城建集团有限公司
计剑强项目部
20. 江苏瑞峰建设集团有限公司
周力强项目部
21. 江苏瑞峰建设集团有限公司
刘明法项目部
22. 江苏茂盛建设集团有限公司
高晓良项目部
23. 江苏茂盛建设集团有限公司
陈　飞项目部
24. 晟唐伟业建设集团有限公司
王苏蓉项目部
25. 晟唐伟业建设集团有限公司
史旭琴项目部
26. 江苏苏南建设集团有限公司
刘少勇项目部
27. 江苏苏南建设集团有限公司
黄德星项目部
28. 江苏万远建设有限公司
宋　焘项目部
29. 江苏万远建设有限公司
宋　炜项目部
30. 江苏鹏程钢结构集团有限公司
史永平项目部
31. 江苏鹏程钢结构集团有限公司
史年伟项目部
32. 常州东华建筑安装工程有限公司
费　翔项目部
33. 常州东华建筑安装工程有限公司
张小飞项目部
34. 中易建设有限公司
陈　闯项目部
35. 中峥建设集团有限公司
方　略项目部
36. 中峥建设集团有限公司
朱　卿项目部
37. 溧阳市水利市政建筑有限公司
孙晓亮项目部
38. 溧阳市水利市政建筑有限公司
钱　丰项目部
39. 溧阳申菱电梯工程有限公司
黄　飞项目部
40. 江苏圣科建设有限公司
汤小牛项目部
41. 江苏通用路桥工程有限公司
黄　楚项目部
42. 江苏中辰建设工程有限公司
赵国庆项目部
43. 百茂建设集团有限公司
赵　涛项目部
44. 江苏华晨路桥有限公司
钱军成项目部
45. 安顺集团建设有限公司
杨小东项目部
46. 江苏中天市政工程有限公司
谢云龙项目部
47. 江苏汉宇建筑有限公司
周建康项目部
48. 江苏溧阳晶鑫建设有限公司
陈　华项目部
49. 江苏金之润建设工程有限公司
陈永波项目部
50. 江苏昱星建设有限公司
罗文杰项目部
51. 江苏科嘉建设有限公司
徐中平项目部
52. 中一达建设集团有限公司
夏登忠项目部
53. 臻龙建设有限公司
夏小炳项目部
54. 宏昌建筑集团有限公司
陈　良项目部
55. 苏阳建工集团有限公司

李博威项目部

56. 江苏金沙建设有限公司

何树生项目部

57. 江苏中安建设集团有限公司

何明江项目部

58. 江苏中安建设集团有限公司

黄小均项目部

59. 江苏恒卓建设有限公司

汤庆方项目部

60. 江苏伟力建设有限公司

帅应祥项目部

61. 江苏恒固建设集团有限公司

史建彬项目部

62. 江苏顺联工程建设有限公司

钱建荣项目部

63. 江苏天目神威建设有限公司

周育生项目部

64. 江苏天之恒建设有限公司

杨　俊项目部

65. 江苏鼎邦建设工程有限公司

芮　敏项目部

66. 溧阳市金燕建筑安装工程有限公司

钱立群项目部

67. 江苏宇浩建筑安装工程有限公司

吴纪清项目部

68. 江苏腾中建设工程有限公司

叶　萍项目部

69. 溧阳水务市政工程有限公司

周春伟项目部

70. 江苏百尊建设有限公司

曹国生项目部

【溧阳市建筑业2020年度最美建筑人】

金海全　谢志平　姚志林　陈　军
罗云新　孙国优　史志冬　彭旭东
黄晓奇　蒋文化　赵志龙　聂　晔
胡繁荣　陈海波　虞国庆　杨俊林
田建忠　张爱国　宋押才　陶全保
张惠民　郑连平　王国利　宗国强
宋跃国　陈志平　赵卫清　汤小浩
吴建良　余日升　赵文征　吕　俊
陈　旭　张庆松　陈俊超　王　兵
陈跃进　孔卫华　吴忠平　朱振宇
蒋文进　黄春润　张福林　张福荣
刘根财　罗文广　尚伟权　薛建国
朱宽宽　符建波　孙国清　谈志平
范根南　顾国元　王小平　杨思远
章明宽　陈　刚　马旭平　周志军
朱文华　彭　韬　任明峰　陈培清
潘小华　扈保华　宋华平　徐中华
史强文　周　波　缪和松　姜和平
陈　琤　胡青海　钱志君　朱伟伟
虞　超　彭小功　吕长泉　王丽华
朱　琦　陈洪建　王庆安　江济州
冯　超　徐田亮　王国春　葛振康
谢方旭　姜国松　韦金荣　刘加庆
李先文　吴　波　邵文立　许龙庚
芮俊飞　余　鹏　卜友健　王少南
景卫国　郭小平　谢文惠　赵生荣
强　浩　丁芳明　刘　冰　陈　露
谢琴伢　戴海波　潘宏卫　潘文龙
李志贞　杨维松　强建明　黄　鹏
宋　韬　刘　云　杨明华　郝春林
陆惠仁　任　皓　王小燕　杨荣强
史旭刚　陈　军　杨　阳　狄雄强
严　飞　胡旭锋　钱承昊　丁　钰
杨晓映　解玉琴　高小春　余　超
殷卫芝　谈旭浩　潘叶萍　赵苏彦
王冠达　吴昌昊　潘　坚　陈国华
葛云锋　孙　伟　马　俊　史欢欣
汤留富　钟国良

（蒋　琳）

天目湖通用机场效果图　（市住建局　供稿）

综　　述

【概　况】 2020年，突如其来的新冠肺炎疫情对溧阳消费品市场造成巨大冲击，导致消费品市场经历前所未有的大幅度波动。在年初疫情最严重时期，市场活跃度降至冰点、总体交易额大幅下滑。一季度以后，随着疫情缓和、各类消费刺激政策持续发力，消费市场顶住下行压力，增速逐步回升。2020年全市实现社会消费品零售总额317.49亿元，比上年下降1.2%，增速较常州平均水平低2个百分点，高出全省平均水平0.4个百分点，高出全国平均水平2.7个百分点。

【消费品市场】 从总体运行看，呈稳步回升态势。2020年四个季度全市社会消费品零售总额的增速分别为−17.2%、−13.9%、−5.4%、−1.2%，从增幅走势来看，呈现出稳步回升态势。从季度间波动情况看，一季度遭受疫情冲击最为严重，增速创下历史新低，二季度以后，疫情逐步减轻，市场活跃度提升，到三季度，疫情影响基本消除，市场基本恢复正常。然而，受疫情因素影响，与往年相比，市场的总体增速下滑仍然较严重。

2020年溧阳市（限上）主要消费品增长情况

表14

商品类别	增长率（%）	商品类别	增长率（%）
汽车类	−5.5%	烟酒类	12.0%
建筑及装潢材料类	−4.6%	金银珠宝类	−35.6%
石油及制品类	−4.0%	家具类	15.0%
粮油、食品类	10.7%	通信器材类	2.0%
服装、鞋帽、针纺织品类	−20.4%	书报杂志类	25.8%
家用电器和音像器材类	−11.2%	化妆品类	6.1%
中西药品类	6.1%	体育、娱乐用品类	−30.9%
电子出版物及音像制品类	5.0%	文化办公用品类	16.9%

从板块构成看，城镇消费占据主导。2020年全市城镇地区共实现社会消费品零售总额259.20亿元，比上年下降1.8%，占总量的81.6%，农村地区共实现社会消费品零售总额58.29亿元，比上年增长1.3%，占总量的18.4%。城镇地区的消费总量远高于农村地区，城镇居民仍然是消费市场的主力。

从消费类别看，住宿餐饮受冲击大。2020年批发和零售业实现社会消费品零售总额299.27亿元，比上年增长1.1%，住宿和餐饮业实现社会消费品零售总额18.22亿元，比上年下降28.1%。与零售业相比，住宿餐饮业受到的冲击明显更为严重，疫情期间，全市各大景区封闭，酒店宾馆停业，人员流动几乎停滞，全市的住宿餐饮行业基本在3月下旬甚至4月以后才开始复工，接待顾客数量较上年同期大幅下滑，营业额也大幅下降。

注：限额以上标准为批发业年主营业务收入2000万元以上，零售业年主营业务收入500万元以上，住宿、餐饮业年主营业务收入200万元以上。

（李　静）

【服务业】 2020年，溧阳市实现服务业增加值491.44亿元，比上年增长9.9%；完成社会消费品零售总额317.49亿元，完成限额以上服务业营业收入324.12

亿元。

重点项目建设推进。建立市领导挂钩重点产业项目的月报送制度，加强对项目的跟踪服务、衔接落实，协调解决项目在推进过程中面临的各种困难和问题，促进重点项目早开工、早建设、早投产。2020年度，69个溧阳市服务业重点项目计划总投资604.5亿元，年度计划投资106.8亿元；其中新建项目42个，计划总投资431.6亿元，续建项目27个，计划总投资172.9亿元。截至2020年年底，69个重点项目完成年度投资95亿元。

两业融合试点工作取得突破。溧阳市始终把先进制造业和现代服务业深度融合作为推动经济转型升级的重要抓手，培育扶持省两业融合试点单位3家。7月，省发改委对试点单位开展阶段性绩效评价工作，江苏华鹏变压器有限公司、江苏中关村智能电网产业集群2家从159家试点单位中脱颖而出，入选评价排名靠前、工作初见成效的51家试点单位名单，并获得2020年度省级现代服务业发展专项资金财政奖励。

（陈　蕾）

住宿餐饮业

【概　况】 2020年，溧阳市限额以上（年主营业务收入200万元以上）住宿、餐饮业法人单位44家，其中，住宿业28家，餐饮业16家（按住宿业餐饮业营业额所占比重来区分），年平均从业人数3835人。

2020年，全市限额以上住宿、餐饮法人单位全年营业额86868.9万元。其中，客房收入31354.9万元，餐费收入49459.8万元，商品销售额2070.6万元，其他收入3983.6万元。年末共有床位数8020个，餐位数19875个，客房数4810间。

2020年，全市限额以上住宿业法人单位全年营业额62341.0万元。其中，客房收入28781.8万元，餐费收入29427.4万元，商品销售额239.3万元，其他收入3892.5万元，年末床位数7224个，餐位数12116个，客房数4351间。

2020年，全市限额以上餐饮业法人单位全年营业额24527.9万元。其中，客房收入2573.1万元，餐费收入20032.4万元，商品销售额1831.3万元，其他收入91.1万元，年末床位数796个，餐位数7759个，客房数459间。

（李　静）

电子商务

【概　况】 2020年，溧阳市以电子商务进农村综合示范项目为契机，推进溧阳市农村电商发展。全市电商网络年销售额突破160亿元，其中农业农村电商网络销售额20亿元。全市400多家规模以上企业和2000多个个体工商户从事电子商务，电商直接从业人员5000余人，快递业务量1472万件，增加企业及农户收入2000余万元。

【组织领导】 2020年，强化组织领导，优化支撑环境，市委、市政府成立以分管副市长为组长、各镇（区、街道）和相关部门参与的溧阳市电子商务进农村综合示范工作领导小组，各单位分工明确，形成合力，共同推动电子商务进农村综合示范工作。结合溧阳市实际，成立工作项目专班，邀请专家到溧阳深入调研指导。6月，举办电子商务进农村综合示范项目启动仪式，农村产品上行体系、物流体系、电商公共服务体系、农村电商培训体系和电商扶贫5大板块项目建设工作稳步推进。

【资源整合】 2020年，整合全市旅游资源和物产资源，打造“1号优选”区域公用品牌，为10个系列200多款优质农产品进行背书，累计实现500万元的线上销售额。成立“1号优选”直播助农小分队，实现产业帮销的帮扶模式，至2020年年底，开展不少于17场的直播助农活动，帮扶农户80余户。

【培训服务】 建设溧阳市电子商务公共服务中心，提供政策咨询、电商运营、培训孵化、产品对接、品牌建设和其他衍生增值服务，巩固全市电商发展质量。完善电商人才培训体系，运用好“培训—孵化—创业”三位一体模式，定期回访，加强指导，进一步做好电商培训和就业用工对接，全年培训超1400人次。

（蒋依纯）

粮　　油

【粮食购销】 2020年，国家粮食主管部门要求各地要坚决落实党中央关于“六稳”和“六保”决策部署，按照粮食安全省长责任制要求，抓好疫情防控常态化下的粮食收购工作。市农业农村局推进粮食收购工作，及时掌握市场动态变化，了解农民售粮、企业收粮意愿，保证全溧阳生产的稻谷颗粒归仓。两季收购前，溧阳市腾出仓容近20万吨，提前落实收购资金，召开全市粮食收购会议，组织企业入市收购，小麦的收购均价112元／百斤，籼稻的收购均价138元／百斤，粳稻的收购均价145元／百斤，优质粳稻价格165元／百斤左右，优质优价特征明显。2020年稻谷市场价格总体维持强势运行，溧阳市稻谷价格开秤后一路走高，涨幅约8%，为落实“六保”及防控需要，各类粮食企业力排众难，全社会收购粮食21万吨，小麦6.8万吨，籼稻4.8万吨，粳稻9.4万吨（约）。

【粮食安全责任制】 从2016年开始，国家实施粮食安全责任制。2020年，溧阳粮食部门充分发挥考核牵头部门的协调作用，始终围绕四个方面进行工作，总结经验巩固提升考核成果，梳理考核工作存在的短板，坚持问题导向，抓好各项问题的整改落实，在总结经验基础上，进一步提升考核成果；强化防范风险能力，坚持底线思维，稳定粮食种植面积和总产量，优化粮食种植品种结构，巩固粮食丰收成果，深化“藏粮于地、藏粮于技”战略，提前谋划明年粮食安全责任制考核，夯实防范风险基础；突出工作重点，抓好稳定粮食生产基本面积和产量、提升粮食安全保障能力、实施优质粮食工程、补齐粮食储备能力等重点工作。由于工作突出溧阳市连续四年在常州市名列第一。6月，在省政府办公厅下发的通报中，粮食安全责任制落实全面、成品粮油储备规模和补贴到位、优质优价收购和订单粮食推进有力、粮食产业发展质量五项工作受到激励。

【粮食流通】 2020年，推进粮食依法行政工作。利用各种媒体、部门联合通告、以会代训等多种形式，宣传《粮食流通管理条例》和国家最低收购价预案收购政策等法律法规；根据《溧阳市成品粮油应急储备管理暂行办法》的有关规定，组织开展成品粮应急储备一、二季度专项检查；为稳定溧阳市春节期间粮油市场供应需求，维护粮油市场秩序，春节前对全市的15个油加工单位、6个大中超市、2个粮油专营店和1个粮油批发市场开展节日粮油市场联合执法检查。做好政策性粮食出库检查工作。及时掌握了解政策性粮食竞价销售和出库情况，采取跟踪检查的方法，严防粮食出库掺杂使假、拖延阻挠出库、索取不合理费用等违规行为的发生。督促国有粮食企业在粮食出库前，做好出库粮食质量检验，确保出库粮食质量符合国家标准，坚决杜绝不符合质量要求粮食流入口粮市场，并按照国家运输技术规范，不得使用被污染的运输工具包装物，防止粮食受污染。

开展市级放心粮油复评工作。根据《溧阳市放心粮油监管考评实施办法》对溧阳市部分“放心粮油”示范企业进行检查考评。市放心粮油工程领导小组办公室组织考察推荐，综合评审，命名溧阳市苏浙皖边界市场、顾家粮油商行等3个单位为溧阳市放心粮油示范配送店；溧阳市正昌油脂有限公司等14个粮油加工企业为溧阳市放心粮油示范加工企业；溧阳大润发商业有限公司等13个单位为溧阳市放心粮油示范销售店。

【优质粮油工程】 为加快溧阳市粮食产业经济发展，不断提升粮食品质，促进农民增产、增收。根据苏粮产《关于开展江苏省优质粮食工程申报工作的通知》要求，溧阳市2019年度省级粮食产后服务中心项目申报成功3家（常州瑞丰粮食购销有限公司、溧阳市宏伟农机专业合作社、溧阳市西塘农机专业合作社），项目总投资1515万元，其中省级以上补助900万元，项目建设周期为1年。克服疫情影响，为确保项目保质保量如期完工，委托第三方机构全过程参与项目的设计、招标、建设等全过程，并要求建设单位和监理根据省局确定的完工时间倒排施工进度，做到项目建设操作程序规范、建设进度完成、建设质量优良，整个项目提前2个月完成全部工程量。下半年，根据《江苏省中国好粮油行动计划实施方案》要求，组织申报江苏省中国好粮油项目，项目实施单位溧阳市粮食购销有限公司，实施内容优粮优购、优粮优储，总投资1000万元，省级以上补助500万元，项目实施周期为一年，该项目进入前期招投标阶段。

（丁　黎）

供销合作

【概　况】 2020年，市供销合作总社稳步推进综合改革，组织实施为农服务平台和新型农业经营主体建设。新办3个村级供销合作社（新联、龙峰、浮庄）。新建溧阳市长青现代农业综合服务中心。在南京江苏农展中心挂牌成立溧阳市名优农产品展销中心。改造升级9家农民综合服务社。

完成全国基层供销合作社“一社一卡”管理系统的更新工作。开展基层社“三会”制度建设，年内分别召开南渡镇供销合作社和溧城街道供销合作社第一次代表大会。2020 年 11 月成立的江苏龙昇生物科技有限责任公司加入市供销合作社，成为市供销合作社成员单位，该公司是溧阳唯一生产黑茶的企业，所研制的黑金白茶被中国长寿联盟认定为中国长寿产品，并被许可使用“寿”字商标。

【疫情防控保障】 2020 年，发挥供销系统网络优势，组织生活物资保供市场。快速组织指导系统内多家生活资料供应企业加大粮、油、肉、禽、蛋、奶等重点商品的采购调运力度，确保供应。2 ～ 3 月，调运大米 350 吨、方便面 320 箱、各类生鲜蔬菜 370 吨，食用油 5100 升；不误农时保障春耕备耕，2 ～ 3 月，全系统紧急调运各类化肥 1.5 万余吨，各类农药 300 余吨，并直接配送到田间地头。引导企业主动担当社会责任，组织食用菌供销联盟向江苏省人民医院溧阳分院、常州第三人民医院捐赠新鲜香菇和赤松茸，以补充奋战在一线的医护人员餐食保障，用爱心捐赠助力疫情防控。联系购进口罩 10000 余只、消毒液 110 箱分发到下属企业。参与“楼长制”活动，配合社区疫情防控工作，帮助社区做好在人员流动排摸，防控政策、知识宣传。参与三和社区王家村、沃棵里 2 个自然村的外来人口的调查摸排工作，对 300 户村民出租房屋，260 名承租外来人口流动情况进行排查摸底，掌握情况、了解动态。

【农资供应】 2020 年，克服疫情影响，各农资企业和网点，千方百计组织货源。在企业陆续复工后，立即与生产企业、种植基地、农民合作社对接，加快调运，弥补农资库存缺口，确保农资供应。全年，全系统销售化肥 163240 吨，销售额 3.24 亿元；销售农药 375 吨，销售额 1947 万元。完成“农飞防”植保作业服务 17.5 万多亩次。继续为农户免费提供全程精准的测土配方服务，采集土壤样本开展测土配方 70 份，涉及农田面积 8.1 万余亩。组织大小农资技术培训会 146 场，参训人数 5840 人次。

【农药废弃包装物回收】 2020 年，以农资供应网点为依托，设立 50 个农药包装废弃物回收站，各个回收点回收到的废弃包装物都由江苏苏南农资配送有限公司统一收集后送到溧阳中材环保有限公司进行处置。全年回收农药废弃包装物 54 吨。其中：包装袋 2.03 吨，废弃瓶 51.97 吨。极大地降低农业面源污染危害，提升乡村生态环境质量。

【苏陕合作】 2020 年，以城郊供销社优鲜到家农业科技有限公司为主体，在陕西省汉阴县开展特色农产品订购项目，并投资 1180 万元成立汉阴优鲜到家公司，重点负责汉阴县农产品的收购、加工和销售。4 月 24 日，溧阳市城郊供销合作社江苏优鲜到家农业科技有限公司汉阴公司正式成立，与当地签订了苏陕消费协作招商引资协议；分别与汉阴企业签订秦岭黑猪、菜籽油、桃花鹅、山茶油、食用菌、黄花菜、蜂蜜 7 类特色农产品购销意向协议，金额达 7000 余万元。11 月 8 日，市供销合作总社与陕西省白河县供销合作社签订《白河县优质农产品战略合作框架协议》，并将具体业务落实到所属相关企业。与此同时，溧阳市溧城街道供销合作社千里马人力资源服务有限公司在网上开启苏陕协作—溧阳汉阴人力资源服务超市，运用“MAXHUB 系统 + 腾讯云 +4G 网络”科技手段实现多地远程视频面试的功能，开展远程视频招聘面试。全年有 70 名汉阴县农民工被溧阳市企业录用。

【农产品销售】 2020 年，与中国邮政、京东、同程生活等知名品牌开展合作，形成具备工业日用品下行、地产农产品上行，线上线下相结合，三位一体的社区新零售服务体系，建设完成 13 家规范标识的自提门店，全年全系统电商销售额近 8000 万元。同时，立足打造溧阳农产品公共服务品牌，开展多种形式的线下“产销对接”，10 月初在礼诗圩举办溧阳市 2020 助力消费扶贫暨农产品产销展销活动；11 月 6 日至 8 日，组织溧阳 9 家农业企业和专业合作社参加常州“供销大集”农产品展销，实现销售 8 万余元，达成购销合作意向 300 余万元。

【农产品品牌建设】 溧阳市天目湖龙鑫农业生态园自主分离、纯化、扩培的益生 LYLXSTYYSHCHHJGT2-395157，经基因测序，是为新发现的冠突散囊菌亚种，于 2020 年 11 月 18 日获得中国微生物菌种保藏管理委员会普通微生物中心颁发的保藏证书；依托于该益生菌新菌种，溧阳市天目湖龙鑫农业生态园选取园区内白化茶粗老鲜叶原料，在传统工艺基础上，运用现代生物技术，创新研发生产两款黑金白茶新产品，生产区域涵盖天目湖平桥地区方圆20公里范围。产品“鑫”牌天目湖黑金白茶（饼）获颁中国长寿之乡名优产品称号。同时，由溧阳市天目湖龙鑫农业生态园牵头制定的黑金白茶江苏省地方标准“白叶黑茶加工技术规程”于2020年10月由江苏省市场监督管理局发布实施。

（朱伟忠）

烟　草

【概　况】 2020年，市烟草局认真贯彻关于行业高质量发展的部署要求，把党的政治建设摆在首位，着力抓好各项措施落地，聚焦主营业务，服务广大群众，促进溧阳烟草更平衡更充分高质量发展。

坚持党建引领地位，落实全面从严治党主体责任，做好中央巡视整改和政治生态突出问题全面整改。依托三会一课、党员固定学习日、线上平台等活动载体，组织学习习近平新时代中国特色社会主义思想，开展政绩观教育、党群大讲堂等教育活动。以全省系统党支部标准化规范化试点为契机，把党总支部调整为党支部，完成换届选举工作。同溧城镇城中派出所开展支部结对共建，加强党组织的横向交流与跨界合作。提出构建“一轴三环三带”党建带群建工作模式，11月承办常州烟草系统党支部标准化规范化建设工作推进会。加强作风建设，开展“1+x+y”双联系转作风活动，及时联系群众、服务群众。

【防疫工作】 贯彻落实行业和地方疫情防控和复工复产、生产经营的各项要求，努力将疫情影响降至最低。参与地方联防联控，疫情期间有36名党员参与疫情防控志愿服务，12名干部职工担任小区“楼长”，构建群防群治、联防联控的钢铁防线。

【主营工作】 2020年，全年查获各类违法涉烟案件432起，查获违法卷烟701.4975万支，全年累计清理许可证92份，取缔1户。开展天价烟销售、电子烟销售、客户档级与经营能力匹配专项检查以及样品烟市场检查、烟卡问题整治“回头看”工作，对发现的问题立即整改。联合市教育局、卫健局、检察院等多部门开展青少年控烟专项行动，抓好中小学周边零售店清理。此外，推广“金丝利”三大平台，不断深入诚信互助小组建设，助力零售客户盈利水平提升，加强文明吸烟环境建设，2020年已按计划建成3个吸烟亭、1个吸烟室、899个吸烟柱。

【创新管理】 2020年市烟草局开展季度考核、督办工作考核，创新科室综合考核模式．开展岗位廉政风险排查，加强监督检查。推广省级优秀QC成果，其中2个项目获得市局评比二等奖，1个项目获得市局评比三等奖，《研制新型卷烟陈列价签套》获得市局评比QC成果引进奖。利用“3•15”“6•29”等时间节点开展专题宣传活动，邀请专业人士开展《中华人民共和国行政复议法》《中华人民共和国民法典》等法律法规的培训。开展安全大检查暨大排查大整治，组织“安全隐患随手拍”活动，2020年检查整改大小安全隐患9个。

对照《党政领导干部选拔任用工作条例》，选优配备中层干部，完成1位试用期干部的考核，配合市局完成1位正股级干部的提拔。6名员工通过竞岗走上综合事务岗，3位营销员工代表市公司参加全省系统烟草制品购销员职业技能竞赛，专卖队伍在年度全市烟草行业专卖条线技能竞赛中获得个人总分第一名、团队第二名等好成绩。通过宣传报道、道德讲堂、“季度之星”先进员工评选活动等方式，宣传贯彻“16字”企业理念，1篇征文获省烟草学会主题征文一等奖。深入开展精神文明创建，获得2019年度溧阳市

爱心直播助农　　　　（市烟草局　供稿）

服务业五星企业、2020年度常州市融合教育爱心企事业单位称号。

（陈茜龄）

盐　业

【概　况】 2020年，溧阳盐业公司围绕省集团公司工作要求和常州市公司职代会确定的各项目标任务，全力拼搏2020年，克服困难，踏实求进，突出以效益为中心，用市场化竞争的工作手段、创新改革的办法来统筹全年工作，抓好“淮牌”食盐“生命线”，加快思想转型步伐，确立新定位、顺应新形势，开创溧阳盐业发展新局面。全年实现营业收入1311.82万元，实现利润总额超80.02万元，销售小包装食盐3042吨。

【经营环境】 2020年溧阳盐业公司上下统一思想认识，坚守主营阵地不动摇，极力捍卫市场份额，工作进度上抓头抓早，根据市场情况，做到政策不过夜，措施不过夜，迅速传达布置，抓好落实。开展“淮盐”品牌宣传活动，坚持品牌战略引领，宣传“淮盐”“大清淮盐”的品质安全和历史文化底蕴，以中高端食盐第一品牌形象占领市场。通过进广场、进社区、农贸市场、进超市等形式，不断提升淮盐影响力和企业品牌形象。全年组织开展“淮盐”品牌宣传80余场次，出动200余人次。非盐经济是盐改后公司效益的重要来源之一，和主营工作相辅相成，相互促进，渠道共享。加大对特通渠道的开发，2020年初和市教育局签订2020～2021年全市119家大中小学校食堂食盐供应合同，确保全市学校的食盐安全。

【新盐政管理】 溧阳盐业公司根据国家颁布的《食盐专营办法》，随着盐政检查职能的移交，协调推动市政府出台《溧阳市盐业体制改革实施方案》，签订《职能移交协议》，将盐业行政管理职能分别移交市经信局和市食品药品监督管理局，实现新旧监管体制平稳过渡。派驻3名盐政协管人员到市市场监管部门协助开展盐政执法工作，加强对盐政协管人员的培训和考核，重点加强对新出台的盐业法律法规和工信部、发改委有关盐改过渡期相关文件的培训与学习，提高盐政协管人员的综合素质和业务技能，始终把维护人民群众食盐安全作为重点，确保溧阳市盐业市场的秩序稳定。

【内部管理】 加强财务资金风险、库存商品风险、应收款风险是整个经营工作重中之重，在风险控制上常抓不懈，从制度上、程序审批上落手，做到事前有审批。事中有跟踪、事后有落实，做到事事有人负责，对风险防范做好前瞻性预案。在经营工作中不断强化全员风险意识、成本意识，在细节管理上，要做到审时度势，确保所购商品成本低，避免难销、高成本商品的采购，对应收款、应交款及时跟踪处理，库存现金、库存商品坚持日清月结，确保经营风险管理零事故。

公司为提升全员素质，持续夯实人才队伍基石建设，履行全面从严治党责任，年初组织签订全面从严治党责任书，每季度召开党建工作领导小组会议。支部规范“三会一课”、党费收缴、组织关系管理等党建工作实务，按时召开组织生活会和党员评议工作。开展系列企业文化教育活动，营造出良好的企业文化氛围，提升队伍的整体素质，打牢高质量发展的队伍。

【食盐安全与食盐储备】 2020年，溧阳盐业公司依法严格执行国家规定的食盐定点批发制度，不断加强行业自律，做到守法诚信经营。参与食盐安全的维护工作，加强对派出的盐政协管员的管理，主动融入市市场监督管理局对食盐安全的监督管理，增强溧阳地区食盐安全的监管能力，规范溧阳市场盐业经营秩序。履行溧阳市人民政府赋予的食盐政府储备责任，主动承担食盐的企业社会责任储备，确保自然灾害或突发事件发生时溧阳市食盐的安全供应。

（蒋志宏）

市场和物流

【苏浙皖边界市场】 苏浙皖边界市场位于溧阳市清溪路1号，始建于2001年，是江苏、浙江、安徽三省交界地区规模最大的综合市场，由江苏苏浙皖边界市场发展有限公司建设运营。江苏苏浙皖边界市场发展有限公司通过ISO 9001服务质量体系认证，先后获得江苏省文明诚信市场、常州市流动人口管理示范市场、常州市平安市场等称号，被评为全国标准化市场、中国品牌市场、农业部定点市场、江苏省重点物流企业。

市场占地面积32.6公顷，总建筑面积30万平方米，划分为农副产品、建材及仓储物流、家具、精品建材城4个区域，总投资8亿多元。经营粮油、农副产品、建筑装潢装饰材料、电工材料、化工产品、家具、家用电器和汽车贸易等八大类上万种商品零售批发。市场现有经营户1800余户，从业人员超1.6万人，相关源头产业及配套服务用工达5.5万人。2020年市场总成交额110亿元，上缴各项税收2000余万元，经营范围辐射全国十多个省市。

市场是城市最有生命力的组成部分，作为溧阳市政府实施的“四大开发”战略之一，苏浙皖边界市场通过整合原有的分散交易中心，着重发展茶叶、蔬菜、建材等优势行业，不断创新，变小市场为大市场，扩大优势产业的规模和实力，增强了市场整体竞争力和辐射力。不仅为周边商户提供了优质的交易平台，更解决了几万人的就业问题，成就了众多优秀的企业家。

市场立足本市，搞活流通，服务城乡，在促进当地特色产业的发展方面表现突出，农产品产业基地和农产品加工企业迅速发展，特别是茶叶、水产、粮油等行业，产品80%来自本地，就地取材，价廉物美，竞争力强。产业结构调整后，老百姓把生产的优质农产品运至边界市场销售，提高了农业产业的规模经营和农民的生产积极性。

市场各项配套设施完善，市容市貌干净整洁，秩序良好，综合服务功能显著，竞争能力不断加强，经营户满意度较高，各项经营指标呈年年上升之势，商业发展态势良好，实现了从优秀到卓越的新跨越，发挥综合市场的品牌效应，强力助推溧阳第三产业的发展。培育诚信、高效、务实、超越的市场精神，弘扬责任、创新、共赢的核心价值。

（汤　静）

【溧阳八佰伴（溧阳华地百货）】 溧阳八佰伴位于商业区燕山路2号，总面积4万平方米。隶属于江苏华地国际控股集团有限公司，集团于2010年10月21日在香港主板上市（股票代码：01700.HK）。溧阳华地百货于2002年8月8日开业，2003年9月26日乔迁现址营业。2011年7月起重装调整，于12月下旬升级为溧阳八佰伴开业。溧阳八佰伴是按照香港华地国际集团的连锁化标准规划、布局和经营管理的全方位大型高档商场。2020年主营收入（含税）56908万元，利润总额4178万元，上缴税款3252万元。

（赵燕玲）

【溧阳万达广场】 常州溧阳万达位于南大街199号，于2018年6月1日开业，占地面积10.02万平方，计租面积5.77万平方米，总品牌数234个，地面停车场车位539个。2020年营销活动周周有亮点，月月有爆发，活动天数285天，投入促销旺场费500余万元，实现2020年总客流748万人次，总销售36778万元。

2020年万达集团响应政府号召，溧阳万达工程物业等后勤部门积极做好防疫保障，公司内落实各项管控措施，广场内坚持要求商户经营佩戴口罩，做好定点消杀，不断提升广场经营品质，争创绿色商场、新型智慧商场，打造溧阳行业标杆。在做好防疫的基础上，溧阳万达力在复产复工，创造多个就业岗位，开展各类慈善送温暖活动，配合各类政府机关活动，宣扬正能量，秉承大企业担当。

2020年专项疫情减免及各类商户扶持金额总计2480万元。全年实现收入7500万元的指标，费用2000万元（不含税费），年度缴纳增值税374.64万元，所得税306.14万元，土地税40.2万元，房产税394.23万元，各类税费71.81万元，总计纳税1187万元。

（唐小敏）

【江苏华达国际物流有限公司】 成立于1982年4月，公司下属溧阳市贝特贸易有限公司。公司有员工31人，固定资产7200万元，注册资金500万元，公司有车辆7辆，联合运输车辆16辆，货物运输总能力达1100吨。公司下设联运分公司、运输分公司、物流分公司、外运分公司、贸易分公司、常州分公司6家分支机构。2020年完成营收2600万元。

国内运输，公司一贯奉行“您的满意就是我的工作”为经营宗旨，创造了“团队管理”和“管理团队”的企业文化。主要运输线路有：溧阳至上海、北京、广州、西安、乌鲁木齐、成都、哈尔滨的快速物流通道。公司力求以一流的管理塑造良好的企业形象，以一流的服务与广大客户真诚合作，携手并进。

国际货运，经过多年超常规的发展，在国际化、综合性、科学化发展方面取得了长足的进展，确保向每一个客户提供全天候、无缝隙、无差错、日臻完善的服务。主要航线有“美加、欧洲、中东、东南亚、地中海”航线等。公司秉承“想得更多、做得更好”的服务观念，发扬“每天进一步”的员工精神，务求协助顾客准确达成目标。

国际贸易，开展纺织服装、轻工、机电、五金、化工等商品的进出口贸易，承接来料加工、来件装配、来样订货的三来一补业务。

（吴文彬）

综　述

【概　况】 2020年，溧阳市旅游接待总人数达1366.36万人次，旅游总收入179.81亿元，旅游增加值84.46亿元。在建重点文旅项目15个，包括总投资280亿元的曹山未来城、总投资23亿元的蓝城悠然南山等项目，15个项目计划总投资额337.28亿元。拟开工重点文旅项目31个，包括总投资60亿元的天目湖休闲文旅特色街区、总投资30亿元的中国再生医学康养中心等，31个拟开工项目计划总投资172.05亿元。帮助旅游企业向上争取省级文化和旅游发展专项资金384万元。

按照市委、市政府把全域旅游发展提高到“长三角一体化”的战略发展高度，围绕《溧阳市全域旅游发展规划》，编制《加快高端休闲产业和全域旅游发展研究》，完善《溧阳市全域旅游市场推广专项规》和《溧阳全域旅游公共服务体系专项规划》，并总结编写《全域旅游溧阳模式》，推进“长三角知名的休闲康旅目的地”“长三角生态创新示范城市”建设步伐。完成第二批“溧阳茶舍”等级评定及授牌，评定12家星级溧阳茶舍。将全市23家星级溧阳茶舍全部纳入政府定点采购单位。成立民宿行业协会，引导民宿企业加强行业诚信自律。2021年制定《溧阳市民宿业品质提升三年行动计划（2021—2023年）》、完善并制定《“溧阳茶舍”等级评定与管理办法》，推进“溧阳茶舍”高质量发展。推进乡村旅游重点村建设。礼诗圩村、庆丰村入选全国乡村旅游重点村名录，庆丰村、南山后村、陆笪村获评江苏省特色田园乡村。指导做好南山竹海风情小镇省首批旅游风情小镇终评期工作，打造小镇特色品牌。不断推进研学＋旅游，新四军江南指挥部纪念馆、天目湖旅游度假区获评全国研学旅行基地称号。由市文旅局牵头，对照国家新的验收认定办法和标准，协调各部门、各镇区完善台账资料，并针对短板和不足，提升旅游软、硬件设施，建成全域旅游大数据云平台，开通南、北两条“1号公路”旅游专线，完成溧阳市全域旅游集散中心、南山全域旅游集散中心建设，完善全域旅游咨询服务体系和创建氛围宣传，创成“江苏省全域旅游示范区”且通过国家级验收，入选“国家全域旅游示范区”，并在全国全域旅游工作大会上交流“全域旅游发展溧阳模式”。

创新宣传形式，精心策划文

溧阳茶舍　（市文体广电和旅游局　供稿）

表 15

2020 年溧阳市旅行社情况

单位名称	地址
天目湖旅行社	天目湖旅游度假区
阳光国际旅行社	平陵中路 251 号
华天假日国际旅行社	东大街 182 号
山水国际旅行社	平陵中路 212 号
东方旅行社	清溪路商业街 4 区 19 ~ 20 号
蓝天国际旅行社	平陵中路 319 号
华夏国际旅行社	南大街 117 号
交通旅行社	西大街 142 号
春秋国际旅行社	燕园路 88 号
青年国际旅行社	新省溧中对面
金旅国际旅行社	溧阳汽车站出口处
溧阳风光国际旅行社	平陵中路 218 号（平陵大酒店对面）
安途旅行社	建设中路 1 ~ 16 号
途宏旅行社	锦绣路 290 号
溧阳南山花园旅行社有限公司	戴埠镇戴南村委杨家村 88 号 1 幢
小任旅游	镇善南路 58 号
扬天户外	燕山路 73 号 1 楼
智诚假期	诚信广场
平陵国际旅行社	台港路 277 号
大千之旅行社	戴埠镇珠江东路 28 号
溧阳市悦达旅行社	戴埠镇李家园村委杨树头村 9 号
瓦屋山旅行社	钱家路 88-8 号
溧阳环球国际旅行社	燕山中路 11 号锦汇广场
溧阳市云途国际旅行社	溧城镇罗湾西路 101-101 号
常州时光之旅旅游	社渚镇湖西村委升平北路 68 号
溧阳市弘旭国际旅行社	天目湖镇迎宾大道 288 号 1 幢
常州市思美乐国际旅行社	天目湖镇屏峰花园 2 #楼 1 房
溧阳悦途旅行社	溧城镇天目路 99 号 1 层
汇友文化旅行社	昆仑街道景豪公寓 4 幢 116-1 室
常州溧阳天目水韵旅游	天目湖镇天目湖牌楼对面 2 号楼 14 ~ 15 号
常州涵田旅行社有限公司	天目湖镇东园路 88 号

旅活动。分 3 期推出 3000 万元消费券刺激市场复苏，成为省内首家在支付宝平台上发放旅游电子消费券的县级城市，引爆疫情期间的文旅市场。“疫后会更好”“天使爱美‘溧’”等自媒体专题带来 230 万余流量，焦尾琴沙龙的系列宣推流量达 1000 万次以上。举办溧阳“两节”、溧阳撤县设市 30 周年庆典、爱情泼水节、稻田音乐节、天目湖创新设计大赛等活动。“两节”期间，邀请峨眉武术非遗传承人凌云到溧阳参加开幕式表演，在南山竹海景区、溧阳茶舍、1 号公路等地打卡，开设抖音直播间，发布打卡视频，累计吸引关注超 225.5 万人次。策划“跟着大 V 去打卡”系列活动，竹内亮、安龙等四大洋博主到溧阳打卡，累计曝光量超过 330 万人次。全年指导旅游单位办好天目湖白茶开采节、天目湖桑果游学采摘旅游节、美齐山野赏萤节、曹山采摘节暨日日春杨梅节、南山寿桃节、南山竹海长寿文化节等各类节庆活动。对稻田音乐节、蓝城丰收节、广场舞大赛、全国柔道比赛等文旅活动、体育赛事进行现场直播，累计观看人数约 500 万人次。

编印《溧阳全域旅游手绘地图》《溧阳全域旅游优质服务商目录》《溧阳全域全景图》折页、《图说全域旅游》等宣传资料。在微信公众号上推出《团结“艺”心战疫情》《闲谈笔记故事》《全域旅游看溧阳》和《寻味街巷》等系列，融入地方特色文化，加强文旅融合。组织拍摄制作全面展示溧阳旅游的《溧阳全域旅游》宣传片，组织拍摄《溧阳茶舍》四季宣传片，通过微电影的形式，将“清风朗月•溧阳茶舍”品牌持续推广，打造溧阳休闲旅游新名片，提高溧阳旅游的美誉度。

2020 年底，全市拥有国家级旅游度假区 1 家、省级旅游度假区 1 家，A 级以上景区 5 家（其中 AAAAA 级旅游景区 1 家，AAAA 级旅游景区 1 家，AAA 级旅游景区 1 家，AA 级旅游景区 2 家）、全国工农业旅游示范点 7 家、全国休闲农业与乡村旅游星级企业 9 家（其中五星级 2 家、四星级 6 家、三星级 1 家）、全国工农业旅游示范点 7 家、全国休闲农业与乡村旅游星级企业 9 家（其中五星级 2 家、四星级 6 家、三星级 1 家）、江苏省五星级乡村旅游区（点）1 家、江苏省四星级乡村旅游区（点）11 家（其中包括 4 家全国农业旅游示范点）、江苏省三星级乡村旅游区（点）4 家、江苏省二星级乡村旅游区（点）3 家、省级自驾游基地 3 家；旅行社及网点 71 家（旅行社 31 家，网点 40 家），星级饭店 12 家（其中五星级 3 家、四星

表 16

2020 年溧阳市星级饭店情况

单位名称	星级	地址
天目湖宾馆	五星	天目湖旅游度假区
溧阳宾馆	五星	西大街 118 号
天目湖御水温泉度假酒店	五星	天目湖南山竹海景区
溧阳假日酒店	四星	罗湾路 99 号
皇廷国际大酒店	四星	燕山中路 9 号
扬子国际大酒店	四星	溧城镇南大街 131 号
涵田度假村酒店	四星	天目湖旅游度假区
金鼎苑宾馆	三星	上兴镇永兴大道 12 号
日日春	三星	曹山度假区
天之福	三星	曹山度假区
翠竹园宾馆	二星	天目湖旅游度假区
紫竹林	三星	曹山度假区

表 17

2020 年溧阳市国家等级旅游景区情况

景区名称	等级	地址
天目湖景区	AAAAA	天目湖旅游度假区内
新四军江南指挥部纪念馆	AAAA	溧阳市竹箦镇水西村
史侯祠	AAA	埭头镇河西村 1 号
高静园	AA	溧城镇交通街 38 号
凤凰公园	AA	溧城镇凤凰路凤凰桥堍

表 18

2020 年溧阳市江苏省星级乡村旅游接待区（点）情况

单位名称	星级	地址
南山花园	五星级	戴埠镇戴南村
翠谷庄园	四星级	戴埠镇南山竹海度假区徐家玕村
吴楚农耕文化园	四星级	戴埠镇黄岗岭村
欣龙生态园	四星级	戴埠镇戴埠镇黄岗岭村 128 号
通用山庄	四星级	深溪岕徐家村 168 号
古松山庄	四星级	横涧深溪岕 67 号
康鸿生态园	三星级	戴埠镇竹海大道 478 号
十思园	四星级	天目湖旅游度假区竹塘村思源路
天目茗居	三星级	天目湖旅游度假区环湖西路
天露山庄	三星级	天目湖东园路
四季春	二星级	天目湖镇天目湖镇南钱村
天目湖农业发展有限公司	二星级	溧阳市天目路 600—25 号
日日春	四星级	上兴镇龙峰村日日春庄园
白露山庄	四星级	上兴镇上沛龙峰村
天淼山庄	四星级	溧阳市欣丁路 1 号
晶阳山庄	四星级	竹煤线与 019 乡道交叉口西北
松溪生态园	三星级	竹箦镇陶庄村委横山岗 2 号
大石山	四星级	溧城镇西郊大山下 158 号
长寿谷	二星级	新溪路 88 号

级 4 家、三星级 4 家、二星级 1 家），星级溧阳茶舍 23 家。

旅游开发

【概　况】 推动文旅工作全领域、全方位、全链条高度发展，借助资源共享、优势互补、协同并进，提升服务供给力、产业竞争力、品牌影响力，为文化建设和旅游发展深度融合提供新引擎、新动力和新优势，为把溧阳建设成闻名全国的康旅度假休闲目的地城市目标奠定优质基础。

曹山未来城同时入选 2020 年江苏省和常州市重点旅游项目，项目示范区、会展中心和高端酒店区域施工进展有序。南山全域旅游集散中心及配套中心入选常州市重点旅游项目，全球第十家顶奢酒店瑞吉品牌成功签约。在建溧阳茶舍中，南山春居、鸣桐茶舍、青峰山居、杨湾茶舍已投运；龙海茶舍、山居客、天目羽岚和五间堂茶舍方案均已报批。争取文旅企业资金扶持，2020 年全市文旅企业获得各类扶持和奖励 1700 余万元。

【全域旅游推进】 2020 年，按照国家全域旅游示范区、全国文明城市以及国家等级旅游景区、度假区标准，全市大力推行旅游“厕所革命”。旅游景区、乡村旅游区全部按《旅游厕所质量等级的划分与评定》（GB/T 18973—2016）标准要求，新建、改建、提升 79 座旅游厕所（其中 AAA 级 19 座、AA 级 22 座、A 级 38 座），2020 年完成 9 座旅游厕所建设和等级评定，其中 AAA 级 1 座、AA 级 5 座、A 级 3 座。

【“溧阳茶舍”品牌培育】 完成第

表 19 2020年溧阳茶舍（精品民宿）情况

单位名称	星级	地址	电话
陶然美岕	四星级	天目湖镇106县道全民村15号	18921080266
叁朵花		戴埠镇横涧深溪岕67号	13814753999
香云小筑		戴埠镇黄岗岭村赵岕组179号	13914310912
岕宿竹马岭		戴埠镇上宥里村66号	15961278378
轻度 MildGo		戴埠镇山口村委白虎岕16号	18651942051
取舍		戴埠镇高桥小窑头村168号	13961282725
芷岚秋		戴埠镇徐家圩小岕村80号	13587235105
一生一遇		戴埠镇李家园村68号	18601269068
青峰仙居		戴埠镇松岭村委王家村68号	13776886148
青翕喜粤		戴埠镇李家园村牛马地村141号	13701501178
同画里		戴埠镇黄岗岭村	13906140513
璞宿隐心		戴埠镇宥里村100–2号	18888028677
青青子衿民宿	三星级	天目湖镇下桂林村63号	18051201777
绿乡民宿		戴埠镇戴南村高山岗32号	13961481886
南山十一间		戴埠镇竹海大道365号	13861099148
南山梵璞		戴埠镇李家园村竹海大道202号	15906140852
南山遥		溧阳市X002(竹海大道)	13961270888
泡泡度假庭院		戴埠镇李家园路下场园40号	13818100226
溪岕里美宿		戴埠镇李家园村下场园8号	13809074994
清心·如是		李家园村杨树头19号	18851206940
醉悠然山麓		戴埠镇横涧村95号	13915864649
南橘野舍		戴埠镇李家园村126号	13961204349
十六号民宿客栈		戴埠镇新茶亭村16号	13921052567

二批“溧阳茶舍”等级评定及授牌，评定12家星级溧阳茶舍。将全市23家星级溧阳茶舍全部纳入政府定点采购单位。成立民宿行业协会，引导民宿企业加强行业诚信自律。制定《溧阳市民宿业品质提升三年行动计划（2021–2023年）》、完善并制定《“溧阳茶舍”等级评定与管理办法》，推进“溧阳茶舍”高质量发展。

旅游宣传

【概　况】 2020年，是溧阳撤县设市30周年，也是全面建设小康社会决胜之年，更是实现两个一百年奋斗目标的关键之年，市文旅局根据市委、市政府“两大突破年”工作主题和文旅融合高质量发展要求，培育文旅发展新业态，抢抓品牌创新，让融合发展持续深化，把溧阳建设成闻名全国的康旅度假休闲目的地城市。

举办“相约天目湖”企业家焦尾琴沙龙，邀请知名文旅营销大师熊晓杰到溧阳开讲，天目湖旅游公司、轻度民宿等文旅企业代表举行圆桌论坛，与200余名文旅企业经营者交流互动。

举办第二届中国溧阳爱情泼水节，通过网络“云”直播、南京CBD（中央商务区）大屏直播、溧阳全城大屏直播等方式营造浪漫七夕，总曝光量超8000万人次。结合“中国农民丰收节”，举办中国溧阳首届稻田音乐节暨中国溧阳第二届“四美”丰收节，蓝城·悠然南山2020金秋丰收庆典暨戴埠镇首届乡村振兴运动会。举办溧阳撤县设市30周年“共话家乡美、幸福舞起来”广场舞大赛，吸引236支代表队，4248名运动员报名参赛，现场观众累计达5万人次，大赛专题抖音点击量近300万次，决赛现场网络直播观看人次达16万，极大丰富群众的精神生活。

【“山水传温，文旅传心”公益捐赠活动】 3月20日，江苏天目湖景区正式向游客开放，开园首日，景区员工代表开展“山水传温，文旅传心”公益捐赠活动，定向捐赠溧阳援鄂医务人员。景区通过采用控制峰值入园人数、要求游客佩戴口罩、间隔出行、测量体温、定时定区全面消毒等措施守住安全旅游防线确保天目湖以全新的面貌迎接广大游客。同时，天目湖作为率先宣布对全国医务工作者免票的景区，在开园前开通医务工作者免票预约通道，开园首日有医务工作者进行预约游园。

【“推行公筷公勺·倡导餐饮新风”倡议活动】 为倡导文明健康用餐理念，“推行公筷公勺·倡导餐饮新风”倡议活动于4月2日在天目湖宾馆举办。天目湖宾馆作为全市餐饮企业代表及一名游客代表分别作承诺。

【推出3000万元“春游溧阳”旅游电子消费券】 4月10日～5月31日，溧阳市携手支付宝平台，推出3000万元“春游溧阳”旅游电子消费券。溧阳市是江苏省内首家在支付宝平台上发放旅游电子消费券的县级单位。活动于4月10日上午9点正式上线，消费者打开支付宝首页，搜索“溧阳”，即可在活动页面一键领取最高消费优惠达520元的“大礼包”，内含门票类、住宿类、餐饮类三大类6张优惠券。

【2020天目湖白茶开采节】 2020天目湖白茶开采节于4月11日在大岭生态园举办，活动深度融合当地文化、旅游、白茶特色，通过线下仪式、线上直播为广大游客、网友呈上底蕴深厚的视觉、味觉盛宴。该次活动展示溧阳地区深厚的历史文化、美丽的自然风光，彰显“自在茶香，美音溧阳”的城市形象。

【2020中国·溧阳茶叶节暨天目湖旅游节】 2020中国　溧阳茶叶节暨天目湖旅游节于4月18日在溧阳曹山牛马塘村开幕。该届“两节”以茶为媒，共谋发展，与国内外一大批优秀企业达成重大项目共建意向，活动持续时间1月。开幕式当天，上汽房车平台、丹麦兰德森碳化硅、法拉利天目湖俱乐部文化中心等15个项目在现场集中签约，总投资达166亿元，涵盖科技、文旅、医养、智能制造等类别。其中，上汽房车平台项目总投资达50亿元。

学习强国直播中国频道、荔枝新闻客户端、我苏客户端、交汇点新闻等对开幕式全程进行现场直播，荔枝、我苏客户端超903万网友在线上为“两节”启动加油助力。

溧阳策划“跟着大V去打卡”活动，邀请凌云、竹内亮、安龙等网红大V来溧阳打卡，活动上线48小时点击量便突破200万。“茶舍照相馆”“天使爱美溧阳”“有一种生活方式叫溧阳”主题推介、“溧阳茶舍”系列短视频、“美音溧阳”主题有声明信片等一系列旅游推广活动的开展，为溧阳文旅产业复苏宣传造势。

【推出百度推广落地页】 溧阳市文旅局与百度合作推出百度推广落地页。在百度搜索溧阳茶舍、溧阳旅游、溧阳民宿等关键词，第一条显示的便是“有一种生活方式叫溧阳茶舍”，点击进入落地页，便可以看到茶舍展示、茶舍介绍、联系方式等被整理好的系统化信息，一目了然得呈现在落地页上，直接、易懂，可以在此页面上快速、深入了解“溧阳茶舍”。

4月18日，2020中国·溧阳茶叶节暨天目湖旅游节开幕

（市文体广电和旅游局　供稿）

【天目湖桑果游学采摘旅游节】 5月5日，由溧阳市农业农村局、溧阳市文体广电和旅游局、溧阳市天目湖镇人民政府主办，溧阳市天目湖农业发展有限公司承办的天目湖第六届桑果采摘节隆重开幕。桑果采摘园品种繁多，现可采摘的果桑品种达50余个。主要的采摘品种有白玉王、韩国大白珍珠、台湾长果桑等。

【2020年长三角文化和旅游联盟联席会议】 2020年长三角文化和旅游联盟联席会议于5月26日在溧阳市举行。来自上海、江苏、浙江、安徽一市三省的文旅部门负责人共商长三角文化和旅游高质量发展大计，共推一体化发展“施工图”和“任务书”。一市三省文化和旅游部门共同签署《长三角生态绿色一体化发展示范区文化和旅游专项规划》《长三角文化和旅游安全应急合作协议》《打造“长三角高品质红色旅游示范基地”框架协议》《“高铁＋景区门票”“高铁＋酒店”等快捷旅游线路方案》和由常州文化广电和旅游局承办《“同游长三角·美好新感受”主题游启动仪式方案》等协议和方案，并举行长三角公共图书馆智库服务联盟签约仪式。

【七彩曹山第四届水果采摘节暨日日春第九届杨梅采摘节】 七彩曹山第四届水果采摘节暨日日春第九届杨梅采摘节于6月16日开幕。作为曹山旅游度假区的传统活动，连续举办8年。以果办节，名气越传越远，每到杨梅采摘季，都会吸引大批游客前来七彩曹山，以采摘为名，进行一次酣畅淋漓的乡野踏青之旅。

【“全域旅游看江苏”媒体专题采访活动】 为全面展示江苏全域旅游高质量发展成果，总结交流各地在全域旅游示范区创建工作中的亮点和创新做法,6月30日～7月1日，“全域旅游看江苏”媒体专题采访活动在溧阳市举行，《人民日报》《新华日报》《中国县域经济报》《中国国家旅游》《中新社》杂志、澎湃新闻、江苏电视台国际频道、马蜂窝等10余家媒体及中国摄影家协会知名摄影师“零距离”感受溧阳全域旅游的魅力。

媒体记者到戴埠镇美岕萤火虫生态夜公园、天目湖镇四星级溧阳茶舍陶然美岕、省级特色田园乡村礼诗圩村、“溧阳1号公路”北山片区、南渡镇庆丰村参观考察，用镜头记录灵秀的美景，感受深厚的文化底蕴，实地体验溧阳通过发展全域旅游来推进生态创新、城乡融合和乡村振兴的成果。

【第二届中国溧阳爱情泼水节】 8月22日，第二届中国·溧阳爱情泼水节是溧阳全域旅游IP的重要呈现，借由活动在全省的推广以及活动现场的呈现，让更多的人看见溧阳的美景，听见溧阳的声音。活动创新开启大屏直播模式，在溧阳“城区＋景区”9块大屏实时现场直播，再加上大蓝鲸、荔枝新闻、抖音、B站、快手等各大平台“云”直播，让更多人感受到爱情泼水节的无穷魅力。25日七夕当晚，南京CBD联播大屏也将精彩呈现本届爱情泼水节的盛况。

【2020“美丽中国行·自在溧阳”采风品鉴行】 由中国旅游报社、溧阳市人民政府主办，溧阳市文体广电和旅游局承办的2020“美丽中国行·自在溧阳”采风品鉴行活动于8月28日启动。媒体、专家、网红达人等一行20余人共同探访南山竹海景区、美岕山野温泉度假村、1号公路瓦屋山片区、曹山省级旅游度假区等景点。通过研讨会的举办，剖析点评“溧阳实践”的亮点，为溧阳旅游提升建言献策，为后疫情时代文化和旅游产业高质量发展提供新启发、新思路。

【2020中国（溧阳）天目湖创新设计大赛】 2020中国（溧阳）天目湖创新设计大赛于9月10日大赛在南京开幕，颁奖仪式于12月8日在溧阳天目湖涵田度假村举行。该项赛事连续举办四届。大赛以“汇聚设计·智绘溧阳”为活动主题，分为智造明星工业产品设计赛和三十而“溧”文创设计赛两个系列竞赛。其中，文创设计赛用设计的语言向溧阳撤县设市30周年献礼，共征集到海内外投稿作品1139件，参赛总作品数创历届新高。工业产品组和文创作品组各评选出金奖1名、银奖2名、铜奖5名、优秀奖10名，同时增设文创作品组入围奖12名，奖金设置最高达6万元。

颁奖典礼现场举行金奖《溧阳如锦情如丝》系列文创丝巾、《曹国舅》溧阳城市IP形象等项目签约。

【中国溧阳首届稻田音乐节暨中国溧阳第二届“四美”丰收节】 中国溧阳首届稻田音乐节暨中国溧阳第二届“四美”丰收节以“上上·稻花香剧场”音乐会的形式于10月17日开幕，活动为期两天。该次音乐节由中国著名指挥家林友声携浙江交响乐团为领衔，邀请张建一、平安、魏金栋、王凯等观众喜爱的著名歌唱家和青年歌手及庆丰村民，共享乡村振兴的美好成果，也吸引长三角地区更多的“都市家庭”体验“美丽乡村”的丰收场景，感受“艺术田野”的无限魅力。这场盛会还登上央视，让全国观众一睹庆丰风采，共享丰收喜悦。

【蓝城·悠然南山2020金秋丰收庆典暨戴埠镇首届乡村振兴运动会】 蓝城·悠然南山2020金秋丰收庆典暨戴埠镇首届乡村振兴运动会于10月17日举行。回荡田间的舞狮鼓点，唱响四方的农民歌会，还有锡剧、非遗演出。

【2020无恙城市巡回艺术展溧阳站活动】 无恙城市巡回艺术展溧阳站开幕式于10月28日在美岕神马农场举办。该次艺术展对精心挑选的《喜羊羊之小棉袄》《祈祷》《气球》《映荷十二时》等7件自然艺术品进行为期一个月的展示。

【“大音希声”音乐会】 “大音希声”音乐会——长三角科技创新之夜于10月31日晚在南山和园开元度假村开幕。

该次音乐会分为和、风、雅、颂四个篇章，特邀江苏省演艺集团民族乐团以及宋颂、张悦、葛亚东、马晓晖、徐畅、孟诗文、王琛、朱平等表演艺术家倾情献艺，二胡古琴、古筝、竹笛、琵琶等民乐器轮番上场，给现场嘉宾带来高规格的视听盛宴，整场音乐会持续1个多小时。

【“到溧阳是一种生活方式”亮相上海国际旅交会】 由文化和旅游

部、中国民用航空局、上海市人民政府共同主办的2020中国国际旅游交易会于11月16～18日在上海新国际博览中心举办。

交易会上，溧阳文旅以“到溧阳是一种生活方式”为主题，通过宣传资料发放，文创产品和美景图片展示等方式，积极宣传溧阳的全域旅游，提升溧阳旅游品牌的知名度。天目湖状元文化、白茶文化系列文创、曹山旅游度假区的秋葵文创、蓝城•悠然南山悠悠田园生活明信片、博物馆系列文创、美芥山野温泉度假村的萤火虫餐垫、扑克牌、立体手撕记事本系列文创、周大敬小罐茶等展品，吸引不少参展商了解咨询。

【溧阳市两例案例上榜2020年中国旅游产业影响力风云榜】 经文化和旅游部批准，12月26～27日，由中国报业协会指导，中国旅游报社、吉林省文化和旅游厅主办的“第八届中国旅游产业发展年会”在吉林长春举办。年会发布《2020年度中国旅游产业影响力报告》，揭晓2020年中国旅游产业影响力风云榜，溧阳有两例案例上榜，分别为溧阳市成功入选2020年度中国乡村旅游发展名县（区）案例、中国•溧阳茶叶节暨天目湖旅游节入选2020年度中国旅游影响力节庆活动案例。每个奖项全国仅10例入选。

溧阳加快推进乡村旅游品牌打造，以江苏省特色田园乡村建设为突破口，以美意田园建设为主契机，推进乡村基础设施和公共服务设施建设、环境整治和美化、特色产业发展，成为乡村旅游发展的重要推动力量。全市现有全国乡村旅游重点村3个，江苏省特色田园乡村7个，江苏省星级乡村旅游区（点）19家，美丽宜居乡村200多个。2019年，溧阳全市旅游总收入257.38亿元，旅游总接待人数2103.14万人次，其中农旅收入达40亿元，实现带动5.4万农户增收，被《人民日报》称为“乡村振兴的溧阳样本”。

从1991年至2020年，溧阳市从发展大旅游考虑，结合全市旅游经济发展，创办中国•溧阳茶叶节暨天目湖旅游节，走出一条全国少有的“两节并现”路子，跻身中国旅游竞争力20强县级（市），打响“美音自在溧阳”的城市品牌，为中外宾朋奉献一场精彩纷呈、特色彰显的文化大餐、经贸大戏、旅游盛会，成为溧阳人民精心打造的节日。

旅游管理

【概　况】 2020年，市文旅局依据《中华人民共和国旅游法》《旅游安全管理办法》和《旅行社条例》等法律法规，规范旅游企业的经营行为，加大服务旅游企业力提升旅游服务接待水平，全市旅游环境得到实质性优化。根据高质量发展需求，完成扬子国际大酒店四星级旅游饭店评定性复核工作，取消天目湖国际饭店五星级旅游饭店的资格。由于新冠疫情对文旅市场的影响，积极争取各方资源，扶持文旅企业发展。帮助14家星级获取纾困资金350.8万元；帮助22家旅行社获取纾困资金336万元；帮助溧阳市嘟嘟网咖网吧获取纾困资金10万元。

【文旅行业安全宣讲及培训】 为落实企业安全生产主体责任，市文旅局召开“春风行动”宣讲会，针对全市网吧、娱乐场所、A级景区、省星级乡村旅游区（点）、星级民宿、星级饭店、旅行社等负责人开展宣讲活动。开展有奖知识竞答，在文旅系统开展“安全生产月”有奖竞答活动，依托“中国溧阳”等微信公众号，优选100道知识问答题进行线上答题，普及安全生产知识，提高自救互救能力。

切实推动文化旅游行业安全生产月宣传教育工作，规范文化旅游从业人员的安全防范意识和安全生产行为，各文化旅游企业在经营场所电子屏上体现安全生产的图片和宣传标语，发放宣传资料。6月9日开展以“消除事故隐患，筑牢安全防线”为主题的2020年文旅安全领域“安全生产月”活动为契机，从规范管理，落实责任抓起，从重点防范和整改隐患入手，切实把安全工作放在首位。联合溧阳市消防救援大队城北中队开展消防知识培训和演练活动。组织各旅游经营单位法定代表人、主要负责人和安全管理人员参加安全培训，培训结合市文化旅游行业特点，邀请行业专家讲授消防安全知识、安全生产法律法规、地质灾害安全防范知识、反恐怖防范知识、紧急救护知识。

6月17日联合市应急管理局、市场监督管理局、人社局等21个部门（单位）开展以“消除事故隐患，筑牢安全防线”为主题的安全生产月集中咨询日活动，向群众普及安全知识。

【文旅行业安全检查】 开展旅游包车、高风险旅游项目、文化和旅游场所客流超载、无证照经营等8项专项整治行动，监管3场营业性演出，全面覆盖互联网上网服务营业场所、文化娱乐场所、游戏游艺经营场所、A级景区、星级酒店、旅行社等市场经营主体，通过专项检查、突击检查、暗访等形式，对经营主体依法经营、规范经营行为进行监管，及时纠正违规经营行为，严肃查处违法经营行为。

（市文体广电和旅游局）

天目湖旅游度假区

【概　况】 天目湖旅游度假区成立于1992年，1994年被批准为省级旅游度假区，总规划面积320平方公里，目前已实施旅游开发区域约90平方公里，基本形成“一中心三片区”的大旅游格局，“一中心”即游客综合服务中心，“三片区”即沙河滨湖旅游区、龙潭乡村体验区、南山康体养生旅游区，于2015年获评国家级旅游度假区，是集国家级旅游度假区、国家AAAAA级旅游景区、国家生态旅游示范区于一身的度假区（景区）。先后获国家水利风景区、国家特色景观旅游名镇、全国环境优美乡镇、国家森林公园、国家湿地公园、国家级水利工程管理单位、中国最佳旅游度假目的地等称号。

生态资源优越　以丘陵山区为主，森林覆盖率达84.5%，空气质量达国家一级标准，每立方厘米空气中的负氧离子含量高达3万个，富硒土壤极具养生保健功效。拥有沙河和大溪两座国家大（2）型水库，水域面积25平方公里，天然弱碱性水质，水质达到国家二级饮用水标准。南山竹海是江苏省第二大山脉，苏南第一大山脉，是江苏地区难得一见的低山丘陵景观密集地，是江苏省分布面积最广的竹海。御水温泉是华东地区稀缺的碳酸氢钙型温泉。龙潭森林公园保存了170份板栗良种资源的基因库，是全国两家重点板栗良种繁育基地之一。拥有野生植物1100多种，野生脊椎动物149种。

文化底蕴深厚　有建于明代的鸡鸣村与金宅，有江苏迄今保存最完好的古官道；有东汉文学家、书法家蔡邕的读书台，传统音乐《蔡氏五弄》被列为江苏省非物质文化遗产；是著名的“焦尾琴故里”，以焦尾琴为代表的中国古琴是世界非物质文化遗产；被誉为“中华第一诗”的《游子吟》在此写就；以春秋时代楚人伍子胥名“员”命名的伍员山，史贞女义救伍子胥的感人故事广为流传；还有讲述姜子牙钓鱼传奇故事的太公山，距今已有1300余年的历史的龙兴寺；已有1400多年历史、源于佛教四报恩理念的报恩禅寺；高24米，青石垒砌而成，被誉为“亚洲第一浆砌石拱坝”的平桥石坝。

度假产品丰富　拥有山水园、南山竹海、御水温泉以及悠然南山、竹海漂流等景区，江苏省自驾游基地2家。涵田度假村、WEI天目湖、天目湖宾馆、美岕花园、竹溪谷、悦南山、望星谷等40多家宾馆酒店。欣龙生态园、翠谷庄园等众多乡村旅游点，其中全国休闲与乡村旅游点1家，全国农业旅游示范点5家，江苏省四星级乡村旅游点5家，以及石塘三十七号、香云小筑、芷岚秋、陶然美岕、三朵花等精品“茶舍”。各类住宿接待设施126家，客房数超过6000间，床位10000余张。

服务设施齐全　实现市区和宁杭城际高铁站到度假区以及度假区内景区间公共交通的无缝对接，神州自驾落户高铁站，游客中心和主要旅游点提供公共自行车租赁服务。全长400多公里的网红“1号旅游公路”把景区、乡村旅游点以及田园乡村串联起来，推动全域旅游发展。规模停车场13个，面积达到15万平方米以上，生态停车场面积4万多平方米。度假区主入口设立多功能一级游客服务中心，各主要景区都设立二级游客中心，景区和酒店公共区域提供免费WIFI，游客凭网络订单到景区换票或直接刷二维码入园。其他医院、银行、加油站、邮局、电信等服务设施一应俱全。

综合效益显著　江苏天目湖旅游股份有限公司为全市首家主板上市企业和江苏省旅游景区类首家上市企业。天目湖旅游度假区旅游直接从业人员8000余人，随着天目湖旅游的知名度扩大，天目湖品牌的影响力越来越高，“天目湖”商标使用范围已涵盖旅游、餐饮、茶叶、果品、工艺产品等100多个品种，天目湖砂锅鱼头、玉枝和玉莲白茶商标被评为全国驰名商标，天目湖旅游、啤酒评为江苏省著名商标，天目湖白茶和白芹分别为国家农产品地理标志产品，“富子”白茶被评为“中国上海世博会十大名茶”。“天目湖”品牌系列产品销售收入逐年上升。

【产业发展】 2020年，天目湖旅游度假区全年接待游客约704万人次，实现旅游总收入51.5亿元，旅游直接收入18.5亿元，旅游产业发展亮点纷呈，青羽舍温泉酒店、十思园度假酒店开工建设，特色野奢酒店竹溪谷项目、蓝洋林顿酒店等项目竣工投运，天目湖中国再生医学健康管理中心项目、瑞吉酒店签约落地。

规划与时俱进，提升发展思路。组织编制《天目湖国土空间规划》《天目湖镇村庄布局和发展规划》，启动《天目湖十四五旅游发展规划》《天目湖1号公路沿线环境提升规划》编制，提升发展思路，为产业布局、文旅发展、新镇建设、环境打造等方面提供顶层设计。践行“两山理论”，配合上级主管部门，对水库管理线、饮用水二级保护区范围线进行优化调整，为发展预留空间。

坚持高标准开发，加快旅游转型升级。总建筑面积约4.68万平方米的蓝洋林顿酒店项目、总建筑面积9000平方米的竹溪谷项目以及御水南山精品酒店、长三角科技创新论坛等一批酒店项目竣工投运；涵田国际康养中心商业街建成投运；悠然南山特色田园乡村项目集散中心、民宿、酒吧基本建成。桂林山居项目一期基本建成；青羽舍主体建设已完成60%；温德姆至尊酒店、十思园度假酒店主体建设完成30%；涵田度假村酒店、天目水庐宾馆、天目湖假日酒店、梅岭玉文化博物馆启动全面改造。总投资30亿元的天目湖中国再生医学健康管理中心项目、总投资60亿元的天目湖休闲文旅特色街区项目、总投资3亿元瑞吉酒店签约；总投资30亿元的蓝城·郡安里项目、总投资10亿元的院士村落项目正在合作洽谈；长三角马术小镇、乡伴大塘理想村、悠然南山升级版、桂林王家边高端品牌酒店、京东物联网中心、蓝城颐养小镇等项目正在前期方案策划。

坚持高水平建设，提升旅游环境质量。S360东延线、大溪水库旅游1号公路改线工程、白茶小镇道路全面建成，“1号旅游公路”沙河抽水蓄能电站段基本建成。完成牌楼商业街饭店外立面店招改造；启动李家园村环境整治，新建智能化旅游厕所，对竹林步道和公共空间进行美化亮化；规范旅游公路沿线民宿和旅游景区标识标牌；完成南山核心区126家民宿酒店污水接管。

坚持高品质宣传，扩大品牌影响力。利用抖音、互联网、微博、微视频、数字旅游等新渠道进行旅游活动和信息宣传；结合农文旅融合开通农产品直播带货；在华东地区主要客源城市的电视、报刊和户外广告上进行旅游宣传等，通过全方位、高频次的宣传推介，点燃“新爆点”。参加2020年中国国际旅游交易会，与全国各地客商深入交流；亮相北京国际摄影周，将天目湖美景带向世界，品牌吸引力得到不断提升。举办“唱响溧阳——一起过年吧”新春祝福活动，吸引超过20万人关注；承办2020溧阳茶叶节暨天目湖旅游节闭幕式。组织开展一系列专题活动：太平锣鼓非遗文化培训活动、南山竹海登山节、熊猫生日主题活动、南山竹海长寿文化节，以及中国溧阳“大音希声”音乐会、天目湖龙舟邀请赛等。

坚持高要求管理，构建高效管理体系。新冠疫情暴发后，按照上级要求加强疫情防控，重点做好人员管控，严格落实各类防护措施，保障安全、有序的旅游服务环境，组织“天目湖镇新冠肺炎疫情应急防控演练”，并通过现场直播的方式为广大群众传递疫情防控知识。组织区内旅游企业员工开展集体消防救援演练、天目湖饮用水源地应急演练、南山竹海竹筏落水救援演练、索道救援演练等演习活动，强调和提高消防救援应急处理能力。天目湖旅游度假区与天目湖镇2块牌子1套班子，天目湖镇是全省经济发达镇行政管理体制改革试点镇之一，截至2020年年底，先后四次承接市政府下放的县级经济社会管理权限942项，其中涉及行政审批和公共服务事项215项，执法事项727项。以“深化合作、强化管理”为重点，推进天目湖水源地保护工作，水源水质稳中向好。完成天目湖流域污染源精准调查，落实《常州市天目湖保护条例》《天目湖流域污染控制与水质提升方案》，探索实行水资源和森林资源镇、村、组三级网格化管理模式，建立快速反应的联动执法机制。2020年新增退耕还林（还草）区域乱种植整治面积2.67公顷，查处破坏水资源案件90起，破坏森林案件8起。

【“唱响溧阳——一起过年吧”新春祝福活动】 1月18～19日，由市文体广电和旅游局、天目湖镇联合主办的“唱响溧阳——一起过年吧”新春祝福活动在桂林村和洙漕村举行丰富有趣的活动，浓郁喜庆的年味儿让村民和游客感受节日的氛围。活动现场在线上同步直播，吸引超过20万人观看。

【第五届中国·溧阳南山竹海长寿文化节】 10月25日，由市老龄委主办，市卫健局、市文体广电和旅游局协办，南山竹海景区承办的第五届中国·溧阳南山竹海长寿文化节在南山竹海景区的寿星广场举行。活动公布“十佳老有所为人物提名奖”“十佳老有所为人物”“十佳孝星提名奖”“十佳孝星”获奖者名单。并举行《星影——溧阳寿星摄影集》发布及赠书仪式，启动“万名老人游南山系列活动”。

【天目湖风光再次亮相北京国际摄影周】 10月27日，由文化和旅游部、北京市人民政府主办，中国艺术摄影协会、中国摄影家协会、中国新闻摄影协会等单位承办的“北京国际摄影周2020”线下展览在中华世纪坛南广场隆重开展。“多彩天目湖 最美赏秋季”作为独立的参展单元在该届摄影周上精彩亮相，受到各界广泛关注。这是继2018年后，天目湖再次登陆这一具有国际影响的摄影大展。

【中国·溧阳“大音希声”音乐会】 10月31日，由市融媒体中心总策划和总制作的“中国·溧阳‘大音希声’音乐会——长三角科技创新之夜”在南山和园开元度假村拉开精彩帷幕。音乐会分和、风、雅、颂4个篇章进行，并在《盛世中华》烟花秀中落幕。整场音乐会持续一个多小时，超过6万人在线观看该次演出。

【天目湖旅游股份有限公司获全国研学旅行基地（营地）称号】 11月5日，天目湖旅游股份有限公司获得全国研学旅行基地（营地）称号。全国研学旅行基地（营地）是由全国研学旅行基地认定委员会专家团队经现场实地考察评定并综合研究决定，有效期3年。2020年全国18家基地（营地）获评，江苏省有2家单位获此称号。

【三胜村获评全国文明村】 11月22日，天目湖镇三胜村获得第六届“全国文明村镇”。三胜村位于天目湖上游、伍员山脚下，与安徽省郎溪县接壤。村庄面积12.89平方公里，下辖14个村民小组（22个自然村），930户，总人口3105人。

【天目湖砂锅鱼头入选江苏美食地标榜】 2020年12月，江苏省文化和旅游厅联合13地市向广大网友征集“水韵江苏 网红打卡新地标”。溧阳天目湖砂锅鱼头凭借鲜而不腥，肥而不腻、汤色乳白、原汁原味的特色入围十大美食地标名单。

（李双双）

曹山旅游度假区

【概　况】 曹山旅游度假区位于溧阳经济开发区（上兴镇）境内，与南京市高淳区、溧水区接壤，总规划面积50.85平方公里，核心区9.02平方公里。交通区位优势明显，距南京禄口国际机场35公里，距宁杭高铁瓦屋山站10公里。2009年，溧阳市首次提出“开发北山、提升南山、中部联动”的农业发展战略，拉开曹山旅游度假区的发展序幕；2016年溧阳市曹山旅游度假区党工委、管委会成立；2018年1月，省政府批复同意设立江苏省溧阳曹山旅游度假区的请示，同年6月七彩曹山国家级田园综合体获财政部批准，11月成为省级现代农业产业示范园建设单位；2019年4月，省级特色田园乡村牛马塘村正式开村。

【基础建设】 依托优良的自然生态环境、浓郁深厚的文化沉淀和优越的区位空间条件，逐渐形成以农为基、以绿为根、以文为魂，以“七彩曹山”为主题，“养眼、养身、养心”三个层次相融合的特色文旅品牌。完成80公里主线道路黑化、亮化，120公里连接支线硬化，实施水库、塘坝、沟渠整修等多项配套工程。建设占地9.7万平方米，包含多功能服务中心、生态停车场、草坪广场、旅游厕所、WIFI全覆盖等设施的游客服务中心。打造杨梅林、蓝莓林、樱花林、桃园、格桑花田、芝樱滩、薰衣草谷、紫薇谷等众多创意景观和采摘园和自行车公园、登山步道、紫薇谷房车营地、紫竹林帐篷营地、日日春水上演艺舞台、紫竹林盆景工坊、下陶村客民乡情馆、文博苑、京林禅寺等休闲文旅项目；曹山花居、天之福、紫竹林、日日春、白露山等一批集生态观光、瓜果采摘、娱乐休闲、乡村度假于一体的特色旅游农庄和民宿散落其间。

加快建设总投资280亿元的曹山未来城项目、投资12亿元的曹山花溪田项目、投资10亿元的新阳度假酒店项目和龙峰国家田园综合体等一大批文旅项目，千亩莓果精品采摘基地、千亩农田景观创意基地，集观光采摘、科普研学于一体的3万平方米现代高效设施农业加快推进。火车来斯、汽车来斯、欢乐小火车等旅游产品投入运营，为“七彩曹山”注入新的旅游元素，打响农旅融合、文旅融合的曹山品牌。

【宣传推广工作】 曹山旅游度假区按照“一城一园”的旅游新局，加快“国家农业公园”和“曹山未来城”建设，助力国家级农业产业园建设，力争在2023年成功创建国家级旅游度假区，全力打造江苏省一流的乡村旅游度假目的地，华东地区知名的农旅休闲度假目的地。2020年度接待游客近400万人次，总收入6.8亿元。

（许　峰）

邮　政

【概　况】 2020年，中国邮政集团公司江苏省溧阳分公司以持续推进巡视巡察整改为主线，坚持党建引领，统筹推进疫情防控和改革发展。以效益发展为目标，强化项目引领，深化创新驱动，确保高质量发展走在前。全年累计实现邮政业务总收入24975万元，比上年增加2216万元，增幅9.74%，收入规模全省排名第19位，比上年前移1位。其中非寄递业务实现收入23252万元，完成年计划的101.54%，比上年增幅11.64%。

2020年，分公司共发放互助保障会大病补助金12万元、三关爱补助金5万余元。面向劳模、旺季生产、困难员工及春节、双十一、高温慰问发放慰问品及慰问金10万元；春节、端午节、中秋节为员工发放过节实物福利52.56万元。全年发放员工生日蛋糕卡9.7万元。还开展跨赛期间爱心餐慰问、春节期间网点慰问等活动。

围绕疫情防控要求，分公司敢于担当，勇于作为，全面实施“四不中断、四免费办”、三个“第一时间”服务制度，先后启动教材寄递、作业打印寄递、防疫物资配送服务、爱心捐赠物质运输等，获得地方媒体和相关部门好评。同时发挥邮务资源优势，向全市企事业单位提供防疫物资。

开展“一支部一特色”创建、“政研论文”撰写等活动；第一时间学、中心组学习，“三会一课”学习严格按规定频次开展，并纳入月度党建KPI考评。严格执行基层党建责任清单制，把制度建设贯穿在党建工作当中。持续做好整改工作，针对巡察指出的3大类22个问题，第一时间制定2020年持续推进中央巡视省内巡察整改工作计划，确定15项任务，49项推进要点，确保巡察整改取得实效。

2020年，溧阳分公司被市公司授予先进部门称号；经营党支部分别被省、市公司授予党支部建设示范点称号；《安全隐患随手拍》获省公司优秀奖称号；溧阳营投部和社渚支局被市公司授予新冠肺炎疫情防控工作先进集体称号；分公司综合办被常州市公安局评为2020年度常州市单位内部治安保卫工作先进集体称号；获得市公司首届“王者荣耀”电子竞赛第一名、获得市公司足球比赛团体第二名的好成绩。

【“三大攻坚战”推进】 2020年，分公司抓牢金融风险防控。完善代理金融风险内控案防管理体系建设，开展员工轮岗、行为排查、预警核销、多维度检查等工作，打好防范化解重大风险攻坚战。2020年对涉及信用风险的3名员工调离金融岗位。实施精准扶贫工程。全年资助结对扶贫的塘马村10万元，用于采购烘箱等设备。做好“阳光扶贫”3位定点困难户的按季送温暖扶贫工作。助力黄桃、蓝莓、白芹农产品销售50余万元等。推进绿色邮政建设。落实“绿色包装”“绿色运输”“绿色金融”三大重点项目，绿色包装箱普及率达100%，单件包裹胶带使用量降低20%以上。淘汰不符合要求的汽油柴油车7辆。全年开展“衣衣不舍”旧衣捐赠等多项绿色环保活动，倡导绿色低碳生活。

【邮政普遍服务达标集中整治行动】 对照“提升普遍服务三年行动计划”要求，进一步强化“人民邮政为人民”宗旨意识，实施服检人员积分制管理办法，对服务质量管理进行全流程、端对端、各环节、全要素梳理，认真开展普遍服务达标集中整治行动，持续提升普遍服务水平。2020年对39个网点进行全覆盖检查，下发整改通知单和视检报告书136份，考核金额12470元。机要通信实现连续质量全红。

【社会服务】 立足邮政“通政、通民、通商”的独特优势，致力打造承接政府、连接百姓的第二政务平台。至2020年底，建设税邮网点6个，服务市民54278人次。建设警医邮网点9个，开办4大类23项警医邮业务。依托国有企业优势，探索党建联动社区服务新模式，打造“邮爱心”“巾帼邮路”等服务品牌。分公司党委组织志愿者常态化开展“路长制”值班和窗口文明整治活动。通过激活网点和平台资源，为社会提供便民服务，履行国企责任担当，不断提升溧阳邮政企业形象。获得“江苏省文明单位”称号。

【金融业务】 2020年实现代理金融收入1.9237亿元，目标完成率101.69%，列全区第一。年内新增金融总资产24.07亿元，列全区第一；年均净增余额规模12.25亿元，列全区第一。本年新增余额14.48亿元，市场占有率10.95%，比上年多增0.79个百分点。新保销量7.3855亿元。

深化客群经营开发。实现种养殖、务工、商贸等重点客群建档7.28万户，结存资产106.03亿元，比上年增加12.07亿元。其中激活0元客户1456户，新增金融总资产1.06亿元。提升线上获客能力。结存微邮付商户8688户，沉淀资产10.96亿元，近1500个商户借助微邮付平台进行线上引流，吸引11.4万人次参与活动。手机银行累计激活2.9万户，完成率列全区第一。快捷支付累计新增绑卡4.4万户，结存户17.53万户，完成率列全区第二。

【寄递业务】 推动特快业务发展。2020年特快业务收入620万元，完成率101.64%。聚焦政府合作，深挖政务市场。实现政务项目收入210万元，比上年增加36%。聚集重点市场，推动规模提升。全年农产品寄递特快收入达96万元，市场占有率显著升。聚焦同城市场，围绕商超配送等开展全面摸排工作，不断提升服务。聚焦转型发展，促进能力提升。加强营投部队伍建设，通过快包投递外包形式，调整9人充实营揽队伍。溧阳营投部在转型百团大战竞赛中，综合评分排全省7位。坚持快包业务降本增效。实现快包业务收入1044.13万元，坚持从“客户开发率、市场占有率、提能力、稳效益”四个维度开展快包业务经营发展工作。深入挖掘，加快新客户开发，全年签约新客户82个，引进仓储客户2家。利用邮车运能，全年减少快包加班车发运40余趟次，全年快包业务毛利率达23%，达成市公司下达指标。

【渠道业务】 2020年实现业务收入263.65万元，完成年度计划的100.25%。加快分销业务转型。主要围绕节日团购分销和常态化分销展开全年的分销经营工作，实现分销差价收入219.6万，完成年度计划的100.27%。实现分销销售额1710.09万，年度完成率100.01%。推进惠农合作项目。为农民专业合作社和家庭农场等新型农业经营主体提供“销售+寄递+金融”的解决方案，全年走访市级、县级合作社1238个，走访率100%。重点运作社区团购群。分公司引入第三方平台“十荟团”进驻团购群引流获客，新增团购群会员1.19万人，发生社区团购群订单2.19万笔，实现团购群销售额36.84万元。持续做好税邮、警邮增值业务。分公司全年代开增值税普票5.43万笔，实现代征税款1764.03万元。分公司9个城乡警邮网点，发生车驾管业务1352笔，其中期满换证业务1201笔。

【文传业务】 2020年实现业务总收入1551万元，其中函件业务收入361万元，完成年计划的104.69%；集邮业务收入526万元，完成年计划的101.19%，发行业务收入664万元，完成年计划的100.67%。项目攻坚强化品牌自信。“溧阳撤县设市30周年”项目实现收入超260万元。提前达成厅堂常态化销售目标。在网点厅堂陈列封片、邮品、图书等产品，全年实现销售12.5万元，完成率104%，提前3个月完成全年计划。图书专项营销项目，全年完成121.35万元，完成率113.41%。

【财务实体化建设】 2020年，分公司完善全面损益核算体系。将所有支局、代办所、营揽投部全部纳入损益核算体系，精确核算每个三级部门的损益情况。完善欠费管控体系。全年寄递业务超账期欠费始终控制在管控目标范围内，未形成坏账死账。强控企业成本体系。完成全区固定资产清查工作，出台管理实施细则，加强可控成本管控，挂钩部门月度绩效。

【人力资源管理】 2020年，分公司公开竞聘选拔2名有基层经历的年轻干部充实到中层干部队伍中，先后有3名名师工作室青年学徒被选拔为支局长。调整邮政支局分级办法，实施营投部分级管理。通过比较业务收入、结算收入等指标，保证分级结果科学公平，进一步激发增收创效潜能。依托准加盟制、实体化运作，划小核算单元，传导成本管控责任，助推业务发展提速增效。开展劳动竞赛和岗位练兵活动。全年新增银行从业资格持证10人，新增基金从业资格持证14人，新增证券从业资格持证6人，新增13名柜员通过AFP考试，新增71名金融从业人员通过CICE考试，新增156名柜员通过CHFP考试。新增储汇高级3名、储汇中级3名、投递初级4名、投递中级3名。提升薪酬绩效管理。分公司完善业务提成比例，薪酬政策向一线、向效益、向能力、向贡献倾斜。

【安全管理】 2020年，分公司按频次开展综合安全大检查和专项检查，通过网络、文件学习等方式组织全公司员工开展安全案例教育活动，加大对金融安全、营投部及快包仓储的消防安全设施投入。全年没有发生大的安全事故和案件。

（钱恩民）

中国电信集团有限公司溧阳分公司

【概　况】 中国电信溧阳分公司（溧阳市电信局）是为溧阳地区各党政机关、企事业单位和居民提供话音及数据通信服务的主要电信运营商，同时承担着全市党、政、军特殊通信（党政专门网、应急通信）重任。公司经营业务范围包括固定电话、宽带、天翼手机、网络电视和社会信息化应用等诸多电信业务。

分公司先后获得江苏省诚信单位、常州市诚信单位、常州市保护消费者权益先进集体、溧阳市安康杯竞赛优胜单位称号，获得江苏省“文明行业”称号。

【业务发展】 2020年，公司业务收入增长幅度和业务收入再创历史新高。通过坚持终端引领带动智能手机规模发展，加快光纤入户改造，推进启动5G布局建设工作；开展“极速宽带”和“高清iTV”免费体验活动，以实实在在的优惠让广大客户体验网络时代的便利与快捷。

公司履行央企的社会责任，加快推动地方信息化建设步伐，主动参与政府电子政务公开服务平台、医院医生工作站、镇区社会面治安监控系统扩容等信息化项目的建设，提升政务管理、社会管理的信息化水平；平安护民、数字卫生系统、数字城管、司法E通、天翼对讲、车辆LBS以及移动视频监控等“智慧型”等一批项目，促进了政府及企业的现代化转型。

【服务能力】 截至2020年年底，全市电信服务门店有100多家，其中乡镇门店80余家。2020年，推动服务门店模式转变，方便广大客户更加直观的选择需要的产品；公司营业厅全部配置兼职辅导员，帮助新入网客户熟练掌握智能软件安装和使用，时刻引领“移动互联网时代”新潮流。强化落实首问负责制和服务升级处理制度，优化管理流程，持续提升客户满意度。

【移动网络建设】 全面推进“光网城市　宽带溧阳”战略，实现全市光网络全覆盖，打响中国电信“光宽带”品牌，全面提供家庭千兆的高速宽带接入服务。效改善景区、高层小区和重点区域的4G信号质量；持续开展宁杭高铁沿线4G网络优化，实现4G信号高铁不掉线；推进WIFI网络规模化建设，强化热点的全面有效覆盖；在覆盖的基础上，加大建设力度，加快推进5G网络覆盖。

【企业管理】 2020年，公司以深入推进创先争优为契机，以“创新推动转型上水平，争先实现发展新突破”为主题，以树旗帜、展风尚，铸品质、促和谐为主线，开展党建生态区建设和基层党组织建设、“道德讲堂”等活动，全面推进学习型企业建设。引导和鼓励广大员工投身市场，争先创优；举行丰富多彩的文体活动丰富员工业余生活和有效缓解员工工作压力；增强员工的生产安全防范意识，严格落实安全生产责任制。

【信息化建设】 依托于云计算中心的建设运营，溧阳市信息化方面的基础能力得到极大提升，随着智慧溧阳、智慧教育、智慧卫生、智慧自然资源局(国土、规划系统)、城管管理局“数字城管”、市政府协同OA平台、市政府网站、电子政务网、生态环境局、房屋征收等一批系统等溧阳市云计算技术的运用推广、工业信息化融合、市政务服务、地方经济建设、民生服务、城市管理四方面的信息化平台投入使用,提升溧阳市智慧经济发展水平,为支撑“四大经济”建设,加快地方经济转型发展注入活力。

（史春荣）

中国移动通信集团江苏有限公司溧阳分公司

【概　况】 2020年,中国移动通信集团江苏有限公司溧阳分公司(以下简称溧阳移动)是溧阳地区运营规模最大、客户数量最多、网络覆盖最全的全业务通信运营商。公司响应国家提速降费号召,落实溧阳市委、市政府要求,推出系列提速降费举措,为广大客户提供优质优惠的移动信息服务,围绕“数字民生、无线政务、网络文化、信息兴业”,助力全国文明城市创建和“智慧城市”“智慧经济”建设,为拉动溧阳产业发展、助建和谐社会贡献应有力量。公司先后获得全国用户满意企业、江苏省文明单位、江苏省青年文明号、江苏省巾帼文明岗、常州市社会责任达标企业、常州市工人先锋号、常州市诚信单位、溧阳市创建全国文明城市先进集体等称号。

溧阳移动加快5G网络建设,推进移动光纤宽带全面升级至千兆,加强产品和业务创新,及时推出5G套餐,以实际行动降低客户通信消费成本。至2020年年底,移动用户手机上网流量单价平均下降94.3%,各类用户规模超过55.6万户,继续保持行业主导地位。

【服务工作】 2020年,溧阳移动致力于社会服务网点的拓展建设,截至2020年年底,全市有各类营业厅131家,营业网点覆盖面宽、受理业务全。同时为进一步提升家庭业务品质,满足人们多元化需求,至2020年溧阳移动在全市范围内开设33家宽带电视服务站,致力于服务周边群众,打造“家门口的宽带电视服务好管家”,实现移动智慧家庭产品的体验、销售、服务一体化,不断提升服务质量,打造“十分满意”的高品质服务体系。

溧阳移动充分发挥优势,持续推动转型升级,主动对接政府局办,建设平安护民工程,实现溧阳外围圈、乡镇圈、中心圈三道防线分期分步封闭合围,织密全市公共安全视频监控网。针对企业,积极推动固话及互联网专线服务及跨境、跨省、跨市数据专线建设,提供专用、稳定、安全的链路。

溧阳移动践行社会责任,为溧阳市政法委、溧阳市委宣传部、溧阳市司法局、溧阳市文旅局、各镇政府等单位发送疫情防护短信、旅游宣传欢迎名片短信及燃信、扫黑除恶燃信、招聘燃信等,发送4180万条。对外地以及境外返溧阳人员进行居家隔离监控并接入疫情防控指挥部大屏,利用和目高清画质、双向语音、异动报警、24小时不间断云存储的功能优势,为政府解决疫情期间居家隔离人员行动轨迹监控难的问题。利用人工智能技术、云技术、5G技术的优势,结合传统闸机,实现苏康码识别、体温检测、身份证人脸比对等,助力卫健局、各医院加强安全管理水平,在疫情尚未完全控制的情况下持续为医疗场所提供最佳服务,把控好进门的第一道关。

【网络建设】 5G是数字经济战略的先导领域,是推动供给侧结构性改革的重要引擎,是新基建的重中之重。2020年溧阳移动进一步抓紧5G网络的建设,截至2020年底,城区范围实现5G网络全覆盖,并同步完成宁杭高铁、2大景区(天目湖、南山竹海)、1个重要乡镇(天目湖镇)的5G覆盖,共开通5G站点356个(318个宏站、38个室分),5G峰值速率可达1500mbps。4G方面持续优化建设溧阳整体网络,4G宏站达到2642个,城区4G覆盖率达到99.1%,镇区4G覆盖率达到98.5%,宁杭铁路溧阳沿线专网覆盖率100%,高速覆盖率99%。通过4G建设,网络结构优化调整,溧阳移动持续对4G网络加大、加厚,4G无线建设投资约7082.84万元,城市光网建设投资约2721万元,所有小区均具备千兆宽带接入条件,为智慧城市建设和各类物联网业务应用打造优质承载网络。

溧阳移动在江苏省中关村高新技术产业开发区投资建设IDC数据中心,数据中心位置选址在江苏省中关村高新技术产业开发区内新时代创智园,至2020年年底完成一期建设。数据中心采用五星级专业数据中心标准建设，一期建设240个机柜，投资金额2000多万元，为中关村园区及全市政府企事业单位提供机房托管及云计算服务。

【通信保障】 2020年，溧阳移动进行了“奇幻光影文化节”“溧阳杨梅节”“溧阳爱情泼水节”“溧阳撤县设市30周年文艺汇演”“溧阳茶叶节暨天目湖旅游节”“曹山火车莱斯试营业”“溧阳涵田森林音乐节”“溧阳庆丰丰收节”“溧阳曹山未来城示范区开业”“宋团城观灯节”等重大活动事件的通信保障，与主办方联系，提前筹备，成立专项保障小组进行网络容量保障、网络覆盖完善、客户感知测试、现场应急处置方案等多方面工作，保障活动中移动通信的稳定畅通，让客户在活动现场能够顺利联网互动，全年保障期间批量投诉0次，为推动溧阳打造宁杭生态经济带最美副中心城市贡献力量。

【社会公益】 2020年，溧阳移动始终坚持把精神文明建设引入深入，将履行社会责任作为公司经营发展的重要战略。2020年，溧阳移动积极落实“路长制”与“门前三包”制度，组建志愿者服务队在帮残助弱、绿色环保、应急救援、疫情防控等志愿活动中，开展志愿服务一千多人次，捐赠物资12.5万余元，用实际行动服务社会、奉献社会，为改善城市环境面貌、优化社会公共秩序、改进公共服务质量、促进城市文明程度和市民文明素质整体提升做出应有的贡献，赢得良好的社会美誉。

（吴雅瑜）

中国联合网络通信有限公司溧阳市分公司

【概　况】 中国联通作为基础电信运营企业，将科技创新作为企业发展的核心竞争力，积极布局物联网、大数据、云计算、产业互联网等创新业务，以创新驱动发展，推进公司转型升级。中国联合网络通信有限公司溧阳市分公司作为下属机构，自成立以来也一直以服务质量为保证，以用户满意为宗旨，以有效发展为目标，不断强化主营业务和优势产品，不断优化内部管理，不断深化企业改革，不断推进双文明建设工作，企业方方面面的工作都有了新的进展，截至2020年年底，在网用户达12万户。

【联通经营业务】 中国联通引入了许多的互联网战略投资者，其中包括，中国人寿、腾讯、百度、京东、阿里巴巴等十几家战略投资者，其中百度、阿里巴巴、腾讯、京东四家投资超过270亿。而经过混改之后的中国联通也开始引入互联网思维，陆续推出了“腾讯王卡”“蚂蚁宝卡”等互联网资费卡，从而惠及和吸引了近亿的用户。溧阳联通在充分利用产品优势，加大推大力度，集团业务、渠道业务和自有人员营销业务全面提升，经营业绩排在常州各区县前列。

【联通信息化建设】 联通凭借其诸多优势，助推溧阳经济社会信息化进程，为全市广大企事业单位提供更多高效便捷的信息化服务，并进一步加强与市政府在信息化基础设施建设、产业链整合与提升、先进信息技术应用、农村信息化推进等多个领域的长期深度合作，共同打造互联网经济的精彩未来。越来越多的企业选择联通4G业务，为企业的信息化管理带去更便捷的服务。

【网络通信服务】 溧阳联通致力于加大加快零售渠道建设、自有人员营销队伍，为市民提供更加便捷的通信服务。至2020年年底，溧阳联通建成营业厅40家，各网点约30家，自有营销服务人员20人。

溧阳联通全力建设和改善4G网络，实现4G覆盖基本满足用户需求，语音渗透基本无缝隙。同时和电信共享5G网络，为用户提供更快速的网络服务。为此溧阳联通成立了网络工程工作小组，配合市公司，强化工程质量和工期目标，细化工作内容和工程责任，经过艰辛的努力，顺利达到了既定目标。已覆盖溧阳的全部城区和乡镇的主要景点和基础交通设施，在所覆盖范围内，可以提供高速数据业务，用户的网络满意度大幅提升。

【企业管理】 溧阳联通在向外界提供良好的通信服务的同时，不断强化内部管理，向管理要效益，进一步提高了工作效率。狠抓安全生产，落实安全责任目标，确保了全年无一起安全责任事故。加强预算管理和可控成本管理，提高财务管理水平。注重开展思想工作，员工队伍保持稳定。

（徐　丽）

金融管理

【概　况】 2020年年末，全市金融机构本外币各项存款余额1527.89亿元，比年初增加206.88亿元，增长15.66%；本外币各项贷款余额1130.70亿元，比年初增加132.97亿元，增长13.33%。银行业金融机构不良贷款余额为8.23亿元，比年初减少0.11亿元，不良贷款率为0.73%，较年同期下降0.08个百分点。辖内5大主要保险公司2020年保费收入17.23亿元，理赔支出4.66亿元。东海证券全年交易额1073.03亿元。

【金融服务】 2020年，中国人民银行溧阳市支行认真贯彻落实中共十九大和十九届二中、三中、四中、五中全会，及全国金融工作会议和中央经济工作会议精神，以“稳增长、促改革、调结构、惠民生、防风险”为重点，认真落实灵活适度的货币政策，统筹做好金融支持疫情防控、复工复产和“六稳”“六保”工作，积极促进地方经济金融更高质量、更可持续发展。扎实推动两项直达实体经济的货币政策工具精准发力、落地见效。至年末，辖内中小微企业延期还本6122户，金额58.78亿元，延期率85.08%；普惠小微信用贷款余额27.87亿元，占普惠小微贷款余额的20.05%，比年初新增8.52亿元，新增占33.85%。立足“人行+政府”，多向发力推动“普惠金融（征信）试验”工作，聚力把“汽车及零部件”产业集群打造成对接便捷、成本较低、服务精准的溧阳市金融服务民营和小微企业的高地，并以点带面向全市推广拓展。年末，产业集群贷款余额26.31亿元，平均利率4.81%，其中信用保证类5.97亿元，占比22.67%，比年初增加2.75亿元，增长85.50%，贷款余额比年初增加9.95亿元，增长60.79%。开展和推进溧阳市农村集体经营性建设用地抵押贷款试点工作，深入了解市改革背景和基本情况，制定试点工作方案，达成金融支持美丽乡村、特色田园乡村建设的共识。持续提升金融支持制造业服务水平，做到贷款投向优化，贷款审批优先，信贷计划优先，执行利率优惠，提高抵押品折扣率，加快产品创新，加强交流合作。年末，全市金融机构表内制造业贷款余额为194.19亿元，比年初增加14.78亿元，增长8.24%，占贷款总额的17.17%，制造业贷款总额在常州辖市（区）中排名第三位。

2020年，实现各级次预算收入452.15亿元，比上年增长10.13%；支出436.02亿元，比上年增长9.43%；办理个所税退税45989笔、金额1658.55万元；开通防疫物资采购“绿色通道”，全力保障疫情防控工作的开展，通过集中支付业务支出防疫资金45笔、金额2992.79万元。顺利完成所有乡镇国库集中支付电子化上线工作，成为常州辖内首家乡镇全部上线集中支付电子化的县市。完成二代征信系统切换上线工作，对外提供二代企业和个人征信报告查询，全年共受理企业信用报告查询1260笔和个人信用报告查询19003笔。持续推进反假货币宣传长效机制，全年收缴假币1699张，金额131530元，鉴定人民币7起，有力打击假币违法犯罪活动。

【外汇管理和服务】 2020年，全辖跨境收入14.53亿美元，比上年增长29.68%，支出4.36亿美元，比上年增加14.99%，收支顺差10.16亿美元，比上年增长37.20%；结汇7.62亿美元，比上年下降14.48%，售汇1.74亿美元，比上年下降6.77%，结售汇顺差5.88亿美元，比上年下降

2020年年末溧阳市银行类金融机构业务情况

表20　　单位：亿元人民币、万美元外币

项　目	工商银行	农业银行	中国银行	建设银行	江南银行	农业发展	交通银行	中信银行	江苏银行	华夏银行	招商银行	兴业银行	邮储银行	浦发村镇	光大银行	民生银行	浦发银行	广发银行	南京银行	平安银行	合计
各项人民币存款余额	122.15	262.83	97.17	115.51	409.53	5.34	22.56	26.20	32.72	29.63	19.78	46.84	122.67	16.11	55.28	39.26	18.71	14.58	21.95	10.73	1497.03
比年初+%	20.17	33.59	18.43	11.01	10.84	62.31	33.25	25.66	−6.30	0.41	−13.40	38.13	20.23	1.45	19.47	−34.83	42.50	17.11	−6.83	95.09	14.61
其中：储蓄存款余额	63.86	164.51	46.48	75.43	222.72	0.00	5.34	5.47	7.24	7.29	4.01	8.32	109.83	5.49	9.44	16.77	3.39	2.46	8.56	2.88	769.52
比年初+%	15.31	42.09	5.18	13.89	18.27	0.00	22.76	19.69	23.34	0.00	−6.74	8.90	17.84	33.58	28.61	2.38	9.71	52.80	37.40	114.93	20.76
单位存款余额	58.22	98.29	50.51	39.63	186.80	5.34	17.22	20.70	25.48	22.33	15.76	38.52	12.82	10.61	45.84	22.49	15.32	12.12	13.38	7.84	719.21
比年初+%	25.94	21.48	34.09	4.90	3.11	62.31	36.99	27.38	−12.26	0.59	−14.90	46.58	45.52	−9.78	17.72	−48.72	52.74	11.91	−22.70	88.92	9.37
各项人民币贷款余额	118.06	170.54	83.53	92.44	264.71	39.38	28.18	37.67	27.34	31.07	10.05	32.15	34.38	15.80	52.34	13.16	17.84	31.81	26.42	3.31	1130.17
比年初+%	8.68	12.95	5.75	3.68	4.43	16.34	1.51	82.07	21.84	−7.14	18.93	23.09	11.37	1.35	32.61	13.35	26.52	129.34	53.25	284.88	13.29
外币存款余额	1935.00	7696.00	11873.00	3234.00	1644.00	—	686.00	232.00	11216.00	3.00	142.00	219.00	31.00	—	5072.00	74.00	92.00	1.00	3147.00	3.00	47300.00
外币贷款余额	460.00	347.00	6.00	1.00	—	—	—	—	—	—	—	—	—	—	—	—	—	—	—	—	814.00
结售汇总额	22230.03	24542.80	24912.66	10820.94	4286.24	—	391.78	0.00	114.23	16.75	62.67	80.92	0.00	—	5684.22	—	8.16	—	392.34	—	93543.73
出口收汇	16215.20	11158.68	47569.86	9551.32	4466.05	—	280.88	—	162.47	16.75	4206.24	69.45	—	—	1080.06	—	—	—	366.53	—	95143.48
进口付汇	8108.48	1757.94	4368.62	3018.40	965.25	—	7.34	—	16.87	—	—	—	—	—	1796.20	—	8.20	—	52.17	—	19696.59
利用外债	—	—	—	150.00	—	—	—	—	—	—	—	—	—	—	—	—	—	—	—	—	150.00
资本金结汇	944.75	6751.27	10.30	1553.18	0.15	—	—	—	—	—	—	—	—	—	366.16	—	—	—	—	—	9625.81

2020年年末溧阳市银行机构网点情况

表21

银行名称	网点数	一级支行（家）	二级支行（家）	从业人员（人数）	备注
工商银行	9	1	8	168	离行式自助银行8家
农业银行	21	1	20	292	离行式自助银行7家
中国银行	10	1	9	164	离行式自助银行3家
建设银行	15			203	离行式自助银行7家
农业发展银行	1	1		21	
江南农村商业银行	34	8	26	478	金融便民点135家，离行式自助银行2家
交通银行	1	1		27	离行式自助银行2家
邮政储蓄银行	4	1	3	79	只包含邮储银行正式员工，不包括代理网点工作人员
中信银行	1	1		20	
江苏银行	1	1		24	离行式自助银行1家
华夏银行	2	1	1	37	
溧阳浦发村镇银行	3	2		59	法人机构：1家总行，2家一级支行
招商银行	1	1		20	离行式自助银行3家
兴业银行	2	1	1家社区支行，没有现金柜	28	
光大银行	2	1	1家社区支行，没有现金柜	21	
民生银行	2	1	2家社区支行，没有现金柜	27	
浦东发展银行	1	1		16	
广发银行	1	1		15	
南京银行	1	1		25	
平安银行	1	1		15	

2020年溧阳市银行机构存贷款情况

表22 汇率:6.5249 单位:亿元、%

		合计	农发	工行	农行	中行	建行	交行	中信	招商	华夏	浦发	兴业	民生	光大	广发	平安	南京	江苏	江南	邮政	村镇
一、各项存款	余额	1527.89	5.34	123.41	267.85	104.91	117.62	23.00	26.35	19.87	29.63	18.77	46.99	39.31	58.59	14.58	10.73	24.00	40.04	410.61	122.69	16.11
	比上月	−9.61	1.86	−5.21	−8.21	3.33	2.83	2.99	−6.83	−1.35	4.71	−0.23	−1.04	2.44	4.03	0.21	1.35	0.84	3.79	−8.07	−2.19	0.40
	比年初	206.88	2.05	19.35	67.76	18.05	10.66	5.94	5.35	−3.24	0.12	5.58	12.91	−20.97	12.24	2.13	5.23	0.44	5.10	40.80	20.64	0.23
	增长%	15.66	62.31	18.60	33.86	20.78	9.97	34.82	25.48	−14.02	0.41	42.30	37.88	−34.79	26.41	17.11	95.09	1.87	14.60	11.03	20.23	1.45
其中：个人存款	余额	772.04	—	64.10	164.65	47.76	75.70	5.39	5.62	4.08	7.29	3.45	8.46	16.82	9.49	2.46	2.89	8.59	7.25	222.72	109.84	5.49
	比上月	0.89	—	−1.45	1.36	0.80	1.17	0.81	−0.22	−0.52	−0.06	−0.22	0.16	−2.71	0.72	0.28	0.77	0.62	−0.01	0.07	−0.74	0.06
	比年初	132.18	—	8.50	48.71	2.25	9.16	0.98	0.90	−0.30	—	0.29	0.67	0.41	2.08	0.85	1.54	2.35	1.37	34.40	16.63	1.38
	增长%	20.66	—	15.29	42.01	4.94	13.77	22.22	19.07	−6.85	—	9.18	8.60	2.50	28.07	52.80	114.07	37.66	23.30	18.27	17.84	33.58
单位存款	余额	746.10	5.34	59.24	103.17	56.97	41.48	17.61	20.70	15.79	22.33	15.32	38.52	22.49	49.10	12.12	7.84	15.40	31.36	187.87	12.84	10.61
	比上月	−5.16	1.86	−3.76	−9.57	2.53	1.65	2.18	−6.62	−0.83	4.77	−0.01	−1.20	5.18	3.31	−0.07	0.58	0.22	3.88	−8.15	−1.45	0.34
	比年初	76.40	2.05	10.82	19.07	15.81	1.09	4.97	4.45	−2.94	0.13	5.29	12.23	−21.37	10.16	1.29	3.69	−1.91	2.31	6.40	4.01	−1.15
	增长%	11.41	62.31	22.35	22.68	38.41	2.70	39.32	27.38	−15.70	0.59	52.74	46.52	−48.72	26.09	11.91	88.92	−11.03	7.95	3.53	45.41	−9.78
二、各项贷款	余额	1130.70	39.38	118.36	170.76	83.53	92.44	28.18	37.67	10.05	31.07	17.84	32.15	13.16	52.34	31.81	3.31	26.42	27.34	264.71	34.38	15.80
	比上月	14.32	−0.22	1.97	0.29	5.32	−0.91	0.76	−0.94	−0.03	−0.38	−1.20	−0.14	−0.25	5.52	2.91	1.00	1.21	−0.18	−0.62	0.36	−0.15
	比年初	132.97	5.53	9.65	19.74	4.54	3.28	0.42	16.98	1.60	−2.39	3.74	6.03	1.55	12.87	17.94	2.45	9.18	4.90	11.23	3.51	0.21
	增长%	13.33	16.34	8.88	13.07	5.75	3.68	1.51	82.07	18.93	−7.14	26.52	23.09	13.35	32.61	129.34	284.88	53.25	21.84	4.43	11.37	1.35
其中：短期贷款	余额	490.79	2.65	33.32	63.69	16.37	29.41	18.52	3.62	1.55	26.34	12.11	13.17	5.95	20.79	4.46	3.30	13.84	12.04	184.57	15.22	9.85
	比上月	2.77	0.42	0.24	0.84	0.05	−2.94	0.46	−0.93	0.40	−0.46	−1.04	−0.29	0.08	6.00	0.01	1.00	0.62	−0.04	−1.62	0.29	−0.31
	比年初	38.76	0.25	−0.44	8.14	4.51	−0.71	1.01	−4.19	−0.17	0.18	4.24	2.57	1.51	5.81	−0.72	2.50	5.70	0.76	4.79	2.43	0.60
	增长%	8.57	10.42	−1.30	14.65	38.03	−2.36	5.77	−53.65	−9.88	0.69	53.88	24.25	34.01	38.79	−13.90	312.50	70.02	6.74	2.66	19.00	6.49
中长期贷款	余额	609.84	36.72	84.95	105.39	64.41	62.02	8.39	34.05	8.50	4.73	5.73	18.98	7.21	31.55	4.09	0.01	12.58	15.29	80.13	19.16	5.95
	比上月	8.69	−0.64	1.78	0.30	5.45	1.13	0.16	−0.01	−0.44	0.08	−0.16	0.15	−0.32	−0.48	0.02	—	0.59	−0.14	1.00	0.07	0.16
	比年初	85.63	5.28	10.34	19.12	1.18	4.02	0.22	21.17	1.77	−2.57	−0.51	3.46	0.03	7.07	0.23	−0.04	3.48	4.14	6.45	1.08	−0.28
	增长%	16.34	16.79	13.86	22.16	1.87	6.93	2.69	164.36	26.30	−35.21	−8.17	22.29	0.42	28.88	5.96	−80.00	38.24	37.13	8.75	5.97	−4.49
票据融资	余额	30.06	—	0.08	1.68	2.75	1.01	1.27	—	—	—	—	—	—	—	23.26	—	—	—	—	—	—
	比上月	2.89	—	−0.01	−0.85	−0.17	0.90	0.14	—	—	—	—	—	—	—	2.88	—	—	—	—	—	—
	比年初	8.66	—	−0.17	−7.51	−1.15	−0.03	−0.81	—	—	—	—	—	—	—	18.43	—	—	—	—	—	−0.10
	增长%	40.47	—	−68.00	−81.72	−29.49	−2.88	−38.94	—	—	—	—	—	—	—	381.57	—	—	—	—	—	−100.00

注：各项存款包括财政性存款7.49亿元

2020年溧阳市主要保险机构业务情况

表23 单位：亿元

险　种	单　　位	保费收入	保险理赔（给付）
财产险	中国人民财产保险股份有限公司溧阳支公司	3.31	1.94
	中国太平洋财产保险股份有限公司溧阳支公司	1.81	0.92
	中国人寿财产保险股份有限公司溧阳支公司	0.55	0.34
	财产险小计	5.67	3.20
人身险	中国人寿保险股份有限公司溧阳支公司	5.55	1.09
	中国太平洋人寿保险股份有限公司溧阳支公司	6.01	0.37
	人身险小计	11.56	1.46
保险业务合计		17.23	4.66
东海证券溧阳南大街营业部证券成交额		1073.03	

16.38%；进口2.30亿美元，比上年增长26.29%，出口10.56亿美元，比上年增长0.74%，进出口顺差8.26亿美元，比上年下降4.62%。市外汇局围绕“防风险，强监管，交易留痕，监管渗透”的总原则和“宏观审慎管理，微观市场监管”的监管总要求，加强资本项目监控，防范跨境资本流动风险，同时注重提高服务实体经济意识和能力，营造良好营商环境。加强外汇指定银行监管，要求外汇指定银行切实履行“展业三原则”，对部分银行开展执行外汇政策合规性检查、国际收支申报业务现场核查，对相关银行开展资本金（外债）结汇、货物贸易、个人外汇业务等专项检查。全年共对10家企业发起现场核查，对5家企业作降级处理，对5家企业违反外汇管理规定，情节较轻的进行批评教育，暂不作降级处理。对5家B类企业进行到期评估，4家恢复A类，1家予以名录强制注销。对1家企业擅自改变资本金结汇用途的违规行为进行立案查处，有力维护了辖内外汇交易市场的稳定有序。

（肖懿珊）

7月5日，市地方金融监督管理局组织调研上市后备企业

（市地方金融监督管理局　供稿）

【企业股改上市】 2020年，全市股改上市工作稳步推进。出台了企业股改上市激励政策《市政府关于加快企业股改上市的若干意见》（溧政发〔2020〕1号）。给予企业从股改、上市（挂牌）到再融资的全过程扶持奖励，通过政策“风向标”作用，培育优质市场主体，促进全市经济高质量发展。应兑尽兑，激发企业股改上市内生力。组织2020年度上半年度企业股改上市奖励申报，对科华控股、柳晶科技等20家符合要求的企业兑现奖励952.59万元（科华奖励分别由市、镇财政兑现48.52万元和194.07万元）。大力推动企业股改上市攻坚。全年完成股改企业13家，证监局辅导申报1家（金源股份）。初步形成多层次对接资本市场的梯队格局。经调研初步形成14家“双百”上市后备企业、10家上市苗圃企业的上市后备力量；全年在江苏省股权交易中心挂牌企业达114家。

（余丹敏）

【信贷服务实体】 2020年，溧阳市全力推动“政银担”信贷模式扩容扩面，高效利用政府、银行、担保机构三方信贷风险分担补偿机制，充分发挥财政资金杠杆放大效应，有力撬动金融机构对“四大经济”的信贷投放，有效降低企业融资门槛和成本。“政银担”信贷模式全年发放62笔，金额3.73亿元。加强与江苏省农业信贷担保公司合作，丰富农担金融产品，助力“三农”经济发展和乡村振兴。江苏省农业信贷担保公司累计为全市303户担保实现贷款2.94亿元。全面推广省综合金融服务平台，打破供需信息不对称，提升银企精准对接质效。全市银行全部接入平台，中小企业注册数3283家，发布融资需求1017项；成功解决融资976笔，融资金额31.3亿元。

【防范金融风险】 2020年，溧阳市深入开展金融领域扫黑除恶专项斗争工作，依法组织非法金融乱象专项整治，共对12家重点投融资企业进行“双随机、一公开”检查。全力以赴开展国有担保不良清收追偿，依法打击逃废债务群体，优化金融生态环境，确保国有担保稳定经营。追回代偿款6091.73万元。帮助企业应急转贷及“周转融”224笔，共计28.47亿元。

（蔡　瑜）

银行业

【中国工商银行股份有限公司溧阳支行】 2020年，工行溧阳支行着力做好疫情防控工作，用一系列真金白银的纾困惠企举措，支持企业复工复产，全面提升支行市场竞争力。年末，支行本外币各项存款余额123.41亿元，各项贷款余额118.36亿元。全力保障重点项目信贷支持，全年新增投放项目贷款18.91亿元，新增制造业贷款1.16亿元，新增制造业户数15户;落实贯彻中央“六稳”、“六保”政策，扶持民营和小微企业发展，加速推广e抵快贷、e税快贷等创新产品，加大小微企业信用支持力度，不断提升实体经济服务能力。年末普惠客户净增110户，普惠金融产品余额6.52亿元，较年初增加2.25亿元，增速达到53.81%。全面试点柜面运营服务无纸化改革，利用双屏交互式业务办理模式优化客户体验;完成对阳光支行、昆仑支行等网点的装修和改造，完善到店客户体验。

（工行溧阳支行）

【中国农业银行股份有限公司溧阳市支行】 2020年，农行溧阳市支行以服务供给侧结构性改革为主线，优服务、扩份额、促转型、控风险、抓改革，统筹推进疫情防控和业务经营，加大信贷有效投放，在全省农行52家县域支行穿透式考核及常州农行系统经营目标责任制考核中均排第1位。年末，全行本外币各项存款余额267.8亿元，较年初增67.8亿元，总量和增量四大行份额分别达43.6%、58.5%，各项贷款余额170.8亿元，较年初增19.7亿元，总量和增量四大行份额分别达36.7%、53%，各项指标均为四大行首位，存贷款时点及日均增量稳居同业第一。全年累计投放项目贷款21.8亿元，较上年增11.7亿元。累计投放法人贷款86.4亿元，比年初增9.4亿元，其中累计投放制造业贷款41.4亿元，比年初增1.6亿元。支行综合管理部被常州市公安局评为先进集体，溧阳农行获评省分行安全保卫“三化三达标”优秀一级支行。

深入推进“一项目一方案一授权”普惠贷款运作新模式，全年支持包括苏浙皖边界市场、溧阳乡村旅游产业、农牧和饲料机械等共计13个项目下累计用信金额2.4亿元,新增用信金额6946万元。全力推动线上贷款产品提量扩面。通过开展“万人进千村”活动，走进政府、走进村委、走进农户，累计完成农户信息建档3891户，遍及溧阳各大乡镇175个行政村，线上个人贷款余额1.4亿元，比上年新增1.3亿元。线上小微企业贷款余额3.7亿元,比上年增2.5亿元。全年涉农贷款增量26亿元，比上年增17.6亿元。支行围绕“四类农业”，在疫情期间积极争取农产品保供等优惠利率、贴息政策，全力支持县域春耕保供、乡村振兴。全行个人农户贷款余额7.9亿元，较年初增3.2亿元，增量及份额稳居常州市农行系统首位。积极拓展储备“乡村振兴园区贷”，完成系统内首笔投放，金额达4000万元。累计实现信用卡业务交易额12.4亿元，重点包括居民购车分期贷款金额4890万元、家装分期1.1亿元。年末，个人住房贷款余额27.2亿元，较年初增3.7亿元。全年多形式开展掌银促销活动，搭建各类消费场景，着重推进“家校通”智慧校园项目，共新增签约18家K12学校，注册用户达7900户。引导学生家长及社区居民利用掌银及二维码在线缴费，共计上线39户校园缴费项目，为10多家小区应用二维码收取停车费、物业费。重点打造天目湖智慧旅游项目，完成天目湖及南山竹海智能入园、BMP收费、智慧停车系统建设，得到新华社的采访宣传。全年不良贷款处置总额2543万元，不良贷款本息现金清收2154万元。全年柜面成功堵截各类外部欺诈风险事件38起，涉及金额186.6万元。

（潘尚君）

【中国银行股份有限公司溧阳支行】 2020年，中行溧阳支行在省行六条发展理念的指引下，围绕市行十大战略重点，以“市场争先、系统领先”的目标，抢抓机遇、共同拼搏，坚持党建统领为中心，以业务发展和风险防控两大平台为依托，抓重点、强弱项、补短板，全面推进五年发展规划，全面提升发展质效。支行通过个金转型、公私联动、渠道建设、作风转变等方面激发内生动力，凝聚全员合力，稳步推进溧阳支行各项工作有序开展。年末，全行本外币存款104.8亿元，本外币贷款83.5亿元。完成国际结算量54095万美元，连续多年取得外汇业务综合考核A类银行。授信客户数新增63户，对公贷款余额新增4.15亿元。秉承“以客为尊，不断创新”的宗旨，由专业的客户经理提供“一对一”的优质银行服务，依托遍布全球的海内外服务网络、资深的理财专家和多元化的投资理财产品，实现财富的保值增值。

（姜田才）

【中国建设银行股份有限公司溧阳支行】 2020年，建行溧阳支行下辖营业网点15个，其中乡镇营业网点4个，内设部门综合管理部、业务管理部、公司业务部、个人金融部、信用业务部、住房金融业务部和国际业务部，全行员工202人。年末，一般性存款时点余额 113.36 亿元，一般性存款日均余额 111.33 亿元，各项贷款余额 92.67 亿元，实现主营业务收入 3.67 亿元，税前利润 2.45 亿元，各项指标均居溧阳当地银行前列。获常州市治安保卫工作“先进集体”，支行营业部荣获溧阳市总工会“工人先锋号”等称号。

主动对接地方重点项目，服务国家建设。支持天目湖生命康原等“三大片区”建设，助力区域“四大经济”发展。为溧阳中建桑德环境治理有限公司授信 11 亿元，累积投放 4.27 亿元，支持绿色产业发展。深化与本地龙头企业上上电缆、正昌集团等合作，全行制造业贷款余额 7.98 亿元，较年初新增 3.16 亿元。其中大中型客户 18 户，较年初新增 7 户，余额合计 5.6 亿元，较年初新增 3.03 亿元；小微企业 177 户，较年初新增 25 户，余额合计 2.38 亿元，较年初新增 0.13 亿元。全年累计为 52 笔小微企业贷款办理延期操作，金额 2000 万元，为 76 户小微企业办理无还本续贷业务，金额 1.2 亿元。全年为 137 户小微企业赠送防疫意外险，总保额达 117 万元，消除复工复产后顾之忧。疫情期间，落地省分行首单“企业客户疫情防控系统”，常州分行首单“建融慧学”，为全市 22 家学校，895 家企业，62 个社区实现线上疫情防控，减轻一线工作人员强度，有效提高疫情防控的效率和精准度。成功落地溧阳高铁站停车场、人民医院和中医院停车场、溧阳市传媒集团停车场无感支付项目，签约市妇幼保健院、兴华医院银医通项目，累计投入资本性支出 299 万元。

扎实开展溧阳市别桥西庄村定点扶贫工作，通过筹集帮扶款、购买农产品、送金融知识下乡、捐赠防疫物资等方式开展精准扶贫工作。2020 年省分行首家“建行大学　裕农学堂”在西庄村挂牌，助力乡村振兴。充分运用建行善融商务平台开展互联网＋电商扶贫。加大扶贫商户支持力度，组织员工开通善融扶贫体验，走进代工、走进高校，印制各类宣传品，积极推荐体验善融扶贫，扩大建行善融商务电商扶贫的影响力。全行善融入驻商户 28 户，其中入驻企业商城 24 户，入驻个人商城 4 户，其中扶贫商户 1 户。

（杨嘉昕）

【江苏江南农村商业银行股份有限公司溧阳市支行】 2020 年，江苏江南农村商业银行股份有限公司溧阳市支行以党建引领高质量发展，认真落实精准货币政策，坚持服务三农、服务实体经济、服务小微企业，全力支持地方经济发展。年末，支行各项存款余额 401.7 亿元，比年初增长 39.82 亿元，增幅 11%；各项贷款余额 201.69 亿元，比年初增长 8.69 亿元，增幅 4.5%。存贷款总量市场份额继续稳居溧阳同业第一。支行“三农”贷款余额 64.45 亿元，户数 4796 户，“两增两控”贷款余额 55.81 亿元，户数 3969 户，制造业贷款余额 54.6 亿元。对溧阳市二级以上资质建安企业授信总额近 40 亿元，有力支撑建安产业的快速健康发展。支行为存量客户积极提供转贷便利，全年累计为辖内客户办理“周转易”1707 笔、88.6 亿元，惠及客户 943 户。开展“客户大走访”“万企联万村　共走振兴路”系列走访活动，促进政农银合作共赢，强化对现代农业、新型农业经营主体的支持。支行新型农业经营主体贷款余额 43.13 亿元，占各项贷款比例的 16.3%。其中：专业合作社贷款累计投放 129 笔 1.73 亿元；家庭农场贷款累计投放 714 笔 3.34 亿元；农业龙头企业贷款累计投放 276 笔 32.51 亿元。同时，支行大力推进“百行进万企”升级扩面走访活动，摸清底数，掌握需求，优先投放，积极为民营和小微纾困解难，努力打通民营小微融资“最后一公里”。走访率接近 100%，累计投放“富民创业贷”130 户、2454 万元；“小额信用贷”1193 户、金额 12585 万元；“农担贷”155 户、金额 10235 万元。切实支持受疫情影响客户的复工复产工作，共计发放“央行援企贷”金额 2.93 亿元；投放“文旅专项贷”3 户 700 万元；支行主动让利于企业，为其降低融资成本，全力支持疫情期间各类企业发展。支行获溧阳市“服务业三星企业”及“文明单位”荣誉称号，支行党委被总行党委授予“2020 年抗疫先进党组织”荣誉称号；4 位客户经理获“在溧银行业金融机构优秀客户经理”称号，1 名员工被授予“溧阳市金融系统‘抗疫模范’”称号；在总行“‘绽放青春　逐梦江南’全员业务技能大赛”中，1 名员工获评理论、点钞双料冠军；在溧阳市金融系统青年职工点钞识假大赛中，获团体第一名，2 名员工分获个人全能一等奖和三等奖；在溧阳市第一届工会劳动保护技能竞赛中，获团体三等奖。

（陈小兵）

【中国农业发展银行溧阳市支行】 2020 年，农发行溧阳市支行坚守初心使命，坚决助力疫情防控和复工复产，全力服务脱贫攻坚、粮食安全和乡村振兴，全面落实"六稳"、"六保"，实时推出小微贷、生猪贷、复工复产贷等产品，同时对符合条件的各类贷款执行利率优惠，视条件给予首年下浮50或100BP优惠，除基金产品执行1.2%的利率外，其他贷款产品利率最低仅有2.05%。全行各项贷款余额393766万元，较年初增长55267万元；日均存款62822万元，较年初增加3121万元；累计投放贷款119081万元，其中：粮食购销储贷款23940万元，中长期贷款89000万元，业务发展稳中有进，支农力度显著增加。

立足溧阳省粮食生产功能区的地位，坚定支持好托市粮、储备粮及粮食市场化收购，持续巩固粮食收购资金供应主渠道角色。聚焦核心粮食生产企业，支持种业、农膜、农机等生产资料企业科技创新，提升粮食产业链配套服务软实力；扶持粮食加工、流通与销售，打通粮食产业链条梗阻，切实保障重要农产品稳产保供。立足溧阳地处长三角重要节点的区位优势，以长江为载体，全力推进长江经济带发展、长三角一体化发展，支持社会经济发展绿色转型。依托溧阳山水灵湖的资源禀赋，推进行美丽乡村建设和新型城镇化建设，进一步支持"土地＋人居＋生态＋产业"模式，挖掘生态产品潜力，支持生态旅游、乡村旅游，推进农村人居环境整治、大力支持美丽宜居乡村建设。针对地区建设用地需求大与存量建设用地利用粗放低效的矛盾，支持"退二优二"信贷模式，挖掘土地潜力，改善资源配置，放大土地产出效益。

（农发行溧阳市支行）

【中国邮政储蓄银行溧阳市支行】 2020年，邮储银行溧阳市支行进一步对标监管部门和上级行要求，加快转型发展步伐，积极融入地方经济、加大普惠支持力度，全行上下鼓足干劲、锐意进取、奋力推动支行高质量可持续向纵深发展。年末，支行各项存款余额25.33亿元，比年初增加6.17亿元，增长32.2%；各项贷款余额35.37亿元，比年初增加4.5亿元，增长14.58%。始终坚持"服务社区、服务中小企业、服务三农"的战略定位，积极践行普惠金融，扎根溧阳实体经济，加大对重点领域的支撑力度。积极做好金融支持，以实际行动助力打赢疫情防控阻击战。组织走访中小企业，开辟"绿色通道"，支持复工复产，坚决落实"六稳六保"工作，扎实推进普惠服务。投放小企业无还本续贷1.24亿元，办理变更还款计划或展期各类贷款1700万元，走访企业234户，发放"稳产保供"贷款3423万元。全年支行公司信贷新增授信7亿元，零售信贷新增授信2.75亿元，小企业新增授信1.58亿元。其中普惠小微贷款结余10.71亿元，净增1.86亿元，增长21%。支行获常州市放心消费创建工作先进单位、溧阳市文明单位、邮储银行常州市分行安全保卫工作先进集体、溧阳市银行业金融机构安全防范工作优胜单位等称号。

加快特色产品发展，创新了农村土地承包经营权抵押小额贷款业务。与农业农村局合作，为经营权抵押贷款客户贴息，为涉农经营主体提供融资服务，全年放款1260万元。制定菜场生鲜商户收单支付活动方案，认真贯彻落实推动移动支付便民工程纵深发展，全年收单银联进件1640件，POS录入1570件。加快推广线上信贷产品，加强线上获客转型，积极借助"邮请"、"邮选"、"邮约"等平台的线上获客渠道，以极速贷、发票贷、结算贷、置业贷、民宿贷等新产品为突破口，借助新产品的优势特色，积极与商会、协会、专业市场对接、宣传走访。

（邮储溧阳支行）

【溧阳浦发村镇银行股份有限公司】 2020年，溧阳浦发村镇银行股份有限公司落实监管部门和控股母行各项工作部署，坚持疫情防控和金融服务两手抓、两手硬，在做好自身疫情防控工作的同时，全力以赴帮助企业和个体经营者复工复产。坚持"存款立行"理念，加大营销力度，进一步明确小额储蓄存款为主要工作目标。通过"走出去、请进来"方式，加大宣传力度，提升社会认知度。建立代发工资和收单业务的通报制度，强化激发工作积极性。进一步加强内控建设，积极开拓市场，各项业务发展较为平稳。全行各项存款余额16.11亿元，年度日均存款余额15.61亿元。贷款余额15.80亿元，全年贷款日均余额15.41亿元，年末涉农贷款占比为86.36%。被中国银行业协会评为全国村镇银行综合服务能力百强单位，获"全国百强村镇银行"称号。

（浦发村镇银行）

保险业

【中国人保财产保险股份有限公司溧阳支公司】 2020年，中国人民财产保险股份有限公司溧阳支公司牢记"人民保险，服务人民”的企业使命，秉持以人为本、诚信服务、价值至上、永续经营的发展理念，在戴埠、社渚、南渡、竹箦、别桥、上兴、中关村设置营业网点，保险服务覆盖全市。为全市各类客户提供风险保障服务，实现保费收入3.26亿元，比上年增长3.2%。其中，车险保费收入2.2亿元，非车非农保费收入5915万元，农险保费收入4728万元，保费规模、市场份额、赔付金额均列全市第一，积极参与地方经济建设，在建筑施工行业安全生产责任保险、农村农业保险、医疗责任险、校园方责任险等重大项目中保驾护航。建成5家农网机构，拥有16名专职查勘定损员和农险专员、19辆理赔车辆和2架理赔无人机，规模居全市各类保险机构第一。开展包括小麦、油菜、能繁母猪、茶叶、食用菌等在内的多个品种的农险业务。公司政策性农业保险共处理赔案4036件，比上年增加1438件，赔付金额3251.06万元，全年赔付率61%，受惠农户4539户。所有赔款都直接支付到农户一卡通或一本通，结案率100%。积极参与全市复工复产综合保险项目承保服务，推出应急费用补偿保险，推出小微企业复工复产综合保险，为全市8家小微企业提供总额6562万元的风险保障。推出法定传染病保险，为38家企业、政府客户或个人客户开具保单，累计提供保险保障达4.2亿元。

（杨泾渭）

【中国人寿保险股份有限公司溧阳支公司】 2020年，中国人寿保险股份有限公司溧阳支公司创新开展党建、扶贫、重点工作落地和阶段性经营管理“四位一体”，实现总保费收入5.54亿元，其中新单保费1.92亿元，市场份额65.32%，短险保费8815万元，赔案件数14366件，赔款支出3273万元。积极践行社会责任，参与社会保障体系建设，在做好全市城乡居民的合作医疗保险和大病保险的前提下，积极推出老年人意外伤害保险、残疾人团体意外保险、军人事务志愿者保险、村镇村干部保险、网格员意外保险等，给老年人、残障人士等弱势人群送去了中国人寿和政府的温暖。

（人寿保险溧阳支公司）

【中国人寿财产保险股份有限公司溧阳市支公司】 2020年，人寿财险溧阳市支公司切实贯彻上级公司指示，迅速进入抗疫“战时”状态，认真落实各项防控部署，全面参与疫情防控阻击战。为相关政府部门工作在一线的员工赠送保险保障1.45亿元。全年完成保费5495.22万元，较上年增长2.17%，其中非车险全年达1979.97万元，占全险种36.03%。全年综合赔付率63.41%，年度实现盈利。公司在经营过程中坚持统筹兼顾，坚持价值导向，促进速度和结构，质量、效益相统一，持续推进传统非车险业务的同时不断创新发展，认真落实降赔增效工作方案，全面巩固理赔作为“长期一号工程”的重要地位。扎实各项降赔举措，加大稽核力度，创新打假防骗工作举措，强化各环节的管控力度，不断改善理赔关键指标，全流程、全方位实现降赔增效，积极培育服务竞争优势，加强自助理赔项目、绿色服务站、微信平台等多样化服务平台的运用。

（王云红）

【中国太平洋财产保险股份有限公司溧阳支公司】 2020年，中国太平洋财产保险股份有限公司溧阳支公司坚持业务发展是第一要务，在面对新冠疫情、宏观经济复杂和高质量发展要求的严峻形势下，认真贯彻落实总公司工作会议精神，紧紧围绕常州分公司下达的年度指标和相关考核要求，细化目标任务、落实考核制度，紧盯市场，提早布局，不断寻找和挖掘新的业务增长点，努力促进改革创新。全体干部员工齐心协力，积极投身自己的主战场，在业务拓展、团队建设、品牌树立等方面，通过征文、观影、登山节爬山、公益跑、条线团建等系列活动，进一步提升团队协调能力，全年完成保费收入1.8亿元。公司党支部严格按照《中国共产党支部工作条例》等相关要求，开好“三会一课”，每月开展“主题党日”活动，做好党员理论学习、思想教育。党员带头参与无偿献血、公益捐款、爱心助学等，支部书记王益斌获集团公司“党支部书记带头人”称号。

（何丽薇）

【中国太平洋人寿保险股份有限公司溧阳中心支公司】 2020年，中国太平洋人寿保险股份有限公司溧阳中心支公司致力于打造“在你身边”的专业形象，坚持“追求和实现可持续价值增长”的经营理念，全面推进“以客户需求为导向”的战略转型，积极落实“扬冠军文化，做旗舰公司”的企业精神，公司经营业绩保持良好，行业地位、社会形象继续保持领先，各项工作全面发展，中心支公司业务继续保持良好的发展态势，实现总保费收入6.01亿元，市场占比49.46%，继续位列市场第一。其中，个人业务提质增效，达成新保保费0.87亿元。办理各类给付、理赔案件38430件，累计支付金额1.3亿元。持续完善客户服务体系，不断推进基础服务标准化、增值服务差异化，追求客户满意度水平持续提升，积极探索和实践基于新技术应用的模式创新，大力推广移动保全、官微、太平洋保险APP等科技应用，太E赔提升理赔时效，有效简化客户办理常规业务的流程，实现客户体验的提升，加快人工智能与大数据核心技术驱动，建立智能机器人体系平台，为客户经营、营销活动和风险管理提供营运科技赋能，营造集健康、养老、生活和公益为一体的保险服务生态圈。

（耿剑磊）

证券业

【东海证券股份有限公司溧阳南大街证券营业部】 东海证券股份有限公司溧阳南大街证券营业部成立于1994年，是溧阳首家设立的证券营业部，有员工25人，营业面积6000余平方米，可以容纳现场交易客户千人以上，有贵宾、大户座位680多位，是全国券商中拥有最大营业面积的营业部之一。营业部获2020年度“产品销售先进集体二等奖”“利润贡献二等奖”“营销先进集体三等奖”“优秀投教工作机构”和“运营质量奖”等。

2020年，东海证券溧阳南大街营业部党支部有正式党员28人、积极分子8人，成立溧阳、金坛、徐州、南京、盐城、扬州6个党小组，被东海证券股份有限公司评为“优秀党支部”。

网上交易委托方式交易量占营业部总交易量的85%以上，全年客户基本无流失，继续保持溧阳地区市场份额第一。营业部连续25年安全无事故，保障了营业部的正常运行、客户交易通道的畅通。积极推行融资融券业务、IB业务、PB业务、股票质押融资业务、承揽债券发行、限售股减持、“新三板”等业务创新推进工作。9月，营业部承揽的江苏天目湖（集团）有限公司非公开公司债券，在上交所成功发行15亿元。

（施陈梁）

【南京证券溧阳罗湾路证券营业部】 2020年年末，南京证券溧阳罗湾路证券营业部拥有客户6000名，托管资产超过6亿元，在同行业同批开立的营业部中各项指标名列前茅。在新四板、新三板、融资融券、股票质押等业务上有一定突破。营业部挂牌溧阳首家江苏股交中心证券公司，积极服务溧阳中小企业，推荐溧阳本地多家企业挂牌江苏股权交易中心。始终坚持打造专业化，人性化的服务，为广大客户创造价值，同时回馈社会。连续四年举办溧阳资本市场论坛，积极捐赠衣物给贵州毕节山区留守儿童，捐赠财物给上兴小学困难学生，慰问溧城镇敬老院孤寡老人等。积极联系投行、固收等总部部门，在中关村管委会等地举办机构业务培训。

（谭　茂）

其他金融机构

【小额贷款公司】 2020年年末，全市正常营业的小额贷款公司12家，就业总人数约80人，总注册资本10.72亿元。年内累计发放贷款593笔，金额9.03亿元，比上年减少30.59%；年末贷款余额12.49亿元，比上年减少9.3%；其中涉农、涉科余额达12亿元，占比达96.08%。在2020年常州市小额贷款公司监管评级和真实性检查情况中，有4家溧阳企业参与评级，其中1家被评为AA级，2家被评为A级，1家被评为BBB级。溧阳市安顺东方农村小额贷款股份有限公司等7家小贷公司获得2020年省级普惠金融发展专项资金79.05万元。

【典当业】 2020年，全市有典当业企业2家，注册资本5500万元。实现典当余额497.29万元，比上年减少9.36%；实现典当总额506.57万元，比上年减少1.51%。其中，动产典当业务占比17.06%，比上年增加7.12%；房地产典当业务占比82.94%，比上年减少3.12%。全市业务笔数62笔，比上年减少8.82%；营业收入33.57万元，比上年减少20.71%。

【担保业】 2020年，全市有融资性担保机构4家（含2家分公司），注册资本4.03亿元。其中国有担保机构3家、民营担保机构1家。国有注册资本3.53亿元，民营注册资本0.5亿元。全年全市担保机构为143户企业提供融资担保13.28亿元，比上年减少1.04%；全年发生担保代偿6065万元，代偿率为4.1%，代偿回收金额5739万元；年底在保户数132户，在保责任余额11.15亿元，比上年减少4.87%。溧阳市中小企业融资担保有限公司确定为政府性融资担保机构，充分发挥服务小微企业和“三农”主体的作用。溧阳市中小企业融资担保有限公司等2家担保公司获得2020年省级普惠金融发展专项资金638万元。

（佘丹敏）

发展改革管理

【概　况】 2020年，市发改委深入贯彻市委十二届十二次、十三次全会精神，紧扣“重大项目突破年”和“现代化建设试点工作突破年”工作主题，以建设长三角生态创新示范城市为目标，持续推动发展和改革各项工作，为促进全市经济社会发展提供坚实保障。2020年，获得市重大贡献奖、工作创新奖，被评为目标管理优胜单位。

坚持把党的建设作为市发改委的首要中心工作，把加强党的集中统一领导作为发展改革工作的根本政治保证，巩固“不忘初心、牢记使命”主题教育成果，对市委、市政府各项决策部署及时传达学习、及时分解细化、及时跟踪问效。落实党建工作责任，全年召开4次党委会专题研究党建工作，严格落实“三会一课”制度，开展每月主题党日活动，2020年，委党委中心组开展集中学习12次，集中研讨9次，全委集体学习20余次。制定《习近平谈治国理政》（第三卷）学习计划并按计划开展，发放《建议》辅导读本、《中国制度面对面》等学习资料近200册。

（刘　薇）

【规划编制】 根据国家、省、常州市“十四五”规划编制总体安排和部署要求，围绕经济发展、改革开放、城乡建设、生态文明、人民生活等28个课题形成研究成果并印发。完成《溧阳市国民经济和社会发展第十四个五年规划和二〇三五年远景目标纲要》的编制工作。确立“一个目标”、明确“两个定位”、坚定“三个导向”、坚持“四个协同”、争创“五个示范”，发展“四大经济”，统筹发展和安全，把保护生态环境摆在更加突出的位置，推动经济社会高质量发展、可持续发展，着力在改革创新、推动高质量发展上争当表率，在服务全国构建新发展格局上争做示范，在率先实现社会主义现代化上走在前列，开启“处处绿水青山、家家金山银山、人人寿比南山”的绿色现代化建设新征程，打造美丽江苏“溧阳样板”。

【区域合作】 加快融入长三角一体化。围绕深化苏皖合作示范区建设，组织召开了溧阳、郎溪、广德三地协调层会议和决策层会议，对年度重点工作、合作事项以及下一步工作思路做了详细部署。制定出台《2020年重点工作和重大合作项目（事项）计划》，共同签订《推进苏皖合作示范区产业发展合作协议》，推动区域协调发展向更高水平更高质量迈进。积极开展区域创新合作。主动加强与宜兴、浙江长兴和安吉、安徽广德和郎溪的联动发展，共同建设“一岭六县”长三角产业合作发展区，成为长三角地区主要领导座谈会“八项倡议”之一，共同探索生态创新发展新模式。务实推进东西部扶贫协作。牵头制定印发《溧阳市2020年苏陕挂钩协作工作要点》，全面细化全年目标任务、工作重点，责任落实到部门。市委、市政府召开扶贫专题部署会1次，与白河、汉阴举行党政主要领导联席会议7次。三地互派干部和技术人员80人。全市相关部门、镇区、企业、商会等共向白河、汉阴捐赠社会帮扶资金979.85万元。

（蒋　开）

【重点项目推进】 根据常州市确定的年度重大项目招引目标，曹山未来城、德龙热轧、碳元、华鹏被评为重大突破项目。组织省重大项目申报，曹山未来城、华鹏、上上、碳元、金峰、赛得利等7个项目入列2020年省重大项目，为溧阳市历年最多。全年7个省级重大项目全部开工，完成年度计划投资的145%。25个在库常州市级重点项目，其中21个结转项目完成年度计划投资的53.1%。新入库4个项目，常州市重点项目超额完成年度计划投资，占目标任务的116.57%。全力做好向上争取。积极争取中央专项债券。在充分理解上级政策的基础上，围绕“三个方面，七大领域，十大行业”进行谋划，紧盯专项债券重点支持方向，会同财政部门根据申报要求及项目实际情况整理上报了36个项目额度需求73.6亿元。2020年，溧阳市获得地方政府债券和抗疫特别国债资金54.48亿元，涉及各类项目28个，涵盖全市学前教育、卫生健康、供水提升改造、农村人居环境治理、市政基础设施、城镇老旧小区改造等多个领域。争取中央投资和预算内资金。对照国家产业政策和重点投资方向，会同相关部门积极梳理符合要求的项目进行申报中央预算内投资，获中央预算内资金3.9965亿元。争取新型城镇化建设示范县城配套政策。为进一步加快推进溧阳市新型城镇化建设，做好城市规划建设、生态环境设施、市政公用设施、公共服务设施、产业配套设施、乡村治理等方面的政策支持，市发改委先后启动新型城镇化补短板强弱项项目谋划与储备，围绕4大类17小类梳理了溧阳市城镇化补短板强弱项项目（储备）共202个项目，计划总投资644.65亿元，年度计划投资144.92亿元。同时获得省级专项资金3200万元。

（邹　铁）

【促进经济恢复】 配合市委、市政府出台《关于政企同心防疫支持企业复工复产的意见》《关于支持企业共同抗击疫情推动经济平稳发展的实施意见》，针对全市各类企业给予税费减免、防疫物资保障、金融信贷等方面扶持。同时针对如旅游、住宿、餐饮业等全市受疫情影响特别严重的行业给予稳岗补贴、水电费补贴等，着力降低企业经营成本，共克难关，共兑现资金4400万元。牵头编写制定《关于2021年春节期间减少外来员工流动的实施意见》和《关于加强溧阳市物流行业疫情防控工作的实施方案》，全力阻断疫情传播风险，保障市民群众生命安全。持续改善营商环境。定期举办“企业家焦尾琴沙龙”，建立政务服务“好差评”制度，强化镇区招商项目“代办制”，构建以信用为基础的新型监管机制，推动各部门在行政管理中合规合理认定失信行为，积极配合常州市发改委开展对全市的营商环境试评价及省发改委牵头组织的第三方营商环境评价，及时掌握各指标牵头部门参评情况，确保营商便利度指数位居全省第一方阵。

（陈　蕾）

【省级社会主义现代化试点工作】 县域作为中国经济社会的基本单元，最能体现城乡融合的程度与水平。2020年，以入选国家城乡融合发展试验区为契机，聚焦五项试验重点工作，着力破解影响城乡融合发展的体制机制障碍，力求走出一条具有溧阳特色的城乡融合发展新路。同时入选国家级型城镇化建设示范县城，并成为全国10个县城建设直接联系点之一。市发改委坚持以“生态创新、城乡融合”为统揽，以城乡经济协合、城乡环境契合、城乡生活翕合、城乡治理匡合“四大融合”为方向，聚焦公园城市、全域旅游、产业集群、乡村建设、区域协作“五个示范”，构建工农互促、城乡互补、全面融合、共同繁荣的新型城乡关系，让“城乡融合”成为溧阳高质量发展最鲜明的特征。试点工作开展以来，牵头起草《溧阳市国家城乡融合发展试验区实施方案》《关于搭建城乡产业协同发展平台推进城乡产业协同发展的实施意见》《溧阳市国家级县城新型城镇化建设示范方案》《溧阳市国家级县城新型城镇化建设示范工作实施意见》等一系列政策性文件，有效地指导和推动了试点工作开展。为进一步加快推进溧阳市新型城镇化建设，市发改委先后启动新型城镇化补短板强弱项项目（储备）85个项目，计划总投资999.01亿元，确保各项工作稳步推进，取得实效。

（姚　涵）

【安全生产】 2020年度，深入贯彻安全生产专项整治。电力、油气输送管道安全生产总体形势稳定，未发生安全生产事故。聘请电力专家对6家发热电企业和2家蓄能电站累计开展安全生产检查11次，实现了电力安全生产“零事故”。对6家油气输送管道企业累计开展检查27次，发现并消除安全隐患3处，实现了油气输送管道安全生产“零事故”。

（余炳军）

【社会信用体系建设】 为贯彻落

实《国务院办公厅关于加快推进社会信用体系建设构建 以信用为基础的新型监管机制的指导意见》以及省、常州市信用管理各项工作部署。2020年，印发《2020年社会信用体系建工作要点》；全市共出台信用制度性文件6个；开展信用分级分类监管领域数量为5个；成功创建8家市级信用管理企业和1家市级信用管理示范企业；开展一场线下免费信用修复教育培训会，指导并帮助300余家各类市场一般失信主体进行100%信用修复；全年为企业法人、自然人及其他社会组织提供信用信息查询并出具信用报告600余份。

（何　晖）

【服务保障民生】 梳理深入排查解决突出民生问题清单、任务清单以及三年重点实施项目清单，起草《深入排查解决突出民生问题三年行动计划（2020—2022）》，各专项工作小组累计摸排梳理出24个突出民生问题，36项重点工作任务，以及54个三年重点实施项目。牵头梳理汇总《专项巡察溧阳市落实“六保”任务整改问题清单》明确的8类24项41个问题，及时配合做好问题整改方案和整改落实情况的反馈，并持续跟踪落实情况。

加强主副食品、重要商品价格等日常性监测和预判预警，制定出台《2020年溧阳市价格调控目标责任制实施意见》，确保全市价格总水平涨幅控制在省调控目标之内。加大对农副产品平价商店的巡查，充分发挥特殊时期平价商店稳价惠民的作用。落实价格临时补贴发放。2020年，全市对低收入群体发放临时补贴共计1193.62万元。合理制定天然气价格和供热价格，推进落实差别化自来水、天然气、蒸汽价格政策。针对列入2020年重点工程项目的商品房价格管理，坚持“房住不炒”定位，持续稳定商品住房价格，规范价格申报流程和商品住房销售价格行为，促进本地房地产市场健康平稳发展。加强景区、教育、交通、停车等收费的管理，加强商品住房价格、前期物业服务收费管理，合理制定新建住房前期物业公共服务收费标准。

（周丽春）

【价格认证工作】 2020年，溧阳市价格认证中心共接受价格认定1000多起，认定金额41684.2万元，主要工作为涉案、涉纪、涉税、服务政府价格认定和价格争议调解等。其中，疫情防控期间捐赠物资价格认定5起共120万元；涉案、涉纪财物价格认定323起共1000多万元；涉税价格（含争议）认定660起共36480万元；接受政府部门价格认定17起共4084万元；价格争议调解2起，调解金额0.2万元。

（张宇光）

财　政

【概　况】 2020年，是溧阳撤县设市三十周年，也是全面建成小康社会和“十三五”收官之年。财政部门贯彻落实“积极的财政政策要更加积极有为”要求，做好“六稳”工作，落实“六保”任务，统筹各项工作，全力支持打好三大攻坚战，为实现高质量发展、建设长三角生态创新示范城市提供有力的财政支撑。

全市2020年度一般公共预算收入为738032万元，比上年增加35296万元，增长5.02%。税收收入634062万元，比上年增加30581万元，增长5.07%；非税收入103970万元，比上年增加4715万元，增长4.75%。

全市2020年财政支出为934898万元（不含上年结转和上级转移支付），增长9.98%。其中，一般公共服务支出95613万元，同口径比上年增加4569万元，增长5.02%；公共安全支出60789万元，同口径比上年增加3011万元，增长5.21%；教育支出197220万元，同口径比上年增加19927万元，增长11.24%；科学技术支出23710万元，同口径比上年增加1709万元，增长7.77%；文化旅游体育与传媒支出16800万元，同口径比上年增加1578万元，增长10.37%；社会保障和就业支出153161万元，同口径比上年增加6821万元，增长4.66%；卫生健康支出108222万元，同口径比上年增加33800万元，增长45.42%，主要是增加防疫支出；节能环保支出3832万元，同口径比上年增加232万元，增长6.44%；城乡社区支出123518万元，同口径比上年增加8154万元，增长7.07%；农林水支出49150万元，同口径比上年增加2330万元，增长4.98%；交通运输支出14374万元，同口径比上年增加470万元，增长3.38%。

【政府性基金预算】 溧阳市2020年政府性基金收入为2396273万元，其中国有土地使用权出让收入2381763万元、城市基础设施配套费收入7700万元、污水处理费收入3292万元、其他政府性基金收入3518万元。

全市2020年政府性基金支出为2903078万元（含调出资金342000万元，不含上年结转和上级转移支付），其中：国有土地使用权出让收入及对应专项债务收入安排支出2393927万元；污水处理费及对应专项债务收入安排支出14192万元；城市基础设施配套安排支出4659万元；其他政府性基金及对应专项债务收入安排支出109200万元；债务付息及发行费用安排支出50999万元。

【国有资本经营及社会保险基金情况】 全市2020年国有资本经营收入1502万元，支出1502万元。

溧阳市2020年社会保险基金收入为578627万元，其中：企业职工基本养老保险基金收入291645万元；城乡居民基本养老保险基金收入50312万元；城镇职工基本医疗保险基金收入84003万元；城乡居民基本医疗保险基金收入69083万元；工伤保险基金收入5564万元；机关事业养老保险基金收入73850万元；失业保险基金收入4170万元。

全市2020年社会保险基金支出为565716万元。其中：企业职工基本养老保险基金支出299848万元；城乡居民基本养老保险基金支出46126万元；城镇职工基本医疗保险基金支出72141万元；城乡居民基本医疗保险基金支出56951万元；工伤保险基金支出10591万元；机关事业养老保险基金支出72665万元；失业保险基金支出7394万元。

【扶持政策落实】 2020年，利用政策工具箱，优化扶持资源，增强经济发展内生动力，培育高效可持续税源。减税降费，全力减轻企业负担。落实各级防疫惠企政策，兑现减税降费、社保减免等惠企资金30.93亿元，减轻新冠疫情冲击，支持企业轻装上阵。政府引导，助力激发市场活力。及时兑现2批18条专项扶持政策，直达企业资金4400余万元。安排就业扶持资金1025万元，发放就业专项补助，推进创业代金券政策，帮扶困难就业群体。率先发放3000万旅游消费券，持续推动旅游市场回暖。深化服务，致力优化营商环境。及时出台房租减免政策，对承租市属国有企业和行政事业单位国有经营性资产的中小企业或个体租户，免收三个月房租，惠及租户779个，减免金额近1000万元。发挥财政杠杆作用，帮助企业应急转贷27.5亿元，“政银担”担保余额6.9亿元，破解中小微企业融资难问题。

【财政收支平衡】 全力以赴抓收入。深入调研疫情影响，积极研究应对举措，依法依规应收尽收，全力以赴完成收入目标，实现一般公共预算收入73.8亿元，夯实支持高质量发展的经济基础。向上争取助财力。全年向上争取资金近百亿元。其中：上级转移支付资金27亿元、各类债券资金66.9亿元。从严从紧排支出。牢固树立“过紧日子”思想，坚持厉行节约、反对铺张浪费，压减一般性支出，全年压减超20%，调整优化财政支出结构，集中财力向民生领域倾斜。全面绩效强管理。将预算安排与绩效结果紧密挂钩，建立全覆盖全链条的预算绩效管理体系，全面提升财政资金使用效益。

【社会保障】 2020年，坚持以人为本、民生优先，把财力优先向民生领域倾斜，及时回应民生关切。全力支持疫情防控。全年安排10.82亿元，投入基本公共卫生，完善医疗保障体系。其中安排防疫专项资金3.28亿元，全部用于购置医疗设备和防疫物资，补助疫情防控人员支出等方面。不断加大教育投入。全年安排19.72亿元，比上年增长11.24%，完善政府助学体系，提升教师待遇水平，优化教育资源布局，支持教育优先发展。创新文体服务供给。全年安排1.68亿元，用于支持群众文化、全民健身、农村放映等多项文化事业发展，促进公共文化服务标准化、均等化。提升社会保障能力。全年安排15.32亿元，用于养老金和城乡低保提标、居家和社区养老服务改革、退役军人管理保障等支出，完善社会保障体系。助力乡村振兴战略。全年安排4.9亿元，保障村级公益事业，提升村庄环境面貌，维修维护水利设施，推进七彩曹山田园综合体建设，加快农业农村现代化。深化便民惠民工程。全年安排1.44亿元，用于交通运输方面，畅通城镇公交服务，保障群众便捷出行。安排6.08亿元，投入公共安全体系建设，筑牢社会安全防线，打造平安护民工程。安排4.13亿元，推进棚户区改造，保障居民租房住房。

【管理工作】 深化预算管理制度改革。贯彻落实《中华人民共和国预算法实施条例》，推进预算科学精准编制，增强预算执行刚性约束，提升财政资源配置效率。完善市镇财政管理体制。以行政区划调整为契机，研究财政体制调整方案，明晰市镇两级支出责任，提高基层公共服务效率。持续做好财政信息公开。在省统一平台集中公开政府预决算和部门预决算信息，完善信息公开机制，积极打造阳光财政。加强地方政府债务监管。建立债务管理制度保障，规范举债融资行为，稳妥化解存量债务，完成全年化债目标。推进政府采购改革创新。完善“互联网＋政府采购”体系建设，实行政府采购线上交易管理，加速采购全程电子化，助力优化营商环境。

（王　婷）

国有资产

【概　况】 2020年，市属苏皖、城发、平陵三大国有企业围绕“凝聚精气神，建设新溧阳”总要求，全面深化国企改革，整合聚集资源要素，统筹优化资源配置，完善国有资产监管体制，促进国有资产保值增值。完善法人治理结构，提升资本运作水平，增强市场竞争能力，发挥国有企业在保障和促进溧阳市经济高质量发展中的重要作用，为建设宁杭生态经济带最美副中心城市作出新的贡献。

至2020年年底，三家企业资产总额860.94亿元，负债总额443.08亿元，所有者权益总额417.87亿元。实现上缴税金2.15亿元。市属三大国有企业运营总体平稳，市场化运作能力不断提升，为溧阳市的城市建设和经济发展奠定坚实基础。

至2020年年底，按照企业功能界定，三大集团公司均为商业类企业。根据主营业务和核心业务范围，进一步细分为金融投资板块和城市运营板块。其中：金融投资板块企业1家（平陵集团）；城市运营板块企业2家（城发集团和苏皖集团）。溧阳市城市建设发展集团有限公司主要承担交通运输、水利及相关产业的投资建设，文化、旅游、体育产业的培育发展，受托土地一级开发等任务，同时负责全市南部片区的开发建设。苏皖集团主要从事城市基础设施、受托土地一级开发、危旧房（棚户区）改造、保障房、政府性投资社会事业、美丽乡村等建设项目及相关产业的投资建设任务，同时负责溧阳市城东和城西片区的开发建设。平陵集团重点围绕全市先进制造经济、高端休闲经济、现代健康经济和新型智慧经济“四大经济”，聚焦新一代信息技术产业、智能制造产业以及精密技术装备制造产业，开展产业投资、国有资本运作和国有资产运营，致力发展类金融行业，维护区域金融稳定、促进地方经济发展。

【国有资本风险控制】 2020年，溧阳市防范国有企业债务风险，突出债务风险管控，有效控制企业负债规模，优化债务结构。通过备案审批及检查加强对国企重大投资、担保事项、重组改制等重大事项的监管；实行重大决策终身责任追究，强化国有企业领导经营投资责任意识和责任约束。落实企业安全生产责任。提高企业安全生产责任主体意识，确保各项安全管理制度的严格执行和各项安全措施落到实处；定期开展安全生产宣传、教育、培训，增强安全识别和危机处置能力，实现企业的安全发展。

【国有企业改革发展】 2020年，国企改革向纵深推进，完善国有资产监督管理体制，提高国企市场化运作水平，促进国有资产保值增值。

健全制度建设，将加强党的领导和完善公司治理相结合。加大国有企业反腐力度，推进党风廉政建设。把党风廉政建设贯穿于国企发展改革监管和党的建设全过程，邀请纪委、纪检派驻组全程参与集团党委会，落实“每会一廉”制度。通过重组整合，促进市级投融资平台向实体化、市场化、集团化的方向转型，实现国有企业健康、快速、可持续、高质量发展。优化考核指标，力抓实体成效。在2019年的基础上进一步优化三大集团负责人经营业绩考核指标，增加实体化、市场化运作成效考核指标权重，对平陵集团的经济类考核指标权重从40%提升至62%，对城发集团、苏皖集团实体化运作考核权重各增加10%。

【国有资产监管】 2020年，按照市委市政府全面深化国有企业改革的要求，市地方金融监督管理局制定并严格落实国资三大监管文件，加快构建科学完善的国资运营和监管体系，提升市级国有企业实体化运作水平。制定《溧阳市企业国有资产交易监督管理办法》，将企业产权转让、增减资、资产转让、资产租赁等行为纳入国有资产交易管理范围，在市公共资源交易中心公开进行线上竞价交易，发挥市场资源配置作用。

制定《溧阳市市级国有企业违规经营投资责任追究暂行办法》，对责任追究范围、资产损失认定、责任认定、责任追究处理和责任追究工作职责等方面作出全面规定，构筑防范国有资产流失的有效机制。

制定《溧阳市市级国有企业重大事项管理暂行办法》，精简监管事项，扩大国有企业自主经营权，激发国企发展活力。明确监管重点，包括公司章程、企业发展战略规划和实施计划、重大投资、发行债券、担保事项、企业重组改制等，提高工作效率。

（徐　彪）

【苏皖合作示范区建设发展集团有限公司】 2020年，苏皖集团紧扣“凝聚精气神，建设新溧阳”总要求，围绕“重大项目突破年”和“现代化建设试点工作突破年”两大主题，以项目建设为主线，推进公园城市、特色田园、市场化运营等版块协同发展。获得2018～2019重点工程创优立功竞赛“先进集体”、服务业五星企业等称号及江苏省风景园林协会2020年度优秀风景园林设计一等奖、中国风景园林学会科学技术奖二等奖、紫金奖铜奖、常州市抗击新冠肺炎疫情先进集体、房地产和建筑业5星、纳税百强企业奖、溧阳市工作创新奖、优秀项目奖等奖项。

在战“疫”号角吹响后，苏皖集团第一时间动员所有力量，投入到新冠肺炎疫情医学治疗观察点的紧急改造工作中。面对用工紧张、物资匮乏、运输受阻等重重困难，苏皖集团统筹协调各方面人员攻坚克难、夜以继日，累计投入6000余人次，半个月就完成10个观察点的改造工作。其中，老人民医院内科病房和住院楼面积达1.4万平方米，改造体量大，要求高。在结束全市12个防疫观察点的改造工作后，苏皖集团又投身为期一个月的燕山公园夜公园活动中，并开展向全市抗“疫”一线工作人员专场慰问的“今夜你最亮”活动，邀请奋战在疫情防控各行各业的人士及其家人参观游玩夜公园。

全年基本建设项目48个，续建项目31个，新建项目17个，计划总投资148.37 亿元。其中，贝桥一期安置房项目成为群众满意的民心工程和溧阳安置房建设的标杆，获得常州市优质结构主体、一星标化工地等荣誉。将溧阳本地特色的文化元素融入焦尾琴公园东入口广场的道路和建筑，用六个月的时间营造简洁明快、人文特色鲜明的现代滨水公园景观；高质量建设宁杭铁路溧阳站服务楼项目，在工期紧、压力大的情况下从正式开工到交付使用，36天完成任务。

首评双AA＋，超额完成压降。苏皖集团在2020年度开展主体信用评级工作，通过梳理业务板块，优化财务结构，凸出优势定位，全方位展示集团业务情况和溧阳市经济实力，成功获得中诚信国际信用评级公司和上海新世纪资信评估投资服务有限公司分别出具的AA+主体信用评级。这为苏皖集团未来拓宽融资渠道、吸引优质投资者、降低融资成本打下基础。同时，利用主体评级优势，对高成本债务坚决予以清退和置换，对新增融资业务与金融机构展开全方位综合金融服务方案谈判，超额完成市委市政府布置的压降任务。

特色引领，助力乡村振兴。围绕“干部能带头、群众有劲头、村庄有看头、种田有奔头”的宗旨，苏皖根据原定计划完成对塘马、南山后、陆笪的全面改造提升和配套设施建设，三个村庄均被评为江苏省特色田园乡村。2020年度，苏皖以高标准、系统化推进特色田园乡村产业链，打造乡村振兴的“试验田”，对塘马百合和软米、陆笪小香薯进行外包装改良并投入市场测试；创意组织各类活动，三个村庄全年接待访客12.8万余人次，村民人均年收入提升30%到40%。

市场运营，增强企业活力。苏皖集团将市场化运营作为工作主线之一，落实运营方案、完善管理程序、拓展业务范围、增加经营收入。凝翠、杨湾驿站正式对外开放，自营开发稳步开展。驻锡“燕山”项目已完成合同内工程建设内容；云顶江南花园项目已开工建设，酒店装修设计完成，招标前期准备中；苏皖集团已经开展了私募公司债、新型城镇化企业债、中票、PPN、保障房ABS等多支债券产品的申报工作。在高质量发展的新时期，苏皖将吸引更多社会资本，增强国企核心竞争力，实现自主盈利。

巩固成果，深化党建引领。2020年3～5月，市委第三巡察组对苏皖集团开展巡察工作，对于指出的问题和提出的要求，苏皖集团高度重视，立行立改，从指导思想、整改目标、组织保障、巡察反馈问题整改措施和整改要求等五个方面具体安排，对提出的具体问题梳理出问题清单，制定整改方案，做到真改实改，确保整改实效；每年的“我的家园我做主”活动已成为公司特色党建活动，2020年苏皖再次组织村民代表走进安置房建设现场，全程监督施工全过程，查漏补缺，收集民意，更加优化项目建设，最大程度保证安置房品质。

（苏皖集团）

【溧阳市城市建设发展集团有限公司】 2020年是全面建成小康社会和“十三五”规划收官之年，也是为“十四五”良好开局打下坚实基础的关键之年。城发集团紧扣“两大突破年”工作主题，围绕年初制定的工作目标和任务，稳中求进、守正创新，各项工作高效有序推进。

2020年，城发集团获得江苏省“安康杯”优胜单位、溧阳共青团工作先进集体、溧阳市路长制工作优胜单位、溧阳市重点工程创优立功竞赛优胜单位等称号。江苏长荡湖建设投资发展有限公司获评重点工程创优立功竞赛优胜单位，万达房产原木材地块开发项目，夏林村拆迁安置地块项目均获评常州市优质“金龙杯”奖项，南航天目湖校区一期项目获评溧阳市建筑业十佳精彩工程奖项，机场公司在重点项目创优争先活动中表现突出，获评江苏省“五一劳动奖状”。

城发集团党委学习贯彻习近平新时代中国特色社会主义思想，以市委第四巡察组巡察集团为契机，开展巡察整改工作。落实全面从严治党要求，把抓好党风廉政教育当作一项经常性的基本工作任务，贯穿始终。贯彻落实中央、省委、常州和溧阳市委关于开展“不忘初心、牢记使命”主题教育活动要求，开展常态化、制度化、规范化党章党规系列讲话学习教育活动，督促党员对“不忘初心、牢记使命”主题教育应知应会内容的知晓和认识，定期以党建基础知识和应知应会内容组织开展知识竞赛不断强化基层党组织建设，强有力的组织保障和思想动力推动了集团党建再上新台阶。

根据市委组织部、宣传部、监察委要求，结合集团党委自身特色，打造“101”亲情服务驿站、“公交爸爸妈妈”服务驿站、“的哥的姐”服务驿站、“清道夫”服务驿站和“筑梦先锋”服务驿站，把新时代文明实践中心驿站活动纳入集团党建的整体布局和日常工作。疫情防控期间，集团党委提前谋划，精心组织，做好项目、人员、资金管理，组织260余名员工积极投身到楼长制、社区志愿者防控、道路卡口执勤等疫情防控工作中。

南航天目湖校区二期建设项目是2020年江苏省重点项目。集团以“向建党一百周年献礼”为目标，延续在一期建设中广受赞誉的“南航速度”，开足马力全面推进建设。南航天目湖校区的快速建设，推进校地双方的深度合作。

天目湖通用机场建设项目是省交通系统的重点项目、市重点项目，作为建设主体，集团始终秉承艺术视角、工匠精神、一丝不苟、精益求精的工作精神，克难攻坚抓进度、质效并举抓规范，顺利完成建设任务，圆了溧阳百姓期待多年的“机场梦”。

为促进国有资产的保值增值，城发集团下属燕山资产管理有限公司加强对国有资产的维护及经营管理，采用线上线下多渠道扩大宣传招租信息，做到公开公平公正。至2020年，招租资产140处标的，共签订租赁合同88份，在公共交易中心挂牌52处房产，租金收入1065.2242万元，年增长38.61%。

为配合溧阳市安全生产专项整治行动，2020年3月，集团通过司法拍卖取得闲置6年的弘博化工废危资产。消除环保隐患刻不容缓，集团迅速成立工作专班，认真研究废危厂房设施拆除方案和处置办法。通过专家咨询、市场调查，打破原有花钱请人处置废危设施的行业惯例，以2040万元的高价将废弃设备设施进行公开拍卖，并取得成功，获得社会和经济效益双丰收。

下属航务工程公司由全民所有制公司改为国有独资企业，完成资产划转，并正式更名为“溧阳市纬城工程建设有限公司”。通过完善组织架构，拓展业务渠道，规范经营模式，公司焕发出新的活力。2020年纬城公司经营业绩不断提升，签约工程合同总金额过亿元，净利润比上年翻倍，实现了国有资产的保值增值，为企业市场化转型升级提供有力支撑。

获AA+评级后，重点打造的子平台交建公司成功获得中诚信AA评级，为公司多元化、多渠道、多层次筹措资金创造了有利条件。以此为依托，积极探索，主动谋划，改变传统间接融资方式，全力打通直融市场通道，全年通过直融渠道募集的资金成本较常规间接融资节约近2000万元，融资成本较上一年压降1.08%。

2020年，集团下属客运公司新增纯电动公交车30辆，新增1条镇村公交线及2条城市公交线，优化完善1条城市公交线及4条镇村公交线，为中关村及相关新建小区居民出行提供了优质运力保障。为确保出租车行业稳定，根据上级“电动溧阳”建设要求，公司于8月试点推出11辆纯电动出租车运营，并再次订购55台纯电动出租车，将陆续投入运营。

（城发集团）

【江苏平陵建设投资集团有限公司】 2020年，平陵集团聚焦全市“两大突破年”工作主题，按照“安全平稳抓好基础工作、高效优质推进重点工作、积极主动做好创新工作”的工作思路，迎难而上、担当奋进，交出助力全市夺取“双胜利”、助推溧阳高质量发展的合格答卷。全年实现营业收入8080万元，比上年增长17%；实现利润总额6591万元，比上年增长15%；净资产收益率10.7%，国有资产保值增值率111%。获得地方金控类企业AA主体信用评级，全省县域唯一。担保公司年度监管评级由B类提升为A类。国企融资成本压降、生态产品交易市场等工作获全市工作创新奖。成为全市唯一一家金融服务类三星级企业。

提高政治站位，严格落实党建责任。树立抓好党建工作是最大的政绩的理念，坚持把党的建设摆在首位，坚持民主集中制、“三重一大”等决策制度，推动党建工作与国企经营管理相互促进。坚定理想信念，思想教育持续不断。坚持“两学一做”常态化制度化，学习贯彻习近平新时代中国特色社会主义思想。开展“不忘初心、牢记使命”主题教育，围绕“守初心、担使命、找差距、抓落实”总要求，锤炼忠诚干净担当的政治品格。2020年，全员“学习强国”APP平台活跃度达到90%以上；组织“七一”纪念、参观新四军江南指挥部、参观国有企业廉政风险警示教育示范点等活动，提高党性认识，坚定理想信念，筑牢思想防线。时刻保持警醒，廉政工作常抓不懈。将党风廉政教育经常化、制度化，把廉政教育作为深化作风建设的主要内容，把全面从严治党要求落实到每个支部、每个党员，引导党员干部严守政治纪律和政治规矩。

围绕市委、市政府中心工作，坚持安全、平稳做好各项主营业务不动摇，服务全市高质量发展大局。执行市委、市政府关于疫情防控工作的各项决策部署，组织参加楼长、疫情防控等志愿活动，105人次参与社区卡口值勤，33人参与防疫楼长工作，3人参加医学观察点和隔离点志愿服务。支持企业复工复产。贯彻落实市委市政府《关于政企同心防疫支持企业复工复产的意见》，缓解企业在疫情期间转贷、归还的压力和困难，通过担保费减半方式，减免企业担保费用622万元，帮助企业渡过难关。发挥金融服务作用。利用多种金融工具，持续利用投贷保联动机制，主动深入镇区，靠前服务企业发展。全年累计办理融资担保业务金额11.8亿元，在保户数122户，在保余额9.6亿元，其中政银担模式担保余额3.5亿元，比年初增加4319万元。发放贷款21笔，累计金额8830万元，贷款余额9350万元。发放转贷基金192笔，金额21亿元。代偿5961.5万元，收回6495.6万元。担保公司以开立《工程付款保函》方式为溧阳市政府所属单位提供工程支付担保。全年办理工程担保18笔，金额1.2亿元，保障了相关民生工程项目的顺利开展。放大产业投资引导效应。立足溧阳主导产业和新兴产业，强化行业发展分析，细化内部操作流程，深化与深创投、宁德时代、光大控股、上汽资本等合作机构及其股东资源的协同互动，提高投资决策科学性和公信力。搜寻符合国家产业导向政策的可投资项目，将优质资源引入溧阳。全年招引项目落地3家，产业引导基金累计对外投资项目20个，其中创投类项目6个、产业类投资项目8个、投资子基金项目5个、退出项目1个。子基金投资项目上市4个（其中2020年上市3个），申报IPO项目6个。

整合提升各类平台资源，转变经营服务理念，推动集团相关平台向市场化、高质量不断迈进。提升驾培检测服务。优化驾校、机动车检测公司等国有平台的经营服务模式，突出驾培和车辆检测品牌建设。检测公司在严格按照国家规定要求、不折不扣执行车辆检测标准的同时，狠抓服务工作，学习“放管服”和“先发后审”等各项监管便民政策，把检测公司“红马甲”服务打造成公司服务的一张名片。全年检测车辆数29371辆，完成总产值472万元。驾培公司以学员事故率少、违章率少为目标，通过高质量学员的持续产出形成品牌效应，全年实现收入316万元，完成扭亏为盈目标。推动白茶品牌发展。融入“1+4”城乡产业协同发展平台建设，开展天目湖白茶品牌提升研究。与南京农业大学、天目湖镇共同发起设立的溧阳茶产业研究院，是南京农业大学首次在外地设立的研究院，为溧阳市白茶产业走向标准化、品牌化打下扎实基础，支持天目湖白茶小镇建设。白茶公司在把好茶叶质量关、完善全过程管理的同时，参加溧阳“两节”、常州农产品展销会、“天目湖白茶发展”政协课题调研以及江苏茶产业高质量发展研讨会等活动，宣传展示溧阳白茶品牌文化。

紧扣全市各大试点工作重点任务，开拓工作发展领域，在“现代化试点工作突破年”中展现平陵作为和创新担当。推动生态产品交易市场建设。同步推进天目湖流域生态环境大数据平台和生态容量评价体系建设工作，完成3个水质自动监测站、2个自动气象站、30台自动监测设备建设，项目方案获中科院院士及专家充分肯定。推动以社渚镇青虾养殖污染退出、涵田康养项目生态容量购买等生态产品交易案例，试点经验被新华社等多家媒体报道。结合生态产品交易和数据平台需要，推动建设生态创新展示馆，为展示溧阳“两山”实践创新之路提供形象载体。建立苏皖合作实体运作机制。与安徽郎溪国投、广德国投共同出资成立苏皖合作示范区产业合作发展有限公司，在长三角率先探索以实体化公司推动省际交界地区协作模式，为复制推广生态产品交易经验、助力溧阳创新推动“一岭六县”长三角产业合作区建设建立基础。

不断完善内部管理机制，激发提升工作效能，持续增加集团抗风险和长远发展能力。健全风险管控制度。完善集团公司风险管理制度，规范授信业务准入标准和投、贷、保后管理办法，建立风险预警机制和工作体系。对授信业务项目加大风险排查力度，及时制定风险化解和处置方案，对新准入项目审慎把关反担保措施质量，多管齐下积极化解大额贷款存量风险。强化合规经营，确保融资担保工作平稳有序、追偿工作有序有力。提高资金托管管理水平。严格落实第三方资金托管用于预售商品房交易资金结算的操作规程，预防和降低预售商品房交付风险，确保预售项目托管账户资金的安全。与30家开发企业签订托管合作协议，托管楼幢340幢，托管收入62.5亿元，托管支出约35.9亿元，托管资金余额26.6亿元。开展24期“员工讲坛”，营造昂扬向上、勤学善思的良好氛围。提拔任用一批年轻干部，激发集团队伍活力。安全生产常抓不懈。建立安全工作长效机制，细化各项安全生产管理制度，每月开展安全教育、检查，加强安全工作责任落实，保障集团全年安全生产经营。

（平陵集团）

税　　务

【概　况】 2020年，溧阳市税务局面对突如其来的疫情冲击、错综复杂的外部环境、叠加交织的困难挑战，系统上下始终站在“两个维护”高度，聚焦总局“四力”要求，统筹推进疫情防控和服务经济社会发展工作。

探索“党建引领+”工作机制，搭建“党委、支部、党小组”三级管理工作网络体系，促进党建工作与业务深度融合，互促共进。推行支部月度工作清单制、党建工作定期督查通报机制，开展星级支部评选，创新“主题党日+”活动，推进支部规范化、标准化建设。接受上级巡察，对省局下沉巡察反馈的4大类9项12个问题细化分解，整改到位。对常州市局常规巡察反馈的4大类14项38个具体问题，拟定整改方案，细化整改措施；顺利通过国家审计署外部审计。细化“两个责任”清单，开展“形式主义、官僚主义”专项整治活动。加强廉政教育、廉情分析、监督执纪和八小时以外管理，正确运用“四种形态”，持续筑牢反腐防线。开展“违规收送礼品礼金、私车公养问题”等六个专项整治，全系统政治生态持续优化。

税宣进学校　　　　（市税务局　供稿）

开展“税小匠”培养工程，搭建“税小匠”专题网站，展示活动风采。组织干部参加省局“两测”，备战“大练兵大比武”，9名干部入选常州市局“115”工程—岗位能手，2名干部入选省局“115”工程—专业骨干，稽查类考试位列常州第一，为常州市局获得全省税务系统2020年“岗位大练兵、业务大比武”活动优胜单位一等奖作出重要贡献。8名干部取得公职律师资格，1名干部入选总局普法宣传人才库。做好职务职级并行，落实总局“三个办法”，做深做细政策宣传和思想政治工作，先后有65名干部晋升职级。落实过紧日子要求，规范财务和后勤管理，一般性支出减少15%；加强信访舆情保密管理，信息宣传工作保持领先。老干部服务有声有色，群团建设成效明显，市局被评为“全国模范职工之家”。组织党员干部踊跃参与疫情联防联控、文明城市创建、双挂双促，持续推动“风信子”扶贫项目。做好对内疫情防控管理，切实保障干部职工生命安全和身体健康。

【减税降费】 2020年，市税务局围绕减税降费主题，推进“网格化”服务机制，打通“最后一公里”，助力企业复工复产，服务“六稳”“六保”大局。全年兑现各项税费优惠54.41亿元，办理出口退税2.85亿元，审批免抵退税额7.57亿元，办理退库11.7亿元。其中，新增减税降费17.76亿元，惠及全市4.38万户（人）次。

【组织收入】 2020年，市税务局聚力组织收入主业，落实收入原则，强化质量监控，确保稳定增长。面对新冠疫情带来的经济冲击，税费收入逆势突围，入库156.97亿元，比上年增长8.8%。其中，税收收入112.82亿元，比上年增长3.1%；社保费和各项非税收入44.15亿元，比上年增长26.8%；完成地方预算63.41亿元，增上5.01%。发挥以税咨政作用，持续优化税收数据服务，报送复工复产专题分析6篇，其中2篇材料获总局和省领导批示。

【营商环境优化】 2020年，市税务局打造“立·先锋”服务品牌，推行税收营商环境最佳体验区建设。开展预约办税，扩大网上领票范围，“非接触式”办税比率提升至93%，网上审批业务100%当日审批，新办企业涉税业务最快提速至0.5个工作日，特服号20秒、30秒和60秒接通率名列常州前茅，办理退税时限0.6天保持全省领先。扩大税银互动纳税人范围，继续加强税邮合作，“税邮合作”便民办税新模式入选常州市“打造一流营商环境”优秀实践案例。常态化开展执法督察，建立执法督察风险提示制度，加强纳税人缴费人权益保护，荣获“常州市‘七五’普法中期先进集体”。推行“走出去”企业定制服务，推动平台经济落地落实，全年4家平台经济纳入税收征管试点，吸纳灵活就业个人经营者近1.2万人次，实现经营收入1.3亿元，入库各项税费3530余万元。

【征管效能提升】 2020年，市税务局坚定落实“1+5”新征管体系，全面推行省局征管工作规程和征管职责清单，推动社保费征管职责划转和网格化管理，全部税费实现统筹联动征管，各费种保质保量征收到位。有效建立“专业支持+综合应对”的风险管理模式，深化大数据运用，全年应对入库税款1.55亿元，实现应对总成效6.59亿元，贡献率6.05%，重点税源户抽查、稽查积案清理、金三协查案件完成率均达100%；加强对外支付情报管理，通过“六项审核”全年补缴所得税315.85万元。打赢新个税法首次年度汇算攻坚战，全市3939户扣缴义务人、74576名纳税人参与汇算，退税2500万元；推进“以地控税、以税节地”工作，完成10个土增

在地瓜村宣传“非接触式办税” （市税务局 供稿）

税清算项目，其中8个项目补税3101万元。

（倪　伟）

市场监督管理

【民生实事工程】 2020年，知名餐饮连锁品牌贤合庄和“喜茶HEYTEA”落户溧阳。溧城镇、戴埠镇、天目湖镇分别完成示范餐饮集中区建设。10家餐饮标杆企业和58家特色餐饮单位全部完成提升工作。检查旅游餐饮单位385家；有1417家餐饮单位推行“公筷公勺”制度，完成《溧阳市规范民宿（农家乐）经营管理工作的实施方案》（征求意见稿）和《全市小餐饮整治提升工程实施方案》的制订。联合开展深化溧阳市餐饮油烟、污水治理工作，检查经营单位1401家。完成“明厨亮灶”单位1146家。溧阳砂锅鱼头、溧阳扎肝团体标准完成公示。溧阳白芹标准完成修订。

【食品餐饮安全监管】 全市食品安全关注稳中向好，没有发生区域性食品安全事故。至2020年年底，全市登记食品小作坊109家，登记建档率达100%。溧城小作坊集中区建成后稳步发展，进驻小作坊21家，江苏省食品小作坊集中区建设现场推进会于11月成功召开。2家“名特优”示范食品小作坊通过常州现场验收审核，食品小作坊风险分级、智慧监管得到提升。完成食品安全抽检任务4188个批次，综合合格率99.52%，发布食品安全公告21期，全市食品安全风险得到有效掌控。全年根据市委、政府安排，配合其他部门开展两节、高中考等餐饮食品安全保障18次，保障用餐人数9500多人次。推进“阳光餐饮”工程，完成上线经营户985家。

【技术标准战略实施】 2020年，通过调研摸底，并与企业积极沟通对接，申报6个省地方标准制修订项目，3个省级标准化试点项目，最终成功立项省地方标准项目1项，省级社会事业标准化试点项目1项。引导企业参与国际、国家、行业标准化活动，13家企业参与制修订国家标准13项、行业标准5项、省地方标准6项。对全市36家集贸市场的2464台件衡器和7家敬老院、149家村级卫生室的430台件血压计实施“两免费”检定，受检率100%。定量包装商品抽查202批次。

【药械及化妆品监管】 全年制定下发《溧阳市药品医疗器械化妆品经营使用单位监督检查计划》《溧阳市中药饮片专项整治工作方案》《打击非法渠道购进药品专项整治行动》《“守护婴幼儿健康”专项行动》《无菌和植入性医疗器械监督检查》等行动方案。检查零售药店316家，医疗机构282家，医疗器械生产经营企业376家，检查覆盖率100%。

【行政许可】 办理新开办零售药店16家、零售药店换证65家、零售药店许可变更52家、零售药店注销10家。办理第三类医疗器械经营许可23家，第二类医疗器械经营零售备案32家，第二类器械批发及批发变更14家，第一类医疗器械生产备案1家。不良反应监测方面：上报药品不良反应报告454份，新的严重的61份，占13%，医疗器械不良事件报告119份，对所有报告进行规范性整理和关联性评价。

【综合监管】 全市2020年度企业年报率达93.4%，位列常州各辖市（区）前列（个体年报未截止）。“双随机、一公开”监管稳步推进，建立全市市场监管领域部门联席会议制度，明确各部门“两库一单”建设要求。至2020年年底，市场监管领域各部门实施内部随机抽查108批次，检查对象2496户；实施联合随机抽查14批次，检查对象80户，完成2379户抽查结果回填并对外公示。全年核准动产抵押登记、变更及注销295件次，涉及担保债权101.93亿元。加强对电视台、报社等主流媒体以及互联网广告的监测，检查广告19600余条次。

【维护市场秩序】 2020年，决战决胜扫黑除恶专项斗争，开展“六清”行动，针对食品安全、特种设备安全、药械化监管、知识产权、质量监管等领域存在的行业乱象，查办各类案件154件，罚没入库542万元。强化社会共治氛围，发放“扫黑除恶溧阳在行动”宣传折页、《致全体市民的一封信》等6万余份。加强与公安机关、检察院、法院的会商，研判疑难案情、协调重大问题。与公安机关联合行动17次，移送案件4件，协助公安对38个批次的产品进行非法添加类检验；就检察院发出的1份检察建议书进行核实并及时回复；与法院积极沟通，调取2018年11月以来的食品药品刑事犯罪案件审判书，对已判刑人员进行后续的资格限制处罚。全方位调度疫情防控执法工作，对价格欺诈、制假售假、虚假宣传等群众密切关注的违法行为严肃查处，处理疫情相关投诉举报321起，立案查处疫情相关案件22件，形成打击的高压态势。

【消费维权服务】 2020年，结合“放心消费创建、厉行节约反对浪费及餐饮食品安全进校园”等主题开展市场监管大讲堂普法宣传6次。新增消费维权服务站6个，推动12315维权服务站体系向纵深发展。73家申报单位创建溧阳市放心消费创建先进单位，24家申报单位创建常州市放心消费创建先进单位，4家申报单位创建省级放心消费创建先进单位，溧阳市汽车商会创建江苏省放心消费创建先进行业，南渡镇成功创建江苏省放心消费创建示范区域，江苏省天目湖旅游股份有限公司山水园景区分公司成功创建江苏省放心消费创建示范街区。深度整合各类投诉举报资源，完善分类处置的新型维权机制，全年受理各类投诉举报5003件，办结4903件，办结率超98%，为消费者挽回经济损失180万余元。

【特种设备安全监察】 2020年，全市完成特种设备使用单位日常监督检查228家次，特种设备使用单位专项检查471家次，出动执法检查人员1509人次，检查企业699家，发现隐患609起，全部完成整改。严格防控特种设备安全事故发生，全市特种设备事故及相关事故实现“零发生”，安全形势为近十年来最好。开展特种设备安全生产专项整治工作，全市有1741家企业的14844台设备完成自查，覆盖率达91%，稳居全常州第一。

【质量培训】 2020年，组织企业报名参加质量条线培训，18家企业39人次参加卓越绩效自评师培训。至2020年年底，全市37家企业127人参加自评师培训。组织3家企业参加省局举办的首席质量官高级培训班，并根据相关文件开展首席质量官聘用备案工作，备案首席质量官157个。组织3家企业申报质量信用AA、3家企业申报质量信用AAA。经评审后，有2家获得AAA认证、2家获得AA认证。对34家2019年度生产许可证获证企业进行年度审查工作，组织3家企业生产许可证换发证工作，并作为观察员参加现场核查，督促企业完成整改。开展危险化学品、危险化学品包装物、电线电缆、热轧钢筋、水泥、复合肥、食品相关产品获证生产企业专项监督检查，检查3家危险化学品、1家危化品包装物、5家电线电缆、8家水泥、6家钢筋家、2家复合肥、10家食品相关产品生产企业。

【价格监督】 2020年，落实各项价格收费优惠政策，检查95家转供电主体，发放《行政监督管理通知书》，要求严格执行目录电价并签订协议。做好“六稳”工作、落实“六保”任务，疫情期间发放《价格政策提醒函》1260份，签订价格承诺书2500份。开展专项检查工作，国庆、中秋节日期间对高端白酒进行价格检查，检查商业主体692家。与教育、公安、城管、消防联合开展校外培训机构收费检查，检查培训机构33家，发放价格公示牌模版，要求做到公示行为规范化。

【知识产权管理】 2020年查办各类知识产权案件19起，强化商标注册专用权保护。至2020年年底，国内注册商标申请数938件，国内发明专利授权数100件，完成马德里国际注册体系申请4件，万人有效发明19.15件。实施知识产权强企行动计划，全年新增知识产权贯标备案企业16户。与中国·常州（机器人及智能硬件）知识产权保护中心签订共建协议，将知保中心资源进一步向溧阳市的“三重”即重要平台、重大载体、重点企业倾斜。成立“常州知识产权维权援助中心溧阳分中心”，完善快速协同保护体系。利用“双随机、一公开”监管提升知识产权市场监管的有效性、规范性，全年依托省信用监管平台下达专利真实性检查任务22户、商标规范使用检查任务58户，检查任务已全部检查完毕并及时录入监管平台。

（柏万峰）

应急管理

【概　况】 2020年，市应急管理局加快推进应急管理体系和能力现代化，为全面建成小康社会和“十三五”规划收官作出积极贡献。2020年，全市事故起数和死亡人数比上年分别下降75%和68.1%，未发生较大以上事故，高标准完成事故起数和死亡人数双下降30%的既定目标，确保全市安全生产形势的平稳可控。

发挥媒体作用，聘请融媒体中心专业人才指导安全生产宣传，通过溧阳电视台、《溧阳时报》、“中国溧阳”微信公众号等媒体、网络，对安全生产工作进行广泛宣传；开展“百团进百万企业”宣讲活动，开展宣讲720场次，参与人数18169人次，实现规上规下企业全覆盖；组织企业管理人员和工人安全教育培训考核93期4935人，其中高危企业主要负责人和安全管理人员743人，特种作业人员2245人，培训考核人数创历史新高。

【安全责任落实情况】 2020年，溧阳市紧抓责任落实，集中力量研究出台一系列规范性文件，形成一系列制度性成果。协助配合市委市政府出台《市委常委会成员、市政府领导班子成员年度安全生产重点工作清单》，明确党政领导责任。市纪委监委制定出台《监督推进安全生产专项整治工作方案》，加强专项整治工作监督。市编办印发《溧阳市市级部门及驻溧有关单位安全生产工作职责任务清单》，同时明确在24个部门设立安全生产监管科，明确配备人员标准，不断强化部门监管责任。市安委办制定并印发《企业落实安全生产主体责任重点事项清单》2万余份，选树先进示范企业120家，夯实企业安全生产主体责任。

【安全生产风险管控】 2020年，市应急管理局紧盯重点领域，突出重大危险源、较大风险隐患、关键部位环节，查找各行业领域薄弱环节和短板问题。专项整治开展以来，对全市34家化工企业、7家非煤矿山企业和1258家工贸企业对生产区域进行风险辨识，确定风险等级，绘制风险分布四色图。开展深度执法检查，在34家危险化学品企业、41家金属冶炼、32家涉爆粉尘企业中开展深度执法检查指导活动，聘请省级专家指导企业开展隐患排查工作。结合形势全面排查，针对宿迁沭阳“4•2”家具厂火灾事故，配合市分管领导迅速行动，利用清明假期组织对全市64家家具制造企业开展专项检查，排查隐患334项。针对丹阳“5•15”制鞋胶水加工企业爆炸事故，在全市开展工贸行业使用易燃易爆物品调查摸底工作，摸排使用和存储易燃易爆物品企业155家。根据违法违规“小化工”专项整治要求，按照五个类型，在全市范围内深入开展排查，全市排查企业11000余家次，发现违法违规“小化工”企业7家。

【安全生产隐患治理】 2020年，溧阳市全面启动安全生产专项整治行动，由16个部门牵头，制定26个实施方案，组织检查督查组6108个，参与人数18553人次，检查企业17345家次，排查各类隐患15080项，完成整改14268项，隐患整改完成率94.6%。严格依法行政监管执法，印发《2020年安全生产执法工作要点》，制定《溧阳市应急管理局2020年度安全生产监管执法计划》，将往年事故单位全部纳入执法计划，列出145家监督检查企业和55家双随机检查企业。2020年检查企业1400余家，双随机执法27家，立案124起，罚款金额279.35万元。吸取上年无锡“10•10”高架坍塌事故和无锡“10•13”燃气爆炸事故教训，与市交通运输局开展联合执法，对16家运输企业开展执法检查，处罚8家；与市住建局、市场监管局协同开展燃气瓶装液化气联合执法行动，检查各类使用单位84家，立案处罚1起。

【安全生产基础建设】 2020年，市应急管理局加强应急预案管理，出台《溧阳市突发事件总体预案》，统筹协调18个部门修订40个专项应急预案，广泛开展宣传培训，加强演练和评估，有效预防和减少突发事件危害，维护社会安全稳定。加强应急队伍建设，建立以市消防救援大队、交通、住建等施工应急救援队伍为主体，镇区规模企业职工、基干民兵、城管队员等为核心的市镇村各级抢险队伍，在重点领域打造素质过硬的自然灾害和安全生产领域应急救援专业骨干队伍。加快应急指挥中心和指挥平台建设。整合各板块，实施视频监控和线上指挥，建成快速高效的应急救援体系，同时结合市政府重点工作安排，邀请专家团队，对溧阳市应急救援基础设施全方位摸底调查，加强消防应急救援基础设施建设。

（谢宋喆）

统计管理

【概　况】 2020年，全市统计系统贯彻落实省、常州市统计改革部署，开展巡察整改，推进人口普查，优化统计服务，提高法治水平，强化队伍建设，各项工作按计划稳步有序推进。

开展镇（街道）走访调研。局领导带队调研走访各镇镇（街道），了解镇（街道）统计工作开展过程中面临的问题和困难，慰问镇（街道）统计人员。举办“追忆党史 牢记初心”庆祝建党99周年活动活动。通过参观沙家浜革命历史纪念馆，重温入党誓词，重忆入党初心，增强统计系统的凝聚力和战斗力。开展“守初心 担使命 青春建功新时代”主题微党课，以“微”视角，“小”切口，忆光荣岁月、讲革命故事、谈时代变迁，激发统计人在推进高质量发展的实践中走前列、当先行，开拓奋进、建功立业的使命感和责任感。编印交接手册。以贸易专业为试点，将贸易业务知识进行总结提炼，编印成小册子，供后续接手专业人员参，为专业交接工作提供便利。

坚持把巡察整改工作作为一项重大政治任务，始终坚持问题导向，标本兼治，立行立改、全面整改，成立局整改工作领导小组，召开会议专题研究巡察整改工作，印发《中共溧阳市统计局党组落实市委第四巡察组巡察反馈意见整改工作方案》。局党组和整改工作领导小组先后多次专题研究部署巡察整改工作，听取班子成员和各科室整改进展情况汇报，协调解决工作中出现的问题。2020年，就巡察反馈6方面23个问题，制定60条整改措施，召开9次推进会，修订完善各类规章制度40项。

把党风廉政建设工作列入党组重要议事日程，召开党组会议专题部署，明确党建工作的目标和任务，制定《2020年溧阳市统计局党建工作要点》。局党组书记与分管领导、分管领导与科室负责人层层签订《2020年党风廉政建设责任书》，明确分管领导和科室责任人的党风廉政建设工作要求，确保党风廉政建设各项工作有人抓、有人管。制定《2020年市统计局党组理论学习中心组学习计划》，开展党组中心组理论集中学习6次，利用好“学习强国APP”，抓好党员干部日常时间学习。严格落实“三会一课”制度，持续开展“不忘初心、牢记使命”主题教育活动。

【人口普查】 2020年，市普查办事先谋划，多方面筹备溧阳市第七次全国人口普查（以下简称“七人普”）工作。在总结各次普查工作经验的基础上，提前谋划“七人普”工作，第一时间成立市、镇两级人普领导小组，厘清工作，细化职责。落实普查方案、经费和人员，市镇两级普查经费全部落实到位，市级普查经费与2010年“六人普”相比增长200%，选调普查指导员和普查员3219名。

部门协作，广渠道宣传。“一个平台，两种模式”。以融媒体为平台，结合城管、教育、人社、电信、移动等部门优势，采取传统媒体和新媒体两种模式相结合的方式，在全市范围内开展图文并茂、影音结合，全方位、无死角的普查宣传。“小手拉大手，参与七人普”。与教育部门联合行动，为全市156所学校的11万名师生送上《致全国人口普查住户的一封信》，向全市的家长和学生做了一次宣传动员。“大国点名 没你不行”。在920统计开放日，在城区3个街道的8个社区“摆摊”，通过放置宣传展板、发放宣传折页、派送普查小礼品等形式，和居民零距离进行普查宣传，提高群众的知晓率和配合度。

市镇配合，细致化培训。为做好两员培训，市普查办通过多轮试讲、精选案例、推敲试题等一系列方式提升培训效果，力求所有参训人员能成为普查的行家里手。为做好住校学生、监狱人员的人普登记工作，专门组织高中、中专、南航天目湖校区以及3个在溧阳监狱的业务培训。市人普办开展大小培训会议十余次，培训700余人次。

清查细致，全方位摸底。加强行政推动。领导带队赴重点镇（街道）开展工作专项调研，利用行政推动促进工作进度。巩固数据基础。在前期收集整理好部门数据的基础上，与部门资料开展比对分析，完善户籍数据信息，提高摸底质量和效率。建立通报机制。从10月15日开始，每天通报摸底工作进度，同时收集整理问题清单，及时答复解决镇（街道）在摸底工作中出现的问题。2020年，摸底户数44.2万户（含空户6.6万户），公安户籍整顿户数为30.2万户，清查摸底进度为124.5%（剔除空户）。

【统计服务】 2020年，市统计局以高质量发展为引领，对标杆找差距。做好高质量发展考核监测工作。撰写《2019年溧阳市高质量发展指标监测情况》《全市高质量发展综合绩效评价情况汇报》，均获得市委主要领导批示。同时配合部门做好高质量考核监测工作，为部门对标找差提供数据支撑；做好现代化试点监测工作。牵头完成指标收集，撰写《溧阳市社会主义现代化建设试点指标监测情况》。做好海宁、启东数据监测。搜集标杆地区数据进度，建立数据共享机制，发布《海宁、启东近三年主要经济指标情况》，为溧阳“远学海宁，近追启东”

提供数据参考。

以核算改革为契机，强化指标监测。发挥统计“数库”作用。根据国家方案制定《季度GDP核算基础指标情况表》，明确数据来源、上报频次等；完善联席会议制度。政府出台相关文件，完善国民经济核算联席会议制度，明确各部门责任，定期召开联席会议，建立健全部门间统计信息和资料交换共享平台，定期做好通报工作；加强指标分析研判。根据经济数据，做好统计监测预警和经济形势分析工作，撰写《GDP统一核算改革将于一季度实施到位》《地区生产总值统一核算方案正式发布》等多篇内参，获市委市政府领导批示。

以优质高效为标准，发挥统计职能。数据助力疫情防控。2月疫情防控期间，开展政府平价口罩销售数据录入比对工作，日均进行5万条口罩销售数据的筛查、分发、汇总整理并上报指挥部。疫情期间，录入、比对口罩销售数据近140万条，其中重复购买数据近15万条。做好四大经济监测。在开展四大经济统计监测的基础上，发布《溧阳市产业发展概况表》，对全市四大经济及非四大经济进行监测。强化集聚区统计。密切关注集聚区数据情况，撰写《2019年度服务业集聚区发展报告》，分析集聚区发展趋势，为后续集聚区的新增打好基础。撰写统计分析。发布《撤县设市三十年 而今迈步越向前》《“绿水青山就是金山银山”和生态文明建设满意度调查报告》等分析报告。2020年，全局完成统计信息50余篇，8篇次获市领导批示。

以统计信息为载体，丰富统计产品。围绕服务党政领导需求，开拓创新、主动作为，不断挖掘统计资料深度、拓展统计服务广度。搜集长三角沪苏浙皖26个地级市203个县市区主要经济指标，整理编印《2018－2019长三角城市群主要经济指标》。完善《南京都市圈》《宁杭生态经济带》《四大经济统计发展报告》等产品，各类月度、年度统计汇编资料累计已达12类，实现及时响应，全面覆盖。按时发布《2019年溧阳市国民经济和社会发展统计公报》，确保党政领导和社会各界在第一时间了解最新的市情市貌。

【统计法治建设】 严格落实督察整改。为贯彻落实《江苏省贯彻落实国家统计局第6统计督察组督查反馈意见整改方案》精神，市委常务会议专题学习《意见》《办法》《规定》，市政府常务会议专题学习《全国人口普查条例》，局党组专题学习督查反馈意见整改方案，并成立相关工作组，负责落实督查整改工作。

加大监督检查力度。制定《2020年全市统计执法监督检查方案》，开展“双随机”检查、统计督查、统计数据质量核查。落实防范统计造假弄虚作假责任，建立防范和惩治统计造假弄虚作假责任制实施办法。落实领导干部违规干预统计工作记录制度，防止发生违规干预案件。

完善双基电子台账。完善双基电子台账系统，各镇（街道）2019年电子台账完成。同时，积极尝试推广电子台账覆盖面，联网直报企业电子台账模板初步完成，开展企业走访，研究解决企业双基电子台账建立过程中的难点，为企业推广实行双基电子台账奠定良好基础。

（王若凡）

审　　计

【概　况】 2020年，溧阳市审计局完成审计项目32个，管理不规范金额13.61亿元，固定资产投资审计核减0.88亿元；出具审计报告或审计调查报告43篇次，发出审计决定1篇（次），提出审计建议115条，得到市领导批示52篇（次），上报的各类信息被市政府和上级审计机关等平台录用128篇（次），审计理论研讨文章发表4篇（次）。先后获得全年社会综合治理先进集体、溧阳市文明单位、市级机关党建特色队伍和特色阵地等荣誉，社保中心领导干部经济责任审计被评为常州市优秀大数据审计项目，2人分别被评为2019年全省乡村振兴相关政策和资金审计先进个人、全省审计系统疫情防控先进个人。

【上级指令性审计项目】 2020年，市审计局根据上级审计机关统一部署和安排，配合“一条鞭”审计，完成6项指令性项目，全力夺取防疫发展“双胜利”。对疫情防控资金和捐赠款物进行专项审计，审计财政资金3073.67万元、捐赠资金850.08万元，促进资金规范使用57.26万元。聚焦积极财政政策加力提效，实施公立医院综合改革政策落实情况专项审计、新增财政资金直达市县基层直接惠企利民情况跟踪审计，促进重大政策措施落地见效；关注减税降费政策落实、深化“放管服”改革等情况，开展税收和非税收入征管审计，助力税制改革；围绕“三大攻坚战”，开展政府债务审计，摸清底数，为科学制定化债方案提供可靠依据，防范化解重大风险，此外，在配合水污染防治专项审计同时，对区域污水治理和农村生活污水治理工程开展审计监督，推动中央和省关于环境保护的决策部署落地生根。

【财政预算执行审计】 2020年，市审计局推行“数据先行”理念，加强数据间综合比对和关联分析，运用技术手段筛查问题疑点，使审计范围更广泛、脉络更清晰，实现对一般公共预算、政府基金预算、社保基金预算、国有资本经营预算的全覆盖。通过审计提出建议，促进财政存量资金盘活，同时督促规范国库集中支付行为，推动机构改革涉改单位理顺财务归属关系，按规定履行资产分割调拨手续13宗。围绕本级预算执行和其他财政收支情况，配套开展城乡居民合作医疗基金专项审计和2017年度至2019年度市企业职工养老保险专项审计，加大对民生资金的审计力度，促进保险公司完成大病保险结算3737万元，助推企业职工基本养老保险“应保尽保”惠及企业职工324人。

【经济责任审计】 2020年，市审计局完成9个经济责任审计项目及1个自然资源资产审计项目，做到党政同责同审、任中离任结合，审计内容不断深化、审计结果有效运用，在创新中优化审计监督质效，促进各级领导干部依法行政、履职尽责。审计市市场监督管理局时与巡察同步进驻、同时实施，以巡审联动扩大监督合力。在开展市社保中心领导干部任中审计时，以大数据手段筛查全市企业退休人员免费健康体检工作“漏洞”，促进体检工作全覆盖、惠民政策广落实。对市人社局审计时融合式开展减税降费政策落实情况和促进就业优先的审计工作，推动援企稳岗；在市水利局审计时紧扣工程多、资金大的特点，专门配置工程造价专业的审计人员，发挥工程与财务双学科融合的作用，并抽调其内审人员参与审计组工作，实现“以审代训”。

【政府投资审计】 2020年，市审计局关注新发展理念、国家重大政策措施贯彻落实和群众热点难点问题，推动投资审计“三个转变”，综合运用跟踪审计、竣工决算审计、抽查复审等方式，进一步扩大政府投资工程审计覆盖面，构建市财政性资金投资项目审计再监督体系和网络，帮助引导建设单位规范工程管理，防范投资审计风险。2020年完成投资审计项目11个。其中有10个竣工决算审计项目，审计金额13.38亿，核减金额0.87亿元，并对2020年度校舍安全工程和老小区整治项目实施跟踪审计。开展抽查复审项目1个，在中介机构审计结果上再次核减结算、促进节约投资125.94万元，提出审计建议4条，均被审计单位采纳。

【审计整改督查】 2020年，市审计局全面推进审计查出问题整改工作，加强审计整改重点环节的规范化和制度化建设，建立审计问题的披露机制和审计整改责任落实、对账销号、督查问责、巡审联动、结果运用“五大机制”，形成问题清单和整改清单，辅以自主研发的“审计问题整改监督销号系统”促进各环节工作落实。坚持“发现一个问题，堵塞一个漏洞，完善一个制度”，确保审计成果转化运用取得明显成效，促进财政节支2.46亿元、盘活存量资金6111.96万元，促进上级专项转移支付拨付到位1492.5万元，促进非税资金规范入库881.81万元。

【服务大局】 2020年，市审计局紧扣溧阳市“两大突破年”工作主题，突出重点，确保完成市委、市政府年度各项目标任务。开展各类专项审计。立足部门监管职责要求，除了实施项目计划内的市客运有限公司经营情况审计和市广播电视信息网络有限责任公司财务资产情况审计，完成旅游专线2019年亏损情况审计、人民医院2019年政策性亏损情况审核、疫情扶持政策兑现情况审计、水源地保护专项资金审核、行政事业单位未纳入平台资产清查、“四大经济”政策兑现奖励申报情况抽查延伸等6项市领导交办任务，促进政策措施优化和财政资金效益提升。配合参加市委巡察、“两整治”工作“回头看”、案件查办等工作，全面发挥部门协同作用，一体推进审计监督体系和监督能力现代化建设。做好市政府部署的其他专项工作。承担联防联控新冠肺炎疫情的“楼长制”工作、深化文明城市创建成果的“路长制”工作、挂钩村别桥镇玉华山村的“阳光扶贫”工作以及“河长制”工作、“禁燃禁放”、普法宣传等。

（钱映彤）

科技管理

【概 况】 2020年，溧阳市科技工作围绕政策扶持、创新创业载体和环境、创新能力建设等方面进行全方位谋划，逐步建立完善科技工作的“一张网”，以积极作为促进社会经济的发展。溧阳入选2020年中国县域科技创新百佳县（市），排全国第37名。竹箦绿色铸造产业基地获批成为溧阳市首家国家级火炬特色产业基地。天目湖先进储能技术研究院“高比能全固态锂离子电池关键技术与产业化开发”项目获省重点研发计划重点项目立项。上汽时代“新能源汽车先进动力电池系统的研发及产业化”项目成功立项。天目湖先进储能技术研究院获得省“双创计划”创新团队立项。天目先导公司获评潜在独角兽企业，实现溧阳市该领域零的突破。

高质量发展

【高新区建设】 江苏中关村高新技术产业开发区扩围提质，在全省高新技术产业开发区创新驱动发展综合评价中蝉联省级高新区第一，同时获评国家绿色园区、江苏省储能产业产学研协同创新基地。成为全国唯一县级以升促建国家高新区的调研单位、长三角规划产能最大的动力电池基地。2020年获得省级高新区奖励资金500万元，累计已获3000余万元。

【高新技术企业】 完善高新技术企业培育工作机制，加大高新技术企业培育经费支持力度，组建科技“小分队”靠前精准辅导，联合财政、税务部门建立联席会议制度，实施科技辅导员入企行动，采取“一企一策”方式对科技型企业予以集成支持。全年分镇区开展8场高企申报培训辅导会，赴企业实施现场精准辅导100余次。

至2020年年底，全年认定高新技术企业68家，通过率达73%，高出全省平均水平20个百

2020年度溧阳市高新技术企业认定情况

表24

序号	单位名称	序号	单位名称
1	江苏卓高新材料科技有限公司	35	常州金纬管道设备制造有限公司
2	江苏集能易新能源技术有限公司	36	江苏冠宇机械设备制造有限公司
3	江苏联赢激光有限公司	37	江苏华鹏变压器有限公司
4	常州三森机电科技有限公司	38	常州索维尔电子科技有限公司
5	江苏宏伟除尘配件研发有限公司	39	常州大云环保科技有限公司
6	溧阳市中豪热处理有限公司	40	江苏保龙机电制造有限公司
7	江苏世科同创环境技术有限公司	41	江苏正昌粮机股份有限公司
8	溧阳月泉电能源有限公司	42	江苏兆年智能科技有限公司
9	时代上汽动力电池有限公司	43	江苏中关村科技产业园节能环保研究有限公司
10	江苏丽阳电子仪表有限公司	44	江苏文轩热管理系统有限公司
11	江苏良友正大股份有限公司	45	江苏华能墙材有限公司
12	江苏省社渚轴承有限公司	46	上齿集团有限公司

续表 24

序号	单位名称	序号	单位名称
13	布勒（常州）机械有限公司	47	江苏富昌机械设备有限公司
14	溧阳市力士汽车配件制造有限公司	48	溧阳市新力机械铸造有限公司
15	溧阳市金牛环保机械有限公司	49	溧阳市嘉雄不锈钢设备有限公司
16	常州朱美拉模具技术有限公司	50	常州百佳纺织科技有限公司
17	溧阳市苏菱机电有限公司	51	溧阳市飞跃机电有限公司
18	常州中冷环保技术有限公司	52	溧阳市安华机电设备有限公司
19	江苏竹溪活性炭有限公司	53	溧阳市新丰收机械有限公司
20	溧阳市虹翔机械制造有限公司	54	江苏铭丰电子材料科技有限公司
21	江苏积力环保科技有限公司	55	常州金纬挤出机械制造有限公司
22	江苏乾昭新材料有限公司	56	常州美通新能源科技有限公司
23	江苏汉德纳米材料科技有限公司	57	常州索韬自动化科技有限公司
24	常州谷德机械有限公司	58	江苏安靠智能输电工程科技股份有限公司
25	常州赛密思新材料有限公司	59	江苏惠太汽车科技有限公司
26	江苏中恒电子新材料有限公司	60	江苏力乐汽车部件股份有限公司
27	常州乔尔塑料有限公司	61	江苏润德物流科技有限公司
28	溧阳市大地新材料有限公司	62	江苏通达机械设备制造有限公司
29	常州时创能源股份有限公司	63	江苏叶琦机械有限公司
30	常州微焓热控科技有限公司	64	江苏中关村嘉拓新能源设备有限公司
31	溧阳市振大铁路设备有限公司	65	溧阳市盛杰机械有限公司
32	溧阳市华威过滤设备有限公司	66	溧阳市天盛绝缘材料有限公司
33	溧阳市振和机械制造有限公司	67	溧阳市中大电力交通装备有限公司
34	天目湖先进储能技术研究院有限公司	68	溧阳维信生物科技有限公司

2020 年溧阳市省高新技术企业培育入库企业名单

表 25

序号	单位名称	序号	单位名称
1	常州朱美拉模具技术有限公司	29	溧阳市腾新机电设备有限公司
2	江苏华能节能科技有限公司	30	溧阳市安华机电设备有限公司
3	溧阳市中波航天设备制造有限公司	31	溧阳领智遥感科技有限公司
4	常州索韬自动化科技有限公司	32	溧阳市新丰收机械有限公司
5	溧阳市储丰钢板仓设备制造工程有限公司	33	江苏中恒电子新材料有限公司
6	上齿集团有限公司	34	常州赛密思新材料有限公司
7	溧阳市德友重科机械设备有限公司	35	江苏叶琦机械有限公司
8	江苏海鼎能源科技发展有限公司	36	江苏惠太汽车科技有限公司
9	溧阳市中大电力交通装备有限公司	37	溧阳伊科创绝缘材料技术有限公司
10	江苏东南焊材有限公司	38	江苏省社渚轴承有限公司
11	溧阳开成毯业有限公司	39	溧阳卓越新材料科技有限公司
12	江苏积力环保科技有限公司	40	江苏联赢激光有限公司
13	溧阳汉和智能装备科技有限公司	41	常州微焓热控科技有限公司
14	江苏星睿航空科技有限公司	42	溧阳市永恒热处理有限公司
15	江苏乾昭新材料有限公司	43	溧阳月泉电能源有限公司
16	江苏汉德纳米材料科技有限公司	44	溧阳市永新绝缘粉末有限公司
17	常州百佳纺织科技有限公司	45	溧阳市中豪热处理有限公司
18	溧阳市嘉雄不锈钢设备有限公司	46	江苏文轩热管理系统有限公司
19	常州谷德机械有限公司	47	溧阳互丰新能源科技有限公司
20	常州福升新材料科技有限公司	48	常州三森机电科技有限公司

续表 25

序号	单位名称	序号	单位名称
21	溧阳市东南机械有限公司	49	江苏晶亮新能源有限公司
22	溧阳市新明机械配件制造有限公司	50	常州美通新能源科技有限公司
23	溧阳市苏菱机电有限公司	51	常州金纬智能化工装备有限公司
24	常州中冷环保技术有限公司	52	常州大云环保科技有限公司
25	江苏润德物流科技有限公司	53	江苏中关村嘉拓新能源设备有限公司
26	溧阳市天盛绝缘材料有限公司	54	时代上汽动力电池有限公司
27	江苏谦胜合成材料有限公司	55	江苏丽阳电子仪表有限公司
28	溧阳市华磊锻造有限公司	56	溧阳维信生物科技有限公司

分点，高新技术企业累计达165家。累计完成高新技术产业产值504.6亿元，比上年增长7.2%，占规模以上工业产值32%。全年培育高新技术企业入库56家，科技型中小企业备案98家，省民营科技型企业29家，认定常州市高新技术产品230只。发放奖励资金1300余万元。兑现科技减免税4.9亿元。

【重大科技项目】 鼓励龙头企业、骨干企业与国内外高校、研发机构联合攻关重大原创性基础研究，开展重大科技成果转化项目。上汽时代动力电池系统有限公司“新能源汽车先进动力电池系统的研发及产业化”项目获省重大成果转化资金项目立项，获批800万元资金支持。累计实施省重大成果转化资金项目15项，获得资金支持1.3亿元，引导新增投入11.3亿元。天目湖先进储能技术研究院“高比能全固态锂离子电池关键技术与产业化开发”项目获省重点研发计划重点项目立项（全省仅10项），获得省级项目经费920万元。

【特色基地】 竹箦绿色铸造产业基地获批国家火炬特色产业基地，成为溧阳市首家国家级火炬特色产业基地；天目湖先进储能技术研究院获评全国“电力科普教育基地”称号；江苏中关村科技产业园获批“江苏省储能产业产学研协同创新基地”称号。

产学研合作

【概　况】 抢抓融入南京都市圈先机，紧扣长三角一体化国家战略，重点加强与上海科学院、省产业技术研究院等科创平台合作，打通创新链、产业链、价值链。全面对接上海科学院，签订《上海科学院溧阳市人民政府关于加强全面合作备忘录》，持续开展与上海科学院下属专业研究机构的专班对接活动，组织参与新材料助力溧阳制造、常州智能制造合作创新对接洽谈会、常州科技经贸洽谈会等10多场活动，全年实施重大产学研合作项目50项。

科技创新创业平台

【概　况】 推进中科院物理所长三角研究中心、天目湖先进储能技术研究院、中英电动汽车联合创新中心等重大新型研发机构建设，发挥高端引领带动效应。推动省产业技术研究院与江苏安靠智能输电工程科技股份有限公司、江苏华鹏变压器有限公司等行业龙头企业共建企业联合创新中心。2020年年底，全市累计建成省级以上“三站三中心”150家，常州市级以上众创空间、孵化器、加速器32家。

科技人才

【概　况】 2020年，加强高层次人才引育，以政策赋能人才队伍建设。天目湖先进储能技术研究院获得省“双创计划”创新团队立项，成为继乔尔创新团队之后溧阳市获资助的第2个科技创新团队。全年入选创新人才1项，入选“双创计划”科技副总项目申报奖3项，入选常州市领军型创新人才引进培育项目4项。

科技金融

【苏科贷】 2020年，加大科技金融政策宣传力度，推介“苏科贷”业务，发动企业加入“苏科贷”省备选企业库，缓解企业融资困难。2020年，新增2家“苏科贷”合作银行，发放“苏科贷”9笔共3200万元，累计放贷1.27亿元。

【科技创新券】 2020年，整合科技专项引导资金与科技创新券，将建设研发机构、创新平台等纳入创新券补助范围，提高创新券支持比例和金额，兑现2019年度科技创新券60家企业784.4万元。

安全生产工作

【概　况】成立安全生产工作领导小组，明确各科室及科研院所等安全生产工作职责，制定《高新技术产业开发区安全专项整治三年行动实施方案》，根据上级部署要求和全市安全生产专项整治三年行动工作方案的要求，出台制定《关于印发溧阳市事业法人性质科研院所危险化学品使用安全专项治理行动实施方案的通知》督查中关村高新区、东南大学溧阳研究院安全生产工作，并开展安全生产有关重要论述、相关法律条例专题宣讲。

（市科技局）

防震减灾

【概　况】2020年，溧阳市防震减灾工作坚持“以防为主、防抗救相结合”的总方针，突出监测预报、灾害预防、应急救援和科普宣传重点，提升防震减灾管理水平和能力，连续8年获全省防震减灾县级先进单位。

【震情监测管理】2020年，市地震局制定年度地震短临跟踪工作实施方案，执行24小时震情值班、异常核实不过夜和重大异常报告制度，调查落实地震宏、微观异常，每月开展一次震情会商。落实台站巡检制度和运行维护工作规程，确保全市地震观测仪器正常运行，资料产出连续、可靠。在全国观测资料评比中，形变、GNSS（全球导航卫星系统）获得第三名；在全省观测资料评比中，体应变第一名，数据管理及维护、观测资料质量、水温第二名，水位第三名。

【观测项目建设】2020年，市地震局根据《溧阳市防震减灾规划（2018—2030）》和溧阳地震台观测环境的抗干扰方案，完成溧阳地震台2套地磁和4套流体观测仪器的安装运行；溧阳市茅山断裂带第一个观测站完成基础设施的建设和验收，安装1套水位、2套水温和1套气象三要素观测仪器。

【群测群防体系】2020年，市地震局加强地震宏观测报网络建设，在对全市宏观观测点调研的基础上，重新出台《溧阳市地震宏观观测点管理办法》，在全市各镇（街道）调整建立15个地震宏观观测点，完善管理考核制度，组织宏观测报员业务培训，发挥群测群防在地震短临预报、灾情信息报告中的重要作用。

【抗震设防监管】2020年，市地震局按照“放管服”改革要求，落实工程建设项目审批制度改革和不见面审批有关内容。依据国家、省有关建设工程抗震设防要求和地震安全性评价的管理规定，严格依据法律法规、部门规章和技术标准，做好重大建设项目地震安全性评价的服务和监管，确保新、改、扩建建设工程全部达到抗震设防要求。

【应急管理准备】2020年，市地震局深化地震应急指挥平台和12322地震灾情信息平台建设，做好日常管理维护，保证地震应急指挥信息通畅，在省、常州市地震局视频点名和信息测试中，在位率及回复率均为100%。加强应急装备使用的培训和演练，确保平时处于良好状态、关键时刻发挥应有作用。为提高应对地震灾害能力，高效有序地实施地震应急工作，根据《市政府办公室关于做好全市应急预案编制和修订工作的通知》要求，重新修订《溧阳市地震应急预案》，新预案重点针对机构改革后的有关部门职责进行优化，着重突出预案的可操作性。修订完善《溧阳市地震局地震应急响应预案》。

【应急疏散演练】2020年，市地震局以示范社区、示范学校为载体，开展多种形式的应急演练。联合市应急管理局、福阳社区、蓝天救援队在燕山一号小区组织物业公司和居民开展地震应急疏散、次生火灾逃生和紧急救护等项目的演练，增强居民和物业公司应对突发地震灾害的快速反应能力。会同教育、应急管理、红十字会等部门在上兴中心小学开展《提升校园应急能力，筑牢防震减灾防线》为主题的知识讲座、图板展览、参观科普馆、疏散演练等系列活动，全市中小学校分管校长观摩现场演练，以此引领全市中小学校开展一次地震应急疏散演练。

【防震减灾公益宣传活动】2020年，市地震局开展以“平安中国、平安溧阳”为主题的防震减灾公益宣传活动，全年在每个镇、街道、示范学校、示范社区播放防震减灾题材电影21场，发放宣传资料12000多份。针对疫情防控工作要求，以“全国防震减灾日”为契机，通过“线上＋线下”的形式开展各类防震减灾宣传活动。结合溧阳撤县设市30周年，以防震减灾联席会议办公室名义通过《溧阳时报》专刊介绍溧阳防震减灾工作三十年发展取得的成绩，在“融溧阳”微信公众号开展地震科普知识宣传和有奖答题活动；在全国综合减灾社区——五里亭社区、国家地震安全示范社区——阳光城市社区、省级地震安全示范社区——福阳社区及永平小学，通过悬挂横幅、发放宣传资料、播放科普动漫片和举行科普讲座等形式多样的宣传活动，让社会公众在不同的形式中了解防震减灾知识，增强应对地震灾害能力。

【地震科普馆扩建】 2020年，为满足社会公众对防震减灾知识的需求，提高防震减灾知识普及率，市地震局在原科普馆的基础上，新建200平方米多功影视厅，拓展防震减灾知识宣传的内容和场地。全年共接待常州市应急管理局、美景天城社区、社渚中心小学等机关、社区和学校参观1000多人次。

（市地震局）

气象服务

【概　况】 2020年，溧阳市气象局增强气象防灾减灾能力，提升服务效益，加强气象社会管理水平和规范管理。1人获江苏省技术能手称号、江苏省五一创新能手荣誉称号；1人获常州市气象局重大气象服务先进个人称号；1人获常州市观测网络先进个人称号；1人获常州市气象局优秀预报员称号。

【气象服务】 2020年，市气象局发布《天气公报》23期、《一周天气预报》51期、《气象信息》9期、《旅游气象服务材料》51期，发布各类预警信号87次，制作的专题类气象服务材料有：春耕春播材料8期、夏收夏种服务材料5期，秋收秋种服务材料12期，供电气象服务专报43期，曹山杨梅节服务材料5期，白茶特色农气材料7期，大气污染管控气象服务材料366期，春运气象服务材38期。

【气象科普】 市气象局开放特色科普场馆——溧阳市防灾减灾科技馆，做好气象科普宣传工作。以“3·23世界气象日”“5·12防灾减灾日”“全国科普日”等活动为契机，通过开放溧阳气象科普馆的形式，对公众进行防灾减灾宣传，派出业务骨干进学校、进社区宣传气象科普知识，着力提高全民气象科学素质和气象灾害防御能力。与溧城街道马垫小学签订合作协议，持续开展校外德育基地教育实践活动；建立农村、社区气象信息员队伍，对气象信息员和社区居民进行气象防灾减灾知识讲座宣讲，协助社区制定完善气象灾害应急预案，指导社区开展气象防灾减灾工作。

（市气象局）

长三角物理研究中心

【概　况】 长三角物理研究中心由中科院物理所与江苏省溧阳市人民政府合作建设（以下简称“中心”），该中心将按照企业法人的模式运营，瞄准科技成果转移转化和前沿技术研发，致力于解决华东地区企业在能源、信息、尖端仪器与智能装备等相关领域的关键技术需求，为溧阳在前沿科学技术、新能源、高端制造等领域形成可持续发展竞争力；开展科技交流、科教融合、科学普及活动，将中心建设成为世界知名的科技创新和学术交流基地。

【项目突破】 6月15日，由长三角物理研究中心（IOPLY）－天目湖先进储能技术研究院有限公司（TIES）牵头申报的江苏省重点研发计划重点项目获批。项目名称为《高比能全固态锂离子电池关键技术与产业化开发》。此次全省共获批同类项目6项，每项预计经费支持1000万元。

【学术交流】 9月4日，国家发改委《中国科技投资》杂志社与江苏省溧阳市、长三角物理研究中心就《全链条创新模式践行者：长三角物理研究中心》专刊策划系列工作在溧阳市召开专题研讨会。

10月12～14日，第十二次中国热电材料及应用学术大会在溧阳开幕，此次大会由中国材料研究学会热电材料及应用分会主办，长三角物理研究中心承办。国内外从事热电学理论、材料与应用研究的专家学者以及相关产业界人士分享和交流最新科研成果，讨论本领域前沿与热点。

【科教融合】 9月5日，为利用高校资源，发挥各方优势，提升溧阳当地科学教育质量，长三角物理研究中心联合全国6所师范院校专家开展合作研讨会。与会专家对江苏省溧阳高新区及中心四家孵化企业进行实地参观和调研。

（中关村科技产业园）

综 述

【概 况】 2020年，全市共有各级各类学校153所，其中幼儿园72所（含民办23所），小学44所，初中25所，普高7所（含完中1所、民办高中1所），中职2所，少体校、培智学校、青少年活动中心各1所。在校学生97718人，其中在园幼儿22505人；小学生41326人，小学学生毕业率100%；初中生19018人，毕业升学率99.47%；普高学生10373人；中专学生4339人；教职工总数9172人，其中专任教师7328人。

【党建工作】 加强党的领导，推进从严治党纵深发展，成立溧阳市委教育工委党的建设工作领导小组，制定《2020年度溧阳市委教育工委、溧阳市教育局全面从严治党主体责任清单》，落实领导班子责任体系。夯实党建基础和品牌建设，优化基层学校党建考核办法，创成常州市党员教育“3211”工程项目3个。入选江苏省中小学校“一校一品”党建文化品牌项目建设成果1个，常州市级7个。学习贯彻党的十九届五中全会精神，组织2次宣讲活动，联合南京航空航天大学天目湖校区党工委开展主题党日活动。常州市级以上媒体外宣报道71篇，树立良好的溧阳教育形象。以党建引领教育发展，完成市委巡察问题整改销号报结工作，落实“六稳”“六保”专项巡察，对9所学校开展教育系统内部巡查，健全长效机制。制定《关于推进清廉学校建设的实施意见》，与全市学校100%签订党风廉政建设责任书。推进学校法治建设，全市常州市依法治校示范校和“一校一章程”覆盖率均达100%。市教育局妇联被评为常州市妇联系统先进集体。

【疫情防控】 第一时间成立溧阳市教育系统新型冠状病毒感染的肺炎疫情应急防控领导小组，落实落细领导班子、机关科室和全市学校工作机构、责任分工、防控措施。组织全市各校严格执行“两案九制”“日报告”“零报告”等防控制度。实行领导干部“包校制”、机关干部“驻校制”和镇区“属地管理制”，保障全市所有学校和培训机构100%通过合格性验收，让10万名师生正常复课复学。投入学校疫情防控专项经费近千万元，为师生免费发放口罩351万只，调配消毒液、防护服等防疫物资，保障全市学校按照标准物资配备到位。投入中、高考考点专项经费约1200万元，完成全市考点增设空调及相应电路改造工程。落实幼儿园疫情期间一次性补助经费约3300万元，改善幼儿园经营困境。组织召开线上工作部署会6次，10万名师生参与线上疫情防控培训，全市教职工学习完成率和测试合格率均达100%。成立线上教学联合工作组，有序开展延迟开学期间的居家学习和线上教学工作，创建溧阳“五育并举”在线教学资源，学生点击量突破450万次。发布线上“战疫心理吧”专题42期，开通“防疫热线”，24小时领导带班值守。

【教育资源】 投入约3亿元推进学前教育提升民生实事项目，预计新增学位2070个。完成3个续建工程，常州市平陵高级中学新校区和南渡初级中学投入使用，增加学位1440个。投入约1.4亿元，推进校舍提升工程，改造学校塑胶场地14所。投入600万元，完成设备采购项目12个，实施教学多媒体更新以及初中健康光环境改造。投入约660万元，分两年实施涉及15所学校的“厕所革命”工作。推进江苏省义务教育优质均衡发展县创建工作，建立问题销号台账，县域义务教育优质均衡发展比例达78.13%，义务教育学校标准化监测达标比例达98.55%，教育现代化建设达92.01分，均位于常州市前列。创成常州市义务教育新优质学校11所，建立城乡教育集团38个，实现义务教育阶段全覆盖，获得常州市集团化办学先进集体6个。提升学前教育资源供给水平，普惠性幼儿园覆盖率达92%，学前教育资源配置率达0.92所／万人。对接南京航空航天大学、南京师范大学合作办学事宜，加快推进南京航空航天大学天目湖校区二期、明顿国际学校一期建设。推行“苏皖合作、教育先行”，12所结对学校互派跟岗交流。安排23名教师援疆、援陕、援青支教，16名陕西教师跟岗学习。

11月19日，常州市暨溧阳市全民终身学习活动周开幕式

（市教育局　供稿）

【教育质量】 江苏省区域推进幼儿园课程游戏化建设项目立项，举办幼儿园主动发展项目实施情况交流展示活动，巩固城镇小区配套幼儿园综合治理成果，学前教育办学品质稳步提升。深化教育教学改革，全市义务教育阶段优质学校占达95%。普职教育高位运行，高考一本达线率达60%，400分以上57人，北大录取4人。溧阳中专对口单招本科录取率达47%，居常州市第一，是全省平均水平的3倍。连续3年获得全国职业院校技能大赛教学能力比赛一等奖，32位师生在江苏省职业技能大赛获奖。52名教师获心理咨询师职业资格。落实五育并举，培育省市级艺术教育特色学校3所，常州市级劳动教育基地10个、示范学校9所，近千名学生在省市级竞赛中获奖，学生体质健康测试合格率达95%以上。5所幼儿园通过省优质园复评，2所幼儿园创建常州市优质园。智慧教育成果，创成江苏省智慧校园示范校1所。深化教育教学改革，创成江苏省教师发展示范基地校2所，常州市主动发展示范校3所，省市级课程项目15个。推进江苏省高品质示范高中和江苏省中等职业学校领航计划建设，培育《新型职业农民产教融合培育模式构建及政策支持研究》教育部重点课题1个，省级产教融合型产业1家，创成省现代化实训基地2个。

【教师队伍】 开展师德建设月活动，组织“校长思政课”专项检查，推进市教育系统作风建设突出问题专项整治行动，保持高压态势，净化育人环境。召开庆祝溧阳“撤县设市”三十周年暨第36个教师节表彰大会，表彰省市级优秀教师416名，其中龙城十佳教师8人，在全社会形成尊师重教的浓厚氛围。开展各级各类培训480次，参训教师达5.6万人，100%落实全员培训。创成常州市级教科研基地6个，省市级教师基本功、优秀课竞赛获奖37人，常州市课题研究优秀成果评比获奖10人，新增常州市“三名工程”100人。推进教研方式改革，“互联网+”教研更为成熟，“双师课堂”等创新教学模式在“国家级信息化教学实验区”（常州）启动大会上好评如潮。实施优才计划，公开招录新教师110名。推进教师“县管校聘”改革，流动教师306人占22%，其中优秀骨干教师占53%以上。下发《关于深化溧阳市教育系统学校绩效工资改革的实施办法（试行）》，推行“1+X”绩效分配方案，坚持多劳多得、优绩优酬，有效调动教师工作积极性。

【教育管理】 开展校园和校车专项整治行动，一键式紧急报警、视频监控系统与公安机关联网率达100%。定期开展食堂、校车、安保工作人员培训，承办常州市学校食堂管理现场会。落实安全宣传教育，举办全市性校园消防、防震、校车应急疏散演练活动，学校安防水平和安全治理能力得到全面提升。在2019年度溧阳市政府履行教育职责省级现场考评和全省幼儿园责任督学挂牌督导工作中，获一致好评。光华高级中学等3所学校接受常州市级素质教育督导，对清安小学等8所中小学和文化幼儿园等12所幼儿园进行督导。优化义务教育学校考核工作，组织教育贡献奖和工作创新奖现场展评活动，为新时代教育评价改革积累经验。提升教育服务社会民生水平，开辟线上“家校共育”专栏，遴选39门家庭教育服务学校课程，开展系列化家庭教育公益讲座。下发《溧阳市青少年校外培训机构长效管理实施意见》，落实网格管理，协同治理。承办常州市全民终身学习活动周开幕式，创成长三角市民终身学习体验基地1个，省级社会教育基地2个。

学前教育

【概　况】 2020年年末，全市有各类幼儿园72所，其中民办幼儿园23所。全市幼儿园班级数682个，在园幼儿22505人。教职工2581人，其中专任教师1520人，本科率66.91%，大专率98.49%。全市幼儿园占地面积415445平方米，校舍建筑面积243732.7平方米。

【溧阳市学前教育学术年会】 1月8日，溧阳市学前教育学术年会在实验幼儿园建设路园区召开。该次年会以“基于儿童发展的幼儿园课程建设”为主题，以工作汇报、现场颁奖、研讨交流、实地观摩等形式，进行学前教育经验交流与分享。全市幼儿园园长、骨干教师、获奖教师代表等100多人参加会议。副理事长罗亚琴、项菊娣为全市年度优秀教育论文获奖者颁奖。

【开展“基于疫情防控的幼儿园教学常规管理”线上培训活动】 5月19日，全市幼儿园业务园长在QQ群开展“基于疫情防控的幼儿园教学常规管理”线上培训活动。全市70多名业务园长参加该次培训。该次培训旨在做好复学衔接工作，抓实幼儿园教学常规，提高幼儿园保教质量。

【“招商杯”特色幼儿园竞赛活动】 11月6日，溧阳市“招商杯”体育类特色幼儿园竞赛活动在杨庄小学举行。分设体操、足球、篮球三个项目，全市12所体育类幼儿园约180名幼儿参赛。

小学教育

【概　况】 2020年年末，全市有小学44所。学校占地面积1081243.1平方米，校舍建筑面积506707平方米。在校学生41326人，班级1044个，当年毕业生6373人，招生7050人，毕业班学生毕业率100%。教职工2708人，其中专任教师2519人，专任教师学历达标率100%，大专及以上达99.60%，本科及以上达94.36%，专任教师师生比16.41，班容量39.58。另有培智学校1所，9个班157名学生，教职工24人。

【周柏屹在全国国际象棋棋协大师赛中获得一级组冠军】 1月4～6日，溧阳市第二实验小学周柏屹在南京举行的“万全杯”2020年全国国际象棋棋协大师赛中获一级组冠军，晋级国际象棋候补大师。

【文化小学接受常州市科普教育基地现场评审】 5月7日，常州市科普教育基地评审专家组对文化小学进行现场评审。评审组查看学校科技广场、创客空间、机器人工作室、蚕精灵廊厅及桑博园，对建设中的“蚕桑文化馆”格外关注。

【实验小学少先队大队获评“江苏省优秀少先队集体”】 溧阳市实验小学少先队大队被共青团江苏省委、江苏省教育厅、江苏省少工委授予2019年度“江苏省优秀少先队集体”称号，也是溧阳地区唯一获此殊荣的少先队集体。

【大溪小学“创意纸塑”“小鲁班工作坊”社团获江苏省优秀红领巾小社团称号】 江苏省少工委、少年儿童研究会少先队文化建设专业委员会第17次年会在宿迁市举行。大溪小学的“创意纸塑”“小鲁班工作坊”两个社团在全省参评的小社团激烈竞争中无论是组织机构、创新体验活动、体验成果，得到省专家评委们一致好评，获江苏省优秀红领巾小社团的荣誉。

【文化小学代表队获2020年江苏省中小学金钥匙科技竞赛团体一等奖】 2020年江苏省中小学金钥匙科技竞赛团体比赛于12月26～27日在南京举行。由朱靖博、汤涵予、蒋前睿及教练员潘新征老师组成的文化小学代表队参加此项赛事，获得省团体一等奖。

初中教育

【概　况】 2020年年末，全市初中26所，完全中学1所。全市初中占地面积905065平方米，校舍面积303956平方米。在校学生19018人，班级446个，当年毕业生5833人，招生数6482人，毕业班学生升学率99.47%。教职工2036人，其中专任教师1719人，专任教师学历达标率100%，其中研究生80人，本科1636人，专科20人，专任教师师生比为11.06。

【初中化学“双师课堂”暨燕山中学基地学校培训活动】 11月16日，溧阳市初中化学“双师课堂”暨燕山中学“基地学校”培训活动在燕山中学、汤桥中学共同举行。该次活动是溧阳市初中化学首次采用“双师课堂”的形式举行，教师发展中心主办，燕山中学和汤桥中学联合承办，活动目的旨在实现优质教育资源共享。燕山中学陈成、周璇璇两位老师担任本次活动的主讲教师，汤桥中学郑丹、史美琳两位老师担任助教。燕山基地学校的老师观摩本次活动。本次双师课堂拉近城乡两所学校的距离，提供师生互动交流的在线平台。

普高教育

【概　况】 2020年年末，全市普通高中7所，含完全中学1所。全市普高占地面积609891平方米，校舍面积306781平方米。在校学生10373人，班级218个，当年毕业生2688人，招生3663人。教职工1282人，其中专任教师1077人，专任教师学历达标率99.9%，其中研究生231人，本科860人，专任教师师生比9.63。

【溧阳市中小学“关爱学生生命、促进学生健康成长”评审会】 为落实《溧阳市教育局关于进一步关爱学生生命促进学生健康成长的实施意见》文件精神，1月6日，溧阳市中小学“关爱学生生命、促进学生健康成长”评审会在戴埠高中举行。经过前期的自主申报和初评，共有10所中小学校进入现场评审环节。各校代表从依法治校、规范办学、师德师风建设、安全教育、心理健康教育、家长学校工作等方面，借助于PPT，对各自学校在关爱学生生命、促进学生健康成长所做出的努力以及所取得的成果展开针对性强而又详细的汇报。

【参观交流】 10月15日，贵州省“高考综合改革背景下校长领导力提升”专题高级研修班一行100余人到江苏省溧阳中学考察交流。考察团在会议室观看反映省溧中70多年办学历程的宣传片《栖居省溧中》。考察团成员走进教室随堂听课，与授课教师面对面交流，就课堂教学、作业质量、家校合作等方面进行探讨。

【光华高级中学召开“不忘初心、牢记使命”主题教育总结大会】 1月18日，溧阳市光华高级中学“不忘初心、牢记使命”主题教育总结大会在弘毅报告厅举行。参加会议的全校党员、非党员中层以上干部和教职工代表对学校开展“不忘初心、牢记使命”主题教育情况进行评议。

【光华高中卢忠免、吴剑的作品获江苏省优秀作品奖】 由江苏省教育厅主办的第二届江苏省中小学教师美术优秀作品展活动揭晓，溧阳市光华高级中学卢忠免老师的油画作品《石榴》、吴剑老师的中国画作品《军运印记》获优秀作品奖（最高奖）。本次活动江苏省教育厅共收到全省1000余所学校各类美术作品1500余件。经过专家组遴选，共评出优秀作品93件、入选作品227件，共计320件，评出优秀组织奖6个。常州地区7人获优秀作品奖。

（市教育局）

职业教育

【概　况】 2020年年末，全市中专学校2所，占地面积426161平方米，校舍面积239527平方米。在校学生4339人，其中五年制学生528人。当年毕业生1570人，招生数1621人，其中五年制180人。教职工541人，其中专任教师471人，研究生106人，本科361人，研究生率22.51%，本科率99.15%。2020年有4名同学获得江苏省优秀三创学生，8名同学获得国家奖学金。

【教育成果】 1月3～5日，全省9个大市的27支师生代表队参加2020年江苏省职业院校技能大赛电梯维修保养赛，江苏省溧阳中等专业的史汤豪、宋军潮组成的教师代表队获金牌，蒋天庆、李冲冲与秦鑫明、陈峰组成的2支中职组代表队分获金牌和银牌。指导老师王成、刘辉获“江苏省优秀教练”称号。

2月，根据《省教育厅省财政厅关于实施中等职业学校领航计划的意见》和《省教育厅办公室关于中等职业学校领航计划建设单位申报工作的通知》要求，经过学校申报、市级评审推荐、省级评审和公示等程序，遴选产生50所江苏省中等职业学校领航计划建设单位，江苏省溧阳中

表26 2020年溧阳市中等职业教育国家奖学金获奖学生名单

学生姓名	专业	授予单位
朱科宇	计算机应用18202班	教育部、人力资源和社会保障部
李　年	机械加工技术18101班	
杨　程	电子技术应用19302班	
周志浩	汽车运用与维修19802班	
程江南	中餐烹饪与营养膳食18903班	
汪艳萍（女）	会计18406班	
唐梦云（女）	建筑工程施工19601班	
杨鑫妍（女）	学前教育（幼儿保育）18701班	

表27 2020年溧阳市中等职业教育获省级“三创”优秀学生名单

姓　名	专业	授予单位
秦鑫明	数控设备应用与维护专业高三17502班	江苏省教育厅、江苏省委员会中国共产主义青年团
朱科宇	计算机应用专业高二18202班	
黄晨翰	电子技术应用专业高二18301班	
程江南	天目湖中等专业学校中餐烹饪与营养膳食专业高二18903班	

等专业学校名列其中。“领航学校”建设是十三五末期、十四五初期江苏职教领域的大事，是职业教育后示范校时代新的标杆，江苏省溧阳中专将以办“地方具魅力，省内属一流，国内有影响”的县域职教名校为目标，到2022年，将学校建设成为综合办学实力全省一流学校，电梯混合所有制实训基地建设全国示范学校，“三立”育人德育模式全省标杆学校，打造教师队伍全省样板学校。

9月10日，全国教育科学“十三五”规划2020年度课题（职校部分）拟立项名单公示，江苏省溧阳中等专业学校“新型职业农民产教融合培育模式构建及政策支持的研究”课题入围，列为“教育部重点”项目。2020年全国教育科学“十三五”规划课题（职校部分）共立项9个“教育部重点”，其中中职校仅有4个。全国教育科学“十三五”规划课题是推动教育科学为教育事业发展服务所设立的高层次课题，本次上榜的课题将对提升溧阳职教学科建设水平等产生重要的意义。

4月28日，江苏省溧阳中等专业学校学生获国家奖学金表彰大会
（江苏省溧阳中专　供稿）

11月2日，别桥镇社区教育中心组织申报的《“别桥原乡”特色职业技能培训大学堂》项目在17个项目中获得2020年“常州市社区教育特色项目”一等奖。开展别桥原乡大学堂项目，不仅使新型职业农民能够通过学习技能适应社会发展，增强对大学堂项目的参与感、认同感和获得感，同时也赢得良好社会声誉和广泛教育影响，践行社区教育助力乡村振兴理念，为新农村建设打下基础。

（江苏省溧阳中专）

南京航空航天大学天目湖校区

【概　况】 南京航空航天大学天目湖校区定位为通航与飞行技术专业人才培养科研基地、高新技术和新型研发机构驻地、服务当地经济社会发展的人才培养和科研基地。

2020年，民航学院的土木工程、飞行器适航技术、交通运输专业各方向（含中外合作办学）的2020级全部新生406名、民航委培学生39名，通用航空与飞行学院飞行技术专业2020级全部新生共计490名，继续教育学院交通运营管理（民航服务与管理方向）以及适应当地应用型人才需求的计算机应用技术、会计等专业2020级全部新生205名，共计约1140名2020级新生入驻天目湖校区，截至2020年年底，天目湖校区在校生总计近3000名。

【校区规划】 校区总体布局优化调整和二期各单体建设同步有序开展，4栋学生公寓、食堂、教学楼、工培中心楼、行政楼及室外附属工程等15.7万平方米建筑开工建设，13万平方米建筑（电类学院楼组团和体育馆游泳馆）完成招标；图书馆项目完成校地双方设计方案评审；国际学术交流中心、教师公寓及培训中心等项目启动方案设计工作。

完成天目湖校区一期有关学院和专业设置所需教学仪器设备、行政办公设备家具、医疗器械、后勤保障设备等物资。电工电子中心等实验场所投入使用，实验室仪器设备及智能管控建设标准为南航现有校区最高标准。

完成智慧型校园一期建设，建成全国第一家基于全光网络的多网融合新型网络架构，信息化二期建设正有序推进。

【校地合作】 推动校地深度合作，与溧阳市党政部门、教育系统、企事业单位等开展多种形式的合作与交流，推动校地全方位融合。完成“校园开放日”线上平台开发，全年接待校内外调研参观30余批400余人次。参与溧阳“撤县设市”30周年文艺汇演，参加《百家讲坛·今古话溧阳》录制活动，展现南航学子的精神面貌和南航在溧阳大家庭中的责任担当。联合溧阳主流媒体策划《我为什么选择南航天目湖校区》专题报道，专版刊发并连载校区溧阳籍员工优秀代表事迹。邀请第五批江苏援鄂医疗队省队成员、溧阳市人民医院呼吸内科护师史云奇作题为《用热血青春诠释生命价值》的讲座，邀请溧阳市鑫爱妇女儿童服务中心秘书长、社会工作师彭莺主讲《爱在溧阳 志愿同行》讲座，培育南航学子的家国情怀。

【校区管理】 常态化疫情防控期间，统筹协调驻区部门做好相关工作，保障天目湖校区秋季学期先后6批次3200余名学生安全返校入校。着眼学校办学国际化长远目标，抢占先机，在疫情防控期间，建立“海外学习中心”，全力保障“海外学习中心”首批245名学生完成学业。

日常检查与集中检查相结合，组织校区集中安全检查4次，解决日常安全隐患问题12件；完成重点安全改造工程11项，实施校园安全类、生活服务保障类校区改造项目26项；升级一卡通校园卡，完成与常州市市民卡对接工作；设立常州市首家高校“12315消费维权服务站”；调研分析校区自习教室情况，协调图书馆对南山苑B2架空层规划设计，推进公共阅览空间的升级改造工作。

利用官网、官微、电子屏、广播台、道旗等文化宣传阵地开展新闻宣传和舆论引导工作，全年在校区官微全年推送83篇，官网发布新闻稿127篇，获《新华日报》等媒体报道20余篇次；建立校区影像库，培育学生通讯员队伍。做好国庆节、元旦、校庆等重大节假日的和重大活动期间的氛围营造工作。定期举办“天目剧场”露天电影展映，展映《金刚川》《我和我的家乡》《八佰》等爱国主义红色电影；邀请国家级非物质遗产传承人、中国刺绣艺术大师赵红育开设公选课《刺绣》；举办校史展览、教职工摄影作品展、“南航师生画南航”油画展等，传承南航精神文化。发挥文化育人、环境育人的作用，民用航空飞机BAe146-300、B737-500落户天目湖校区，标志着南航拥有国内一流的民航综合实训平台。

（南京航空航天大学天目湖校区）

10月2日，教职工“迎国庆”登山健身活动（南航天目湖校区 供稿）

文化综述

【概　况】 2020年，市文旅局以全市228个基层综合性文化服务中心（文化小礼堂）为主阵地，开展涵盖市、镇、村三级的“文化零距离”活动。实施“文化三送”活动，完成送书下乡3万余册、送戏下乡88场、送电影下乡3744场。图书馆接待读者69.5万人次，外借图书226971册次，办理读者证3897张，开展阅读推广活动20余项120余场次，建成24小时城市书房对外开放。文化馆对外免费开放公共文化服务设施13个，线上、线下服务群众近22万人次，开设春季、秋季“全民艺术普及课堂”、暑期少儿艺术体验项目39个，艺术普及人群5000余人次。博物馆服务群众10.4万人次。推进优秀群众文艺作品生产，色粉画《收获季节》获得省“五星工程奖”美术奖，“文化零距离”大型惠民活动和“溧阳市文化馆艺术团”两个项目入选江苏省第二批群众文化“百千万”工程公示名单，参加省文旅厅举办的全面建成小康社会、庆祝建党100周年主题美术书法作品展。

以“中国文化遗产日”为契机，联合南京博物院考古研究所、溧阳市融媒体中心等单位，开展溧阳首次考古现场网络直播，观看人次近12万。举办《壶韵茗香秀江南——曼生壶回归故里精品展》，展出160余件展品，展现溧阳名人风物及壶文化的记忆。2020年6月，溧阳市入选宣传部、财政部、文化和旅游部、国家文物局公布的“革命文物保护利用片区分县名单（第二批）”。推进文物保护，继古县遗址勘探成果被入选江苏“考古与遗产保护奖”后，又被列入国家文物局审批的江苏省7个重点主动考古发掘项目之一。对溧阳至宁德公路江苏段发现的社渚镇新塘村杨家山土墩墓群和观山北遗址进行考古发掘，其中杨家山土墩墓群完成考古发掘工作，部分土墩墓通过省文物局专家组验收完成。完成淳化阁帖石刻保护建筑、菡子故居、鲁仙宫等七处省、市级文物保护单位的修缮方案编制工作、两处市级文保单位的环境整治和一处市级文保单位保养维护工程，其中淳化阁帖石刻保护建筑修缮和菡子故居修缮两个项目列入国家和省级文物保护专项资金。开展溧阳市第五批非物质文化遗产代表性项目申报工作，收集、整理申报材料26项，其中有18项项目被公布为第五批溧阳市级非物质文化遗产代表性项目。推荐13个知名度高、保护较好的市级非遗项目申报常州市第五批非遗保护名录。2020年征集接收或登记藏品242件（套），其中文物类藏品7件（套），现代书画149件，现代其他藏品86件。

围绕“构建和谐、平安文化市场”和打造“学习型”“服务型”“廉洁型”执法队伍的目标定位，2020年检查经营单位2500多家次，开展联合执法行动30余次，查获“黑电台”4个，取缔无证KTV 1家，责令停业整顿9家，处理举报投诉54起（其中涉及疫情期间旅游退款的33起，涉及金额近34万元），立案查处违规经营案件48件。完成春节、全国“两会”“疫情防控宣传”查处2起非法无线广播案，全年未收到广播电视广告相关投诉，未发生安全播出事故。推进数字应急广播系统建设，完成总投资为1000万元贯通市、镇、村三级的数字应急广播系统建设，溧阳市应急广播建设通过省级验收。影剧公司全年完成放映场次4500多场，经营总收入400万元。

2020年，全市32个文化（体育）项目获得溧阳市级文化产业发展引导资金扶持425万元，溧阳汽车来斯文化旅游发展有限公司（曹山汽车来斯工业旅游项目）获得省级现代服务业（文化和旅游）专项扶持资金110万元。全市纳入文化产业统计名录库的文化企业超过1000家，2020年，文化产业增加值占全市GDP的比重达预计为5.9%。

社会文化

【公共服务】 2020年，天目湖镇平桥村、溧城镇清安社区等12个基层综合性文化中心和上黄镇综合文化站入选江苏省文化和旅游厅基层公共文化服务效能提升“十百千”示范工程。全市原创文化惠民品牌“文化零距离”入选省群众文化“百千万”工程“优秀群文活动品牌”。“文化馆艺术团”入选省群众文化“百千万”工程“优秀文艺团队”。

【群众文艺创作】 2020年，推进优秀群众文艺作品生产，推出一批优秀群众文艺作品。组织歌曲、书画等8件作品参加第十四届江苏省“五星工程奖”评选，其中美术作品《收货季节》获得美术奖；2幅美术作品入展江苏省文化和旅游厅举办的全面建成小康社会主题美术书法作品展；美术作品《铁牛》入选“小康颂”——第三届江苏省美术奖作品展；组织3幅作品参加江苏省文化和旅游厅举办的庆祝建党100周年美术书法主题创作。

【第二届中国·溧阳爱情泼水节】 8月22日，第二届中国·溧阳爱情泼水节暨七彩曹山情歌音乐节在上兴镇牛马塘村举办。该次活动结合溧阳撤县设市30周年特别主题，邀请孟非及本地30对夫妇，通过普通人的婚姻故事折射展现溧阳经济社会文化发展取得的巨大成就。借助江苏广播的媒体矩阵宣传，达到8000余万的媒体关注量。

8月22日，举办第二届中国·溧阳爱情泼水节暨七彩曹山情歌音乐节
（市文体广电和旅游局　供稿）

【溧阳市第五批非遗代表性项目】 经前期组织申报、专家评审、项目公示等流程，于6月30日公布“杨庄舞龙”等18个项目为溧阳市第五批非物质文化遗产代表性项目。全市有各级非遗保护名录

2020年度“溧阳北湖亭奖”优秀作品表彰项目情况

表28

序号	类别	作者姓名	作品名称	获奖等级
1	广播电影电视类	志愿者服务中心	《小城故事》微电影	金奖
2	美术、书法、摄影类	朱富平	《母与子》	
3		潘建忠	《铁牛》	
4		王晓云	《中国龙·符号（组照）》	银奖
5		史姣靓	《我们都是追梦人——致敬弘扬悲鸿精神的奋斗者》	
6	音乐、舞蹈、戏曲类	潘振新	《焦尾琴的故里》	
7		溧阳市锡剧团	《等你回家》	
8	文学类	丁欣	传统诗词组诗	铜奖
9		黄郁	《去温暖的地方》	
10		钱友红	《杨海碗贩树》	
11	美术、书法、摄影类	黄晖	《书法临摹在中小学教育中的重要性》	
12		程安中	中国画作品《最爱家山雪后晴》	
13		蒋爱珍	《祭河神》	
14		卢忠免	《魅力江南乡村之变迁》	
15		潘洪光	《家居青山自幽闲》	
16		杨兴慧	刻字作品	

表 29　2020 年度溧阳市第五批非物质文化遗产代表性项目情况

类别	名称	单位	类别	名称	单位
传统舞蹈	杨庄舞龙	昆仑街道	传统技艺	蒋氏古法棉被加工技艺	溧城镇
	观音庄师爷舞	社渚镇		菱角藤制作技艺	社渚镇
	水母山村夏林马灯	上黄镇		陈氏古建木工技艺	上黄镇
	古渎马灯	别桥镇		上黄猪头糕制作技艺	上黄镇
传统技艺	旧县豆腐制作技艺	南渡镇		别桥虞记手工月饼制作技艺	别桥镇
	留云米酒酿造技艺	上兴镇		溧阳乌饭酒制作技艺	戴埠镇
	怀姜糖膏制作技艺	上兴镇	民俗	关王庙会	上兴镇
	明式砖作技艺	上兴镇		胜因寺庙会	南渡镇
	杨氏糕粽制作技艺	溧城镇		前马忠祐祠庙会	竹箦镇

88 项，其中国家级 1 项、省级 9 项、常州市级 11 项。

【非物质遗产传承人】 11 月 4 日，江苏省文化和旅游厅公布第五批江苏省非物质文化遗产代表性项目代表性传承人名单，溧阳市程新（史式八卦掌）和虞小华（蒋塘马灯舞）入选。至年底，全市有国家级非遗传承人 1 人，省级非遗传承人 4 人，常州市级非遗传承人 24 人。

【“溧阳北湖亭奖”优秀作品表彰项目评审】 组织开展 2020 年度“溧阳北湖亭奖”优秀作品表彰项目申报评审工作。经条件审核、专家评审及评审委员会审议，共有 4 类 16 件作品获奖（金奖 3 件，银奖 3 件，铜奖 10 件），其中文学类铜奖 3 件；美术、书法、摄影类金奖 2 件，银奖 1 件，铜奖 7 件；音乐、舞蹈、戏曲类银奖 2 件；广播电视电影类金奖 1 件。

文化遗产保护

【文物保护】 2020 年，溧阳市入选革命文物保护利用片区分县名单（第二批）。完成《溧阳市历史文化保护规划（2018–2030）》的修编和报批，溧阳市人民政府于 2020 年 1 月 21 日批复同意该规划。完成新四军江南指挥部旧址消防工程验收工作。完成市级文保单位史家民宅保养维护工程。完成太虚观遗址、任兰枝墓址两处市级文保单位的周边环境整治工作。完成淳化阁帖石刻保护建筑、菡子故居、太白楼、鲁仙宫等 7 处省、市级文物保护单位的修缮方案编制工作。

【考古发掘】 2020 年，完成后王土墩墓考古发掘工作并通过省文物局专家组验收。开展古县遗址、东滩头遗址二期、溧阳至宁德公路江苏段（社渚镇杨家山土墩墓群和天目湖镇观山北遗址）考古发掘工作，其中社渚镇杨家山土墩墓群和天目湖镇观山北遗址完成考古发掘工作并通过省文物局专家组验收。

【文物安全】 2020 年，对全市 66 处文物保护单位每季度进行一次全面巡查，针对巡查过程中发现的问题要求相关管理使用单位及时整改并上报整改情况。1 ~ 3 月，对全市各级文物保护单位、一般不可移动文物、各类文博场馆、考古工地以及在建文物保护工程工地组织开展冬春期间文物安全专项检查工作，对各类文物安全问题隐患开展持续集中整治。4 月份，联合溧阳市消防救援大队组成检查组，集中对溧阳市贞女祠、太虚观遗址、帐墓朱家祠堂及韦家祠堂、东野堂、史家民宅等部分文博场馆相关单位开展消防安全专项巡查工作。9 ~ 10 月，制定馆藏珍贵文物核查清点工作方案，并根据清点方案完成全市文博场馆一级、二级、三级珍贵文物藏品的清点工作。

【文物宣传】 2020 年 6 月 13 日，以“中国文化遗产日”为契机，溧阳市文体广电和旅游局联合南京博物院考古研究所、溧阳市融媒体中心等单位，开展江苏溧阳杨家山土墩墓群考古现场网络直播，观看人次近 12 万，有效提升全社会文化遗产保护意识。8 ~ 9 月开展并完成全市 29 处 43 块文物保护单位保护标志牌、说明牌的重描工作，重晰“文物身份”，直观宣传文保信息。

文旅市场管理

【概　况】 2020 年，围绕“构建和谐、平安文化市场”和打造

“学习型”“服务型”“廉洁型”执法队伍的目标定位，突出整治重点，强化日常监管，狠抓各项举措，在队伍建设、文旅市场管理、举报投诉处理、专项整治、疫情防控等方面作出努力和贡献，并取得较为明显的成效。出动执法人员1500多人次，检查经营单位2500多家次，组织开展全国文明城市建设网吧专项整治、境外电视传播秩序专项整治、旅游市场专项整治、高危体育经营项目专项整治和校园周边文化环境等专项整治行动，开展联合执法行动30余次，查获“黑电台”4个，取缔无证KTV1家，责令停业整顿9家，处理举报投诉54起（其中涉及疫情期间旅游退款的33起，涉及金额近34万元），立案查处违规经营案件48件。

【队伍建设】 完善《关于建设“学习型”“服务型”“廉洁型”执法队伍的意见》《溧阳市文化市场综合行政执法考评制度》，加强对大队编内编外人员的管理，推行执法三项制度，增强执法人员的宗旨意识、服务意识、廉洁意识和纪律意识。完善学习计划和学习内容，开展执法人员全员培训、执法骨干培训、岗位练兵以及以案施训等活动，落实综合执法责任制和综合执法标准规范，把学习成果自觉转化到工作实践之中，做到学以致用。2020年执法支队举办溧阳市第三期文旅综合执法培训班，所有在编人员完成文旅部规定的网上执法培训课程，并考核通过，尤其是疫情期间，大队把学习作为常态化工作来抓。加强监督、廉政教育。通过工作例会、案情分析会，民主生活会、组织生活会、党课，加强对执法人员的廉政教育，确保执法工作公开、公正、公平，确保执法人员一个不倒。

【城乡联动】 组织召开镇区文旅市场（扫黄打非）管理工作会议，与镇区文旅市场管理机构签订目标管理责任书，部署落实镇区文旅市场管理、扫黄打非进基层（基层站点标准化建设）工作任务，与镇区探讨构建文旅市场城乡联动的执法管理机制，成立组织机构，建立联系人名录，强化部门协作，快速、高效处置乡镇文旅市场中出现的突发事件和热点、难点问题。

【投诉处理】 受新冠肺炎的影响，上半年溧阳市文旅市场一直处于关停状态，尤其是景区的关闭和旅行社的停业，直接导致旅游投诉事件的急剧上升（主要是旅游退款），为妥善处理投诉，专门成立旅游投诉处理工作组。2020年，受理各类文旅市场举报投诉54起（其中涉及疫情期间旅游退款的33起，涉及金额近34万元），未出现越级上访等事态升级现象，投诉处置率和群众满意率均为100%。大队还配合省扫黄打非办、常州执法支队开展案件协查两次，得到高度肯定和好评。

【安全生产】 2020年，结合溧阳市文旅市场实际，成立安全生产工作领导小组，制定工作方案，对管理执法的重点进行明确和细化，实行“定人、定位、定责”的网格化管理制度，做到分工明确，责任到人。召开文旅市场安全生产动员会议，推行文旅市场网格化管理，做到将文旅市场日常管理和安全生产隐患排查整治工作同安排同部署。从强化安全生产的责任意识入手，做到边检查边宣传，边检查边整改，切实从源头上治理排除各类隐患，把安全管理提高到一个新水平，全市文旅行业没发生一起安全责任事故，文旅市场安全、平稳、有序。

【专项整治】 组织开展境外电视传播秩序专项整治工作。为贯彻落实省广播电视局《关于开展2020年度境外电视传播秩序专项整治工作的通知》，切实规范溧阳市境外电视传播秩序，建立对卫星电视地面接收设施管理的长效机制，营造和谐、稳定的社会氛围，召开境外电视传播秩序专项整治工作联席会和推进会，联合相关部门开展对境外卫星电视接收持证单位的执法检查，以及打击非法买卖境外电视接收设施的集中行动。

组织联合执法行动三次，查获“黑电台”4个，下发责令整改通知书5份，发放告市民书500余份，收缴“小耳朵”17个。组织开展校园周边文化环境专项整治工作，联合相关部门开展校园周边文化环境综合治理集中检查行动，集中检查以校园周边网吧、书店、报刊摊点及文具店、打字复印店、电子产品维修店等场所为重点区域，以查处网吧接纳未成年人，查缴含有妨害未成年人身心健康内容的“口袋本”图书、卡通漫画、游戏卡片等有害出版物，清理无证经营的店中店和游商为重点内容。

组织联合检查2次，出动检查人员30余人次，检查城区25所学校校园周边的文化经营场所60多家次，整体情况良好，网吧接纳未成年人的现象得到有效遏制，未发现政治性非法出版物、淫秽色情出版物以及以青少年为主要读者对象的不良“口袋本”，校园周边文化市场秩序呈现良好向上的发展态势。以游泳池为重点，开展高危体育经营项目专项整治工作。动员培训，规范经营主体资格。召开管理工作动员会议，学习高危体育项目经营管理法律法规，办理、完善相关许可手续；自查自纠，严格整改。根据相关法律法规开展自查自纠工作，对存在问题，迅速整改到位；加强巡查，严管重罚。加强对游泳池的巡查工作，对其经营中出现的违规行为，严格按照《经营高危险性体育项目许可管理办法》，加强教育、责令整改，对拒不整改的，一律从严查处。立案查处4家游泳场馆违规经营案件。组织开展全国文明城市建设网吧专项整治工作。从6月16起开展对网吧的联合整治工作，以打造“文明网吧”“平安网吧”“绿色网吧”为目标，以查处上网人员在网吧内吸烟、没有实名制登记，以及未成年人上网为重点，大队根据确定的工作目标和工作重点，联合公安网安大队成立专项整治部门联动工作专班，每天组建5个联合执法小组对城区和天目湖的网吧开展全覆盖检查工作，专项整治期间，出动执法人员300多人次，检查网吧900多家次，查办吸烟案件39件，网吧经营秩序得到明显好转。组织开展旅游市场专项整治工作。大队参与制定《溧阳市旅游市场秩序专项整治行动方案》，成立溧阳市旅游市场秩序专项整治工作领导小组及其办公室，根据《方案》和部门联席会议的精神，梳理出旅游市场专项整治问

表30

2020年溧阳市文化产业引导资金扶持项目

类别	项目单位	项目名称
疫情应对类	南京万达电影城有限公司常州溧阳万达广场店	南京万达电影城有限公司常州溧阳万达广场店
	溧阳市竹箦电影放映公司	竹箦电影院
	江苏星轶影院管理有限公司溧阳分公司	常州市溧阳吾悦广场星轶影城
	溧阳嘉丰影视传媒有限公司	溧阳嘉丰国际影城
	江苏省幸福蓝海影院发展有限责任公司溧阳分公司	幸福蓝海国际影城IMAX店
	溧阳市启航健身有限公司	启航健身
	溧阳市别格帮体育文化有限公司	别格帮综合运动馆
	常州七色彩虹时装有限公司	七色彩虹羽毛球运动馆
	江苏火星体育文化有限公司	溧阳市火星体育篮球中心
	溧阳市浩瀚体育文化有限公司	23号球馆
	溧阳望美乡村旅游服务有限公司	松岭部落马术运动场
	溧阳市体育管理中心	溧阳市体育管理中心体育馆
	江苏凤凰新华书店集团有限公司溧阳分公司	溧阳市新华书店
	溧阳市金谷文教书店有限公司	溧阳市金谷文教书店
	溧阳市天之境文化传播有限公司	几维咖啡书店
	江苏华力健康科技有限公司	华力健身运动器材生产基地建设项目
	江苏东方印务有限公司	应用先进技术提升大门幅包装生产能力
	溧阳市双马塑胶纺织有限公司	运动垫激光雕刻及打印技术的应用与生产
	常州百斯福模塑股份有限公司	智能抽真空茶叶罐的研发
	常州淳璞游乐设备制造有限公司	创意游乐设备制造
业态创新类	江苏天目湖旅游股份有限公司	天目湖山水园景区夜公园
	江苏天目湖旅游股份有限公司	溧阳本土特色文创产品开发
	曹山花居酒店管理有限公司	中国溧阳地瓜村“薯”类系列产品
	常州日日春农业科技开发有限公司	户外运动基地项目
	江苏戴胜实木家具制造有限公司	戴胜定制家居创意工厂
公共服务类	溧阳市融媒体中心	溧阳市融媒体中心综艺演播厅改造工程
	溧阳市广播电视信息网络有限责任公司	溧阳市村（居）信息电视公开建设工程
	溧阳市天目湖嘉丰农业科技生态园有限公司	梅玲玉文化博物馆一期
	溧阳市影剧公司	红色放映机聚焦新时代
	溧阳市天濑建设投资有限公司	金色庆丰小镇文化功能提升项目
	江苏礼诗荷韵建设发展有限公司	“仁义礼智信”礼诗圩五常广场建设
	圩庄村村民委员会	圩庄村健身场地建设

题（风险点）排查和整治任务分解，联合相关部门和镇区分门别类开展“低价游”专项整治、购物点综合治理、旅游包车专项整治、旅行社（户外运动俱乐部）专项整治，以及重大节假日旅游市场安全巡查。通过专项整治，规范全市旅游市场经营秩序，营造诚信经营、公平竞争、文明有序的旅游市场环境，为全市全域旅游创建工作和旅游市场信用体系建设打下坚实的基层。

【疫情防控】 根据省委、省政府关于全面恢复正常生产生活秩序的要求，全市网吧、娱乐场所从5月1号起复工复业。为督促复工复业的网吧、娱乐场所按防疫规定落实疫情防控主体责任，做好各项防控工作，大队制定网吧、娱乐场所复工指南和检查工作计划，明确检查时间，检查方式、检查对象、检查内容以及工作目标、工作要求，扎实开展对场所落实疫情防控措施专项检查、指导、培训工作，确保工作到位，任务到岗，责任到人，取得实效。

在场所疫情防控检查过程中，大队每天组成两个检查组，采取领导带队、联合检查的方式，按照《复工指南》，对场所落实防控主体责任、实施区域消毒、佩戴防护用品、加强体温检测、人员数量及距离控制、防疫物资储备、疫情防控宣传等七个方面逐条检查。发现问题要求及时整改。

在疫情防控的主要阶段，大队出动检查人员700多人次，检查网吧和娱乐场所1300多家次，责令停业整顿5家，责令整改的11家。执法检查的开展，督促场所防疫意识的提高和疫情防控措施的落实，保障从业人员和消费者的身体健康和生命安全。

文化产业

【资金争取】 2020年，溧阳汽车来斯文化旅游发展有限公司（曹山汽车来斯工业旅游项目）获得省级现代服务业（文化和旅游）专项扶持资金110万元。全市32个文化（体育）项目获得溧阳市级文化产业发展引导资金扶持425万元，其中疫情应对类259万元；业态创新类62万元；公共服务类84万元。

【体量规模】 2020年，全市纳入文化产业统计名录库的文化企业超过1000家，其中规模以上文化企业有84家。2020年，文化产业增加值占全市GDP的比重达预计为5.9%。

【产业格局】 2020年，溧阳市文化产业格局在区域布局上形成江苏中关村高新技术产业园、天目湖镇、戴埠镇、埭头镇四大文化产业集聚区。在产业类别上形成以文化旅游业、印刷制品业、工艺美饰业、体育娱乐业4大行业为主，节庆会展业、创意设计业、传媒影视业3大行业为辅的发展格局。

广播影视管理

【安全播出】 全年围绕保障中华人民共和国成立71周年、建党100周年安全播出工作主题，落实《广播电视安全播出管理规定》《关于进一步加强广播电视安全播出工作的通知》文件精神。完成春节、全国“两会”、疫情防控宣传、71 周年大庆、五中全会等重要时期的安全播出任务。2020年，全年未发生安全播出事故。

【数字应急广播系统建设】 完成总投资为1000万元贯通市、镇、村三级的数字应急广播系统建设。1个市级平台、11个镇（ 街道 ）级平台、239个村级（社区）广播室和3800个户外音柱硬件（设置在人口集聚区）全部安装到位。疫情期间，全市迅速启动新型冠状病毒性肺炎疫情重大公共突发卫生事件一级响应，全市应急广播24小时不间断宣传疫情防控知识，确保市委、市政府决策部署迅速宣传落实到位。播放防控疫情信息41条，次数1802次，值班人数300多人次。5月，常州市局对应急广播建设情况进行专项督查。6月，溧阳市应急广播建设通过省级验收。

【广告和黑广播管理】 为健全广告审查制度，落实播出责任，对在播广告全面梳理排查，对不符合《中华人民共和国广告法》《广播电视管理条例》《广播电视广告播出管理办法》等规定的广告整改。2020年7月，根据省局《江苏广播电视广告监听监看信息》（第二十四期）关于溧阳电视台新闻综合频道播出违规广告的通知，立即要求电视台停播违规广告，对在播广告全面梳理排查，要求电视台健全广告审查制度，落实播出责任。全年未收到广播电视广告相关投诉。2020年，查处 2 起非法无线广播案件，播出内容均为低俗医药广告，同时配合做好全市非法无线广播清理整治工作。

图书馆

【概　况】 2020年，建成首家24

小时自助图书馆——城市书房；更换图书馆管理系统interlib，加入常州图书馆总分馆系统，实现零押金办理借阅证和凭支付宝芝麻信用办证；原创策划“美音溧阳故事会”乡镇行活动；在江苏省“红领巾读书征文”活动中获优秀组织奖；全市具备通借通还功能的分馆数达232个，以镇级分馆为骨干，村（社区）、企业等服务点为基础的图书馆服务网络更趋完善。截至年底，图书馆建筑面积5100平方米，藏书511120册。

【文献资源建设与读者服务】 全年采编新书10846种、28445册，订购各类报纸杂志532种；外借图书226971册次，办理读者证3897张，服务线下读者69.5万人次。

【阅读推广活动】 全年开展线上线下阅读推广活动20余项120余场次，包括在官网及微信公众号提供的线上知识竞赛、“书香悦读智赢战疫”红包答题活动等；线下组织的春晖朗读“少儿英语风采大赛”“书中溧阳”“围炉诗话”“重阳”“诗词诵读迎新春”及“名家笔下的溧阳”等主题朗诵会；“读懂民法典——人民权利宣言书”等图文展；“美音溧阳故事会”乡镇行活动及“桂林村寻宝”活动；“红领巾”读书征文、“菡子文学社”阅读及写作培训活动等。

【24小时自助图书馆】 溧阳市首家24小时自助图书馆——城市书房建成。城市书房采用自动化设备和无线射频技术，具备无人值守、24小时开放条件，引入第三方管理，并提供茶水、咖啡、点心等增值服务。

24小时城市书房　　（市文体广电和旅游局　供稿）

博物馆

【概　况】 溧阳市博物馆贯彻落实上级工作要求，履行文物收藏、宣传教育、科学研究的基本职能，丰富群众精神文化生活，成为溧阳展示历史文化的重要窗口。2020年溧阳市博物馆被定为常州市中小学生劳动实践基地。截至2020年年底，博物馆有各类藏品5055件套，其中文物类藏品4386件套，其他藏品669件套。珍贵文物共122件套，其中一级文物4件、二级文物25件、三级文物93件。

【重要接待】 全年接待游客15.2175万人次，接待政府及企事业单位嘉宾142场。5月，接待参加长三角文化和旅游联盟联席会议的三省一市（苏浙皖沪）文旅部门相关负责人参观。接待省文物局、各学校，各社区等代表团的参观，博物馆已成为党政机关、学校社区学习溧阳历史文化、进行爱国主义教育的重要场所。

【多元宣教】 考虑到疫情影响，2020年上半年将社会教育活动从线下转为线上，以介绍馆内文物为主，开展线上教育活动十五场。暑假期间，为广大青少年学生安排丰富的文化志愿服务活动，既有考古工地实地考察，也有博物馆场馆导览工作。9月20日，举办体验古法造纸术的活动，学员们以制作花草纸为主题，身体力行，感受其中的“纸艺匠心”。11月22日，博物馆开展“童蒙茶礼：闻茶香，习茶礼，知孝道”少儿茶礼课，让孩子学会知礼、懂礼、行礼的同时快乐健康的成长；“美音溧博”文明小义工发挥着重要作用。10月18日组织小义工开展培训2.0活动，在青少年心中埋下热爱历史文化、热爱奉献的种子。

【研究宣传】 围绕馆藏文物资源与大众需求，探索文旅结合工作，并发挥博物馆作为文博科研教育机构作用，开展文博研究。完成《文化1号——溧阳1号公路文脉探源》一书编纂出版工作、每周于《溧阳时报》“中国溧阳”微信公众号进行《溧阳博物馆看馆藏》系列文物鉴赏文章连载，于“溧阳文旅”微信公众号连载15篇《闲谈笔记故事》系列文章、参与《常州运河碑刻调查与研究》、完成《溧阳撤县设市三十周年回眸》口述历史——沙河水库与大溪水库部分口述史采访、完成《淳化阁帖溧阳本》新书出版发布工作。

【场馆运营】 落实防疫工作，严格落实防疫指挥部关于防疫工作的要求。入馆游客佩戴口罩，出示有效证件，实行“一进一测一码”制度，确保疫情期间防疫安全；实施安防提升工程，严格按照《博物馆和文物保护单位安全防范系统要求》，落实安防提升工程，通过安防验收，取得国有博物馆备案；组织职工学习《中华人民共和国文物保护法》等，组织职工参加文物、消防等部门的安全专业知识培训，开展突发事件应急演练，夯实安全保障内在能力。

【精品展陈】 10月，与常州荆溪玉陶馆对接，将“壶韵茗香秀江南——曼生壶回归故里精品展”以简约、古雅的形式展示在公众面前。该次展览共展出160余件展品，围绕陈曼生讲述不同时期壶文化的发展变迁，主展品为借展南京博物院的陈曼生作紫砂井栏壶，将此壶与溧阳零陵寺唐井栏的历史生动链接，展现溧阳名人风物及壶文化的记忆。

【文物征集】 新增征集接收或登记藏品242件（套），其中文物类藏品新增7件（套），现代书画149件，现代其他藏品新增86件。其中既有民间收藏家的无偿捐赠，也有机关部门移交以及博物馆征集采购，汇集溧阳历史，增强地域文化自信。围绕“撤县设市”三十周年口述沙河历史，专项征集81件与沙河大溪水库相关的档案文件、电子照片等物件，并续将整合到口述历史宣传册予以展示。

【文物修复】 利用专项修复经费对2件碑刻、1件现代字画等3件藏品进行修复。为提升对馆内受损藏品的保护力度，利用文物保护专项资金于2019年9月底启动馆藏13件书画修复项目，截至年底，处于字画修复后期的上墙处理阶段。

【文物保管】 根据市文物局对馆藏珍贵文物检查的要求，对122件一、二、三级文物进行逐件清点比对，配合相关检查，确保藏品安全；根据法人变更，交接程序的需要，对全馆馆藏文物包含立架文物、部分箱内文物、黄若舟的部分书籍字画、徐培晨部分捐赠文物等进行清点；赴南京博物院江南考古工作站接收南航青龙头墓地出土的汉代、宋代、明代文物共计293件（套），做好上兴后王土墩墓134件（套）出土文物的暂存，后续将根据文件划分做好登记工作；根据文物局文件划分，将19件上兴蒋笪里墓地出土的车马器配饰清点、交接给南京博物馆；2010年考古发掘的溧阳抽水蓄能电站刘家山出土文物全部移交市博物馆。

【考古发掘】 配合南京博物院考古研究所开展古县遗址主动发掘项目，一期发掘周期10个月，发掘地点处于原古县村址北侧地块。2020年总发掘面积达7000平方米，发掘出部分晚期墓葬（出土人骨、陶罐、棺钉等物件），以及初断为唐代的墙砖（初步判断为房屋基础），连片成系统的排水渠（砖石铺设）以及初断为唐时期的砖石道路（有路面铺砖和路牙），有旧时水渠沟壑多条，基本完成的唐井一座。此次发掘出土物丰富，后期根据发掘实况进行论证。

【文物保护】 对全市66处文物保护单位，完成一季度一次的文物巡查工作。4月，联合溧阳市消防大队开展市部分重点文物保护单位消防救援安全检查工作，发现安全隐患及时发函整改。对全市87处文物监控探头，每周2次进行文物技防台账记录，全年检查88次，其间对出现问题的监控摄像头及时联系安装公司进行维修。通过文物技防与文物巡查工作，为各级文保单位的安全提供有力保障。

【党建品牌】 秉承“以人为本，服务社会”的理念，主动适应社会教育形式改变的需要，着力打造“行走的博物馆”党建品牌，将博物馆文化资源送入企业、社区、学校，夯实党建基层基础。“行走的博物馆——溧阳博物馆志愿活动”走进江苏溧阳抽水蓄能电站，通过人文历史科普类读物分享、交流探讨等多种互动形式，向企业员工宣传溧阳悠久人文历史。

文化馆

【概　况】 市文化馆为国家一级文化馆。加强公共文化服务体系建设，不断提升公共服务效能，发挥职能作用，工作取得成效。“文化零距离”入选江苏省群众文化“百千万”工程优秀活动品牌，文化馆艺术团入选江苏省群众文化“百千万”工程优秀文艺团队。

【免费开放】 推动公共服务场地和设施向社会免费开放，对外免费开放公共文化服务设施13个，服务近10万人次，开设春季、秋季“全民艺术普及课堂”项目，暑期少儿艺术体验项目39个，艺术普及人群5000余人次。

【数字文化馆建设】 数字化服务提质增效。利用文化馆网站、微信公众号、江苏公共文化云等数字平台提供优质数字文化服务。制作抗疫专题、微课堂、微展览、志愿者招募、文艺团队推介、活动直播等各类推送80多个，线上平台服务人群12万人次。

【文艺活动】 围绕中心工作，配合做好2020中国•溧阳茶叶节暨天目湖旅游节、中国•溧阳爱情泼水节、中国溧阳首届稻田音乐节、2020年溧阳撤县建市30周年广场舞大赛等大型文艺活动，开展“唱响溧阳——一起过年吧”、2020长兴•溧阳文化走亲原创歌舞情景演出、“文明社区天天乐”、“文化零距离”——全民艺术普及展演等文化进社区、进乡村文化惠民活动100余场。

【艺术展览、讲座】 举办溧阳“撤县设市”三十周年图片展、“携手同行”公益书画展、“粉末风雅”高多戏画小品展等主题公益展览20场、举办陈雷林声乐讲座、生态摄影等公益讲座6场。

【文化志愿者】 2020年年底，全市有文化志愿者700余名、文明小义工100余人，常年组织文化志愿者深入开展文艺演出、辅导培训、展览展示等公益性文化服务，志愿者服务总时长约1500个小时。

【未成年系列活动】 发挥文化馆未成年人思想道德建设的阵地职能作用，2020年开展传统文化体验、户外实践课堂、“七彩的夏日”“缤纷冬日”等未成年系列活动10余场。

【文艺精品创作】 创作文艺作品参加江苏省全面小康主题优秀美术书法作品展、第十四届江苏省五星工程奖、江苏省抗疫主题美术书法精品展、江苏省书法“同心战疫”主题作品展、常州市总工会成立70周年职工美术书法作品展等省级和市级赛事。粉画课堂学员潘建忠美术作品《收获季节》获评第十四届江苏省“五星工程奖”美术奖。

影剧公司

【概　况】 市影剧公司2020年经营总收入400万元，年完成放映场次4500多场，其中农村送电影下乡3744场，42个社区和16个学校放映300余场，组织开展中宣部电影数字节目管理中心、江苏省电影局和江苏新希望农村数字电影院线在全省组织的“纪念中国人民志愿军抗美援朝出国作战70周年公益电影展映活动”200余场次，联系企业放映300多场，观众人数达150多万人次。

【服务升级】 2020年，市影剧公司更换电影放映设备5套、电影荧幕20套，购置数字放映电影节目4100部。根据省电影管理局要求联合乡镇和街道办文体站对全市放映固定点进行向室内转移建设。并在放映期间向群众发放电影名单征询表格，让群众自己选择喜欢的影片，组织订片放映，真正做到按需放映。

【未成年人思想道德建设项目】 开展“学生身边的电影微课”项目活动，依托影剧公司组建的20支放映队，送《2019大阅兵》《捍战》《狐踪谍影》等经典影片进学校、进社区、进乡镇；抓住时间节点，开展“纪念中国人民志愿军抗美援朝出国作战70周年公益电影展映活动”，组织《我的战争》《英雄儿女》《上甘岭》《铁道卫士》和《冰血长津湖》等经典影片免费进校园放映，加强学生的思想道德教育，培养学生的爱国主义情怀，获得师生的一致好评。

【电影惠民工程】 为纪念中国人民志愿军抗美援朝出国作战70周年，市影剧公司组织流动放映队分别深入各街道、乡镇、社区和村，采取室外的放映形式，将《上甘岭》《英雄儿女》《我的战争》《冰血长津湖》《铁道卫士》5部经典影片巡回展映，活动现场悬挂横幅，活动时间一个月，放映200场次，观影人数达100多万人次。配合上级部门开展宣传“扫黑除恶”活动350场。配合市地震局开展“2020年平安中国防震减灾电影季”活动，播放《众志成城生死不离》等防震减灾题材类电影和《应急避震和逃生》纪录片21场。配合市政府做好文明城市宣传工作，播放文明城市宣传片200多场次。重阳节期间送电影进敬老院16场次。通过农村电影放映平台，举办丰富多彩的观影活动，丰富全市人民的业余生活，提高溧阳市精神文明建设水平。

（市文体广电和旅游局）

融媒体

【概　况】 2020年3月，根据《常州市委编委关于整合组建溧阳市融媒体中心的批复》精神，取消溧阳广播电视台和溧阳市新闻信息中心，将广播电视台、新闻信息中心、锡剧团职能深度整合，组建溧阳市融媒体中心。

市融媒体中心发挥主流媒体的喉舌作用，围绕市委、市政府“重大项目突破年”“现代化建设试点工作突破年”的重点工作，贯彻“依靠溧阳人，办好溧阳事”总要求，坚持“凝聚精气神，建设新溧阳”总基调，把握“实干强市”主旋律，及时开设相关新闻宣传专栏报道，传播权威声音、畅通民意渠道，为各项工作开展营造舆论氛围。获得2020年度溧阳市“特别贡献奖”“工作创新奖”“优秀项目奖”。

【电视宣传】 服务大局能力有新提高。以媒体融合为契机，以保障时政为重点，以社会民生为切入点，以加强策划为先手，以有效监管为契机，促进溧阳新闻节目从采编播制传等一系列环节的优化和提高，《溧阳新闻》的宣传质效显著提升。新闻数量明显增长（约30%），节目时长稳定在25分钟以上；节目内容丰富，质量提升较快。中心工作、重要工作及百姓关心关注的热点难点工作，在节目中得到体现，民生新闻的数量有明显提高；新闻宣传导向鲜明、舆论氛围营造有力，围绕抗击新冠疫情、复工复产、“撤县设市”三十周年、脱贫攻坚、走向小康生活、党的十九届五中全会、习总书记视察江苏讲话、加入南京都市圈等重要时间节点内容，推出一系列专题和栏目，营造良好的宣传氛围。电视节目的采购、审片、上载等工作严格按相关流程操作，确保安全播出。上级指定的包括公益广告在内的各类播出内容均准时安排进行。从频道定位出发，精心做好各频道栏目的编排；电视节目片头片花的包装制作和原创公益广告的制作也取得一定的进展。

举办市政协《天边》品读会、“春晖朗读”等活动，协办“百家讲坛”，组织参与“焦尾琴企业家论坛”“庆丰稻田音乐节”“电视问政”“金峰杯青歌赛”“少儿春晚海选”等60多场电视实况录制、微信直播活动，特别是“杨家村考古现场”“走近高温下的劳动者”“开学啦”等大型电视新闻现场微信直播活动，实现演播室嘉宾访谈与新闻现场的场景结合，取得较好的社会效果。

《救人与被救新闻追踪》获常州市电视新闻一等奖，《爱“玩”农机的“女汉子”》获常州市电视社教微纪录片一等奖。

【报纸宣传】 2020年，《溧阳时报》出报259期，其中增刊11期，增版32期。编排版面总数2208个，其中新闻版面1300多个，副刊版面400多个，镇区部门专刊300多个。开设“实现两大突破，争创一流业绩”“学习贯彻党的十九届五中全会精神”“两争一前列”“致敬抗疫英雄”“2020年民生实事回眸”“小城故事”“打好污染防治攻坚战曝光台”等各类新闻、副刊专栏50多个，刊发专栏文章近800篇。制作防疫、安全生产、反对餐桌浪费、文明健康有你有我、保护未成年人、文明旅游、秸秆禁烧、禁放烟花爆竹等各类公益广告几百条（版面）。完成领导交办的书籍文稿校对任务、文明城市建设相关报纸宣传台账资料完善、民生实事画册资料收集制作等任务。

【广播电台】 2020年春节启动应急广播系统，及时、精准、全天候、全覆盖式地向群众传达发布实时疫情防控信息，全天6大直播节目每日播出疫情防控宣传资讯50多条。自制疫情防控公益广告20多条全频率播放，并开辟两档新冠防控节目，产生良好的社会反响。

承办2020年度溧阳市全民阅读活动启动仪式。承办2场全市大型直播送岗活动，直播观看达4万多人次，互动短信上千条，直播现场投递简历上百份，通过云招聘，为企业解决用工难问题发挥作用，得到用工企业的一致好评。尝试采用可视化直播、碎片化音频录制的新颖方式与部门、乡镇合作办节目，提高广播的收听率和收听效果，与7家单位合作，产生良好的社会反响和经济效益。

《最美逆行者——溧阳援鄂护士蒋丽华》获常州市广播播音社交类节目一等奖。

【融媒体重大活动】 举办“撤县设市”三十周年文艺晚会，分阶段推进“纪念溧阳撤县设市三十周年”宣传报道，先后在广播、电视、网站以及两微一端（微博、微信手机客户端）推出《激荡30年》《爱上一座城》等系列专栏报道，营造“以经济社会发展的过硬成果，致敬溧阳撤县设市30周年”的浓厚氛围。参与策划接待2020江苏省环保局长会议。参与策划接待新加坡金鹰集团主席一行到溧阳考察活动。为各部委办局、镇（区）和社会企业提供100多场活动的专业化服务。接待近30多家媒体参观和学习交流，11月4日全省63家县级融媒体中心负责人齐聚溧阳融媒体中心，进行参观学习交流。

【新媒体运营】 新媒体呈现强劲上升趋势。接手“自在溧阳”客户端，停更“今日溧阳”公众号，新媒体运营中心运营14个公众号。其中“中国溧阳”一年365天不间断推送，平均每个月条数约184.5条，每天约6.2条，有粉丝7.4万多人。疫情期间共推送相关信息1000多条次，累计阅读量超200万次。利用长图、短视频、H5等形式，创作抗疫短视频、抖音、防疫宣传海报等100多条（篇），微信单条《@溧阳人，16号紧急通告来了！》阅读量突破10万人次。“融溧阳”微信工作日每天发布至少3条，其中原创1条，全年1000余条，“融溧阳”抖音和“融溧阳”视频号每天至少1条。在溧阳撤县设市三十周年之际，“中国溧阳”开设“撤县设市之爱上一座城”栏目，制作系列短视频，反响强烈。长年开设“乐看溧阳”栏目，内容涵盖匠人匠心、凡人故事等。

【对外宣传】 2020年，融媒体中心不仅做到“镜头向下”，着眼细微处察民情，更做到“镜头向上”，从全局高度观大势。全年在国家、省级、常州市各级权威报刊、电视、网络媒体发表外宣1000余次，其中：中央电视台56次，其中2次为新闻联播，分别是2020年3月19日《春暖花开 尽享美好生态》（综合）、2020年9月3日《弘扬铁军精神 传承红色基因》（综合）；江苏卫视227次；常州电视台307次；《常州日报》200次；“学习强国”112次；《扬子晚报》46次；交汇点11次；《人民日报》1次；《新华日报》2次；北京西路瞭望2次；人民网、新华网、《中国经济周刊》《江苏法制报》等各类网站、专业性纸媒13次。

反映溧阳生态生活的文艺精品专题片《彩虹之尚》登上《人民日报》和学习强国平台，同时获得“北湖亭奖精品文艺”项目扶持；反映溧阳市法治普及率和法治氛围的高端访谈栏目《我是法治代言人》在《江苏法治在线》全程播出并登上中央电视台；《小城故事——给外来少数民族留守儿童一个多彩的夏天》登上中央电视台和学习强国平台。《淳化阁帖溧阳本从刻石到拓本传承书法经典》《挖掘支边历史弘扬奉献精神——常州溧阳市政协追寻援疆之路》《来溧阳是一种生活方式》作品登上省级以上媒体和“学习强国”。

【艺术推广】 文化艺术中心剧院承办各类会议演出49场，其中大小会议33场，惠民演出16场，邀请淮剧、扬剧、黄梅戏等名戏名角到溧阳展演，让市民在家门口欣赏到戏曲艺术家的风采。举办古县戏韵·锡剧周周演15场，送戏下乡巡演88场，宣传民法典巡回演出12场。创作多部精品力作：锡剧小戏《黄若舟返乡记》、抗疫小品《出发》、小品《骗你没商量》，小品《守门员》获中华颂第12届全国小戏小品大展优秀剧目奖，两位主演获优秀演员奖。获常州五个一工程奖的现代锡剧《等你回家》进行江苏艺术基金巡演活动。组织成员进行送戏进疆。根据市委市政府“天目湖英才榜”三年行动计划的意见，与江苏省戏剧学校采用联合办学形式，定向委培锡剧艺术传人，确定20名优秀学员为后备人才队伍，培养周期为6年。将强埠小学作为戏曲传承基地，进行锡剧教学课程的编写，锡剧校歌的作词、作曲完成，并申报江苏省教育厅特色教学项目。锡剧进校园活动在上黄、西平等学校延伸拓展。配合住建委，在美丽乡村上黄南山后筹建锡剧界第一座个人艺术馆——杨企雯艺术馆，并负责艺术馆日常运营。杨企雯艺术馆已经成为戏曲届的一个亮点，受到各方关注。

【演艺拓展】 主办撤县设市三十周年文艺晚会《我们走在大路上》、承办中国溧阳“大音希声”音乐会——长三角科技创新之夜晚会。参与2020中国溧阳茶叶节暨天目湖旅游节开幕式演出和牛马塘分会场的布展策划，宣传溧阳茶叶、推介溧阳茶舍。配合参与2020年中国溧阳首届稻田音乐节暨中国溧阳第二届“四美”丰收节的文艺演出。举办小主持人大赛、少儿春晚节目选拔赛，成为溧阳少儿类活动的一块金字招牌。

【互联网信息】 围绕“撤县设市”“文明城市建设”“全域旅游”等重大主题和重点工作推出各类

网络宣传专题20多个。特别是疫情防控阻击战中，在溧阳当地论坛网站推送防疫工作信息209条，阅读量14万次。委托第三方辅助巡查和技术平台“扫描”监测，对全市6000多个网站开展督查，排查存在涉黄、涉赌、备案问题的网站11家。开展“清朗”“净网”等系列专项行动，建立专班全面负责网上涉生态类、金融类、破坏网络市场秩序类等有害不良信息举报工作，举报有害信息10000余条。非法金融活动平台线索举报127条，完成简报12篇。开展违法违规信息及账号整治行动，紧盯溧阳自媒体公众号，清理营销类信息4条，不规范表述6条，违规采编发布新闻自媒体1家。

全年不间断对全市重要信息系统、政务网站、人民团体网站188家系统进行安全监测，发现存在高危网站41个次，其中党委政府部门34个次。高危漏洞个数57个次，发生1起安全事件，及时完成漏洞修复和整改。对79家备案登记政务新媒体中存在更新不及时等问题的，注销停更34家。

【经营创收】 市融媒体中心拓展业务范围，延伸服务内容，开展“媒体 +”业务，政务合作、线下活动，为镇区、机关企事业单位提供电视、报纸、新媒体、微信直播和活动承办等全方位宣传推介平台，提供“打包宣传”“个性化菜单定制”等新形式宣传服务，得到广泛认可和好评。经营创收为5140万元，取得“两个效益”双丰收，为党的新闻事业发展提供有力保证。

【组织建设】 市融媒体中心党委下设4个党支部、1个党总支，党员117名。坚持中心组学习制度，每月集中学习1次，一月一个专题，完成上级部署安排的学习任务，还与当月的重点工作紧密结合，精心部署。执行“一会一廉”学习制度，9月班子全体成员到凤凰公园廉政教育基地开展专项学习。

加强政治理论学习，用习近平新时代中国特色社会主义思想武装头脑。“学习强国”参与率党员全覆盖，中心整体学习活跃度保持在全市前列。加强支部政治建设，拓展“党建 +”内涵。定期要求各支部开展多种形式的警示教育，加强作风建设。利用中心多功能演播厅，开展演讲比赛、普法讲座、警示教育等多种形式专题活动。专题教育与业务教育相结合，在抓好“三会一课”“党日活动”、民主生活会、组织生活会等规定项目的同时，坚持培训是最大福利的理念，将青年党员、一线党员、骨干党员，分期分批安排到上级媒体跟岗实践锻炼计100多人次，丰富专业知识，提高实战能力。

围绕巡察整改，强化内部管理。坚持问题导向，将反馈的8类33个问题，细化分解为107项具体整改任务内容，明确分工、责任领导、牵头科室、责任单位、责任人和整改时限，扎实深入抓好巡察整改落实工作。

（市融媒体中心）

融媒体中心外景　　（市融媒体中心　供稿）

综　　述

【概　况】 2020年，溧阳市被评为2020中国体育旅游十佳目的地。天目湖旅游股份有限公司和江苏晶阳集团获评2020～2022年度江苏体育旅游类的省级体育产业示范单位。溧阳市燕山网球俱乐部创建江苏省第十二批省级青少年奥林匹克体育俱乐部。

群众体育

【概　况】 2020年全民健身有组织的活动大幅增加，活动内容丰富多样，参与锻炼的人数明显增加，市民的身体体质逐年增强。通过体育运动，树立"我运动、我健康、我快乐"的健康生活理念，营造"人人参与健身、人人享受健康"的氛围。在把握疫情防控常态化下全民健身新趋势，既注重"硬件"的提升，提供更多更好的公共体育基础设施，也注重"软件"的优化，提供优质高效的体育健身服务，促进全民健身运动更加深入持久地开展，引导更多群众享受体育发展成果。

【体育基础设施建设】 2020年，溧阳市建成市、镇、村（社区）三级公共体育设施网络，建成"城市社区15分钟体育健身圈"，形成以市体育中心（体育馆）、人民广场、湾溪公园、燕山公园、沧屿公园、凤凰公园、高静园、樱花公园、老体育场为主的"九大健身圈"。部分镇（街道）新建文体服务中心、镇级体育馆（全民健身中心）、健身广场、灯光球场等，全市175个行政村全部建成健身路径（场地），各社区全部建有健身路径（场地）。新建健身路径（场地）100个，新建篮球场地50块，赠送各镇（街道）室内外乒乓球台75张。

【"庆祝溧阳市撤县设市三十周年"广场舞大赛】 在疫情形势趋于稳定后以"共话家乡美，幸福舞起来"为主题，举办"庆祝溧阳市撤县设市三十周年"广场舞大赛。通过参与面最为广泛的全民健身项目"广场舞"展现幸福美好生活，大赛6月启动以来，基层广场舞团队参与培训及比赛，各镇（街道）举办"广场舞竞赛规则及规定套路"培训26场、初赛12场，复赛4场，决赛1场，有236支代表队4248名运动员报名参赛。吸引现场观众达5万人次左右，大赛专题抖音点击量近300万次，决赛网络直播，直播视频观看量达30万人次以上。丰富群众精神生活，奏响"共话家乡美，幸福舞起来"的最强音。集中展示溧阳市广场舞项目所取得的新成果，受到全市广大广场舞爱好者的欢迎。

【群众体育事业】 2020年，全市有晨晚练健身点800多个，社会体育指导员4000余名。2020年对5000以上人数进行体质监测，合格率达97%以上。成立市级单项体育协会33个，全市10个镇区均成立体育总会及2个以上单项协会，体育团体网络向镇、村级覆盖。

【公共体育服务购买】 2020年购买公共体育服务，其中健身赛事类项目23个，健身服务类项目2个，健身镇（街道）行项目1个，全年举办篮球、乒乓球、足球等比赛和活动120多次。

【省级体质测定与运动健康指导站】 根据国家体育总局《关于做好体质测定与运动健身指导站建设运行工作的通知》要求，2020年全市省级体质测定与运动健康指导站向3000个以上市民实行免

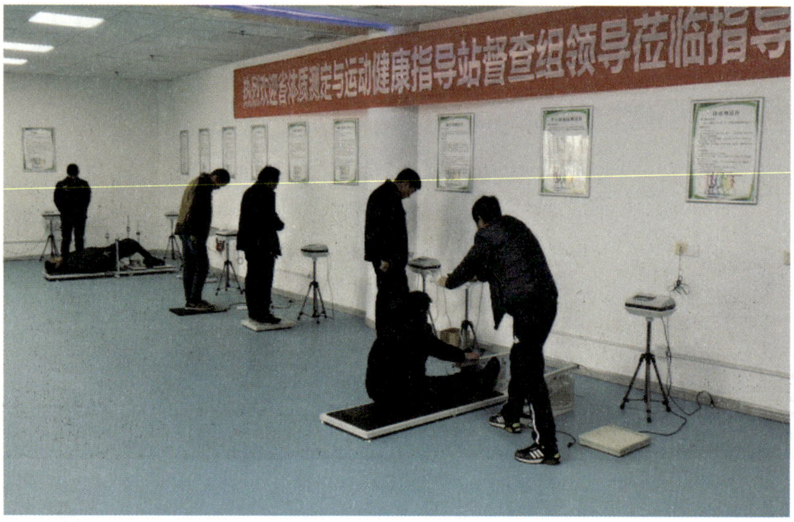

4 月，省级体质测定与运动健康指导站免费开放

（市文体广电和旅游局　供稿）

费开放检测。不仅全面检测个体体质，指导站还为测试者出具适合的、科学的锻炼指导报告和营养膳食建议，测试者可以根据报告进行健身锻炼，更科学地增强体质。

【体育场地统计】 根据国家体育总局、省体育局和常州市体育局的工作部署，2020 年上半年进行全国体育场地面积（全口径）普查，下半年进行省高质量体育场地面积普查。对全市范围内（军队和铁路系统除外）体育场地进行拉网式的全面统计调查。据初步统计结果显示，溧阳市体育场地面积位居全省前十二位、常州市第一位，人均场地面积 5 平方米以上（具体数据以国家体育总局最终核准公布的为准）。

竞技体育

【概　况】 2020 年，溧阳全市竞技体育水平稳步提升，竞技体育运动取得新佳绩。溧阳市运动员王小华代表江苏女子手球队参加全国女子手球锦标赛获得第一名，曾龄慧获得全国第二届青年运动会女子垒球第一名，邱聿芳获得全国第二届青年运动会女子手球第一名。全市 2020 年多次组队参加常州市以及省级赛事，溧阳少体校参加江苏省青少年田径锦标赛暨县级田径赛（第二赛区）获得甲组团体总分和金牌数双第一的好成绩。光华高级中学组队参加江苏省中学生篮球赛获得第五名，参加常州市中学生篮球赛荣获第一名的好成绩。

【2020 年全国柔道锦标赛暨全国柔道冠军赛】 于 2020 年 11 月 23 ~ 25 日在溧阳市举行，在抗击疫情、保障运动队正常训练的背景下，2020 年柔道全国锦标赛和冠军赛合二为一，是柔道比赛中规模最大、竞技水平最高的国家 A 级赛事。大赛参赛队伍和参赛人数多，时间紧、规模大、级别高，是对溧阳市办赛组织能力的一次全面考验。溧阳市高度重视，第一时间成立赛事工作领导小组，明确分工，密切配合，全力以赴落实各项赛场、后勤保障措施。重点关注疫情防控，从紧从严落实疫情防控举措，所有人员均完成核酸检测，确保各运动队能安心比赛。在比赛中产生 2020 年全国柔道锦标赛暨全国柔道冠军赛各组别冠军。

体育产业

【概　况】 连续获评 2020 年度全国十佳体育旅游目的地，“常州溧阳精品体育旅游目的地”入选长三角地区精品体育旅游目的地，“常州‘溧阳 1 号公路’运动休闲自驾线路”入选长三角地区精品体育旅游线路。天目湖旅游股份有限公司和江苏晶阳集团获评 2020 ~ 2022 年度江苏体育旅游类的省级体育产业示范单位。总投资 10 亿元的中体体育综合体项目成功签约，瓦屋山滑翔飞行营地开工建设。扶持受疫情影响严重的体育健身场（馆），下达补助资金共计 67 万元。

【体彩工作】 2020 年完成公益体彩销售总额 1.63 亿元，全省区县排位第 20 位，体福市场份额占比 71.68%，募集体彩公益金 1045 万元。开展安全责任彩票规范建设工作，做好高销量网点监控，结合总局中心对网点责任彩票的巡查暗访内容，持续开展网点规范巡查工作，把好安全销售关。开展夏季防暑降温与春节走访慰问网点活动。组织体彩从业人员捐款、捐赠大批防疫物资共同抗击疫情，加入社区志愿者队伍奉献体彩力量。完成全市 130 个实体店的代销者实名论证与网点销售员意外保险的申报和增减工作。完成全市终端机三级保养维护与网点形象提档升级建设。

（市文体广电和旅游局）

卫生与健康

栏目编辑　陈　莉

综　　述

【概　况】　2020年，全市有各级各类医疗机构299家，其中：综合医院14家、中医医院1家、妇幼保健院1家，专科医院3家，护理院1家，镇（区）卫生院17家（不含中医院泓口分院），厂矿医务室（卫生站、门诊部、诊所）105家，村卫生室（社区卫生服务站）156家。全系统卫健从业人员6642人，其中：卫技人员5247人，执业（助理）医师数2205人，注册护士数2224人。实有床位数4174张。全市医疗机构总诊疗345.33万人次。医疗机构总收入211837万元。

【基础建设】　2020年，完成戴埠镇中心卫生院总投资5000万元，新建建筑面积9750平方米的院区总工程量的30%；完成新昌卫生院总投资5410万元，新建建筑面积5100平方米的院区总工程量的30%；完成天目湖镇卫生院总投资2000万元，新建建筑面积3000平方米的院区总工程量的30%；完成马垫卫生院总投资2000万元，建筑面积6000平方米改造；发热门诊及PCR实验室建设总投资3000万元，市人民医院1610平方米的发热门诊，南渡镇中心卫生院765平方米的发热门诊，戴埠镇中心卫生院293平方米的发热门诊均新建完工。市中医医院140平方米的发热门诊、市人民医院271平方米的PCR实验室、市中医医院358平方米的PCR实验室、市疾控中心275平方米的PCR实验室改建完工；南渡镇中心卫生院精神科扩建工程已基本完成，预计2021年4月份投入使用。竹箦镇中心卫生院新病房楼改造工程竣工投入使用。

9月28日，南京医科大学教学医院揭牌仪式

（市卫健局　供稿）

【江苏省人民医院溧阳分院】　建成溧阳市县域胸痛、创伤、卒中中心。在医疗质量、学科建设、科研教学、绩效改革等多方面工作均取得突破。巩固“院府合作”成效，建成三大中心，创成溧阳市第一个三级综合医院，并成为江苏医药职业学院临床学院。普外科确定为江苏省临床重点专科。

【江苏省中医院溧阳分院】　建成省内首家眼耳鼻喉口腔中心以及许芝银、唐蜀华2家全国名老中医药专家传承工作室。邀请江苏省中医院神经内科、神经外科、普外科、病理科等10余位专家来院开展临床指导查房、教学等。组织55名中青年技术骨干赴江苏省中医院轮训学习，提升医院医务人员的业务水平。与江苏省中医院建立神经外科“共建专科”、骨伤科“共建中西医结合骨坏死战略联盟”，通过专家现场指导及信息化平台，开展更密切的帮扶工作。开展和江苏省中医院远程病理、影像的互联互通工作，完成和江苏省中医院的远程门诊建设并正式开通运行。引进480个优质中药饮片品种完全与江苏省中医院同质同源，51个江苏省中医院优质制剂在分院临床广泛应用。

医学教育与科研

【概 况】 2020年，全市卫生健康系统科教人才专项经费使用200多万元。市级及以上科技项目立项数6项（省中医药局1项，常州市卫健局2项，溧阳市科技局3项）；常州市新技术二等奖2项；溧阳市医学新技术引进奖11项；发表SCI（E）收录论文6篇、出版著作11篇；实用新型专利122项。

【学科人才】 出台《溧阳市高层次卫生人才引进、培养奖励办法》，提高人才落地率，增强环境吸引力。稳定壮大乡村医生队伍，乡村医生参加企业职工社会保险，启动乡村医生师承项目。加强重点学（专）科能力建设，建有省级重点专科2个、常州市级共建重点学科1个、常州市引进医学创新团队2个、常州重点专科7个。加快建设全面、协调、可持续发展的人才队伍，常州市领军人才、拔尖人才培养对象各1名，新增常州市青苗人才培养对象2人。加大引智培智工作力度，发挥人才引领、创新驱动、科技支撑的作用，深化“院府合作”内涵。

【医学教育】 7名临床医师到上级医院参加“务实进修”项目；5名卫生院院长完成省管理培训班；7名毕业生到全科医师规培基地报名。从事临床医师岗位的新录用医学本科生参加全科医师规范化培训达100%。全市继教学分达标率≥95%，完成继续医学教育项目32项，330名晋升高级职称卫技人员继教学分达标材料并获达标证书。

医 政

【概 况】 组织开展“8·19”医师节主题评选活动，评选“优秀科主任”10名，“优秀专业团队”10个，“最美医生”24名。组织开展“5·12”护士节主题表彰活动，表彰6个“护理团队之星”称号、38名“护理之星”称号。1人获常州市“十佳护士长”称号，2人获常州市“优秀护理之星”称号，4人被湖北省人民政府评为“最美逆行者”称号，1人被江苏省总工会授予“江苏省五一巾帼标兵”称号，7人获常州市“抗疫一线优秀护士”称号，5人获常州市“抗疫基层优秀护士”称号。1人获常州市急危重症护理技能竞赛急诊急救组优秀奖，溧阳市卫生健康局获团队优秀组织奖，溧阳市人民医院护理组获第八届全国医院品管圈大赛三级医院一等奖。

组织开展首届医院感染管理先进个人表彰，表彰9名“医院感染管理先进个人”。溧阳市院感团队获常州市“优质服务基层行”家庭医生团队感控技能竞赛团体三等奖。做好全市医院“两废”监督管理工作，完成4家医疗机构“医废”信息化建设考核评估。完成全市消毒物品监测工作、27家医院病原微生物实验室生物安全备案管理工作，新增3家PCR实验室。

【落实政府重点工程】 12月完成第三批“溧阳市康复养老护理骨干人才培训项目”35名康复养老

2月9日，溧阳援助湖北医疗队出征　　（市卫健局　供稿）

护理高层次人才第一阶段学习工作。完成陕西省白河、汉阴两县挂钩科教工作任务，接受9人到溧阳市人民医院、溧阳中医医院进修学习；扶贫协作支医工作共选派优秀医务人员12人到白河、汉阴两县开展人才支援工作，新建临床专科1个，开展新技术新项目10个，帮助制定医疗管理制度12个，诊疗患者4760人次，开展手术423台，会诊和疑难病例讨论253人，培训960人次，举办学术讲座30场。选派10名专家进行短期义诊、讲座、查房等工作，溧阳、汉阴、白河三地结对医院达到18对。

【医院综合管理】 2020年全市公立医疗机构门急诊人次280.3万人次；民营医疗机构门急诊48.8万人次。全市二级及以上医疗机构全面推行预约就诊制。

市人民医院、市中医医院为17家乡镇卫生院共举办各类讲座189次，累计培训基层医务人员2456人次，会诊病人2100余人次，开展手术664余例。组织省级专家下乡义诊、讲学、带教86人次。区域影像远程会诊中心、心电中心、消毒供应中心运行正常。

【医政监督执法】 对全市医疗卫生机构开展综合执法检查，检查各级各类医疗机构287户，发现存在不良执业行为的医疗机构6户，依据《江苏省医疗机构不良执业行为记分标准（试行）》扣分19分，实施行政处罚19起，累计罚款17万元。监督检查非法行医场所25户，立案查处7户，处罚金额8.7万元，取缔无证行医7户，涉嫌犯罪移送公安部门1人，没收药品及器械22箱。

新冠疫情防控期间加强医疗机构监督检查，严厉打击违法行为。疫情一级防控期间重点检查20家公立医院和9家民营医院的传染病疫情防控情况主要就医疗废物处置，医疗机构预检分诊和发热门诊的设置、流程、登记等情况开展检查。责令个体诊所停止诊疗活动，严禁村卫生室收治发热病人。2月19日起，开展民营医院专项督查，加强对民营医院的防控管理，2家民营医院由于疫情防控措施不力被责令暂停营业。疫情防控期间共计检查医疗卫生单位518户次，对违法行为立案7户次，处罚金额8.3万元。疫情常态化管理以后开展个体诊所复诊验收及开诊后日常监管，保障市民的安全就医。

【中医工作】 继续巩固“全国基层中医药工作先进单位”创建成果。对20名基层医务人员开展基层卫生技术人员中医药知识与技能培训。新增2名培养对象为第二批常州市孟河医派百人传承培养工程培养对象。全市17家乡镇卫生院均建成符合国家标准的“中医馆”，乡镇卫生院中医药诊疗人次超过30%。在村卫生室推进“中医阁（角）”项目，至2020年年底有57家完成建设，实现中医药阵地全覆盖。

【血液管理】 2020年，结合“五进”工作和党建工作联系在一起，解放思想，开拓视野，在宣传上有所突破，形式上也有创新，制作了通俗易懂的记事手册、宣传餐巾纸，无偿献血扑克牌、利用车载广播、报纸连载、先进人物访谈等形式，将宣传无偿献血潜移默化的融入工作、生活中；全年无控制临床用血，基本满足临床需求。全年累计在车载广播5次、可视直播访谈1次、溧阳电视台、溧阳广播电台6次、《常州日报》1次、《溧阳时报》7次、传阅短信1次、血站微信公众平台和血站网宣传报道20次。

2020年采血8789人次，采血量为13818单位，比上年增长2.45%；血小板采集398人次，采集量为516单位，比上年增长36.15%。全年供应本市红细胞14173.5单位，供应血小板325单位，比上年增长3.17%；供应血浆1765750毫升，供应冷沉淀2339单位。临床用血及成分用血100%来自无偿献血，成分用血比例100%。

初级卫生保健

【农村卫生】 2020年，开展“优质服务基层行”活动，戴埠镇中心卫生院、南渡中心卫生院达到推荐标准，溧城镇卫生院、溧城镇马垫卫生院、别桥镇卫生院、社渚镇中心卫生院、社渚镇周城卫生院、天目湖镇平桥卫生院达到基本标准。2020年“优质服务基层行”家庭医生团队感控技能竞赛活动，获“团体三等奖”和“优胜组织奖”。

推进家庭医生签约服务工作，开展离休干部及高层次人才签约工作。

南渡镇中心卫生院被确认为农村区域性医疗卫生中心和第三批江苏省社区医院。南渡镇中心卫生院消化内科、新昌卫生院中医妇科、溧城镇卫生院妇产科被确认为“市级基层医疗卫生机构特色科室”。

选派 29 名基层卫技人员参加基层卫生人才能力提升培训工作；组织 7 名乡镇卫生院卫技人员、15 名乡村医生参加务实进修和实用技能培训；培养糖尿病、高血压基层首席医师 10 名。完成农村医学专业 39 名学生毕业选岗分配及 30 名农村医学专业学生招录工作。组织 144 名在岗年轻乡村医生与卫生院临床医师自主结对，以师承方式提升服务能力。对 262 名在岗乡村医生按合同制管理，全部缴纳养老、医疗、工伤、生育、失业五个保险。

启动新一轮基层卫生骨干人才遴选，遴选市级基层卫生骨干人才 93 名，其中 35 名人员被确认为省优秀基层卫生骨干人才。

深化三地（江苏溧阳、安徽郎溪、广德）基层卫生融合协作，成功举办 2020 年“苏皖合作示范区”基层卫生发展经验交流会。

【基本公共卫生服务与社区卫生】 2020 年全市基本公共卫生服务经费按人均 82.7 元补助标准落实。加强项目组织管理工作，强化服务人员培训，年终进行绩效考核，群众满意度不断提升。

妇幼卫生

【妇幼健康】 2020 年，规范新冠肺炎疫情防控期间妇幼健康服务，推进妇幼公共卫生服务项目工作，提高全市妇女儿童健康水平。完善妇幼健康服务网络，竹箦镇中心卫生院、上兴镇卫生院、别桥镇卫生院、埭头镇卫生院确认为常州市妇幼健康规范化门诊。规范开展孕产妇保健服务和计划生育技术服务，细化分级服务要求，拓展服务内涵，推广无痛分娩、产后康复、儿童发育行为评估等适宜技术项目。规范高危孕产妇管理，落实省、市关于高危孕产妇分级服务和管理规定，加强孕产妇妊娠风险筛查、妊娠风险评估和高危孕产妇专案管理，加强“两个中心”建设，规范危急重症孕产妇转诊和救治。全力推进妇幼基本公共卫生服务项目。2020 年，全市活产新生儿数 4433 人，叶酸服用 2028 人，服用率 101.4%；孕产妇艾滋病、梅毒和乙肝检测率 100%，阳性病例均得到随访和治疗；农村妇女“两癌”检查 25908 人。落实出生缺陷三级预防措施，2020 年免费婚检率 80.86%，完成待孕夫妇免费孕前优生健康检查 1768 人次，目标人群覆盖率 110.5%，产前筛查率 95.31%，新生儿出生缺陷发生率 8.31‰，婴儿死亡率 1.58‰，孕产妇系统管理率为 90.01%。规范开展 0 ~ 6 岁儿童健康管理，完成全市幼儿园“六一”儿童健康体检和儿童视力筛查建档工作，儿童保健管理率 97.16%。编印并免费发放《预防艾滋病基本知识》宣传折页、避孕药具纳入基本公卫项目《科学避孕　你我同心》宣传折页、《妇幼健康服务手册》等 4 万余份。以“3•8”“7•11”“世界避孕日”“世界艾滋病日”等重大节日为契机开展“进社区、进企业、进高校”宣传咨询活动。全市设有 30 台刷二代身份证免费避孕药具发放机，区域内基本避孕手术服务率 41.3%。2020 年，全年上报避孕药具不良反应、不良事件 1105 例，避孕药品不良反应上报率位列全国第一。

疾病控制和卫生监督

【概　况】 落实国家免疫规划政策，开展儿童免疫规划疫苗免费接种 134911 针次，免疫规划疫苗基础免疫接种率均达 95% 以上；地方性水痘接种 15226 剂次，接种率均达 95% 以上。调查处置预警信息 236 条、传染病相关暴发疫情 11 起、未发现食源性疾病暴发事件。举办新冠肺炎疫情应急处置演练，并通过云平台直播对外展示。在省内疾控机构中，率先编印双语版疾控史《守护健康追梦人》。完成“溧阳市慢性病危险因素调查及人群队列研究”“溧阳市骨关节炎筛查与干预项目”项目。云签国家“老年人营养改善策略与应用”项目，并完成第一阶段工作。“恶性肿瘤疾病负担与经济负担”获溧阳市卫健局医学新技术引进三等奖。申请的“4-氨基安替比林的纯化方法”专利获得国家知识产权局授权。首次在 SCI 期刊（BMJ Open）发表论文 1 篇。

【疾病预防控制】 2020 年无甲类传染病报告，乙类、丙类传染病报告数分别为 10 种 691 例和 5 种 1025 例。报告新冠肺炎确诊病例 3 名，无症状感染者 2 名。完成治疗艾滋病病人和感染者 CD4 淋巴细胞检测 259 人次。发现和规范管理肺结核病人，共开展痰检 2462 人次。全市建立居民电子健康档案 699009 份，电子建档率 91.58%。为 87593 名 65 岁及以上老年人进行免费健康体检。高血压、糖尿病年内管理患者数分别为 76499 人和 20228 人。竹箦镇陶庄村、戴埠镇松岭村各复现1个有螺环境，解剖钉螺321只，均为阴性。开展“三热病人”血检770人次，血检阳性3例。

开展国家级“恙螨监测”“暗娼哨点监测”，省级“肾出血热综合征监测”“百日咳人群免疫水平监测”“学生常见病及健康影响因素监测”“公共场所健康危害因素监测和农村环境卫生监测”“工业企业职业病危害现场调查”“包虫病监测”“肺吸虫病监测”，市级“丘陵地区蚊媒种群、密度调查及现场控制效果研究”等一系列工作。率先成为省内可开展新冠病毒核酸和抗体检测的县级疾控，并在一楼新建二级负压PCR实验室。更新和添置原子荧光光度计、气相色谱仪、电感耦合等离子体发射光谱仪等仪器设备。

通过学生健康监测网络直报系统，收集77所中小学校62955名学生的基础资料；2019～2020学年上报48459名学生的体检信息，上报率76.97%；对20所中小学开展教学生活环境监测评价。全年对1个市政水厂16个监测点的水源水、出厂水、末梢水和10家农村水厂36个监测点的出厂水、末梢水进行监测，监测水质样品136件。

29个艾滋病筛查实验室和检测点开展重点人群检测73664人次，其中羁押人员免费检测2392人次、高危人群免费自愿咨询检测930人次，市疾控中心抽检阴性血清1343份；艾滋病哨点监测完成400份血清HIV、梅毒、丙肝抗体检测任务。PCR实验室开展新冠肺炎病毒核酸检测6052人次、抗体检测3281人次；流感病毒检测8次318份样品；诺如病毒4次61份样品；手足口病毒检测3次22份；肠道致病性大肠杆菌1次17份样品；完成肠道门诊霍乱检测1056份样品；检测水质306份6201项、完成消杀样品1023份、公共场所及用具58份。

【卫生监督】 2020年，加强公共场所监督检查，疫情防控期间检查公共场所单位1955户次。疫情防控期间检查医疗卫生单位518户次，对违法行为立案7户次，处罚金额8.3万元。全年完成双随机检查任务276家，实施行政处罚15起。

开展尘毒危害专项整治工作，对全市矿山、冶金、建材、化工领域95家企业开展三轮监督检查，对20家单位进行监督抽检，给予3家不合格单位警告处罚。组织对全市医疗机构进行综合检查，立案查处8户，对8家医疗机构的不良医疗行为记分30分。检查涉嫌非法行医场所25户，立案查处10户。

加强“五小行业”（小食品经营加工单位、小理发美容店、小旅店、小浴室、小歌舞厅）长效管理，开展住宿场所专项检查，顺利通过全国文明城市复评。自8月28日起至9月底，每天上下午两次对市区26个饮用水监测点进行快速检测。开展学校卫生工作专项检查，重点对学校饮用水安全进行监督检测工作。开展食品安全专项检查和安全标准宣贯工作。联合市文体广电和旅游局对游泳场所进行监督检查，责令有问题的整改到位。全年行政处罚50件，其中一般程序33件，简易程序17件，处罚金额31.95万元。完成强制执行案件2件，无证行医移送公安1件。组织行政处罚案件听证1起。

【卫生应急】 高标准完成新冠肺炎疫情防控各项要求。取消春节假期全员在岗，实行疫情防控24小时值班制度。迅速成立领导小组以及综合协调组、疫情处置组、医疗救治组等9个工作组，组建临床专家组和公共卫生专家组，10名医务人员驰援湖北武汉。开设并向社会公布4家发热门诊，规范设置，实行24小时接诊，根据诊疗标准，视诊疗结果，实施居家观察、集中医学观察点观察、入院隔离治疗。明确市人民医院与上兴镇卫生院作为全市2家定点救治医院，配足诊疗力量。对集中隔离点、密接及可疑、医疗机构、养老机构、监狱系统、看守所、重点企业、入境、高中风险地区等人员及重点场所开展采样。成立溧阳市采样服务点，对外公布并提供24小时咨询服务热线，每天24小时双人值守采样。按设点规范及时设置、使用集中医学观察点，隔离点足额配备医务人员及工作人员。

2020年，完成中、高考，茶叶节，人大政协会议等重大活动保障任务。2020年收到国家传染病预警信息系统传染病预警信息107起（统计至2020年10月26日，主要涉及手足口病、流行性腮腺炎、肺结核疫情等），共处置5起学校和幼托机构传染病及食源性疾病突发公共卫生事件及1起流感暴发疫情。在全市城乡开展卫生应急健康教育知识讲座12次，开展应急宣传活动10次，展板巡展10次，咨询服务约8350余人次，发放各类宣传材料近50万余份。

爱国卫生

【概　况】 2020年，社渚镇、上黄镇通过国家卫生镇考核评估，溧阳市实现国家卫生镇全覆盖。埭头镇建成江苏省健康镇，溧城街道共联社区等5个村（社区）建成江苏省健康村（社区），上兴镇卫生院等4个单位建成江苏省健康单位。推进健康元素普及和健康场景建设，在部分乡镇建设健康公园广场、健康步道和健康小屋。共建健康公园广场17个，健康步道35条，健康小屋40个。改厕普及率达99.9%。共有11个集中式供水单位，水质监测覆盖率100%，水质合格率100%。

人口和家庭发展

【计生惠民政策落实】 根据《常州市促进3岁以下婴幼儿照护服务发展实施方案》要求，2020年全市建成1家省普惠托育机构和1家省示范性托育机构，选择1所幼儿园开设托班试点，招收2～3岁幼儿。规范实施农村部分计划生育家庭奖励扶助和独生子女伤残死亡家庭扶助制度。至2020年年底，全市累计享受农村部分计划生育家庭奖励扶助对象21729人、享受独生子女伤残死亡家庭扶助1746人。共发放农村部分计划生育家庭奖励扶助金2054.1万元、独生子女伤残死亡家庭扶助金1390.8万元。做好企业持证退休职工的一次性奖励金的发放，着力解决2008年1月1日至2017年12月31日期间企业持证退休职工一次性奖励金兑现问题，并做好年满60周岁持独生子女父母光荣证的城镇无业人员、进社保的被征地农民和灵活就业人员的登记审核及一次性奖励金的发放，共计3099.6万元。

【流动人口公共卫生计生服务管理】 开展流动人口基本公共卫生计生服务均等化专项活动，推进流动人口儿童预防接种、孕产妇和儿童健康管理、健康档案、传染病防控、健康教育和促进、计划生育等工作。2020年走访慰问了30户流动人口困难家庭及46户留守儿童困难家庭。发挥安徽省郎溪县、泗县、广德县3个单位驻溧阳市流动人口计生协会组织的优势，加强两地信息互通、阵地互用、服务互动工作。

【关爱活动】 加强生育示范关怀基地的建设，深化计生特殊家庭的帮扶工作，开展计生特殊家庭联系人制度、就医“绿色通道”和家庭医生签约服务“三个全覆盖”专项行动。建成常州市生育示范关怀基地2个、春晖家园4个。结合新冠疫情防控，开展特殊家庭关心关爱活动，为特殊家庭送抗疫物资。启动溧阳市“向阳花”青春健康行动，构建“向阳花”宣传平台，广泛宣传青春健康教育的重要性，提高青少年应对成长风险的自我保护意识和生活技能，促进青少年健康成长。

卫生健康信息化建设

【概　况】 2020年，开展“互联网＋医疗”工作，推进溧阳健康APP建设工作，持续推进“智慧医疗”项目建设。完成家庭医生签约医系统、远程多学科会诊平台、住院电子病历质控系统、护理病历系统、区域心电管理平台和区域病案系统建设。其中，区域心电管理平台采集心电数据10万余条，开展专家会诊业务3394例；开展区域卫健信息系统的等级保护评测工作。

【信息系统运行平稳】 2020年，优化服务功能与流程，及时对信息系统功能进行改造，增添收费减免、家医签约减免等一批新功能，满足医院业务工作开展需要。完善全市65岁老年人体检系统，对基层公卫信息系统改造并新增高血压非计划随访录入功能。开展全市卫生院的预防接种系统进行升级改造、卫生应急信息系统的定期调测。推进“区域双向转诊系统”建设，完成基层卫生院和二级医院的系统对接。与溧阳市智慧城市大数据云平台进行对接，每月按时汇集、上传十三类数据，共上传数据361万余条。

【计生信息统计】 推进新全员人口信息综合管理平台应用，提升个案库信息质量，做好平台中身份证重复、身份证错误等个案清理工作。2020年全市共出生4181人，人口出生率为5.14‰，自然增长率为－1.81‰，人口出生数量和人口出生率双双下降；育妇数量大幅下降，育龄妇女数与已婚育龄妇女数分别为16.86万、11.30万人，占总人口比重分别为20.72%、13.91%；全年办理生育服务登记4061件，其中一孩登记2355件，二孩登记1706件，再生育审批175件。

（市卫健局）

居民生活

【概　况】 2020年年末，全市户籍人口78.85万人，比上年减少0.15万人，其中，男39.51万人，比上年减少0.15万人，女39.34万人，与上年持平。总户数26.86万户。出生人口5832人，死亡人口6586人，人口自然增长率−0.96‰。溧阳市全体居民人均可支配收入为45140元，增长5.0%。继续保持稳步增长态势，居民收入增长与经济发展基本同步。其中城镇居民人均可支配收入为55478元，增长3.7%；农村居民人均可支配收入30083元，增长6.3%。全体居民收入增速高于GDP（生产总值）地区增速0.4个百分点。农村居民收入增长快于城镇居民收入增长，城乡居民收入比为1.84，较上年同期缩小0.05，城乡收入差距继续缩小。

【就业创业】 2020年，全市城镇新增就业人数16012人，城镇失业人员再就业4322人，就业困难人员再就业964人，支持成功自主创业2031人，引领大学生创业人数361人，扶持农村劳动力自主创业788人。城镇登记失业率1.8%。

（市统计局）

人力资源

【概　况】 2020年，全市新增城镇就业14312人，城镇登记失业率1.8%。聚焦助力企业复工复产，促进劳动力就地就近就业，发布9000余个就业岗位，引导1万余名劳动者上网登记求职。加大创业扶持力度，出台《溧阳市富民创业担保贷款管理暂行办法》，进一步降低创业贷款门槛、提高贷款额度，全年发放担保贷款130人次2436万元。聚焦创新创优用工保障新模式，在传统市场招聘基础上，将招聘活动拓展至夜间、外延至闹市，举办首届“稳就业、保民生·人才夜市”招聘活动，活动被央视二套《正点财经》栏目播出推广；创新开展“职等你来·直播送岗”系列节目，让求职者“足不出户”便可“身临其境”求职应聘。

【人事人才服务】 2020年，拨付2019年度“天目湖英才榜”专项基金1670人次2616.62余万元。推进企业技能等级认定，深化技能人才评价方式改革，指导企业制定《企业技能人才培养规划》，审核认定苏华建设等15家企业为技能等级认定试点单位。大规模开展职业培训，全年职业技能培训2.6万人、发放培训补贴1980万元。出台《溧阳市关于提高技术工人待遇的实施意见》，在提高技术工人政治待遇、经济待遇、社会待遇等方面提供政策保障，有力推动技能劳动者队伍整体素质提高。着力改善干部队伍结构，提升干部整体素质，配套出台工资、租房、购房等扶持政策，引进紧缺人才40人。

【劳动关系】 2020年，坚持“预防在先、发现在前、解决在小”的原则，多方联动、多措并举、多管齐下，不断完善根治欠薪联动机制，从源头管理到过程监督再到末端执法，建立以实名制管理为基础、银行代发工资为保证、多功能预警管理为支撑的长效监管机制，常态化做好欠薪排查整治，重要时间节点开展专项检查督查，形成强大震慑力，在常州市保障农民工工资支付考核中连续3年获评A级。

（周剑峰）

社会保障

【概　况】 2020年，城镇职工基

本养老、医疗和失业“三大保险”综合覆盖率均超98%。城镇企业职工基本养老保险参保18.24万人，新增参保人数0.43万人，城乡居民养老参保6.03万人；城镇职工基本医疗保险参保25.38万人，居民基本医疗保险参保48.68万人；失业保险参保人数12.09万人；工伤保险参保19.29万人，生育保险参保人数14.57万人。全市共有农村五保对象1782人，其中集中供养439人、分散供养1343人。全市有建档立卡低收入农户4724户、7939人。

【社会保险】 2020年，溧阳市企业职工基本养老、失业、工伤保险参保人数分别达到18.54万人、12.09万人、19.95万人，扩面净增4036人。减免养老、失业、工伤三项社会保险费7.1亿余元，惠及6400余家企业。城乡居民基础养老金标准由190元每月上调至220元每月，被征地农民养老年龄段待遇水平调整到739元每月，企业退休人员养老金人均月增资116.6元。制定《溧阳市退捕渔民安置保障方案》，强力推进2.4万名被征地农民和23名退捕渔民刚性进保任务。

（周剑峰）

【住房保障】 2020年，全市保障性安居工程开工2238套，建筑面积361107平方米。办理房改房，经适房上市备案516户，办理公有住房出售8户。完善公租房退出机制，清退不再符合公租房条件的家庭24户。全年争取上级住房保障专项补助资金6600余万元，省棚改专项债券6000万元。

（吉　伟）

医疗保障

【概　况】 2020年，围绕医保基本政策、待遇标准、基金管理、经办管理、定点管理、信息系统“六统一”新要求，组织开展医保常州市级统筹政策差异化梳理、资金测算、风险评估、系统融合对接等工作，先后出台17份政策文件，进行5轮百余次程序测试，稳步推进市级统筹进程。继2019年底基本实现异地就医住院费用全国实时结算，进一步落实异地就医门诊费用直接结算等工作。2020年，全市居民医保异地就医4531人次，总费用11436.11万元，补偿5307.74万元；其中，异地就医实时结算4210人次，总费用10502万元，补偿4834万元。职工医保异地就医20056人次，总费用22616万元，补偿15005万元，其中，异地就医实时结算16064人次，总费用13967万元，补偿9271万元。

【医保政策】 2020年，居民医保补偿标准市内定点三级医院由53%提高至55%、定点二级医院由68%提高至75%，慢病（高血压、糖尿病）门诊补偿比例调整至50%，年度限额2000元，大病保险由50%提高至60%，新增血友病、再生障碍性贫血纳入门诊大病项目。居民医保补偿标准市内定点三级医院由55%提高至65%，定点二级医院保持75%不变，定点一级医院由85%提高至90%。职工医保、居民医保目录范围内的报销率分别为87%、71%。

【医保扶贫】 2020年，市医保局将低保、五保、优抚对象、城市三无对象、孤儿、建档立卡对象等困难群体及时纳入医保范围。全年财政全额补助1.3万人，保费602万元。全年6.34万人次享受门诊救助，费用2318.28万元，其中基本医保、大病保险、医疗救助补偿2124.36万元；4967人次享受住院救助，费用3588.68万元，累计补偿3309.33万元，可报范围补偿率92%。

【医保基金运行情况】 2020年，全市职工医保参保25.38万人，增长4.2%，基金收入7.86亿元，增长4.6%，当年结余1.16亿元(其中统筹金970万元)，增15.69%；居民医保参保48.68万人，基金收入6.96亿元，增10.7%，当年结余1.26亿元；生育保险14.57万人，基金收入0.56亿元，增15.17%，当年结余500万元。

【医保基金监管】 2020年，市医保局开展“打击欺诈骗保、维护基金安全”集中宣传月活动和基金源头治理工作。对52家定点医疗机构、248家定点药店开展综合检查及中药饮片管理专项检查，实现“两定”机构巡查全覆盖，累计出动2000余人次，约谈5家，处罚35家，拒付基金235.24万元，扣除违约金42.27万元。

【医保服务】 2020年，市医保局按程序预付市人民医院、中医院等6家定点医疗机构疫情防控医保资金1360万元。落实上级关于阶段性减征职工医保费精神，2～6月减半征收5929家企业8700万元，助力企业纾困解难、发展生产。实行医保经办一站式服务、一窗口办理，制定窗口人员评先评优办法、月度服务之星评选和非窗口人员大厅值班制度。组建医保“政策宣传队”“志愿服务队”，开展“医路有‘你’，医保与您同行”政策下乡文艺巡演活动，首场直播点击率3.66万人次。“学习强国”专门作了宣传推送。

（市医保局）

社会事务

【社会救助】 2020年，市民政局在经济转型和疫情防控大背景下，千方百计保障困难群众生活有尊严。自2020年7月1日起，城乡低保标准从每人每月850元提高到900元；城市“三无”人员保障标准和社会散居孤儿保障标准从每人每月1800元提高到1945元；“五保”标准首次实现集中、分散供养一体化，从每人每年12000元、10500元统一提高到每人每年14040元，困难群体幸福指数显著提升。进一步完善临时救助制度，出台《关于进一步深化临时救助工作的实施办法》，将低保标准2倍以内的临时救助审批权限下放，困难群众求助更便捷。配套出台进一步健全农村留守儿童和困境儿童关爱服务体系的实施意见，儿童关爱照护更周到。顺利完成低保专项治理收官工作，出台《2020年溧阳市城乡低保专项治理实施方案》，全年联合市纪委监委第三派驻组随机入户抽查1000余户，实现三年100%核查的既定目标，全市未发现任何“关系保”“人情保”“错保”“漏保”现象，“阳光低保”深入人心。

【养老服务】 2020年，围绕老年群体各类养老需求，大力提升养老服务水平。着力推动居家养老服务高质量发展，新建市级老年人日间照料中心，为城区老人提供助餐助浴、日间照料、健康培训、文娱活动等服务。搭建智慧养老服务台，采取线上线下结合的方式，为2万余名80周岁以上老年人提供生活照料、精神关爱、康复护理等上门养老服务，切实让老年群体感受到党和政府的关怀。聘请养老服务评估组织对全市养老机构进行服务质量评估，做到查漏补缺，全面消除隐患；积极推进农村敬老院公办民营，别桥镇敬老院与无锡九如城养老产业集团成功签约；筹建市级特困人员服务保障中心，完成选址和概念性方案初步设计。推动优质社区养老服务设施从城区向镇区延伸，新建戴埠镇杨家村、上兴镇上沛村等如意小食堂4家，全市共有10个镇（街道）建有如意小食堂，覆盖率83.3%。新建标准化居家养老服务中心12家，城乡占比分别达到80%和62%，社区养老服务设施基本实现城乡均衡化发展。疫情期间，对全市养老机构实施“全封闭”“零进出”“零接触”管控，所有物资采购采取无接触方式统一配送或院外专人采购进行，垃圾统一收集清理，并对各养老机构执行情况开展24小时视频巡查，确保养老机构疫情期间安全运行。

【社区治理】 2020年，市民政局从精神内核、治理模式、品牌建设等新路径着手激发社区活力。开展新一轮村规民约和居民公约修订完善工作，制定《关于做好村规民约和居民公约修订完善工作的实施意见》，明确了修订要点。溧城街道灵活运用“百姓议事堂”资源制定的“两约”深得群众认可；南渡镇庆丰村创新推出“积分制”推动“两约”落实；埭头镇结合村规民约引导群众移风易俗，充分发挥“两约”社会意义。在溧城街道北水西村和昆仑街道胥泊村试点推进撤村建居工作，并总结提炼“2335”工作法，即：坚持两项原则，理顺三类关系、保障三项利益、走好五步环节，拆迁安置村内在管理机制得以理顺，为全市“村改居”改革提供可复制的样板。开展社区治理品牌建设试点，对接常州市枢纽型社会组织众柴公益研究和发展中心，成功打造东升社区“向阳花”、庆丰村“一网情深”等5个社区治理品牌，在儿童成长、养老服务、政社互动、乡贤治理等方面均开展了有效探索，形成了良好社会反响。在常州市率先完成第十二届村民委员会和第七届社区居民委员会换届选举工作，行政村选民参选率91.25%、社区选民参选率90.69%，168个村实行村书记、主任“一肩挑”，占比达97.1%，13个社区实行“一人一票直选”。换届选举总体上呈现“两率三比例”明显提升的特点，即一次成功率明显提升、选民参选率明显提升、“一肩挑”比例明显提升、年轻干部比例明显提升、高学历干部比例明显提升，村（居）干部队伍配置明显优化。

【专项事务】 2020年，通过完善基础服务设施、编制落实专项规划等措施，民政领域基本公共服务持续提质增效。市级公益性公墓青龙山人文纪念园项目一期工程计划总投资2.8亿元，一期已竣工验收。新的市级上姚殡仪服务中心已竣工，进入内部装修和设备入场阶段。聚焦发展大局，加快推进部分行政区划调整，助力城市能级提升，科学制定行政区划调整方案，将全市10镇1街道调整为9镇3街道，圆满完成市政府驻地镇——溧城镇的“撤镇设街”工作。完成《溧阳市中心城区路名规划(2016—2035)》，对部分企业路名、不规范路名、有路无名等情况进行统一规划，复苏大量历史地名，增强路名文化内涵和群众归属感。开展《溧阳印象》地名影像征集大赛，展现溧阳的历史变迁、社会变化和经济发展，献礼溧阳“撤县设市”30周年。持续规范婚姻登记、收养登记、救助管理工作，实施流浪乞讨救助管理“服务质量大提升”行动。全年办理结婚登记4902对、离婚登记2137对；办理收养登记13个；救助流浪乞讨人员112人次，为2名滞留人员落户并落实特困保障。

（狄伟鑫　李　娟）

慈善工作

【概　况】 2020年，市慈善总会凝聚社会正能量，助力疫情防控和脱贫攻坚。共计募集款物1834.72万元，比上年增长8.7%，救助支出1567.47万元，比上年增长21.5%，帮扶困难群众2.5万人次。被省政府授予“最具影响力慈善组织”，获省慈善总会“99公益日”活动“最佳组织奖”，“朝阳助学”成果与经验被“学习强国”、江苏电视台、《常州日报》宣传推介。

【助力疫情防控】 新冠肺炎疫情暴发后，市慈善总会于1月27日启动应急机制，至3月底，接收81家单位和2.1万名爱心人士捐赠款物583万元，其中，用于湖北省抗疫185万元，用于溧阳市398万元（其中物资折价176万元），拨付率100%，得到“专项审计”认可。2月28日，市委书记徐华勤对市慈善总会广泛动员、募集款物，助力全市疫情防控，积极支援湖北地区的表现给予充分肯定。湖北省黄石、咸宁、老河口、英山等地政府均通过当地主流媒体、政府网站或感谢信对溧阳人民的爱心表示感激与赞扬。

【助力脱贫攻坚】 2020年，累计发放救助金984.47万元（不含疫情防控支出），惠及困难群众2.5万人次。在为低保、低保边缘、五保、建档立卡户购买慈善补充保险基础上，首次建立低保及低保边缘家庭“医保目录外常用药”费用补助机制，筹资242.25万元，惠及困难群众1.49万人次；对遭遇突发、重大疾病的48户困难家庭临时救助21.6万元。在做好困难家庭大专、本科生资助的同时，首次将低保和贫困残疾人家庭全日制研究生列入慈善助学对象，资助标准为每人每学年一万元。累计发放助学金113.2万元，帮扶困难学子190人，其中，研究生13人。联络爱心企业开展“贫困村”定点帮扶项目15个，扶持资金259.52万元；向上兴永和、南渡西圩、别桥西庄、黄金山、竹箦中梅、社渚大田等茅山老区贫困村拨付帮扶款项181万元；参与国扶办“挂牌督战”项目，助力云南省镇雄县麻园村脱贫攻坚10万元；对接“苏陕扶贫协作”结对单位，捐赠帮扶款项120万元，其中，建立溧汉（溧阳汉阴）教育专项基金50万元。

【慈善宣传】 收集为溧阳慈善作出突出贡献的40多位企业家事迹，编撰出版《慈善心路》一书。市委书记徐华勤亲自作序，并号召广大读者献爱心，行善事；对“朝阳助学”项目资助的1260名已毕业受助学生进行回访，及时总结助学扶贫经验，宣传他们的脱贫和“反哺”事迹；携手蓝天救援队、心愿树等6个爱心团体，进社区、进学校、进农村、进敬老院开展公益活动；全年刊发16篇微信推

1月16日，溧阳市慈善总会《慈善心路》新书首发式

（市慈善总会　供稿）

文，出刊《溧阳慈善》5 期，在江苏电视台、《江苏慈善》《常州日报》《溧阳时报》《黄石日报》《黄冈日报》《英山周刊》、今日头条、腾讯新闻、溧阳电视台等各级各类媒体报道溧阳慈善相关信息 83 篇（次）；资助《小城故事》电视公益节目，全年播出 54 期。

【慈善志愿队伍】 召开慈善志愿队成立一周年座谈会。志愿队全年组织公益活动 45 场，在各级、各类媒体报道慈善工作 65 次，其中国家级 6 次，省级 16 次，地级 6 次，县级 35 次；在新冠疫情防控工作中，20 位慈善志愿者主动捐款 3.7 万元，还带动身边人捐款 27.24 万元。邹迪被评为“溧阳市新冠肺炎疫情防控工作先进个人”，史建中被评为“抗疫卫溧先锋”，并被省政府授予“慈善楷模”称号。志愿者 4 篇报道被评为“优秀宣传稿件”。

（宗荣庆）

老龄工作

【概　况】 2020 年，全市老龄工作围绕《十三五老龄事业发展规划》，认真落实习近平总书记提出的“有效应对人口老龄化，事关亿万百姓福祉，事关国家民族的长远发展”的指示精神，致力于提升老年人的参与感、获得感和幸福感，确保 19 万老年人同步进入小康社会。

【长寿之乡品牌建设】 2020 年 10 月 21 日，在重庆江津召开的长寿之乡绿色发展区域合作联盟第一届理事会第五次（扩大）会议暨“长寿之乡与健康产业”（江津）高峰论坛上，“味禾滋”牌乌饭（方便食品）获“中国长寿之乡养生名优产品”认定。程瑞云、谢凤伢、何胜江、狄志明、李林伢五位百岁老人获“健康中国我代言——中国长寿之乡百位健康百岁老人”推选。10 月 25 日，市老龄委主办中国·溧阳第五届长寿文化节活动。为第七届“十佳孝星”“十佳老有所为人物”及提名奖获得者颁奖并作事迹分享；举行《星影－溧阳寿星摄影集》发布及赠书仪式；启动“万名老人游南山系列活动”，体验南山竹海长寿文化。

9 月，全市 11 家企业成立寿乡联盟企业家委员会溧阳分会。通过横向对接、平台整合，在短短半年时间分会企业年销售额递增 17%，同时带动绿色产品生产企业 30 家、农户 200 多家的增产增收。11 月，分会积极组织 7 家企业参加在广州举办的第七届中国国际老龄产业博览会。参展企业通过路演向各大媒体及采购商讲解溧阳长寿之乡养生产品特色获得高度认可。

【敬老爱老】 为全市 193 名百岁老人发放尊老金并颁发“长寿人家”牌匾。围绕“弘扬养老孝老敬老传统，共建共享老年友好社会”敬老月活动主题开展走访慰问活动、举办第五届长寿文化节、开展老年人文体活动和敬老志愿系列活动。充分利用宣传横幅、宣传栏、橱窗板报、电子屏、广播电视、网络等形式开展宣传，开设“敬老月”活动专题、专栏、专版，重点宣传《中华人民共和国老年人权益保障法》，宣传各类尊老敬老的典型人物和感人事迹，开展尊老敬老进机关、进乡村、进社区，吸引和鼓励更多的人投身为老助老志愿服务事业，传递社会正能量，营造尊老爱老助老良好社会风尚。继续免费为老年人办理“江苏省老年人优待证”，有效落实惠老优待政策，让老年人凭证享受入公园、乘车半价或免费的优惠政策。

【安康关爱行动】 2020 年，开展安康关爱行动切实减轻家庭因老年人意外伤害带来的额外经济负担。全市覆盖率从上年的 79% 上升至 100%，实现历史性突破，全市理赔资金 400 多万元。

【邻里守护工作】 2020 年，为 70 岁以上独居、80 岁以上空巢老人等老年群体提供邻里志愿结对守护服务。通过各种会议和媒体，宣传“邻里守护”概念意义和结对办法，对各镇村进行摸底排查，为 692 名 70 岁以上独居、80 岁以上空巢老人与志愿者进行结对，结对率 100%。并以活动为契机，组织结对志愿者为老人送温暖活动，使“邻里守护”活动深入老年人身边。

【老年协会建设】 2020 年，全市多措并举，进一步加大创建常州市城乡社区老年协会规范化建设力度。完成 118 个规范化建设村（社区）的申报，其中 26 个示范村（社区），92 个达标村（社区），要求申报单位在上年工作的基础上提质增效。

【老龄健康工作】 2020 年，全市有医养结合机构 14 个。完成家庭医生签约 65 岁以上老年人并建立居民健康档案 96049 人，健康体检 87593 人。启动 2 个安宁疗护试点建设，5 个老年人心理关爱项目等。疫情期间，积极组织防控宣传、社区管控、卡口值勤、志愿服务等工作，全市有3000多名老年志愿者工作在防疫一线，约5000多名老年协会成员、老党员及60岁以上老年人捐款捐物价值200多万元。

【人口老龄化国情教育】 2020年，积极组织镇、村（社区）开展人口老龄化国情教育，认真贯彻落实习近平总书记关于加强老龄工作重要讲话和指示精神。8月初，根据省卫健委通知精神，以“提升健康素养　乐享银龄生活”为主题，发动各镇（街道）和卫生服务单位开展2020年老年健康宣传周活动。

【老年精神文化生活】 2020年，继续加大老年教育扶持力度，发挥市老年大学、镇（街道）老年学校辐射效应，老年人参加各类老年学校学习人数达老年人总数的40%；依托全市现有镇（区）、村（社区）老年活动中心（室），发挥老年协会组织作用，广泛开展老年文体活动。

（莫莉兰）

残疾人事业

【概　况】 2020年，全市持证残疾人20028人，占全市总人口的2.5%。其中：视力残疾2316人，听力残疾1613人，言语残疾69人，肢体残疾人11912人，智力残疾2866人，精神残疾1252人，多重残疾74人。在持证残疾人中，重度残疾人10819人，占持证残疾人总数的54%。其中：视力重度残疾1646人，肢体重度残疾5393人，智力重度残疾1680人，精神重度残疾831人，听力重度残疾1237人，言语重度残疾32人。

【残疾人生活保障】 2020年，全市严格履行残疾人“两项补贴”审核职能，做好残疾人“两项补贴”审核工作。全年发放残疾人生活补贴金8380万元，受惠残疾人10173人，发放残疾人护理补贴金695万元，受惠残疾人10238人，有力保障残疾人的基本生活。为9633名符合条件的持证残疾人投保意外伤害险，投保金额57.798万元。全年共有22名残疾人得到理赔，理赔金额达23万元。对享受救助政策后仍然困难的200余户残疾人家庭进行走访慰问，全年共发放慰问品、慰问金和临时救助金40余万元。对107名残疾学生和低保残疾人家庭子女发放就学补助金12万元。联系4家爱心企业，结对12名困难残疾家庭学生，发放扶持资金3.8万元。对本市进入专业康复机构训练的0—14岁贫困家庭残疾儿童按标准进行救助，全年为186名残疾儿童发放救助金250余万元。

【残疾人就业创业】 2020年，开展残疾人增收致富专项行动。继续开展“家禽下乡”活动。为竹箦、南渡、社渚等镇的59户残疾人家庭发放禽苗4000羽，平均每户可增收4000元以上。启动“科技进家”活动。与江苏优鲜到家农业科技有限公司签订合作协议，扶持农村残疾人从事现代农业生产，帮助首批3户残疾人从事现代设施农业生产，每户增收3万元以上。“小康车间”运行正常有序，50多名残疾人在辅助性劳动机构实现就业，人均月收入1500元以上。分别与江苏优鲜到家农业科技有限公司、溧阳市千里马人力资源服务有限公司合作，举办各类残疾人技能培训班和农村残疾人实用技术培训班9期，参加培训的残疾人数达420人，其中新增实名制培训122人。通过集中安置就业、按比例就业、鼓励自主创业、举办残疾人专场招聘会等方式，多渠道帮助残疾人实现就业，全年新增实名制就业87人。对147家按比例安排残疾人就业企业进行年审，对51家符合条件的企业发放补贴和奖励金34.1万元，残保金征收入库突破2100万元。对全市11家盲人按摩机构和助残组织发放疫情补贴2.8万元。对39名残疾人发放自主创业补贴26.86万元。

【残疾人公共服务】 2020年，全市强化残疾人精准康复服务，实施康复救助工程和康教结合活动，加强残疾人托养服务，稳步推进“残疾人之家”建设。依托福恬康复医院、京华康复医院创建两个省级社区康复示范点，通过省级验收。做好康复进社区、服务进家庭工作，为307名有康复需求的残疾人上门康复指导，建立康复档案。在完善原有康复站建设基础上，新建7个村（社区）康复站。对58户残疾人家庭实施无障碍改造，为400名符合条件的贫困白内障患者免费施行复明手术，为42名听力损失患者验配助听器，为17名贫困下肢截瘫患者安装假肢、矫形器，为贫困残疾人发放各类辅助器具2300余件，会同南渡医院精神科，每季度免费为1010名精神病患者下乡供药。市残联会同福恬康复医院、培智学校，有针对性地为76名中重度残疾儿童开展为期一周的上门送康复、送教育活动。向残疾儿童以及家长提供科学的康复训练和教育指导，同时还为每位孩子准备各类学习、康复、生活用品。在现有托养机构建设的基础上，充分利用残疾人之家、养老服务机构、各镇敬老院、村（社区）日间照料机构等，整合资源，按照属地托养的原则，全年共有350余名重度残疾人实现全托和日托。全年新建“残疾人之家”9家，对已建成运行的“残疾人之家”进一步完善服务功能，提高服务质量。

【助残活动】 2020年，全市开展系列助残活动，丰富专门协会活动，加大残疾人事业宣传力度。全国助残日期间，市残联开展“爱心助行”残疾人辅助器具捐赠活动，向市培智学校捐赠内衣200余套；联合清安社区、清安卫生院开展“残健共融一家亲、爱心助残送健康”为主题的爱心志愿服务活动；联合砻坊场社区党支部、新时代文明实践站开展“合力助残、与爱同行”为主题的助残扶残活动；联合心愿树爱心工作站开展“助残脱贫、决胜小康”为主题的入户走访慰问活动；联合溧阳京华康复医院开展“手牵手”爱心手环捐赠活动；联合中纺联公司向心愿树工作站捐赠保暖内衣200套。肢残人协会组织30名肢体残疾人到福恬康复医院进行免费体检；聋人协会开展以“心连心，送温暖”为主题的国际聋人节庆祝活动，走访慰问特困聋人家庭。盲人协会开展庆祝第37个国际盲人节活动，组织盲人代表赴溧阳市博物馆参观体验。印制《助残政策文件汇编》《企业助残优惠政策指南》，通过新闻媒体进行宣传；与市融媒体中心合作，围绕全市残疾人重点工作、民生实事等，通过学习强国、江苏残联、江苏残疾人就业服务、今日溧阳、中国溧阳等平台，发表宣传报道18篇，其中学习强国3篇，营造全社会关心关爱残疾人、了解支持残疾人事业的氛围。

（周　媛）

民族宗教事务

【概　况】 2020年，全市民族宗教工作围绕中心、服务大局，谋划重点、解决难点，拓展思路、创新亮点。深入学习宣传贯彻新修订江苏省《宗教事务条例》，引导宗教界人士和信教群众增强守法意识。各镇（区、街道）党委理论中心组专题学习习近平总书记关于宗教工作的重要论述、宗教工作应知应会等内容。搭建“民宗干部大讲堂”平台，以民宗助理专题授课的形式，提高全市民宗干部的理论水平和工作能力。开展民宗政策法规学习月活动，各镇（区、街道）结合新时代文明实践中心，开展民宗政策法规专题宣讲活动。

【服务少数民族】 2020年，市民宗局以服务少数民族群众为己任，推动民族工作上台阶。着力铸牢中华民族共同体意识。加强各民族交往、交流、交融，促进全市各民族像石榴籽一样紧紧抱在一起，共同团结奋斗，共同繁荣发展。举办精彩活动。5月2日，举办民族团结进步宣传月启动仪式暨“一路同行手牵手、‘多元一体’奔小康”“溧阳1号公路”打卡活动。10月23日，市民宗局、南京航空航天大学天目湖校区、马垫小学联合开展的“大手牵小手、共做新市民”活动，营造关心关爱少数民族等新市民子女的良好社会氛围。中央统战部宣传办、人民网联合组织“脱贫攻坚 奋斗有我”随手拍评比活动，“一路同行手牵手、‘多元一体’奔小康”获视频类二等奖，“小青虾撬动大产业”获图片类三等奖。全力打造“红石榴家园”，组织各镇（区、街道）统战条线相关人员，赴苏州市姑苏区、南京江宁区、栖霞区学习借鉴开展“红石榴家园”活动的先进理念和工作经验。7月，成立马垫小学红石榴小屋——王颖工作室，开设“红石榴基金”，举办“红石榴课堂”，关注少数民族学子健康成长。《马垫小学的“国家队”》登上江苏卫视；《马垫小学和合共生．关爱新市民子女》被央视12套报道；8月，江苏融媒体中心邀请著名篮球运动员唐正东为马垫小学“国家队”授课，直播观看人数约80万人。深入苗族杨万珍、布依族吴其美等少数民族致富项目进行实地调研，送政策、送科技下乡，提升少数民族群众致富能力；对从事民品、民贸的企业复工复产情况进行走访。切实加强外来少数民族服务管理水平，重视民促会、少数民族联络员队伍建设，充分发挥林鹰、马一四夫等少数民族代表人士的积极作用，教育引导外来少数民族遵章守纪、安居乐业。切实加强全市穆斯林临时礼拜点建设力度，强化消防安全管理，满足流动穆斯林群体的需求；联合工商部门，引导全市清真拉面店规范经营；积极做好流动少数民族子女就近入学的相关工作。关心少数民族弱势群体，在脱贫攻坚奔小康路上一个都不能少。根据《溧阳市少数民族致富奔小康工程实施意见》，完善市、镇、村三级联动机制，争取溧阳市财政资金，开展“项目、

5月2日，溧阳市民族团结进步宣传月启动仪式暨“一路同行手牵手‘多元一体’奔小康”活动在溧阳1号公路举行

（市民宗局　供稿）

就业、教育、医疗、社会、专项”6项扶贫行动。“汽车商会百万光彩基金”每年捐出资金15万元用于困难少数民族家庭的救助、学生补助、致富项目的支持。在新一轮少数民族基础数据排摸工作中，做好少数民族低收入家庭成员数据统计更新，结合阳光扶贫、光彩助学等活动进行专项慰问，确保少数民族全部达到小康收入水平。尽心支持民族事业发展，开展“送政策、送温暖、送服务”进企业活动，了解开利地毯等企业复工复产情况和“十三五”期间民族特需商品生产政策落实情况，最大限度减少疫情对企业生产经营的影响，鼓励企业继续开展捐资助学、稳岗助就业等公益慈善事业。

【宗教场所管理】 2020年，市民宗局以加强依法管理为核心，推动宗教工作上水平。做好宗教活动场所疫情防控工作，严格落实全市宗教活动场所“双暂停一延迟”要求。及时排查全市宗教教职人员情况，指导各场所特别是农村地区的宗教活动场所落实好人员筛查、场所消杀等工作。认真做好岁末年初宗教领域安全及疫情防控工作，以“四不两直”形式进行防疫工作抽查，确保防控工作不留死角。印发《溧阳市宗教活动场所安全工作专项整治行动方案》，全面部署市宗教活动场所安全专项整治工作。在宗教活动场所完成自查的基础上，开展督查，委托有资质的建筑设计单位，对全市宗教活动场所进行全方位“会诊”，为每个场所出具专门的建筑安全和消防安全排查报告，明确隐患整改内容和整改途径，真抓实干隐患整改有章法。对照排查结果，综合分类施策，执行安全隐患闭环管理，建立隐患台账，落实整改措施、时限和责任人，对账销号。全年共检查宗教活动场所79次，发现安全隐患198处，整改到位198处。大力开展宗教界爱国主义宣传教育、反邪教教育，加强对非法宗教出版物的排查，高度重视境外宗教势力的渗透和非法宗教活动，与市公安局国保大队召开联席会议，依法取缔违法宗教活动。按照“疏堵结合、区别对待、分类处理、纳入管理”原则，将全市5家基督教私设聚会点全部纳入“以堂带点”管理，对宗教基础数据、民间信仰、基督教信徒情况及宗教活动场所问题等开展调研，进一步补短板、强弱项、固根本，提升溧阳市民族宗教领域本质安全水平。

【宗教队伍建设】 2020年，市民宗局以加强能力建设为中心，推动自身素质大提升。坚持以学促改、以学促建。配合常州高质量编制全市宗教活动场所“十四五”规划，推动宗教活动场所建设水平“提质升级”，以京林禅寺等场所的标准化建设为切入点，探索宗教工作中国化、标准化、现代化“三化合一”工作。对佛教、基督教两个宗教团体经费进行专项列支，落实专项经费35万元。引导团体加强教规教制建设和教务教风管理，健全议事决策机制，规范“三重一大”决策程序，提高统筹、协调、引导能力。宗教慈善事业蓬勃发展，新冠肺炎疫情期间，全市各宗教人士捐款捐物超过37.2万元。

（李　刚）

关心下一代工作

【概　况】 2020年，全市各级关工委和广大“五老”志愿者深入学习、深刻领会习近平新时代中国特色社会主义思想和关于关心下一代工作的一系列重要指示，准确把握、提高政治站位，紧密结合实际，用习近平总书记关于关心下一代工作的一系列重要指示武装头脑、指导工作，引领关心下一代工作创新发展。全市参加关心下一代工作的“五老”志愿者有5100多人，关工委组织

464 个，依托全市 284 所校外教育辅导站等阵地，开展“梦圆小康”老少同台演讲，组织开展“颂时代楷模、赞中国精神”老少同台讲好中国故事朗诵比赛，结合“千站万人共话新时代、争做新时代好少年”等教育活动，开展“传承爱国精神，争做‘三有’新人”主题教育活动，市关工委主任路发今获“全国关心下一代先进工作者”称号。

【关工委培训】 2020 年，市关工委组织 40 多名乡镇、村、社区基层关工委主任，参加常州市关工委干部培训班，进一步提高做好关心下一代工作的重要意义和思想认识。福阳社区关工委主任孙丽霞在培训班上作了《以多彩活动为载体，促关工委事业新发展》经验交流发言。10 月中旬，举办全市关工委基层干部、“五老”骨干培训班。150 多名基层关工委干部、“五老”骨干参加培训，常州市委党校教授曹祖平作专题讲座。市关工委主任路发今作《溧阳撤县设市三十年》的报告。溧城、戴埠、天目湖、埭头、上兴、上黄等镇、街道也举办关工委基层干部工作培训班。12 月 11 日，组织全市有关部局、各乡镇、街道关工委主任专题学习中共十九届五中全会公报。全市各级关工委共举办 36 次培训班，受训人数达 4000 多人次。

【主题教育】 2020 年，开展“爱党爱国爱学习、立德立行共圆中国梦”主题教育活动，与弘扬伟大的抗疫精神密切结合。组织“五老”宣讲团、报告团进校园、进社区、进企业，以青少年喜闻乐见的形式，讲习近平总书记新时代中国特色社会主义思想和中国故事、溧阳故事。溧城街道关工委组织 46 个村、社区，开展“颂时代楷模，赞中国精神，老少同台演讲”主题教育。全市各级关工委组织开展“颂时代楷模、赞中国精神”老少同台讲好中国故事朗诵比赛等活动 105 场次，听讲人数 2.3 万人次。参与江苏少年网“我为国旗点个赞”网络活动，点赞 13 万次以上，6.1 万名青少年参与。戴埠镇新桥村关工委主任王根荣坚守抗疫第一线，抽空给援助武汉医疗队员的女儿写了《致女儿——王蓓》，并由著名表演艺术家侯勇朗诵而广为传播；昆仑街道濑江社区杨兆龙创作 20 余幅抗疫系列插画《铜墙铁壁》。

【法制教育】 2020 年，在青少年中广泛开展学法、知法、守法、护法活动，进一步增强青少年厉行法治的积极性和主动性；组织关工委干部学习新修订的《中华人民共和国未成年人保护法》《中华人民共和国预防未成年人犯罪法》，开展多种形式的法制教育，组织“老少共建”“青少年网络文明在行动”“大手拉小手”“做守法小公民”等丰富多彩的法制教育活动，帮助他们增强法治观念。全市各级法制教育宣讲团 23 个，宣讲员 154 人，共举办线上线下法制报告 34 场次。全市中小学，法制教育副校长配备率 100%，全市 16 个公安派出所“关爱工作站”全部挂牌，由各所政治教导员任站长，各关爱工作站配备 1 ~ 2 名经验丰富的退休民警参与工作站工作。各级关工委组织 364 名“五老”对 123 名失足、有不良行为的青少年进行帮教，转化率 90% 以上。溧城街道关工委先后建立 100 多个“五老”帮教小组，一帮一、多帮一，帮教近 200 名失足青少年。溧城街道（溧城镇）从 2017 年连续四年实现未成年人零犯罪。

【帮困助学】 溧城街道唐家村、上阁头村等多年帮困助学，累计发放 100 万元助学金。上兴镇袁氏兄弟教育基金 10 多年来共发放助学金 160 万元。戴埠镇关工委联合组织开展多场“关爱小候鸟，共享爱的阳光”活动，河西村对全村中小学生实行免费午餐补贴，每年就达 11 万元；上黄飞跃电配厂冯初华为困难学生帮扶助学，累计资助的资金达到 100 万元；埭头镇发放青少年圆梦学业基金 20 万元，埭头村为考取大学和有家庭生活困难的学子发放奖金 30 万元，昆仑街道杨庄村、吴潭渡村连续 16 年为贫困学生和优秀学生发放奖学金 25 万元。社渚镇通过各种渠道多方筹措 40 多万元，300 位困难学生得到帮困助学。南渡镇入选“中国好人榜”残疾人朱仲寅，13 年打工，13 万元资助贫困学生。市农业农村局退休“五老”潘洪强获省关工委、农林厅“三扶两创”创业之星和常州市老有所为十佳最美老人称号。

【网吧监督】 市关工委坚持“五老”网吧义务监督，积极做好未成年人不准进入网吧、举报网络手机和荧屏声频不良信息、监督校园四周环境等工作，构筑未成年人与不良文化间的“隔离墙”和“防护网”。在全市聘请 80 多名“五老”担任网吧义务监督员，利用寒暑假组织五老网吧义务监督员对各网吧进行督查，发现问题及时通报。

（尹耀东）

天　目　湖　镇

表 31　**2020 年天目湖镇主要社会经济指标**

项　　目		数　据
自然概况	年末土地总面积（平方公里）	210.63
	其中：镇区建成面积（平方公里）	4.32
	居民委员会、行政村委会（个）	13
	总人口（人）	58538
	其中：非农业人口（人）	1153
综合实力	国内生产总值（GDP，万元）	379091
	人均 GDP（元）	67835
	财政收入（万元）	55230
	全社会固定资产投资（万元）	62242
	实际利用外资（万美元）	50
	农民人均纯收入（元）	30596.3
	社会消费品零售总额（万元）	174520
工业	工业企业（家）	38
	工业企业职工（人）	4366
	工业总产值（亿元）	20.37
	工业增加值（亿元）	7.52
	工业销售收入（亿元）	25.78
	工业利税（亿元）	1.57
	工业固定资产净值（亿元）	2.75
农业	农林牧渔业总产值（万元）	67789
	其中：农业（万元）	53002
	林业（万元）	7290
	牧业（万元）	2293
	渔业（万元）	4800
	农业服务业（万元）	404
	粮食产量（吨）	8672
	年末农机总动力（万千瓦）	2.5

续表31

项　　目		数　据
第三产业	第三产业实体（个）	418
	第三产业从业人员（人）	1875
	第三产业增加值（亿元）	25.83
	集贸市场（个）	2
	注册工商经营户（户）	319
社会事业	中学（所）	1
	在校中学生（人）	283
	小学（所）	2
	在校小学生（人）	1246
	文化娱乐场馆（个）	0
	体育健身场所（个）	30
	人口自然增长率（‰）	1.82

【概　况】 天目湖镇位于溧阳市南部，233 国道纵贯全镇南北，宁杭高速公路溧阳南道口、宁杭城际高铁溧阳站紧临镇区，交通十分便捷。风景宜人、闻名遐迩的天目湖，集国家级旅游度假区、国家 AAAAA 级旅游景区、国家生态旅游示范区于一身。全镇区域总面积 210.63 平方公里，旅游度假区规划面积 320 平方公里。辖 12 个行政村、1 个居委会，总人口 58500 人。2020 年，全镇实现地区生产总值 39.7 亿元，完成公共财政收入 3.08 亿元。旅游区接待游客 690 万人次，实现旅游收入 18.3 亿元。天目湖镇获评全国乡村特色产业十亿元镇称号；“天目湖白茶”入选首批省级特色农产品优势区名单、获批创建天目湖白茶省级特色小镇、获评江苏省绿色优质农产品基地。

经济发展　全年完成服务业重点项目投资 17.24 亿元。总投资 60 亿元的休闲文旅小镇、总投资 30 亿元的中国再生医学中心综合体项目落地，先锋天目湖森林书店入驻。涵田康养中心商业街全面投运，桂林山居一期建筑完成主体建设，青羽舍温泉度假酒店、十思园度假酒店开工建设，涵田度假村、梅岭玉文化博物馆加快改造，青峰山居、隐湖居等一批精品酒店竣工。全镇在建项目10个、准备开工项目7个、规划阶段项目9个、重点在谈项目14个。旅游市场影响扩大，中央广播电视总台“云游中国”栏目“五一”期间聚焦天目湖，参加第三届海峡两岸姊妹湖产业协作年会和2020中国国际旅游交易会等推介活动，天目湖旅游股份荣获全国研学旅行（营地）称号。乡村振兴迈出坚实步伐。试点工作稳步推进，白茶小镇获批创建省级特色小镇，小镇客厅及内部道路完成建设，与南京农业大学、平陵集团签约共建南京农业大学溧阳茶叶产业化研究院。12个行政村村庄规划完成编制，农村宅基地改革试点审慎推进，三胜村兰庄试点区域内污水管道、天然气管道完成铺设。制度机制逐步完善，产权制度改革全面完成，承包土地经营权抵押贷款稳妥推进，村级财务非现金结算等制度进一步优化。

城乡建设　镇容镇貌改变明显。露天烧烤、饭托拉客、占用公共车位等现象有效遏制。全年拆除违规建设494起，面积5.45万平方米，“四违”整治重拳取胜。开展全域环境及环大溪、沙河水库1号公路沿线村庄环境整治，全域保洁一体化积极实施。征收安置成果明显。全年搬迁房屋及临时管理用房287户，拆除面积约7.8万平方米。完成滨湖农民新村一期、茶亭花园一期、二期等共计22万平方米安置房交付。引入蓝城代建模式，古县新城、永平嘉苑、永安东苑、永安西苑、天目家园等70万平方米安置房有序推进。管护水平进步明显。对已建成的42个“美意田园”和“美丽乡村”提高日常管护标准和要求，并进行季度考核。桂林村、施家边村“美意田园”建设完成。市政维修改造及排查整治投入2000余万元，东园线路灯延伸、平桥农贸市场系统提升改造等项目完成建设。

社会管理　坚决打赢蓝天保卫战，完成锅炉整治8家，强化“散乱污”企业整治，重污染天气生产调度进一步落实。坚决打赢治水升级战，完成村庄农村生活污水治理39个，养殖河塘整治107个。水源保护成效明显。新一轮天目湖水源地保护三年行动计划高效开展，完成大溪水库水位恢复工程第一阶段蓄水，新增库容2140万立方米，完成中田河、

4月8日，“相约天目湖”企业家焦尾琴沙龙举行　（天目湖镇　供稿）

平桥河和横塘河治理工程，罗家湾、红石岕、金宝山等湿地建设，安徽交界的两处水质自动站建成投运，新增退耕还林2000多亩。“八大类十四项工程”总体完成度达70%。省级生态安全缓冲区示范项目申报成功，饮用水源地水质达标率100%，大溪水库水质逐渐好转，争取上级资金4161万元。苏皖生态合作联动加强，启动天目湖全流域污染源排查，推动社渚镇洑家村500亩青虾塘全部退养，编制洙漕河二期治理方案，协调郎溪凌笪乡启动2500亩青虾塘退养工作，提升饮用水源上游安全绿色屏障。原天目湖游客中心改造成生态创新馆，并建成生态产品交易平台，完成生态银行交易第一单。全力强化社会保障。享受新征地参保政策981人，住房公积金扩面新增1246人，居民养老保险续交7173人，城乡居民医疗保险参保人员达4.15万人，发放稳岗补助382.7万元。全镇劳资关系和谐，劳动投诉结案率100%。完成65岁以上老人“安康关爱”免费投保1.3万人。向各类民政对象累计发放生活保障经费近1500万元。着力创优公共服务。天目湖中心小学硬件和教育教学基础设施建设完成改造升级，平桥小学先后荣获常州市学校主动发展一等奖、常州市新优质学校高品质项目、溧阳市教育贡献奖（乡村学校唯一单位），天目湖中心幼儿园学校建设、文化培育、户外运动品牌成为全市幼教亮点。天目湖卫生院和平桥卫生院扩建改造项目顺利推进，建成居家养老服务中心2个。完成任兰枝墓、蔡邕读书台、太虚观周边环境整治。努力做好基层治理。定期组织开展“三项排查”，严格执行领导带班接访制度，全年接待群众来访121批次、395人次。全国两会、十九届五中全会期间安保维稳高质量完

6月，天目湖龙舟邀请赛开赛　　（天目湖镇 供稿）

成。食安办标准化常州试点有序推进。“扫黑除恶”专项斗争深入开展。网格化服务管理全年处理各类事件超7.9万起。“天目湖镇综合应急救援演练活动”成功举办，获评常州市2020年“安全生产月”活动优秀组织单位。积极争创国家级退役军人服务示范站，各类慰问、优抚、安置金发放800万元。三胜村获评全国文明村。

【“相约天目湖”企业家焦尾琴沙龙】 4月8日，“相约天目湖”企业家焦尾琴沙龙在美丽的天目湖畔举行。时代文旅战略营销顾问公司董事长、首席顾问，著名文旅营销实战专家熊晓杰，江苏天目湖旅游股份有限公司董事长孟广才，江苏天目湖宾馆有限公司董事长史国生，上海锦江旅游控股有限公司总裁助理兼国内中心总经理沈敏，溧阳南山花园旅游发展有限公司董事长仲春明，溧阳曹山花居文化旅游管理有限责任公司董事长袁晓羽，溧阳轻度MildGo民宿主理人、品牌联合创始人张庆等业内大咖围绕推动溧阳旅游业复苏回暖、打造长三角旅游高地等话题进行了深入的交流和互动，为溧阳全域旅游高质量发展赋能。

【华东首艘全电动商旅游船“山水绿源”号启航】 华东第一艘大型新能源电动商旅游船“山水绿源”号在天目湖成功首航。“山水绿源”号船身总长32.65米、总宽8米，全钢制的船体结构分上下两层。一层会议区配备专业会务设备，二层休闲区提供匠心茶道。整船采用双机双桨双舵的行驶系统，操作灵活，安全性高，载客数可达182人。作为华东地区首艘全电动大型商旅游船，“山水绿源”号采用了新型磷酸铁锂电池，整船容量1000千瓦时，相当于30辆电动汽车。通过岸电充电7小时，可续航100公里。按全年运营200天计算，年用电量在20万度左右，可替代燃油10吨左右。

【中国（溧阳）天目湖创新设计大赛颁奖典礼】 12月8日，2020中国（溧阳）天目湖创新设计大赛颁奖典礼在涵田度假村酒店举行。该次大赛除工业产品设计外，增设了以“三十而‘溧’”为核心的文创作品设计。自该届大赛发布以来，全市工业企业积极申报符合条件的产品参赛，社会各界人士踊跃参与文创设计，工业产品组征集到39家企业的55件产品，文创作品组征集到海内外投稿作品1139件。

2020年天目湖镇各村基本情况

表32

村　名	中共支部（总支、党委）书记	村委主任	集体经济收入（万元）
天目湖	孟广富	方顺溪	1109.01
田家山	杨建伟	杨建伟	1061.04
桂　林	许浩生	许浩生	335.05
南　钱	葛小宇	葛小宇	341.67
三　胜	陈国军	陈国军	207.87
吴　村	陈建国	陈建国	207
杨　村	朱建军	朱建军	250.46
平　桥	王荣建	王荣建	171.51
梅　岭	叶卫国	叶卫国	156.5
毛　尖	葛卫其	葛卫其	228.05
观　山	罗阿宝	罗阿宝	222.82
洙　漕	韩金华	韩金华	371.31

2020年天目湖镇销售收入2000万元以上企业

表33

企　业　名　称	法人代表	销售收入（万元）
江苏国信溧阳抽水蓄能发电有限公司	施曙光	139817
江苏钢锐精密机械有限公司	张贤铭	119774
溧阳东发纺织有限公司	蒋伟年	17860
溧阳市立方贵金属材料有限公司	王自伟	17816
江苏沙河抽水蓄能发电有限公司	李贵桃	13214
溧阳市诚亿布业有限公司	袁阿保	7852
江苏海强电缆有限公司	陈献民	2090

（李双双）

上 兴 镇

2020年上兴镇主要社会经济指标

表34

项目		数据
自然概况	年末土地总面积（平方公里）	245.6
	其中:镇区建成面积(平方公里)	40
	居民委员会、行政村委会（个）	25
	总人口（人）	81052
	其中：非农业人口（人）	50051
综合实力	地区生产总值（GDP，亿元）	67.3118
	人均GDP（万元）	8.3
	财政收入（亿元）	6.93
	全社会固定资产投资（亿元）	25.76
	实际利用外资（万美元）	8063
	农民人均纯收入（元）	26774
工业	工业企业（家）	315
	工业企业职工（人）	12343
	工业总产值（亿元）	225.79
	工业增加值（亿元）	41.44
	工业销售收入（亿元）	265.34
	工业利税（亿元）	33.89
	工业固定资产净值（亿元）	25.65
农业	农林牧渔业总产值（万元）	95346
	其中：农业（万元）	54746
	林业（万元）	8867
	牧业（万元）	5401
	渔业（万元）	21646
	农业服务业（万元）	4686
	粮食产量（吨）	66248
	年末农机总动力（万千瓦）	6.36
第三产业	第三产业实体（个）	426
	第三产业从业人员（人）	12913
	第三产业增加值（亿元）	16.2919
	集贸市场（个）	5
	年末个体工商经营户（户）	794
社会事业	中学（所）	3
	在校中学生（人）	1609
	小学（所）	4
	在校小学生（人）	3146
	文化站馆（个）	1
	体育健身场所（个）	165
	人口自然增长率（‰）	−0.66

【概　况】 上兴镇位于溧阳西北，属丘陵地带，四季分明，气候宜人，拥有丰富的矿产资源。地域面积广大，有耕地面积近1万公顷，水域面积2000公顷，林地面积3300公顷，100万亩以上水库7座。镇域面积245.6平方公里，辖4个集镇、2个居委会、23个行政村，总人口81052 人。上兴镇距南京禄口国际机场38公里；宁杭城际铁路、宁杭高速公路、104国道、341省道在集镇区交会。2020年全镇实现地区生产总值67.3亿元，主要经济指标实现同比15%以上增幅，其中完成一般公共财政预算收入4.01亿元，增长19.7%，规上工业总产值、工业应税销售收入、高新技术产值分别增长15.9%、19.8%和36.7%，实际到账外资8000万美元，增长19%。曹山未来城建设全面展开，九洲城市综合体全面启动，瓦屋山高铁站前康养板块通过方案评审。

经济发展　2020年，上兴镇成功签约项目21个，其中30亿元制造业项目1个，即天津友发与国强集团合资项目，10亿元以上制造业项目5个；30亿元文旅项目1个，10亿元酒店项目2个；2个50亿元项目完成商务洽谈，项目攻坚任务基本完成。曹山未来城、国强智能装备等省重点常州市重点项目全面开工建设。转型升级稳步推进，4个企业实施5个技改项目，年内投入近2亿元，实现利润提增约15%。国强集团、天山水泥、盛杰机械、中材环保、容导机电5家企业高标准开展“两化融合管理体系贯标评定认证”，盛德电子开展省级智能车间认定，高新技术企业和规上工业企业分别新增6家与7家。创新要素集聚。加强与南京各大院大所的合作，重点推进与南京航空航天大学、中航工业空气动力研究院合作建设航空空气动力技术研

4月24日，上兴新城启动区暨城市综合体项目签约　　（上兴镇　供稿）

究院；与东南大学合作建设基础设施安全与智慧技术创新中心，申报建设国家科学大装置项目；依托省疾控中心建设食品药品检测中心；建设减隔震装置检测中心；在南京设立离岸孵化器。加强与南京艺术学院、南京大学、五十五所等机构沟通，积极融入南京，承接南京的创新资源。通过开展“万企联万村 共走振兴路”行动，大力拓宽村级集体经济发展路径，23 个行政村集体经济收入突破 4700 万元。创成省绿优水稻基地，加入省现代农业园区产业联盟，常州首个“学习强国”平台特产代言助农服务点落户曹山。

城乡建设　2020 年，上兴镇城镇框架全面拉开，核心区按照“工业东进、镇区北拓、西连景区”的空间布局，推动“园区、景区、镇区”融合发展，完成水利、交通、旅游 3 个专项规划编制。高标研究北湖、高铁片区城市设计，镇村布局规划、村庄实用性规划和村庄建设规划，围绕未来城乡统筹发展、科学落实，空间布局得到全面优化。基础配套设施加快完善，建成公园路、省道 456 先导段等主要道路 12.2 公里，在建安置小区 4 个共 40 万平方米。征地拆迁平稳推进，新开地块 8 个，签约 493 户，其中 6 个地块房屋签约率达 100%，扫尾清零往年结转项目 53 户。征用土地 5960 亩，有力保障重大项目的顺利推进。以国家田园综合体建设为契机，启动建设以精品采摘、休闲观光产业为主导，千亩莓果精品采摘基地、千亩农田景观创意基地，加快推进集观光采摘、科普研学于一体的 3 万平方米现代高效设施农业，高标准建设集循环农业、创意农业、农事体验于一体的农旅融合示范型田园综合体。顶住疫情压力，高质量承办“两节”开幕式和重大项目集中开工仪式。借力“两节”、“乡村振兴”号欢乐火车首发仪式、“爱情泼水节”和曹山未来城当代艺术中心开馆等重大活动，推进农旅融合，丰富文旅产品，使得曹山品牌影响力不断提升。

社会管理　2020 年，上兴镇以“散乱污”企业整治行动为契机，成立城乡环境和矿区环境整治 2 个工作专班，集中力量开展重点区域环境整治。完成上沛矿区环境整治提升方案和重点企业的“一企一策”，排查整改 27 个“散乱污”问题，省级环保督查、信访问题全部整改销号。对 128 幢散住楼进行综合改造和雨污分流，服务能级进一步提升。启动上沛公园提升改造和曹山入口景观湖建设，牌楼公园创成常州首家乡镇三星级公

省级特色田园乡村牛马塘村　（上兴镇　供稿）

园；推动美意田园行动向纵深开展；绿化养护专项考核位列全市第一方阵，人居环境进一步改善。成立省级农村留守儿童和困境儿童“关爱之家”，新建吐祥村居家养老服务中心。加快建设老河幼儿园和全市首家公办早教中心，深化经开区卫生院和省中西医结合医院合作。新增上兴收费站“新时代文明实践点”，全年开展各类文明实践活动200余次，荣获溧阳市“撤县设市”30周年广场舞大赛一等奖。

积极推进基层社会治理，着力建立完善的社会治理体系和工作机制。2020年，成立行政审批局，承接行政审批事项41项、公共服务类事项23项，“立体化、智能化、信息化”综合行政执法体系初步建立。网格化管理中心、村（社区）党群服务中心覆盖面不断扩大。村（社区）“两委”换届工作有序推进，第七次全国人口普查任务高质量完成。全年信访案件329起，期内办结率100%，深化扫黑除恶专项斗争，强力推进安全生产专项整治行动，广大居民的幸福感、安全感不断提升。借力乡镇机构改革，按照“扁平化”“大部制”原则，高标准完成“一办九局”机构改革。制定出台综合考核办法，激发工作效能。实体化运作中兴公司，按园区建设、园区运营、科技金融三大主营业务，完善组织架构，引进优秀人才，提升建设管理和产业服务水平。不断完善资产管理制度，确保国有资产安全和保值增值。自觉接受人大、政协和社会各界监督，高质量办理人大代表建议24件。人武、征兵和双拥工作不断加强，共青团、妇联、老龄、残联、档案、镇志、粮食、供销、统计、审计、供电、自来水、应急、安全、通信、节能等各项工作也取得了新成绩。

【“乡村振兴号”欢乐小火车运营】 依托曹山省级旅游度假区的优质旅游资源，由南京淳璞旅游公司与溧阳曹山旅游发展有限公司共同投资的“乡村振兴号”欢乐火车项目于9月30日正式运营，截至年底累计接待游客突破30万人次，带动周边村民农产品销售100万元以上。通过挖掘七彩曹山优质的生态资源，植入多元火车文化要素，以全国首列“1米铁轨”火车“乡村振兴号”，串联和融合文化、旅游、农业、特色田园乡村元素，带动乡村产业发展，致富周边村民，打造长三角文旅产业崭新IP，创新绿水青山与金山银山转化路径，走出一条差异化、特色化发展之路，成为溧阳乡村振兴实践的新亮点，全域旅游发展的新动能。

9月30日，举行七彩曹山欢乐火车“乡村振兴号”首发式　　（上兴镇　供稿）

【全省国土空间全域综合整治试点】 2020年，为拓展区域发展空间资源，上兴国土资源所创新开展“上兴镇国土空间全域综合整治项目”，该项目总投资3.7亿元，整治区域共涉及12个行政村、3个林场工区和2个水库，项目区总面积达18.8万亩，综合整治后可产生城乡建设用地挂钩指标300亩，调整永久基本农田面积1600亩。通过国土空间全域综合整治这一创新项目的实施，促进土地集约节约，盘活乡村存量建设用地，推动资源要素的高效配置，空间布局的优化，助力乡村振兴。

【曹山蜜桃获江苏省第三届优质桃果大赛金奖】 溧阳市发展全域旅游以来，“北山桃源”农庄通过举办采桃节等形式，推动曹山蜜桃产业和旅游产业相结合。曹山蜜桃的产业规模逐年扩大，知名度进一步提高。2020年7月，曹山蜜桃获江苏省第三届优质桃果大赛金奖。

溧阳桃子种植历史悠久，据《溧阳县志》记载：民国21年（1932年）溧阳桃子产量6800担。曹山位于溧阳上兴镇，气候温润，地形独特，土壤肥沃，给予蜜桃得天独厚的生长环境。绝佳的自然条件和独特的栽培技术共同造就了曹山蜜桃的特定品质。成熟的曹山蜜桃，呈椭圆形，表面光洁绒毛少，阳面映霞红，背面青白色，缝合线深，果尖突出，果实大，单果均重250克以上，刚熟脆甜可口，熟透软而多汁。曹山蜜桃营养丰富，果汁含糖高达16%以上，富含果胶，含有蛋白质、钙、维生素、磷、铁等营养成分，其中维生素C ≥ 46.3毫克／千克，可溶性固形物≥ 13.6%。

2020年上兴镇各村基本情况

表35

村　名	中共支部（总支、党委）书记	村委主任	集体经济收入（万元）
分　界	蒋有明	蒋有明	153.44
陶　村	周生辉	周生辉	193.93
老　河	邹荣国	邹荣国	210.44
上　城	江　波	江　波	444.24
上　兴	陆建春	陆建春	288.65
练　庄	毛建军	毛建军	291.04
赵　沛	何忠华	何忠华	217.84
余　巷	蒋志敏	蒋志敏	150.59
永　和	董明洪	董明洪	307.55
步　村	戴洪彬	戴洪彬	254.51
涧　东	韦建华	韦建华	216.32
万家边	强文俊	强文俊	186.06
沛　民	王佩峰	王佩峰	267.53
龙　峰	余庆贵	余庆贵	308.05
桥东干	张益安	张益安	264.84
东　塘	陈和国	陈和国	146.64
毛　家	楚训全	楚训全	154.06
缪　巷	马国强	马国强	109.87
祠　堂	施国林	施忠良	313.17
蒲　村	陈　耿	陈　耿	313.65
吐　祥	芮爱国	芮爱国	210.31
圩　庄	伊水银	伊水银	221.97
汤　桥	汤惠军	汤惠军	227.79
上　沛	张红军	余小琴	—
上　兴	施　蓓	施　蓓	—

2020年上兴镇销售收入2000万元以上企业

表36

企　业　名　称	法人代表	销售收入（万元）
江苏国强镀锌实业有限公司	袁国强	1407031
溧阳市华力金属有限公司	易会盛	242532
江苏国电新能源装备有限公司	冯　玮	228923
江苏超强工程材料有限公司	黄桂珍	154761
溧阳天山水泥有限公司	刘国山	62527
江苏久业新材料有限公司	彭建平	58109
溧阳市盛杰机械有限公司	潘剑青	43335
江苏国智建筑科技有限公司	吴翔凌	38648
江苏明佳交通材料有限公司	许先明	34088
江苏盛德电子仪表有限公司	吴建民	17430

续表36

企　业　名　称	法人代表	销售收入（万元）
江苏兴源矿业有限公司	万三军	14596
兴跃洋新材料科技（江苏）有限公司	殷叶飞	12662
溧阳中材环保有限公司	邓少江	12586
溧阳市宝丽佳塑胶纺织有限公司	孙　勇	10011
溧阳爱格板业有限公司	郭继新	9921
江苏国强交通科技有限公司	彭栋敏	9481
溧阳市塑宝塑胶科技有限公司	丁雪峰	9457
江苏建腾机械设备有限公司	张建华	9176
法德尔（常州）流体设备有限公司	马克·戈德史密斯	9135
协多利洁净系统（常州）有限公司	俞　伟	8680
溧阳市鑫天地金属制品有限公司	黄光铨	8227
江苏北山建材有限公司	张忠明	8001
溧阳市盛翔新型建材有限公司	葛芙妹	6692
博飞特（江苏）汽车设备自动化有限公司	张建伟	6221
常州紫金花铜业有限公司	邰家明	5669
江苏国强民富建材科技有限公司	吴厚英	5307
江苏巴斯威节能科技有限公司	陈明光	4671
溧阳市南方活性炭厂	朱　涛	4113
朔州市恒中矿山工程有限公司溧阳分公司	刘敬健	4062
溧阳市兴亚王胖门窗科技有限公司	王荣庆	3940
江苏倍文自动化设备股份有限公司	沈俊明	3378
江苏乔翔专用车有限公司	刘宗权	3348
江苏英诺威洁具有限公司	刘宗权	3310
溧阳市兴澄建材有限公司	宣洪军	3156
溧阳市鸿净环保科技有限公司	朱心文	3065
常州赛密思新材料有限公司	黄金锋	3037
溧阳市盛力橡塑制品有限公司	吴建春	2985
溧阳市久凯电线电缆有限公司	吕胜开	2780
江苏天伦活性炭有限公司	许瑰瑛	2709
溧阳比利美英伟生物科技有限公司	谭跃德	2188
江苏盛杰源浩机械有限公司	潘　杰	2139
溧阳市嘉乐针纺织品有限公司	毛献金	2061
江苏叶琦机械有限公司	巢卫东	2039
众雅（江苏）机械设备有限公司	潘俊卿	2024
溧阳市康达新材料有限公司	张建新	2008
江苏佳力得新材料科技有限公司	叶永泉	2001

（许　峰）

社　渚　镇

2020 年社渚镇主要社会经济指标

表 37

项　目		数　据
自然概况	年末土地总面积（平方公里）	20700
	其中：镇区建成面积（平方公里）	6.3
	居民委员会、行政村委会（个）	24
	总人口（人）	78213
	其中：非农业人口（人）	15725
综合实力	地区生产总值（GDP，亿元）	101.2983
	人均 GDP（万元）	12.95
	财政收入（万元）	56776
	全社会固定资产投资（亿元）	26.61
	实际利用外资（万美元）	0
	农民人均纯收入（元）	–
工业	工业企业（家）	149
	工业企业职工（人）	7742
	工业总产值（亿元）	131.7
	工业增加值（亿元）	56.8
	工业销售收入（亿元）	274.27
	工业利税（亿元）	40
	工业固定资产净值（亿元）	62
农业	农林牧渔业总产值（万元）	–
	其中：农业（万元）	–
	林业（万元）	–
	牧业（万元）	–
	渔业（万元）	–
	农业服务业（万元）	–
	粮食产量（吨）	70635
	年末农机总动力（万千瓦）	6.85
第三产业	第三产业实体（个）	4750
	第三产业从业人员（人）	6128
	第三产业增加值（亿元）	35.304
	集贸市场（个）	2
	年末个体工商经营户（户）	4499
社会事业	中学（所）	2
	在校中学生（人）	1310
	小学（所）	5
	在校小学生（人）	2964
	文化站馆（个）	1
	体育健身场所（个）	1
	人口自然增长率（‰）	–2.82

【概　况】 社渚镇位于溧阳西南部，是两省三市交界的节点城镇（苏皖两省，溧阳、高淳、郎溪三市（县、区）交界）。现行政区划面积 207 平方公里（全市第三），户籍人口 7.8 万（常住人口 6.8 万），辖 2 个居委会、22 个行政村、610 个村民小组，有 385 个自然村。社渚镇紧连 104 国道，芜申运河、溧芜高速、溧广高速、三条省道（S239、S360、S456）穿境而过，为苏锡常与皖东南连接的交通枢纽，与溧阳市区及周边城镇交通联系便利。社渚镇属茅山革命老区，是全国重点中心镇、国家级生态镇、中国民间文化艺术之乡（傩文化）、中国青虾第一镇、全国一村一品示范村镇、江苏省经济发达镇。

经济发展　2020 年，社渚镇完成一般公共预算收入 5.76 亿元，超额完成全年任务，比上年增 25.6%；实现税收收入 5.36 亿元，比上年增 27.8%；完成工业应税销售收入 274 亿元，比上年增 25.7%；净增规上工业企业 5 家、限上服务业企业 11 家、新增市场主体 908 家。招商选资精准有效。成立镇招商局，搭建招商信息网络，针对市委、市政府赋予的新定位，坚持先进制造业项目优先，非绿色项目不谈，主攻上海、苏州等地高端装备、汽车零部件、机械加工产业，加大项目招引储备。成功签约 10 个项目，完成招商项目总投资 63.7 亿元，其中总投资 30 亿元以上项目 1 个、10 亿元以上项目 1 个、5 亿元以上项目 2 个。项目建设推进有序。全镇重点工业项目 6 个，其中续建项目 2 个、新建项目 4 个，总投资 35.45 亿元，已全部开工建设，累计完成近 20 亿元。认真贯彻执行《溧阳市政府投资项目管理办法》，2020 年开展政府性投资项目 12 个，新建项目全部开工。

社渚镇以青虾全产业链建设为契机，助推产

6 月 29 日，社渚镇“山这边”大讲堂开课

（社渚镇　供稿）

傩文化交流展演　　（社渚镇　供稿）

业协同发展。与中国水产科学研究院淡水渔业中心共建长三角青虾研究院，启动制定青虾高质量发展全产业链国家标准。编制《社渚镇青虾产业绿色高质量发展规划》，科学划定禁养、限养区，洙漕河流域青虾养殖户关停退养面积达589亩，打造“科技＋生态”青虾产业绿色发展样板。“溧阳青虾”被农业农村部等国家八部委认定为第三批中国特色农产品优势区，并入选2020年江苏农业品牌目录。强化以青虾为代表的产业合作，社渚青虾交易市场年销郎溪、广德两地青虾超40万公斤。以强化三地协同发展为目标，持续深化苏皖合作。省级矿产品运输通道建成运营，溧阳、郎溪交界区域景观通道完成建设。苏皖合作社渚先导区展示馆加快推进。

城乡建设　2020年，社渚镇开展环境突出问题整治，推动经济发展与生态环境保护共赢。以“一区域两路廊”（周城集镇、金峰专用通道、S239）和青虾养殖尾水处理为重点，开展环境专项整治行动。全年关停非法涉矿汽修点11家，整治提升有证汽修点12家；累计投入1800万元，实施青虾尾水净化工程5处，实施面积6265亩。村镇面貌焕然一新。以“路长制”“网格化”为抓手，开展拆违控违、停车秩序、农村生活环境三项攻坚行动，拆除违建71867平方米，新增车位532个，组织动员万人参与“美意社渚”百日环境整治行动，整改问题超万件，三季度城乡一体化长效管理升至第3名，顺利通过国家卫生镇省级考核。完成政府大院“敞墙透绿”民生工程，新增共享停车位98个。文明共识日益增强。打赢文明城市测评“翻身仗”，测评排名跃居全市前列。以“社”文化为领衔，以“渚”读音为延伸，整合现有资源，形成了“渚宣社”“逐梦社”等6个社团组织，以“社渚镇的节日”为主线，开展30余场高质量新时代文明实践活动。志愿服务之家覆盖全镇所有村（居），大田村、宋村村获评江苏省文明村。

探索宅基地“三权分置”改革，激活农村土地资源。坚持集聚提升、特色保护、搬迁撤并，加速推动村庄规划布局调整。将金山村列为宅基地“三权分置”改革试点村，探索宅基地自愿有偿退出方式，增加农村“造血”功能。结合特色田园乡村建设，利用已退出宅基地，丰富村级公共设施，同时引入社会资本，发展民宿、餐饮等业态，扩大村民就业空间。强化“胥河情”教育联盟合作，教育事业互动交流不断深入。依托苏皖合作工作站，与郎溪合作开展依法管理、信息互通和综合治理等流动人口服务管理工作。

社会管理　2020年，社渚镇坚持有温度地做好民生工作，落实基本生活保障政策，稳步推进社会保障体系扩面。社会保障传递温暖。深入开展“阳光扶贫”工作，城乡低保、特困对象应保尽保，社会救助、优抚优待等政策全面落实。社保和就业支出达1.3亿元，比上年增54.4%，其中镇财政承担3167.3万元，为2386名被征地农民办理社会保险。率先完成对社渚、周城2座自来水厂的收购移交，实现同水源、同水质、同管理、同管网、同服务，确保居民供水安全。社渚中心卫生院二级医院建设有序推进，并与溧阳市人民医院、常州一院、常州二院建立医联体，全镇村级医务室基本全覆盖。窗口服务便民高效。深化行政管理体制改革，建立“前台综合收件、后台分类审批、统一窗口出件”工作模式，全力推进镇属综合窗口“一窗受理”建设，优化承接进驻事项审批服务流程，实现“一枚公章管审批”。年内新承接运行发改、民政、人社等8个部门的31个事项。社渚镇成为常州市首个镇级社保卡自主制卡单位，办理时间由原来10个工作日缩短至2个工作日。社会大局安定有序。全面落实党政领导干部安全生产“三必须”和责任制考核，深入推进25个重点行业领域安全生产专项整治行动，实现事故起数和死亡人数双下降，全年累计摸排“小化工”专项整治3870余处，开展安全生产执法检查企业80多家。持续开展春风行动、安全生产月等宣传活动，累计宣讲20余次，33家企业通过省级标准化达标评审。以开展“强基础、化积案、减存量、控增量”活动为抓手，强化矛盾纠纷调处，全年存量信访积案化解率达80%。金庄村、孔村村获评常州市平安法治和谐示范点，顺利通过创建全国示范型退役军人服务站省级验收。依托苏皖合作工作站，与郎溪合作开展依法管理、信息互通和综合治理等流动人口服务管理工作。全力创推“渚动办”服务品牌，汇编出台《社渚镇“渚动办”服务指南》，开展更高效、更主动的企业代办服务，基本做到“干部全程跑、企业不用跑”。强化“胥河情”教育联盟合作，教育事业互动交流不断深入。

【青虾产业入围第三批中国特色农产品优势区】“溧阳青虾”被农业农村部等国家八部委认定为第三批中国特色农产品优势区，并入选2020年江苏农业品牌目录。12月11日社渚镇召开青虾产业高质量发展新闻发布会，品牌效应进一步增强。

2020年社渚镇各村基本情况

表38

村　名	中共支部（总支、党委）书记	村委主任	集体经济收入（万元）
社渚村	蒋云虎	蒋云虎	108.13
下西村	虞鹏月	虞鹏月	108.17
王家村	霍亚平	霍亚平	127.76
新塘村	林　克	林　克	106.94
新山村	肖德顺	肖德顺	134.38
宋村村	宋德喜	宋德喜	158.13
宜巷村	陈爱兵	陈爱兵	140.48
东升村	赵国兴	赵国兴	167.98
河口村	李和林	李和林	138.02
乘马圩村	赵荣华	赵荣华	121.2
孔村村	张春九	张春九	113.46
湖西村	沈建胜	沈建胜	135.82
大田村	吕三妹	吕三妹	124.77
姚巷村	尹洪发	尹洪发	108.56
殷桥村	王云凯	王云凯	104.82
上蒋村	张　苗	张　苗	100.77
梅山村	颜洪喜	颜洪喜	142.19
金庄村	丁国平	丁国平	142.90
丁山村	张建刚	张建刚	192.36
周城村	彭泽宇	彭泽宇	104.15
金峰村	朱法金	朱法金	100.22
金山村	黄忠新	黄忠新	200.45

2020年社渚镇销售收入2000万元以上企业

表39

企　业　名　称	法人代表	销售收入（万元）
江苏金峰水泥集团有限公司	丁建庆	715086.95
溧阳市新金峰水泥有限公司	赵小俊	622903.42
溧阳市宏峰水泥有限公司	朱茂金	601200.39
溧阳市金山尾矿综合利用有限公司	朱茂金	189498.41
江苏铭丰电子材料科技有限公司	明小强	64006.51
江苏奥冠首信薄钢有限公司	曾万华	40834.05
江苏华冶钙业有限公司	刘国福	34818.91
溧阳市宏峰矿业有限公司	刘海明	30245.15
溧阳市江山矿业金山有限公司	张洪德	24684.52
江苏省社渚轴承有限公司	张振清	20923.58
江苏荣辉木业有限公司	申世军	20477.92
江苏溧阳南方水泥有限公司	张俊炜	19565.66
江苏华强模具科技有限公司	李国强	12789.42
溧阳市江山矿业长山南有限公司	杜　刚	11319.45
恒天宝丽丝生物基纤维股份有限公司	李建伟	10624.39
江苏红泽混凝土有限公司	吴建忠	7915.31
江苏浩跃新型防水材料有限公司	霍建荣	7078.83
溧阳市苏通机械有限公司	赵黎明	6880.79
溧阳市江山矿业长山北有限公司	杜吉友	6759.7
溧阳市天目助剂有限公司	毛福生	6547.28
江苏省前峰服饰有限公司	管爱民	6179.98
溧阳市志超机械科技有限公司	吴国强	5481.39
江苏前峰电子有限公司	管爱民	5120.87
江苏惠太汽车科技有限公司	陈宏德	4687.19
江苏九久交通设施有限公司	虞建成	4031.29
溧阳广道针织有限公司	彭志伢	3394.77
江苏冠乾特种水产饲料有限公司	官德保	2855.8
常州健怡无纺布制品有限公司	毛福生	2611.62
溧阳市双龙制衣有限公司	吴玉凤	2499.36
溧阳市联成溶剂有限公司	王爱荣	2432.7
溧阳市安恒机械制造有限公司	周夕坤	2169.81
江苏途兆汽车零部件有限公司	杨文俭	2129.21
江苏德优镁轻合金科技有限公司	刘永和	2110.84
溧阳国友服装有限公司	谈爱萍	2014.04
溧阳市华顺机械配件有限公司	潘文明	2005.24

（王文强）

埭 头 镇

2020 年埭头镇主要社会经济指标

表 40

项 目		数 据
自然概况	年末土地总面积（平方公里）	43.7
	其中：镇区建成面积（平方公里）	7.3
	居民委员会、行政村委会（个）	8
	总人口（人）	27579
	其中：非农业人口（人）	–
综合实力	地区生产总值（GDP，亿元）	38.6
	人均 GDP（万元）	14.1
	财政收入（亿元）	1.8
	全社会固定资产投资（亿元）	14.95
	实际利用外资（万美元）	725
	农民人均纯收入（元）	–
工业	工业企业（家）	228
	工业企业职工（人）	8527
	工业总产值（亿元）	46
	工业增加值（亿元）	16.9
	工业销售收入（亿元）	46
	工业利税（亿元）	5.8
	工业固定资产净值（亿元）	23.2
农业	农林牧渔业总产值（万元）	–
	其中：农业（万元）	–
	林业（万元）	–
	牧业（万元）	–
	渔业（万元）	–
	农业服务业（万元）	–
	粮食产量（吨）	19288
	年末农机总动力（万千瓦）	–
第三产业	第三产业实体（个）	–
	第三产业从业人员（人）	2733
	第三产业增加值（亿元）	16.4
	集贸市场（个）	2
	年末个体工商经营户（户）	–
社会事业	中学（所）	2
	在校中学生（人）	1739
	小学（所）	2
	在校小学生（人）	1100
	文化站馆（个）	1
	体育健身场所（个）	123
	人口自然增长率（‰）	–3.13

【概　况】 埭头镇位于溧阳市区东北郊，总面积43.7平方公里，是溧阳最小的建制镇，下辖7个行政村，1个居委会，人口2.75万；实现地区生产总值38.6亿元、人均GDP 14.1万元，有规上工业企业41家。埭头镇2020年，埭头镇精心规划、精致建设、精细管理，推动生产、生活、生态“三生共融”，补齐农业、农村、农民的“三农短板”。城乡统筹推动，实现城乡融合、乡村振兴、统筹发展，彰显美丽、幸福的精美埭头。埭头镇先后被评为全国环境优美乡镇、国家卫生镇、全国文明镇、江苏省创新示范镇、江苏省和谐社区建设示范镇。

经济发展 2020年，埭头镇引进项目17个，其中，投资10亿元以上项目2个，5亿元以上项目4个，1亿元以上项目7个，5000万元以上项目4个，投资总额超50亿元。江苏迈雷特智控技术有限公司智能装备制造（工业智能母机）项目总投资10亿元，2025年将达到纳税销售10 亿元，形成税收5000万元以上规模。四方不锈钢进行新厂区扩能建设项目。该项目总投资5.1亿元，主要产品包括高精度超洁净的不锈钢管道、管件、泵阀流体等，项目达产后预计可实现年销售约6.5亿元，利税1亿元。江苏骏益科技创业园四期项目投入使用，项目总投资2000万元人民币，建设2栋高标准厂房，新增建筑面积12800平方米，已全部完成并投入使用。江苏振钢、江苏万凯、江苏力诺、江苏万利恒、新南洋股份江苏南洋中京全面投产，博坤科技设备安装调试，江苏贝菲仪表启动二期建设，江苏蓝江科技和金达物资主体封顶，嘉士伯天目湖啤酒糖化车间改造和智能仓储项目加快建设，骏益科创园三期标准厂房完工交付。提升产业载体，与自然资源、供电、交通、消防等条线部门形成工作合力，高标准完成

美丽乡村钟家村　　（埭头镇　供稿）

电力电网专项规划和溧阳北道口区空间规划编制，构建新的发展格局。积极向上争取减税降费、社保减免等惠企资金115.97万元，有效缓解企业受新冠疫情影响的不利因素和增加的运营成本。41家规上企业、180余家中小微企业经济效益逐步恢复并实现逆势增长。多措并举盘活资源。加强闲置资产管理，发挥闲置资产效能，将闲置的标准厂房、车间、土地作为招商引资的“梧桐树”，通过租赁、承包、转让等方式当好招引新项目和厂房闲置企业之间的“红娘”。先后引进江苏万恺、广州桔顺、北京十荟团分别盘活原云龙化工设备、后六振达钢铁、江苏丰林的闲置土地和厂房；上市公司深圳万讯自控收购贝菲自动化仪表，浙江丽华家居重组凯瑞地毯。2020年，盘活闲置和低效用地近500亩，厂房约25万平方米，通过“变废为宝”让闲置资源活起来、用起来、有收益。优化服务激发活力。新增规上企业5家；申报市首台套1家、绿色工厂3家、自愿清洁生产2家；完成常州市“三位一体”申报和专项资金绩效跟踪3家，智能化车间、智能仓储等信息化应用对接2家；工业企业集约化评定工作排名全市前列。全年新增高新技术企业5家，指标完成率排名全市第一；四方不锈钢获批省级“企业技术中心”（全市共4家）、省级“工业设计中心”（全市共6家）；羚羊机械获批省“研究生工作站”、常州市“企业技术中心”；亚泰焊割、四方不锈钢获批常州市“工业设计中心”，获批数量位列全市（6家）第一。骏益科创园获批常州市“科普教育基地”。签订产学研合作协议12项。常州高光、江苏迈雷特入选常州市“龙城英才计划”项目，江苏迈雷特成为溧阳唯一一个入围常州市顶尖人才项目。

完成余家坝村500亩高标准农田零散地整治项目，实现全镇农村标准良田全覆盖。前六村现代农业产业园被列入省农业农村领域重大项目，产业园道路、观景台、葫芦长廊等项目启动建设，力争一年成型、两年成园、三年丰产，预计解决就业岗位500个以上。完成5050亩水稻绿色高产高效示范创建。

城乡建设 2020年，埭头镇投入307万元完成埭西路建设。投入2800万元完成东培路改造及南延伸工程，顺利打通对接腾飞路的通道。同时不断提档升级道路、美化绿化环境、完善各项配套。围绕新型城镇化建设目标，在公共服务、环境卫生、市政公用等基础设施方面谋划“十四五”重点项目6个，

如画埭头 （埭头镇 供稿）

埭头美音公路　　（埭头镇　供稿）

总投资 12.43 亿元，向上争取到 1000 万元中央债券供水管网项目 1 个。打造美丽乡村，以美丽宜居乡村建设为重点，每年推进 1～2 个规划发展村建设美意田园，着力提升农村人居环境质量，增强村民环境与健康意识。顺利启动埭六路全省首个“美音公路”建设。投入 597 万元完成山前路、龙荡路 5.3 公里“白改黑”工程。投入 389.6 万元对 21 条农路进行修复。投入 226.8 万元完成石榴圩桥、梅坞圩桥、龙荡桥建设。同时积极推进农村宅基地改革，依托江苏东方设计院做好宅基地改革方案研讨，在确定前六村试点工作方案的基础上，全镇 26 个规划发展村逐步推开。深入贯彻落实安全生产专项整治三年行动。以超常规力度完成安全生产“一年小灶”任务，抓紧抓实安全生产“春风行动”、木制品企业、农村道路交通、违法违规“小化工”专项整治行动、“百团进百万企业”宣讲活动和餐饮场所燃气泄漏安全保护专项行动，不断提升安全管理水平，实现安全生产事故和死亡人数“双下降”目标，为社会平稳、健康、可持续发展创造了安全、稳定的环境。集中推进郑笪里、河西村、山前等自然村村庄环境整治。清除前圩、河西两个多年整治未果的臭水塘。完成渡头老街和前圩小区、埭中小区等老小区改造任务。完成新安南路、前圩路、埭中路等绿化提升。实现前圩、前巷、后巷等镇中村污水管网、消防管网、天然气、路灯全覆盖。新建赵村河滨河景观步道。投入 160 万元建成投用垃圾中转站管理房。全面整治南山大道、239 省道、102 县道、腾飞路等交通干线，全年清零拆违面积达 3.13 万平方米。完成全域垃圾分类试点镇工作目标，实施集镇清扫保洁、全镇垃圾收运市场化运作。持续深化文明城市建设，扎实做好国检和省市督导工作，以“零失误”顺利通过全国文明城市省级复评，深化文明城市建设考核排名全市第一。持续加强城乡一体化长效管理，在常州已经结束的 3 个季度、27 个三类乡镇考核中，均位列前三。

社会管理　2020 年，埭头镇加强住宅小区综合管理，实现全镇小区、散住楼物业管理外包服务全覆盖。坚持“治源、截污、建管”，实现中河山前桥、赵村河小圩里、赵村河埭南桥、常州河大东荡 4 个市级断面水质优Ⅲ比例均为 100%，位列全市第一。通过“控煤、治污、降尘”，全年 $PM_{2.5}$、降尘量排名稳居全市前列，改善人居环境。落实落细社会保障。完成建档立卡人员动态管理调整，实现建档立卡低收入群体全部脱贫。做好就业工作，全年新增就业岗位 800 个。为 2512 人发放 220 元／月基础养老金，为 307 人发放 485 元／月政府保养金，为 201 人发放 695 元／月被征地农民第四年龄段保养金，按时足额发放各类抚恤金 430 余万元。创优提升公共服务，总投资 3800 万元的埭头中心幼儿园和 9000 平方米的埭头高中宿舍楼正式启用。总投资 1.3 亿元的埭西新村安置房交付使用。埭头中心小学新教学楼完成前期立项、设计和招投标工作。有序推进埭中天桥、埭头卫生院软硬件提档升级和后六、南埝 2 个村级卫生室建设。投入 390 万元完成余家坝村党群服务中心建设，实现村级党群服务中心全覆盖。网格助力社会治理。余家坝村承担全市网格化工作站试点建设任务，创新“筑两网促三治”乡村治理新体系，依法解决历史遗留问题 12 件。依托“乡贤调解”新模式，协调解决各类劳资纠纷，为企业职工依法追回欠薪 20 余万元。持续推动文明建设。深入推进新时代文明实践志愿服务活动，“埭你听”文艺宣讲、“最美埭演人”巡演活动实现村（居）全覆盖。保障人民群众知情权、参与权、表达权、监督权，公开政务信息 500 余条。建立健全政务服务“好差评”制度，全年评价总数 12098 条，好评率 100%。

【江苏迈雷特】　江苏迈雷特智控技术有限公司作为迈雷特智能制造长三角总部基地，现已落户埭头镇工业集中区，是国内极少数具备高档数控系统及精密制造双研发体系的创新型企业。公司目前已拥有各类主营业务相关的核心发明专利合计 130 余项，包括发明专利 50 项，软件著作权 20 项，国际 PCT 专利 2 项，总公司已实施股改并规划在科创板上市。2020 年，江苏迈雷特成为溧阳唯一一个入围常州市顶尖人才项目。该项目总投资 10 亿元，选址溧阳市埭头镇工业集中区大华路南侧，总用地

80亩，建筑面积10.6万平方米，包括生产用房、办公楼及其他配套设置。项目达产后生产线10条，预计形成年产智能装备2000台、控制系统1万套、伺服驱动3万套、伺服电机3万套、机器人及智能柔性制造中心200套(含电控系统)、高端齿轮检测仪器100套的生产能力，年销售超10亿元，税收超5000万元。

2020年埭头镇各村基本情况

表41

村（社区）	中共支部（总支、党委）书记	村委（社区）主任	集体经济收入（万元）
埭　头	史旭菲	史旭菲	383.52
埭　西	史卫平	史卫平	328.33
余家坝	朱　俊	朱　俊	426.03
后　六	王建良	王建良	356.13
前　六	吕　杰	吕　杰	328.56
邹　家	阚中培	阚中培	189.03
南　埝	戴俊良	戴俊良	164.68

2020年埭头镇销售收入2000万元以上企业

表42

企业名称	法人代表	销售收入（万元）
嘉士伯天目湖啤酒（江苏）有限公司	刘开锦	51411
溧阳市四方不锈钢制品有限公司	RAYMOND JOHN FIELD	47963
江苏宝鹏建筑工业化材料有限公司	史蒙杰	32643
溧阳好利医疗用品有限公司	DAVID EDWIN WELSH	21819
江苏南洋中京科技有限公司	汪　磊	19996
常州亚泰焊材有限公司	刘建华	17290
江苏振钢金属材料有限公司	李　坤	12498
常州市诚鑫环保科技有限公司	赖宗伸	11541
江苏苏阳电工机械有限公司	史米生	10164
溧阳市兴中锻造有限公司	阮国强	9827
溧阳市凯瑞地毯制造有限公司	谢建冬	9160
赫菲斯热处理系统江苏有限公司	陈　曦	8716
常州拜尔斯塑胶制品有限公司	徐赛斌	8708
江苏羚羊机械有限公司	芮明先	8303
常州百佳纺织科技有限公司	李荣喜	6900

续表42

企业名称	法人代表	销售收入（万元）
江苏亚泰智能科技有限公司	刘小华	6256
江苏嘉成轨道交通安全保障系统有限公司	史和平	6244
溧阳市溧福肉粉有限公司	鲍振海	5747
江苏乾昭新材料有限公司	蒋功云	5592
常州文房日用品有限公司	杨　斌	5452
溧阳市鼎科新材料有限公司	彭　科	5276
溧阳市佳禾电子材料有限公司	王成宜	4705
江苏华基包装有限公司	凌志琴	4349
溧阳市利达有机硅科技有限公司	陈拉克	4164
江苏云都混凝土有限公司	施国法	3994
溧阳力诺机械有限公司	李　俊	3985
溧阳市宏宇建材有限公司	周毓敏	3910
溧阳市科达环保机械制造有限公司	马增荣	3473
溧阳市荣达机械有限公司	管　君	3454
江苏荣晖文化发展有限公司	蒋　烨	3369
溧阳市嘉雄不锈钢设备有限公司	史　俊	2878
江苏中远机械设备制造有限公司	陈　力	2852
常州博坤玻璃科技有限公司	王莲香	2811
溧阳福思宝高速机械有限公司	罗春龙	2774
常州谷德机械有限公司	滕正根	2582
常州乾昭材料科技股份有限公司	蒋功云	2545
溧阳杰康诺酵母科技有限公司	孙培华	2519
天昇塑料（常州）有限公司	石川忠彦	2421
溧阳市胜大机械有限公司	沈顺年	2370
江苏联阳机械制造有限公司	史　群	2346
江苏开磷天健化工设备制造有限公司	李远喜	2325
常州渔经生物技术有限公司	蒋金华	2274
溧阳市科达新材料有限公司	刘夕梅	2178
溧阳市和丰卫生用品科技有限公司	史　行	2112
溧阳市中皓机电设备有限公司	鲁立格	2109
溧阳市恒义机械有限公司	刘翠萍	2095
江苏阳毅实业有限公司	杭立平	2093
江苏威森热交换器有限公司	ROGER GWIN MINOR	2055

（罗赵华）

戴 埠 镇

2020 年戴埠镇主要社会经济指标

表 43

项目		数据
自然概况	年末土地总面积（平方公里）	142.6
	其中：镇区建成面积(平方公里)	5.3
	居民委员会、行政村委会（个）	16
	总人口（人）	44148
	其中：非农业人口（人）	3465
综合实力	地区生产总值（GDP，亿元）	43.7
	人均 GDP（万元）	9.86
	财政收入（亿元）	1.89
	全社会固定资产投资（亿元）	15.97
	实际利用外资（万美元）	0
	农民人均纯收入（元）	32560
工业	工业企业（家）	275
	工业企业职工（人）	9524
	工业总产值（亿元）	36
	工业增加值（亿元）	11.75
	工业应税销售收入（亿元）	38.7
	工业利税（亿元）	2.96
	工业固定资产净值（亿元）	99.26
农业	农林牧渔业总产值（万元）	66607
	其中：农业（万元）	41016
	林业（万元）	7330
	牧业（万元）	3495
	渔业（万元）	10842
	农业服务业（万元）	3924
	粮食产量（吨）	17167
	年末农机总动力（万千瓦）	1.08
第三产业	第三产业实体（个）	3429
	第三产业从业人员（人）	14628
	第三产业增加值（亿元）	23.52
	集贸市场（个）	2
	年末个体工商经营户（户）	925
社会事业	中学（所）	3
	在校中学生（人）	1651
	小学（所）	2
	在校小学生（人）	1550
	文化站馆（个）	1
	体育健身场所（个）	45
	人口自然增长率（‰）	−3.21

【概　况】 戴埠镇位于溧阳南部，苏、浙、皖三省交界处，东面与宜兴市西渚镇、太华镇接壤，南面与安徽省广德县新航镇毗邻，西与天目湖镇毗邻，北依古县街道。镇域面积 142.6 平方公里，辖 15 个行政村、1 个居委会，总人口 44148 人。2020 年，全镇实现公共财政收入 1.89 亿元；工业应税销售收入 38.7 亿元；工业利税 2.96 亿元；农业总产值 6.66 亿元；全社会固定资产投资 15.97 亿元；第三产业增加值 23.52 亿元；农民人均纯收入 32560 元，增长 7.8%。镇区拥有国家 AAAAA 级旅游风景区——南山竹海。2020 年戴埠镇党委获评常州市先进基层党组织；戴南村获评“全国民主法治示范村”。鸣桐里嘉应子花盛放的美景被中央广播电视总台新闻报道；“我眼中的全面小康”摄影采访活动全方位展示戴埠美丽乡村建设新成就；《领读江苏 · 走近戴埠》宣传片登上国庆档江苏卫视。蓝城悠然南山丰收节、南山长寿文化节、长三角科技创新之夜音乐节等系列活动被 10 余家媒体报道。

经济发展　2020 年，戴埠镇在疫情常态化防控和全市行政区划调整背景下，经济增长好于预期，全年完成工业应税销售收入 38.7 亿元，比上年增长 10%；规上工业总产值预计完成 26.5 亿元，比上年增长 8.6%；完成预算内税收总收入 3.28 亿元，其中完成公共预算收入 1.68 亿元，比上年增长 6%。加大扶持力度，促进经济复苏。全力保障企业复工复产，组建企业复工服务专班和驻厂监督指导员队伍，帮助解决物流运输、员工返厂等困难，并借助市镇媒体平台，帮助 10 余家企业快速招聘近百人，200 余家工业企业有序复工复产。积极落实各项惠企政策，协助全镇各类企业向上争取市“四大经济”和各类扶持资金 1700 余万元，持续助推制造业、旅游业等市场回暖。加快培育新型农业经营主体，新增农民合作社和家庭农场 2 家，新增社员 70 人。村级总收入 4081.61 万元，比上年增加 834 万元，增长 25.7%。致力项目突破，激发产业活力。项目招引展现新亮点，牢固树立“项目为王”理念，聚焦高端休闲度假综合体、升级版美丽乡村、五星级民宿等目标，不断加快“走出去”和“引进来”招引步伐，外出招商达 50 次。成功引进长三角马术小镇、高端航空航天成套零部件生产线等总投资 5000 万元以上项目 15 个，其中 10 亿元以上重大项目 2 个。此外，全球顶奢、全省首家、中国大陆第十家瑞吉酒店成功落户戴埠。项目建设释放新动能，区划调整后，2020 年有 6 个市重点工业项目，总投资 11.3 亿元，中信泰富特钢与翔能科技增资扩股、索曼奇电气电子通讯组件制造等 4 个项目实现部分投产，江南烘缸高效钢制烘缸项目和云白环境成套环境治理设备制造项目快速推进。竹溪谷项目建成运营，温德姆精品酒店开工，南山和园开元度假村一期酒店和独幢别墅投运。坚持“一企一策”原则，编制完成 32 家企业低效用地盘活方案，盘活闲置土地厂房近 85 亩。提高服务本领，优化营商环境。实施领导干部挂钩重点企业和项目机制，完善项目全程代办服务，帮助 15 家企业解决 20 余项重点、难点问题。不断创新服务形式，成功举办“畅想全域旅游、共谋创新发展”企业家座谈会等多种活动，进一步凝聚“尊重企业家、厚待投资者”的良好氛围。不断赋能科技创新，江南烘缸荣获国家“专精特新”小巨人企业，成为全市首次获得该项国家级荣誉的 3 家企业之一。组织企业参加“天目湖创新设计大赛”等系列活动，获 2 项铜牌。持续发力就业环境监管，开展劳资纠纷隐患专项排查 2 次，成功调处劳资纠纷 27 件，化解劳资信访 10 余起。面对严峻考验，政企民同心同向共促发展，戴埠经济基本盘总体稳固、充满活力。

城乡建设　2020 年，戴埠镇高起点强化污染防治，高标准守护镇容镇貌，高分通过国家卫生镇复审，让“处处绿水青山”更有底气。制定《2020 年环境攻坚重点任务书》，结合上级督查组反馈问题，逐项整改、逐个销号。强化分类整治，深入排查并关停 2 家污染企业。全面推进生物质锅炉和天然气锅炉整治，督促生产企业对 14 台锅炉进行清洁能源改造或低氮改造。围绕李家园村环境问题开展专项提升工作，新建智能化厕所 1 座，完成温泉竹林步行道美化亮化及涧河山墙、树叶广场、下沉式花园等节点景观提升。持续加大民生投入，高质量完成为民实事，牢牢兜住民生底线，让“人人寿比南山”更有温度。做好主要道路沿线环境集中整治与长效管理工作。摸排并处理全镇重点民宿 5 分钟车程内环境问题，拆除陈旧破损旅游标识标牌 113 处。完成竹海分流线郑墅至云湖星径段弱电线路整治、房屋清理、流动摊位取缔和可视范围内散坟迁移工作，结合美意田园行动，以垃圾分类、污水处理、绿化美化等活动为抓手，对沿线郑墅、牛场、戴南 3 个村庄实施综合环境提升工作。因地制宜布置节点景观，完成“1 号公路”沿线 550 平方米绿化美化工程。

戴埠善庆古桥　　（戴埠镇　供稿）

将戴埠交通主干线打造成整洁、畅通、靓丽的风景线。全面建设展新颜。外塑“绿清净美”颜值，先后实施镇容环境提档、住宅小区优化提升、农贸市场改造、“厕所革命”、便民、停车秩序综合整治、园林绿化精品、行政村“大扫除”等工程。完成镇善东路及西街改造、新景城地块提升、街心公园及溧戴河景观带打造等政府投资性项目。垃圾分类设施建设覆盖 12 个行政村，日处置生活垃圾 45 吨。清理河道 100 多公里。全面贯彻“两清两拆”工作部署，拆除违章建筑 165 处，拆除面积 4.5 万平方米。以李家园核心区为主战场，对全镇餐饮、住宿等服务行业生活污水进行排查整治，完成镇区污水接管和分散处理整治工作。

社会管理　2020 年，戴埠镇持续加大民生投入，高质量完成为民实事，牢牢兜住民生底线，让“人人寿比南山”更有温度。努力完善基础设施。优化区域路网，完成 3 条农村道路规划设计工作。360 省道戴埠段、竹海分流线郑墅段建设项目完美收官并通车，让戴埠居民成为“交通先行”的切实受益者。完成戴埠自来水有限公司和南山竹海自来水厂收购工作，推进南山片区给水管网铺设工作。扎实推进村级公益事业“一事一议”奖补工作，路灯照明、道路硬化等工程奖补项目快速落地。戴埠卫生院与鼓楼医院合作共建江苏省风湿免疫分中心。坚持将教育摆在前位，戴埠小学、横涧小学新建工程完成主体施工。围绕理论宣讲、教育服务、文化服务等五大平台，组建志愿服务队伍，建立志愿服务项目清单，积极开展各类新时代文明实践活动。戴埠镇太平锣鼓传承培训正式启动，中秋领读江苏诗词朗诵会和乡村振兴运动会活动获得“溧阳北湖亭奖”。借鉴“德治、法治、自治”的综治模式，提升百议堂在矛盾化解方面的作用，在戴南村先行先试，打造新时代百议堂样板。全力强化社会保障。坚持把稳就业摆在更加突出的位置，复工总人数6300人。织密疫情期间兜底保障网，加大临时救助力度，及时向困难群众发放防疫物资。决胜脱贫攻坚，持续开展低保边缘专项整治工作。推进河西村日间照料中心试点工作，采集登记各村社区老人信息，做好养老服务管理。开展法治教育，严格依法行政，化解两起信访积案。网格化平台联动作用彰显，处置案件2万多件，处置率100%。制定2020年度安全生产执法检查计划，逐级签订责任状120余份，检查企业94家次，排查治理隐患450多条。

【戴南村获评全国民主法治示范村】 2020年司法部、民政部公布第八批“全国民主法治示范村（社区）”名单，戴埠镇戴南村榜上有名。戴埠镇戴南村在民主法治建设工作中，认真贯彻落实“七五”普法教育规划，推进法治乡村建设，民主法治更加健全，治理水平明显提升，社会更加和谐稳定，人民群众的获得感、幸福感、安全感不断增强。教育引导农村干部群众依法办事、遇事找法、解决问题用法、化解矛盾靠法，为全面实施乡村振兴战略提供良好法治环境，为打造成一个和谐、文明、绿色、富有的新农村夯实基础。

2020年戴埠镇各村基本情况

表44

村　名	中共支部（总支、党委）书记	村委主任	集体经济收入（万元）
松　岭	杨勤春	戴忠富	180.20
南　渚	杭祥平	杭祥平	213.56
横　涧	姜建国	姜建国	233.65
黄岗岭	朱玉仙	朱玉仙	181.46
同　官	张利民	张利民	224.21
李家园	刘永友	彭汉良	422.54
戴　南	杨旭宇	杨旭宇	501.63
高　桥	马建平	马建平	282.81
牛　场	李来西	李来西	253.57
河　西	孔建平	孔建平	442.91
山　口	张旭东	张旭东	312.34
红　武	汤卫民	汤卫民	248.74
戴　北	杨国松	杨国松	261.43
赵家桥	郑　新	郑　新	203.67

续表44

村　名	中共支部（总支、党委）书记	村委主任	集体经济收入（万元）
郑　墅	杨　军	—	137.41
居　委	吴晓彬	吴晓彬	—

2020年戴埠镇销售收入2000万元以上企业

表45

企　业　名　称	法人代表	销售收入（万元）
江苏鸿开有色金属有限公司	沈祖富	103933.01
江苏翔能科技发展有限公司	周　洪	30352.50
常州博尼特种钢管有限公司	陈国洪	15989.62
溧阳市江南烘缸制造有限公司	何维忠	15316.91
江苏谦胜合成材料有限公司	邵建波	14630.72
江苏冶建锌业有限公司	史建群	11966.76
江苏腾业建材有限公司	李杰峰	11101.91
溧阳市金泰锻造有限公司	王建庆	7511.14
溧阳市天鑫混凝土有限公司	李世明	7098.18
溧阳市戴西金属建材厂	王瑞伢	6315.93
溧阳市立源机械配件有限公司	郑　波	5722.14
溧阳市明鑫模具有限公司	吴　明	5485.77
江苏嘉仁禾科技有限公司	沈卫锋	5158.26
溧阳市永南模具制造有限公司	江永军	4801.03
溧阳市兴达机械有限公司	杨书平	4715.41
常州雪奈利时装有限公司	庄子文	4509.70
江苏维美轻工机械有限公司	何维忠	4502.56
江苏港鹏重工机电设备制造有限公司	王敏惠	3891.94
江苏竹海活性炭有限公司	李正元	3397.55
江苏恒力通用装备有限公司	邱中衡	3248.23
溧阳华科机械有限公司	王明达	3186.61
溧阳江南教育装备有限公司	李菊芬	3150.72
江苏祥云建陶有限公司	刘杏彬	2975.58
溧阳市天盛绝缘材料有限公司	黄　尹	2801.00
江苏怡富纺织服饰有限公司	甘德生	2792.74
溧阳市乾康木业有限公司	袁永泽	2774.03
溧阳市德意利机电设备有限公司	耿建新	2753.40
溧阳瑞齐斯特科技有限公司	李　江	2574.42
溧阳华晶电子材料有限公司	钱　炜	2549.76
溧阳市誉诚电缆材料有限公司	陈亚凤	2334.47
江苏索曼奇科技有限公司	沈　亮	2063.80
溧阳市惠闳机械有限公司	王惠娟	2003.10

（袁子杰）

南　渡　镇

2020 年南渡镇主要社会经济指标

表 46

项　　目		数　据
自然概况	年末土地总面积（平方公里）	113.25
	其中：镇区建成面积（平方公里）	4
	居民委员会、行政村（个）	17
	总人口（人）	53896
	其中：非农业人口（人）	—
综合实力	国内生产总值（GDP，亿元）	51.4
	人均 GDP（万元）	9.54
	财政收入（亿元）	3.9
	全社会固定资产投资（亿元）	19.2
	实际利用外资（万美元）	3090
	农民人均纯收入（元）	—
工业	工业企业（家）	267
	工业企业职工（人）	9476
	工业总产值（亿元）	120.3
	工业增加值（亿元）	22.4
	工业销售收入（亿元）	128.3
	工业利税（亿元）	14.6
	工业固定资产净值（亿元）	—
农业	粮食产量（吨）	64350
	年末农机总动力（万千瓦）	7.06
第三产业	第三产业实体（个）	199
	第三产业从业人员（人）	4856
	第三产业增加值（亿元）	19.0
	集贸市场（个）	3
	注册工商经营户（户）	2863
社会事业	中学（所）	3
	在校中学生（人）	2303
	小学（所）	4
	在校小学生（人）	2097
	文化站馆（个）	19
	体育健身场所（个）	168
	人口自然增长率（%）	0.1

【概　况】　南渡镇镇域面积 113.25 平方公里，辖 16 个行政村、1 个居委会，总人口 53896 人。2020 年，全镇完成地区生产总值 51.4 亿元，增长 6.5%；实现财政总收入 3.9 亿元；工业营业收入 128.3 亿元；工业利税 14.6 亿元，增长 8.5%；全社会固定资产投资 19.2 亿元，增长 20.5%。“领导挂钩、企业联村、干部帮户”机制持续引领脱贫攻坚，“蔬心果园”等 21 个扶贫项目为经济薄弱村增收 1200 余万元。成功举办“春天里的灯会”“田上风筝节”“金秋稻田音乐节暨第二届‘四美’丰收节”等特色节庆活动，金秋稻田音乐节盛况被中央广播电视总台新闻及音乐频道专题报道 5 分钟，稻田音乐节活动获评常州市“我们的节日”主题活动优秀案例。庆丰村被评为常州市第二批美丽乡村示范区、江苏省特色田园乡村、全国乡村旅游重点村。“渡人亦渡己”文明实践引领社会新风尚，常年开展“小晨光”等志愿活动 723 批次，帮助困难群众完成微心愿 200 余件。

经济发展　2020 年，南渡镇紧扣“六不”招商理念，持续开展全民招商。全年招引上海庞源、江苏沃德、江苏法斯特等重点项目 13 个，总投资 15.7 亿美元的莱赛尔纤维项目当年洽谈、当年签约、当年开工，实现重大项目“百亿级”突破，成为常州单体投资最大的外资项目。项目建设加速度，江苏润鼎、圣地亚科技、山湖实业投产见效，江苏三乔、南京宜热、江苏塔塔主体工程竣工验收。科技创新激发活力。全镇实现高新技术产值 44.8 亿元。新增常州高新技术产品 11 只，成功申报中大电力、大地新材料、常州乔尔塑料 3 家高新技术企业，培育 2 家，科技引领力进一步增强。平台载体完善升级，新材料工业创新区换挡前行，园区定位转向高新材料产业。全面提升园区基础配套、公共环境，建成智慧园区平台，监管能力进一步增强。智能制造产

庆丰村“种子塔”　（南渡镇　供稿）

业新区日新月异，园区水、电、气、路等配套基础一应俱全。一批重大项目拔地而起，与江苏中关村形成产业互动、态势互联。

农旅融合生机盎然。发展创意农业，打造以稻米为主题的乡村创客集体，推进农业与旅游、教育、文化、康养等产业融合，实现“田园变公园、产品变商品、农户变商户”的转变，逐步形成“创新、活力、艺术”的特色旅游产业集群，点亮“城市人的田园梦”和“乡村人的城市梦”。试点农村宅基地“三权分置”改革，启动庆丰新村“第二居所”建设，激活农村土地资源，持续提高农村集体经济发展活力。

城乡建设　投入3000余万元，完成芜申运河集镇段两侧改造，打造滨水文化长廊，千年古镇呈现全新气象。投入1200余万元，建成开放美音公园，与春晖公园犄角互联、交相辉映；春晖苑三期安置房交付入住，优质设施托起群众安居愿望；投入2000余万元，建成投用富民创业中心，为经济薄弱村脱贫致富增添全新引擎；投入400余万元，优化镇村路网，修复农村公路、校车、公交路线危险路面近20公里，完成腾溪路、增福路、永安路等道路修复，群众出行条件不断改善。田园美意持续释放。投入1950万元，深化美意田园行动，改造庆丰老街，完成赵家等4个自然村人居环境提升。实施“两清两拆”环境整治，拆违93处4.4万平方米，村容村貌整洁优美。突出国道104、省道239、宁新路、大溪线、南强线等交通干线节点环境整治，清除堆积物、违法建筑、管线500余处。结合南渡传统文化，打造五星大道、智能制造产业新区、小金山区域重要节点景观，提升形象气质。全域环境持续改善。深化文明城市城乡长效管理，携手百姓共建美好家园。理顺网格化、物业等管理机制，全面开展“五乱”集中整治。实施农村生活垃圾整治工程，推进环境卫生作业服务市场化运作。坚决打好污染防治攻坚战，统筹抓好大气、水等环境治理工作，完成中央、省级环保督察交办件整改，开展新一轮“散乱污”企业排查整治，严格落实河长制，生态环境持续改善。

社会管理　教育文卫事业不断取得新进展，获评常州市履行教育职责成效明显乡镇，南渡高中2020年本科上线率达94.7%，“金色庆丰艺术田野之旅”入选常州市社区教育游学实验项目。南渡卫生院获评首批江苏省农村区域性医疗卫生中心基本

又是一个丰收年　（南渡镇　供稿）

建成单位、第三批“江苏省社区医院”。举办南渡镇“颂歌献祖国”等系列文艺表演，组织参加“撤县设市”30周年南渡展等活动，不断丰富群众精神文化生活。加大困难群体保障力度，提高保障水平。发放各类救助救济资金约2800万元。“春晖行动”引导群众就近就业，全年提供各类就业岗位514个。公共安全持续增强。完善网格化管理机制，创新“自治、法治、德治”，社会治理水平不断提高。纵深推进扫黑除恶专项斗争，持续巩固平安南渡建设成果。全面落实安全生产责任制，接受市安全生产第三督导组督导，推进“1+20”安全生产专项整治行动，深入开展违法违规“小化工”专项整治，有序拆除弘博新材料废弃厂房设施。高度关注信访维稳，化解各类矛盾纠纷1869起。强化食品安全监管，公众安全感不断提升。

2020年南渡镇各村基本情况

表47

村　名	中共支部（总支、党委）书记	村委主任	集体经济收入（万元）
联盟	朱和平	朱和平	224.02
平城	宋　斌	宋　斌	165.38
新河	芮汉华	芮汉华	153.27
大圩	朱才保	朱才保	298.36
西圩	陈利民	陈利民	137.37
庆丰	洪　骥	洪　骥	327.88
永丰	夏和平	夏和平	124.81
强埠	许云亮	许云亮	182.61
堑口	张雪华	张雪华	337.42
梅庄	朱卫星	朱卫星	233.01
福新	孙洪保	孙洪保	174.08
旧县	吴云江	吴云江	204.46
东湖	季晓斌	季晓斌	200.71
黄山	曹　煜	张玉平	168.00
胜笪	张晴泽	张晴泽	204.14
腾村	王定保	王定保	285.66
石街	姜国涛	姜国涛	170.85

2020年南渡镇销售收入2000万元以上企业

表48

企　业　名　称	法人代表	销售收入（万元）
江苏瑞昕金属制品科技有限公司	周建国	349172
江苏弘溧新材料有限公司	彭建平	282246

续表48

企　业　名　称	法人代表	销售收入（万元）
江苏旗云油脂科技有限公司	陶云瑞	64392
江苏开磷瑞阳化工股份有限公司	李红林	54010
常州乔尔塑料有限公司	肖和平	40533
溧阳兰天化工有限公司	董　伟	38126
江苏联盟化学有限公司	蒋全松	31936
溧阳市山湖实业有限公司	李田彬	26590
江苏力强化工有限公司	蒋明春	25398
溧阳市中大电力交通装备有限公司	王忠伟	24761
江苏金隆新材料有限公司	王汉林	22304
江苏庆福新材料科技有限公司	陈水浩	19276
江苏安顺能源有限公司	邵　顺	15881
江苏三乔智能科技有限公司	肖和平	15087
朗盛（溧阳）多元醇有限公司	陈　飚	13540
溧阳市乔森塑料有限公司	肖和平	12908
江苏廷错建材有限公司	王　芬	12852
溧阳市大兴化工有限公司	芮汉华	12489
溧阳开成毯业有限公司	蒋夕平	11705
溧阳祥兴新材料有限公司	彭　梁	10907
常州市华菱新材料有限公司	李道胜	10511
江苏鼎力新材料有限公司	彭美仙	9689
江苏人民机具有限公司	蒋小明	7501
江苏润鼎智能装备科技有限公司	张立煌	7472
溧阳市濑江水泥有限公司	许木新	6935
溧阳艺佳超微粉体科技有限公司	张光文	6305
江苏金贝装饰材料有限公司	徐秀金	6207
圣地亚科技（江苏）有限公司	芮汉华	6046
溧阳市大地新材料有限公司	陈玲芳	5832
溧阳市金濑水泥制造有限公司	余国法	5661
溧阳永顺合金材料有限公司	徐晓欣	5322
溧阳市晟强新型墙体材料有限公司	陆晓宏	5053
江苏东南焊材有限公司	潘来松	4634
江苏弘博热电有限公司	张德祥	4512
江苏海鼎能源科技发展有限公司	陈海泉	4454
溧阳市濑江混凝土有限公司	李继平	4191
溧阳市新建化工有限公司	朱志荣	3725
常州市天盾涂料有限公司	强国方	3354
江苏吕氏机械制造有限公司	吕建军	2934
常州庞源机械工程有限公司	檀时全	2674
溧阳市润天机械制造有限公司	姜仲杰	2583
江苏协盛机具有限公司	罗年保	2271
溧阳市双强装饰材料有限公司	吴锁伐	2178

（金　科）

竹 箦 镇

2020年竹箦镇主要社会经济指标

表49

项　　目		数　据
自然概况	年末土地总面积（平方公里）	163.9
	其中：镇区建成面积(平方公里)	6.8
	居民委员会、行政村委会（个）	17
	总人口（人）	52812
	其中：非农业人口（人）	2186
综合实力	地区生产总值（GDP，亿元）	39.86
	人均GDP（万元）	7.54
	财政收入（亿元）	2.47
	全社会固定资产投资（亿元）	15.5
	实际利用外资（万美元）	0
	农民人均纯收入（元）	31962
工业	工业企业（家）	355
	工业企业职工（人）	15633
	工业总产值（亿元）	42
	工业增加值（亿元）	13.41
	工业销售收入（亿元）	41.5
	工业利税（亿元）	1.89
	工业固定资产净值（亿元）	20.16
农业	农林牧渔业总产值（万元）	84599
	其中：农业（万元）	32915
	林业（万元）	2511
	牧业（万元）	12484
	渔业（万元）	33257
	农业服务业（万元）	3432
	粮食产量（吨）	41867
	年末农机总动力（万千瓦）	3.75
第三产业	第三产业实体（个）	2177
	第三产业从业人员（人）	10843
	第三产业增加值（亿元）	20.44
	集贸市场（个）	4
	年末个体工商经营户（户）	2528
社会事业	中学（所）	2
	在校中学生（人）	1396
	小学（所）	3
	在校小学生（人）	2022
	文化站馆（个）	1
	体育健身场所（个）	2
	人口自然增长率（‰）	−3.12

【概　况】 2020年行政区划变更后，镇域面积为163.9平方公里，辖15个行政村、2个居委会，总人口5.28万人。2020年，实现地区生产总值39.86亿元，财政收入2.47亿元。

经济发展 2020年，竹箦镇树立招商引资是“加快竹箦特色产业集群发展的第一要务”理念，始终坚持以招商引资统揽全镇经济发展，成功签约新项目14个，总投资57.8亿元。其中10亿元以上项目4个，亿元以上项目7个，并于9月获溧阳市1个“重大项目招引优胜单位”称号。加速项目推进，2020年竹箦镇5000万元以上重点项目12个，全部开工，其中柳晶、纽威、双盛、航天4个项目竣工达产。坚定不移突出绿色铸造产业首位度，加快培育以纽威为龙头的特色产业集群，高质量打造百亿园区。加快要素保障，以国家级、省级产业基地建设为标准，重新编制园区发展规划，为园区扩围奠定基础。按照“六稳”“六保”的要求，全面强化企业服务，不折不扣推动各项扶持政策精准惠企。工业总产值、工业应税销售收入、规模以上工业产值均完成年度任务；工业投入、服务业投入、新增市场主体等不折不扣实现目标。乡村振兴描绘新画卷，实施水西村宅基地“三权分置”改革试点，率先完成水西一期试点区域的宅基地置换、退出、投标选位，完成试点区域道路基础建设和9幢民房主体建设，形成八项有指导意义的操作细则，为全市试点工作探路。全面完成各村集体资产股份制改革工作，界定村集体成员60963人，量化资产总额1482.54万元，发放股权证书18788份，为发展集体经济、促进乡村振兴增添动力。

城乡建设 坚持“颜值”和“内涵”并重，完善功能配套，提升建管水平，城乡面貌焕然一新。

红色水西　　（竹箦镇　供稿）

2020年，投入3000万元启动竹箦集镇改造项目，推动道路提升、管线入地、亮化更新等，开启集镇“美颜模式”，打造最美特色小镇。完成水西村、西汤村、陆笪村人居环境提升工程，增强村民参与度和长效管护意识，真正做到美而长久。拆除违建209处，总面积45249平方米，提前超额完成全年目标任务。推进垃圾分类扩面，完成6个行政村垃圾分类试点工作，新建70个四分类垃圾亭、配备垃圾桶1940只。南旺村、竹箦村、水西村获“第三批江苏省生态文明建设示范村”称号，陆笪村获评“江苏省第四批次特色田园乡村”称号。现代服务业续写新诗篇，江南铁军教育学院优质高效建成，水西红色文化教育实践基地建设顺利扬帆起航。以“1号公路”为主线，湖畔青居、竹林雅舍、香榭云缦等一批精品民宿投入使用，旅游业态进一步丰富。强化市场监督管理，新力机械、优优农庄成功创成“常州市放心消费创建活动先进单位”，恒欣仓储、良友环保等企业成功创成“溧阳市放心消费创建活动先进单位”。污染治理稳扎稳打，“既要一时美，更要持久美”，持续加大环境治理力度，不断优化环境治理方式，坚决打赢蓝天、碧水、净土保卫战。5家企业完成锅炉氮氧化物排放达标综合整治，2家企业进行氮氧化物排放监测；河长责任强化压实，水陆同抓、全域共治；以最严措施落实土壤污染重点行业企业搬迁改造，并对拆除活动过程环境监管。管理水平持续提升，以“五个专项整治”破题开局，借助数字化平台为长效管理定位导航、精准诊疗，梳理、整改各类问题2000多个，进一步提升精细化管理水平。坚持“一周两路”的整治模式，对街道进行地毯式排查，取缔门店占道经营2300余起，清除“牛皮癣”广告1900余处，拆除沿街灯箱、建筑物立面标牌130余处，清理镇中村房前屋后乱堆放80余处。推进“服务为主，管理先行，执法跟进”联动整治模式，加强农贸市场周边环境综合整治及市场内摆放秩序管理。集镇长效管理测评连续5个季度位于全市前三，城乡一体化季度考评始终位列常州和溧阳前列。盘活低效闲置用地和闲置厂房；实施城乡建设用地挂钩复垦项目452.73亩，进一步为发展创造空间。高效完成撇洪沟项目拆迁清零，有力保障市重点项目建设。

社会管理　2020年，发放最低生活保障金、临时救助、困境儿童保障金等各类民政保障资金1570余万元，调处各类劳资纠纷60余起，开展根治欠薪冬季专项行动，维护劳资双方合法权益。稳步推进社会保障扩面提标，新型农村合作医疗保险全覆盖，征地农民保障按规应办尽办。竹箦镇中心卫生院住院部整体搬迁，为群众创造更好的医疗环境。强化教育保障，启动前马中小学校舍改造项目；竹箦中学在生源匮乏、理科本科线大幅度上涨的情况下，取得本科上线率91%的好成绩。开展多种形式的招聘活动，完善供需对接平台，为各类企业招聘员工500余人。全面开展第七次全国人口普查工作，真正做到“应采尽采、全面覆盖、不漏一户、不落一人”。“天网工程”织细织密全域“安全网”。完成“金峰佳苑智慧小区”示范建设，前马村以“一站两阵地三中心”模式高标准建成溧阳市“彩虹”反邪教警示教育基地。持续推进“扫黑除恶”专项斗争，严厉打击各类违法犯罪行为，确保人民安居乐业、社会和谐稳定。竹箦派出所被江苏省公安厅评为“学习枫桥经验优秀派出所”，并创新成立溧阳首个以退休民警个人名字命名的“老陈调解工作室”，凝聚多部门、多类志愿者参与的矛盾纠纷“融调解”力量，得到省公安厅及公安部社会治安防控体系建设专班的认可。坚持党建引领网格治理，全面加强了网格支部建设，搭建了49个支部党建网格，让支部党员化身网格“百事通”，得到广大群众的一致好评。深化提升“水西先锋”、“箐力量”等7支志愿服务品牌在全市的影响力，镇村志愿服务时长全市排名第二。坚持生命至上、安全第一，始终把防范化解安全风险摆在突出位置，整合网格各类资源，助力“流动加油点整治”“推广使用燃气泄漏安全保护装置”等工作的精准开展。开展化工、农业机械、道路交通、建筑施工等26个重点行业领域安全生产大排查大整治和明察暗访工作，

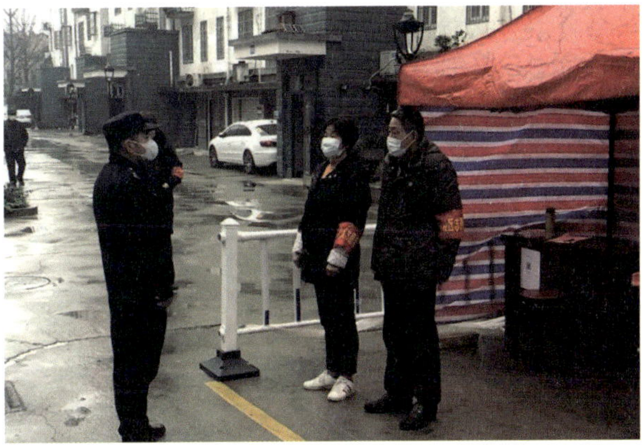

打好疫情防控战　　（竹箦镇　供稿）

全面落实上级部署的“小化工”专项整治、喷涂作业场所专项整治、“小字头”“停产停业”企业专项整治工作，关停北村化工助剂生物燃油，坚决遏制重特大安全事故发生。

2020年竹箦镇各村基本情况

表50

村　名	中共支部（总支、党委）书记	村委主任	集体经济收入（万元）
竹箦村	葛国荣	葛国荣	136.29
中梅村	付鹏帆（主持工作）	付鹏帆（主持工作）	108.95
王渚村	周　锋（主持工作）	周　锋（主持工作）	342.97
前村村	万志强	万志强	637.3
北村村	邱建冬	邱建冬	263.77
陆笪村	陶志明	陶志明	256.2
陶庄村	李　俊	李　俊	248.28
下宅村	宋卫明	宋卫明	123.47
姜下村	吕岗华	吕岗华	312.18
长岗村	彭意忠	彭意忠	176.92
南旺村	彭国才	彭国才	177.96
前马村	陈科华（主持工作）	陈科华（主持工作）	309.45
西芮村	潘希庆（主持工作）	潘希庆（主持工作）	297.75
洙汤村	缪留清	缪留清	196.07
水西村	芮瑜亮	芮瑜亮	148.16

2020年竹箦镇销售收入2000万元以上企业

表51

企　业　名　称	法人代表	销售收入（万元）
溧阳市光明金属有限责任公司	陈义发	66515
溧阳市虹翔机械制造有限公司	吕逸建	25675
江苏竹箦阀业有限公司	汤　伟	17583
江苏福泰建材有限公司	余延凤	15516
溧阳宏基兴业混凝土有限公司	袁　敏	15411
溧阳市金桥机械有限公司	王国强	14401
溧阳市北方机械有限公司	巢卫东	12335
江苏万亦得机械设备有限公司	杨　静	11629
溧阳市新力机械铸造有限公司	陈信华	10378
江苏竹溪活性炭有限公司	陈浩勤	9224

续表51

企　业　名　称	法人代表	销售收入（万元）
江苏建腾机械设备有限公司	张建华	9176
纽威精密锻造（溧阳）有限公司	郝如冰	9083
溧阳市东晨服饰制伞有限公司	刘一东	8777
溧阳市濑江防火门有限公司	吕才林	8546
溧阳市联华机械制造有限公司	陈洪民	7681
溧阳市骏威重工机械有限公司	宋双俊	7609
江苏康宏新材料有限公司	葛寿康	6851
江苏新旺混凝土有限公司	谢治国	6550
溧阳市新明机械配件制造有限公司	杨建明	6484
溧阳三丰铸锻有限公司	过玉娟	6006
溧阳市正平锻造有限公司	费小平	5838
溧阳市威达金属制品有限公司	王　春	5646
江苏晶阳加工有限公司	姜跃平	4890
溧阳市恺源电池有限公司	陈国民	4783
江苏锡洲机械制造有限公司	江洁清	4678
江苏恒欣仓储设备有限公司	操文武	4493
溧阳市新世纪电器材料有限公司	宋　洁	4484
江苏华亿锻造有限公司	赵锡松	3983
江苏普正精密科技有限公司	孙丽丽	3956
溧阳市双盛机械制造有限公司	陈博雄	3930
江苏捷慧机械设备制造有限公司	罗明良	3486
溧阳市宇鹰锻造有限公司	傅祖平	3411
江苏良友环保科技有限公司	邱建冬	3299
溧阳市东南活性炭厂	袁卫建	3152
溧阳市泓业车辆配件有限公司	李洪生	3071
溧阳市天弈牛仔服饰有限公司	李菊明	2938
溧阳沃基线缆科技有限公司	朱惠珍	2802
溧阳市金盛金属加工厂	仲年惠	2715
溧阳市恒业地毯制造有限公司	周俊才	2550
溧阳市华星塑料厂	杨继生	2439
江苏晶竹服饰有限公司	王志红	2365
溧阳市德胜活性炭厂	张胜娣	2258
溧阳市全盛生物科技有限公司	常　鑫	2030

（岳　磊）

上 黄 镇

2020年上黄镇主要社会经济指标

表52

项 目		数 据
自然概况	年末土地总面积（平方公里）	47.6
	其中：镇区建成面积（平方公里）	3.3
	居民委员会、行政村委会（个）	9
	总人口（人）	25393
	其中：非农业人口（人）	8475
综合实力	地区生产总值（GDP，亿元）	37.82
	人均GDP（万元）	14.89
	财政收入（亿元）	1.17
	全社会固定资产投资（亿元）	13.74
	实际利用外资（万美元）	0
	农民人均纯收入（元）	34455
工业	工业企业（家）	252
	工业企业职工（人）	5325
	工业总产值（亿元）	50.7
	工业增加值（亿元）	14.56
	工业销售收入（亿元）	52.9
	工业利税（亿元）	3.98
	工业固定资产净值（亿元）	8.3
农业	农林牧渔业总产值（万元）	25140
	其中：农业（万元）	2992
	林业（万元）	4203
	牧业（万元）	1512
	渔业（万元）	—
	农业服务业（万元）	1112
	粮食产量（吨）	6401
	年末农机总动力（万千瓦）	4.41
第三产业	第三产业实体（个）	1667
	第三产业从业人员（人）	3876
	第三产业增加值（亿元）	15.32
	集贸市场（个）	2
	年末个体工商经营户（户）	1385
社会事业	中学（所）	1
	在校中学生（人）	301
	小学（所）	1
	在校小学生（人）	614
	文化站馆（个）	1
	体育健身场所（个）	10
	人口自然增长率（‰）	−0.0039

【概 况】 上黄镇位于溧阳市北部，地处溧阳、宜兴、金坛三市（区）交界，镇域面积47.6平方公里，辖8个行政村、1个居委会，总人口25393人。2020年全镇完成地区生产总值37.82亿元，财政收入1.17亿元，全社会固定资产投资13.74亿元。2020年，上黄镇顺利通过国家卫生镇和长荡湖国家湿地公园验收，获评“第三批江苏省生态文明建设示范乡镇（街道）”。

经济发展 成功举办2020年度上黄镇重大项目集中签约仪式，共昌铝业航空零部件制造项目、益加壹科技益生菌及医疗防护设备制造项目、米兰科创船艇及房车制造项目、全好电气输变电智能化设备制造项目、三隼机电机电设备制造项目等5个项目落户上黄，总投资额达20亿元。11个市级重点工业项目中，7个投产试运行，4个开工建设。全年实现规上工业总产值47.07亿元，比上年增17.15%，新增规模以上企业3家。维信生物、飞跃机电均被评为高新技术企业，恒联机械五金与南京大学深入开展产学研合作，中南化工生物农药项目荣获江苏省科学技术进步一等奖，飞跃机电与溧阳5家企业组建江苏溧阳风电光伏产业联盟。

城乡建设 对照《溧阳2020年打好污染防治攻坚战工作方案》抓任务落实，完成生物质锅炉综合整治5台、天然气锅炉低氮改造2台，对12家列入应急管控清单企业严格落实重污染天气生产调度令制度，严控各类扬尘场所和矿产品运输车辆，自购抑尘车高频次开展降尘作业，空气$PM_{2.5}$浓度及降尘量较2019年显著降低。持续开展黑臭水体整治，疏浚河塘27条，完成小里沟、飞跃机电南侧和集镇6家单位的污水整治及接管工程，2020年度水质考

重大项目集中签约仪式 （上黄镇 供稿）

核断面达标率 93.8%，位居全市第二。“小化工”专项整治到位，督促 4 家已关闭企业严格落实“四个彻底”，处置各类油罐 23 个，整治小作坊 28 个、废品收购站 6 个、废油收购点 3 个。周山、坡圩 2 个重点村环境改造工程有序推进。实施以夹石土堆场、非法取土晒土、散坟、矿坑、“散乱污”场点（房屋）及蟹塘附房为重点的六大环境突出问题专项整治行动，完成整治复绿夹石土堆场 8 个，迁移常溧高速、239 省道、“1 号公路”等主干道路沿线可视范围内零散坟 1688 冢且全部迁入镇级公墓，完成骏马矿、浒西矿、尚典矿、山下矿 4 个矿山生态复绿整改销号和骏马矿沿江开发强度超过生态环境承载力专项整改，清拆主干道沿线违建面积近 36000 平方米，平整地块 131 亩，绿化修复 10.5 公里，整治蟹塘附属用房 125 户。启动以大气环境、企业环境、道路环境、村庄环境、水环境、矿区环境及集镇环境为核心的七大环境提升工程，列出各类环境问题清单 41 条，全部按时限完成整治提升任务。2020 年度，上黄镇被评为“第三批江苏省生态文明建设示范乡镇（街道）村（社区）”。长荡湖国家湿地公园通过验收，国家卫生镇通过考评，两块“国字号”招牌顺利落地。

社会管理　完成晶瑞路新建工程，上林路、曙园路交通安全设施提升工程，泉水湾路、扬子路、莱福士北侧道路及部分村庄道路提档升级工程。全年发放最低生活保障金 150 万元，残疾两项补贴资金 365 万元，各类救济救灾资金 34 万元，五保户供养生活费 100 余万元。标准化建成退役军人服务站，全覆盖走访慰问退役、现役军人家庭，发放悬挂 935 块“光荣之家”牌匾，组织 144 名优抚对象及现役军人家属体检，将 27 名困难军人家庭列入困难家庭“一本账”，优抚政策全面落实到位。上黄中学中考成绩突出，省溧中录取 15 人，光华高中录取 10 人，高中录取率达 60.3%，幼儿园改造工程全面完工并正式启用。成功举办“民法典‘典’亮美好生活”“我们在一起”迎中秋庆国庆等多场文艺汇演，组织 4 期“洮湖书韵”朗诵会、5 场“送戏下乡”、100 场次“送电影下乡”，送书下乡 500 余册，针对疫情开展“‘疫’路有你，终将春暖花开”等端午系列活动，丰富群众精神文化生活，密切与群众联系。疫情防控扎实有效，严格落实上级疫情防控各项部署要求，高标准做好全镇疫情防控工作。网

上黄村新村里自然村　　　　（上黄镇　供稿）

上黄学校　　（上黄镇　供稿）

格化社会治理高效推进，深度融合扫黑除恶专项斗争、政治安全排查、社会风险排查和“七五”普法工作，不断完善“大数据＋网格化＋铁脚板”治理机制，47个网格的92名网格员始终奔走在基层最前线，全年受理各类事件11326件，办结11325件，办结率为99.9%。安全生产专项整治活动扎实开展，执法检查工业生产主体45家次，督促企业整改隐患121处；巡查农业生产单位69次，抽样检测水产品2935个，合格率100%，并完成48条渔船的年度安全检验。深入开展矛盾纠纷排查和信访积案化解，严格执行信访接待日制度和领导包案制，以“信访事项受理交办情况统计表”周通报方式加快信访事项办理，全年受理各类来信来访事项342件，办结338件，办结率98.8%，成功调处各类矛盾纠纷513起，社会和谐稳定基础持续夯实。

2020年上黄镇各村基本情况

表53

村（社区）	中共支部（总支、党委）书记	村委（社区）主任	集体经济收入（万元）
上黄村	黄　宪	黄　宪	150.67
桥西村	黄进军	黄进军	142.59
水母山村	朱正联	朱正联	127.33
周山村	秦夕中	秦夕中	564.53
坡圩村	王祝俊	王祝俊	151.88
浒西村	张志良	张志良	198.94
山下村	袁小荣	袁小荣	138
西埝村	楚晋、王文宇	秦雪清	172.25

2020年上黄镇销售收入2000万元以上企业

表54

企业名称	法人代表	销售收入（万元）
江苏扬子水泥有限公司	秦三罗	91545
溧阳市宏鑫泰机械制造有限公司	张　盛	70417
溧阳市飞跃机电有限公司	冯初华	65309
溧阳市宏泰特种扁钢有限公司	王国忠	64958
江苏共昌精密铝业有限公司	邵黎军	54652
溧阳市诚泰机械制造有限公司	冯　剑	41958
申芝电梯有限公司	童益平	15559
常州恒联机械五金有限公司	肖又松	13849
溧阳维信生物科技有限公司	朱为民	11094
溧阳市宇政机械制造有限公司	张志良	8974
溧阳宏特弹簧材料有限公司	谈豪进	8988
溧阳亚邦建材有限公司	周　波	8875
江苏瑞复达新材料有限公司	宋学斌	8641
溧阳市三盛新材料有限公司	秦福江	6740
江苏申芝设备有限公司	谢再年	6680
溧阳中南化工有限公司	陈保林	6406
常州辰午新材料有限公司	谢云娟	6147
常州长城驾驶服务有限公司	钱立锋	6014
江苏利德塑业有限公司	周益民	5807
江苏腾业新型材料有限公司	黄　鹤	4536
溧阳市远程包装有限公司	黄昕巍	4117
江苏京晶光电科技有限公司	高长有	3947
溧阳市大禾建材有限公司	黄惠芬	3765
江苏腾业特种有色金属科技有限公司	胡建俊	3297
溧阳正和燃气有限公司	蒋亚军	3150
江苏恒升源建材有限公司	张　剑	2486
溧阳畅宇科技有限公司	增田博志	2260
常州杰祥新材料有限公司	华洪坤	2221
江苏蓝海住宅工业有限公司	王晓峰	2071
溧阳金鹏特种水泥有限公司	阮绍中	2062

（刘龚献）

别 桥 镇

2020年别桥镇主要社会经济指标

表55

项目		数据
自然概况	年末土地总面积（平方公里）	120.84
	其中：镇区建成面积（平方公里）	6.03
	居民委员会、行政村委会（个）	17
	总人口（人）	63624
	其中：非农业人口（人）	2113
综合实力	地区生产总值（GDP，亿元）	63.66
	人均GDP（万元）	10.01
	财政收入（亿元）	1.54
	全社会固定资产投资（亿元）	17.75
	实际利用外资（万美元）	–
	农民人均纯收入(元)居民人均可支配收入(元)	32644
工业	工业企业（家）	341
	工业企业职工（人）	5260
	工业总产值（亿元）	48.1
	工业增加值（亿元）	19.2
	工业销售收入（亿元）	48.4
	工业利税（亿元）	5.1
	工业固定资产净值（亿元）	12.1
农业	农林牧渔业总产值（万元）	–
	其中：农业（万元）	–
	林业（万元）	–
	牧业（万元）	–
	渔业（万元）	–
	农业服务业（万元）	–
	粮食产量（吨）	71424
	年末农机总动力（万千瓦）	5.0883
第三产业	第三产业实体（个）	170
	第三产业从业人员（人）	622
	第三产业增加值（亿元）	31.97
	集贸市场（个）	3
	年末个体工商经营户（户）	2901
社会事业	中学（所）	2
	在校中学生（人）	745
	小学（所）	3
	在校小学生（人）	1458
	文化站馆（个）	18
	体育健身场所（个）	32
	人口自然增长率（‰）	–2.89

【概　况】 别桥镇位于溧阳市北部，东临长荡湖，北接常州市金坛区，属半圩区半丘陵地貌。辖17个行政村。2020年，全镇完成地区生产总值63.66亿元，公共预算收入0.96亿元，税收收入0.86亿元，全社会固定资产投资17.75亿元。总人口63624人，人均GDP 10.01万元。

经济发展　2020年，别桥镇精准扶持力推经济复苏。有效落实各项纾困惠企政策，实现减税降费、政策减免等惠企资金3358万元。完成工业应税销售48.4亿元；完成工业投入14.2亿元，比上年增长29.1%；完成工业设备投入1.7亿元，比上年增长13.3%。整合资源拓展发展空间。破解土地要素制约，全年向上争取用地指标274.6亩，实施增减挂钩项目105亩；盘活存量工业用地175.8亩，达成意向投资15.8亿元。积极聚用“软要素”，水蛙环境、华菱精工分别获批常州第十三批“龙城英才计划”；远大住工、东翼航空成功申报高新技术企业；推荐申报两名省级科技特派员；全年专利申请总数137件，比上年增加69%。原乡“旅游+”业态升级。2020年别桥镇实现投资5000万元以上重点项目签约21个，总投资70.2亿元。投资10亿元的动力电池浆料制造实现当年签约开工；投资10亿元的江苏慧创科创产业园项目成功奠基，招商中心启动运营；投资5亿元的安可信动力电池检测中心、永邦智能装备、易加梯电梯配件制造项目签约落地；南航无人机研究院生产基地建设正式启动。重点项目有序推进。9个新入库项目全部实现开工，全年完成投资18亿元；产业活力持续提升，汉和航空“金星二号”生产线顺利投产，获“全球最耐飞无人机”吉尼斯世界纪录；天舟通航载人飞艇首飞起航；升规企业提质增效，净增规上企业14家。

城乡治理　2020年别桥镇搭建综合网格81个、专属网格8个，处置“网格化”工单4.7万件，办结率99.98%，“一网统管”打通服务群众“神经末梢”。加强生态治理。顺利完成夏、秋两季秸秆禁烧工作，全年秸秆综合利用量6.33万吨，秸秆综合利用率达99.5%；大气环境持续优化，$PM_{2.5}$月均浓度值保持在全市平均值以下；两湾村河段综合整治顺利完成，小石桥村、西庄村美意田园村庄整治有序推进；完成造林任务527.85亩。抓实风险防范。疫情防控专班常态化工作，有效应对“后疫情时代”防控压力；深入推进安全生产专项整治，严格落实市安全生产第四督导组反馈的35个问题和基层反映的26个问题整改工作，推进木制家具生产企业问题整改，工贸行业企业专项整治工作完成100%，坚持“小化工”专项整治常态化巡查督查，提升应急处置能力。

原乡“旅游+”业态提档升级。原乡公司在江苏股权交易中心成功挂牌；稻梦空间成功获评省级创意农园；美田集市装修完成并对外运营，原乡客栈、观阳路集市雏形初现。加强农业重点项目培育，推进2个绿色高质高效千亩示范片、4万亩省级绿色优质水稻基地创建，全年粮食稳定在7.5万吨以上。对外合作逐步深化，华东旅游联盟正式入驻。全年游客接待量53万人次，成为全市第二大旅游目的地。10个经济薄弱村经营性收入全部突破60万元；黄金山村被评为江苏省传统村落。

民生事业 9月别桥镇完成乡镇机构“一办七局”改革；完善重点工作推进机制，强化政府年度目标任务管理，工作标准和执行能力有效提升。依法行政不断强化，切实加强政务公开，自觉接受镇人大、政协监督，加强行政规范性文件审查备案；落实行政合同管理，规范公共资源交易管理；“七五”普法圆满收官。政风建设不断深入。扎实推进“党政领导进企业”，切实解决企业实际问题；落实镇区“三整合”改革，高标准落实基层政务服务中心建设；完善镇区招商项目“代办制”，健全政务服务“好差评”制度；推进“溧即办”政务服务，全面跟进“政务诚信”建设。发放低保金、尊老金等各类补贴623.92万元，发放残疾人两项补贴1103万元；五大保险净增343人，城乡居民养老保险新增458人，新型农村合作医疗保险实现全覆盖，征地农民保障应办尽办。积极回应民生关切。完成民营水厂收购工作，管网建设有序推进；别桥大桥顺利通车，协调新能源车辆租赁投放，方便群众出行“最后一公里”。夯实脱贫攻坚成效。深入开展万企联万村活动，推动村企优势互补，村企联建完成率达100%；有序开展阳光扶贫，走访慰问群众1387人次。扩大文体资源供给。第四届全民健身运动会顺利举行，积极开展法治文艺城乡行巡演、“红读征文”、“庆祝撤县设市30周年”等多场群体性精神文化活动。

【别桥溧商回乡投资热情高涨】 别桥溧商车华松、黄超、管洪伟回乡投资热情高涨，2020年12月被市委、市政府授予“溧商回乡创业功臣”称号。车华松创办松菱重工（溧阳）有限公司，专注海洋装备工程为主的模块设计和集成制造，年销售额近1.8亿元；黄超创办溧阳市华菱精工科技有限公司，专注生产电梯钢丝绳，完善别桥电梯产业链；管洪伟创办江苏屹居木业有限公司，将上海先进的团队管理方式与自动化家具生产体系引入溧阳，实现纳税销售2亿元。

12月7日，汉和航空挑战吉尼斯世界纪录授牌仪式 （别桥镇 供稿）

【别桥大米获评“江苏好大米十大品牌”】 为落实“中国人的饭碗要掌握在中国人手中”的号召，结合溧阳市积极创建农产品质量安全市活动，别桥大米种植不断开拓创新，成为国家水稻种植全程机械化、生产标准化示范区。别桥大米色、香、味、型俱佳、知名度不断提高。在江苏省优质稻米博览会和五彩农业展示会上，别桥大米获得“江苏好大米十大品牌”称号。

别桥大米历史悠久，明代著名的农学家马一龙（1499—1571），在其著作《农学》中就提到“别桥大米”。史载清嘉庆元年（1796年），别桥属洮湖平原圩区，“民俗果毅、务农植谷”已成传统。别桥独特的地理、人文环境为别桥大米奠定了基础。别桥大米遵循四季生态时令，实行友善农法，地力培肥方式，150天漫长生长，造就了它的稀缺和优势。别桥大米外形圆润，米粒饱满，晶莹有光泽，饭粒口感香软，润滑且具有弹性，米饭冷后不回生，直链淀粉含量低，富含多种维生素及钙、铁、硒等人体必需的微量元素，是老幼皆宜的健康主食，是养生的名优农产品。

【别桥镇塘马村获“省休闲农业精品村”称号】 别桥镇塘马村因蔬菜种植，特别是以百合种植为拳头

别桥花海　　　　　　　　　　（别桥镇　供稿）

产品，2020年2月，获得省农业农村厅“江苏省休闲农业精品村”命名。根据《溧阳县志》(1992年出版)记载，溧阳早在清朝就有种植百合的历史，自1952年修建塘马水库以来，塘马村民开始规模化种植百合，并逐年扩大种植规模。截至2020年年底，塘马村百合种植规模达500亩。塘马百合终年受塘马水库优质水的灌溉，被含有富硒元素的优质土壤滋养，深受市场追捧。

塘马百合株形直立，株高80厘米左右。鳞径高约4厘米，重约70克，扁圆形，鳞片白色微黄。形状圆润丰满，光彩雪白如玉。塘马百合的肉质，肥厚多汁，进口嚼食后，几乎没有渣。可洗净生吃，口感甘甜，带有百合特有的药苦和清香。塘马百合含有丰富的蛋白质、脂肪、钙、硒及维生素等，是老幼皆宜的营养佳品，也是一种有很高药用价值的中药，主治：肺燥咳嗽、肺虚久咳、痰中带血、热病后余热未清、虚烦失眠、惊异易醒等均有明显疗效。

2020年别桥镇各村基本情况

表56

村（社区）	中共支部（总支、党委）书记	村委（社区）主任	集体经济收入（万元）
前程村	谢志龙	谢志龙	121.38
合星村	虞　忠	虞　忠	161.89
湖边村	范建才	范建才	218.88
马家村	刘忠庆	刘忠庆	100.89
塘马村	黄春洪	黄春洪	236.59
西马村	杨志荣	杨志荣	167.83
小石桥村	袁立民	袁立民	124.19
北山村	李洪生	李洪生	122.52
两湾村	沈旭东	沈旭东	150.68
后周村	高泓林	高泓林	166.36

续表56

村（社区）	中共支部（总支、党委）书记	村委（社区）主任	集体经济收入（万元）
黄金山村	王国新	王国新	202.23
西庄村	俞雪强	俞雪强	117.73
绸缪村	狄　鹏	狄　鹏	101.48
镇东村	吕云杰	吕云杰	132.56
玉华山村	朱庚庆	朱庚庆	217.78
道成村	周国忠	周国忠	102.42
别桥村	濮和春	濮和春	101.21

2020年别桥镇销售收入2000万元以上企业

表57

企业名称	法人代表	销售收入（万元）
江苏中溧智能装备制造有限公司	阮萍杰	120180.02
江苏鑫林钢铁有限公司	李　珂	99196.44
常州市宏豪制钢有限公司	魏　卫	64223.14
溧阳市鑫林金属材料有限公司	潘水保	37892.98
溧阳市万兴特种建材有限公司	何珍美	34664.55
江苏力乐汽车部件股份有限公司	马金保	19992.16
松菱重工（溧阳）有限公司	车志涛	17923.46
江苏新华机电设备制造有限公司	马建新	15067.01
江苏屹居木业有限公司	管洪伟	8685.11
江苏金久科技新材料有限公司	闵向东	8272.41
长沙远大住宅工业（江苏）有限公司	唐　芬	7906.79
江苏蒂森建筑机械有限公司	马建新	7491.1
溧阳市三益化学有限公司	成　绩	7193.32
江苏隆迪新材料有限公司	狄　璟	7024.74
江苏华能墙材有限公司	华云鹤	6589.98
溧阳鑫晨电子有限公司	吕东平	6461.79
江苏溧阳建设集团永枫钢机有限公司	吕永武	6315.91
溧阳市旭邦建材有限公司	李居雷	5562.3
江苏国舜速接架有限公司	姚巧娣	5528.05
江苏盈德机电设备制造有限公司	周英法	5462.42
常州市华丰集团有限公司	王　琪	4738.95
江苏耀东饲料科技有限公司	何　玲	4402.11
江苏积力环保科技有限公司	史卫忠	3802.05
溧阳别桥华鹏光伏有限公司	钱　俊	3430.02
江苏万金汽车零部件制造有限公司	卢学学	3410.32
溧阳市联创重工科技有限公司	宣族强	3185.02
江苏诺信达特种电缆有限公司	孙胜伟	3175.66
溧阳市昆仑锻造厂	施爱松	2643.87
江苏国盛船舶有限公司	卢国琴	2291.22
常州中冷环保技术有限公司	蒋海龙	2097.03

（潘　超）

溧城街道

2020年溧城街道主要社会经济指标

表58

项目		数据
自然概况	年末土地总面积（平方公里）	51.52
	其中：镇区建成面积（平方公里）	23.2
	居民委员会、行政村委会（个）	47
	总人口（人）	270773
	其中：非农业人口（人）	213524
综合实力	地区生产总值（GDP，亿元）	248
	人均GDP（万元）	14.4
	财政收入（亿元）	8.88
	全社会固定资产投资（亿元）	57.1
	实际利用外资（万美元）	0
	农民人均纯收入（元）	37500
工业	工业企业（家）	396
	工业企业职工（人）	7413
	工业总产值（亿元）	41.13
	工业增加值（亿元）	11.28
	工业销售收入（亿元）	41.67
	工业利税（亿元）	5.37
	工业固定资产净值（亿元）	19.8
农业	农林牧渔业总产值（万元）	57111
	其中：农业（万元）	44850
	林业（万元）	496
	牧业（万元）	2016
	渔业（万元）	8313
	农业服务业（万元）	1436
	粮食产量（吨）	8124
	年末农机总动力（万千瓦）	2.03
第三产业	第三产业实体（个）	2635
	第三产业从业人员（人）	58321
	第三产业增加值（亿元）	197.82
	集贸市场（个）	15
	年末个体工商经营户（户）	23677
社会事业	中学（所）	3
	在校中学生（人）	2522
	小学（所）	6
	在校小学生（人）	4786
	文化站馆（个）	2
	体育健身场所（个）	271
	人口自然增长率（‰）	−0.26

【概　况】 2020年7月2日，江苏省人民政府批复，同意撤销溧城镇。同意设立溧城街道。以原溧城镇的图塘、共联、庄家、钱家、唐家、三和、先进、奥体中心、景鸿、台港新村、锦汇、嘉丰、燕山南苑、五里亭、东华园、燕山、文化新村、甘露寺、清安集镇、清溪路、后街新村、码头街、平陵、县前街、大营巷、砻坊场、昆仑花园、北门、北郊、东门、东升、昆仑东苑、盛世华城、阳光城市、福阳35个居委会和清安、北水西、南村、马垫、八字桥、倪庄、歌岐、湾里、罗庄、长阳10个村委会区域为溧城街道行政区域，街道办事处驻庄家居委会境内，办公地址为昆仑南路3号。溧城街道位于溧阳市东部，区域总面积51.52平方公里，总人口27万。2020年，完成地区生产总值248亿元，公共财政收入8.88亿元，规上工业总产值33.97亿元，工业销售收入41.67亿元，全社会固定资产投资57.1亿元，服务业增加值197.82亿元。

经济发展　2020年，坚持抓创新、促转型，产业经济量质齐升。坚持项目为王，成功签约项目15个（知名餐饮6家）；深度对接杭州楼友会、中通云仓、慕思酒店等项目，大力发展楼宇经济，着力推进建筑总部“创业街区”发展；加快项目建设，为兴华医院、苏宁小店、全聚德等提供各类代办服务，保障项目快速投产达效。复工复产高效协同。疫情期间对复工企业进行驻厂指导，帮助企业高效复工，发放口罩、消毒液等防疫物资，企业有序复商复市。乡村振兴提质增效。加强“三资”监管平台建设，规范农村产权线上交易，完成交易项目60个1250万元；推进南村、共联、庄家3个村集体经济股份制改革，村级集体经济发展更加优质；礼诗圩村入选第二批“全国乡村旅游重点村”，花茶坊园艺中心、中商投马鞭草等农旅项目建设有序推进；“1号优选”直播带货、“六一畅游礼诗”、桑葚采摘节等特色活动丰富多彩，城东片区农旅带动效应更加强劲。

城乡建设　2020年，坚持保民生、优功能，城乡品质全面提升。出台城乡社会治理五项工作考核办法，实行“一体化考核、常态化评比”；制定深化文明城市建设责任区域图，选配1519名楼栋志愿者、132名街巷长，实施常态长效管理；开展楼道“四乱一差”、小区“五大一补”专项行动；统筹推进城乡环境长效管理十项重点任务，实现老旧小区基础物业服务全覆盖；通过电话劝阻、贴单提醒、违停

拖离等措施，创新“教育 + 集赞”扩大宣传引导，开展物管小区消防车道标线划设和警示牌设置，小区停车秩序进一步规范。实施 3 个自然村美意田园建设改造，完成 5 个城中村改造，完成歌岐路、马垫路农村公路拓宽工程，“1 号公路”张巷段沿线环境改造提升，实施 180 多处老旧小区和散住楼整治，人居环境进一步优化。由政府投资建成食品小作坊集中区，采取“集中加工、统一监管、专业质检、市场准入”的模式，实现了“园区化建设、合法化经营、规范化管理、集约化发展”，解决“散乱污”问题在原来以“堵”为主的监管执法上，开辟“疏”的路径，有效提升作坊食品的制作品质，守护群众“舌尖上的安全”。

社会治理　2020 年，坚持探新路、塑特色，基层治理精准有力。北水西村率先开展撤村建居试点，围绕“怎么改”，创新撤村建居“4335”工作法，村民会议高票通过撤村事项；围绕“如何治”，打造“四融四美”社区治理品牌，加强党建引领制度的顶层设计，将党的组织建在网格、党建服务嵌入网格，实现党组织在网格全覆盖。在嘉丰、东升社区推行“网格化 + 信息化”社会治理新模式，建成八字桥村、东升社区网格化服务管理工作站，网格化信息系统、视频会议系统、社会治安监控系统实现“三频合一”。钱家、唐家、先进、北水西、八字桥等村（社区）推行“村规民约”、“居民公约”修订试点，八字桥村村规民约成功入选“常州市优秀村规民约”。昆仑南路 49 号（原市客运公司职工宿舍楼）开展老楼文化墙绘宣传试点，挖掘建筑历史文化，提升城市品位。依托移动互联网管理平台，开发推广企业“安全码”监管系统，建立企业安全生产自律监管和行政监管执法为一体的“精准型管理”新模式，实现线上实时监测，线下即时整改，有效解决当前安全生产企业不愿抓、不会抓、抓不好和政府监管难度大、投入大、压力大等难题，不断提升安全生产治理效能和现代化水平。深入治理企业排污，推进 19 家企业锅炉改造，强化“绿色施工”，严控建筑工地、拆迁地块、建材堆场扬尘，落实秸秆禁烧工作，大气环境质量持续改善；落实“河长制”责任，整治河塘 5 处，完成企业排污许可证登记 319 家；持续巩固 18 家经营性农庄整治成果，水环境质量

礼诗圩荷塘月色　　（溧城街道 供稿）

持续提升；推进垃圾分类设施建设，垃圾堆放进一步规范。

表 59　2020 年溧城街道各村（社区）基本情况

村（社区）	中共支部（总支、党委）书记	村委（社区）主任	集体经济收入（万元）
清安村	彭　宏	葛忠于	198.73
南村村	强和富	葛建福	549.47
湾里村	赵龙伟	赵云飞	527.71
罗庄村	张　顺	庄伟荣	249.86
长阳村	唐小卫	王建华	314.46
八字桥村	周　华	周　华	285.93
马垫村	赵洪生	赵洪生	116.47
倪庄村	吴全林	周志荣	113.44
歌岐村	王志峰	周鹤年	83.76
北水西社区	赵　科	赵　科	407.09
唐家社区	李志龙	李志龙	1490.23
钱家社区	钱昔保	钱勇强	374.23
先进社区	彭　伟	彭　伟	281.64
共联社区	宋俊华	储金海	193.13
图塘社区	陈建平	沈春荣	143.57
三和社区	周　伟	王正友	751.82
庄家社区	周洪珍	周洪珍	524.48
东升社区	张　叶	杨竹娇	—
东门社区	张旭蓉	刘　益	—
北门社区	李　琴	李小琴	—
北郊社区	徐献波	狄　笛	—
昆仑东苑社区	汪莉莉	汪莉莉	—
昆仑花园社区	彭秀芝	狄　清	—
砻坊场社区	夏　燕	丁　娜	—
县前街社区	王　曦	王　曦	—
大营巷社区	殷春玲	殷春玲	—
甘露寺社区	李文姬	殷雪莲	—
后街新村社区	史红芬	张　慧	—
码头街社区	杨　斌	杨　斌	—
燕山社区	史永锦	邢　芬	—
文化新村社区	朱玲娣	朱玲娣	—
平陵社区	黄妍萍	黄妍萍	—

续表59

村（社区）	中共支部（总支、党委）书记	村委（社区）主任	集体经济收入（万元）
清溪路社区	刘秋珍	葛伟杰	—
燕山南苑社区	程亚秋	程亚秋	—
台港新村社区	宋　瑜	宋　瑜	—
清安社区	陈　莉	陈　莉	—
嘉丰社区	周　瑛	朱小友	—
锦汇社区	严　莉	朱爱华	—
福阳社区	孙丽霞	车　熹	—
盛世华城社区	宗　翔	邹　琦	—
阳光城市社区	施静霞	张绵英	—
五里亭社区	陈　茜	童　玥	—
东华园社区	徐　俊	杨丽萍	—
奥体花园社区	汤　苗	汤　苗	—
团结社区	陆　敏	陆　敏	—
永定社区	张娟芳	张娟芳	—
湾溪社区	周　琦	周　琦	—

表 60　2020 年溧城街道销售收入 2000 万元以上企业

企业名称	法人代表	销售收入（万元）
溧阳安顺燃气有限公司	邵　良	84571
江苏宏光钢铁有限公司	王洪生	65759
溧阳索尔维稀土新材料有限公司	史优良	62863
冶建新材料股份有限公司	史优良	31635
溧阳市双马塑胶纺织有限公司	谈怀定	17284
溧阳水务集团有限公司	何刚信	14967
溧阳新元窗帘制品有限公司	周伟坚	11737
江苏东方印务有限公司	芮　勇	8723
溧阳市恒基商品混凝土有限公司	周永乐	7629
溧阳联星混凝土有限公司	陈洪才	7595
常州百斯福模塑股份有限公司	杨建才	6604
溧阳市中天纺织日用品有限公司	谈怀定	5673
溧阳市博基混凝土有限公司	葛云洲	5188
溧阳市天目商务印刷有限公司	孙建中	3736
溧阳市华力水泥制品有限公司	鲍富松	3581
溧阳市天目湖肉类制品有限公司	韦乔俊	2619
溧阳乐融电器有限公司	颜惠平	2591

（马　辉）

昆 仑 街 道

表 61

2020 年昆仑街道主要社会经济指标

项	目	数 据
自然概况	年末土地总面积（平方公里）	118.08
	其中：镇区建成面积（平方公里）	–
	居民委员会、行政村委会（个）	29
	总人口（人）	94342
	其中：非农业人口（人）	–
综合实力	地区生产总值（GDP，亿元）	275.3
	人均 GDP（万元）	29.2
	财政收入（亿元）	47.4
	全社会固定资产投资（亿元）	127.5
	实际利用外资（万美元）	20679.64
	农民人均纯收入（元）	–
工业	工业企业（家）	880
	工业企业职工（人）	49264
	工业总产值（亿元）	847.1
	工业增加值（亿元）	186.7
	工业营业收入（亿元）	821.5
	工业利税（亿元）	60.4
	工业固定资产净值（亿元）	213.6
农业	农林牧渔业总产值（万元）	48012
	其中：农业（万元）	–
	林业（万元）	–
	牧业（万元）	–
	渔业（万元）	–
	农业服务业（万元）	–
	粮食产量（吨）	31972
	年末农机总动力（万千瓦）	1.86
第三产业	第三产业实体（个）	1170
	第三产业从业人员（人）	12691
	第三产业增加值（亿元）	55.5
	集贸市场（个）	0
	年末个体工商经营户（户）	2302
社会事业	中学（所）	2
	在校中学生（人）	637
	小学（所）	7
	在校小学生（人）	2602
	文化站馆（个）	1
	体育健身场所（个）	268
	人口自然增长率（‰）	–

【概 况】 昆仑街道位于溧阳城区北部，分别与溧城街道、埭头镇、别桥镇、竹箦镇、南渡镇交界，镇域面积 118.08 平方公里，2020 年，昆仑街道总人口 94342 人，辖 22 个行政村、7 个居委会。2020 年，昆仑街道紧扣“两大突破年”工作主题，坚持以人民为中心的发展思想，树立政治意识和大局意识，围绕园区“创建国高新、迈进科学城”和区街合一的工作重点，全面推进街道各项工作。完成地区生产总值 275.29 亿元，公共财政预算收入 23.27 亿元，全社会固定资产投资 147.79 亿元，实现人均 GDP29.18 万元。

园区发展 以保障园区稳定为核心，以问题为导向，运用法治思维和法治方式，多措并举，整合多方力量，有效化解矛盾。受理排查各类矛盾纠纷 1315 件，其中阳光平台受理 92 件，街道来访 125 件，12345 平台受理 1098 件，涉及当事人 1849 人，成功化解 1262 件，成功化解率 96%，退役军人事务站规范化建设通过省督导组检查，街道荣获常州市“双拥模范单位”称号。村两委换届平稳有序。大胆推荐“80 后”村书记 6 名，“90 后”村书记 1 名，平均学历水平明显提升。实行领导干部挂钩联系村制度，针对重点村、重点问题，专人包干，挂图作战，定岗定责。为园区稳定发展环境作出努力，为全市换届选举的平稳态势奠定基础。

民生福祉 昆仑街道有 330 户，583 人精准扶贫对象，2020 年全面脱贫；兑现各类民政资金 1500 余万元，保障困难群众（含低保、五保、困境儿童、残疾人两项补贴、临时救助等）2382 人次；完成持证退休独生子女父母一次性奖励金发放，涉及企业 369 家、1285 人。完成低保边缘户的结对帮扶。完成新扩围 6 个村区划变更的衔接工作。教育事业再上新台阶，完成泓口小学幼儿园新校建设和配套；持续开展校园安全治理和特色文化教育；启动全民终身学习活动，开展社会化教育和职业技能培训。开展打通“生命通道”集中攻坚行动，划设小区门口消防网格 68 个，小区内道路“消防车道、禁止停车”警示框 340 个，安装消防安全警示牌 56 块。在海棠花园、幸福城南苑、濑江新城、城西佳苑布置专门灭烟的不锈钢吸烟柱。在濑江新城、幸福城南苑两个小区内改造彩虹道路。整合新时代文明实践所站点、社区教育中心、文体站、心愿树爱心工作站、司法所等多种资源，开展理论宣讲活动 500 余场；开展“茶艺进社区，茶香润心田”“劳动创造幸福 文化浸润心灵”暑假社会实践活动等各类志愿活动400余次，促进新思想的传播和人民思想觉悟、道德水准、文明素养的提升。

社会管理 文明城市再深化。发放整改通知单500余份，编制督查专报7期，形成发现、督查、整改、反馈的工作流程；扎实开展农村“三清”整治和小区“七乱”整治专项行动，清理各类垃圾13595处，9536车，清理僵尸车20余辆。顺利通过国检、省检复评，凤凰社区高水平通过国检问卷调查。圆满完成征兵工作，大专以上学历新兵达到82%，获常州市“国防动员工作先进单位”称号。高质量完成民兵整组工作，民兵规范化镇定建设，得到上级军事部门表扬，并作为示范点推广。网格成为基层社会治理的主力军、主阵地、有效工具。网格化、数字城管、住宅小区、常州污染防治等多平合一，全年收到事件上报101246件，按期办结101244件，办结率99.998%。法制建设特色开展，科华控股、企业刑事风险防范中心在迎接省“七五”普法验收工作中受到好评。指导园区10家500人以上大型企业成立人民调解委员会。依托“三官一律”定期开展送法进校园、进村居等各类法制宣传活动30余次。英伦尊邸小区高质量通过常州市社会治安重点地区排查整治工作验收。

2020年昆仑街道各村基本情况

表62

村（社区）	中共支部（总支、党委）书记	村委（社区）主任	集体经济收入（万元）
徐格笪	吴俊焘	吴俊焘	133.25
新 庄	宋 杰	宋 杰	293.79
前 棠	狄建如	狄建如	176.25
宋 庄	蒋晓琴	蒋晓琴	102.97
棠 下	张国庆	张国庆	92.88
胥 渚	狄苏彬	狄苏彬	102.69
泓 口	王正清	王正清	310.35
胥 泊	狄朝彬	狄朝彬	143.97
方 里	史良刚	史良刚	115.70
班 竹	罗保金	罗保金	221.28
吴潭渡	杨 俊	杨 俊	210.19
昆仑村	蒋国元	蒋国元	92.35
夏庄村	周 平	周 平	118.14

续表62

村（社区）	中共支部（总支、党委）书记	村委（社区）主任	集体经济收入（万元）
杨庄村	杨宁俊	杨宁俊	224.09
毛场村	杨 继	杨 继	160.47
新 昌	蒋立新	蒋立新	213.65
胡 桥	蒋振林	蒋振林	172.71
陶 家	陶志明	陶志明	168.39
马 塘	袁国裕	袁国裕	169.80
蒋 店	马志浩	马志浩	207.73
合 心	黄生平	黄生平	184.90
钱家圩	蒋争光	蒋争光	101.34
淦 西	黄小杰	黄小杰	92.54
古 渎	姜旭清	姜旭清	102.65
余 桥	陈恒峰	陈恒峰	330.50
道人渡	沈海金	沈海金	199.03
濑 阳	王 磊	王 磊	135.99

2020年昆仑街道销售收入2000万元以上企业

表63

企 业 名 称	法人代表	销售收入（万元）
江苏上上电缆集团有限公司	丁山华	2030251
江苏申特钢铁有限公司	杨建忠	1975159
江苏时代新能源科技有限公司	吴映明	831359
江苏华鹏变压器有限公司	钱洪金	496539
时代上汽动力电池有限公司	吴映明	301643
江苏和中普方新能源科技有限公司	杨 槐	175394
顺博合金江苏有限公司	王真见	172295
科华控股股份有限公司	陈洪民	161971
江苏富民新材料有限公司	王清民	152340
江苏正昌集团有限公司	郝 波	148291
江苏金源高端装备股份有限公司	葛艳明	129080
江苏保龙设备制造有限公司	周水保	97697
常州海大生物饲料有限公司	姜建兵	86876
上汽时代动力电池系统有限公司	王晓秋	72675
江苏科达利精密工业有限公司	励建立	52141
江苏维多股份有限公司	罗春龙	46378
常州时创能源股份有限公司	符黎明	44045
江苏司能润滑科技有限公司	施耀刚	43600
江苏碧玉谷化工有限公司	李 凌	42903
江苏华鹏智能仪表科技股份有限公司	戴 诚	41610
溧阳紫宸新材料科技有限公司	陈 卫	41085
江苏开利地毯股份有限公司	蒋夕生	40051

续表63

企 业 名 称	法人代表	销售收入（万元）
溧阳市金昆锻压有限公司	徐海根	38670
江苏迪赛诺制药有限公司	王军平	34080
江苏立达电梯有限公司	戴云松	33562
溧阳二十八所系统装备有限公司	欧乐庆	31584
江苏冠宇机械设备制造有限公司	陈国顺	28979
常州金纬片板膜科技有限公司	何海潮	28426
江苏国粮仓储工程有限公司	杨文利	24468
江苏盛昌钢铁有限公司	芮小明	22911
江苏卓高新材料科技有限公司	陈 卫	22850
上汽大通房车科技有限公司	徐秋华	22635
江苏联赢激光有限公司	韩金龙	21454
江苏富春江环保热电有限公司	余其芳	18882
常州金纬片板设备制造有限公司	何海潮	17709
溧阳市万盛铸造有限公司	陈春花	17536
溧阳市昆达金属制品有限公司	周海坤	16521
荷贝克电源系统（溧阳）有限公司	Marc Zoellner	16192
溧阳市永恒热处理有限公司	张育埝	15665
常州金纬化工成套设备有限公司	何海潮	14313
溧阳市金世纪混凝土有限公司	丁建庆	14292
江苏粘博士新材料有限公司	戚务俊	13279
江苏兴锻智能装备科技有限公司	张忠良	11137
溧阳侨云电子有限公司	田 奔	11065
江苏省奥谷生物科技有限公司	朱为民	11000
溧阳市裕达机械有限公司	杨志忠	10831
金纬机械常州有限公司	何海潮	10798
常州金纬挤出机械制造有限公司	王 亮	10658
常州金纬智能化工装备有限公司	何海潮	10345
常州汉德机车工业有限公司	陈一鸣	10144
江苏翔鹰新能源科技有限公司	徐 振	10092
常州金纬管道设备制造有限公司	何海潮	9117
溧阳市苏菱机电有限公司	黄小平	8732
江苏衡帛机械科技有限公司	吴国忠	8726
江苏中关村嘉拓新能源设备有限公司	陈 卫	8339
江苏丽阳电子仪表有限公司	蒋立群	8192
溧阳市高邦电缆材料有限公司	周建平	8104
溧阳市中纺联针织有限公司	吴 敏	7352
溧阳新钢川空气体有限公司	单 凯	7021
溧阳德维透平机械有限公司	罗春龙	6848
溧阳卓越新材料科技有限公司	陈 卫	6700
江苏阿李动力科技有限公司	李新宏	6352

续表63

企 业 名 称	法人代表	销售收入（万元）
溧阳市民晖金属材料有限公司	吴建才	5856
溧阳市立洋纺织有限公司	邹幼农	5786
江苏德盛食品有限公司	NATTHAPHAT TANRACHANON	5637
溧阳市振大铁路设备有限公司	王龙江	5627
溧阳市中豪热处理有限公司	孙志明	5620
南京宜热纵联节能科技溧阳有限公司	莫立勤	5255
溧阳市鑫盛化工设备有限公司	缪 传	5139
溧阳市绿茵毯业有限公司	袁再英	4589
江苏亿鼎传动机械有限公司	孙 城	4513
溧阳市正阳燃气设备制造有限公司	宋卫平	4486
江苏金梧实业股份有限公司	何 强	4454
溧阳华荣锻造有限公司	钟子娟	4442
常州大云环保科技有限公司	戎清亮	4370
溧阳市西郊环保设备厂	张云霞	4303
江苏欧能机械制造有限公司	黄锡生	4208
溧阳欣大精密电子有限公司	周德良	4077
溧阳强鑫纺织有限公司	毕国新	3933
常州索维尔电子科技有限公司	付 瑜	3917
江苏保龙机电制造有限公司	周水保	3912
溧阳巨神科技材料有限公司	蒋国兵	3836
溧阳市瑞威中速柴油机配件有限公司	吴进昌	3733
溧阳市华杰轧钢厂	吴建华	3358
江苏巨邦制药有限公司	杨整风	3163
溧阳市铁建特种混凝土有限公司	耿静生	3106
溧阳市宏达电机有限公司	童小春	3062
溧阳市经纬新能源科技有限公司	蒋建设	2936
江苏巨鹏旅游用品有限公司	潘江平	2887
江苏振标建筑材料科技有限公司	冯 彪	2859
溧阳市精卫新型材料有限公司	刘金梅	2827
溧阳市华鹏电机配件有限公司	朱益民	2662
溧阳发瑞机械有限公司	徐海根	2659
江苏迅隆科技发展有限公司	芮门才	2548
溧阳市先进纸箱有限公司	黄霞秋	2542
江苏良友正大股份有限公司	陈志亮	2388
溧阳尼欧斯化工有限公司	葛 原	2266
江苏常净环保科技有限公司	沈良忠	2225
江苏佳世达环保工程有限公司	施国平	2062
溧阳市新方化工有限公司	狄小苏	2000

（黄雪嗝）

古 县 街 道

表 64

2020 年古县街道主要社会经济指标

	项　目	数　据
自然概况	年末土地总面积（平方公里）	61.65
	其中：镇区建成面积（平方公里）	20
	居民委员会、行政村委会（个）	10
	总人口（人）	80200
	其中：非农业人口（人）	—
综合实力	地区生产总值（GDP，亿元）	79.63
	人均 GDP（万元）	9.93
	财政收入（亿元）	2.8
	全社会固定资产投资（亿元）	28.55
	实际利用外资（万美元）	—
	农民人均纯收入（元）	—
工业	工业企业（家）	270
	工业企业职工（人）	15058
	工业总产值（亿元）	107.55
	工业增加值（亿元）	12.69
	工业销售收入（亿元）	107.19
	工业利税（亿元）	8.79
	工业固定资产净值（亿元）	58.55
农业	农林牧渔业总产值（万元）	2.52
	其中：农业（万元）	—
	林业（万元）	—
	牧业（万元）	—
	渔业（万元）	—
	农业服务业（万元）	—
	粮食产量（吨）	16885
	年末农机总动力（万千瓦）	2
第三产业	第三产业实体（个）	4105
	第三产业从业人员（人）	17225
	第三产业增加值（亿元）	5.42
	集贸市场（个）	2
	年末个体工商经营户（户）	5120
社会事业	中学（所）	1
	在校中学生（人）	539
	小学（所）	1
	在校小学生（人）	1690
	文化站馆（个）	1
	体育健身场所（个）	112
	人口自然增长率（%）	—1.74

【概　况】 古县街道位于溧阳市东部，东临宜兴市，西、南与天目湖镇和戴埠镇相接，北与溧城街道毗连；区位优越，交通发达。9 月 8 日，古县街道办事处成立。设立古县街道办事处是市委、市政府着眼天目湖生命康原未来城市发展作出的重大决策部署。古县街道以原溧城镇的上阁楼、大林、新联、黄墟 4 个村委会，天目湖镇的美景天城、天目国际村 2 个居委会和古县、茶亭 2 个村委会，以及戴埠镇的新桥、百家塘 2 个村委会所辖区域作为古县街道的行政区域，区域面积 61.65 平方公里，辖区人口 8.02 万人。宁杭高速、宁杭高铁横穿东西，233 国道、南山大道和长山路纵贯南北。拥有溧阳东、溧阳南 2 个高速公路出入口，高铁溧阳站位于街道北部。西部为十里长山，东部为平原圩区。境内坐拥燕山、屏峰山等山峰，溧戴河、茶亭河穿境而过。四季分明，降水丰富，十分宜居。全年实现工业产值 107.5537 亿元，地区生产总值 79.6269 亿元。

片区开发　2020 年，古县街道高效率推进征收收储工作，按照“两极向腹地推进，老城向新城拓展”原则，征用土地 22.46 亩，民房 236 户。吴冶岭、西山庄 2 个自然村近 10 万平方米的民房征收工作于 2020 年 9 月启动，截至年底尚剩住户 6 户；同时有序开展屏峰、上阁楼、前同久、刘家、棠下、小山下 6 个自然村 1000 余户近 30 万平方米的民房征收工作。全面启动区域内 199 家企业的搬迁工作，将待搬企业细化划分为已收储企业、意向搬迁企业、租赁企业、国有或集体资本控制企业、生产经营不正常企业、停产企业等 6 种类型，一类一策分类制定实施方案。全年有 30 家企业收储签约，46 家企业完成评估并正在核对商谈中，5 家企业已经搬迁。开展雨污水分流综合整治工程和污水管道改造工程，对扬尘管控、工地安全生产、文明施工等环节进行重点监管监测。针对茶中路、烈山路、美林路路基老化严重，未人车分流等情况实施道路改造。樱花公园建成开放；古县安置房全部建筑结构封顶；南航二期宿舍、食堂、教学楼结构封顶；永平幼儿园、医疗健康中心、天目星城及周边环境整治、梅岭玉大道和生命康原大道西延线等项目开工建设并按序时进度快速推进。同时对在建项目进行节点倒排，加强督查，确保设计不走样，进度到极限。编制完成新联、黄墟、大林、百家塘、新桥 5 个行政村的实用性村庄规划；南水西、新村里、新桥3个村的修建性规划。改造完善茶亭菜场部分硬件设施，启动翠屏新村一区等老旧小区改造工程；全年完成市政零星维修334起。对集镇、小区、散住楼重新进行系统规划建设，提升硬件水平，便利居民生活。

城乡建设　国家卫计委在“十三五”期间选择信息化基础较好的省份试点建设健康医疗大数据中心及产业园，溧阳市作为江苏省首批试点地区之一名列其中；该项目由中国卫生信息与健康医疗大数据学会与溧阳市签约。3月，溧阳市启动天目湖生命康原未来城建设，围绕现代都市、生态街区、康养基地目标定位，对未来城市发展作出重大战略决策部署。该合作共建项目将依托天目湖生命康原新城区作为主平台，共同推动健康医疗大数据融合共享、开放应用。

大山下樱花公园建成开放。大山下樱花公园位于南京航空航天大学天目湖校区北侧，总面积约5.5万平方米。樱花品种丰富，地块在开挖建设过程中，发掘出西周、唐代窑址与古代墓群，大量文物出土，文化底蕴深厚。有智周广场与道济广场两个入口广场，700米的无障碍健身步道以及400米的爬坡登山步道，还有天马湖、天镜轩、明郭翠屏、长空古道、河图台、牧星谷、窗含亭、志远坡、重关廊、花溪杉影等特色景观，旨在充分利用现状空间与地形,结合地块深厚的文化底蕴,打造一个融生态修复、人文科普、运动休闲、老少皆宜的开放互动型生态公园。

社会管理　2020年，古县街道建立舆情管理小组，做到两小时发现，两小时答复。建立“今晨7点有约”工作制度，充分听取居民群众对城市管理和文明城市建设的意见和建议，全年接访75人次，结案61件。处置12345市长热线群众投诉派单566件，处置市网格化中心派单9668件。对各类困难弱势群体发放补贴累计433万元；采取网格化包保管理疫情防控制度，全年排查疫情中高风险地区人员2625人，排查境外返溧人员173人。组织书法家创作3000余幅新春对联，分发给10个村（社区）及南航天目湖校区。搭建奔向未来城文化大舞台，开展“古县戏韵•锡剧周周演”活动，邀请溧阳市锡剧团先后举办15场锡剧表演，吸引观众达万余人次。推动优秀电影进社区进乡村，放映电影20余场。举办花田雅集文艺活动；并将活动盛况搬上“学习强国”平台。开通“古县艺术馆”微信公众号，提升辖区内精品文艺活动的影响力。充分利用新媒体、现代化技术打造“红燕子”“自家大丫头”党建品牌，将党建和“智慧城市”概念相融合。完成辖区内6所幼儿园、1所小学、1所初中的办学情况调查；组织开展古县街道2020年全民终身学习周活动。开展劳动监察，进行欠薪排查200余家企业，受理、调解劳动投诉13起，居民基本医疗保险参保28212人，开展农村富余力劳动280人次。开展“五实走基层”活动，深入了解民营企业发展过程中遇到的困境，提出解决对策。扎实推进商会筹备工作、侨代会代表推荐工作和“红石榴家园”创建工作。认真开展退役军人事务工作大走访活动，做好退役军人接待工作。组建“决胜全面小康，决战脱贫攻坚”理论宣讲团，深入推进基层理论宣讲。组织检查人员900余人次，对企业进行安全生产检查，排查各类隐患1059处。深入实施“移风易俗”行动，破除封建迷信和陈规陋习。开展小区楼道、乱搭乱建、环境卫生、市容秩序、菜场管理专项整治行动，拆除违章建筑97处11403平方米，整治、取缔占道经营800余处。整治农村环境，常态化组织开展秸秆焚烧巡查整治行动，助力打赢蓝天保卫战。完成对116个自然村的环境整治、42条河塘清淤整治。全年改造农村危房3座，添置76个分类垃圾亭，5000多只分类垃圾桶。以高标准严要求的态度完成汤庄美意田园项目，推进百家塘乡村振兴工作，将村庄整治与经济产业相结合，打造溧阳特色乡村经济。扎实推进2020年度国家耕地轮作制度试点项目验收工作，对1762.74亩耕地轮作面积进行核查；定期开展农业禁限用药宣传发动工作。

2020年古县街道各村（社区）基本情况

表65

村（社区）	中共支部（总支、党委）书记	村委（社区）主任	集体经济收入（万元）
茶亭村	胡叶平	彭志新	293.34
古县村	宋建平	宋建平	370.95
新桥村	钱文华	钱文华	243.32
百家塘村	潘凤娟	潘凤娟	104.35
上阁楼村	顾云华	蒋云新	246.01
黄墟村	王曙洪	王曙洪	278.41
新联村	陈伟春	陈伟春	243.78
大林村	潘建国	潘建国	139.70

续表65

村（社区）	中共支部（总支、党委）书记	村委（社区）主任	集体经济收入（万元）
美景天城	刘　莉	刘　莉	—
天目国际村	周亚瑾	周亚瑾	—
吴潭渡	杨　俊	杨　俊	210.19
昆仑村	蒋国元	蒋国元	92.35
夏庄村	周　平	周　平	118.14

2020年古县街道销售收入2000万元以上企业

表66

企　业　名　称	法人代表	销售收入（万元）
布勒（常州）机械有限公司	孔云生	196013
江苏钢锐精密机械有限公司	蔡长鸿	119897
江苏鹏程钢结构集团有限公司	史蒙杰	93184
溧阳中材重型机器有限公司	吴建宏	73117
溧阳市鹏程彩钢有限公司	史　鹏	72200
江苏安靠智能输电工程科技股份有限公司	陈晓晖	49270
溧阳市力士汽车配件制造有限公司	史长生	44900
溧阳金利宝胶粘制品有限公司	陈世岳	30974
江苏顺风光电电力有限公司	张伏波	22107
溧阳顺能光电电力有限公司	张伏波	20674
溧阳市储丰钢板仓设备制造工程有限公司	赵菊荣	20411
江苏法斯特机械有限公司	唐金祥	20010
上齿集团有限公司	张焰庆	19499
常州市宏寰机械有限公司	张福平	18644
江苏恒祥石化工程有限公司	杨恒保	16229
江苏开利地毯股份有限公司天目湖分公司	黄国洪	15270
溧阳市华磊锻造有限公司	蒋小华	13691
江苏顶塑实业有限公司	丛桂阳	13435
溧阳圣泰重型机械有限公司	葛芙妹	12359
江苏天目建设集团钢机有限公司	陈　强	12348
金亿源（江苏）新材料有限公司	谈怀定	10847
江苏欣源钢机有限公司	陈　杰	9317
江苏富昌机械设备有限公司	尹水富	8007
江苏爱卓电气制造有限公司	黄　莺	7970
江苏广信东腾环保装备有限公司	任建东	7598

续表66

企　业　名　称	法人代表	销售收入（万元）
江苏欧标有限公司	周国军	5974
溧阳市南亚塑胶有限公司	莫志国	5557
江苏上齿传动有限公司	张焰庆	5070
江苏益尔机电有限公司	管亚峰	5059
溧阳市特佳机械有限公司	黄国伟	4957
江苏维泽净化科技股份有限公司	杨献春	4586
中安（常州）电气有限公司	潘立群	4021
布勒水产设备（常州）有限公司	邵利平	3898
江苏丰达电器设备有限公司	赵云龙	3738
溧阳市众星环保机械有限公司	崔洪彬	3519
溧阳市东方电力建设工程有限公司	陈建华	3469
大峘集团溧阳冶金工程技术有限公司	朱炳安	3323
溧阳市威克尔饲料机械制造有限公司	姜梅仙	3220
南方铁塔有限公司	史正明	3139
江苏华冶环保工程有限公司	钟爱心	3134
溧阳市中钢冶金设备有限公司	杨玉全	2911
江苏五洲机械有限公司	周际宇	2823
常州市瑞泽博格电力科技有限公司	狄　雷	2820
江苏嘉允机械制造有限公司	吴黎华	2812
常州朱美拉模具技术有限公司	杨春普	2666
溧阳市起重机厂有限公司	周伟华	2640
天目照明有限公司	蒋伟年	2613
溧阳市宏大机械设备有限公司	王小明	2573
瑞那斯铝业（常州）有限公司	曹卫强	2504
溧阳市东诚机械制造有限公司	周小保	2493
溧阳市久隆工程机械有限公司	狄　胜	2300
溧阳市顺风风机有限公司	沈　超	2279
溧阳新建重型机械有限公司	吴建宏	2278
常州索韬自动化科技有限公司	王必武	2244
江苏正华机电科技有限公司	蒋振华	2224
江苏翔龙矿山设备有限公司	黄建农	2054
溧阳市金陵桥梁挂篮有限公司	陈金林	2041
溧阳市如盛重型机械有限公司	甘如生	2009

（陈　诺）

新任市领导

【叶明华】 中共溧阳市委员会副书记，溧阳市人民政府党组书记、市长。

江苏苏州人，1972年5月出生，1995年8月参加工作，1993年6月加入中国共产党，江苏省委党校研究生学历，2007年7月毕业于江苏省委党校社会学专业。1991年9月至1995年8月，江苏石油化工学院材料工程系高分子材料专业大学学习。1995年8月至1997年1月，任武进市邹区镇团委书记。1997年1月至1999年11月，任中共江苏省纪律检查委员会三、二室科员。1999年11月至2004年4月，任中共江苏省纪律检查委员会二室副主任科员。2004年4月至2005年8月，任中共江苏省纪律检查委员会二室主任科员。2005年8月至2006年6月，任中共常州市纪律检查委员会办公室副主任。2006年6月至2008年2月，任中共常州市纪律检查委员会纪检监察一室主任（其间：2004年9月至2007年7月，江苏省委党校社会学专业研究生学习）。2008年2月至2011年5月，任中共金坛市委员会常委、中共金坛市纪律检查委员会书记。2011年5月至2013年8月，任中共常州市武进区委员会常委、中共常州市武进区纪律检查委员会书记。2013年8月至2013年10月，任中共常州市武进区委员会常委、中共常州市武进区纪律检查委员会书记（正处级，援疆）。2013年10月至2016年9月，任中共常州市武进区委员会常委（正处级，援疆）（其间：2013年8月至2013年12月，任新疆维吾尔自治区尼勒克县委常委）。2016年9月至2019年6月，任中共常州市武进区委员会副书记（正处级）（其间：2013年12月至2017年1月，任新疆维吾尔自治区尼勒克县委副书记）。2019年6月至2020年6月，任中共常州市武进区委员会副书记、二级调研员。2020年6月至2021年1月，任中共溧阳市委员会副书记，溧阳市人民政府党组书记、副市长、代理市长。2021年1月起，任中共溧阳市委员会副书记，溧阳市人民政府党组书记、市长。

（市政府办公室）

【周卫中】 政协溧阳市委员会党组副书记、主席、二级调研员。

江苏溧阳人，1966年4月出生，1984年8月参加工作，1989年2月加入中国共产党，江苏省委党校研究生学历。2002年12月，毕业于江苏省委党校科学社会主义与国际共产主义运动专业。1982年9月至1984年8月，江苏省武进师范学校普师专业中专学习。1984年8月至1988年4

月，任溧阳县清安乡上阁楼小学教师。1988年4月至1989年3月，共青团溧阳县委员会工作。1989年3月至1991年9月，任共青团溧阳县委员会学少部副部长（其间：1987年8月至1990年7月在常州教育学院中文专业大专学习）。1991年9月至1992年10月，任共青团溧阳市委员会副书记。1992年10月至1995年3月，任共青团溧阳市委员会书记。1995年3月至1996年4月，任共青团溧阳市委员会书记，党组书记。1996年4月至1996年7月，任溧阳市大溪乡党委副书记（正科级）。1996年7月至2000年1月，任溧阳市大溪乡党委副书记、乡长（其间：1995年8月至1997年12月在中央党校函授学院经济管理专业大学学习）。2000年1月至2000年6月，任溧阳市南渡镇党委副书记、人大主席（其间：1998年4月至2000年4月在南京师范大学企业管理研究生课程班学习）。2000年6月至2004年2月，任溧阳市周城镇党委书记（其间：2001年9月至2002年12月在江苏省委党校科学社会主义与国际共产主义运动专业研究生学习）。2004年2月至2006年2月，任溧阳经济开发区党工委书记、管委会主任。2006年2月至2006年3月，任溧阳经济开发区党工委书记、管委会主任，溧城镇党委书记。2006年3月至2007年12月，任溧阳经济开发区党工委书记，溧城镇党委书记。2007年12月至2008年1月，任中共溧阳市委员会常委，溧阳经济开发区党工委书记，溧阳市溧城镇党委书记。2008年1月至2009年4月，任中共溧阳市委员会常委、宣传部部长，溧阳经济开发区党工委书记，溧阳市溧城镇党委书记。2009年4月至2010年4月，任溧阳市人民政府副市长，溧阳经济开发区党工委书记，溧城镇党委书记。2010年4月至2011年6月，任溧阳市人民政府副市长。2011年6月至2011年7月，任中共溧阳市委员会常委、市人民政府副市长。2011年7月至2019年6月，任中共溧阳市委员会常委、市人民政府党组副书记、副市长。2019年6月至2020年6月，任中共溧阳市委员会常委、市人民政府党组副书记、副市长、二级调研员。2020年6月至2020年12月，任中共溧阳市委员会常委、市人民政府党组副书记、副市长、市行政学校校长、二级调研员。2020年12月至2021年1月，任政协溧阳市委员会党组副书记、二级调研员。2021年1月起，任政协溧阳市委员会党组副书记、主席、二级调研员。

（市政协办公室）

【严　俊】 中共溧阳市委常委、市人民政府党组副书记、副市长，共青团常州市委书记、党组书记。

江苏溧阳人，1980年7月出生，2000年9月参加工作，2005年10月加入中国共产党，大学学历，硕士学位。1997年7月至2000年9月，淮阴工学院汽车系交通文秘专业学生。2000年9月至2004年3月，常州市交通规划设计院办公室科员。2004年3月至2004年10月，任常州市交通规划设计院办公室主任（其间：2001年12月至2004年10月借调常州市交通局团委工作）。2004年10月至2006年1月，任常州市交通局团委副书记。2006年1月至2007年7月，任常州市交通局团委副书记、公路管理处团委书记。2007年7月至2008年10月，任常州市交通局团委副书记、宣传教育处副处长（兼）。2008年10月至2009年10月，任常州市委市级机关工委宣传处处长、团工委书记。2009年10月至2012年1月，任共青团常州市委党组成员、副书记（其间：2010年6月获上海交通大学公共管理硕士学位）。2012年1月至2012年12月，任常州市新北区副区长。2012年12月至2015年12月，任常州市新北区副区长、新桥镇党委书记。2015年12月至2016年2月，任常州高新区管委会副主任、新桥镇党委书记。2016年2月至2016年6月，任常州高新区管委会副主任。2016年6月至2019年1月，任常州高新区党工委委员、管委会副主任、新北区委常委。2019年1月至2020年12月，任共青团常州市委书记、党组书记（其间：2020年8月至2020年12月，中共溧阳市委副书记）。2020年12月起，任中共溧阳市委常委、市人民政府党组副书记、副市长，共青团常州市委书记、党组书记。

（市政府办公室）

【刘　佩】 中共溧阳市委常委、市纪委书记、市监委主任提名人选、三级调研员。

江苏常州人，女，1972年7月出生。1992年8月参加工作，1996年9月加入中国共产党，江苏省委党校研究生学历，2005年7月毕业于江苏省委党校区域经济学专业。1990年10月至1992年8月， 长沙民政学校学生。1992年8月至1996年3月，常州市民政局政工科办事员、科员。1996年3月至2001年10月，任常州市民政局团委副书记（其间：1993年9月至1996年7月，常州市机械冶金职工大学财会管理专业学习）。2001年10月至2002年12月，任常州市民政局组织宣传处副处长（其间：1999年8月至2001年12月，中央党校函授学院行政管理专业学习）。2002 年 12 月至 2004 年 8 月，任常州市民政局组织宣传处（人事教育处）处长；2004年8月至 2005 年 7 月，任常州市民政局局长助理、组织宣传处(人事教育处)处长(其间：2003 年 8 月至 2005 年 7 月，任常州市福利院党支部副书记、副院长挂职；2002 年 9 月至 2005年7月，江苏省委党校区域经济学专业学习)。2005年7月至2006年3月，任常州市民政局局长助理。2006年3月至2007年3月，任常州市民政局副局长（试用期一年）。2007年3月至2012年1月，任常州市民政局副局长。2012年1月至2012年4月，任中共溧阳市委常委。2012年4月至2020年6月，任中共溧阳市委常委、组织部部长。2020年6月至2020年10月，任中共溧阳市委常委、组织部部长、党校校长。2020年10月起，任中共溧阳市委常委、市纪委书记、市监委主任提名人选、三级调研员。

（市纪委监委办公室）

【吴　寅】 中共溧阳市委常委、组织部部长、党校校长。

江苏常州人，1974年12月出生，1996年8月参加工作，1994年12月加入中国共产党，江苏省委党校研究生学历，2010年7月毕业于江苏省委党校社会学专业。1996年8月至1997年12月，任常州市郊区北港乡政府办公室、团委科员（其间：1997年8月至1997年11月，借调常州市郊区区委办公室综合科工作）。1997年12月至1998年10月，任常州市郊区区委宣传部《常州晚报·市郊大地》编辑部干部。1998年10月至2001年5月，任常州市郊区区委组织部办公室、干部科科员（其间：1998年9年至2000年12月，中央党校函授学院经济管理专业大学学习）。2001年5月至2002年2月，任常州市郊区区委组织部组织科副科长（主持工作）。2002年2月至2005年8月，任常州市委组织部研究室科员(其间:2004年4月，任常州市委组织部研究室副主任科员)。2005年8月至2008年3月，任常州市委组织部干部二处副主任科员。2008年3月至2010年12月，任常州市委组织部干部二处副处长（其间：2007年9月至2010年7月，江苏省委党校社会学专业研究生学习）。2010年12月至2015年3月，任常州市委组织部干部监督处处长（其间：2014年2月至2014年10月，借调常州市委党的群众路线教育实践活动领导小组办公室督导组工作）。2015年3月至2015年11月，任常州市委组织部干部监督处处长（副处级）。2015年11月至2017年3月，任常州市委组织部干部一处处长（副处级）。2017年3月至2018年1月，任常州市纪委组织部部长。2018年1月至2020年10月，任常州市纪委、监委组织部部长。2020年10月至2020年12月，任中共溧阳市委常委、组织部部长。2020年12月起，任中共溧阳市委常委、组织部部长、党校校长。

（市委组织部）

【赵　明】 溧阳市人民政府副市长。

江苏溧阳人，1977年12月出生，1999年12月参加工作，2001年12月加入中国共产党，

党校大学学历。2002年12月，毕业于中央党校函授学院经济管理专业。1996年9月至1999年7月，南京理工大学电气技术专业学习。1999年12月至2001年7月，任周城镇新金山村村主任助理。2001年7月至2001年10月，任周城镇团委副书记。2001年10月至2002年8月，任周城镇党委政府文书。2002年8月至2003年1月，市接待办公室工作。2003年1月至2004年3月，任市政府办公室秘书科、综合科秘书。2004年3月至2006年2月，任市政府办公室综合科副科长。2006年2月至2008年2月，任市政府办公室督查科科长。2008年2月至2009年8月，任市发展和改革局副局长。2009年8月至2013年7月，任市政府办公室副主任。2011年1月至2011年11月，任市政府金融工作办公室副主任（主持工作）。2011年11月至2013年7月，任市政府金融工作办公室主任。2013年7月至2017年4月，任别桥镇党委副书记、镇长。2017年4月至2020年2月，任市发改委党委书记、主任。2020年2月至2020年12月，任市政府党组成员、政府办党组书记、主任。2020年12月起，任溧阳市人民政府副市长。

（市政府办公室）

【朱志军】 溧阳市人大常委会副主任、三级调研员。

江苏溧阳人，1968年4月生，江苏省委党校研究生学历，1990年8月参加工作，1994年6月加入中国共产党，2001年12月毕业于中共江苏省委党校环境经济与环境管理专业。1986年9月至1990年7 月，在南京农业大学园艺系蔬菜专业学习。1990年8月至1992年6月，县、市蔬菜办公室工作。1992年6月至1994年9 月，任市政府办公室秘书。1994年9月至1997年1月，任市政府办公室综合科副科长。1997年1月至2001年6月，任市政府办公室综合科科长。1997年4月至1999年9月，任市政府办公室督查科科长（兼）。2001年6月至2007年1月，任市政府办公室副主任。2004年3月至2007年1月，任市政府侨务办公室党组书记。2007年1月至2009年10月，任市政府办公室主任。2009年10月至2012年8月，任埭头镇党委书记。2012年8月至2015年12月，任天目湖镇镇长、党委副书记、天目湖旅游度假区管委会主任、党工委副书记。2015年12月至2016年2月，任天目湖旅游度假区党工委书记、管委会主任、天目湖镇党委书记、镇长。2016年2月至2019年12月，任天目湖旅游度假区党工委书记、天目湖镇党委书记。2017年10月至2019年12月，任陕西省白河县委常委、副县长（挂职对口帮扶）。2019年12月至2021年1月，任溧阳市人大常委会党组成员、三级调研员。2021年1月，任溧阳市人大常委会副主任、三级调研员。

（市人大办公室）

【朱剑波】 溧阳市人民政府副市长。

江苏常州人，1980年11月出生，2003年8月参加工作，2005年3月加入中国共产党，大学学历，2003年6月毕业于扬州大学园艺专业。1999年9月至2003年6月，扬州大学农学院园艺专业大学学习。2003年8月至2004年9月，任共青团武进区委青农部干事。2004年9月至2005年11月，任共青团武进区委青农部副部长。2005年11月至2007年6月，任共青团武进区委青农部部长（其间：2006年6月至2006年12月，兼武进直属机关团委负责人）。2007年6月至

2008年6月，任共青团武进区委副书记、党组成员（其间：2007年3月至2007年12月，参加第六批拆迁安置实践锻炼）。2008年6月至2009年7月，任共青团武进区委副书记、党组成员，区青联副主席。2009年7月至2010年4月，任武进区奔牛镇党委副书记。2010年4月至2012年1月，任武进区奔牛镇党委副书记、纪委书记。2012年1月至2015年8月，任武进区洛阳镇党委副书记、镇长（2012年3月选举）。2015年8月至2019年2月，任武进区南夏墅街道党工委书记。2019年2月至2020年12月，任武进区嘉泽镇党委书记，现代农业产业园区党工委书记。2020年12月起，任溧阳市人民政府副市长。

（市政府办公室）

【王耀庆】 政协溧阳市委员会副主席。

江苏溧阳人，1969年2月出生，1987年12月参加工作，1990年3月加入中国共产党，党校大学学历。2003年12月，毕业于中央党校函授学院经济管理专业。1987年12月至1989年8月，任大溪乡统计助理统计员（其间，1989年5月至1992年7月在常州市广播电视大学电视专业中专学习）。1992年8月至1998年7月，任大溪乡统计助理。1995年9月至1998年7月，任大溪乡秘书。1998年7月至2000年1月，任强埠镇党委、政府秘书、人大秘书。2000年1月至2001年10月，任后周镇纪委副书记、监察室主任。2001年10月至2004年8月，任后周镇副镇长。2004年8月至2007年3月，任后周镇党委副书记。2007年3月至2008年4月，任别桥镇党委副书记。2008年4月至2008年7月，任别桥镇党委副书记、人大主席。2008年7月至2012年12月，任竹箦镇党委副书记、镇长。2012年12月至2016年5月，任竹箦镇党委书记。2016年5月至2017年1月，任溧阳市政府党组成员。2017年1月至2020年12月，任溧阳市人民政府副市长。2021年1月起，任政协溧阳市委员会副主席。

【丁　红】 政协溧阳市委员会副主席。

江苏溧阳人，女，1973年2月出生，1991年8月参加工作，无党派，中央党校大学文化。2009年12月，毕业于中央党校函授学院经济管理专业。1988年9月至1991年8月，江苏省劳动经济学校劳动管理专业中专学习。1991年8月至1993年12月，任溧阳市劳动就业培训中心办事员［其间：1993年12月获江苏省自学考试指导委员会（南京大学）社会管理专业大专学历］。1993年12月至1996年6月，任溧阳市劳动局计划调配科科员。1996年6月至2000年12月，任溧阳市劳动局劳动监察科副科长。2000年12月至2006年12月，任溧阳市劳动局劳动争议仲裁科副科长。2006年12月至2009年5月，任溧阳市劳动和社会保障局劳动仲裁科科长。2009年5月至2013年2月，任溧阳市信访局副局长（其间：2007年8月至2009年12月在中央党校函授学院经济管理专业大学学习）。2013年2月至2015年6月，任溧阳市食品和药品监督管理局局长。2015年6月至2017年1月，任溧阳市市场监督管理局副局长（正科级）。2017年1月至2020年7月，任溧阳市统计局局长。2020年7月至2020年12月，任溧阳市教育局局长。2021年1月起，任政协溧阳市委员会副主席、溧阳市教育局局长。

【谢菊芬】 政协溧阳市委员会副主席。

江苏溧阳人，女，1967年12月出生，1990年8月参加工作，中国民主同盟，大学文化，1990年8月毕业于江苏农学院园艺专业。1986年9月至1990年8月，江苏农学院园艺专业大学学习。1990年8月至1997年4月，任溧阳市建委绿化办办事员。1997年4月至1999年3月，任溧阳市建委物业管理处副主任。1999

年3月至2003年3月，任溧阳市建委园林管理处副主任、市绿化养护队队长（兼）。2003年3月至2004年5月，任溧阳市建委园林处主任。2004年5月至2005年7月，任溧阳市城市管理局副局长。2005年7月至2007年9月，任溧阳市城市管理局副局长、市园林绿化管理局局长。2007年9月至2010年12月，任溧阳市城市管理局副局长。2010年12月至2016年5月，任溧阳市城市管理局副局长、民盟溧阳市基层委员会主委。2016年5月至2017年1月，任溧阳市政协海联委主任、市城市管理局副局长、民盟溧阳市基层委员会主委。2017年1月至2018年3月，任溧阳市农林局局长、民盟溧阳市基层委员会主委。2018年3月至2019年3月，任溧阳市农林局局长、市粮食局局长、民盟溧阳市基层委员会主委。2019年3月至2020年2月，任溧阳市农业农村局局长、民盟溧阳市基层委员会主委。2020年2月至2020年12月，任溧阳市城市管理局局长、民盟溧阳市基层委员会主委。2021年1月起，任政协溧阳市委员会副主席、溧阳市城市管理局局长、民盟溧阳市基层委员会主委。

（市政协办公室）

新闻人物

【刘文洲】 江苏华鹏变压器有限公司副总工程师。2020年10月，被中华全国总工会授予“2020年全国劳动模范”称号。

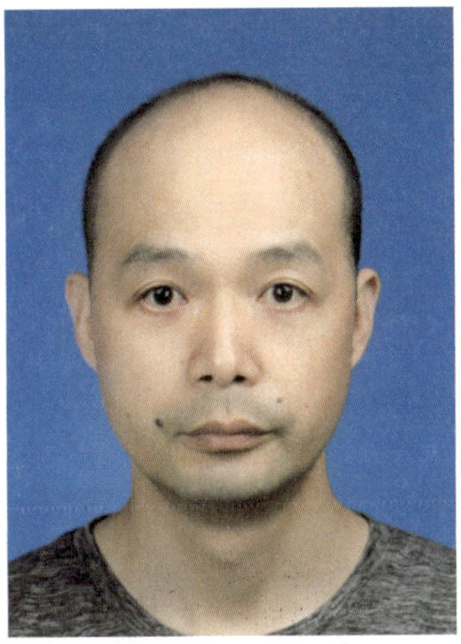

江苏溧阳人，1974年5月出生。1996年大学毕业后进入江苏华鹏变压器有限公司工作，针对当时变压器研发面临的困境，他主动请缨承担变压器设计软件开发的重任。2005年，他作为“20千伏级油浸式电力变压器”开发的主要设计者，圆满完成任务，使该产品成为当时国内通过短路承受能力试验容量最大的变压器。随后，他又成功设计研发SFSZ11-180000/220变压器产品，为公司直接创造经济效益1300多万元，同时提高整个变压器行业220千伏变压器抗短路能力水平。SFSZ10-160000/220变压器是220千伏变压器领域中难度最大的自耦有载调压变压器，也是变压器行业首次220千伏变压器大批量出口，刘文洲设计研发该项目为公司出口创汇1.9亿元。为解决环保、节能的难题，并满足220千伏电站无人值守的要求，刘文洲设计研发大容量自冷、低噪音、低损耗SSZ12-240000/220变压器。该变压器是目前国内最大容量的220千伏自冷变压器，其性能指标达到了国际先进水平。超高电压500千伏级变压器项目的一次性研发成功，使华鹏真正进入大型超高电压变压器制造企业的行列。积极利用500千伏变压器研发过程中掌握的超高压制造技术，研发345千伏、400千伏超高压电力变压器，完善公司产品的电压等级。结合公司实际需要，先后独立自主研发多款专业软件和管理软件。这些软件的开发，为公司带来每年3000余万元的经济效益，大大提高管理质量，降低管理成本。

【丁平金】 江苏金峰水泥集团有限公司副董事长，中共党员。2020年5月，被人力资源和社会保障部及中国建筑材料联合会授予“全国建材行业劳动模范”称号。

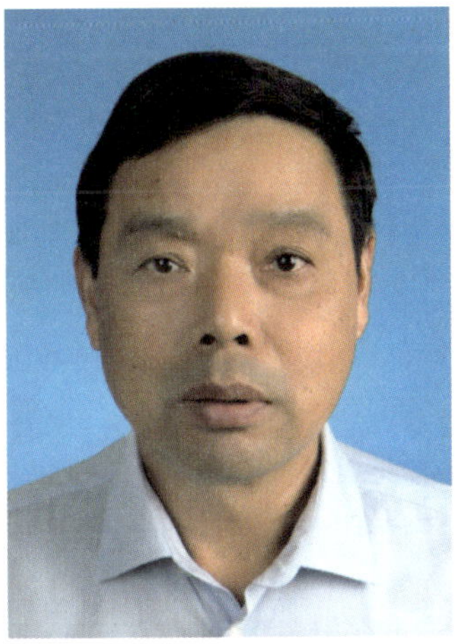

江苏溧阳人，1962年2月出生，大专文化，从事水泥行业工作20多年。工作大胆创新，锐意改革。在水泥旋窑生产线建设过程中，根据多年工作经验并结合先进的生产理念设计“统筹安排，昼夜奋战，交叉施工，立体作业”的施工方案。在工程建设中，身先士卒和广大员工和工程技术人员吃在一起，干在一起。生产线从施工到投产仅用了不到一年时间就圆满地完成任务。先后被各级授予“先进（个人）工作者”“抗洪救灾先进个人”“优秀共产党员”“全国建材行业优秀企业家”等称号。

【徐云梓】 江苏金峰水泥集团有限公司总经理兼质检部主任，中共党员。2020年5月，被人力资源社会保障部和中国建筑材料联合会授予“全国建材行业劳动模范”称号。

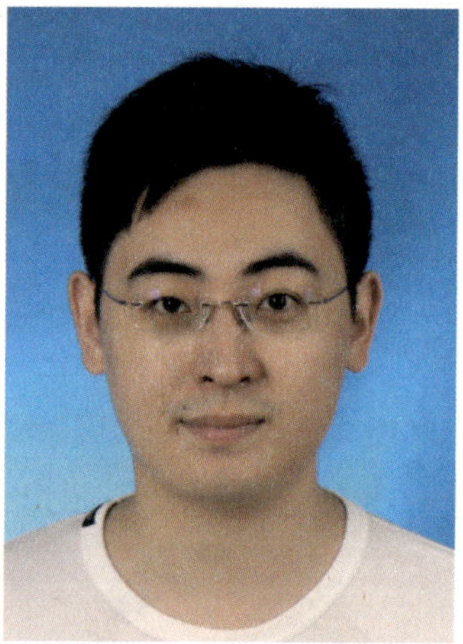

江苏溧阳人，1990年9月出生，本科学历，2013年6月参加工作。工作虚心好学，认真负责，吃苦耐劳，精益求精。企业管理建立一套科学的内部考核机制，对各班组建立考核细则，做到奖罚分明，充分调动员工的积极性。为了提高质检部技术人员的业务素质，经常带领大家开展岗位练兵活动，不断提高检测人员的操作技能，确保分析数据的准确性。经常组织部门人员到兄弟企业参观学习，汲取经验、改进、完善质检部工作流程。为了提高出厂产品的稳定性，经常组织质检中心工作人员进行水泥、熟料强度的对比试验，相互学习、相互促进。用户高度认可公司的水泥、熟料质量，满意度达99%。将“质量就是企业的生命”理念融入日常生产中，通过不断的学习提高专业知识水平，严把产品质量检测关，确保公司生产的水泥产品质量完全符合国家产品质量检测标准。

【张东杰】 江苏上上电缆集团有限公司新能源汽车线缆事业部技术部部长，中共党员。2021年4月，被中华全国总工会授予“全国五一劳动奖章”。

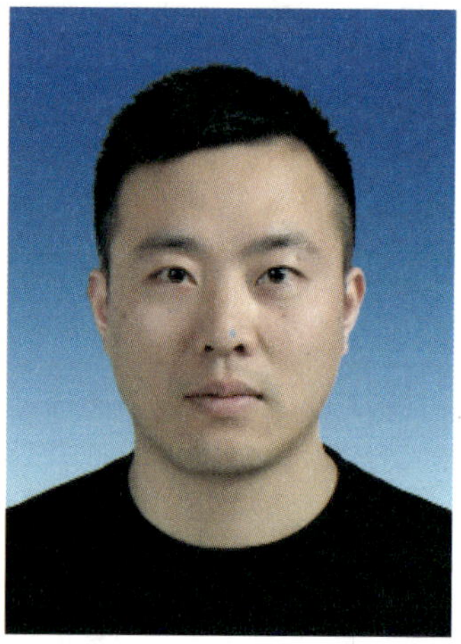

江苏溧阳人，1987年8月生，机械工程专业工程师，大专学历。专注关键零部件产品研发与运用，坚持线缆科技创新、技术改进，重点课题的攻关突破，先后参与及主导开发20多项线缆新产品，涉及新能源汽车、风力发电、电气装备、煤矿、机械装备等特种领域，6项产品填补国内空白、其中3项产品技术达国际领先水平。

他研发的产品被评为省高新技术企业新产品、省优秀新产品，先后获得省、市级科技进步奖等荣誉13项，获得专利16份，其中3份为发明专利。在职工科技创新竞赛中，先后获得省级、市级职工十大科技创新成果奖5项。

【陈韶辉】 江苏正昌粮机股份有限公司工程中心经理。2021年4月被省委、省政府授予“江苏省劳动模范”称号。

江苏溧阳人，1974年出生，大专学历，1995年参加工作，2012年担任生产中心经理。在工艺制作上精益求精，强化技术革新和质量管理。参与的大型制粒机858、1208、双环模以及130*2、168F、218F、8000C膨胀膨化系列等产品已达到行业先进水平。2019年调任工程中心，承接了一座又一座优质示范性工程：白俄罗斯“一带一路”全循环高科技农工综合体项目，年产100万吨涵盖鸡、猪、牛的欧洲最大的饲料生产线，卢卡申科总统对该项目的品质和施工进展表示了充分的肯定与赞赏；完成慈溪正大年产12万吨畜禽生产线及年产6万吨高档虾料生产线，是正大集团目前国内最大规模的混合生产线；2020年对山东宠之优品宠物料生产线进行升级，为进军食品级的宠物饲料行业进行探索。2017年获得“常州市劳动模范”称号。

【陈晓鸣】 江苏安靠智能输电工程科技股份有限公司副总经理。2021年4月被省委、省政府授予“江苏省劳动模范”称号。

江苏溧阳人，1969年10月生，研究生学历。多年来，带领电缆附件技术团队在国内首先研发出500kV 电缆附件并进行国产化应用，填补国内空白；带领GIL 技术团队国内第一家取得1000kV GIL型式试验报告，GIL产品综合性能指标达到国际先进水平；参与编制国家标准GB/T22078.1～22078.3-2008《额定电压500kV（Um=550kV）交联聚乙烯绝缘电力电缆及其附件》，担任能源行业水电电气设计标准化技术委员会委员，承担国家、省、市科技项目10余项，授权专利48项（发明专利19项），其中29项作为第一发明人。2015年被聘为常州市工业设计专家咨询委员会专家，2018年被聘为常州市科学技术协会科技智库专家，2019年至2020年被聘为电力行业输配电技术协作网技术专家，先后被评为省第四期“333高层次人才培养工程”培养对象、常州市科学技术杰出贡献奖、常州市科学技术进步奖二等奖、省科学技术奖三等奖，市优秀发明人。

【罗清钢】 江苏时代新能源科技有限公司生产主管。2021年4月被省委、省政府授予“江苏省劳动模范”称号。

湖南永州人，1982年12月生，大专学历。从2017年6月进入江苏时代开始，就担当生产先锋队主导人员。2018年带领团队仅用两周时间，就完成宁德总部转江苏时代的设备搬迁任务，并快速组织设备安装调试，2018年6月18日首批产品成功合格下线，并带领团队圆满完成公司全年生产任务。

2020年春节疫情暴发，他第一时间担任起宿舍楼长的重任，严格执行防疫要求，保证了所有人员的防疫安全。等到返岗员工隔离期满，立马带领团队快速进入生产工作状态。2020年3月调入LY1工厂负责整个厂区，每月产出都超100%达成。在他的带领下，生产任务超额完成，质量、安全有保障，所在团队获得集团“优秀团队”。

【缪惠民】 溧阳市天目湖茶叶研究所所长、总经理，溧阳市科协副主席（兼），溧阳市天目湖白茶协会常务副会长、秘书长，溧阳市茶文化促进会副会长、秘书长，中共党员。2021年4月，被省委、省政府授予“江苏省劳动模范”称号。

江苏溧阳人，1962年5月生，本科学历。近三十年来，他坚持以科技兴茶和传承创新天目湖制茶技艺为己任，悉心从事茶叶生产技术研究、示范推广和天目湖白茶产业化服务，发挥技术特长，培养新型职业农民，带领天目湖白茶技艺传承；示范推广高效栽培技术，带强产业发展；组织人员培训和新技术运用、新产品开发，带动茶农致富，被同行公认为“缪老师”，被评为江苏省劳动模范、江苏省乡土人才“三带”名人、常州市新农村建设模范带头人，为溧阳茶叶科技进步、技艺传承和产业化发展做出了较大贡献。

【王莉敏】 溧阳市人民医院护理部主任，江苏省护理学会危重症护理专业委员会委员、常州市护理质量管理专业委会员委员、溧阳市护理质控中心主任。2021年

4 月，被省委、省政府授予“江苏省先进工作者”称号。

江苏宜兴人，女，1973 年 9 月生，无党派人士，本科学历。从事护理工作三十余年，她始终秉持“一切以病人为中心”的服务理念，不断改革护理服务模式，深化优质护理内涵，开展延伸护理服务，探索居家护理模式，实现患者从出院到居家康复的紧密衔接。2020 年带领的护理团队获得第八届全国医院品管圈大赛一等奖，江苏省第四届医院品管圈大赛一、三等奖。在抗击新冠肺炎疫情中，她积极参与筹建隔离观察病房，组建护理应急梯队，制定疫情防控相关护理制度、流程 26 项，做到有章可循、按章处置。2020 年她搭建护理管理信息化平台，以数据为抓手，为全市护理质控管理决策提供支持，多次走进护联体单位提供专业指导和帮助。

【许六三】 江苏省溧阳中学高三数学组备课组长，中学高级教师，中共党员。2021 年 4 月，被省委、省政府授予“江苏省先进工作者”称号。

江苏溧阳人，1963 年 3 月生，本科学历。自 2011 年以来，一直担任江苏省溧阳中学高三数学备课组长，能认真组织教师开展各种教育教学研究活动，使该校高三数学教学成绩在溧阳市遥遥领先，高考成绩在常州市也一直名列前茅。多次被评为校教育教学先进工作者，先后三次被评为溧阳市优秀备课组长。在 2012 年、2016 年的高三研讨会上被授予“校长特别奖”，被评为“校功勋教师”。2013 年被评为溧阳市优秀教育工作者，2016 被评为溧阳市优秀党员，2019 年 8 月获得常州市托利多奖，2020 年再次被评为溧阳市优秀教育工作者。

（市总工会）

【郑　香】 溧阳市横涧快乐家园饭店总经理，溧阳市妇联兼职副主席。2020 年 4 月，被国家市场监督管理总局、中国个体劳动者协会联合授予“全国先进个体户”称号。

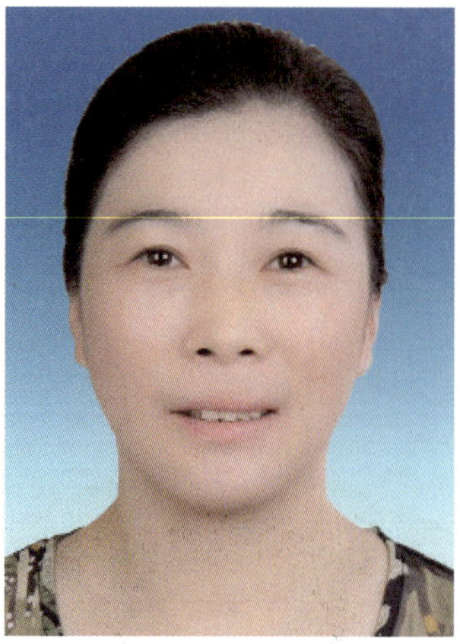

江苏溧阳人，女，1976 年出生。十多年前，她在和丈夫做运输生意的过程中发现，观光旅游业发展越来越快，而且其家乡溧阳市南山竹海正好在搞旅游开发，于是她和丈夫决定抓住机遇在南山竹海附近开一个专门配套旅游的餐饮服务点——“快乐家园饭店”。凭着“诚信经营、服务至上”的宗旨，快乐家园饭店逐渐红火起来。经过十多年的沉淀和积累，目前该饭店已发展成为一家集餐饮、客房、户外拓展、商务以及土特产销售为一体的综合性度假酒店。企业规模不断扩大，员工人数也从起初的五六个人到现在的七十多人。目前酒店能同时容纳 800 人共同就餐，客房部有床位 80 张，成为溧阳乡村旅游行业的龙头企业之一。事业初获成功后，她不忘带领村民致富，目前已安排 60 多名村民就业，充分解决农村富余劳动力，大大提高了村民收入。她乐善好施，扶贫济困。有位员工不幸罹患癌症，她不仅自己带头捐款，还组织单位员工捐款一万多元。企业先后获得光彩之星、诚信单位、食品安全示范店等称号。

（市市场监督管理局）

【黄泽欣】 共青团溧阳市委员会书记。2020 年 4 月，被共青团中央评为“全国优秀共青团干部”。

江苏溧阳人，1990 年 1 月生，中共党员，本科学历。2012 年 7 月参加工作。主持溧阳共青团工作以来，将共青团引导青年、凝聚青年、服务青年的作用充分发

挥出来。由他主导创建的溧阳市“1 号公路”乡村振兴学习线路获得江苏省省级“青年学习社”路线，溧阳市塘马青年学习社获得江苏省省级“青年学习社”。青年学习社建设成效被团中央主办的《中国青年》《中国共青团》等杂志宣传报道，并被评为全省“10100”项目一等奖。重点培养农村青年创业领头雁 10 名，宣传并扶持农村优秀创业项目 20 个，发放扶植资金 6 万余元，凝聚并影响农村创业就业青年 500 余人。联合江南银行、邮储银行推出“农青宝”“青创贷”等产品，2018 ~ 2020 年对接发放创业贷款 4500 余万元，为农村青年创新创业助力起航。深入开展“青少年维权岗”创建活动，累计开展青少年禁毒防艾、预防暴力、平安自护等教育宣传活动 66 场。在全市 327 名留守儿童、困境和特殊青少年群体建档立卡工作基础上，实施“梦想改造 +”行动，帮助全市 30 名困境儿童打造梦想小屋。开展微心愿对接、爱心义卖等帮扶活动 8 场，筹集并发放“圆梦行动”助学金近 15 万元，帮助 37 名寒门学子圆梦大学。

在疫情防控中，带头参加疫情防控志愿工作，引导 32 支共 400 余人的各级团组织青年突击队参与疫情防控；向指挥部募集并捐赠手套 8000 只、防护服 200 套、医用外科口罩 10000 余只、消毒液 70 斤；为全市 8 家重点企业捐赠消毒液 1900 余斤助力企业复工。

（团市委）

【丁山华】 江苏上上电缆集团有限公司董事长，中共党员。2020 年 9 月，被省政府授予“江苏省省长质量奖提名奖”。

江苏溧阳人，1947 年 8 月出生，高级经济师。自 1983 年起担任江苏上上电缆集团负责人以来，他二进电缆厂、二度创业，

把一个无名小厂发展成为年销售超 230 亿元，拥有员工 5000 余名的国内电线电缆行业领军企业。30 多年来，丁山华始终围绕“质量兴业”“人诚品优”发展理念以及“精、专、特、外”战略目标，带领上上人一心一意做电缆，企业稳步发展。2020 年，上上位居首届“中国线缆行业最具竞争力企业第一名”，世界绝缘线缆企业规模排名“中国第一、全球第七”，获第五届“中国工业大奖”，并连续三届获“中国质量奖提名奖”。他个人先后获全国“诚信之星”“2015 中国十大经济年度人物”“全国机械工业经营管理大师”等称号。

（上上集团）

先 进 个 人

省级（条线）先进个人

（排名不分先后）

姓　名	工作单位	获得荣誉	授予单位	授予时间
芮云凯	埭头镇政府	2019 年“江苏最美信访干部”	省信访局	2020 年 3 月
史云奇	市人民医院	江苏省五一巾帼标兵	省总工会	2020 年 4 月
秦鑫明	江苏省溧阳中等专业学校	2020 年省级“三创”优秀学生	省教育厅、团省委	2020 年 4 月

姓　名	工作单位	获得荣誉	授予单位	授予时间
朱科宇	江苏省溧阳中等专业学校	2020年省级“三创”优秀学生	省教育厅、团省委	2020年4月
黄晨翰	江苏省溧阳中等专业学校	2020年省级“三创”优秀学生	省教育厅、团省委	2020年4月
程江南	江苏省溧阳中等专业学校	2020年省级“三创”优秀学生	省教育厅、团省委	2020年4月
姜建华	市退役军人事务局	江苏省退役军人工作模范个人	省委退役军人事务工作领导小组办公室 省委组织部 省人力资源和社会保障厅 省退役军人事务厅 省军区政治工作局	2020年4月
段云松	市法院	全省法院刑事审判工作先进个人	省高级人民法院	2020年4月
缪　枫	市检察院	江苏省五好家庭	省妇联	2020年5月
陈秋宇	市公安局	全省公安机关执法示范岗	省公安厅	2020年7月
史建中	市无偿献血服务志愿者协会	江苏省最具爱心慈善行为楷模	省政府	2020年8月
席科成	市检察院	对口支援先进个人	省检察院	2020年8月
丁山华	江苏上上电缆集团	省长质量奖提名奖	省政府	2020年9月
郝　敏	市公安局	全省打击整治枪爆违法犯罪专项行动成绩突出个人	省公安厅	2020年11月
施雪芹	南渡镇	江苏省三八红旗手	省妇联	2020年11月

常州市先进个人

姓　名	工作单位	获得荣誉	授予单位	授予时间
李嘉炜	市退役军人事务局	常州市“十佳”双拥先进个人	常州市委、市政府、常州军分区	2020年11月
徐星频	市委宣传部	常州市建设全国文明城市工作先进个人	常州市委、市政府	2021年1月
杨文斌	市委宣传部	常州市建设全国文明城市工作先进个人	常州市委、市政府	2021年1月
张文俊	市公安局	常州市建设全国文明城市工作先进个人	常州市委、市政府	2021年1月
崔　宏	市城管局	常州市建设全国文明城市工作先进个人	常州市委、市政府	2021年1月
戴九二	市文旅局	常州市建设全国文明城市工作先进个人	常州市委、市政府	2021年1月
史　浩	市市场监督管理局	常州市建设全国文明城市工作先进个人	常州市委、市政府	2021年1月
张洪明	市商务局	常州市建设全国文明城市工作先进个人	常州市委、市政府	2021年1月
姜志军	市住房和城乡建设局	常州市建设全国文明城市工作先进个人	常州市委、市政府	2021年1月
陆建保	市人民医院	常州市抗击新冠肺炎疫情先进个人	常州市委、市政府	2021年1月
罗素萍	市中医医院	常州市抗击新冠肺炎疫情先进个人	常州市委、市政府	2021年1月
孔卫荣	市疾病预防控制中心	常州市抗击新冠肺炎疫情先进个人	常州市委、市政府	2021年1月
孙　刚	市疾病预防控制中心	常州市抗击新冠肺炎疫情先进个人	常州市委、市政府	2021年1月

姓　名	工作单位	获得荣誉	授予单位	授予时间
徐义华	市皮肤病防治所	常州市抗击新冠肺炎疫情先进个人	常州市委、市政府	2021 年 1 月
强　勇	市皮肤病防治所	常州市抗击新冠肺炎疫情先进个人	常州市委、市政府	2021 年 1 月
潘　枫	溧城镇卫生院	常州市抗击新冠肺炎疫情先进个人	常州市委、市政府	2021 年 1 月
蒋　霞	马垫卫生院	常州市抗击新冠肺炎疫情先进个人	常州市委、市政府	2021 年 1 月
虞　凯	马垫卫生院	常州市抗击新冠肺炎疫情先进个人	常州市委、市政府	2021 年 1 月
潘小兰	戴埠镇中心卫生院	常州市抗击新冠肺炎疫情先进个人	常州市委、市政府	2021 年 1 月
蒋小安	南渡镇中心卫生院	常州市抗击新冠肺炎疫情先进个人	常州市委、市政府	2021 年 1 月
陈少华	上兴镇卫生院	常州市抗击新冠肺炎疫情先进个人	常州市委、市政府	2021 年 1 月
袁　忠	上兴镇卫生院	常州市抗击新冠肺炎疫情先进个人	常州市委、市政府	2021 年 1 月
裴　斌	市纪委、监委	常州市抗击新冠肺炎疫情先进个人	常州市委、市政府	2021 年 1 月
陆慧琦	溧阳市人民政府	常州市抗击新冠肺炎疫情先进个人	常州市委、市政府	2021 年 1 月
嵇建忠	溧阳市人民政府	常州市抗击新冠肺炎疫情先进个人	常州市委、市政府	2021 年 1 月
易子翔	溧阳市人民政府	常州市抗击新冠肺炎疫情先进个人	常州市委、市政府	2021 年 1 月
徐丽萍	市公安局警务督察大队	常州市抗击新冠肺炎疫情先进个人	常州市委、市政府	2021 年 1 月
张洪明	市商务局	常州市抗击新冠肺炎疫情先进个人	常州市委、市政府	2021 年 1 月
蒋建平	市卫生监督所	常州市抗击新冠肺炎疫情先进个人	常州市委、市政府	2021 年 1 月
王亚宝	市卫生监督所	常州市抗击新冠肺炎疫情先进个人	常州市委、市政府	2021 年 1 月
王　伟	市场监督管理局	常州市抗击新冠肺炎疫情先进个人	常州市委、市政府	2021 年 1 月
潘　伟	市供电公司城郊供电所	常州市抗击新冠肺炎疫情先进个人	常州市委、市政府	2021 年 1 月
蒋立新	昆仑街道新昌村委	常州市抗击新冠肺炎疫情先进个人	常州市委、市政府	2021 年 1 月
周玲芳	天目湖镇人民政府	常州市抗击新冠肺炎疫情先进个人	常州市委、市政府	2021 年 1 月
葛曙波	溧阳市融媒体中心	常州市抗击新冠肺炎疫情先进个人	常州市委、市政府	2021 年 1 月
金国平	市交运局	常州市抗击新冠肺炎疫情先进个人	常州市委、市政府	2021 年 1 月
石志强	市教育局	常州市抗击新冠肺炎疫情先进个人	常州市委、市政府	2021 年 1 月
吴　文	市人民银行	常州市抗击新冠肺炎疫情先进个人	常州市委、市政府	2021 年 1 月
姜志军	市住建局	常州市抗击新冠肺炎疫情先进个人	常州市委、市政府	2021 年 1 月
陈叶香	市卫健局	常州市抗击新冠肺炎疫情先进个人	常州市委、市政府	2021 年 1 月
杨俊巍	市网格化管理服务中心	常州市抗击新冠肺炎疫情先进个人	常州市委、市政府	2021 年 1 月
陈家敬	溧城街道	常州市抗击新冠肺炎疫情先进个人	常州市委、市政府	2021 年 1 月
方天乙	天目湖镇	常州市抗击新冠肺炎疫情先进个人	常州市委、市政府	2021 年 1 月
孙龙斌	埭头镇	常州市抗击新冠肺炎疫情先进个人	常州市委、市政府	2021 年 1 月
朱　威	溧阳经济开发区管委会、上兴镇政府	2020 年度全市“提质增效、创新争星”活动二等功	常州市委、市政府	2021 年 1 月
徐贵生	江苏金峰水泥集团有限公司	工业明星企业家	常州市委、市政府	2021 年 2 月
丁山华	江苏上上电缆集团有限公司	工业明星企业家	常州市委、市政府	2021 年 2 月
袁国强	江苏国强镀锌实业有限公司	工业明星企业家	常州市委、市政府	2021 年 2 月
钱洪金	江苏华朋集团有限公司	工业明星企业家	常州市委、市政府	2021 年 2 月
郝　波	江苏正昌集团有限公司	工业明星企业家	常州市委、市政府	2021 年 2 月
邵　良	安顺集团有限公司	工业明星企业家	常州市委、市政府	2021 年 2 月

姓　名	工作单位	获得荣誉	授予单位	授予时间
孔云生	布勒（常州）机械有限公司	工业明星企业家	常州市委、市政府	2021 年 2 月
葛艳明	江苏金源高端装备股份有限公司	工业明星企业家	常州市委、市政府	2021 年 2 月
秦三罗	江苏扬子水泥有限公司	工业明星企业家	常州市委、市政府	2021 年 2 月
史　铭	溧阳市四方不锈钢制品有限公司	工业明星企业家	常州市委、市政府	2021 年 2 月
符黎明	常州时创能源股份有限公司	工业明星企业家	常州市委、市政府	2021 年 2 月
冯初华	溧阳市飞跃机电有限公司	工业明星企业家	常州市委、市政府	2021 年 2 月
孟广才	江苏天目湖旅游股份有限公司	现代服务业明星企业家	常州市委、市政府	2021 年 2 月
宋小华	苏华建设集团有限公司	房地产和建筑业明星企业家	常州市委、市政府	2021 年 2 月
周天喜	江苏天目建设集团有限公司	房地产和建筑业明星企业家	常州市委、市政府	2021 年 2 月

先　进　集　体

溧阳市获得的综合荣誉

荣誉称号	授予单位	授予时间
全国第四批率先基本实现主要农作物生产全程机械化示范县	农业农村部	2020 年 1 月
2019 年度省农村人居环境整治工作第一等次	江苏省农业农村厅	2020 年 3 月
2019 年度县（市、区）城乡建设高质量争先进位奖	省委、省政府	2020 年 4 月
国家级县城新型城镇化建设示范	国家发展改革委员会办公厅	2020 年 5 月
2020 中国最具绿意百佳县市第 42 位	《小康》杂志社	2020 年 5 月
“绿色发展示范案例”	生态环境部	2020 年 5 月
2020 年省级农业科技创新与推广专项市	江苏省农业农村厅	2020 年 6 月
江苏省第二批省级全域旅游示范区	省文化和旅游厅	2020 年 6 月
江苏美丽宜居城市建设试点	江苏省住房和城乡建设厅	2020 年 7 月
2020 年全国县域旅游综合实力百强县	全国县域旅游研究课题组、北京华夏佰强旅游咨询中心	2020 年 7 月
全国农村宅基地制度改革试点城市	中央农办、农业农村部	2020 年 10 月
2018 ～ 2019 年度全省“五方挂钩”帮扶工作先进单位	江苏省扶贫工作领导小组	2020 年 10 月
全国“绿水青山就是金山银山”实践创新基地	生态环境部	2020 年 10 月
2020 中国城乡统筹百佳县市	《小康》杂志社	2020 年 10 月
深化农村公路管理养护体制改革试点地区	交通运输部、财政部	2020 年 10 月

荣誉称号	授予单位	授予时间
2020 中国县域科技创新百佳县市第 37 位	《小康》杂志社	2020 年 10 月
2017 ～ 2019 年度金融生态优秀县	省金融稳定工作协调小组	2020 年 10 月
溧阳长荡湖国家湿地公园	国家林业和草原局	2020 年 10 月
国家卫生城市（2020 ～ 2022）	全国爱国卫生运动委员会、国家全域旅游示范区、文化和旅游部	2020 年 10 月
全省法治政府建设示范市	省委全面依法治省委员会	2020 年 10 月
2017 ～ 2019 年度金融生态优秀县	江苏省金融稳定工作协调小组	2020 年 11 月
2020 年中国工业百强县（市）第 24 位	中国信息通信研究院	2020 年 11 月
2020 年中国创新百强县（市）第 33 位	中国信息通信研究院	2020 年 11 月
2020 中国旅游百强县第 15 位	竞争力智库等	2020 年 11 月
第二批国家全域旅游示范区	文化和旅游部	2020 年 11 月
溧阳蝉联全国文明城市	中央文明委	2020 年 11 月
营商环境百强县（2020）第 27 名	赛迪顾问	2020 年 11 月
2020 中国未来投资潜力百佳县市第 5 位	中国小康网	2020 年 11 月
2020 胡润中国最具投资潜力区域百强，绿色发展榜第 8 名	《胡润百富》	2020 年 12 月
2020 中国县级市全面小康指数百强第 19 位	竞争力智库、中国信息协会信息化发展研究院等	2020 年 12 月
中国十佳体育旅游精品目的地	国家体育总局体育文化发展中心	2020 年 12 月
2020 年度财政重点工作绩效考核先进市县一等奖	省财政厅	2021 年 2 月
2020 年度信访工作先进市	省信访局	2021 年 2 月
2020 年度推进高质量发展先进县（市、区）全省第 9 位	省委、省政府	2021 年 3 月

全国（条线）先进集体

获得单位	获得荣誉	授予单位	授予时间
戴埠镇	2019 年重新确认国家卫生乡镇	全国爱卫会	2020 年 7 月
埭头镇	2019 年重新确认国家卫生乡镇	全国爱卫会	2020 年 7 月
南渡镇	2019 年重新确认国家卫生乡镇	全国爱卫会	2020 年 7 月
竹箦镇	蝉联中国绿色铸造小镇	中国铸造协会	2020 年 8 月
科华控股股份有限公司	中国绿色铸造示范企业	中国铸造协会	2020 年 8 月
溧阳市虹翔机械制造有限公司	中国绿色铸造企业	中国铸造协会	2020 年 8 月
溧阳市新力机械铸造有限公司	中国绿色铸造企业	中国铸造协会	2020 年 8 月
溧阳市金桥机械有限公司	中国绿色铸造企业	中国铸造协会	2020 年 8 月

获得单位	获得荣誉	授予单位	授予时间
江苏金峰水泥集团有限公司	2020 中国民营企业 500	全国工商联	2020 年 9 月
江苏国强镀锌实业有限公司	2020 中国民营企业 500	全国工商联	2020 年 9 月
江苏上上电缆集团有限公	2020 中国民营企业 500	全国工商联	2020 年 9 月
江苏省溧阳中学	第三批国防教育特色学校	教育部	2020 年 9 月
江苏上上电缆集团有限公司	2020 中国制造业企业 500 强	中国企业联合会	2020 年 9 月
溧城镇礼诗圩村	第二批全国乡村旅游重点村	文旅部、国家发改委	2020 年 9 月
南渡镇庆丰村	第二批全国乡村旅游重点村	文旅部、国家发改委	2020 年 9 月
天目湖镇	2020 年全国乡村特色产业十亿镇亿元村	农业农村部	2020 年 11 月
溧阳市税务局	2020 年度全国文明单位	国家税务总局	2020 年 11 月
市交通运输局	2018 ～ 2019 年度“全国交通运输行业文明单位”	交通运输部	2020 年 12 月
溧阳上河城购物中心	第五批国家级知识产权保护规范化市场	国家知识产权局	2020 年 12 月
溧阳市税务局工会委员会	全国模范职工之家	中华全国总工会	2021 年 1 月
溧城镇五里亭社区	2020 年度“全国综合减灾示范社区”	国家减灾委员会、应急管理部、中国气象局、中国地震局	2021 年 2 月
昆仑街道濑江新村社区	2020 年度“全国综合减灾示范社区”	国家减灾委员会、应急管理部、中国气象局、中国地震局	2021 年 2 月

省级（条线）先进集体

获得单位	荣誉称号	授予单位	授予时间
市人民检察院第二检察部	集体二等功	省检察院	2020 年 1 月
市人民法院	全省优秀法院	江苏省高级人民法院	2020 年 2 月
南渡法庭	全省法院系统 2018 ～ 2019 年度江苏省青年文明号	江苏省高级人民法院 共青团江苏省委	2020 年 2 月
市公安局竹箦派出所	集体二等功	省公安厅	2020 年 2 月
市人民防空办公室	2019 年度江苏省“人防工作先进单位”	省人民防空办公室	2020 年 3 月
市住房和城乡建设局	江苏省五一劳动奖章	省总工会	2020 年 4 月
溧阳经济开发区税务分局	江苏省工人先锋号	省总工会	2020 年 4 月
溧阳经济开发区税务分局	江苏省工人先锋号	省总工会	2020 年 4 月

获得单位	荣誉称号	授予单位	授予时间
正昌集团粮机制造部金工甲班	江苏省工人先锋号	省总工会	2020 年 4 月
天目建设集团赵文斌项目班组	江苏省工人先锋号	省总工会	2020 年 4 月
中国移动溧阳分公司城南区域营销中心	江苏省工人先锋号	省总工会	2020 年 4 月
竹箦镇陆笪村	江苏省传统村落	省住建厅	2020 年 4 月
别桥镇塘马村	江苏省传统村落	省住建厅	2020 年 4 月
上兴镇牛马塘村	江苏省传统村落	省住建厅	2020 年 4 月
戴埠镇灵官村	江苏省传统村落	省住建厅	2020 年 4 月
昆仑街道沙涨村	江苏省传统村落	省住建厅	2020 年 4 月
市税务局团委	全省五四红旗团委	共青团江苏省委	2020 年 5 月
市人民检察院团总支	江苏省五四红旗团支部	共青团江苏省委	2020 年 5 月
市慈善总会	江苏最具影响力慈善组织	省政府	2020 年 5 月
常州市住房公积金管理中心溧阳分中心	先进基层党组织	省住房和城乡建设行业委员会	2020 年 6 月
龙海建设集团有限公司	2019 年度全省建筑业百强企业	省住建厅、省统计局、省商务厅	2020 年 6 月
江苏天目建设集团有限公司	2019 年度全省建筑业百强企业	省住建厅、省统计局、省商务厅	2020 年 6 月
江苏鹏程钢结构有限公司	2019 年度全省建筑业百强企业	省住建厅、省统计局、省商务厅	2020 年 6 月
江苏天力建设集团有限公司	2019 年度全省建筑业百强企业	省住建厅、省统计局、省商务厅	2020 年 6 月
江苏上上电缆集团有限公司	2019 江苏省百强创新型企业	江苏省科技发展战略研究院	2020 年 7 月
江苏正昌集团有限公司	2019 江苏省百强创新型企业	江苏省科技发展战略研究院	2020 年 7 月
上兴镇	美丽宜居小城镇建设试点	省住房和城乡建设厅	2020 年 7 月
上黄镇浒西村南山后	第三批特色田园乡村	省住房和城乡建设厅	2020 年 7 月
南渡镇庆丰村陆家	第三批特色田园乡村	省住房和城乡建设厅	2020 年 7 月
金峰水泥集团有限公司	江苏民营企业 200 强	省工商联	2020 年 9 月
国强镀锌实业有限公司	江苏民营企业 200 强	省工商联	2020 年 9 月
上上电缆集团有限公司	江苏民营企业 200 强	省工商联	2020 年 9 月
申特钢铁有限公司	江苏民营企业 200 强	省工商联	2020 年 9 月
苏华建设集团有限公司	江苏民营企业 200 强	省工商联	2020 年 9 月
天目建设集团有限公司	江苏民营企业 200 强	省工商联	2020 年 9 月
龙海建设集团有限公司	江苏民营企业 200 强	省工商联	2020 年 9 月

获得单位	荣誉称号	授予单位	授予时间
市法院刑事审判庭	全省扫黑除恶专项斗争优秀办案团队	江苏省扫黑除恶专项斗争领导小组	2020 年 10 月
市公安局交通警察大队	江苏省抗击新冠肺炎疫情先进集体	省委、省政府	2020 年 11 月
市税务局机关党委	2019 年度江苏省三八红旗集体	省妇联	2020 年 11 月
市人民检察院控申办案团队	优秀办案团队	省检察院	2020 年 12 月
市政府办	2020 年度全省政府网站建设管理先进单位	省政府办公厅	2021 年 3 月

常州市级先进集体

获得单位	荣誉称号	授予单位	授予时间
市退役军人事务局	常州市双拥模范单位	常州市委、市政府、常州军分区	2020 年 11 月
市委宣传部	全市抗击新冠肺炎疫情先进集体	常州市委、市政府	2021 年 1 月
市政府办公室	全市抗击新冠肺炎疫情先进集体	常州市委、市政府	2021 年 1 月
市工业和信息化局	全市抗击新冠肺炎疫情先进集体	常州市委、市政府	2021 年 1 月
市交通运输局	全市抗击新冠肺炎疫情先进集体	常州市委、市政府	2021 年 1 月
市卫生健康局	全市抗击新冠肺炎疫情先进集体	常州市委、市政府	2021 年 1 月
市社渚镇综合行政执法局	全市抗击新冠肺炎疫情先进集体	常州市委、市政府	2021 年 1 月
阳光城市社区居委会	全市抗击新冠肺炎疫情先进集体	常州市委、市政府	2021 年 1 月
苏皖合作示范区建设发展集团有限公司	全市抗击新冠肺炎疫情先进集体	常州市委、市政府	2021 年 1 月
市委宣传部（文明办）	常州市建设全国文明城市工作先进集体	常州市委、市政府	2021 年 1 月
市公安局	常州市建设全国文明城市工作先进集体	常州市委、市政府	2021 年 1 月
市城管局	常州市建设全国文明城市工作先进集体	常州市委、市政府	2021 年 1 月
溧城街道	常州市建设全国文明城市工作先进集体	常州市委、市政府	2021 年 1 月
戴埠镇	常州市建设全国文明城市工作先进集体	常州市委、市政府	2021 年 1 月
南渡镇	常州市第二批新时代文明实践中心建设试点工作先进单位	常州市委、市政府	2021 年 1 月
溧城街道	常州市第二批新时代文明实践中心建设试点工作先进单位	常州市委、市政府	2021 年 1 月

获得单位	荣誉称号	授予单位	授予时间
埭头镇余家坝村	常州市新时代文明实践站	常州市委、市政府	2021 年 1 月
天目湖镇三胜村	常州市新时代文明实践站	常州市委、市政府	2021 年 1 月
竹箦镇前马村	常州市新时代文明实践站	常州市委、市政府	2021 年 1 月
戴埠镇戴南村	常州市新时代文明实践站	常州市委、市政府	2021 年 1 月
江苏金峰水泥集团有限公司	2020 年度特别重大贡献奖企业名单	常州市委、市政府	2021 年 2 月
江苏上上电缆集团有限公司	2020 年度重大贡献奖企业	常州市委、市政府	2021 年 2 月
江苏时代新能源科技有限公司	2020 年度重大贡献奖企业	常州市委、市政府	2021 年 2 月
江苏国强镀锌实业有限公司	2020 年度重大贡献奖企业	常州市委、市政府	2021 年 2 月
江苏华朋集团有限公司	2020 年度重大贡献奖企业	常州市委、市政府	2021 年 2 月
江苏金峰水泥集团有限公司	工业五星企业	常州市委、市政府	2021 年 2 月
江苏上上电缆集团有限公司	工业五星企业	常州市委、市政府	2021 年 2 月
江苏国强镀锌实业有限公司	工业五星企业	常州市委、市政府	2021 年 2 月
江苏华朋集团有限公司	工业五星企业	常州市委、市政府	2021 年 2 月
江苏时代新能源科技有限公司	工业五星企业	常州市委、市政府	2021 年 2 月
金纬机械溧阳有限公司	工业五星企业	常州市委、市政府	2021 年 2 月
溧阳天山水泥有限公司	工业五星企业	常州市委、市政府	2021 年 2 月
江苏正昌集团有限公司	工业五星企业	常州市委、市政府	2021 年 2 月
江苏国信溧阳抽水蓄能发电有限公司	工业五星企业	常州市委、市政府	2021 年 2 月
安顺集团有限公司	工业四星企业	常州市委、市政府	2021 年 2 月
溧阳索尔维稀土新材料有限公司	工业四星企业	常州市委、市政府	2021 年 2 月
布勒（常州）机械有限公司	工业四星企业	常州市委、市政府	2021 年 2 月
江苏安靠智能输电工程科技股份有限公司	工业四星企业	常州市委、市政府	2021 年 2 月
江苏金源高端装备股份有限公司	工业四星企业	常州市委、市政府	2021 年 2 月
江苏扬子水泥有限公司	工业四星企业	常州市委、市政府	2021 年 2 月
溧阳市四方不锈钢制品有限公司	工业三星企业	常州市委、市政府	2021 年 2 月
常州时创能源股份有限公司	工业三星企业	常州市委、市政府	2021 年 2 月
溧阳市飞跃机电有限公司	工业三星企业	常州市委、市政府	2021 年 2 月
江苏钢锐精密机械有限公司	工业三星企业	常州市委、市政府	2021 年 2 月
江苏华鹏智能仪表科技股份有限公司	工业三星企业	常州市委、市政府	2021 年 2 月
上汽时代动力电池系统有限公司	工业三星企业	常州市委、市政府	2021 年 2 月

获得单位	荣誉称号	授予单位	授予时间
常州乔尔塑料有限公司	工业三星企业	常州市委、市政府	2021 年 2 月
溧阳市栗里文旅投资发展有限公司	现代服务业五星企业	常州市委、市政府	2021 年 2 月
江苏天目湖旅游股份有限公司	现代服务业四星企业	常州市委、市政府	2021 年 2 月
苏华建设集团有限公司	房地产和建筑业五星企业	常州市委、市政府	2021 年 2 月
江苏天目建设集团有限公司	房地产和建筑业五星企业	常州市委、市政府	2021 年 2 月
龙海建设集团有限公司	房地产和建筑业五星企业	常州市委、市政府	2021 年 2 月
江苏天目湖（集团）有限公司	房地产和建筑业五星企业	常州市委、市政府	2021 年 2 月
溧阳市惠江南置业有限公司	房地产和建筑业五星企业	常州市委、市政府	2021 年 2 月
江苏金马工程有限公司	房地产和建筑业五星企业	常州市委、市政府	2021 年 2 月
江苏中关村科技产业园园区建设有限公司	房地产和建筑业四星企业	常州市委、市政府	2021 年 2 月
江苏天力建设集团有限公司	房地产和建筑业四星企业	常州市委、市政府	2021 年 2 月
江苏溧阳建设集团有限公司	房地产和建筑业四星企业	常州市委、市政府	2021 年 2 月
江苏溧阳城建集团有限公司	房地产和建筑业四星企业	常州市委、市政府	2021 年 2 月
江苏上弘置业有限公司	房地产和建筑业三星企业	常州市委、市政府	2021 年 2 月
江苏银梧房地产开发有限公司	房地产和建筑业三星企业	常州市委、市政府	2021 年 2 月
溧阳恒扬房地产开发有限责任公司	房地产和建筑业三星企业	常州市委、市政府	2021 年 2 月
溧阳市蓝城青州南山花园建设服务有限公司	房地产和建筑业三星企业	常州市委、市政府	2021 年 2 月
江苏金峰水泥集团有限公司	纳税百强企业奖企业	常州市委、市政府	2021 年 2 月
江苏上上电缆集团有限公司	纳税百强企业奖企业	常州市委、市政府	2021 年 2 月
江苏国强镀锌实业有限公司	纳税百强企业奖企业	常州市委、市政府	2021 年 2 月
苏华建设集团有限公司	纳税百强企业奖企业	常州市委、市政府	2021 年 2 月
江苏华朋集团有限公司	纳税百强企业奖企业	常州市委、市政府	2021 年 2 月
江苏天目建设集团有限公司	纳税百强企业奖企业	常州市委、市政府	2021 年 2 月
江苏时代新能源科技有限公司	纳税百强企业奖企业	常州市委、市政府	2021 年 2 月
龙海建设集团有限公司	纳税百强企业奖企业	常州市委、市政府	2021 年 2 月
江苏天目湖（集团）有限公司	纳税百强企业奖企业	常州市委、市政府	2021 年 2 月
溧阳市惠江南置业有限公司	纳税百强企业奖企业	常州市委、市政府	2021 年 2 月
金纬机械溧阳有限公司	纳税百强企业奖企业	常州市委、市政府	2021 年 2 月
溧阳天山水泥有限公司	纳税百强企业奖企业	常州市委、市政府	2021 年 2 月
江苏正昌集团有限公司	纳税百强企业奖企业	常州市委、市政府	2021 年 2 月
江苏国信溧阳抽水蓄能发电有限公司	纳税百强企业奖企业	常州市委、市政府	2021 年 2 月

文件摘要

中共溧阳市委 溧阳市人民政府 关于扎实开展脱贫攻坚工作大力实施 美意田园行动全面推进乡村振兴的实施意见

溧委发〔2020〕2号

各镇党委和人民政府，江苏中关村科技产业园、天目湖旅游度假区、溧阳经济开发区党工委和管委会，市各部委办局、直属企事业单位：

为深入贯彻落实市委十二届九次全会精神，扎实做好重大项目建设和社会主义现代化建设试点工作，经研究，决定在全市开展"重大项目突破年"和"现代化建设试点工作突破年"活动。制定如下实施意见：

一、指导思想

坚持以习近平新时代中国特色社会主义思想为指导，紧扣"强富美高"总目标，突出高质量发展导向，自觉践行新发展理念，对标浙江海宁市，聚力生态创新，聚焦城乡融合，解放思想，团结实干，奋力赶超，切实以重大项目建设和社会主义现代化建设试点工作的新突破，实现长三角生态创新示范城市建设的新开局。

二、工作目标

（一）对标先进争进位。大力弘扬常州"勇争一流、耻为第二"的精神，进一步增强"提标意识"，全方位对标浙江海宁市，制订三年行动方案，细化赶超目标，明确年度赶超任务，固基本、补短板、强特色，奋力在长三角一体化发展格局中争先进位。力争地区生产总值增长8%，规上工业总产值增长15%以上，工业应税销售超2000亿元。

（二）重大项目再突破。聚力发展先进制造、高端休闲、现代健康、新型智慧"四大经济"，加快建设绿色产业集聚创新区。全年引进总投资超10亿元或1亿美元项目25个以上，其中30亿元或3亿美元项目4个以上、50亿元或5亿美元项目2个以上、100亿元或10亿美元项目1个。加速重大项目建设，年内新建项目开工率100%，全面完成省、常州和市级重点项目建设年度目标任务。提升项目建设质效，全年设备投资50亿元，力争规上工业亩均产值、亩均税收均增长10%以上。

（三）生态创新有示范。聚焦建设长三角生态创新示范城市，着力在探索生态价值转化上形成示范成果，大力建设践行"两山"理论先行区，力争创成国家绿水青山就是金山银山实践创新基地。强化污染防治，持续深化生态治理，大力推进生态修复，着力夯实生态之基。全面完成上级节能减排任务，位列污染防治攻坚常州考核第一方阵。释放生态红利，推动生态与产业、科技、人才等聚合裂变。以"四大经济"为核心的生态经济比重达到60%以上，所创造税收在一般公共预算收入中占比达到45%以上；年内引进高层次人才260人以上，新认定省级以上"三站三中心"9家、高新技术企业40家。提升生态价值，带动生态与城乡空间、公共服务、生活方式融合嬗变。确保城镇绿化覆盖率 37.8%，争创中国人居环境奖。以生态推动区域分工协作，在深化苏皖合作示范区建设、加速融入上海大都市圈、南京都市圈以及长三角一体化发展方面形成声势。

（四）城乡融合探新路。以入选国家城乡融合发展试验区为契机，努力在建立健全城乡融合发展体制机制上形成示范成果，着力建设城乡融合发展示范区。探索公园形态与城市空间有机融合，初步形成公园城市框架。确保文明城市建设位居全省前列，城市长效综合管理位列常州考核第一方阵。深入开展“美意田园”行动，结合宅基地三权分置推进村庄改造，形成试点示范村庄 3 个以上。规划发展村美意田园覆盖率 35% 以上。重点补齐农村公共服务短板，力争义务教育阶段优质学校占比达 98% 以上，每千常住人口执业医师数达 2.65 人以上；人均拥有公共文化体育设施面积达 2.2 平方米以上。以全国乡村治理体系建设试点工作为依托，推动社会治理能力现代化，平安溧阳、法治溧阳建设稳居全省前列，安全生产事故和死亡人数明显下降。

三、重点工作

（一）在招引重大项目上抓突破。坚持“项目为王”理念，深化招商引资“一号工程”共识，释放新一轮发展“四大经济”三年行动计划政策效应，奋力突破重大项目，切实以招商引资的热度提升经济发展的温度。强化目标落实。江苏中关村以打造全球一流绿色储能产业基地为重点，确保至少引进 100 亿元或 10 亿美元项目 1 个、50 亿元或 5 亿美元项目 1 个、10 亿元或 1 亿美元项目 8 个。经济开发区、苏皖合作社渚先导区以电机、电控、轻量化材料等核心零部件为重点加快产业培育，经济开发区至少引进 50 亿元或 5 亿美元工业项目 1 个、30 亿元或 3 亿美元 1 个、10 亿元或 1 亿美元工业项目 5 个；苏皖合作社渚先导区至少引进 30 亿元或 3 亿美元 1 个、10 亿元或 1 亿美元工业项目 3 个。天目湖旅游度假区、曹山旅游度假区、戴埠镇围绕高端休闲健康产业突破重大项目，天目湖旅游度假区至少引进 30 亿元或 3 亿美元项目 1 个、超 10 亿元或 1 亿美元项目 3 个；曹山旅游度假区至少引进 30 亿元或 3 亿美元项目 1 个、超 10 亿元或 1 亿美元项目 2 个；戴埠镇引进超 10 亿元或 1 亿美元项目 2 个以上。别桥、竹箦、南渡镇各引进超 10 亿元或 1 亿美元先进制造项目 2 个以上。上黄、埭头镇各引进超 10 亿元或 1 亿美元先进制造项目 1 个以上。溧城镇引进大型知名餐饮企业 3 家以上。突出主攻方向。聚焦沪深京浙等重点地区，全面梳理产业链关键环节和目标客户，精心绘制产业链全景图、产业招商路线图，办好各类专题招商活动，掀起精准招商的热潮。加大对日英德等国际地区招商力度，确保完成常州下达的外资考核任务，力争“四大经济”在利用外资上取得突破。先进制造经济招商办公室围绕航空产业、高端休闲经济招商办公室围绕品牌酒店和夜间休闲产品、现代健康经济招商办公室围绕高端康养或健康制造、新型智慧经济招商办公室围绕人工智能产业，分别促成 10 亿元或 1 亿美元项目落地 3 个以上。整合招商力量。优化招商机制，强化招商力量、政策和资源的统筹，形成全市招商引资工作“一盘棋”格局；完善招商绩效考核体系，强化镇区招商引资“一把手”负责制，建立招商引资“月点评、月通报”制度，加强各镇区和“四大经济”专业招商队伍建设；整合驻外招商资源，构建“统分结合、以统为主”的市镇协同招商机制，形成驻外招商工作合力；优化招商引荐项目奖励办法，发动各地乡贤力量，充分调动本土企业家和在外溧阳籍知名人士引荐项目积极性，全面掀起产业链招商、企业家招商、溧阳人招商热潮。（责任单位：市发改委、商务局、“四大经济”招商办公室，各镇区）

（二）在加速项目建设上抓突破。坚持以项目论英雄，持续开展一月一督查、一季一观摩，不断完善市镇领导挂钩、要素保障供给、代理代办推进等机制，将精准服务落实到项目建设全流程，跑出项目建设“加速度”。聚力重点产业项目快推进。完善“四大经济”重点产业项目管理机制，全力推进上上特种电缆、华鹏新能源变压器等 42 个先进制造经济项目建设，确保年度投资计划完成率 100%；加快推进曹山未来城等 8 个高端休闲经济项目建设，完成天目湖通用机场一期工程建设，鸣桐茶舍等 10 个“溧阳茶舍”建成投运；大力推进中德富尔达康颐社区等 6 个现代健康经济项目，确保完成年度投资计划；加快中科院物理所长三角研究中心等 8 个新型智慧经济项目建设，打造全省有影响的红色教育培训实践体验中心，推动中英电动汽车联合创新中心、南航无人机研究院产业基地建设取得实效。强化内部挖潜上项目。大力倡导本土企业抱团发展，鼓励本土企业与央企国企、行业龙头企业开展合作，引导本土企业加快技术改造催生项目、实施兼并重组整合项目、深化合资合作嫁接项目，做强做优本土经济。力争全年净增规上工业企业 40 家以上。狠抓基本建设项目早见效。健全基本建设项目工作进度月报制度，加大项目前期工作力度，加快项目用地征收清零步伐，优化项目建设联审联批流程，强化项目开工资金前置审核，推动项目早开工、快建成。（责任单位：市委组织部，市发改委、工信局、文旅局、卫健局、科技局、行政审批局，涉及基本项目建设相关单位，各镇区）

（三）*在完善功能布局上抓突破*。坚持把推动空间均衡作为基本要求，优化县域生产力布局，提升各板块功能品质，引导产业集聚发展、要素合理配置、资源集约利用。优化全域空间布局。坚持城乡无界，以生产、生活、生态空间均衡布局为重点，探索开展空间布局规划试点。推行国土空间“弹性规划”机制，确保空间资源精准利用。探索板块联动发展。以江苏中关村区域扩围、生命康原全面启动、焦尾琴公园基础建设三项联动提升中心城区能级。以南航天目湖校区二期、省中医院溧阳分院新院建设为拉动，推动生命康原开发建设，拓展中心城区未来空间。大力推动南渡镇区与江苏中关村、竹箦镇区与经济开发区联动互融，以长荡湖退圩还湖工程为纽带加速别桥、埭头、上黄三镇联动崛起，实现资源要素优化配置、发展空间有效拓展。瞄准强埠、汤桥、河心、河口等西部薄弱地区，组织专门力量重点建设现代农业科技产业园。提升载体功能品质。聚焦“一区两园多基地”产业布局，江苏中关村以推动产城融合为重点，加快完善城市功能，全力冲刺国家级高新区；经济开发区聚力重大项目突破，打造承接南京优质创新资源转移新高地；苏皖合作社渚先导区加快基础设施建设，加大项目招引力度，切实发挥区域性辐射带动功能；镇级特色产业园以全省有影响为目标打响品牌。以创建国家级全域旅游示范区为抓手，围绕“三山两湖一团城”旅游布局，天目湖、南山、曹山旅游区以实现提质跃升为导向加速形成高端休闲度假集聚区，瓦屋山、长荡湖、“宋团城”以明晰功能定位为重点深化开发建设规划研究。（责任单位：市自然资源局、商务局、农业农村局、生命康原指挥部、各镇区）

（四）*在创造全域洁净上抓突破*。坚持把“生态创新地”作为现代化试点的战略路径，以创造全域洁净为重点夯实生态创新实践基础。强化污染防治攻坚。聚焦打赢“蓝天保卫战”，持续开展“控煤、治污、管车、降尘”，力争空气质量排名进入全省前20位。聚焦打赢“治水升级战”，坚持治源、截污、建管、清淤、引流“五策并举”，力争年内全面消除劣Ⅴ类水体，确保国省考核断面全面达标、地表水优于Ⅲ类比例持续提高。实施新一轮天目湖水源地保护三年行动计划，确保天目湖饮用水水源地水质保持优良。聚焦打赢“固废清零战”，持续开展危废“减存量、控风险”专项行动，深化固废危废整治。全面开展城乡生活垃圾分类工作。加快金峰运输廊道与天山运输廊道建设，强化上黄地区夹石土综合治理与矿坑修复试点，着力改善涉矿区域环境面貌。深化文明城市建设。围绕“对标张家港，文明新溧阳”，持续深化文明城市建设三年行动计划，重点抓好经营秩序、交通秩序、施工秩序、小区秩序综合整治，做好物业服务质量提升、老旧小区改造、背街小巷整治、机关单位“敞墙透绿”、城区文明停车、犬只规范管理、烟花爆竹禁放、拆违控违等重点工作，争创省级美丽宜居城市。探索公园城市建设。编制覆盖城乡的公园城市规划，制订建设公园城市三年行动计划，推动公园城市建设有序铺开。实施“山水融城”行动，完善“溧阳 1 号公路”功能配套、建设溧阳琴廊和森林长廊，打造以“一路两廊”为骨架的生态“绿脉”。开展“塑园美城”行动，统筹实施焦尾琴公园、丁家山公园、西山河公园等公园建设，完善城市公园体系。深化“美意田园”行动，以清垃圾、清河塘、拆违章、拆围墙“两清两拆”为重点，年内完成约 50 个村庄环境改造提升。（责任单位：市发改委、生态环境局、公安局、工信局、住建局、交通运输局、城管局、水利局、农业农村局、文明办、城发集团、苏皖集团、各镇区）

（五）*在补好乡村短板上抓突破*。坚持把“城乡融合体”作为现代化试点的奋斗目标，以补齐农村发展短板为重点加速城乡融合步伐。补好乡村基础设施短板。实施南部山区基础设施提升工程，完善南部山区道路、通讯、供水、供电、供气等基础设施。深入推进区域供水一体化。加强城镇与农村污水治理设施管理运行，确保治污成果见效。完善城乡交通体系，完成 456 省道先导段、奥体大道南延、燕山南路拓宽、扬溧高速后周道口至黄金山线等工程，改造永定东路，加强南渡以西地区农村公路网研究。补好乡村公共服务短板。以服务半径为范畴，以村民集约为依据，规划建设村镇片区性公共服务中心。新建汤桥幼儿园等 10 所幼儿园。加快前马中小学、永和小学等校舍改造步伐。争创全国义务教育优质均衡发展市。加强村卫生室建设。加快省中医院溧阳分院三级医院创建步伐，力争社渚、竹箦、溧城3家卫生院创成二级医院建设单位。补好乡村产业发展短板。鼓励集体经济组织参与集体土地建设非公益性项目的开发经营，壮大农村集体经济。完善“领导挂钩、企业联村、干部帮户”机制，扩大企业联村覆盖面，持续巩固经济薄弱村帮扶成果。大力发展精品农业，加大天目湖鱼头、溧阳白芹、溧阳扎肝等地方品牌保护，重点扶持农产品加工业和农业电商标杆企业，推动农旅融合发展，培育一批符合乡村实际、具有造血功能的产业项目。（责任单位：市自然资源局、住建局、交通运输局、工信局、水利局、教育局、卫健局、农业农村局、市场监管局，供电公司，各镇区）

（六）*在创新发展机制上抓突破*。坚持把制度探索作为现代化试点的核心任务，力求在重点领域形成可复制可推广的示范经验。以全省社会主义现代化建设试点为主线，统筹国家城乡融合发展试验区、全国乡村治理体系建设试点县、全国新时代文明实践中心试点等试点任务，整体谋划、系统推进。以推动生态价值转化为导向，构建天目湖流域生态环境容量评价体系，核算生态治理工程生态贡献值，开展以水环境指标为重点的生态交易试点，形成若干生态资源交易与生态环境提升协调互动的典型案例，为完善生态资源交易市场、建设生态银行、构建生态产品价值体系提供探索经验。以农村宅基地改革为抓手，探索农村宅基地所有权、资格权、使用权“三权分置”实现形式，重点优化调整村庄规划布局，建立农村宅基地有期、有偿使用制度，改革农村宅基地分配取得制度，探索农民住房保障在不同区域“户有所居”的多种实现形式，有序推进农村更新改造，促进规划发展村集聚发展；推进农村宅基地使用权流转和有偿退出，建立农村集体经营性用地入市制度；探索农村集体经济组织人才加入机制，吸引社会资本参与乡村建设，打造天目湖三胜村、南渡庆丰村、竹箦水西村等试点示范村庄。以推动城乡融合为目标，出台促进农村一二三产融合发展政策，建立科技成果入乡转化机制，聚焦西部农业产业园核心区或选择具有代表性的特色田园乡村，搭建集“科技创新＋产业集群”孵化、产学研以及种植、装备、研发、加工于一体的城乡产业协同发展平台，形成示范带动效应。以完善乡村治理体系为契机，实施“头雁矩阵”计划，加强基层组织“带头人”队伍建设，健全农民群众和社会力量参与乡村治理机制；在通过农村集体产权制度改革实现人员和资产固化的基础上，探索拆迁小区“村改居”等形式，年内形成北水西、胥泊等试点示范社区；推动网格化治理与社区治理融合，推行“网格化＋信息化”社会治理新模式，形成“第一时间发现问题，高效迅速解决问题”和“上面千条线，下面一张网”治理格局，切实减轻基层负担、提升基础治理效能，年内形成嘉丰、东升等试点示范社区。以新时代文明实践中心建设为依托，整合各方资源和力量，加强理论宣讲、教育服务、文化服务、科技与科普、健康促进与体育服务五大平台建设，规范镇村文明实践所、站建设，拓展“五堂一站”和“小城故事”品牌内涵，促进志愿服务标准化、制度化、生活化，推动习近平新时代中国特色社会主义思想深入人心。（责任单位：市委政法委，市发改委、自然资源局、农业农村局、民政局、文明办、各镇区）

四、保障措施

（一）*强化要素保障*。凝聚“亩均论英雄”共识，扩大企业综合评价覆盖面，拓展评价结果应用范围，提升要素保障精准度。围绕全市重点工程及重大项目，加大土地综合整治力度，实施工矿挂钩项目新增用地2000亩，向上争取土地指标5000亩以上。清理批而未供、闲置土地1100亩，完成低效用地再开发3000亩。完善金融机构信贷评价激励机制，引导金融机构更大力度支持实体经济发展。深入开展新一轮“天目湖英才榜”三年行动，不断创优人才发展环境。聚焦企业人力资源需求，全年组织企业用工外出劳务对接15场以上，引进企业用工万人以上。

（二）*优化营商环境*。定期举办“企业家焦尾琴沙龙”，建立政务服务“好差评”制度，强化镇区招商项目“代办制”，进一步打响“溧即办”品牌，力争营商环境指数位居全省前列。全面落实各级降税减负举措，确保企业各项税费平均成本“只降不增”，确保政府精准扶持力度“只增不减”。继续实施建筑业高质量发展激励政策。引导社会资本参与重点区域开发、重要基础设施和重大公共事业建设，激发社会投资活力。举办第二届“溧商大会”，表彰“溧商回乡创业功臣”和“服务家乡招商引资功臣”，吸引更多溧阳籍优秀人才服务家乡发展。强化安全发展理念，深入开展安全生产专项整治行动，坚决遏制重特大事故发生。

（三）*营造实干氛围*。开展庆祝撤县设市三十周年系列活动，大力宣传“重大项目突破年”和“现代化建设试点工作突破年”活动，在全社会营造团结实干的浓厚氛围。以效能提标、效率提速、效绩提质“三效三提”为目标开展作风建设专项整治活动，建立健全“干部为事业担当、组织为干部担当”工作机制，引导广大干部崇尚实干、担当作为。建立专班推进机制，狠抓各项工作落地见效。强化考核导向，将“重大项目突破”和“现代化建设试点工作突破”作为2020年度镇区、机关部门目标任务和绩效管理考核的主要内容。完善首问负责制、限时办结制和责任追究制，强化督查问责，将督查结果作为干部任用、绩效管理、评先评优的重要依据。

中共溧阳市委　溧阳市人民政府
关于探索城乡融合之路 决胜高水平全面
小康社会的实施意见

溧委发〔2020〕11号

各镇党委和人民政府，江苏中关村科技产业园、天目湖旅游度假区、溧阳经济开发区党工委和管委会，市各部委办局、直属企事业单位：

为深入落实乡村振兴战略，发挥“三农”压舱石作用，重塑新型城乡关系，探索城乡融合之路，促进农业农村现代化，确保高水平全面建成小康社会，制定本实施意见。

一、指导思想

坚持以习近平新时代中国特色社会主义思想为指导，全面贯彻落实中央、省委和常州农村工作会议精神，按照乡村振兴战略总体部署，坚持农业农村优先发展总方针，对标对表高水平全面建成小康社会硬任务，以加快城乡融合为主抓手，统筹资源配置，促进要素流动，通过乡村空间重构、城乡产业互融、治理体系共建，打造“生态创新、城乡融合”新标杆，高质量呈现全面小康社会美丽形态，为建设长三角生态创新示范城市奠定坚实基础。

二、基本原则

（一）坚持大胆探索，试点先行。以全省社会主义现代化建设试点为主线，统筹推进国家城乡融合发展试验区、全国乡村治理建设试点县、全国乡村新时代文明实践中心试点任务，找准试点切入点和突破口，大胆创新，勇于探索，形成一批可复制、可推广的经验和成果。

（二）坚持城乡无界，互融互生。以促进城乡生产要素双向自由流动和公共资源合理配置为关键，促进各类要素更多向乡村流动，在乡村形成人才、土地、资金、产业、信息汇聚的良性循环，为乡村振兴持续注入鲜活动能。

（三）坚持农民主体，基层首创。以打造共建共治共享的乡村善治格局为核心，激发城乡融合发展的内生动力。充分尊重基层意愿，发挥基层组织建设力、创造力、创新力，推动农业全面升级、农村全面进步、农民全面发展，顺应农民群众对美好生活的向往。

三、重点任务

（一）探索先行之路，提升乡村空间价值。探索宅基地所有权、资格权、使用权“三权分置”实现形式，落实宅基地集体所有权，保障宅基地农户资格权和农民房屋财产权，放活宅基地和农民房屋使用权，释放土地价值，激发农村活力。优化规划布局。编制“三生融合”的国土空间规划。加快推进镇村布局规划修编，将全市规划发展村数量优化调整至600个左右。鼓励优秀设计单位和设计师下乡，开展农房设计方案编制，引导建设地域特色鲜明、乡土气息浓厚、具有时代气息的宜居农房，避免千篇一律。强化制度设计。推进农村宅基地取得方式多样化，探索农村宅基地有偿使用、有偿退出实现路径，建立基准地价体系，探索竞价择地机制，试行阶梯有偿使用，彰显土地资源“优质优价”。探索完善宅基地资格权多种实现形式，鼓励宅基地资格权退出、迁移，允许留村农民自主选择住房条件改善方式，引导农民向规划保留村集聚。最大限度释放宅基地使用权权能，规范宅基地使用权流转，推动集体经营性建设用地入市，创新宅基地使用权入股，激活农村“沉睡资产”。探索外来人才融入乡村激励机制，实现优秀人才享有集体经济组织“新村民”待遇。分类统筹推进。按照“试点先行、积累经验、逐步推开”原则，因地制宜，分类指导，有计划、有步骤稳步推进，真正形成反哺乡村基础设施建设的“源头活水”。以天目湖镇三胜村、竹箦镇水西村、南渡镇庆丰村为试点，开展拆迁撤并类村庄集中居住、规划发展村集聚提升、市场化运作等改革工作，鼓励每个镇区因地制宜选择1个试点村进行建设。

（二）探索协同之路，提升城乡产业品质。以城乡产业协同为目标，引导生产要素跨界聚集和深度融合，推动农业功能拓展和产业链延伸，促进农文旅横向融合、科技成果纵向渗透、产园产村多元集聚的新模式新业态在全域涌现。做强以现代农业科技产业园为核心的新形态。建立以现代农业科技产业园为核心，特色小镇、特色田园乡村、田园综合体、农业园等共同发展的城乡产业协同平台。以绿色种养为基础、以农业科技为支撑、以商贸物流为纽带，在溧阳西部地区启动100平方公里的现代农业科技产业园建设，建立统一组织领导体系，研究制定园区专项扶持政策，打造集农产品生产、检测、加工、交易和配送于一体的长三角绿色有机农产品供应配送基地；以天目湖白茶小镇为载体，打造茶旅文化＋优质农业的协同样板；以蓝城悠然南山特色田园乡村为主导，打造产业资本＋智慧农业的协同样板；以曹山田园综合体为抓手，打造服务配套＋品质农业的协同样板；以青虾全产业链建设为范式，打造新型科技＋生态农业的协同样板。发展以科技成果入乡为标志的新业态。利用城市科技特别是农业科技改造传统农业，利用城市工业延长乡村农业产业链条，利用城市互联网产业等服务业来丰富农业产业业态。推动科研机构、科技成果项目落地和高校科研院所与乡村融合，探索各类产学研合作模式，实现创新、产业与生态经济联动发展，推动科学技术应用由城到乡、优质农产品由乡到城的融合发展格局。形成以一二三产融合为路径的新机制。推进政策集成、要素集聚、功能集合、企业集中，建设一批城乡产业协同发展先行区。提升农业基础设施和公共服务供给水平，推进农业农村现代化进程，统筹协调保障政策、项目和措施落地。培育创新创业主体，吸引科技人员和社会资本入乡创业。搭建创新创业平台，建设一批功能完善、环境良好的农村创新创业园区和孵化实训基地，加快形成多元化、全产业链融合的协同发展路径。力争全年引进农业深加工项目3个，创建省级产业化龙头企业和产业化省级示范联合体各1家，创建全国休闲农业与乡村旅游星级示范企业2个、江苏省主题创意农园1个。

（三）探索共治之路，提升社会治理效能。坚持以实现乡村善治为目标，健全自治、法治、德治相结合的乡村治理体系，打牢夯实乡村治理根基。突出党建引领。健全“党建网格”体系，确保组织架构和治理网格全面融合，真正把党的工作触角延伸到基层的每个角落。落实村党组织书记“县乡共管”，大力实施“头雁矩阵”计划，出台村书记专职化管理相关文件，全面推行村党组织书记、村委会主任“一肩挑”，继续推行“定制村官”，持续培育具有“三农”情怀，立志奉献基层的农村基层干部队伍。落实“人才振兴”战略，推动“人才回乡、青年回村、乡贤回归”，开展“乡村精美工匠”评选活动，鼓励社会资本、本土乡贤、城市居民“上山下乡”。坚持“三治”融合。以自治增活力，健全农村基层民主选举、民主协商、民主决策、民主监督机制，优化安置小区“村改居”治理模式。以法治强保障，开展“百名法官进百村”和“无讼村（居）创建”，健全多元矛盾纠纷化解机制，完善乡村公共法律服务体系，提升法治服务能力。以德治扬正气，深入实施社会主义核心价值观培育践行工程，开展道德模范、身边好人、最美人物、新乡贤等典型宣传，拓展“五堂一站”和“小城故事”品牌建设水平。强化网格治理。推进指挥调度中心建设，将涉及社会治理的各类信息平台同网格化社会治理联动指挥平台整合对接，坚持实战化运作，延伸社会治理触角。依托乡村基本网格单元，统筹网格内党的建设、社会保障、平安稳定、公共服务、社会救助等工作，实现“基层治理多网合一”，提升服务群众能力。

（四）高水平全面建成小康社会。聚焦关键领域，围绕薄弱环节，突出重点人群，扎扎实实补短板、强弱项、促提升，真正使全面小康社会建设不含水分，得到群众普遍认可，经得起历史检验。对标对表补短板。按照“把三农短板补得更实”要求，对照高水平全面建成小康定性定量指标，强化分析研判，重点围绕农村基础设施建设和社会事业发展，逐项排出针对性措施，倒排时间节点，把全面建成小康社会决胜收官工作抓紧抓实抓细。深入推进“资源变资产、资金变股金、农民变股民”改革，提高农民在土地增值收益中的分配比例，切实增加农民财产性和转移性收入。常态长效优机制。在普遍实现“两不愁三保障”的基础上，认真开展脱贫攻坚问题大排查，确保在2020年上半年全面完成整改任务，确保低收入农户在义务教育、住房安全、基本医疗方面的救助政策应享尽享。建立健全稳定脱贫长效机制，打好“阳光扶贫、产业扶贫、就业扶贫”组合拳，及时做好返贫人口和新发生贫困人口的监测和帮扶工作，有效防止因病致贫返贫。对特殊贫困群体，落实落细低保、医保、养老保险、特困人员救助供养、临时救助等综合社会保障政策，确保高水平全面小康路上一个不少、一户不落。巩固提升薄弱村。坚持分类指导、因村施策，充分挖掘经济薄弱村资源潜力，加强资产性扶持，大力发展农业生产服务和农产品加工，推行抱团发展、异地入股等办法，拓宽村集体经济增收渠道，以村集体发展带动低收入农户增收脱贫。继续开展“领导挂钩、企业联村、干部帮户”活动，进一步扩大联村覆盖面，增强村级集体经济组织造血功能，巩固提升已达标经济薄弱村脱贫成果。

四、保障措施

（一）强化组织领导。认真贯彻落实《中国共产党农村工作条例》，加强党对“三农”工作的全面领导，落实落细农村工作领导小组以及成员单位职责，形成各方共同推进“三农”工作的格局。强化五级书记抓乡村振兴的责任要求，推动各级党政主要领导深入一线，研究部署推进农村改革工作。

（二）强化政策供给。建立健全财政投入保障制度，公共财政更大力度向“三农”倾斜，确保财政投入与补上全面小康“三农”领域突出短板相适应。发挥财政资金的引导作用，撬动更多金融和社会资本参与农业农村建设发展。强化土地供给，完善乡村产业发展用地政策，用好设施农用地政策，促进乡村土地节约集约和资源高效利用。

（三）强化氛围营造。进一步完善乡村振兴考核督查机制，立足常态长效，优化考核方案，建立定性、定量相结合的考核指标，加强对农业农村重大项目建设和重点工作的常态化督查评估，通过考核调动各方面的积极性、主动性、创造性。注重发挥新闻媒体的作用，及时总结推广工作中成功经验和先进典型，引导群众发挥乡村振兴中的主体作用，形成全社会关心、支持、参与的良好氛围。

中共溧阳市委　溧阳市人民政府
关于印发《关于加快建设公园城市　打造美丽江苏溧阳样板的实施意见》的通知

溧委发〔2020〕27号

各镇（街道）党（工）委和人民政府（办事处），江苏省中关村高新区、天目湖旅游度假区、溧阳经济开发区、天目湖生命康原、现代农业产业园党工委和管委会（指挥部），市各部委办局、直属企事业单位：

《关于加快建设公园城市　打造美丽江苏溧阳样板的实施意见》已经市委、市政府同意，现印发给你们，请认真抓好贯彻落实。

关于加快建设公园城市 打造美丽江苏溧阳样板的实施意见

党的十九大将建设美丽中国作为建设社会主义现代化强国的重要目标，省委十三届八次全会把美丽江苏建设作为一项事关全局的重大战略任务。溧阳作为全省美丽宜居城市建设综合试点城市，为深入贯彻落实中央、省和常州决策部署，大力推进美丽溧阳建设，打造长三角生态创新示范城市，现提出如下实施意见。

一、总体要求

坚持以习近平新时代中国特色社会主义思想为指导，自觉践行习近平总书记“两山”理念，围绕建设长三角生态创新示范城市目标，聚焦城乡融合，致力生态创新，高起点推进以公园城市为愿景的美丽溧阳建设，探索生产、生活、生态“三生融合”，推动生态美丽、产业美好、文化美妙、生活美满“四美并进”，让溧阳美得有形态、有质感、有韵味、有温度，努力走出一条富有溧阳特色的“绿色现代化”之路，打造人与自然和谐共生的美丽中国典范。

二、基本原则

坚持生态优先、绿色发展。持续涵养绿水青山，协同推进生态环境保护修复、经济绿色转型发展、人民生活品质提升，坚定不移走生产发展、生活富裕、生态良好的文明发展道路。

坚持生态创新、要素融通。释放生态红利，创新探索更多“两山”价值转化路径，全面激活生态资源价值，促进土地空间、产业资本、科技人才等各类美丽要素自由流动和融合汇聚。

坚持城乡融合、全域统筹。以推动城乡经济协合、城乡环境契合、城乡生活翕合、城乡治理匡合“四项融合”为重点，构筑“城乡无界、全面融合、协调发展”的美丽格局。

坚持可观可感、共建共享。积极回应群众关切，既塑造可观的“外在美”，又提升可感的“内在美”，以实实在在的获得感、幸福感、归属感，汇聚共建共享美丽溧阳磅礴力量。

三、主要目标

坚持把建设公园城市作为美丽江苏建设的溧阳路径、溧阳方案，统筹推进美丽宜居城市和美丽田园乡村建设，到2025年，生产生活生态空间相宜、人城境业高度和谐统一、公园形态和城市空间有机融合的公园城市美丽格局初步奠定，城乡人居环境品质明显提升，幸福经济发展活力迸发，文明和谐程度进一步提高，建成美丽宜居城市和美丽田园乡村建设全省示范，成为美丽江苏建设的溧阳样板。到2035年，全面建成生态宜居、城乡融合、特色鲜明、文明和谐、绿色创新的美丽溧阳。

四、重点任务

（一）以“三生融合”为引领统筹空间布局，勾勒形态之美

着眼区域生态资源比较优势和可持续发展能力，将“三山一水六分田”自然本底有机融入生产、生活、生态空间，促进生产空间集约高效、生活空间宜居适度、生态空间山清水秀，呈现既城既乡、亦业亦境、宜游宜居的崭新城市形态。

1．优化国土空间规划体系。以科学布局生产、生活和生态三类空间为重点，创新国土空间规划编制方法，优化国土空间规划体系，形成全市国土空间开发保护“一张图”。统筹划定“三区三线”，纳入全市统一、多规合一的国土空间基础信息平台，实现国土空间规划管理全域覆盖、全要素管控。推行国土空间“弹性规划”机制，确保空间资源精准利用。探索规划“留白”制度，为未来发展预留空间。建立国土空间规划计划动态监测、评估预警和实施监管机制，分区分类实施国土空间用途管制。到2025年，全面实施国土空间监测预警评估和绩效考核机制，形成以国土空间规划为基础、以统一用途管制为手段的国土空间开发保护制度。（牵头单位：市自然资源局）

2．推动区域空间融合发展。围绕“聚焦上海、接轨南京、对接深浙、联动皖南”总体部署，深度对接长三角一体化、上海大都市圈、南京都市圈等重大战略规划，加速区域融合发展步伐。积极对接沪苏湖铁路建设，深入研究沪宜城际西延接入溧阳，规划建设溧阳连接南沿江高铁快速通道、溧阳高铁站增容扩轨和芜申运河溧阳港，跻身上海“1小时经济圈”。进一步增加宁杭高铁往来班次，完成溧宁高速、溧高高速、宁杭高速水西互通等重点工程建设。深化苏皖合作示范区建设，实施跨区域产业合作、生态环境保护、基础设施互联等重点项目，推动苏皖合作向更广领域突破。围绕构建绿色产业体系、促进旅游融合提升、推进生态共保共育等领域，积极推动“一岭六县”长三角产业合作区建设。（牵头单位：市发改委、交通运输局）

3．强化区域空间特色塑造。聚焦“一中心两副城”空间格局，加速江苏中关村、溧城街道、天目湖生命康原融合提升中心城区能级，推动经济开发区与竹箦镇联动汇聚西北区域力量，做强做优苏皖合作社渚先导区夯实西南区域基础。江苏中关村科技产业园围绕建设“科技城”的目标，加快建成国家高新区。天目湖旅游度假区全力打造国内知名的高端休闲旅游度假目的地、长三角地区生态康养首选地。天目湖生命康原高效整合生态、旅游、康养、科教资源，打造健康经济主平台、山水融城示范地。经济开发区强化“三区联动”，打造新的经济“增长极”。苏皖合作社渚先导区加快完善产业布局，着力打造全国省际边界地区绿色发展新示范。以长荡湖退圩还湖工程为纽带，加速别桥、埭头、上黄三镇联动崛起。其他镇（街道）在探索城乡融合、实现新型城镇化方面努力形成特色。（牵头单位：各镇区、街道）

（二）以“提质增效”为重点夯实绿色基底，彰

显生态之美

统筹保护山水林田湖草生命共同体，持续提升全域环境净美质地，创新构建以市场化机制为核心的多元化生态治理体系，持续涵养宁杭生态经济带最美“绿心”，让山明水秀、举目绿意、自在呼吸成为溧阳最直接最可感的生态魅力。

4．强化污染综合防治。以打好蓝天保卫战、治水升级战、固废清零战为重点，加快补齐环境突出短板，持续擦亮“天蓝、水清、土净”生态名片。加强大气污染防治，持续开展“控煤、治污、管车、降尘”，确保空气质量排名保持全省县（市、区）前列。统筹水生态综合治理，深化天目湖水源地保护，确保国省考核断面全面达标、水源地水质持续向好。加强城镇与农村污水治理设施管理运行，到2025年底，建成区重要水体达到清水绿岸、鱼翔浅底的目标，城镇污水处理综合水平持续走在全省前列。构建全方位覆盖的土壤环境质量监测体系，实施农地污染分区分类管理，确立土壤污染防治与修复的“污染者付费”制度。加强土壤生态保护修复，加大矿山环境恢复治理力度，开展污染场地土壤综合治理与修复试点示范。（牵头单位：市生态环境局、水利局、自然资源局）

5．推动生态品质提升。持续开展国土绿化行动，大幅增加城市绿色空间和生态屏障，高标准创成国家森林城市。注重自然景观形态、风格、色彩设计，丰富南山、曹山、瓦屋山等重点区域生态景观效果。实施“精品景观廊道”建设工程，围绕重要河道、重要干道沿线和高速道口、重点旅游通道、旅游景区等，开展大面积植绿种林补色，形成更多绿色走廊和色彩板块。通过创意主题塑造景观价值最优区域，彰显山水风情、人文气韵，绘就七彩公园主题带，让山水之美可进入可参与、人文之美可阅读可欣赏。实施“生态绿城”建设行动，推动全社会参与植树造林，加强城市公园和街头绿地建设，推进乡村绿化及农田林网工程，到2025年，林木覆盖率达到32%。（牵头单位：市生态环境局、农业农村局、自然资源局、城管局）

6．创新生态价值转化机制。开展全域生态价值评价，探索建立绿色GDP核算体系，构筑生态安全格局。完善生态保护投入多元化和生态产品增值可持续的市场机制，探索更多“两山”互通路径。建设生态产品交易市场，以天目湖生态容量评价体系为科学支撑，搭建天目湖流域水生态大数据平台和生态产品交易平台，率先形成以水环境质量为核心的生态容量产品交易经验。在苏皖合作示范区以及“一岭六县”范围内推广市场化区域生态容量交易模式，推动长三角跨区域生态环境保护方式向系统化、制度化转变。积极探索生态经济专项债券、绿色企业债券、基础设施投资基金等绿色融资方式，拓展生态保护投入机制。探索区域公用品牌约束性使用制度，合理增加绿色产品附加值，鼓励更多市场主体投入生态资源保护。（牵头单位：市发改委、自然资源局、平陵集团）

（三）以“幸福经济”为方向催生美丽业态，绽放活力之美

加快生态与产业、科技、人才等创新要素的聚合裂变，以先进制造、高端休闲、现代健康、新型智慧“四大经济”为绿色发展之“核”，主动融入以国内大循环为主体、国内国际双循环相互促进的新发展格局，充分激发城乡经济活力。

7．全力发展四大经济。深入实施“四大经济”新一轮三年行动计划，致力把“四大经济”发展成“环境更友好、发展可持续、群众得实惠、政府有收益”为基本特征的幸福经济。以培育全球一流、国内领先的绿色储能产业基地为依托，大力发展电池、电机、电控、轻量化材料等产业，加快构建新能源汽车全产业链布局。实施“十企引航”“百企升级”计划，重点提升智能电网产业国际竞争力，推动农牧与饲料机械等传统优势产业向智能装备产业迈进。加速产业集聚集群，在航空零部件、人工智能、新材料等战略性新兴产业领域力争新增3～5个先进制造产业集群。以建设国家级全域旅游示范区为引领，在加速曹山未来城等重点休闲项目建设的同时，补齐品牌酒店、夜间产品等产业短板，加大高品质“溧阳茶舍”等产品供给，打造高端休闲经济品牌优势。以打造苏皖医疗高地为引领，加快生命康原高端康养服务和现代农业产业园健康食品项目布局，形成具有溧阳特色的医养健康产业体系。以开放理念不断集聚国际国内优质科研教育资源，努力在5G通讯、区块链、无人机等新兴领域关键项目取得突破，拓宽新型智慧经济发展之路。力争到2025年，全市“四大经济”比重突破60%，税收在一般公共预算收入中占比达45%以上。（牵头单位：市发改委、工信局、文旅局、卫健局、科技局、“四大经济”招商办）

8．大力振兴乡村经济。在系统梳理戴埠镇自下而上实践农村宅基地“三权分置”实现形式的基础上，

稳慎探索农村宅基地“三权分置”改革，在竹箦镇水西村、南渡镇庆丰村、天目湖镇三胜村及上兴镇花村形成制度经验和典型案例，为科技、人才、资本等乡村振兴要素流通提供示范经验。以现代农业产业园为核心，创建国家级现代农业产业园，打造长三角绿色农业示范区、农业科技创新示范区、农旅融合发展示范区；以天目湖白茶小镇为载体，打造茶旅融合新业态；以蓝城悠然南山特色田园乡村为范式，建设科技入乡新样板；以曹山田园综合体为抓手，塑造精深加工新高地；以青虾养殖全产业链建设为契机，探索生态养殖新模式，构建“1+4”城乡产业协同发展体系。大力发展生态循环农业、绿色智慧农业，积极创建国家绿色农业发展先行区，到 2025 年绿色优质农产品比重达到 75% 以上。深化品牌强农战略，打响一批特色农产品品牌，以品牌“含金量”来提升品牌“美誉度”。大力发展农村电子商务，推进“线上线下”融合，培育一批规模化农业电商标杆企业。加快农旅融合发展，重点打造一批农旅融合示范园、主题创意农园。大力实施“万企联万村、共走振兴路”工程，不断完善“领导挂钩、企业联村、干部帮户”机制，持续推动富民强村。（牵头单位：市农业农村局、自然资源局、住建局、商务局、科技局、现代农业产业园，各镇区）

9．创新激发内生动力。对标国际先进，创新体制机制，强化协同联动，完善法制保障，着力构建更加高效的政务环境、更加规范的市场环境、更加公平的法治环境和更加包容的社会环境，确保营商环境指数位居全省第一方阵。倡导“店小二”“急郎中”式服务理念，落实招商项目“代办制”，打响“溧即办”政务服务品牌。围绕企业全生命周期，纵深推进“放管服”改革，努力在要素配置、商事制度、社会信用等领域取得更多突破性成果。坚持以“亩均论英雄”，优化企业资源集约利用综合评价体系，落实要素差别化配置，引导企业绿色高效发展。深入开展绿色发展示范试点，大力推进智能车间（工厂）、绿色工厂升级改造。聚焦产业集群、构建研发集群，持续加快产业链、创新链双向融合，更多集聚高端研发机构、重点实验室、工程研究中心、院士工作站等创新平台，构建“众创空间—孵化器—加速器—产业园区”全周期创新生态链。实施创新资源集聚工程，释放“天目湖英才榜”政策效应，聚焦以“大院大所、研发机构、高等院校、高端人才”为主的南京高端科技创新资源，紧盯以“浙商系、高校系、海归系、阿里系”为主的杭州创新创业“新四军”，精准对接，深化合作，着力打造创新资源的最强磁场、创新人才的区域高地。（牵头单位：市发改委、行政审批局、工信局、科技局、人才办）

（四）以“山水美意”为特征构筑城市肌理，诠释宜居之美

顺应城市、自然、人文相互融合、有机更新的聚居形态，以真山真水营造“园中建城”的大美意象，用一步一景塑造“城园相融”的场景美学，不断提升城乡建设品质，让“山水城乡共融，生态人文相和”成为溧阳宜居家园的最美表达。

10．提高城市设计品位。以公园城市理念为引领，不断提升城市空间品质。以大尺度生态廊道融合城乡空间，以高标准生态绿道串联城乡单元，着力构建“疏密有度、显山露水、全域即景”的城乡界面。加强对城市的空间立体性、平面协调性、风貌整体性、文脉延续性等方面的规划设计。做好城市空间形态、城市天际线、城市开放空间的塑造，优化开发强度、建筑高度、建筑形态和色彩管控。强化景观照明设计，打造光彩靓丽城市夜景体系，构建独具艺术气息的城市意象。弘扬“工匠精神”，加强标志性建筑设计，打造更多的城市亮点、建筑精品。植入溧阳特色乡土文化元素，打造亭、台、楼、阁、牌坊和公共艺术装置等标志符号，强化城市雕塑艺术创新和文化创意，赋予城市公共空间艺术品位，让“雅致”成为城市新的风貌。（牵头单位：市自然资源局、住建局、城管局、苏皖集团）

11．塑造精美城市品质。聚焦“山水融城”，完善“溧阳 1 号公路”功能配套、建设溧阳琴廊和森林长廊，以“一路两廊”为骨架打造集生态景观、慢行交通、休闲游览、文化创意等功能于一体，交融山水、连接城乡的城市“绿脉”。通过绿道织网串联全域优势资源，构建以自然公园、郊野公园、城镇公园为主体的全域公园体系。重点打造“八大公园”塑造城市“绿心”，串联滨水绿道织就生态“绿网”，布局“十二望楼”形成城市标识，把两廊交汇点焦尾琴公园打造成“城市会客厅”。优化城市路网，打造一批“一路一特色”精品街道。积极构建轨道＋公交＋慢行三网融合的绿色交通体系，提供便捷旅游交通服务。有序推进老旧小区、散住楼改造提升，探索定制多元化高品质公园社区。进一步“敞墙透绿”，更大力度开放停车共享空间。持续提升市容环境整体性品质，有序推进智慧农贸市场建设。积极

推进垃圾分类，到 2025 年城区基本建成生活垃圾分类投放、收集、转运、处置体系，垃圾分类集中处理率达95%以上。(牵头单位：市自然资源局、住建局、城管局、苏皖集团）

12．打造美意田园品牌。以“全域洁净”为目标，深入实施“美意田园”行动，全面提升农村人居环境质量，努力在绿水青山的基础上创造全域的干净整洁。以集聚提升、特色保护、搬迁撤并的思路分类推动村庄规划布局调整，将全市规划发展村数量优化调整至 600 个左右。以清垃圾、清河塘、拆违章、拆围墙“两清两拆”为重点，实施农村人居环境提升工程，力争再用五年时间把所有规划发展村打造成为诗意田园。以美丽乡村、特色田园乡村、绿美村庄为基础，打造若干美丽乡村连片示范区，到 2025 年，新建省级绿美村庄 15 个以上，高质量打造 260 个左右美丽宜居乡村；到 2035 年，市域范围全部规划发展村达到美丽宜居乡村及以上建设标准。积极推进农村生活垃圾就地分类和资源化利用，全面提升农村公厕整体管理水平。（牵头单位：市住建局、农业农村局、城管局、自然资源局、水利局，各镇区、街道）

（五）以“千年古韵”为脉络滋养人文气质，传扬文明之美

深入梳理两千余年历史文脉，传承溧阳记忆，留住文化根脉，展现人文情怀，叙述古今一体、传承创新、美音独具的城市故事，促进传统文化与现代文明交相辉映，彰显千年古城文明气韵。

13．打造地方文化标识。实施“文化创新发展”行动，丰富优质文化产品供给，积极创建省级历史文化名城。挖掘梳理历史文脉，组织溧阳通史、溧阳专门史、名人口述史、镇村志等地方史志编纂工作。适时启动码头水街建设，修复古城墙遗址，整治团城书院巷、费家巷历史街区，打造宝塔湾团城古街，重现老城市井生活场景。统筹历史遗存保护与开发，加强贞女祠、蔡邕读书台、欧冶子铸剑台、岳飞练兵场等历史遗存的综合开发利用。深入挖掘秦堂山遗址、神墩遗址、梅岭玉矿遗址、古县遗址的历史文化价值，建设一批集展览展示、文化教育等为一体的专题博物馆、陈列馆或文创工作室。建设红色文化特色街区，发展红色研学等新业态，将江南铁军教育学院打造为长三角地区红色教育培训重点阵地。（牵头单位：市委组织部、宣传部、党校，市文旅局）

14．加大城市宣传推介。制订实施公园城市品牌塑造推广计划，精准实施对外文化交流活动和城市形象推广，打响“美音自在溧阳”城市品牌。立足“一镇一品”，深入挖掘茶文化、游子文化、古琴文化、非遗文化、长寿文化、红色文化、丰收文化等优秀乡土文化，培育形成特色文化产业和文化产品。加大城市推介力度，以举办茶叶节、旅游节、观灯节、爱情泼水节、稻田音乐节（丰收节）以及全国性文体赛事为重点，打造“年年有创新、月月有看点”的推介活动，形成文旅 IP 与网红经济叠加效应。充分利用中外媒体、影视作品等各类载体和平台，互联网、微博、微视频、数字旅游等新渠道，全方位、高频次宣传溧阳旅游，点燃“新爆点”，扩大知晓度、提高美誉度。聚焦“讲好溧阳故事”，鼓励各类文艺精品创作，推出一批在全国有重大影响的艺术精品。加大国际友城交流，提升城市影响力。（牵头单位：市委宣传部，市文旅局、商务局）

15．倡导健康文明新风。围绕“对标张家港 文明新溧阳”总要求，夯实文明单位、文明村镇、文明校园、文明家庭等基础创建，持续加强城乡一体文明创建，不断巩固和提升全国文明城市建设成果，确保城乡社会文明程度指数持续保持全省第一方阵。深化拓展新时代文明实践中心建设，加强“五大平台”建设，建强志愿服务队伍，持续加强镇（村）文明实践所（站）规范化建设，提升“五堂一站”建设水平，深化“小城故事”品牌内涵，推动新时代文明实践工作走在全省前列。丰富“忠勇、信义、慈孝、明慧”文化基因新的时代内涵和表现形式，培育向上向礼向善的社会风尚，为溧阳崛起凝聚精神力量。深入开展移风易俗弘扬时代新风行动，大力革除铺张浪费、薄养厚葬等陈规陋习。倡导简约适度、绿色低碳的生活方式，引导群众养成节水节电节气、垃圾分类投放、使用公勺公筷、拒食野味、绿色出行等健康文明生活习惯。（牵头单位：市委宣传部，市文明办）

（六）以“安康乐活”为愿景共创美好生活，共享舒心之美

不断丰富提升民生供给，建立健全全民覆盖、普惠共享、城乡同质的基本公共服务体系，创新城乡社会治理方式，培育激发城乡居民共建共享的主体意识，共同创造高品质美好生活。

16．补齐民生突出短板。紧扣省委“民生保障水平走在前列”要求，聚焦群众最急、最盼、最需

的领域，把“跳一跳就够得到”的民生问题基本解决到位。建立城乡就业政策普惠制度，着力推进高校毕业生、退役军人、城乡困难群体就业，确保城镇登记失业率保持全省最低水平。实施学前教育提升工程，新建改造上黄、泓口等12所幼儿园，提高普惠性幼儿园覆盖率和学前教育优质资源覆盖面。按照城乡统一标准建设各类学校，新建改造永和小学、埭头小学等13所中小学，持续实施乡村教师支持计划，实现城乡义务教育一体化发展。不断完善基层医疗卫生服务体系，实施村卫生室规范化建设，确保所有村卫生室建设达到省定标准。完善公共卫生应急机制，从机制优化、预案完善、监测预警、救治准备、物资保障等方面提升应急保障能力，推进疾控体系现代化。大力推广公办养老机构“公建民营”模式，盘活乡镇闲置敬老院资源，逐步形成社区、机构相协调，医养、康养相结合，城乡均衡发展的社会养老服务体系。加大困难群体帮扶力度，建设市级特困人员服务保障中心，稳步推进各类社会保障扩面提标，大力发展社会福利和慈善事业。（牵头单位：市人社局、教育局、卫健局、民政局）

17. 创优公共服务供给。强化高水平服务和高品质生活供给，服务人的全面发展。统筹优化普通高中教育资源配置，2025年前培育2所以上省级高品质示范高中；新建市职业教育集团江苏中关村校区，构建产教深度融合体系，推动职业教育高质量发展；办好南航天目湖校区，力争再引进1所应用型大学。深化“院府合作”，提高省人民医院溧阳分院、省中医院溧阳分院同质化水平，争取新建1个省级重点专科、2～3个常州市重点专科。重点打造一批二级专科医院，提升区域医疗服务综合竞争力。实施“美溧美音小剧场”工程，在城市休闲空间、重点景区、特色田园乡村、“溧阳1号公路”沿线等区域打造10个左右小剧场，整合锡剧团、文化馆、溧阳非遗、群众演艺等资源，开展常态化文艺演出。规划建设溧阳大剧院、图书馆新馆、美术馆、愿景馆、二十四小时城市书房等项目，加快推进全民健身中心、丁家山体育公园、智慧化全民健身长廊等公共体育设施建设，让群众共享高品质文体生活。（牵头单位：市教育局、卫健局、文旅局，生命康原指挥部、城发集团）

18. 创新社会治理体系。围绕“社会治理更有序，生产生活更安全，城市管理更智能”目标，推动社会治理水平提档升级。坚持和完善“大数据+网格化+铁脚板”治理机制，建立“网格化+信息化”模式，形成基层治理“一张网”格局。到2025年，全市网格规范达标率保持在95%以上。完善非诉讼纠纷化解体系。创新“百姓议事堂”工作理念和方式方法，努力实现矛盾纠纷就地化解不上交和总量下降的目标。深入推进平安溧阳建设。建立健全扫黑除恶长效常治制度，形成源头治理、系统治理机制，推动专项斗争常态化。升级完善立体化、智能化社会治安防控体系，提升社会治安防控整体效能，营造安居乐业的人居环境。到2025年，全市群众安全感保持在95%以上。（牵头单位：市委政法委，市公安局、司法局、信访局）

五、切实强化组织推进

（一）加强组织领导。市委、市政府成立建设公园城市打造美丽江苏溧阳样板领导小组，发挥牵头抓总、统筹协调作用。领导小组由市委书记任第一组长、市长任组长，领导小组办公室设在市发改委。编制实施美丽溧阳建设总体规划和各专项规划，贯彻落实重大工程项目、重大政策、重大改革措施，有效衔接“十四五”相关规划、国土空间规划。研究制定美丽溧阳建设评估指标体系，纳入全市综合考核。组织开展美丽溧阳试点示范，发挥以点带面作用。

（二）创新推进机制。加快编制覆盖城乡的公园城市规划，全面构建溧阳公园城市指标、政策和评价体系。建立并完善常态化财政投入机制，推行以奖代补、先建后补、贷款贴息等方式，支持美丽溧阳建设。鼓励美丽溧阳建设金融服务创新，大力发展绿色信贷、绿色债券、绿色基金。对美丽溧阳建设相关领域有稳定收益的项目，积极通过政府和社会资本合作等模式加以推进。完善环境经济政策，全面推进生态环境损害赔偿制度改革，落实资源及环境保护税费制度，有效强化企业治污减排责任约束。

（三）引导公众参与。构建推动美丽溧阳建设的全民行动体系，提高全社会共建美好家园积极性主动性。强化宣传引导，充分利用广播、电视、报刊和互联网等媒体平台，加强美丽溧阳建设宣传推介，畅通信息公开渠道，及时回应公众关切，营造良好推进氛围。鼓励多元参与，充分发挥工会、共青团、妇联等群团组织的积极作用，动员各方面力量，激发广大干部群众的热情和干劲，让美丽溧阳建设成为全社会的共同意志和自觉行动。

2020年重要文件题录

中共溧阳市委员会

1号 关于印发《中共溧阳市委常委会2020年工作要点》的通知
2号 关于开展“重大项目突破年”和“现代化建设试点工作突破年”活动的实施意见
3号 关于印发《2020年溧阳市重点工程》的通知
8号 关于政企同心防疫支持企业复工复产的意见
9号 关于新时代加强和改进人民政协工作的实施意见
11号 关于探索城乡融合之路 决胜高水平全面小康社会的实施意见
12号 关于探索农村宅基地所有权、资格权、使用权“三权分置”实现形式的实施意见
13号 关于开展全国乡村治理体系建设试点示范的实施意见
14号 关于支持企业共同抗击疫情推动经济平稳发展的实施意见
15号 关于贯彻落实党的十九届四中全会精神、推动市域治理体系和治理能力现代化建设走在前列的实施意见
18号 关于印发《2020年全市党建工作要点》的通知
22号 关于印发《天目湖流域污染控制与水质提升三年行动方案（2020—2022年）》的通知
23号 关于搭建城乡产业协同发展平台推进城乡产业协同发展的实施意见
26号 关于做好全市部分行政区划变更组织实施的工作意见
27号 关于印发《关于加快建设公园城市 打造美丽江苏溧阳样板的实施意见》的通知
29号 关于精准扶持建筑业做大做强做优做精三年行动计划的实施意见
31号 关于印发《溧阳市国家级县城新型城镇化建设示范工作实施意见》的通知
32号 关于印发《溧阳市深入排查解决突出民生问题三年行动计划（2020 — 2022年）》的通知
33号 关于印发《溧阳市生态环境保护工作责任规定（试行）》的通知
35号 关于实施新时代溧阳产业工人队伍建设改革的通知
36号 关于促进江苏省中关村高新技术产业开发区高质量发展的实施意见
38号 于深入学习宣传党的十九届五中全会精神的通知

溧阳市人民政府

1号 关于加快企业股改上市的若干意见
3号 关于划定溧阳市禁止使用高排放非道路移动机械区域的通告
6号 关于印发《溧阳市残疾儿童康复救助制度实施办法》的通知
8号 关于做好我市第七次全国人口普查工作的通知
9号 关于批转市自然资源局《溧阳市2020年保障性住房用地和经营性用地供应计划》的通知
14号 关于公布溧阳市第五批非物质文化遗产代表性项目名录的通知
16号 关于确定2020年剩余新增一般债务额度和项目的报告
17号 关于部分行政区划变更的公告
18号 关于申报2020年第4批新增专项债券额度和项目需求的报告
20号 关于2017—2019年企业职工基本养老保险基金审计整改情况的报告
22号 关于印发《赋予镇（街道）经济社会管理权限事项清单》的通知
26号 关于公布溧阳市征地区片综合地价标准的通知
27号 关于耕地保护责任目标履行情况的自查报告
28号 关于印发《溧阳市重大行政决策事项目录管理办法》的通知
29号 关于溧阳市罗湾路（丁园路 — 东环路）道路工程项目符合公共利益需要情形的报告
30号 关于溧阳市台港东路东延伸（丁园路 — 城东大道）道路建设工程项目符合公共利益需要情形的报告
31号 关于溧阳市夏林路（南环东路 —G104）道路建设工程项目符合公共利益需要情形的报告
32号 关于溧阳市别桥镇奚明路道路建设工程符合公共利益需要情形的报告
33号 关于溧阳市环园北路二期项目符合公共利益需要情形的报告
34号 关于江苏中关村泓叶路道路建设工程项目符合公共利益需要情形的报告

35 号　关于落实就业优先政策进一步做好稳就业工作的实施意见

中共溧阳市委员会办公室

2 号　印发《关于市属国有企业、市属事业单位纪检监察机构设置有关事项的意见》的通知

5 号　关于认真组织开展 2019—2020 年度基层党员冬训工作的意见

9 号　关于扩大企业联村覆盖面的通知

10 号　关于转发《溧阳市老区开发促进会　溧阳市扶贫开发协会 2020 年工作意见》的通知

11 号　关于在“重大项目突破年”活动中实行招商引资“月通报、夺红旗”工作制度的通知

12 号　市委办公室　市政府办公室关于印发《2020年四大试点工作重点任务清单》的通知

13 号　关于印发《溧阳市深化新时代文明实践中心建设试点工作实施方案》的通知

14 号　关于印发《中共溧阳市委深化改革委员会 2020年工作要点》的通知

15 号　市委办公室　市政府办公室印发《关于进一步推进红色教育培训资源资产整合的意见》的通知

18 号　关于印发《溧阳现代农业科技产业园管理机构组建方案》的通知

20 号　关于切实做好 2020 年全市人大代表建议和政协委员提案办理工作的通知

25 号　关于印发《溧阳市 2020 年苏陕挂钩协作工作要点》的通知

29 号　印发《关于深入开展清廉溧阳建设的意见》的通知

30 号　关于印发《溧阳市推进基层整合审批服务执法力量实施方案》的通知

35 号　关于印发《市领导联系服务重点民营企业工作方案》的通知

36 号　关于印发《深入开展工业企业精准扶持工作实施方案》的通知

39 号　关于转发《中共常州市委办公室印发〈关于推进全市政协系统“有事好商量”协商议事平台建设工作的实施意见〉的通知》的通知

40 号　关于印发《2020 年度溧阳市全面从严治党责任清单》的通知

42 号　关于成立溧阳市宅基地“三权分置”改革工作领导小组的通知

44 号　关于加强招商工作统筹助力重大项目突破的实施意见

45 号　关于印发《溧阳市安全生产专项整治三年行动工作方案》

50 号　关于做好《习近平谈治国理政》第三卷学习教育工作的通知

64 号　关于印发《溧阳市危化品安全生产领域形式主义、官僚主义问题专项检查工作方案》的通知

65 号　关于印发《溧阳市关于提高技术工作待遇的实施意见》的通知

70 号　印发《关于支持企业家创新创业服务民营经济高质量发展的若干措施》的通知

76 号　关于下达 2020 年军队转业干部、由政府安排工作退役士兵安置计划的通知

77 号　关于印发 2020 年全市主要经济指标考核目标（区划调整后）的通知

溧阳市人民政府办公室

2 号　印发《关于市属国有企业、市属事业单位纪检监察机构设置有关事项的意见》的通知

5 号　关于认真组织开展 2019—2020 年度基层党员冬训工作的意见

9 号　关于扩大企业联村覆盖面的通知

10 号　关于转发《溧阳市老区开发促进会　溧阳市扶贫开发协会 2020 年工作意见》的通知

11 号　关于在“重大项目突破年”活动中实行招商引资“月通报、夺红旗”工作制度的通知

12 号　市委办公室　市政府办公室关于印发《2020年四大试点工作重点任务清单》的通知

13 号　关于印发《溧阳市深化新时代文明实践中心建设试点工作实施方案》的通知

14 号　关于印发《中共溧阳市委深化改革委员会2020 年工作要点》的通知

15 号　市委办公室　市政府办公室印发《关于进一步推进红色教育培训资源资产整合的意见》的通知

18 号　关于印发《溧阳现代农业科技产业园管理机构组建方案》的通知

20 号　关于切实做好 2020 年全市人大代表建议和

政协委员提案办理工作的通知
25 号　关于印发《溧阳市 2020 年苏陕挂钩协作工作要点》的通知
29 号　印发《关于深入开展清廉溧阳建设的意见》的通知
30 号　关于印发《溧阳市推进基层整合审批服务执法力量实施方案》的通知
35 号　关于印发《市领导联系服务重点民营企业工作方案》的通知
36 号　关于印发《深入开展工业企业精准扶持工作实施方案》的通知
39 号　关于转发《中共常州市委办公室印发〈关于推进全市政协系统“有事好商量”协商议事平台建设工作的实施意见〉的通知》的通知
40 号　关于印发《2020 年度溧阳市全面从严治党责任清单》的通知
42 号　关于成立溧阳市宅基地“三权分置”改革工作领导小组的通知
44 号　关于加强招商工作统筹助力重大项目突破的实施意见
45 号　关于印发《溧阳市安全生产专项整治三年行动工作方案》
50 号　关于做好《习近平谈治国理政》第三卷学习教育工作的通知
64 号　关于印发《溧阳市危化品安全生产领域形式主义、官僚主义问题专项检查工作方案》的通知
65 号　关于印发《溧阳市关于提高技术工作待遇的实施意见》的通知
70 号　印发《关于支持企业家创新创业服务民营经济高质量发展的若干措施》的通知
76 号　关于下达 2020 年军队转业干部、由政府安排工作退役士兵安置计划的通知
77 号　关于印发 2020 年全市主要经济指标考核目标（区划调整后）的通知

统计资料

2020 年溧阳市人口、就业及土地面积基本情况

表 67

指标名称	计量单位	合计	指标名称	计量单位	合计
年末户籍户数	万户	26.86	第一产业	万人	—
年末户籍人口	万人	78.85	占比重	%	—
其中：男	万人	39.51	第二产业	万人	—
女	万人	39.34	占比重	%	—
户籍人口城镇化率	%	60.86	第三产业	万人	—
年末常住人口	万人	78.55	占比重	%	—
#城镇常住人口	万人	49.58	私营企业从业人员	人	232098
常住人口城镇化率	%	63.12	个体从业人员	人	116813
当年出生人口	人	5832	城镇登记失业人员数	人	4277
其中：女	人	2833	城镇登记失业率	%	1.80
出生率	‰	7.40	建成区面积	平方公里	34.10
当年死亡人口	人	6586	城市规划建设用地面积	平方公里	47.80
死亡率	‰	8.35	城市现状建设用地面积	平方公里	34.08
人口自然增长率	‰	−0.96	居住用地	平方公里	10.22
从业人员	万人	—	本年征用土地面积	平方公里	—

2020年溧阳市综合经济基本情况

表68

指 标 名 称	计量单位	合 计	指 标 名 称	计量单位	合 计
地区生产总值	亿元	1086.36	粮食产量	万吨	40.86
第一产业	亿元	54.44	油料产量	万吨	1.27
第二产业	亿元	539.98	淡水产品产量	万吨	6.80
第三产业	亿元	491.94	规模以上工业增加值	亿元	381.98
人均地区生产总值(按户籍人口计算)	元/人	137776	规模以上工业总产值	亿元	1578.98
人均地区生产总值(按常住人口计算)	元/人	138302	规模以上工业营业收入	亿元	1739.21
农林牧渔业总产值	亿元	90.48	规模以上工业利润总额	亿元	131.54

2020年溧阳市财政、金融、保险基本情况

表69

指 标 名 称	计量单位	合 计	指 标 名 称	计量单位	合 计
财政总收入	万元	3602222	国防支出	万元	848
上划中央收入	万元	466415	公共安全支出	万元	64711
增值税	万元	288183	教育支出	万元	224207
消费税	万元	5409	科学技术支出	万元	30338
企业所得税(60%)	万元	156786	文化旅游体育与传媒支出	万元	19943
个人所得税(60%)	万元	35777	社会保障和就业支出	万元	182118
一般公共预算收入（税收占比85.91%）	万元	738032	卫生健康支出	万元	123216
税收收入	万元	634062	节能环保支出	万元	18074
增值税	万元	288183	城乡社区支出	万元	138668
其中：营改增	万元	124679	农林水支出	万元	85593
其他税收收入	万元	−83	交通运输支出	万元	26518
企业所得税（40%）	万元	104524	年末金融机构各项存款余额（人民币）	亿元	1527.89
个人所得税（40%）	万元	23851	#住户存款余额	亿元	772.04
一般公共预算支出	万元	1161984	年末金融机构各项贷款余额（人民币）	亿元	1130.70
一般公共服务支出	万元	99050			

2020年溧阳市固定资产投资基本情况

表70

指标名称	计量单位	合计	指标名称	计量单位	合计
固定资产投资增速	%	5.1	其他资金	万元	31204
#工业投资增速	%	−8.1	新增固定资产	万元	331911
服务业投资增速	%	25.3	房屋施工面积	平方米	4243779
房地产投资增速	%	0.1	本年房屋竣工面积	平方米	717790
本年实际到位资金	万元	1214992	本年商品房销售面积	平方米	1023836
国内贷款	万元	288200	现房销售面积	平方米	150188
利用外资	万元	—	期房销售面积	平方米	873648
自筹资金	万元	240665	本年商品房销售额	万元	978119

2020年溧阳市规模以上工业、建筑业基本情况

表71

指标名称	计量单位	合计	指标名称	计量单位	合计
规模以上工业企业单位数	个	434	#大型企业	亿元	816.89
1.内资企业	个	396	中型企业	亿元	262.33
#国有企业	个	–	小型企业	亿元	490.02
私营企业	个	359	资产总计	亿元	1555.06
2.港澳台商投资企业	个	14	流动资产合计	亿元	951.90
3.外商投资企业	个	24	负债合计	亿元	1016.55
工业总产值（现价）	亿元	1578.98	从事建筑业活动的平均人数	人	272300
1.内资企业	亿元	1279.94	建筑业企业期末人数	人	223516
#国有企业	亿元	–	建筑业总产值	万元	9555849
私营企业	亿元	1184.14	房屋建筑施工面积	平方米	44569877
2.港澳台商投资企业	亿元	241.99	房屋建筑新开工面积	平方米	16451429
3.外商投资企业	亿元	57.06			

2020年溧阳市市政公用事业、环境保护基本情况

表72

指 标 名 称	计量单位	合 计	指 标 名 称	计量单位	合 计
公共供水综合生产能力	万立方米／日	15	建成区绿化覆盖率	%	42.16
水资源总量	万立方米	127900	森林覆盖率	%	26.18
用水总量	万立方米	62775	自然保护区面积	公顷	662.4
# 规模以上工业企业取水量	万立方米	—	工业废水排放量	万吨	1091.26
公共供水总量	万立方米	4459	工业化学需氧量排放量	吨	473
# 售水量	万立方米	3799	工业氨氮排放量	吨	25
# 生产运营用水	万立方米	1084	工业化学需氧量去除率	%	87.78
居民家庭用水	万立方米	1497	工业氨氮去除率	%	84.52
公共服务用水	万立方米	1218	工业废气排放量	万立方米	1735
公共汽（电）车客运总量	万人次	1450	工业二氧化硫排放量	吨	3878
供气总量	万立方米	12064	工业氮氧化物排放量	吨	6713
# 家庭用量	万立方米	2065	工业二氧化硫去除率	%	70.0
液化石油气供气总量	万立方米	1258.56	工业氮氧化物去除率	%	76.5
# 家庭用量	万立方米	1255.04	工业烟（粉）尘排放量	吨	11334
人均城市道路面积	平方米	23.44	污水处理厂数	座	2
排水管道长度	公里	543.76	垃圾处理站数	个	3
绿化覆盖面积	公顷	1678.21	污水处理率	%	96.4
绿地面积	公顷	1584.79	污水处理厂集中处理率	%	96.4
人均公园绿地面积	平方米	13.24	一般工业固体废物综合利用率	%	97.2
建成区绿地率	%	38.9	空气质量优良天数比例	%	81.7
			可吸入细颗粒物（$PM_{2.5}$）年平均浓度	$\mu g/m^3$	35

2020年溧阳市批发零售贸易、外经、旅游基本情况

表73

指标名称	计量单位	合计	指标名称	计量单位	合计
社会消费品零售总额	亿元	317.49	外商投资项目个数	个	33
#限额以上	亿元	90.32	入境游客人数	万人次	0.12
人均消费品零售额	元/人	40419	入境旅游外汇收入	万美元	300.00
进出口总额	亿元	85.77	国内游客	万人次	1366.24
#出　口	亿元	70.76	国内旅游收入	亿元	179.46
协议注册外资	亿美元	11.50	星级饭店数	个	8
实际到账注册外资	亿美元	3.34			

2020年溧阳市人民生活基本情况

表74

指标名称	计量单位	合计	指标名称	计量单位	合计
居民收支（城镇）	元	55478	其中：接入互联网	部	188
#工资性收入	元	32705	计算机	台	84
经营净收入	元	8568	其中：接入互联网	台	80
财产净收入	元	7284	城镇职工基本养老保险参保人数	人	186553
转移净收入	元	6921	城乡居民基本养老保险参保人数	人	60113
居民人均可支配收入	元	45140	基本医疗保险参保人数	人	740604
#城镇居民人均可支配收入	元	55478	#城乡居民基本医疗保险参保人数	人	486852
农村居民人均可支配收入	元	30083	城镇职工基本医疗保险参保人数	人	253752
居民人均消费支出	元	23659	失业保险参保人数	人	121781
#城镇居民人均消费性支出	元	25760	工伤保险参保人数	人	193035
#食品烟酒	元	7485	生育保险参保人数	人	145749
#农村居民人均消费性支出	元	20103	提供住宿的各类社会服务机构数	个	21
#食品烟酒	元	6521	#养老服务机构数	个	19
每百户城镇居民家庭拥有			提供住宿的各类社会服务机构床位数	张	5673
#家用汽车	台	59	#养老服务机构床位数	张	5563
洗衣机	台	103	不提供住宿的各类社会服务机构数	个	815
电冰箱（柜）	台	105	#社区服务机构数	个	587
彩色电视机	台	183	城镇居民最低生活保障人数	人	301
空调	台	229	农村居民最低生活保障人数	人	3222
移动电话	部	229			

2020年溧阳市交通运输、邮电通信、电力基本情况

表75

指　标　名　称	计量单位	合　计	指　标　名　称	计量单位	合　计
公路里程	公里	2487	邮电业务总量	万元	136317
#等级公路	公里	2393	邮政行业业务收入	万元	33700
#高速公路	公里	94	电信业务收入	万元	85417
公路客运量	万人	501	固定电话用户	户	140914
公共汽(电)车客运总量	万人次	1450	移动电话年末用户	户	929126
公路货运量	万吨	2002	#3G以上移动电话用户	户	929126
内河港口货物吞吐量（规模以上）	万吨	2304	每百户拥有移动电话	部	229
水上客运量	万人	33	互联网宽带接入用户	户	345657
水上货运量	万吨	641	全社会用电量	亿千瓦时	101.01
民用汽车拥有量	辆	188039	#工　业	亿千瓦时	84.41
#私人汽车拥有量	辆	160769	居民生活	亿千瓦时	7.29
邮政局所数	处	39			

2020年溧阳市教育、科技、卫生基本情况

表76

指　标　名　称	计量单位	合　计	指　标　名　称	计量单位	合　计
学校总数	所	151	#发明	件	120
专任教师总数	人	7361	公共图书馆数	个	1
农村义务教育专任教师本科及以上学历比例	%	95.2	公共图书馆图书藏量	万册	58.0503
在校学生总数	人	98895	卫生机构数	个	293
毕业生总数	人	24148	#医院、卫生院（含妇保院）	个	32
招生总数	人	26924	卫生机构床位数	张	4174
每万人中中学学生数	人	374	卫生技术人员	人	5247
每个教师负担学生数	人	13.4	#医　生	人	2205
专利申请受理量	件	3555	注册护士数	人	2224
#发明	件	705	每万人拥有的医院卫生院床位数	张	53
专利申请授权量	件	2445			

2020年溧阳市社会治安基本情况

表77

指　标　名　称	计量单位	合　计	指　标　名　称	计量单位	合　计
刑事案件立案数	件	868	交通事故直接财产损失	万元	90
罪犯人数	人	943	火灾事故死亡人数	人	0
#青少年人数（14-25周岁）	人	80	火灾事故直接财产损失	万元	209
交通事故死亡人数	人	33			

说 明

一、本索引采用主题分析法编制，也有部分选用关键词。

二、本索引按标引词首字的汉语拼音（同音字按声调）顺序排列；首字相同按第二个字的音序排列，以此类推。

三、类目、分目名称用黑体字标明。标引词后的阿拉伯数字表示内容所在的页码，数字后面的a、b、c分别表示从左至右第一、二、三栏。标引词后第二个页码起，表示该索引参见内容所在位置。

四、特载、大事记、人物、文件摘要等类目只索目题。

五、为便于读者检索，溧阳市的企事业单位以及在溧阳市发生的事件名称，除易产生歧义者外，省略“溧阳市”或“溧阳”。

条目索引

A

B

C

D

F

G

H

J

M

N

T

W

X

Y

Z

表 格 索 引

X

Y

Z

随文图片索引

A

B

C

D

E

F

H

J

L

M

N

Q

R

S

T

X

Y

Z

书名索引

B

C

F

H

J

K

L

Q

S

T

W

X

Y

Z